Dados Internacionais de Catalogação na Publicação (CIP)
(Câmara Brasileira do Livro, SP, Brasil)

Atlas da exclusão social no Brasil : dez anos depois, volume 1 / Alexandre Guerra, Marcio Pochmann, Ronnie Aldrin Silva, organizadores. — São Paulo : Cortez, 2014.

Vários autores.
ISBN 978-85-249-2205-3

1. Classes sociais 2. Marginalidade social 3. Pobreza 4. Política social I. Guerra, Alexandre. II. Pochmann, Marcio. III. Silva, Ronnie Aldrin.

14-05442 CDD-305.568

Índices para catálogo sistemático:
1. Exclusão social : Classes sociais : Sociologia    305.568

# ATLAS DA EXCLUSÃO SOCIAL NO BRASIL
## Dez anos depois
Volume 1

**Alexandre Guerra**
**Marcio Pochmann**
**Ronnie Aldrin Silva**
Organizadores

**Daniel Castro**
**Marcos Paulo Oliveira**
**Ricardo L. C. Amorim**
**Rodrigo Coelho**
**Sofia Reinach**
Autores

Atlas da exclusão social no Brasil: dez anos depois
Alexandre Guerra, Marcio Pochmann, Ronnie Aldrin Silva (Orgs.)

Capa: Aeroestúdio
Foto de capa: Danilo Ramos (Prédio da ocupação Mauá, 2013. São Paulo, SP)
Preparação de originais: Ana Paula Luccisano
Revisão: Marcia Nunes
Composição: Aeroestúdio
Coordenação editorial: Danilo A. Q. Morales

Nenhuma parte desta obra pode ser reproduzida ou duplicada
sem autorização expressa dos organizadores e do editor.

Direitos para esta edição
CORTEZ EDITORA
R. Monte Alegre, 1074 – Perdizes
05014-001 – São Paulo – SP
tel. (11) 3864 0111 Fax: (11) 3864 4290
e-mail: cortez@cortezeditora.com.br
www.cortezeditora.com.br

Impresso no Brasil – julho de 2014

*É preciso atrair violentamente a atenção
para o presente do modo como ele é, se se quer transformá-lo.
Pessimismo da inteligência, otimismo da vontade.*

Antonio Gramsci (1891-1937)

# SUMÁRIO

*Apresentação* 9

**1. PRODUÇÃO E REPRODUÇÃO DA EXCLUSÃO SOCIAL NO BRASIL NA PRIMEIRA DÉCADA DO SÉCULO XXI 11**

    1.1. Exclusão social como processo do desenvolvimento capitalista 14

    1.2. Alienação e pasteurização da produção do conhecimento sobre desigualdades 17

    1.3. A medida da exclusão social 22

**2. MANIFESTAÇÃO BRASILEIRA DA EXCLUSÃO SOCIAL 27**

    2.1. Mapa Índice de Exclusão Social 28

    2.2. Mapa Índice de Pobreza 29

    2.3. Mapa Índice de Emprego Formal 29

    2.4. Mapa Índice de Desigualdade Social 29

    2.5. Mapa Índice de Escolaridade 30

    2.6. Mapa Índice de Alfabetização 30

    2.7. Mapa Índice de Concentração Juvenil 31

    2.8. Mapa Índice de Violência 31

## 3. PRESENÇA DA EXCLUSÃO SOCIAL NAS GRANDES REGIÕES E NOS ESTADOS DA FEDERAÇÃO 41

Região Norte 41
Região Nordeste 51
Região Centro-Oeste 62
Região Sudeste 68
Região Sul 74
Resumo 79

## 4. AS MANCHAS EXTREMAS DE EXCLUSÃO SOCIAL NO BRASIL 81

4.1. As manchas extremas de exclusão social 84
4.2. As manchas extremas de exclusão social nas regiões naturais 86
Região Norte 86
Região Nordeste 88
Região Centro-Oeste 90
Região Sudeste 91
Região Sul 92
4.3. Considerações finais 93

## 5. ÍNDICE DE EXCLUSÃO SOCIAL NO BRASIL E O *RANKING* MUNICIPAL 95

*Referências bibliográficas* 107
*Anexo* 109

# APRESENTAÇÃO

A publicação tem o objetivo de ser uma ferramenta de planejamento capaz de subsidiar as tomadas de decisões de governantes e demais atores por meio da classificação dos municípios brasileiros, segundo o grau de exclusão social. Esta abordagem assume papel multidimensional a partir da análise de indicadores de pobreza, emprego, desigualdade, escolaridade, juventude e violência.

O estudo se torna relevante instrumento para subsidiar os atores comprometidos em superar as desigualdades sociais na priorização de territórios para implementação de iniciativas públicas, ou de interesse público, destinadas ao desenvolvimento socioeconômico e à redução dos aspectos perversos da exclusão social.

O esforço metodológico empregado culmina com uma trajetória percorrida a partir da primeira publicação do Atlas da Exclusão Social no Brasil, ocorrida em 2002, e posteriormente com o lançamento de mais quatro volumes, cujos conteúdos trouxeram a caracterização socioeconômica dos territórios brasileiros por meio de informações censitárias do ano 2000.

As informações apresentadas referem-se a uma atualização com base no ano de 2010, e são provenientes do Instituto Brasileiro de Geografia e

Estatística (IBGE) e do Ministério da Saúde. Essas informações permitiram criar índices simples e compostos referentes a três dimensões de análise: Vida Digna, Conhecimento e Vulnerabilidade Juvenil.

Para cumprir os objetivos mencionados, o livro foi dividido em cinco capítulos. O primeiro capítulo aborda de forma analítica a produção e reprodução da exclusão social no Brasil na primeira década do século XXI. A análise das informações sobre a exclusão social no Brasil, disponibilizadas por meio de mapas, foi foco central do segundo capítulo.

O terceiro capítulo concentra-se em analisar a presença da exclusão social nas grandes regiões naturais e nos estados da federação. Já o capítulo 4 foca-se nas áreas de extrema exclusão social, visando identificar localidades prioritárias para intervenções públicas e privadas de interesse público. O último capítulo aponta as cem cidades mais bem e piores posicionadas segundo o *ranking* do índice composto de exclusão social. Por fim, o livro conta com um anexo estatístico contendo os índices de exclusão social e seus derivados para todos os municípios brasileiros.

Boa leitura a todos,

*Os autores*

Capítulo 1

# PRODUÇÃO E REPRODUÇÃO DA EXCLUSÃO SOCIAL NO BRASIL NA PRIMEIRA DÉCADA DO SÉCULO XXI

O decênio passado, que decorreu após a publicação do primeiro dos cinco livros que completaram a série *Atlas da exclusão social no Brasil*, foi acompanhado de mudanças substanciais em relação ao tratamento da temática social. Os países capitalistas avançados, por exemplo, que já amargavam, em geral, sinais importantes da desconstrução do Estado de bem-estar social por força das políticas neoliberais, ingressaram numa fase de regressão socioeconômica motivada pela crise global a partir de 2008.

Nas demais nações, a marcha percebida do sucesso econômico, sobretudo na região asiática do planeta, seguiu amparada pelo baixo custo da mão de obra e por relações flexíveis de trabalho. A ausência do Estado de bem-estar social nestas regiões que protagonizam o maior dinamismo econômico global terminou registrando novas formas de exclusão, não obstante a diminuição nas taxas de desemprego e pobreza definida pelo critério de insuficiência da renda.

No Brasil, assim como na América Latina, a primeira década do século XXI trouxe consigo o retorno do crescimento econômico combinado com a redução da pobreza e desigualdade social, após o abandono das políticas de corte neoliberal. Essa melhora que destoou das trajetórias anteriores, quando a expansão das economias ocorria apartada do desenvolvimento social, chamou a atenção mundial para a singularidade atual sul-americana.

Não obstante o protagonismo da região, persegue ainda formas antigas e modernas de manifestação da exclusão social. Seja pela peculiaridade do dinamismo econômico recente sem forte base industrial, seja pela herança de profunda desigualdade e pobreza presente em praticamente todos os países latino-americanos, seja pela lógica de funcionamento do sistema capitalista produtor de crescente distanciamento entre pobres e ricos, a exclusão social parece ter sido amenizada, porém ainda não superada.

Todavia, frente ao êxito dos avanços socioeconômicos alcançados, a temática da exclusão perdeu importância relativa. Ademais, o crescimento de visões parciais e fragmentadas a respeito das mudanças socioeconômicas terminou por simplificar a problemática da exclusão como fenômeno quase exclusivamente de natureza mercantil. Ou seja, a crescente concentração de estudos e pesquisas focados nos mais pobres entre os pobres gerou o abandono da sempre necessária visão holística a respeito da desigualdade no interior das sociedades capitalistas.

Ao mesmo tempo, a perspectiva neoconservadora não deixou de se instalar em meio ao véu da ignorância que busca retratar as partes dissociadas, sem indagar a respeito das particularidades de cada uma. Nestes termos, a ideia de movimento simples entre trajetória ocupacional se contamina com a de mobilidade social, permitindo associá-las ao surgimento de novas classes sociais, sobretudo de nível médio de renda no interior das classes trabalhadoras.

Dessa forma, a elevação recente dos rendimentos do trabalho por força da expansão econômica e sofisticação das políticas de acesso e garantia de renda aos extremamente miseráveis, magnificada pelo processo de inclusão pelo consumo ao mercado, terminou por deslocar a perspectiva da exclusão social para um plano secundário. Movimento que pode até ser entendido como natural, tendo em vista que os chamados países desenvolvidos têm registrado sinais de regressão social e econômica, enquanto a região mais dinâmica economicamente do mundo quase nada apresenta em termos de avanços na constituição de um Estado de bem-estar social.

Mesmo assim, o presente *Atlas* revigora a metodologia de medida da exclusão social desenvolvida ainda na passagem para o século XXI para apresentar o quadro geral de exclusão no Brasil na década de 2000. Isso porque se reafirma que o conceito de exclusão social representa uma ampliação considerável às visões acerca das análises de pobreza e desigualdade.

A condição de exclusão social que leva à discriminação e ao isolamento de certos grupos no interior da sociedade pode abarcar tanto indivíduos pobres como não pobres. O conceito de pobreza é mais limitado que o de exclusão social, embora a pobreza em si seja um componente da própria condição da exclusão social.

Por ser um conceito multidimensional e relativo a qualquer sociedade, responde acumulativamente a uma progressão de fatores ao longo do tempo. Envolve as relações de poder e suas mediações entre estar excluído e suas reações à natureza das iniquidades contemporâneas que impossibilitam a participação plena na vida política, econômica, social, cultural e civil, além do acesso ao padrão de vida considerado civilizatoriamente aceitável.

Para, além disso, buscou-se também tratar da exclusão social como parte integrante do processo de desenvolvimento capitalista, bem como fenômeno de alienação revelado pelo conjunto de visões que se difundem acerca da desigualdade social. Justificável, posto que o século XXI começou amparado pelas vertentes da globalização e exclusão social.

A hipertrofia da esfera financeira concedeu à expansão dos fluxos internacionais de capitais, bens e serviços enorme acirramento na concorrência em meio à desaceleração do crescimento econômico mundial. Ao mesmo tempo, o processo de exclusão se renova produzindo e reproduzindo segmentos das populações sem acesso a bens e serviços. Também faltam meios de produção capazes de possibilitar a satisfação de necessidades básicas em termos afetivos, políticos, sociais, culturais e econômicos.

## 1.1. EXCLUSÃO SOCIAL COMO PROCESSO DO DESENVOLVIMENTO CAPITALISTA

Com a formação dos Estados nacionais, o desenvolvimento capitalista tomou forma estruturada em busca da maior eficiência econômica em associação com as possibilidades de elevação do padrão de bem-estar do conjunto da população. Mas isso não significou a existência de uma única e universal via para o desenvolvimento capitalista.

Cada trajetória de desenvolvimento terminou por estabelecer indissociáveis relações de causalidade entre as estruturas e as dinâmicas sociais próprias. Assim, a capacidade de geração, apropriação e utilização do excedente econômico expressou o regime de classes sociais e de competição intercapitalista.

Coube ao Estado, contudo, o meio civilizatório pelo qual o processo de acumulação capitalista foi – em maior ou menor medida – subordinado aos interesses do conjunto da população em cada nação. Por conta disso, a exclusão social como característica intrínseca do desenvolvimento capitalista se manifestou diferenciadamente em cada formação e evolução de sociedade.

Os condicionantes do processo de acumulação capitalista em cada formação social estabeleceram os limites políticos pelos quais a esfera econômica da geração do excedente registrou o grau de autonomia relativa do projeto nacional de desenvolvimento. Em síntese, as circunstâncias em que a sociedade demonstrou capacidade de controlar o seu processo de mudança social.

Para um país de desenvolvimento capitalista dependente como o Brasil e de passado colonial, as características da exclusão social se diferenciaram daquelas manifestas em economias capitalistas de passado feudal, como as da Europa Ocidental. Isso porque a passagem das antigas sociedades agrárias (colônias, escravistas, feudais) para urbano e industrial dependeu fortemente da natureza política das revoluções burguesas realizadas.

Em países de revolução burguesa liberal, como Inglaterra, França e Estados Unidos, a capacidade de controle do processo de mudança social foi maior. Nas experiências de revoluções burguesas conservadoras, como aquelas de via prussiana identificadas na Alemanha, o controle do processo de mudança social foi menor, não obstante o vigor e o radicalismo dos movimentos sociais organizados.

Por fim, nas revoluções burguesas tardias, como observada no Brasil, a mudança social esteve sob o controle quase monopolizado de interesses antissociais e autoritários. Talvez por isso entenda-se como um país com mais de 500 anos de existência tenha registrado até o momento apenas 50 anos submetidos a regimes políticos democráticos, sendo o mais longo período em exercício desde 1985.

De maneira geral, as civilizações de origem burguesa se pautam pelas exigências do crescimento das forças produtivas e da modernização do padrão de consumo. Assim, a expansão das forças produtivas pode ocorrer acompanhada pela modernização do padrão de consumo circunscrito a apenas parcela da sociedade, sobretudo quanto mais o processo de acumulação capitalista se der em presença de oferta abundante de mão de obra.

Para que isso deixasse de ocorrer generalizadamente, a repartição da renda pressupunha estar sob o comando de fatores de ordem institucional democrática e política favorável ao acesso universal da terra, do fundo público e da plena ocupação. Neste sentido, a realização das reformas clássicas do capitalismo, como a democratização da estrutura fundiária, o regime de tributação progressivo e o sistema de proteção e promoção social, contribuiu para que o grau de exclusão social se apresentasse cada vez menor.

Do contrário, a exclusão se manteria elevada, mesmo sob o movimento de acumulação de capital. A experiência brasileira evidenciou o quadro geral em que o crescimento da economia ocorreu deslocado da integração e homogeneização social.

Em 1980, quando o país se colocou entre as oito principais economias capitalistas do mundo, havia praticamente um miserável a cada dois brasileiros. Além disso, a economia nacional encontrava-se entre os três países do mundo de maior desigualdade de renda.

Por quase cinco décadas, o Brasil manteve acelerado o seu processo de acumulação de capital, cujo domínio do destino do excedente gerado pertenceu quase monopolicamente a grupos minoritários da população. Sem reformas clássicas do capitalismo contemporâneo e ausência de democracia, a exclusão social caracterizou a modernização conservadora do padrão de consumo.

Posteriormente, ao longo das duas últimas décadas do século XX, a presença do quadro da semiestagnação da renda por habitante manteve quase inalterada a estrutura social da exclusão. Sem excedente econômico geral satisfatório, as condições de repartição e enfrentamento da exclusão social tornaram-se materialmente inferiores, mesmo com a retomada do regime democrático e o estabelecimento de uma nova e importante Constituição Federal.

Com a expansão da oferta ainda mais abundante da mão de obra desde 1990, as condições de redução da desigualdade e da pobreza brasileiras se apequenaram mais. O máximo que se observou foi a modernização do padrão de consumo derivado da abertura comercial e financeira que desorganizou as contas externas, tornando ainda mais vulnerável a economia nacional.

A dependência crescente ao exterior se fortaleceu à medida que o consumo interno cresceu pelas importações e esvaziamento da estrutura produtiva interna. Com isso, o crescimento econômico não se sustentou, provocando o desemprego e a precarização generalizada do mundo do trabalho, bem como a desordem nas finanças públicas e incapacidade de elevar o gasto social.

Somente a partir de 2004, quando o processo de acumulação de capital voltou a se recuperar com base na ativação do mercado interno por força de políticas de distribuição de renda, as condições de enfrentamento da exclusão social tornaram-se mais robustas. Com resultados positivos das ações de Estado e maior legitimidade da luta social, o Brasil reduziu significativamente o desemprego, a pobreza e a desigualdade.

Entretanto, a economia nacional segue inserida entre os 15 países mais desiguais do mundo, com pobreza absoluta acima do aceitável e distante do pleno emprego de sua mão de obra. Mesmo que tardio, o Brasil sinaliza a possibilidade de tratar da exclusão social em melhores condições, pois sustenta um dos maiores e mais importantes regimes democráticos do planeta, tem potencial de ampliar o movimento de acumulação de capital e subordiná-lo aos desígnios do conjunto da sociedade.

Tudo isso reduz a distância que separa o país do menor grau de exclusão dos chamados países desenvolvidos. Mesmo assim, mantém estrutura e dinâmica social compatível ao que o desenvolvimento capitalista estabelece como característica intrínseca da produção e reprodução da exclusão social.

## 1.2. ALIENAÇÃO E PASTEURIZAÇÃO DA PRODUÇÃO DO CONHECIMENTO SOBRE DESIGUALDADES

Desde o final do século passado, com o avanço do regime democrático, as informações sociais e econômicas no Brasil tornaram-se mais acessíveis. Ao mesmo tempo, o curso da Revolução Tecnológica e Informacional vem apontando cada vez mais para a descentralização e democratização da produção do conhecimento.

Concomitantemente com a disponibilização de dados oficiais, houve também a proliferação de pesquisas e modelos estatísticos capazes de cada vez mais gerar indicadores-síntese voltados ao dimensionamento da diversidade dos problemas sociais. Em grande medida, algumas ilhas de prosperidade, localizadas fundamentalmente nos países ricos e que detêm centros de produção do conhecimento, assumiram maior protagonismo tanto na disputa pela formação da opinião mundial, como na defesa do receituário de medidas orientadas ao enfrentamento de problemas sociais e econômicos.

Nota-se que nas instituições multilaterais, como Banco Mundial (BM), Fundo Monetário Nacional (FMI), Nações Unidas (ONU), por meio do Programa das Nações Unidas para o Desenvolvimento (PNUD), e Organização para a Cooperação e Desenvolvimento Econômico (OCDE), têm predominado o exercício de diagnósticos e proposições orientadoras a governos sobre pobreza, desigualdade, entre tantas outras ações esvaziadoras de autonomias nacionais. Isso porque tendem a difundir abordagens simplificadoras da realidade, provocadas por visões convencionais a respeito da desigualdade e pobreza.

Nesse sentido, destacam-se também os porta-vozes locais com a tarefa de internalizar ideais construídos exogenamente, nem sempre compatíveis com a perspectiva internacionalista dos problemas e soluções. Por conta disso, certas análises sobre a exclusão social têm sido empobrecedoras do fenômeno, reproduzindo visões convencionais que são contrárias à realidade local.

Exemplos disso não faltam como nos casos de relatórios produzidos pelo PNUD com a concepção simplificadora do desenvolvimento humano a três indicadores sintéticos, assim como o BM informa sobre a mobilidade econômica e a ascensão de segmentos de classe média confiando apenas e tão somente em indicadores limitados pelo rendimento. Em publicações como essas, pode-se constatar que a preocupação criteriosa com informações estatística nem sempre condiz com interpretações e recomendações factíveis com a realidade das nações consideradas.

No caso da referência de estudos exógenos, bem como aqueles reproduzidos internamente e que nem sempre utilizam informações estatísticas compatíveis, notam-se resultados distintos. Assim, percebe-se que da complexidade dos fenômenos sociais e econômicos se atingem rápida e favoravelmente modalidades de ver a realidade por mecanismos estatísticos sintéticos que mostram alguma coisa, não necessariamente o essencial.

Por conta disso, pode-se chegar a diferentes conclusões após adotarem-se distintos critérios e modalidades de observação dos fenômenos sociais e econômicos. Ao se utilizar, por exemplo, a medida do Índice de Desenvolvimento Humano do PNUD/Nações Unidas, compreende-se a realidade social do Brasil distinta daquela observada por meio das informações da miséria expressa pela modalidade oficial de pobreza extrema adotada pelo Ministério do Desenvolvimento Social do Governo Federal.

Ao se contrastarem os três mapas, do desenvolvimento humano, da pobreza extrema e da exclusão social, constata-se visualmente que a escolha de lentes para ver a realidade pode mostrar apenas uma parte de sua totalidade. Por conta disso, o presente estudo optou por seguir a metodologia de análise da realidade nacional por meio da metodologia dos indicadores da exclusão social.

ATLAS DA EXCLUSÃO SOCIAL NO BRASIL 19

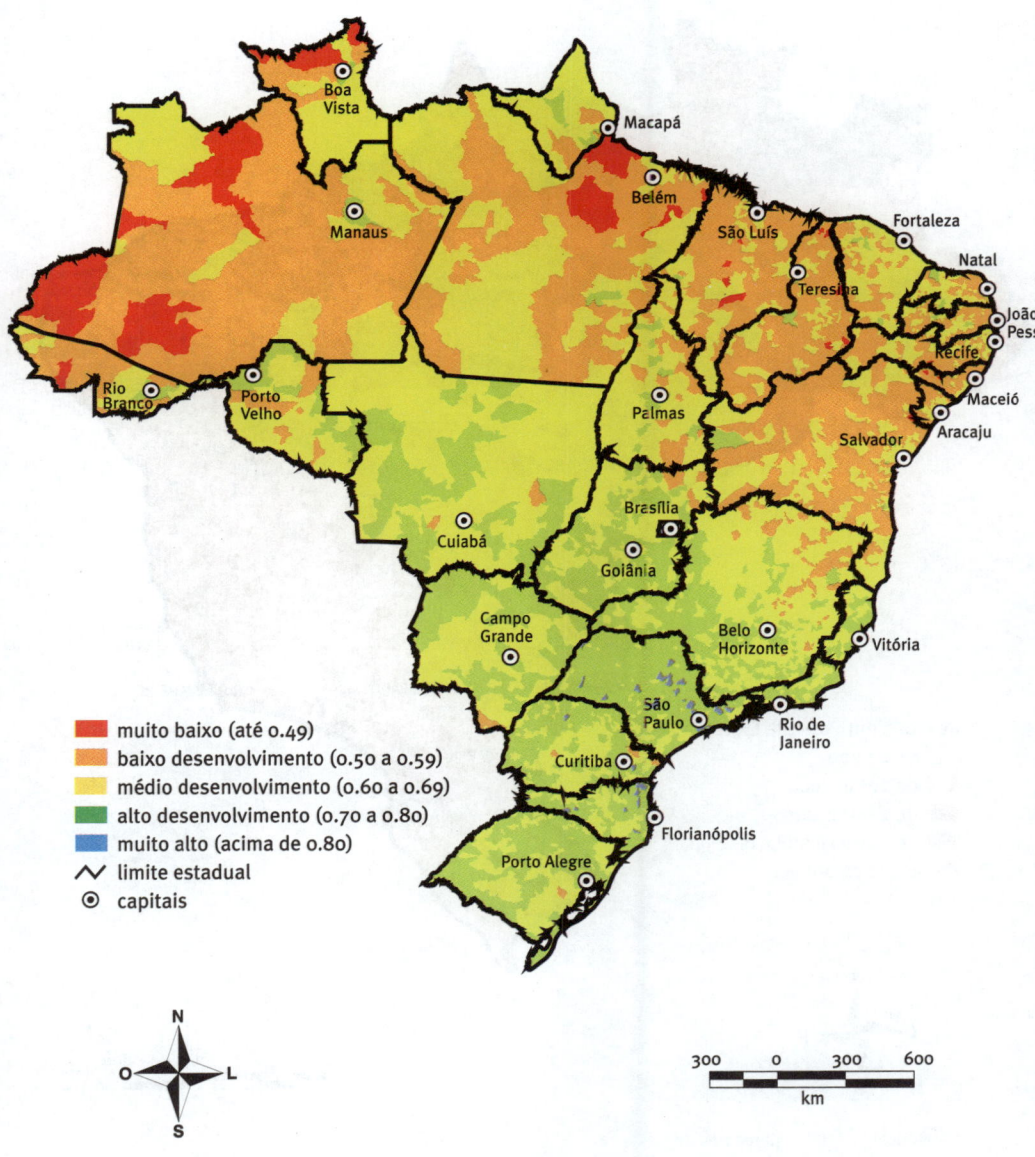

## Índice de Desenvolvimento Humano Municipal
**Todos os municípios do Brasil em 2010**

- muito baixo (até 0.49)
- baixo desenvolvimento (0.50 a 0.59)
- médio desenvolvimento (0.60 a 0.69)
- alto desenvolvimento (0.70 a 0.80)
- muito alto (acima de 0.80)
- limite estadual
- capitais

\* Quanto maior o índice, melhor a condição social.

Fonte: PNUD, a partir dos dados do Censo Demográfico 2010/IBGE.

## Pessoas em Situação de Extrema Pobreza

### Todos os municípios do Brasil em 2010

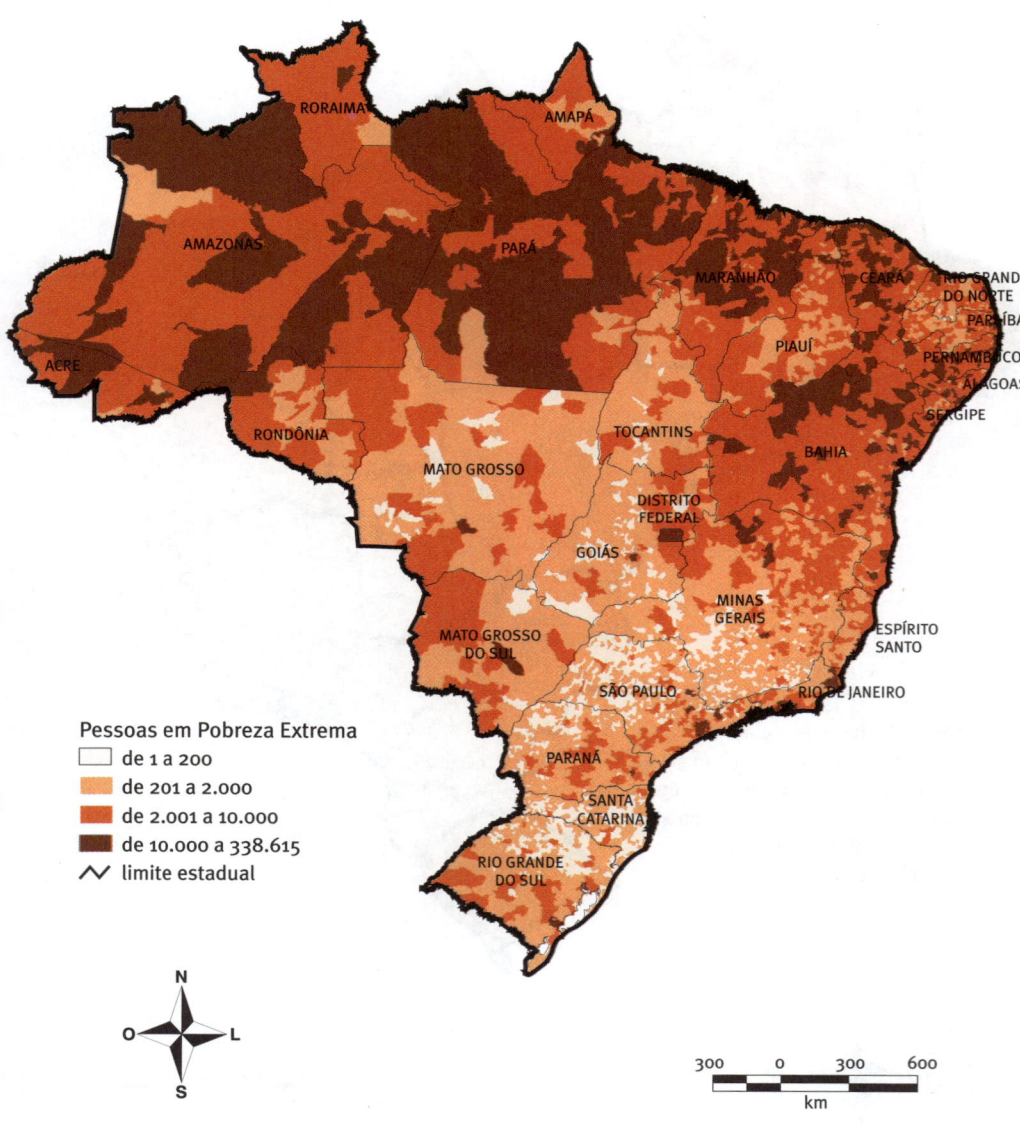

Pessoas em Pobreza Extrema
- de 1 a 200
- de 201 a 2.000
- de 2.001 a 10.000
- de 10.000 a 338.615
- limite estadual

\* Metodologia MDS – Moradores de domicílios particulares permanentes com renda domiciliar *per capita* de até 70 reais.

Fonte: Data Social/MDS 2010.

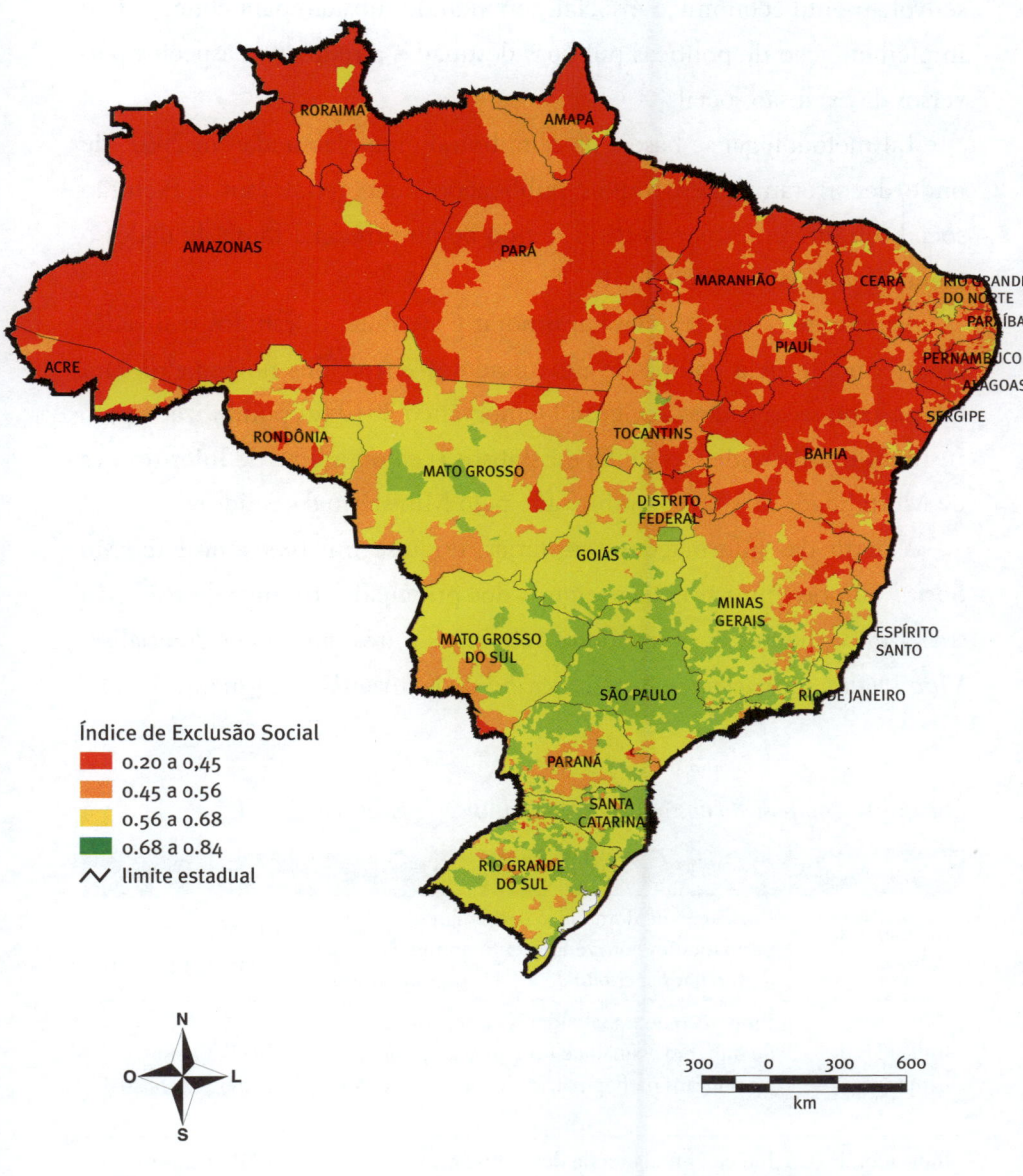

## 1.3. A MEDIDA DA EXCLUSÃO SOCIAL

A proposta metodológica do atual *Atlas da exclusão social no Brasil* tem como finalidade classificar os municípios brasileiros segundo o grau de desenvolvimento econômico e social, servindo de subsídio para concepção e implementação de políticas públicas destinadas a reduzir os aspectos perversos da exclusão social.

Tal metodologia se baseia na obra homônima elaborada em 2002, de onde decorreram quatro outras publicações, que retrataram a exclusão social sob diferentes perspectivas, tendo como principal fonte de dados o Censo demográfico 2000 do IBGE.

A presente publicação visa aprimorar e atualizar os estudos realizados anteriormente pela equipe de pesquisadores envolvidos no projeto. Para tal, utilizou-se os dados do Censo Demográfico 2010 (disponibilizado pelo Instituto Brasileiro de Geografia e Estatística) e do Sistema de Informações de Mortalidade 2010 (disponibilizado pelo Ministério da Saúde).

A partir das informações censitárias, criou-se um *Índice de Exclusão Social* que permitiu sintetizar alguns dos principais atributos da exclusão social provenientes de indicadores referentes a três dimensões de análise: *Vida Digna*, *Conhecimento* e *Vulnerabilidade Juvenil* – ver Quadro 1.

*Quadro 1. Composição dos indicadores do Índice de Exclusão Social.*

| Indicador | Descrição | Fonte |
|---|---|---|
| Indicador de Pobreza | Proporção de domicílios particulares permanentes com rendimento nominal mensal domiciliar *per capita* de até 1/2 salário mínimo | IBGE. Censo Demográfico, 2010. |
| Indicador de Emprego | Proporção de trabalhadores com carteira de trabalho assinada e funcionários públicos estatutários na População Economicamente Ativa | IBGE. Censo Demográfico, 2010. |
| Indicador de Desigualdade | Índice Gini da renda domiciliar *per capita* da população residente | IBGE. Censo Demográfico, 2010. |

| Indicador | Descrição | Fonte |
|---|---|---|
| Indicador de Alfabetização | Taxa de alfabetização das pessoas de 5 anos ou mais de idade | IBGE. Censo Demográfico, 2010. |
| Indicador de Escolaridade | Proporção de pessoas com 17 anos ou mais que concluíram o ensino médio | IBGE. Censo Demográfico, 2010. |
| Indicador de Concentração Juvenil | Proporção da população com até 19 anos de idade | IBGE. Censo Demográfico, 2010. |
| Indicador de Violência | Taxa de homicídios por 100 mil habitantes | MS. SIM, 2010. |

Fonte: Elaboração própria.

A dimensão *Vida Digna* buscou mensurar o bem-estar material da população e contou com um *Indicador de Pobreza* (porcentagem de domicílios com insuficiência de renda), *Indicador de Emprego* (percentual de trabalhadores formais na população economicamente ativa) e *Indicador de Desigualdade* (Índice Gini da renda domiciliar *per capita*).

A dimensão *Conhecimento* mensurou o acúmulo simbólico e cultural da população brasileira e incorporou um *Indicador de Alfabetização* (proporção de pessoas com mais de 5 anos de idade que sabem ler e escrever) e um *Indicador de Escolaridade* (proporção de pessoas com 17 anos ou mais que concluíram o ensino médio).

Por fim, a dimensão *Vulnerabilidade Juvenil*, voltada para a avaliação da exposição da população jovem e para as situações caracterizadas pela violência, incluiu um *Indicador de Juventude* (proporção da população com até 19 anos de idade) e um *Indicador de Violência* (taxa de homicídios para cada 100 mil habitantes).

A padronização dos sete indicadores dessas três dimensões em índices foi feita pela técnica idealizada por Amartya Sen e aplicada no cálculo do Índice de Desenvolvimento Humano (IDH) do Programa das Nações Unidas para o Desenvolvimento (PNUD),[1] que transforma os indicadores em variáveis contínuas com variação entre zero e um. Assim, optou-se por aplicar para todas as variáveis investigadas a seguinte fórmula:

$$X_{i,p} = (X_i - MIN(X_i)) / (MAX(X_i) - MIN(X_i))$$

Onde:
p: identifica qual indicador está em estudo
i: identifica a unidade de análise (municípios)
X: valor do indicador utilizado no cálculo
MIN(X): valor mínimo encontrado na distribuição do indicador
MAX(X): valor máximo encontrado na distribuição do indicador

Tal processo permitiu a apuração do Índice de Exclusão Social para os 5.565 municípios brasileiros. Finalmente, para interpretar o resultado de cada município basta ter em mente duas coisas:

1. O índice varia de zero a um.
2. As piores condições de vida equivalem a valores próximos a zero, enquanto as melhores situações sociais estão próximas de um.

Para a construção do Índice Sintético de Exclusão Social foram considerados pesos diferentes para cada índice investigado. Desse modo, os índices de pobreza, emprego, desigualdade e juventude tiveram peso de 17%. Os índices de escolaridade e alfabetização tiveram peso de 11,3% e 5,7%, respectivamente, enquanto o índice de violência teve peso correspondente a 15%, como apresentado no Quadro 2.

---

[1] Ver *Atlas do Desenvolvimento Humano no Brasil*. PNUD, 2004.

*Quadro 2. Peso atribuído às variáveis que compõem o Índice de Exclusão Social.*

| Índice | Peso |
|---|---|
| Índice Pobreza | 17,0% |
| Índice Emprego | 17,0% |
| Índice Desigualdade | 17,0% |
| Índice Alfabetização | 5,7% |
| Índice Escolaridade | 11,3% |
| Índice Juventude | 17,0% |
| Índice Violência | 15,0% |

Fonte: Elaboração própria.

Para a exposição e a análise dos resultados, utilizaram-se técnicas de geoprocessamento para produzir mapas temáticos que distribuem os municípios em quatro classes segundo o método do algoritmo de Jenks (*Natural Break*), que se fundamenta na técnica de maximizar a variância interclasses utilizando uma base matemática para determinar o valor de seus intervalos.[2]

---

[2] Para o cálculo dos valores dos intervalos do método de Jenks, inicialmente é feito um cálculo da soma dos Desvios Absolutos sobre a Mediana da Classe, que por sua vez corresponde a um erro, para o estabelecimento das quebras naturais da série de dados, ou seja, quanto menor for o resultado dos desvios, mais acurada será a divisão das classes. Nesse método de classificação os dados com menor variação são agrupados, estabelecendo de maneira estatística os padrões espaciais dos dados utilizados.

## Capítulo 2

# MANIFESTAÇÃO BRASILEIRA DA EXCLUSÃO SOCIAL

A definição da exclusão social como processo contemporâneo multidimensional e relativo a qualquer sociedade congrega uma perspectiva acumulativa progressiva acerca de sua manifestação. Nesses termos, o conceito de exclusão social aqui desenvolvido sustenta-se em sete variáveis principais, que buscam isolada ou simultaneamente caracterizar a manifestação do processo de exclusão social no Brasil.

A exclusão, assim, passa a ser uma expressão da negatividade frente às seguintes dimensões:

(i) de *exposição* ao risco da vida pela presença da violência;
(ii) do *ser* enquanto condição de autorreconhecimento da própria personalidade;
(iii) de *estar* pertencendo socialmente (família, vizinhança, grupal);
(iv) do *realizar* tarefas e ocupações com posição social;
(v) do *criar*, assumindo iniciativas e compreendendo o próprio mundo em que vive;
(vi) do *saber* com acesso à informação e capacidade cultural; e
(vii) do *ter* rendimento que insere ao padrão de consumo aceitável social e economicamente.

Em síntese, a exclusão concerne à condição específica ou holística de não estar exposta ao risco da violência, ao não ser, ao não estar, ao não realizar, ao não criar, ao não saber e ao não ter. Assim, a agregação metodológica das sete dimensões de variáveis permite considerar o todo e as partes da exclusão social no Brasil, sintetizando em uma escala numérica que varia entre zero e um. Quanto mais próximo de zero, maior o grau de exclusão social percebido, com pior condição possível para o conjunto do sistema econômico e social.

Na sequência, apresenta-se a série de mapas que trata do índice geral da exclusão social, bem como para cada uma das sete dimensões constitutivas do conjunto da manifestação da exclusão social no Brasil. Ressalta-se que a base mínima geográfica é o município, permitindo índice total geral e parcial para cada um dos estados da federação e o conjunto do país.

## 2.1. MAPA ÍNDICE DE EXCLUSÃO SOCIAL

No ano de 2010, o Índice de Exclusão Social (IES) foi de 0,63 no Brasil. Em grande medida, os estados das grandes regiões geográficas do Norte e Nordeste foram os principais responsáveis pela situação geral do Índice de Exclusão Social.

Alagoas (0,46), Maranhão (0,46) e Pará (0,46) constituem os estados com os piores Índices de Exclusão Social no ano de 2010. No outro extremo, destacam-se os estados de Santa Catarina (0,74), São Paulo (0,72) e Rio Grande do Sul (0,70). A diferença entre os estados de maior e de menor grau de exclusão social foi 60,9% em 2010.

Dos 26 estados da federação, mais o Distrito Federal, somente 10 apresentaram, em 2010, índice de exclusão superior ao medido nacionalmente (0,63). Ou seja, 2/3 do total dos estados da federação apresentam índices de exclusão abaixo da média nacional.

## 2.2. MAPA ÍNDICE DE POBREZA

Para a medida parcial da pobreza no Índice de Exclusão Social, percebe-se que foi de 0,67 em 2010. Ou seja, 6,3% acima da medida nacional da exclusão social no Brasil.

Tratando das unidades da federação, constata-se que os estados do Maranhão (9,34), Alagoas (0,40) e Piauí (0,41) apresentaram maior grau de exclusão em termos de pobreza do Brasil em 2010. Santa Catarina (0,89), Distrito Federal (0,84) e Rio Grande do Sul (0,83) foram os estados com menores graus de exclusão social em pobreza.

A desigualdade entre o maior e o menor grau de exclusão em pobreza foi de 2,6 vezes entre as unidades da federação brasileira.

## 2.3. MAPA ÍNDICE DE EMPREGO FORMAL

Para o emprego formal nacional como componente do Índice de Exclusão Social, o ano de 2010 apontou índice de 0,56. Ou seja, 9,7% pior do que verificado em todo o país pelo Índice de Exclusão Social (0,63).

A diferença entre o maior e o menor grau de exclusão entre os índices de exclusão no emprego formal de todas as unidades da federação foi de 2,7 vezes. Isso porque os estados com pior grau de exclusão social no critério emprego formal foram Maranhão (0,28), Pará (0,33) e Piauí (0,33).

Por outro lado, o Distrito Federal apresentou o menor grau de exclusão no emprego formal (0,75). Na sequência, destacaram São Paulo (0,72) e Santa Catarina (0,70).

## 2.4. MAPA ÍNDICE DE DESIGUALDADE SOCIAL

A dimensão da desigualdade social foi o mais grave no conjunto do Índice de Exclusão Social para o ano de 2010. Com o índice de 0,5 para a desigualdade social, ele foi 20,6% pior que o indicador nacional (0,63).

Contabilizando o conjunto das unidades da federação, o maior grau de desigualdade social ocorreu no Distrito federal (0,33), seguido por Amazonas (0,34) e Roraima (0,36). De outra parte, a menor desigualdade encontrou-se em Santa Catarina (0,65), Paraná (0,58) e Rio Grande do Sul (0,57).

Com isso, a diferença entre o menor e o maior índice de exclusão para a dimensão de desigualdade foi de 1,97 vez no ano de 2010.

## 2.5. MAPA ÍNDICE DE ESCOLARIDADE

Na composição dos índices parciais da exclusão para o ano de 2010, constata-se que a dimensão nacional de escolaridade (0,79) apresenta-se 25,3% acima da de exclusão geral do país (0,63). Essa posição melhor em termos de condições da escolaridade da população revela, por outro lado, maior grau de diferenciação entre os estados da federação.

Os estados de Alagoas (0,46), Piauí (0,50) e Maranhão (0,52) destacam-se com os piores índices de exclusão na dimensão escolaridade. Em contrapartida, Distrito Federal (0,92), Santa Catarina (0,92) e São Paulo (0,91) assumem a posição de melhor colocação no índice de exclusão do país.

Tomando-se como referência os extremos da desigualdade para o índice de exclusão social na escolaridade, percebe-se uma diferenciação duas vezes maior, como no caso do contraste entre a realidade do Distrito Federal e a de Alagoas no ano de 2010.

## 2.6. MAPA ÍNDICE DE ALFABETIZAÇÃO

Considerando o Índice de analfabetismo de exclusão social de 0,54 do Brasil em 2010, nota-se que ele se apresentou 14,3% abaixo da medida nacional de exclusão (0,63). Além disso, o grau de desigualdade entre os índices de exclusão social no analfabetismo entre os estados da federação foi de 2,4 vezes.

Isso porque os piores estados no quesito analfabetismo no índice de exclusão social foram Alagoas (0,35), Piauí (0,37) e Maranhão (0,38). Por outro lado, o Distrito Federal (0,84), Rio de Janeiro e São Paulo (0,66) apresentaram menor grau de exclusão social no analfabetismo.

## 2.7. MAPA ÍNDICE DE CONCENTRAÇÃO JUVENIL

No ano de 2010, o índice de 0,57 para a dimensão concentração juvenil foi 9,5% inferior ao Índice Nacional de Exclusão Social (0,63). A diferença entre as unidades da federação foi de 1,8 vez entre o maior e o menor Índice de Exclusão Social para a concentração juvenil.

Os estados do Acre (0,35), Amapá (0,35) e Amazonas (0,36) foram aqueles com mais grave Índice de Exclusão Social no critério de concentração juvenil. Rio Grande do Sul (0,64), Rio de Janeiro (0,64) e São Paulo (0,63) foram os estados com os menores Índices de Exclusão Social para a dimensão concentração juvenil em 2010.

## 2.8. MAPA ÍNDICE DE VIOLÊNCIA

No quesito violência, o Índice de Exclusão Social foi de 0,86 em 2010. Em comparação com o Índice Nacional de Exclusão Social (0,63), o grau de violência foi 36,5% maior.

Os estados com menor grau de violência foram Piauí (0,93), Santa Catarina (0,63) e São Paulo (0,93). Em contraposição, Alagoas (0,65) foi o estado com o maior grau de exclusão no item violência, acompanhado por Espírito Santo (0,74) e Pará (0,76).

Em relação aos estados de maior e menor exclusão social para o critério de violência, a diferença foi de 1,4 vez no ano de 2010.

## Índice de Exclusão Social

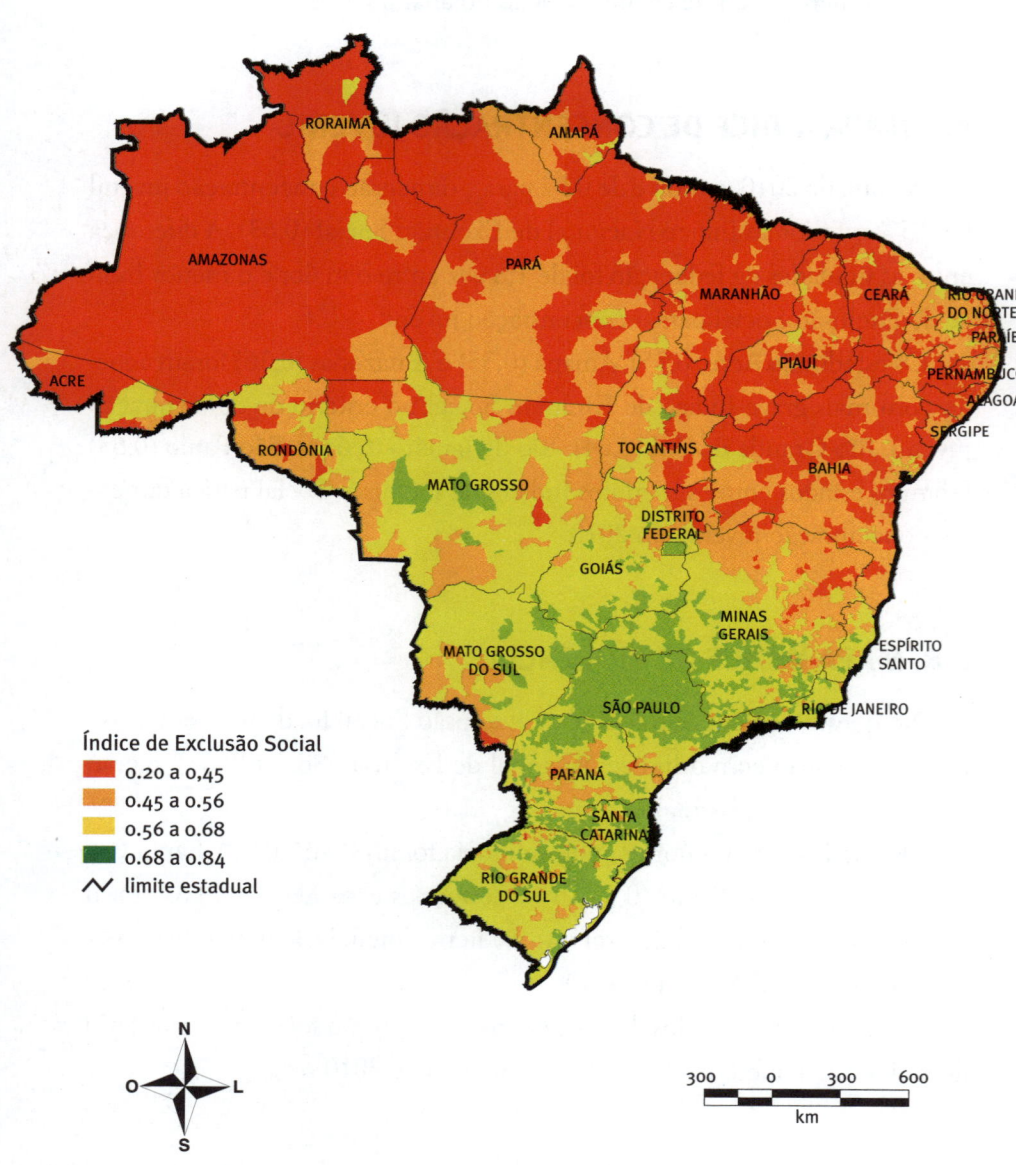

ATLAS DA EXCLUSÃO SOCIAL NO BRASIL

## Índice de Pobreza

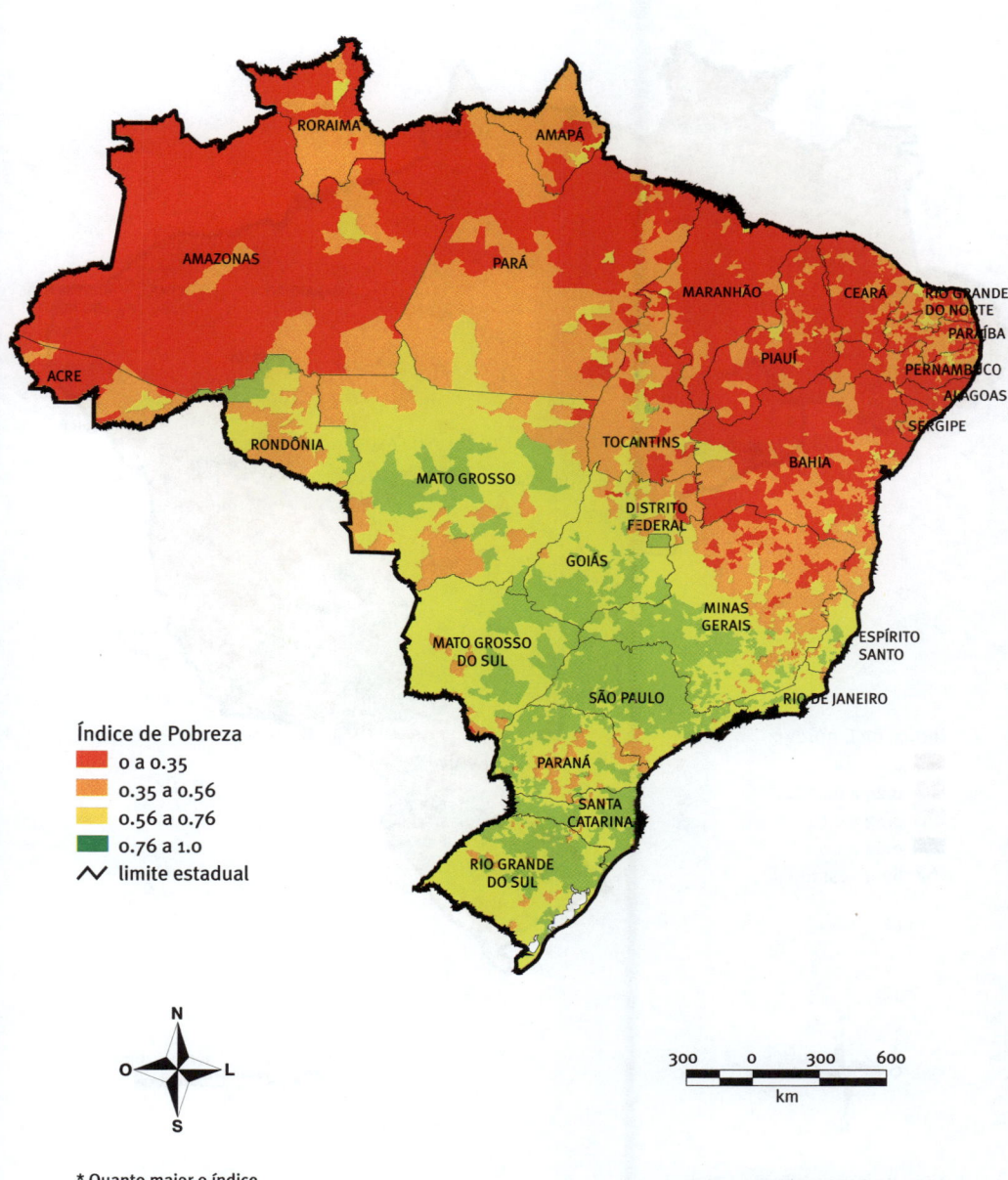

Índice de Pobreza
- 0 a 0.35
- 0.35 a 0.56
- 0.56 a 0.76
- 0.76 a 1.0
- limite estadual

\* Quanto maior o índice, melhor a condição social.

Fonte: Elaboração própria, a partir dos microdados do Censo Demográfico 2010/IBGE.

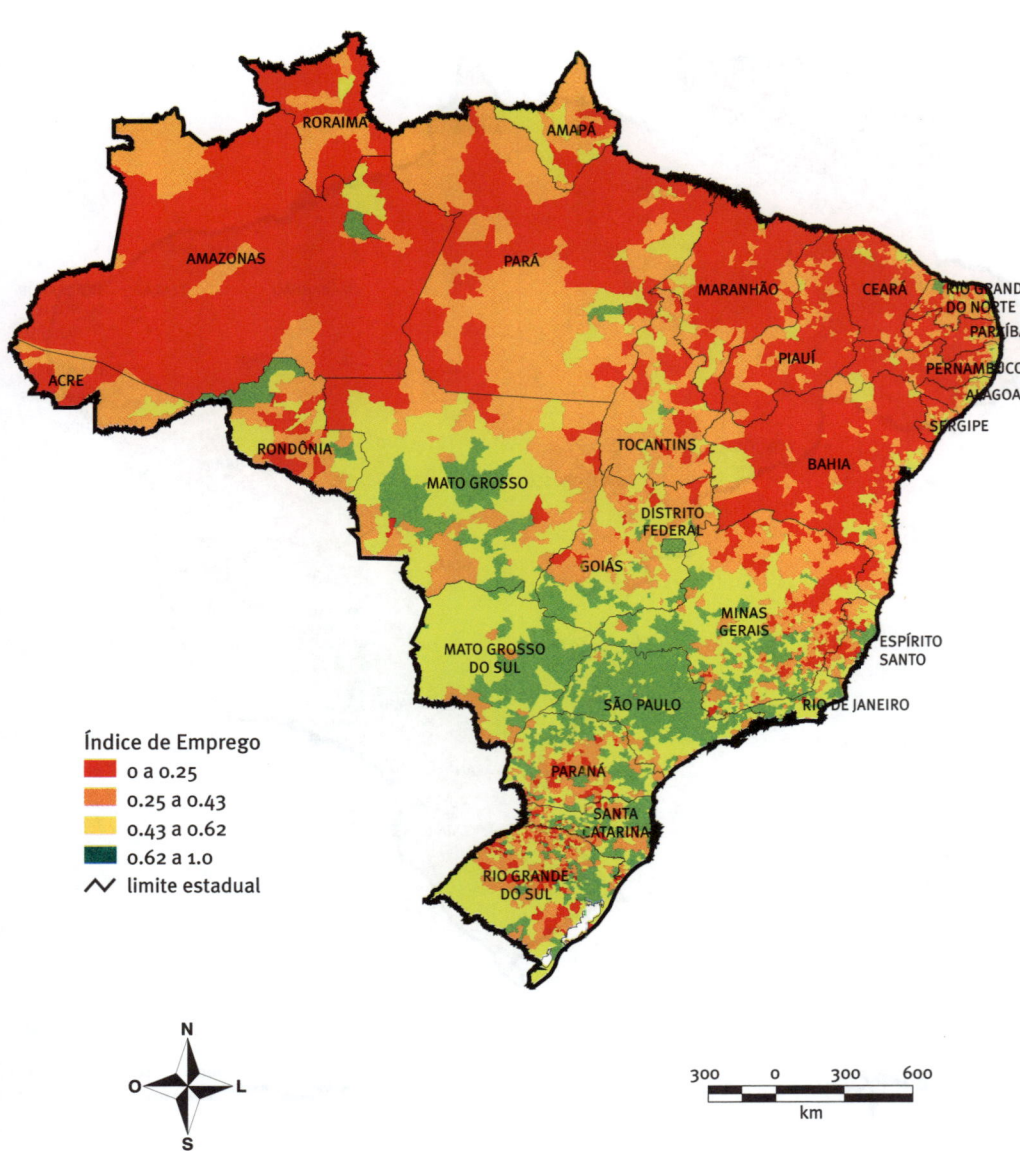

ATLAS DA EXCLUSÃO SOCIAL NO BRASIL   35

## Índice de Desigualdade Social

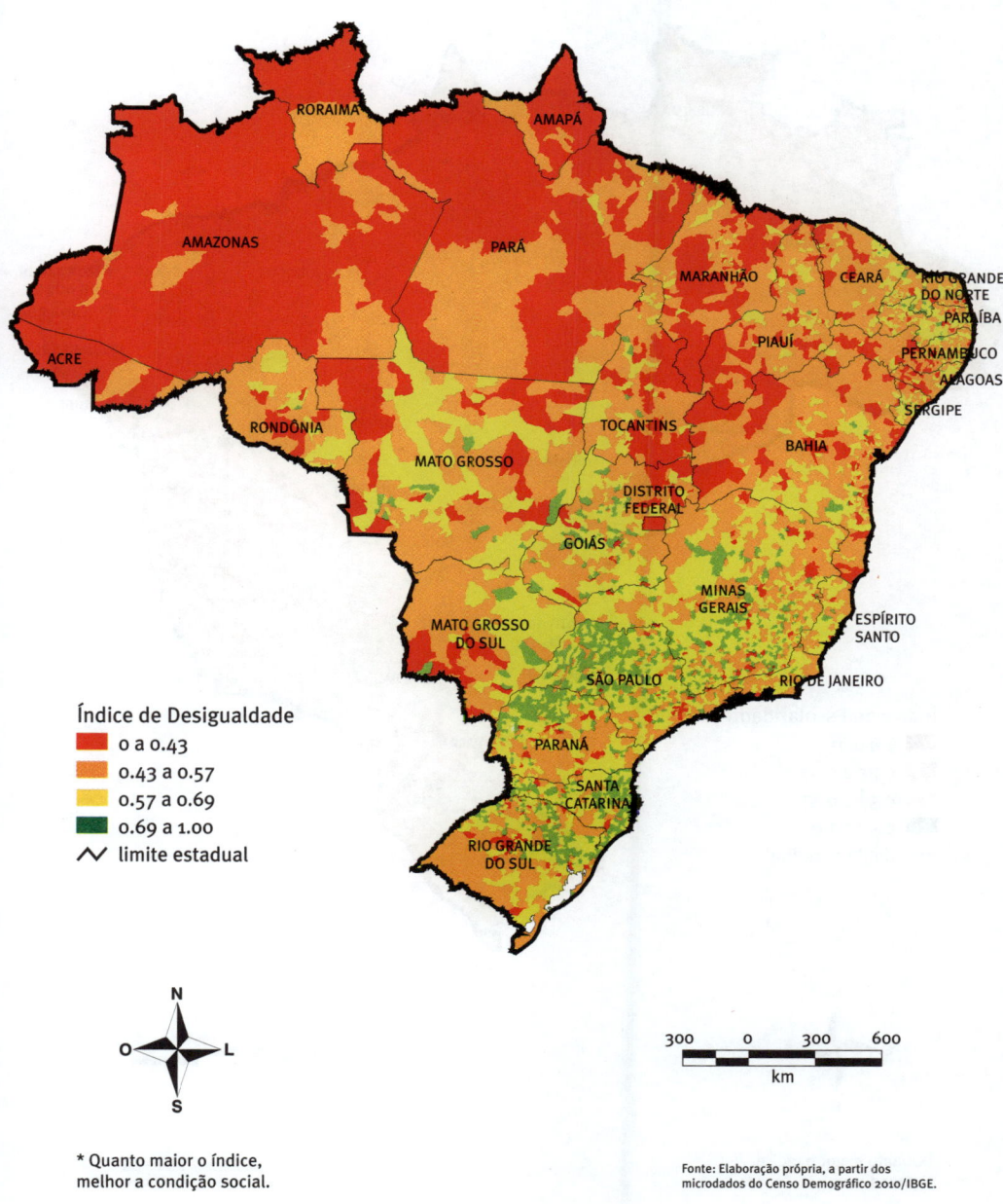

Índice de Desigualdade
- 0 a 0.43
- 0.43 a 0.57
- 0.57 a 0.69
- 0.69 a 1.00
- limite estadual

\* Quanto maior o índice, melhor a condição social.

Fonte: Elaboração própria, a partir dos microdados do Censo Demográfico 2010/IBGE.

ATLAS DA EXCLUSÃO SOCIAL NO BRASIL

## Índice de Escolaridade

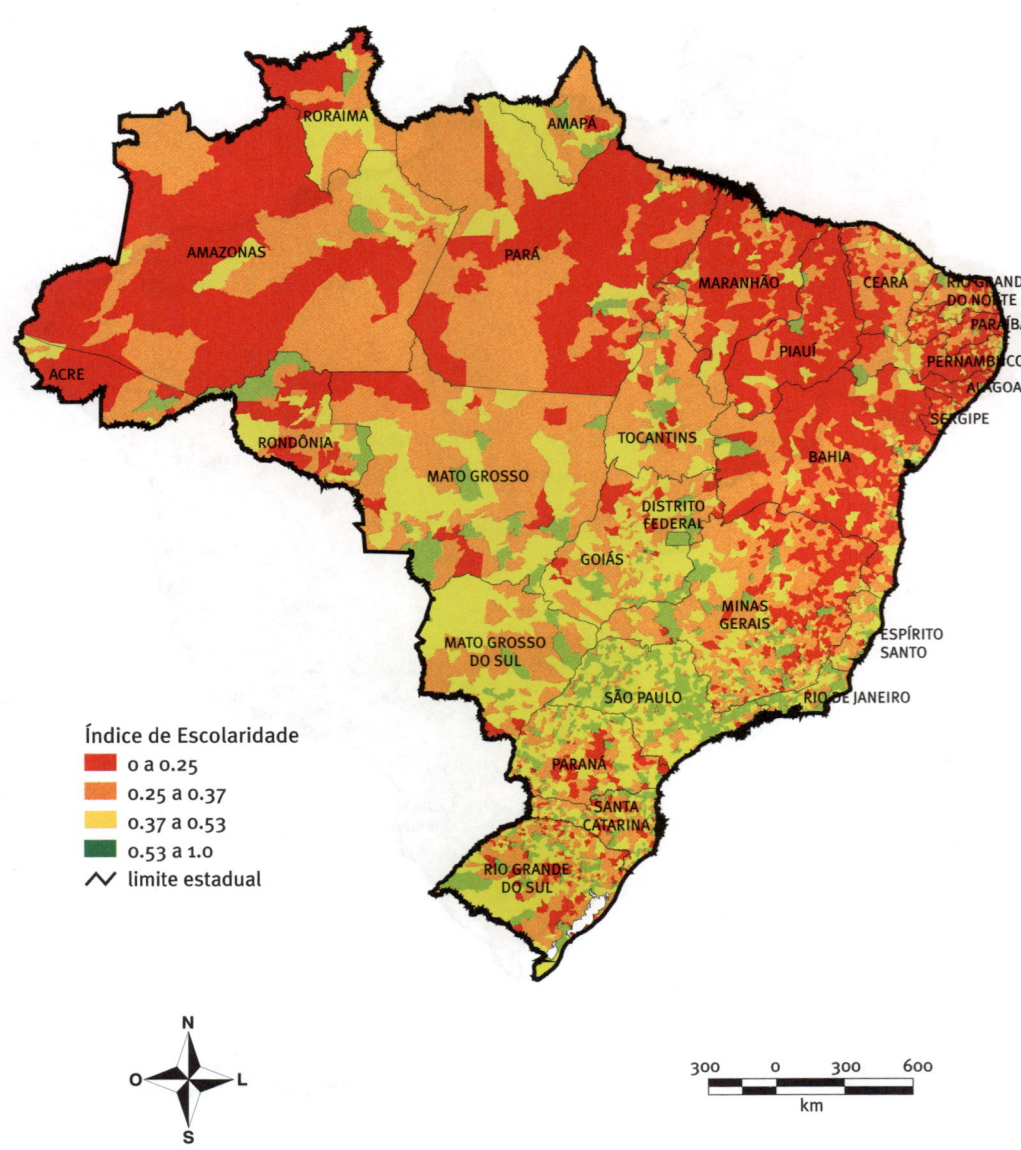

Índice de Escolaridade
- 0 a 0.25
- 0.25 a 0.37
- 0.37 a 0.53
- 0.53 a 1.0
- limite estadual

\* Quanto maior o índice, melhor a condição social.

Fonte: Elaboração própria, a partir dos microdados do Censo Demográfico 2010/IBGE.

ATLAS DA EXCLUSÃO SOCIAL NO BRASIL

## Índice de Alfabetização

**Índice de Alfabetização**
- 🟥 0 a 0.39
- 🟧 0.39 a 0.60
- 🟨 0.60 a 0.79
- 🟩 0.79 a 1.0
- ◸ limite estadual

\* Quanto maior o índice, melhor a condição social.

Fonte: Elaboração própria, a partir dos microdados do Censo Demográfico 2010/IBGE.

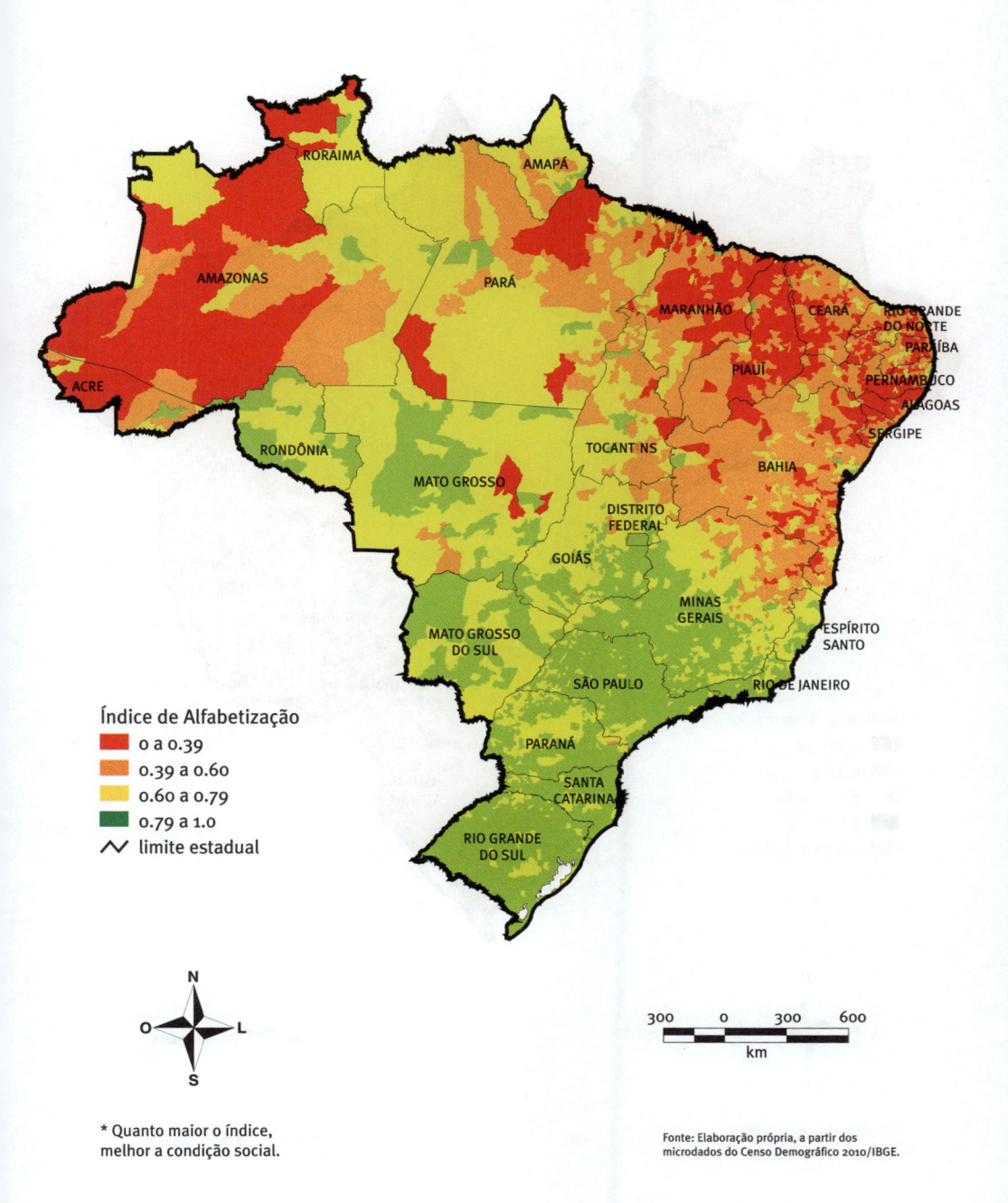

## Índice de Concentração Juvenil

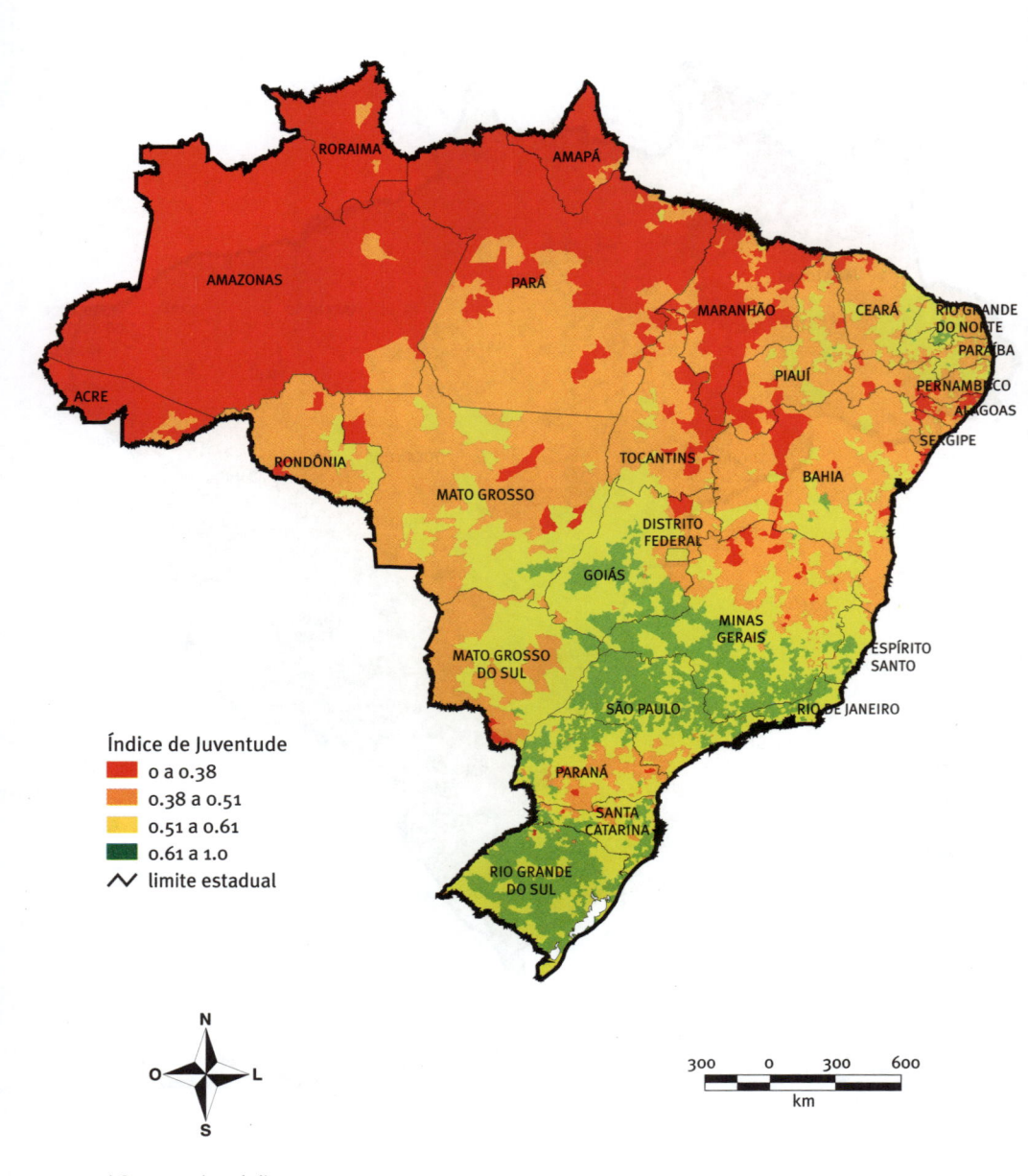

**Índice de Juventude**
- 0 a 0.38
- 0.38 a 0.51
- 0.51 a 0.61
- 0.61 a 1.0
- limite estadual

\* Quanto maior o índice, melhor a condição social.

Fonte: Elaboração própria, a partir dos microdados do Censo Demográfico 2010/IBGE.

ATLAS DA EXCLUSÃO SOCIAL NO BRASIL 39

## Índice de Violência

**Índice de Violência**
- 0 a 0.67
- 0.67 a 0.83
- 0.83 a 0.94
- 0.94 a 1.0
- limite estadual

\* Quanto maior o índice, melhor a condição social.

Fonte: Elaboração própria, a partir dos microdados do Censo Demográfico 2010/IBGE e DATASUS/2010.

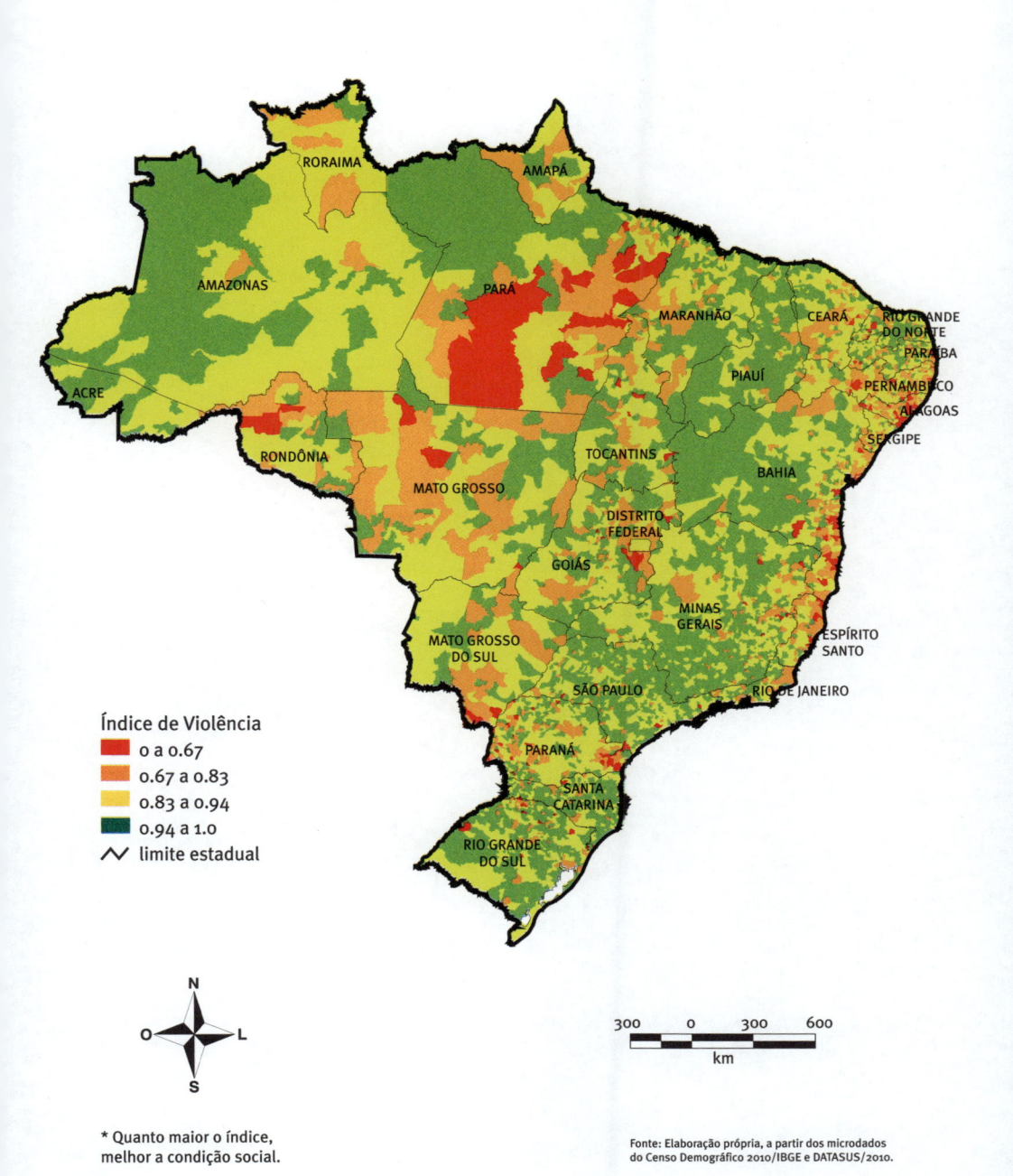

Capítulo 3

# PRESENÇA DA EXCLUSÃO SOCIAL NAS GRANDES REGIÕES E NOS ESTADOS DA FEDERAÇÃO

Em 1969, o Instituto Brasileiro de Geografia e Estatística (IBGE) elaborou a atual divisão de unidades da federação em cinco grandes regiões que levavam em conta aspectos físicos (clima, relevo, vegetação), além dos aspectos socioeconômicos. São cinco regiões, a saber, Norte, Nordeste, Centro-Oeste, Sudeste e Sul. Neste capítulo serão apresentados, respectivamente, os mapas dos estados que integram cada região. Nos mapas estaduais, as diferenciações se darão por municípios, segundo o índice de exclusão social de cada municipalidade.

## REGIÃO NORTE

A região Norte é a maior região brasileira, correspondendo a 45% do território nacional. A região é formada por sete estados e 449 municípios, onde residem mais de 15 milhões de pessoas. Apesar da grande extensão de seu território (pouco inferior ao território de toda a União Europeia), a região Norte conta com poucos municípios – dos sete estados, três contam com menos de 50 municípios e outros dois apresentam menos de 100 cidades. E as cidades, apesar de extensas, são pouco populosas – três estados têm uma população inferior a 1 milhão de habitantes. Inclusive, apenas duas cidades da região contam com mais de 1 milhão de habitantes (Manaus, 1,8 milhão, e Belém, 1,4 milhão). O referencial da região é a presença da floresta amazônica, que ocupa grande parte de seu território.

Tabela 1. Número de municípios e de habitantes, por estado, região Norte, 2010.

|       | Municípios | %      | População  | %      |
|-------|------------|--------|------------|--------|
| AC    | 22         | 4,9%   | 733.559    | 4,6%   |
| AM    | 62         | 13,8%  | 3.483.899  | 22,0%  |
| AP    | 16         | 3,6%   | 669.492    | 4,2%   |
| PA    | 143        | 31,8%  | 7.580.880  | 47,8%  |
| RO    | 52         | 11,6%  | 1.562.321  | 9,8%   |
| RR    | 15         | 3,3%   | 450.479    | 2,8%   |
| TO    | 139        | 31,0%  | 1.383.445  | 8,7%   |
| TOTAL | 449        | 100,0% | 15.864.076 | 100,0% |

Fonte: IBGE. Censo Demográfico, 2010.

A única cidade da região Norte a apresentar índice de exclusão social capaz de colocá-la no melhor grupo – o marcado de verde no mapa – é a cidade de Palmas, capital do estado de Tocantins.

Há mais 44 municípios integrando o segundo melhor grupo de cidades, as com índice de exclusão social variando entre 0,55 e 0,66. Esse grupo inclui as outras seis capitais estaduais (Rio Branco, Manaus, Macapá, Belém, Porto Velho, Boa Vista). O estado de Rondônia se destaca nesse grupo, no qual estão classificados 18 de seus 52 municípios (ou 34,6% do total). O estado que apresenta situação semelhante é o Tocantins, com 14,4% de seus municípios nesse grupo. Porém, como este grupo agrupa as cidades mais populosas da região, nesses municípios mora 37% da população total da região.

O terceiro grupo, numa situação entre intermediária para pior (marcada de laranja no mapa), teve o Índice de Exclusão Social variando de 0,45 a 0,56. Este grupo tem 166 municípios (37% do total) e uma população de 4,1 milhões de habitantes (26% do total). Quase 30% da população do Tocantins reside em uma cidade classificada neste grupo; proporção semelhante é observada no estado do Pará (29%), do Amapá (27%), do Acre (27%) e Rondônia (21%). Já nos casos de Amazonas e Roraima, este percentual fica abaixo de 10% da população total.

Por fim, o grupo em pior situação de exclusão social é composto por 238 municípios, o que corresponde a mais da metade dos municípios da região. Por estado, esta média é superada por quase todos os estados, com exceção de Rondônia e Tocantins. No estado do Amazonas, 92% dos municípios se encontram neste grupo; no Pará são 74% dos municípios; em Roraima são 73% do total; no Acre são 64%; e no Amapá são 57%. Porém, estas cidades são menos populosas, e assim as piores condições de exclusão social atingem a pouco menos de 36% do total da população da região. E somente Amazonas e Pará superam esta média. Dos dez municípios com pior Índice de Exclusão Social da região, cinco estão no Amazonas (Itamarati, Jutaí, Santa Isabel do Rio Negro, Pauini e Maraã), outros três estão no Pará (Melgaço, Chaves e Portel) e os outros dois em Roraima (Amajari e Uiramutã).

## Estado do Acre – Índice de Exclusão Social

**Índice de Exclusão Social**
- 0.20 a 0.45
- 0.45 a 0.56
- 0.56 a 0.68
- 0.68 a 0.84
- limite municipal
- limite estadual

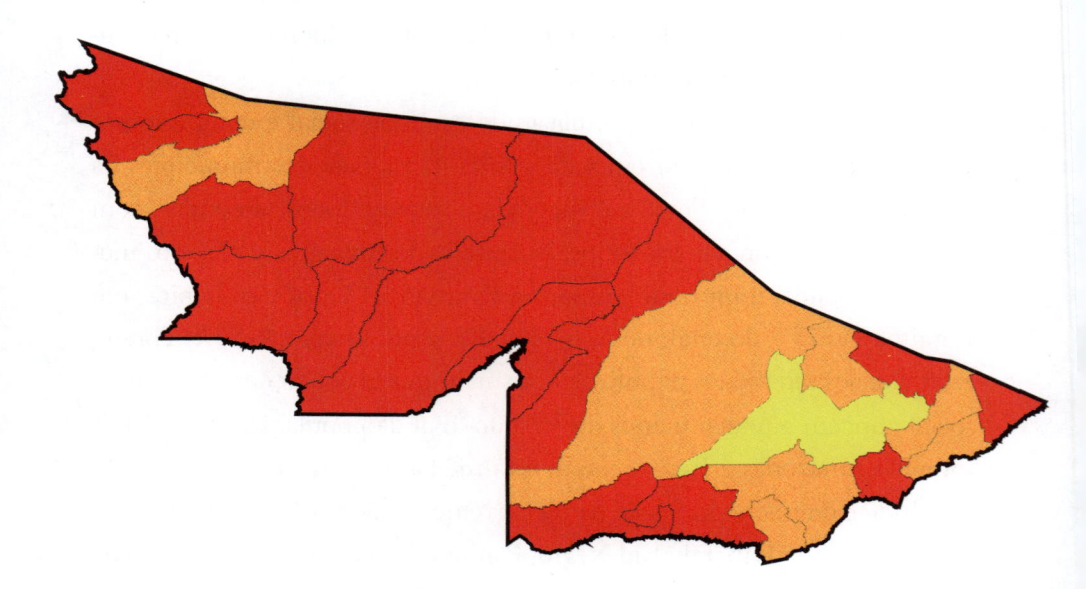

\* Quanto maior o índice, melhor a condição social.

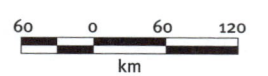

Fonte: Elaboração própria, a partir dos microdados do Censo Demográfico 2010/IBGE.

ATLAS DA EXCLUSÃO SOCIAL NO BRASIL 45

## Estado do Amazonas – Índice de Exclusão Social

**Índice de Exclusão Social**
- 0.20 a 0.45
- 0.45 a 0.56
- 0.56 a 0.68
- 0.68 a 0.84
- limite municipal
- limite estadual

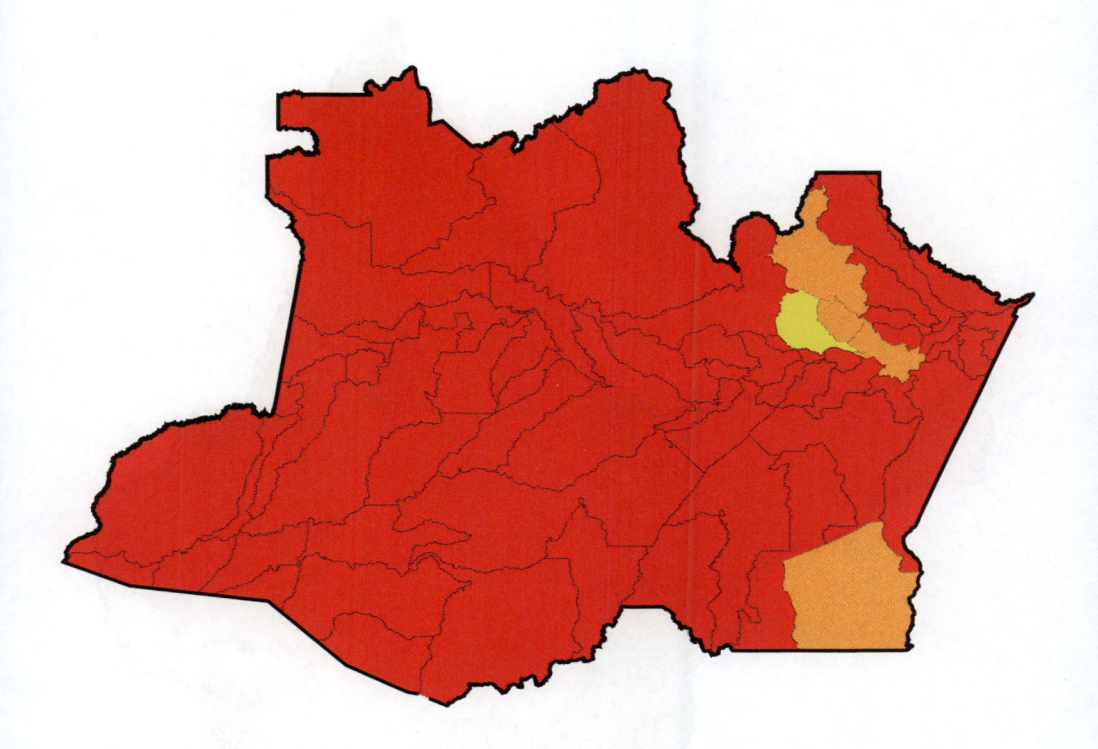

\* Quanto maior o índice, melhor a condição social.

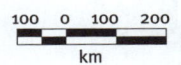

Fonte: Elaboração própria, a partir dos microdados do Censo Demográfico 2010/IBGE.

## Estado do Amapá – Índice de Exclusão Social

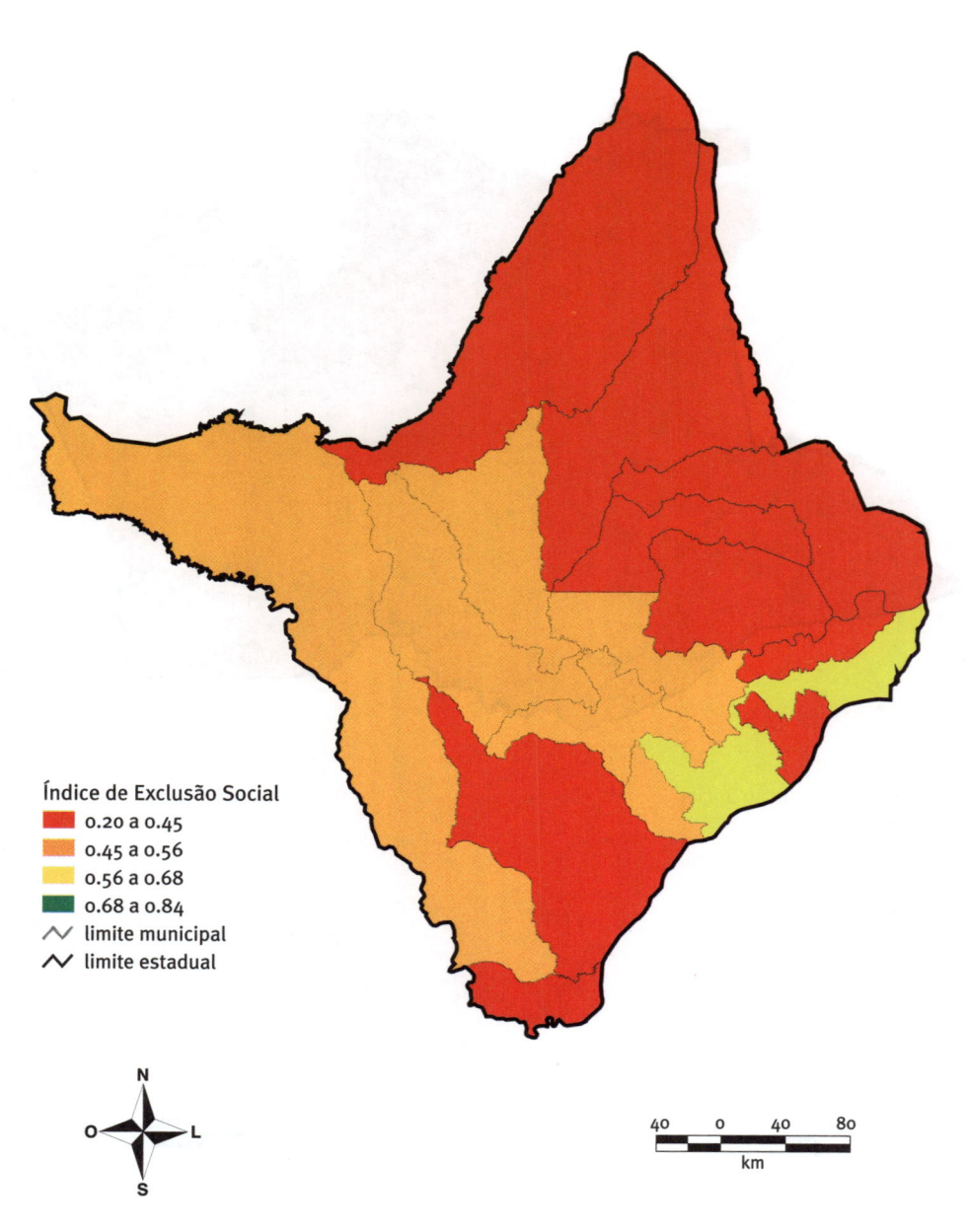

Índice de Exclusão Social
- 0.20 a 0.45
- 0.45 a 0.56
- 0.56 a 0.68
- 0.68 a 0.84
- limite municipal
- limite estadual

\* Quanto maior o índice, melhor a condição social.

Fonte: Elaboração própria, a partir dos microdados do Censo Demográfico 2010/IBGE.

## Estado do Pará – Índice de Exclusão Social

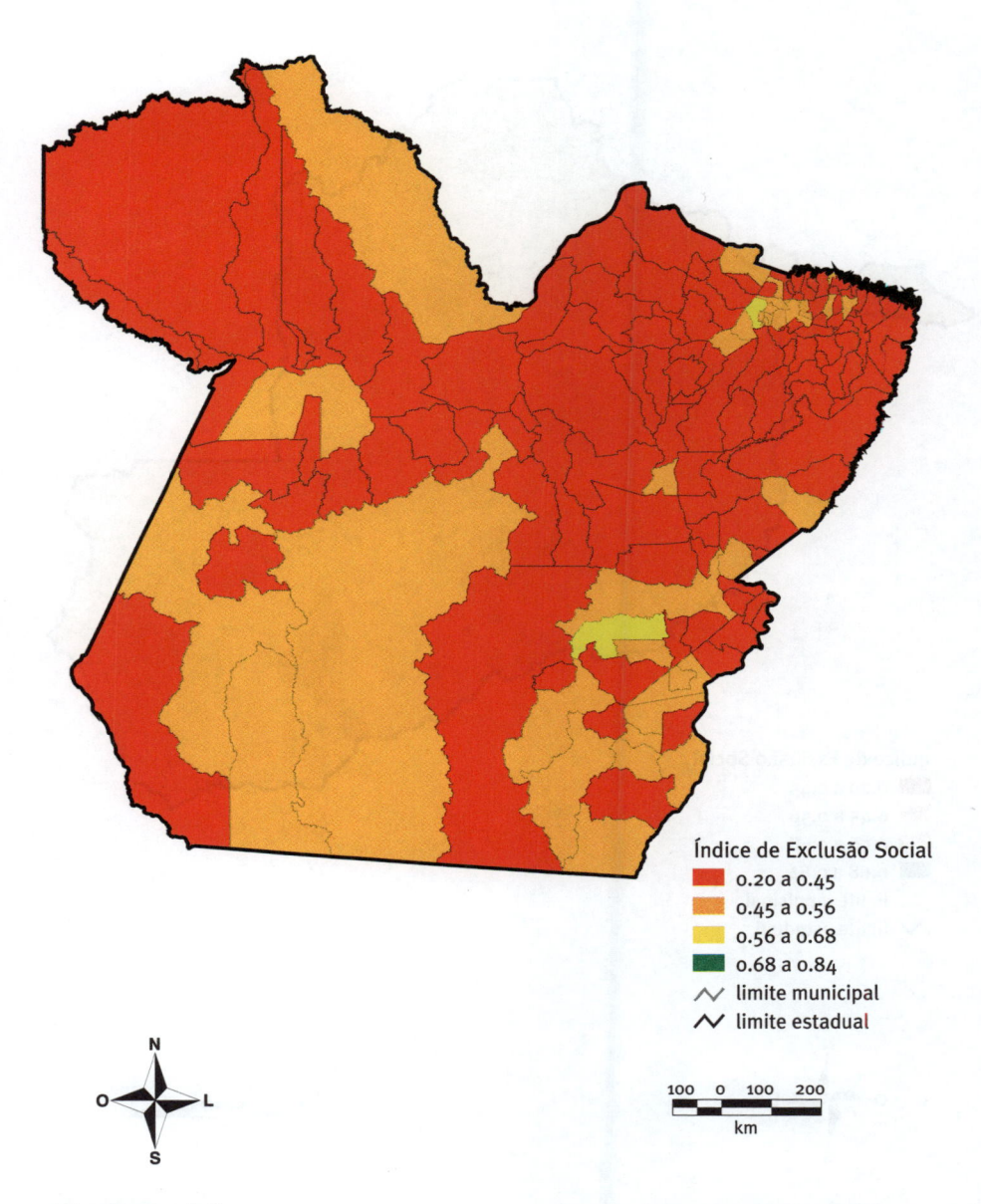

**Índice de Exclusão Social**
- 0.20 a 0.45
- 0.45 a 0.56
- 0.56 a 0.68
- 0.68 a 0.84
- limite municipal
- limite estadual

\* Quanto maior o índice, melhor a condição social.

Fonte: Elaboração própria, a partir dos microdados do Censo Demográfico 2010/IBGE.

## Estado de Rondônia – Índice de Exclusão Social

**Índice de Exclusão Social**
- 0.20 a 0.45
- 0.45 a 0.56
- 0.56 a 0.68
- 0.68 a 0.84
- limite municipal
- limite estadual

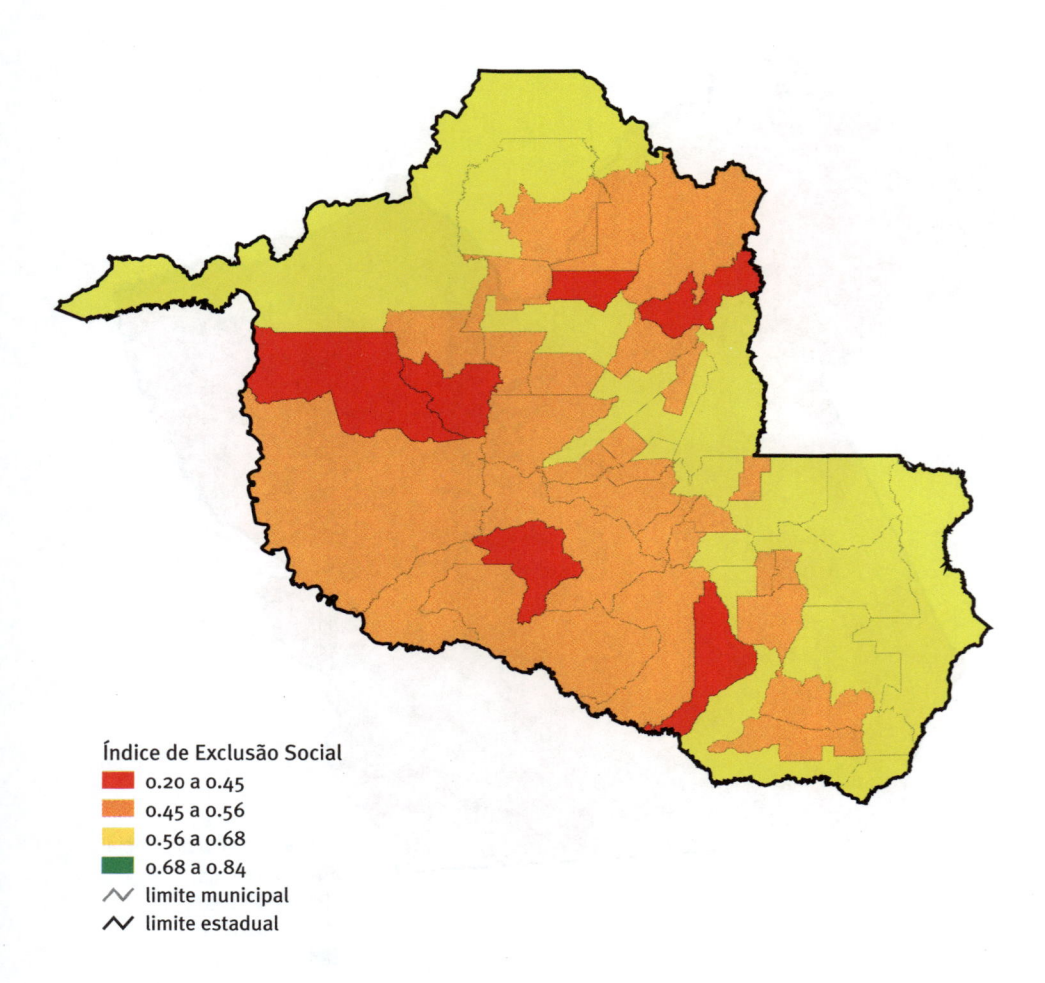

* Quanto maior o índice, melhor a condição social.

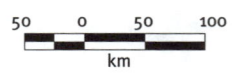

Fonte: Elaboração própria, a partir dos microdados do Censo Demográfico 2010/IBGE.

ATLAS DA EXCLUSÃO SOCIAL NO BRASIL 49

## Estado de Roraima – Índice de Exclusão Social

**Índice de Exclusão Social**
- 0.20 a 0.45
- 0.45 a 0.56
- 0.56 a 0.68
- 0.68 a 0.84
- limite municipal
- limite estadual

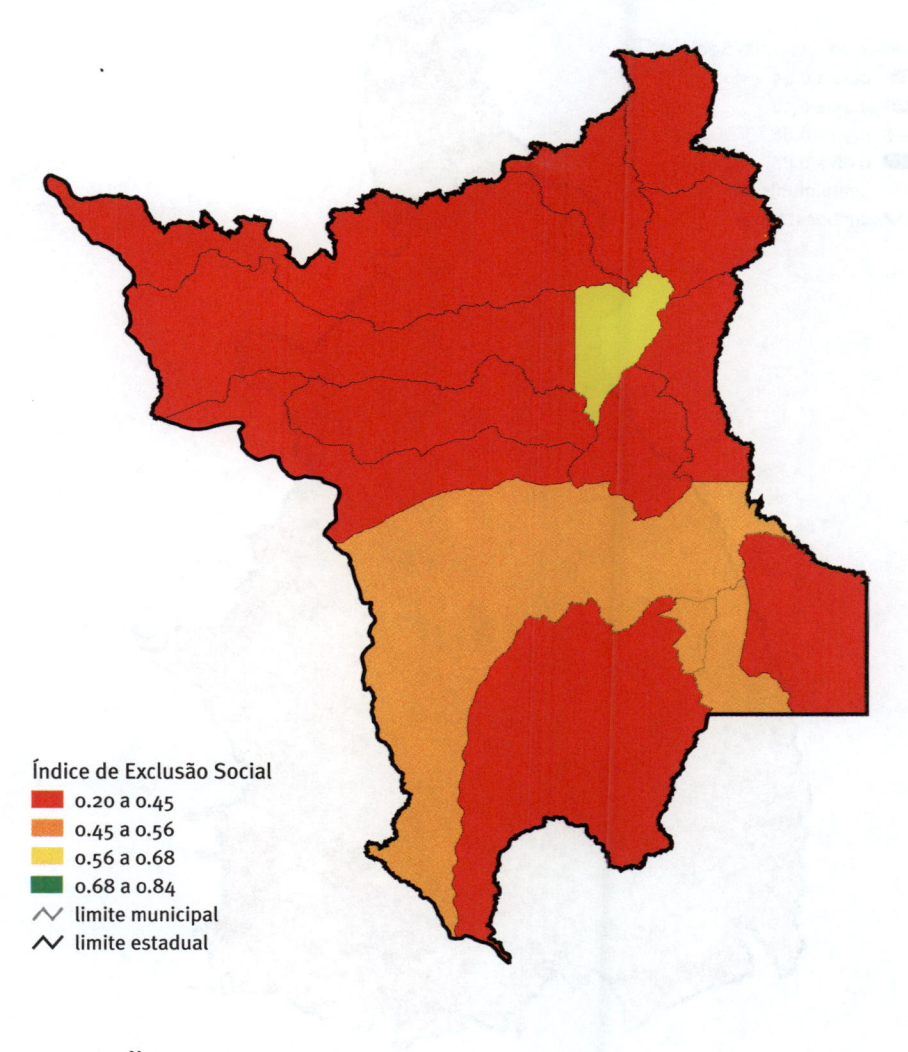

\* Quanto maior o índice, melhor a condição social.

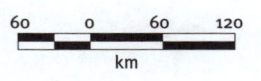

Fonte: Elaboração própria, a partir dos microdados do Censo Demográfico 2010/IBGE.

## Estado do Tocantins – Índice de Exclusão Social

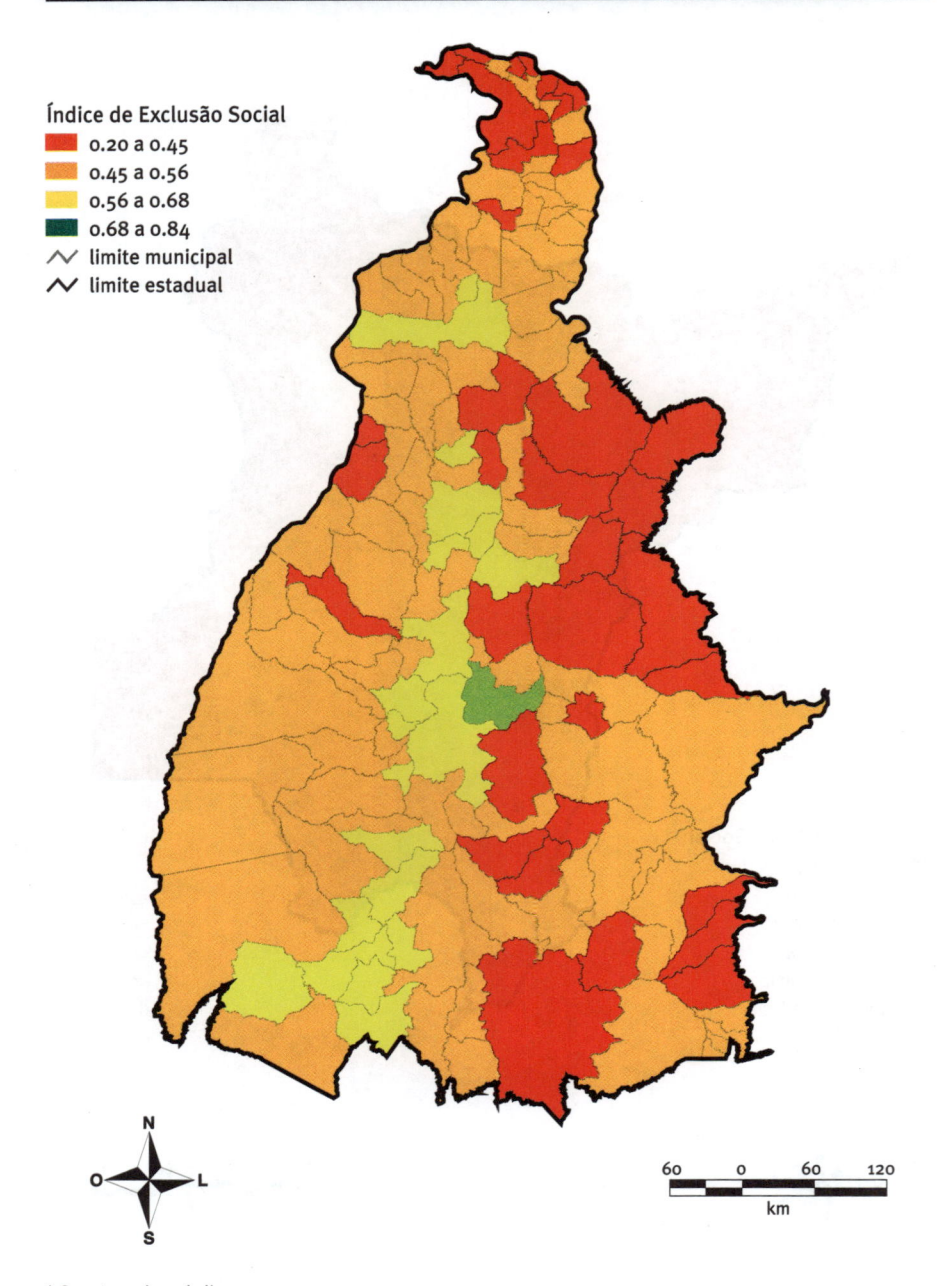

**Índice de Exclusão Social**
- 0.20 a 0.45
- 0.45 a 0.56
- 0.56 a 0.68
- 0.68 a 0.84
- limite municipal
- limite estadual

\* Quanto maior o índice, melhor a condição social.

Fonte: Elaboração própria, a partir dos microdados do Censo Demográfico 2010/IBGE.

## REGIÃO NORDESTE

A região Nordeste, vizinha ao norte, compartilha o elevado grau de exclusão social. Esta região possui 18% do território nacional, divididos em nove estados e 1.794 municípios. São 53 milhões de habitantes segundo o Censo Demográfico de 2010. Os estados do nordeste são: Alagoas, Bahia, Ceará, Maranhão, Paraíba, Piauí, Pernambuco, Rio Grande do Norte e Sergipe.

Tabela 2. Número de municípios e de habitantes, por estado, região Nordeste, 2010.

| UF | Municípios | % | População | % |
|---|---|---|---|---|
| MA | 217 | 12,1% | 6.574.789 | 12,4% |
| PI | 224 | 12,5% | 3.118.336 | 5,9% |
| CE | 184 | 10,3% | 8.452.381 | 15,9% |
| RN | 167 | 9,3% | 3.167.947 | 6,0% |
| PB | 223 | 12,4% | 3.766.528 | 7,1% |
| PE | 185 | 10,3% | 8.796.448 | 16,6% |
| AL | 102 | 5,7% | 3.120.437 | 5,9% |
| SE | 75 | 4,2% | 2.068.017 | 3,9% |
| BA | 417 | 23,2% | 14.016.906 | 26,4% |
| TOTAL | 1.794 | 100,0% | 53.081.788 | 100,0% |

Fonte: IBGE. Censo Demográfico, 2010.

Tal como na região Norte, é muito pequeno o número de municípios com índices satisfatórios (IES acima de 0,68). No Nordeste, apenas dois estão nesta situação, a saber, Fernando de Noronha (em Pernambuco) e Parnamirim (no Rio Grande do Norte).

O segundo grupo de municípios é de cidades com índices que variam de 0,56 a 0,68. No caso nordestino, são apenas 78 municípios nesta situação, ou 4,3% do total de municípios da região. Entre eles, sete capitais estaduais: Salvador (BA), Natal (RN), Recife (PE), São Luís (MA), João Pessoa (PB), Teresina (PI) e Fortaleza (CE). Os municípios deste grupo, porém, são bastante populosos, respondendo em conjunto por 32,8% da população total, com destaque para o Rio Grande do Norte, Pernambuco e Ceará (onde cerca de 50% da população destes estados reside nos municípios deste grupo). Alagoas é o estado com pior desempenho neste grupo, pois não possui nenhum município no perfil.

O terceiro grupo de municípios é formado por aqueles cujo IES varia de 0,45 a 0,56. São 816 municípios nordestinos nesta situação, inclusive Maceió, capital de Alagoas. Neste grupo estão 45,5% do total de cidades da região, onde moram 37,3% da população total. Rio Grande do Norte, Paraíba, Sergipe e Bahia se destacam pela elevada proporção de municípios neste grupo, assim como Alagoas e Paraíba se destacam pela elevada participação de população neste grupo.

Por fim, o grupo com pior desempenho no IES é formado por 898 municípios (50% do total), onde residem 15.657.368 habitantes (29,5% do total). Com relação ao número de cidades, destacam-se negativamente os estados de Maranhão (81% de suas cidades estão no pior grupo), Alagoas (76,5% das cidades na mesma situação), Piauí (62%) e Ceará (54,9%). São estados onde mais da metade de seus municípios estão na pior situação possível em relação ao IES. Já Maranhão e Alagoas são estados que se destacam neste grupo com relação à proporção de habitantes. São 56,1% e 46,5%, respectivamente. Estes dados, apesar de elevados, são menores do que as proporções de municípios nesta condição nos estados. Este diferencial é observado em todos os nove estados da região, o que indica que as cidades classificadas neste grupo são, em geral, pouco populosas.

## Estado de Alagoas – Índice de Exclusão Social

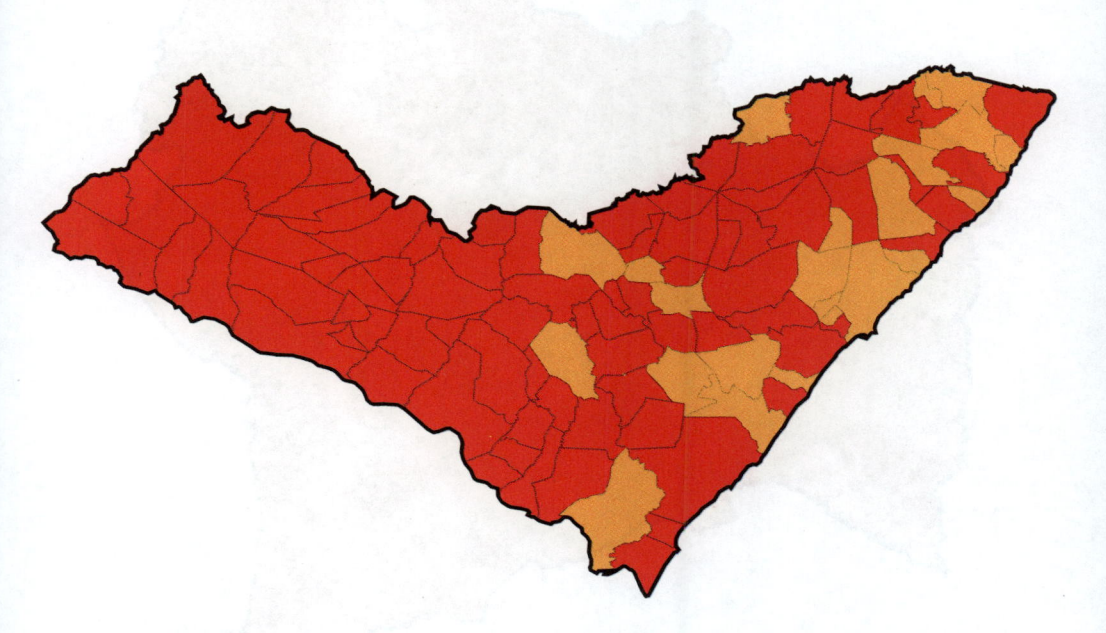

**Índice de Exclusão Social**
- 0.20 a 0.45
- 0.45 a 0.56
- 0.56 a 0.68
- 0.68 a 0.84
- limite municipal
- limite estadual

\* Quanto maior o índice, melhor a condição social.

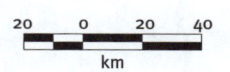

Fonte: Elaboração própria, a partir dos microdados do Censo Demográfico 2010/IBGE.

## Estado da Bahia – Índice de Exclusão Social

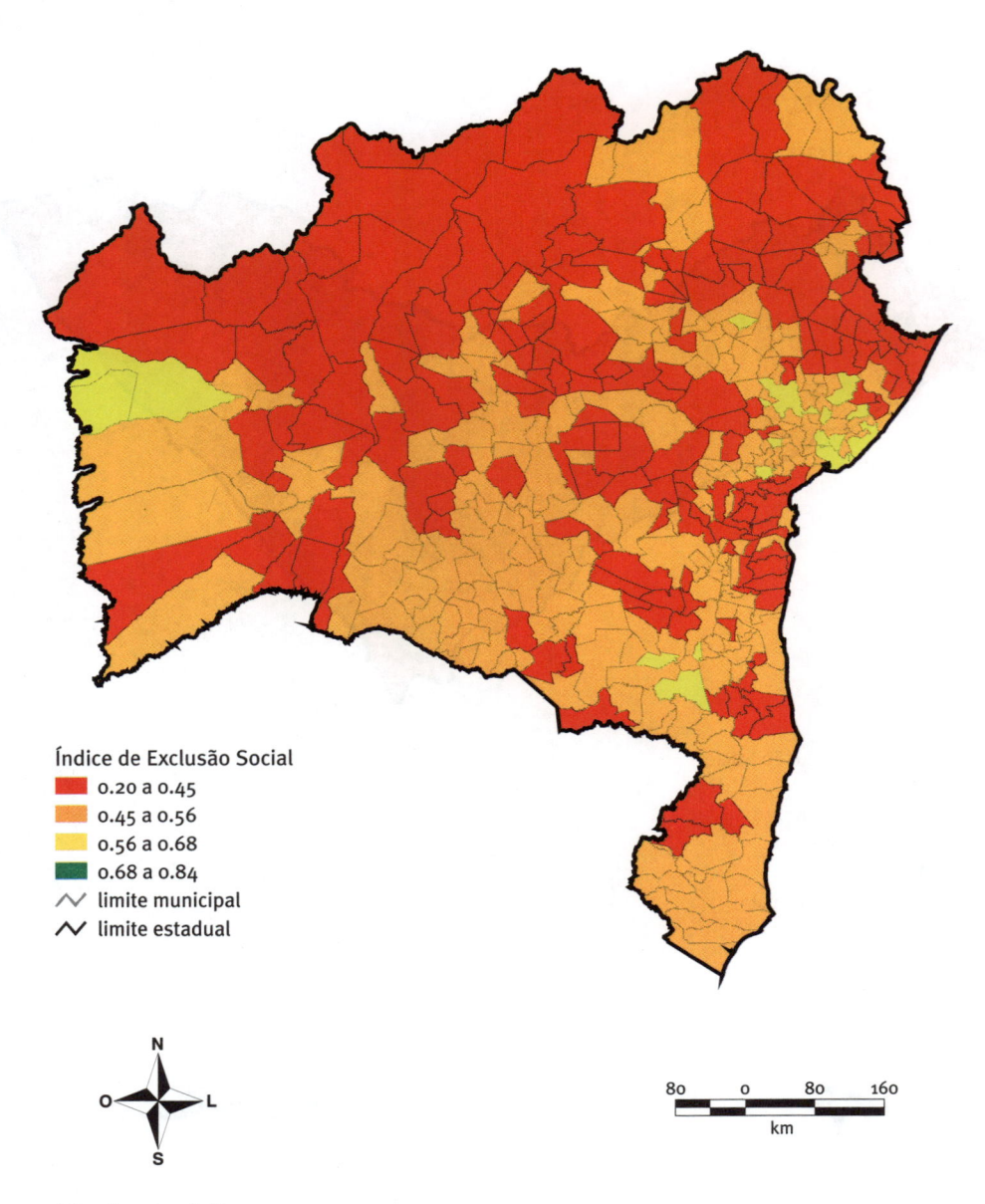

**Índice de Exclusão Social**
- 0.20 a 0.45
- 0.45 a 0.56
- 0.56 a 0.68
- 0.68 a 0.84
- limite municipal
- limite estadual

\* Quanto maior o índice, melhor a condição social.

Fonte: Elaboração própria, a partir dos microdados do Censo Demográfico 2010/IBGE.

## Estado do Ceará – Índice de Exclusão Social

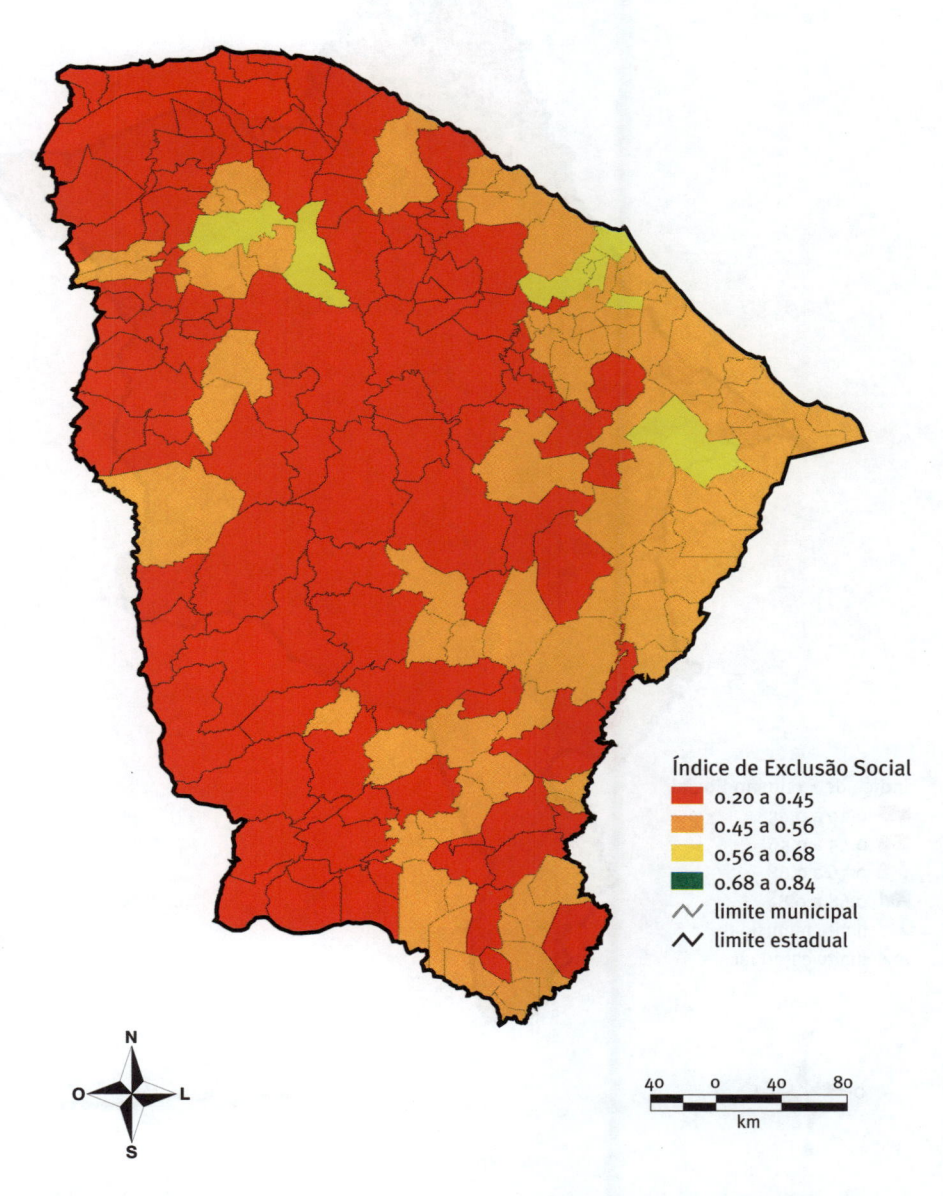

**Índice de Exclusão Social**
- 0.20 a 0.45
- 0.45 a 0.56
- 0.56 a 0.68
- 0.68 a 0.84
- limite municipal
- limite estadual

\* Quanto maior o índice, melhor a condição social.

Fonte: Elaboração própria, a partir dos microdados do Censo Demográfico 2010/IBGE.

## Estado do Maranhão – Índice de Exclusão Social

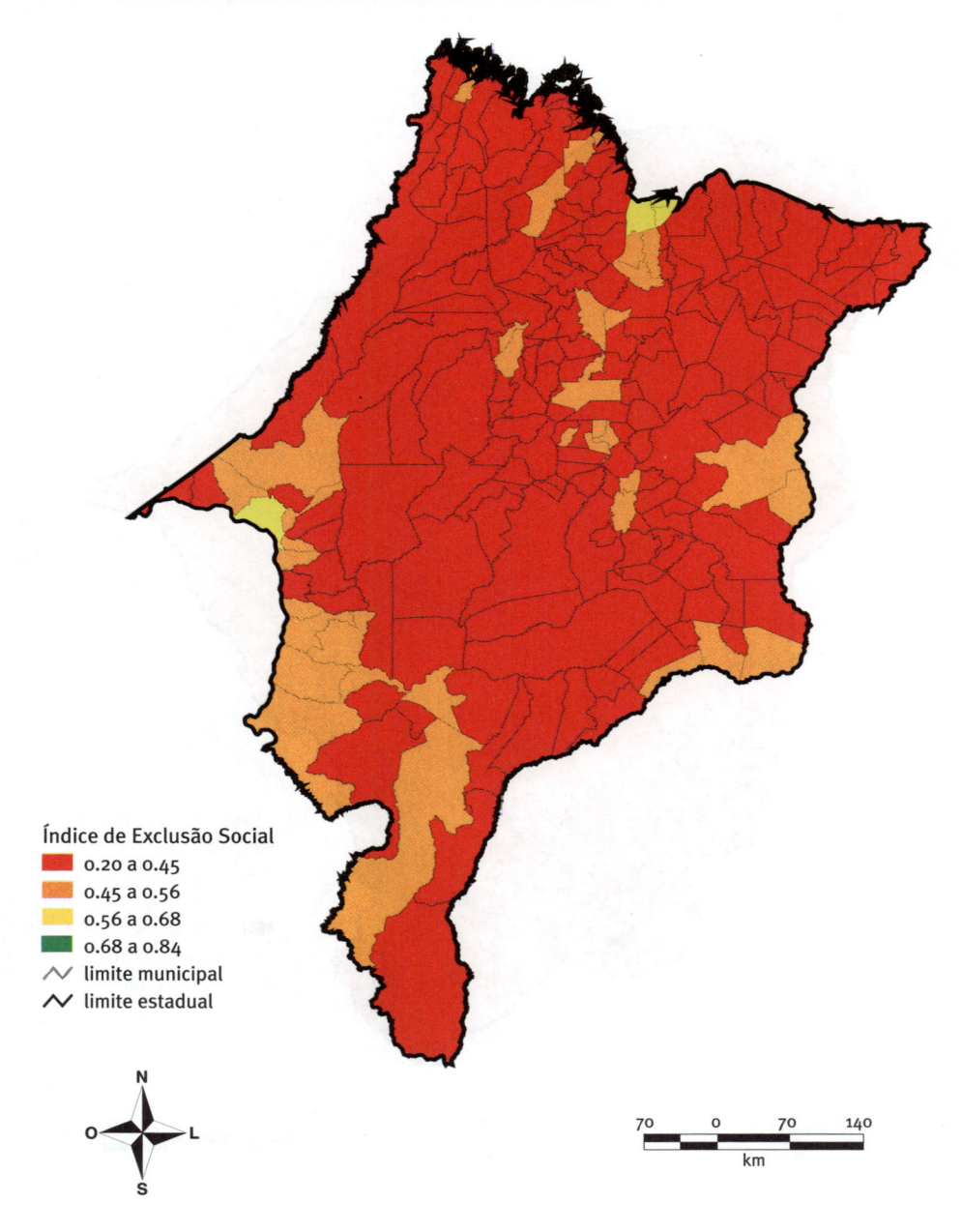

**Índice de Exclusão Social**
- 0.20 a 0.45
- 0.45 a 0.56
- 0.56 a 0.68
- 0.68 a 0.84
- limite municipal
- limite estadual

\* Quanto maior o índice, melhor a condição social.

Fonte: Elaboração própria, a partir dos microdados do Censo Demográfico 2010/IBGE.

ATLAS DA EXCLUSÃO SOCIAL NO BRASIL

## Estado da Paraíba – Índice de Exclusão Social

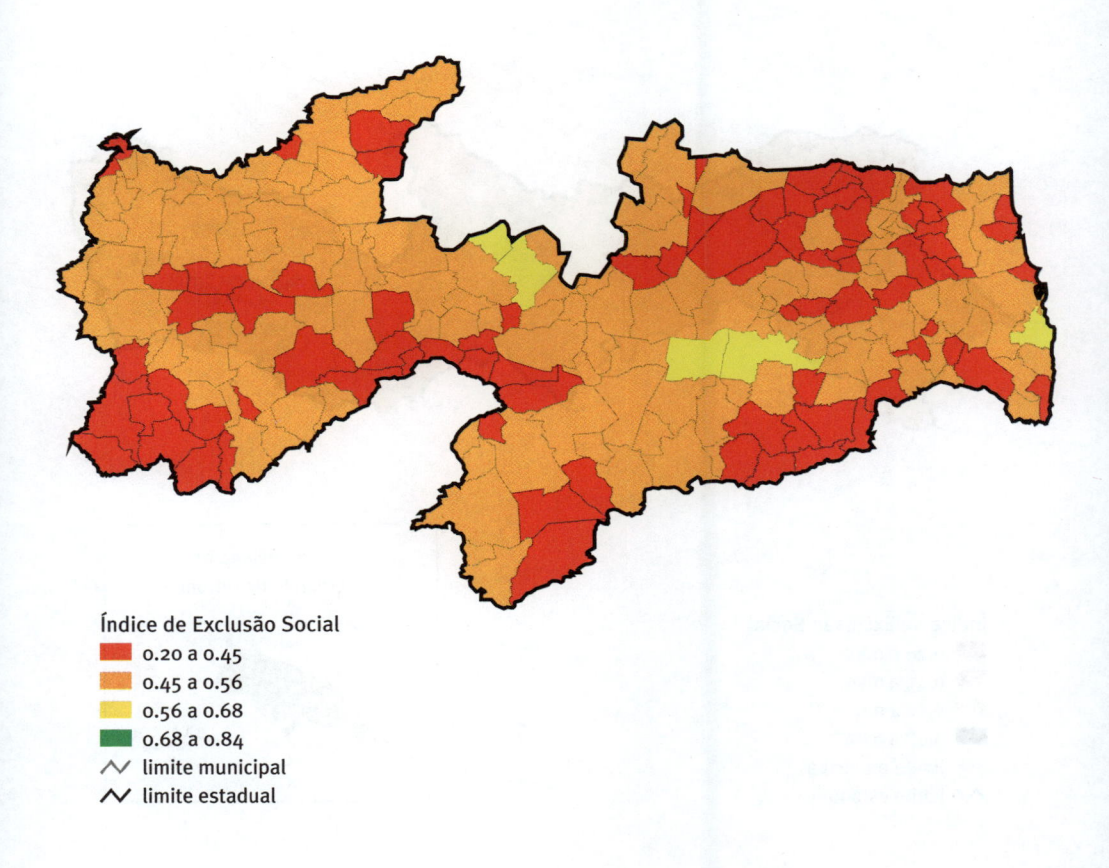

**Índice de Exclusão Social**
- 0.20 a 0.45
- 0.45 a 0.56
- 0.56 a 0.68
- 0.68 a 0.84
- limite municipal
- limite estadual

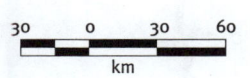

\* Quanto maior o índice, melhor a condição social.

Fonte: Elaboração própria, a partir dos microdados do Censo Demográfico 2010/IBGE.

## Estado de Pernambuco – Índice de Exclusão Social

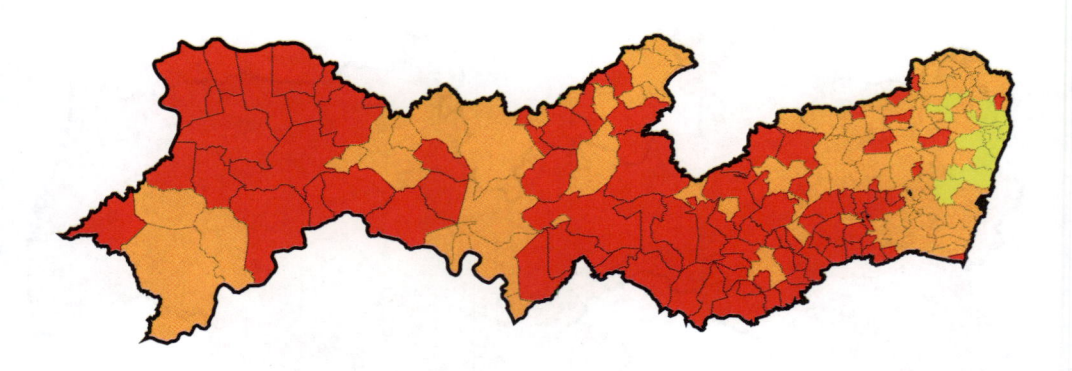

**Índice de Exclusão Social**
- 0.20 a 0.45
- 0.45 a 0.56
- 0.56 a 0.68
- 0.68 a 0.84
- limite municipal
- limite estadual

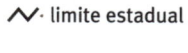

Arquipélago de Fernando de Noronha

\* Quanto maior o índice, melhor a condição social.

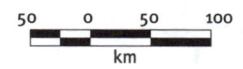

Fonte: Elaboração própria, a partir dos microdados do Censo Demográfico 2010/IBGE.

## Estado do Piauí – Índice de Exclusão Social

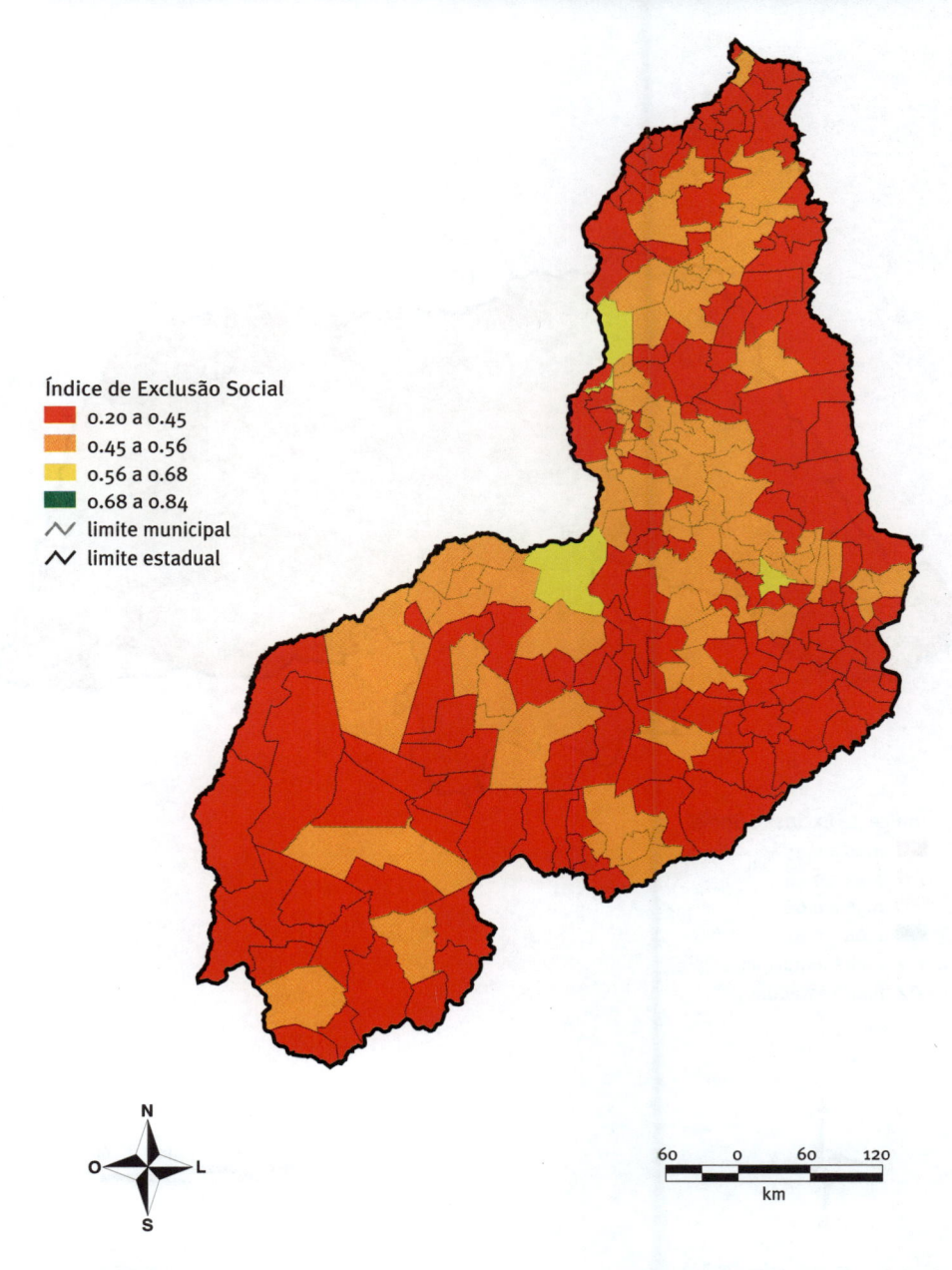

**Índice de Exclusão Social**
- 0.20 a 0.45
- 0.45 a 0.56
- 0.56 a 0.68
- 0.68 a 0.84
- limite municipal
- limite estadual

\* Quanto maior o índice, melhor a condição social.

Fonte: Elaboração própria, a partir dos microdados do Censo Demográfico 2010/IBGE.

## Estado do Rio Grande do Norte – Índice de Exclusão Social

Índice de Exclusão Social
- 0.20 a 0.45
- 0.45 a 0.56
- 0.56 a 0.68
- 0.68 a 0.84
- limite municipal
- limite estadual

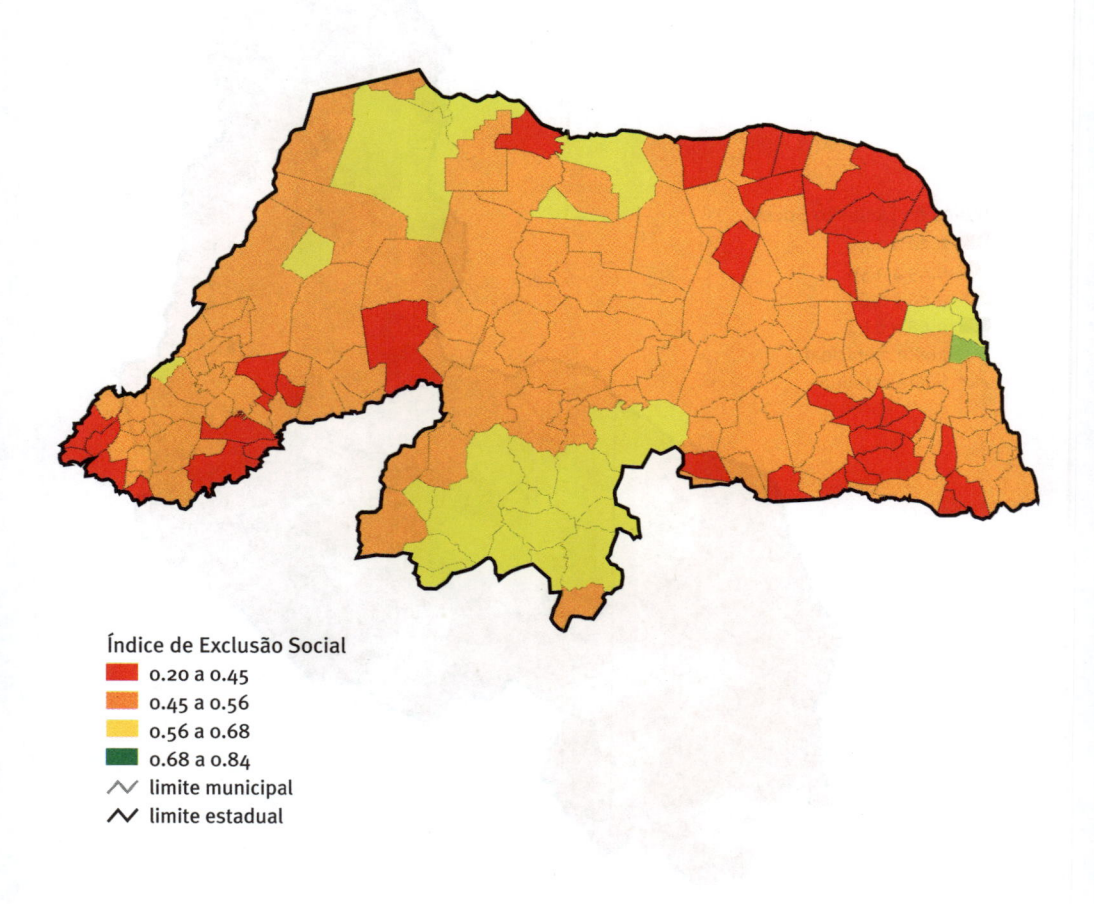

\* Quanto maior o índice, melhor a condição social.

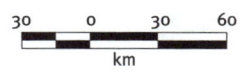

Fonte: Elaboração própria, a partir dos microdados do Censo Demográfico 2010/IBGE.

ATLAS DA EXCLUSÃO SOCIAL NO BRASIL 61

## Estado de Sergipe – Índice de Exclusão Social

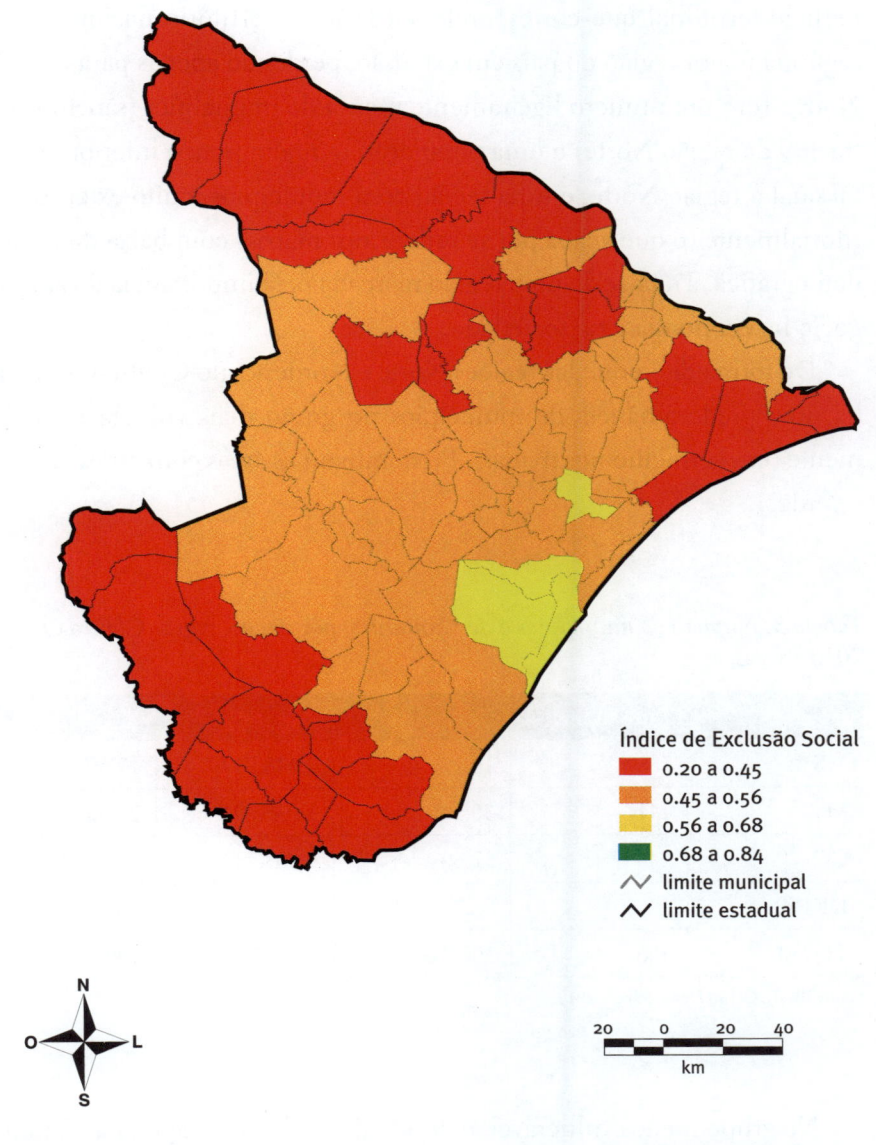

Índice de Exclusão Social
- 0.20 a 0.45
- 0.45 a 0.56
- 0.56 a 0.68
- 0.68 a 0.84
- limite municipal
- limite estadual

\* Quanto maior o índice, melhor a condição social.

Fonte: Elaboração própria, a partir dos microdados do Censo Demográfico 2010/IBGE.

## REGIÃO CENTRO-OESTE

A região Centro-Oeste é formada por quatro unidades da federação, a saber, os estados de Mato Grosso, Mato Grosso do Sul, Goiás e o Distrito Federal, onde fica Brasília. Estas unidades da federação ocupam uma superfície territorial que corresponde a 18,9% do território nacional – é a segunda maior região do país em extensão, perdendo apenas para a região Norte. Tem um número ligeiramente menor de municípios (são 466 contra 449 da região Norte) e uma população também pouco inferior. Assim, tal qual a região Norte, é uma região com municípios muito extensos territorialmente (o que acaba por se refletir nos mapas) com baixa densidade demográfica. Trata-se de uma região marcada pela importância do agronegócio na economia e na sociedade.

De forma diferente das regiões Norte e Nordeste, no Centro-Oeste não há uma predominância de municípios no grupo mais vulnerável socialmente (em vermelho nos mapas). Predominam as áreas com cores amarela e verde.

Tabela 3. *Número de municípios e de habitantes, por estado, região Centro-Oeste, 2010.*

| UF | Municípios | % | População | % |
|---|---|---|---|---|
| MS | 78 | 16,7% | 2.448.949 | 17,4% |
| MT | 141 | 30,3% | 3.035.094 | 21,6% |
| GO | 246 | 52,8% | 6.003.733 | 42,7% |
| DF | 1 | 0,2% | 2.570.160 | 18,3% |
| TOTAL | 466 | 100,0% | 14.057.936 | 100,0% |

Fonte: IBGE. Censo Demográfico, 2010.

No grupo menos vulnerável, colorido de verde nos mapas, há 53 municípios, ou 11,4% do total. Este percentual supera, em muito, a proporção quase simbólica de municípios observados nesta situação no Norte e Nordeste do país. Neste grupo estão as três capitais estaduais (Campo Grande, Cuiabá e Goiânia), além do Distrito Federal. E com relação à população, 48,9% do total de habitantes da região moram em um município classificado como melhor IES. O estado de Mato Grosso do Sul conta com praticamente metade de sua população (49,6%) nestes municípios; no Mato Grosso, o percentual é menor, de apenas 26,4%.

O grupo de municípios com IES entre 0,56 e 0,68 é, na região, composto por 308 cidades, o que corresponde a 66,1% do total. Nestas mais de 300 cidades, residem 42,7% da população da região, o que perfaz 6 milhões de habitantes. Neste grupo, os três estados da região classificaram pouco mais de 60% de seus municípios. E em termos populacionais, Mato Grosso e Goiás superam 50% da população neste grupo, enquanto Mato Grosso do Sul conta com 35,6%.

Como se vê, no Centro-Oeste mais de 77% dos municípios se encontram com bons índices de exclusão social, da mesma forma que 12,9 milhões de pessoas, o que corresponde a 91,6% do total da população da região. Situação bem diversa da observada no Norte e Nordeste.

Os dois piores grupos de IES contam com 105 municípios na região. São 91 municípios com IES entre 0,56 e 0,45 e outros 14 com IES abaixo de 0,45. Estes municípios abrigam pouco menos de 1,2 milhão de habitantes. Trata-se de um conjunto bem menos expressivo. Entre os dez municípios com pior IES, quatro são de Mato Grosso do Sul (Japorã, Paranhos, Coronel Sapucaia e Tacuru) e outros quatro são do Mato Grosso (Campinápolis, Santa Terezinha, Colniza e Peixoto de Azevedo), cabendo os dois restantes a Goiás (Buritinópolis e Cavalcante).

## Estado de Goiás – Índice de Exclusão Social

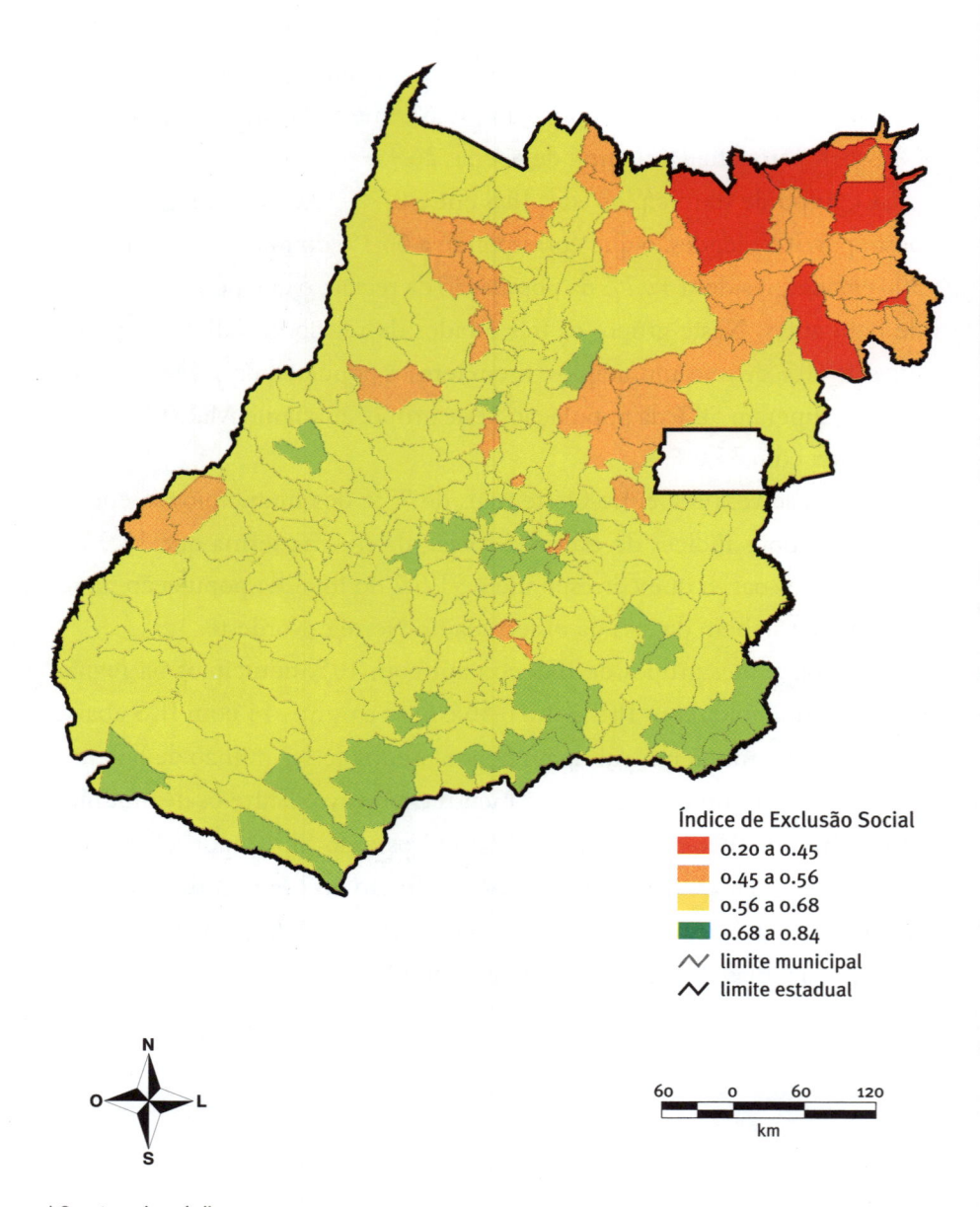

**Índice de Exclusão Social**
- 0.20 a 0.45
- 0.45 a 0.56
- 0.56 a 0.68
- 0.68 a 0.84
- limite municipal
- limite estadual

\* Quanto maior o índice, melhor a condição social.

Fonte: Elaboração própria, a partir dos microdados do Censo Demográfico 2010/IBGE.

# Distrito Federal – Índice de Exclusão Social

**Índice de Exclusão Social**
- 0.20 a 0.45
- 0.45 a 0.56
- 0.56 a 0.68
- 0.68 a 0.84
- limite municipal
- limite estadual

\* Quanto maior o índice, melhor a condição social.

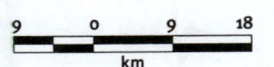

Fonte: Elaboração própria, a partir dos microdados do Censo Demográfico 2010/IBGE.

## Estado do Mato Grosso do Sul – Índice de Exclusão Social

**Índice de Exclusão Social**
- 0.20 a 0.45
- 0.45 a 0.56
- 0.56 a 0.68
- 0.68 a 0.84
- limite municipal
- limite estadual

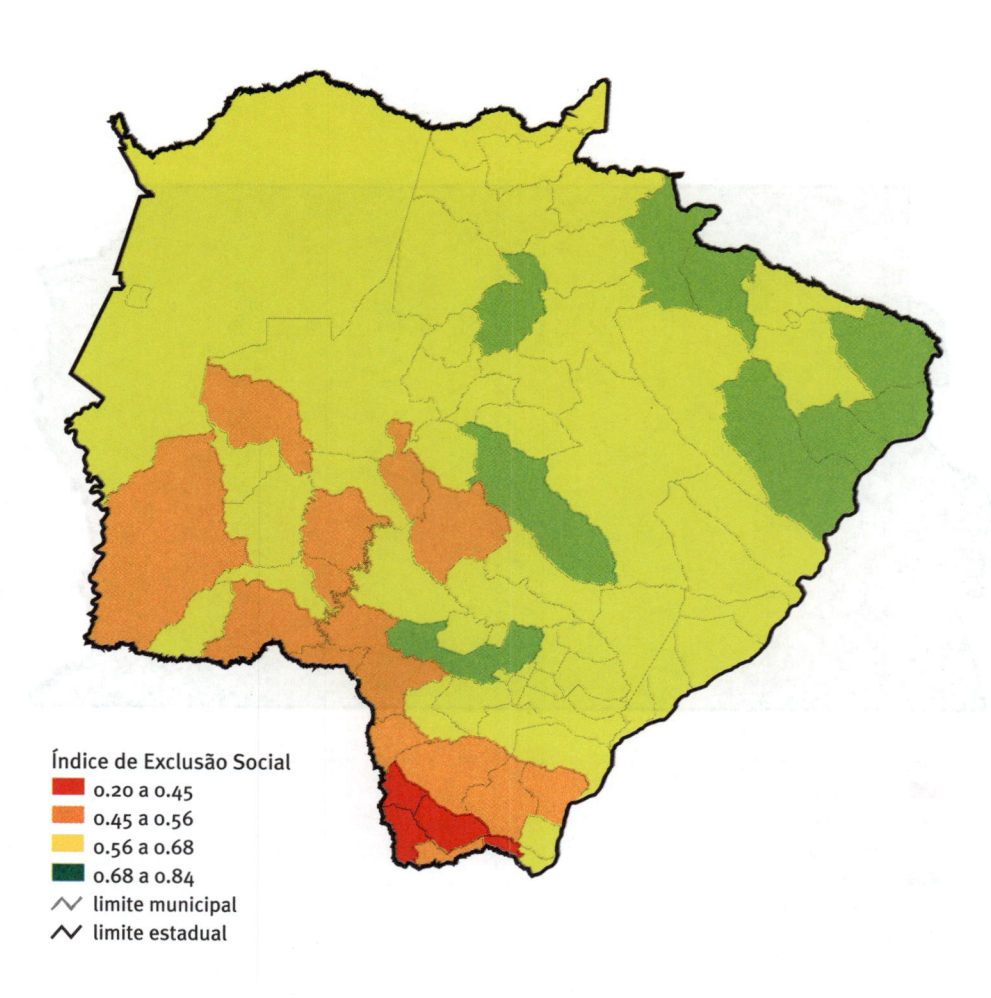

\* Quanto maior o índice, melhor a condição social.

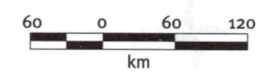

Fonte: Elaboração própria, a partir dos microdados do Censo Demográfico 2010/IBGE.

ATLAS DA EXCLUSÃO SOCIAL NO BRASIL

## Estado do Mato Grosso – Índice de Exclusão Social

Índice de Exclusão Social
- 0.20 a 0.45
- 0.45 a 0.56
- 0.56 a 0.68
- 0.68 a 0.84
- limite municipal
- limite estadual

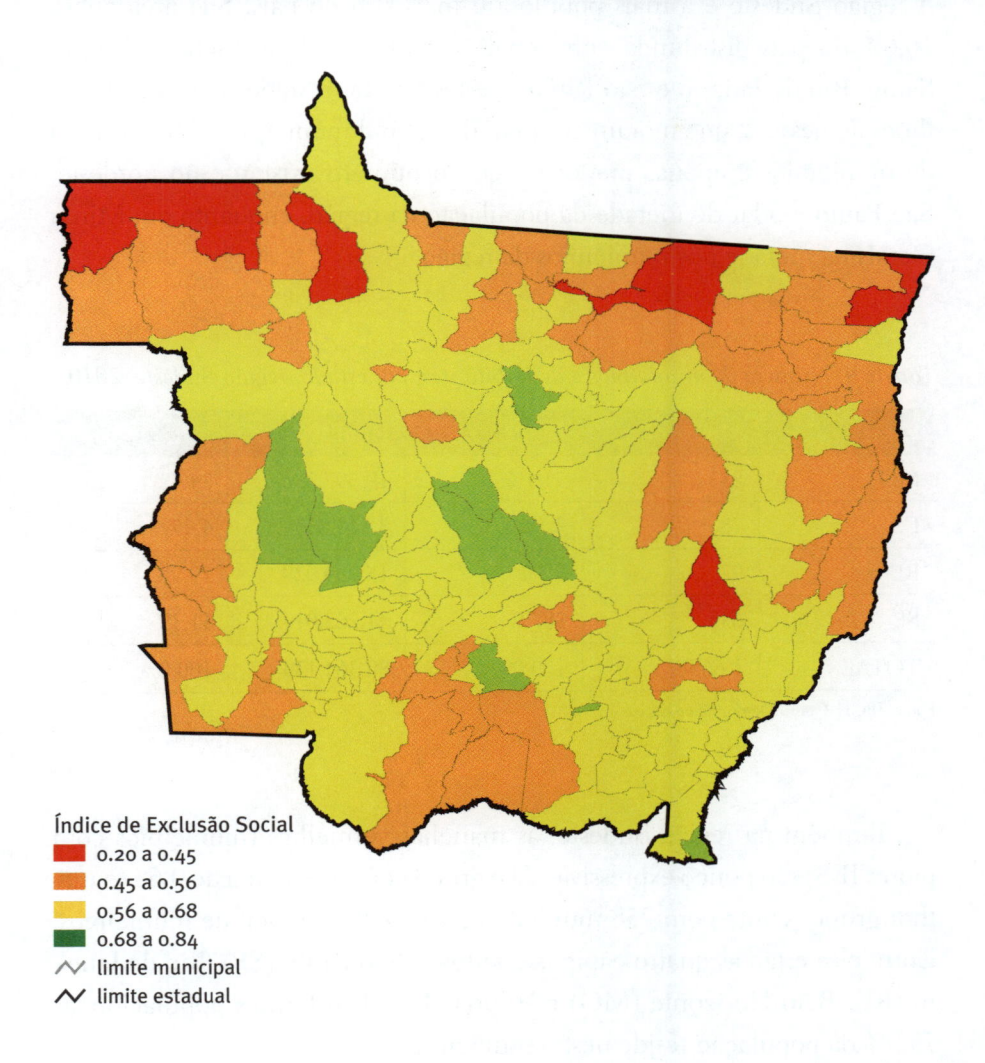

\* Quanto maior o índice, melhor a condição social.

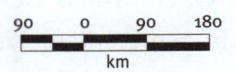

Fonte: Elaboração própria, a partir dos microdados do Censo Demográfico 2010/IBGE.

## REGIÃO SUDESTE

A região Sudeste é a mais populosa e mais rica do país. Sua área cobre 10,6% do país distribuída entre quatro estados – Minas Gerais, Espírito Santo, Rio de Janeiro e São Paulo. Nestes estados residem mais de 80 milhões de pessoas, que moram em mais de 1,6 mil municípios. Este número de municípios é apenas menor do que o número existente no nordeste. São Paulo é o lar de metade da população da região, enquanto em Minas Gerais há metade dos municípios da região.

*Tabela 4. Número de municípios e de habitantes, por estado, região Sudeste, 2010.*

| UF | Municípios | % | População | % |
|---|---|---|---|---|
| MG | 853 | 51,1% | 19.597.330 | 24,4% |
| ES | 78 | 4,7% | 3.514.855 | 4,4% |
| RJ | 92 | 5,5% | 15.989.929 | 19,9% |
| SP | 645 | 38,7% | 41.262.019 | 51,3% |
| TOTAL | 1.668 | 100,0% | 80.364.134 | 100,0% |

Fonte: IBGE. Censo Demográfico, 2010.

Também na região Sudeste, as manchas vermelhas (municípios com piores IES) são pouco expressivas. Já o grupo com IES acima de 0,68 (o melhor grupo) conta com 758 municípios, ou 45,4% do total de municípios. Entre eles estão as quatro capitais estaduais, São Paulo (SP), Rio de Janeiro (RJ), Belo Horizonte (MG) e Vitória (ES). Em termos populacionais, 75,9% da população reside nestes municípios.

No Espírito Santo, 6,4% dos municípios estão neste grupo menos vulnerável; em Minas Gerais, são 22,6% de municípios; no estado do Rio de Janeiro representam 35,9% do total de municípios, e no estado de São Paulo são mais de 80% (exatamente 81,7%).

Em seguida, há os municípios cujo IES varia de 0,56 a 0,68. Estes são marcados em amarelo no mapa. Na região Sudeste, são 593 municípios neste grupo. Minas Gerais apresenta o maior número de municípios neste grupo (380), que representam 44,5% do total de cidades do estado. Proporcionalmente, os estados do Espírito Santo e Rio de Janeiro são os que possuem mais cidades neste perfil, onde representam 61,5% e 60,9%, respectivamente. Já em São Paulo, estes municípios representam apenas 16,9% do total de municípios do estado.

Nos grupos com municípios em pior situação, entretanto, há um destaque negativo para Minas Gerais. Dos 280 municípios no grupo com IES entre 0,45 e 0,56, 243 são municípios mineiros (86,8% do total deste grupo). Na região Sudeste apenas 37 municípios estão no grupo com pior IES (abaixo de 0,45), mas todos estes são municípios de Minas Gerais. Nestes dois grupos estão um terço (32,8%) dos municípios de Minas Gerais.

## Estado do Espírito Santo – Índice de Exclusão Social

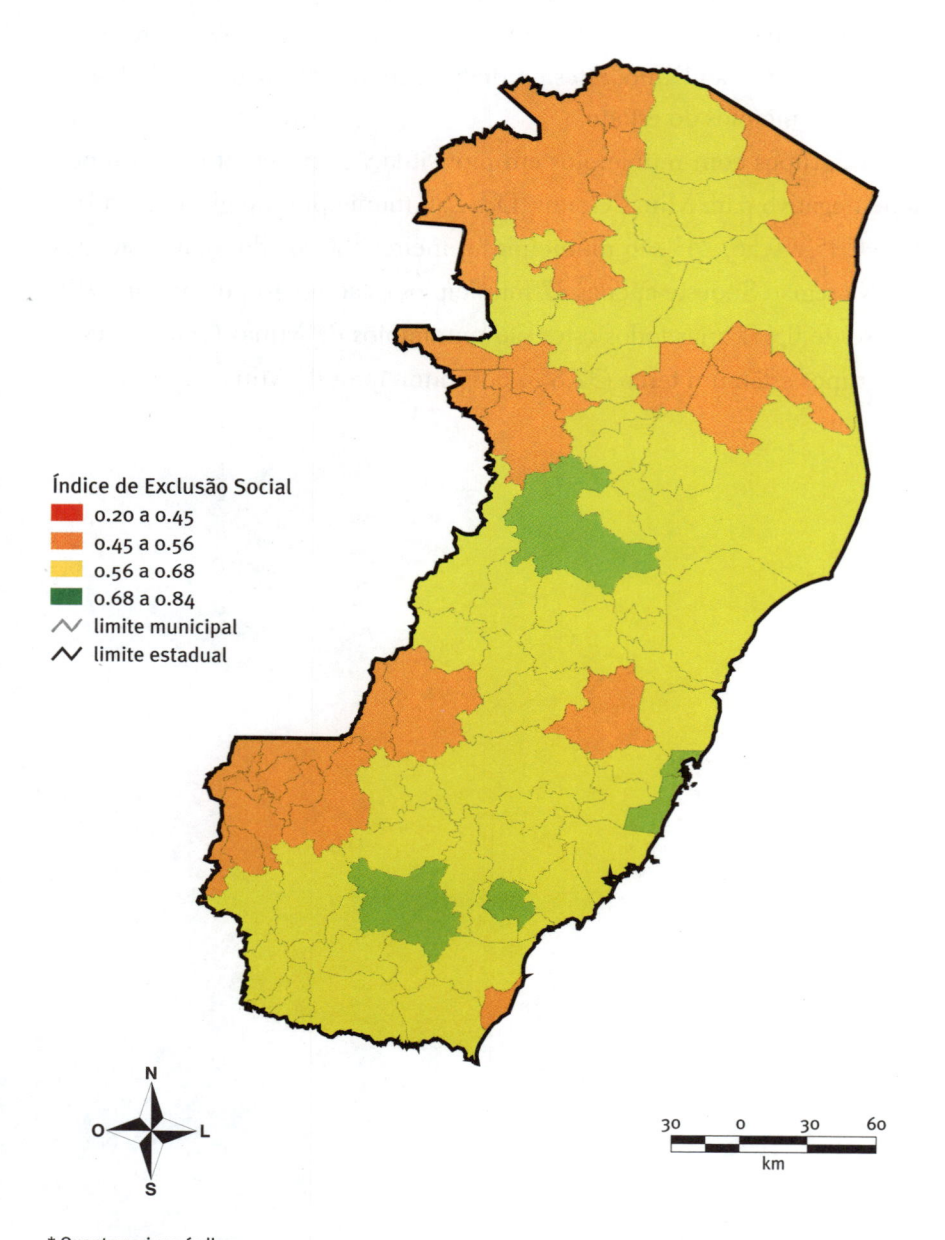

**Índice de Exclusão Social**
- 0.20 a 0.45
- 0.45 a 0.56
- 0.56 a 0.68
- 0.68 a 0.84
- limite municipal
- limite estadual

\* Quanto maior o índice, melhor a condição social.

Fonte: Elaboração própria, a partir dos microdados do Censo Demográfico 2010/IBGE.

ATLAS DA EXCLUSÃO SOCIAL NO BRASIL    71

## Estado de Minas Geraes – Índice de Exclusão Social

Índice de Exclusão Social
- 0.20 a 0.45
- 0.45 a 0.56
- 0.56 a 0.68
- 0.68 a 0.84
- limite municipal
- limite estadual

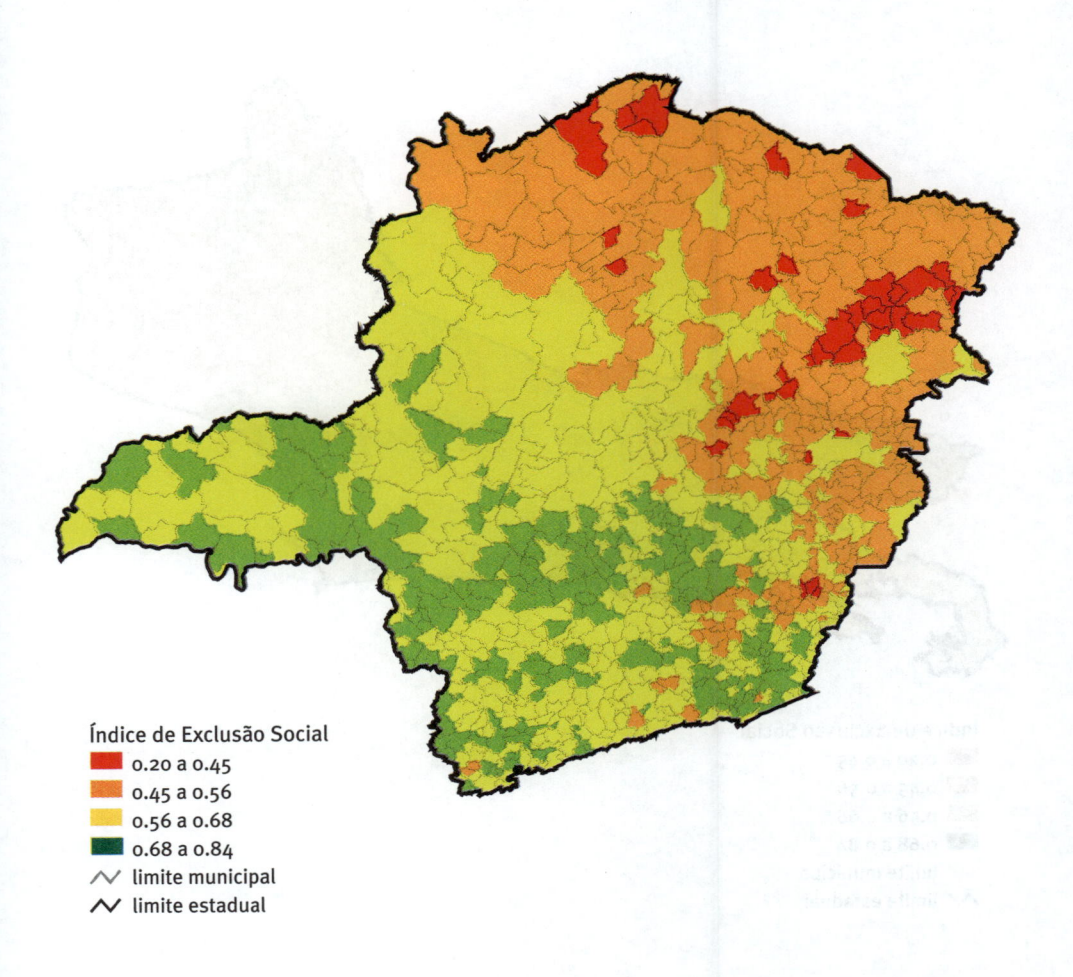

\* Quanto maior o índice, melhor a condição social.

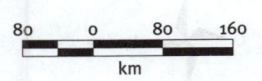

Fonte: Elaboração própria, a partir dos microdados do Censo Demográfico 2010/IBGE.

## Estado do Rio de Janeiro – Índice de Exclusão Social

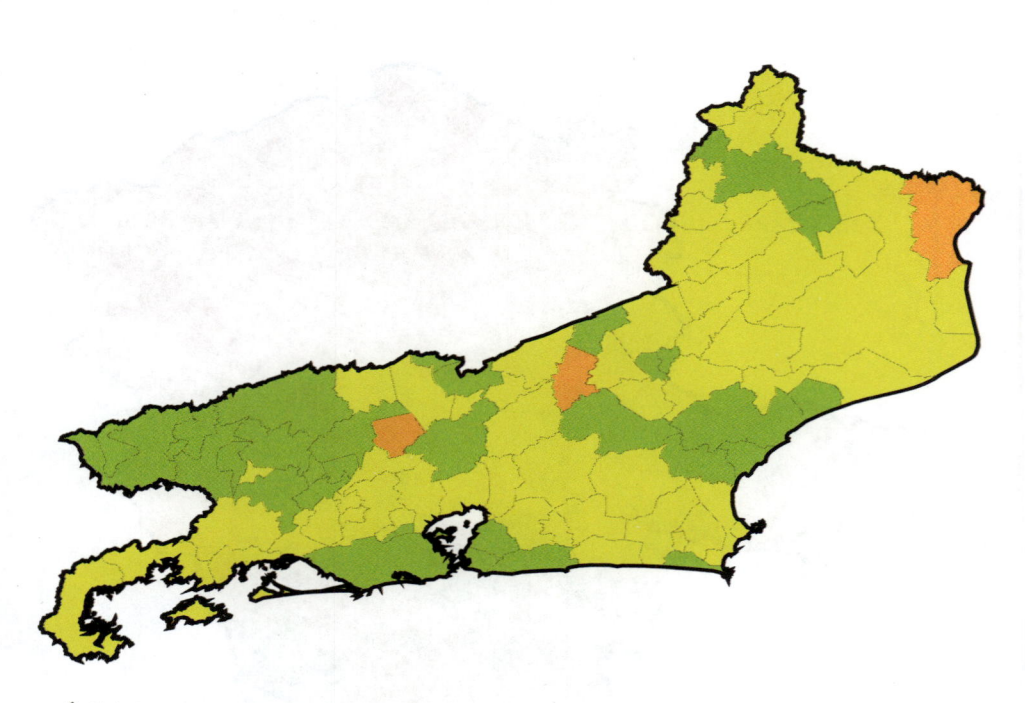

**Índice de Exclusão Social**
- 0.20 a 0.45
- 0.45 a 0.56
- 0.56 a 0.68
- 0.68 a 0.84
- limite municipal
- limite estadual

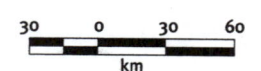

* Quanto maior o índice, melhor a condição social.

Fonte: Elaboração própria, a partir dos microdados do Censo Demográfico 2010/IBGE.

ATLAS DA EXCLUSÃO SOCIAL NO BRASIL

## Estado de São Paulo – Índice de Exclusão Social

**Índice de Exclusão Social**
- 0.20 a 0.45
- 0.45 a 0.56
- 0.56 a 0.68
- 0.68 a 0.84
- limite municipal
- limite estadual

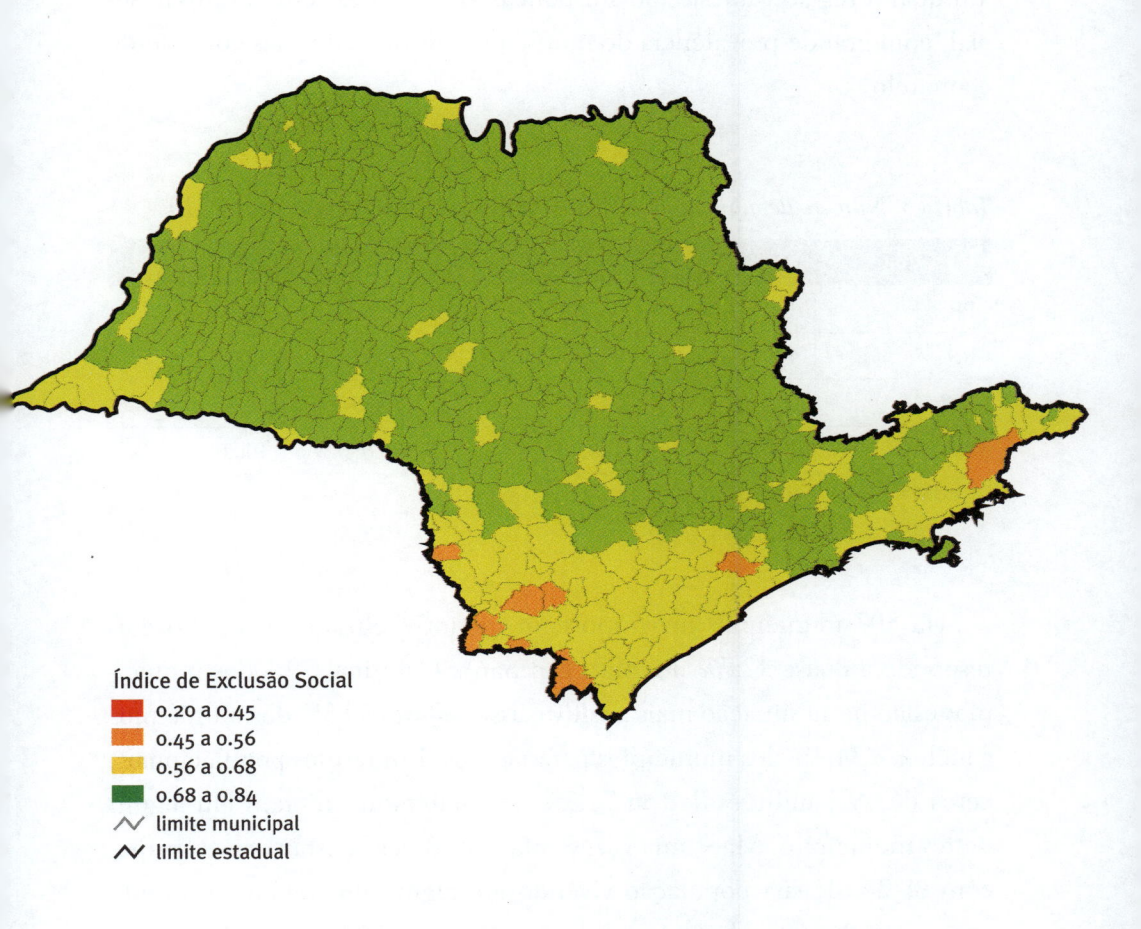

\* Quanto maior o índice, melhor a condição social.

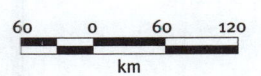

Fonte: Elaboração própria, a partir dos microdados do Censo Demográfico 2010/IBGE.

## REGIÃO SUL

A região Sul tem a menor extensão territorial do país, correspondendo a apenas 6,8% do território nacional. Nesta extensão estão 1.188 municípios, distribuídos em três estados, onde habitam 27,4 milhões de pessoas. Tal qual a região Sudeste, possui poucas áreas em extrema exclusão social, com grande prevalência de municípios classificados nas cores verde e amarelo.

Tabela 5. Número de municípios e de habitantes, por estado, região Sul, 2010.

| UF | Municípios | % | População | % |
|---|---|---|---|---|
| PR | 399 | 33,6% | 10.444.526 | 38,1% |
| RS | 496 | 41,8% | 10.693.910 | 39,0% |
| SC | 293 | 24,7% | 6.248.415 | 22,8% |
| TOTAL | 1.188 | 100,0% | 27.386.850 | 100,0% |

Fonte: IBGE. Censo Demográfico, 2010.

Há 507 municípios no grupo com menor exclusão social. Isto corresponde a quase 42,7% do total. Em Santa Catarina, 59% dos municípios estão nesta situação mais positiva, assim como 39,5% dos municípios gaúchos e 34,3% dos municípios paranaenses. Em termos populacionais, cerca de 19,5 milhões de (ou 71,3% dos) habitantes moram em algum destes municípios. Mais uma vez, Santa Catarina se destaca neste grupo, com 88,2% de sua população vivendo em algum dos municípios deste grupo. No Rio Grande do Sul a proporção foi de 70,8%, e no Paraná foi de 71,5%.

Na região há, ainda, 489 municípios com IES entre 0,56 e 0,68. Esse grupo responde por 46,3% dos municípios e 25,1% da população, com destaque para Paraná e Rio Grande do Sul – fruto da ampla concentração de municípios e população no grupo menos vulnerável socialmente.

Ainda estão classificadas como municípios com IES entre 0,45 e 0,56 mais 127 cidades da região. São apenas 10,7% do total de cidades. Menos expressivo ainda são os quatro municípios do grupo com pior IES, marcados em vermelho nos mapas. São dois municípios do Paraná (Doutor Ulysses e Laranjal) e dois do Rio Grande do Sul (Redentora e Jacuizinho).

## Estado do Paraná – Índice de Exclusão Social

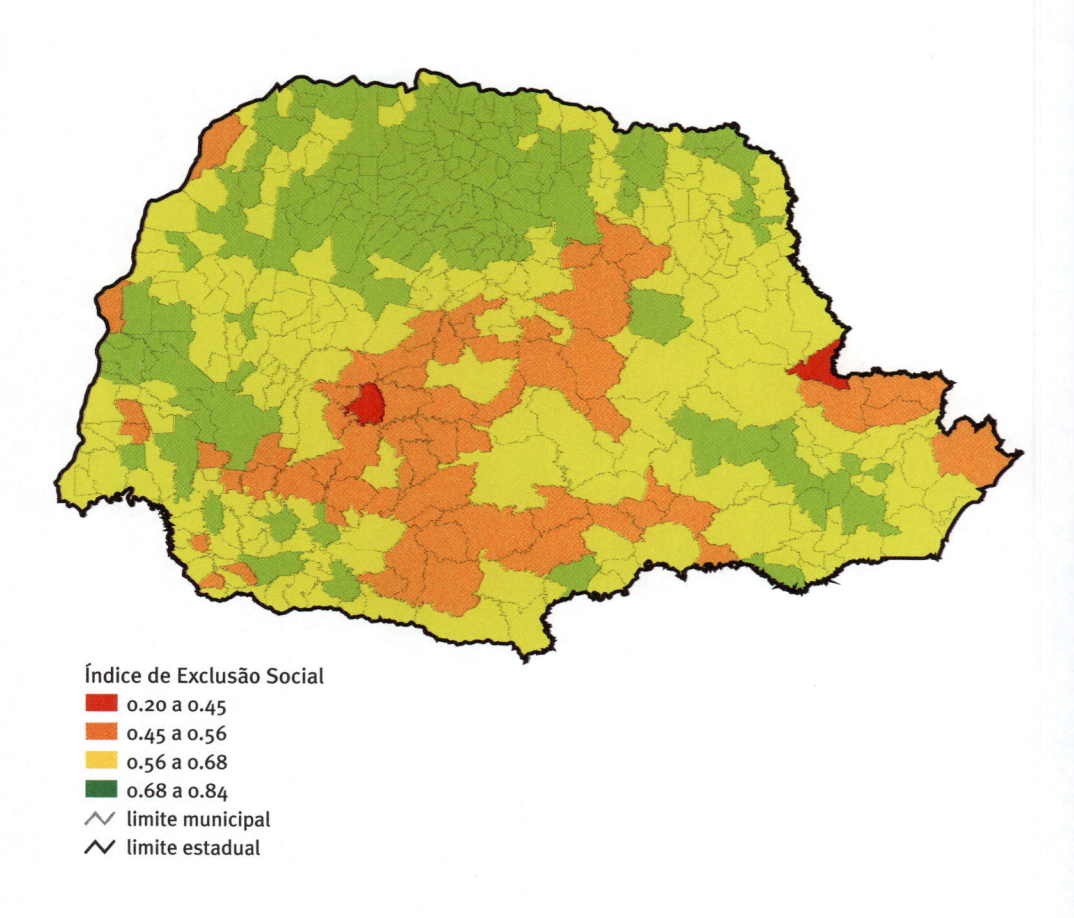

**Índice de Exclusão Social**
- 0.20 a 0.45
- 0.45 a 0.56
- 0.56 a 0.68
- 0.68 a 0.84
- limite municipal
- limite estadual

\* Quanto maior o índice, melhor a condição social.

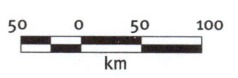

Fonte: Elaboração própria, a partir dos microdados do Censo Demográfico 2010/IBGE.

## Estado do Rio Grande do Sul – Índice de Exclusão Social

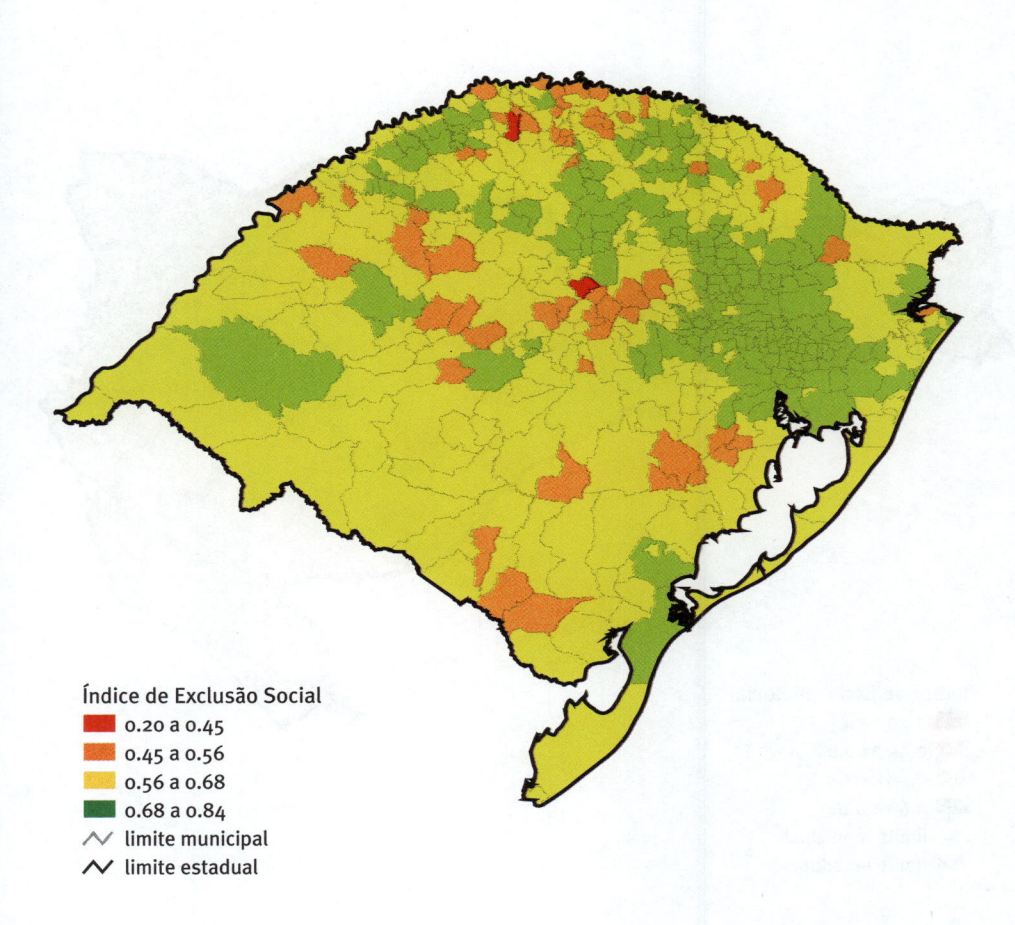

**Índice de Exclusão Social**
- 0.20 a 0.45
- 0.45 a 0.56
- 0.56 a 0.68
- 0.68 a 0.84
- limite municipal
- limite estadual

\* Quanto maior o índice, melhor a condição social.

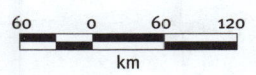

Fonte: Elaboração própria, a partir dos microdados do Censo Demográfico 2010/IBGE.

## Estado de Santa Catarina – Índice de Exclusão Social

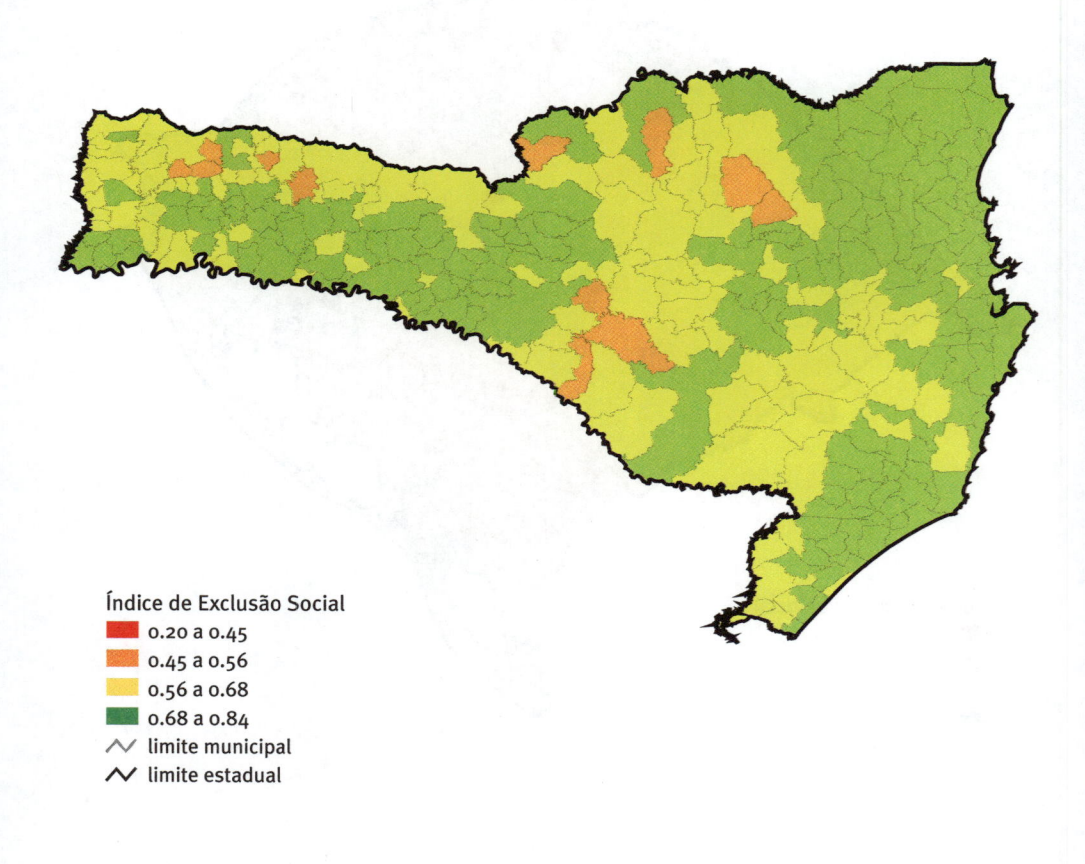

**Índice de Exclusão Social**
- 0.20 a 0.45
- 0.45 a 0.56
- 0.56 a 0.68
- 0.68 a 0.84
- limite municipal
- limite estadual

\* Quanto maior o índice, melhor a condição social.

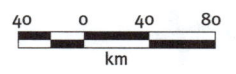

Fonte: Elaboração própria, a partir dos microdados do Censo Demográfico 2010/IBGE.

## RESUMO

As regiões Norte e Nordeste apresentam um padrão homogêneo de exclusão social. Há uma proporção irrisória de municípios com um elevado IES, razoável proporção de municípios marcados em amarelo nos mapas, e uma predominância de municípios em situação mais grave de exclusão social.

A região Centro-Oeste parece iniciar uma transição neste modelo, pois há um razoável número de municípios com elevado IES, uma expressiva maioria de municípios marcados nos mapas em amarelo e poucos municípios no espectro mais agudo da exclusão social.

Por fim, as regiões Sul e Sudeste apresentam, igualmente, grande homogeneidade. Praticamente a metade de seus municípios está com IES acima de 0,68 – o que configura a situação mais positiva. Há uma proporção igualmente elevada de municípios com IES variando entre 0,56 e 0,68, segunda melhor situação. E os municípios marcados nos mapas em laranja e vermelho, as situações mais graves, são proporcionalmente poucos.

Tabela 6. Proporção de municípios, segundo grupo de IES,[1] por região, Brasil, 2010.

|  | Verde (acima de 0,68) | Amarelo (entre 0,56 e 0,68) | Laranja (entre 0,45 e 0,56) | Vermelho (abaixo de 0,45) |
|---|---|---|---|---|
| Norte | 0,2% | 9,8% | 37,0% | 53,0% |
| Nordeste | 0,1% | 4,3% | 45,5% | 50,1% |
| Centro-Oeste | 11,4% | 66,1% | 19,5% | 3,0% |
| Sudeste | 45,4% | 35,6% | 16,8% | 2,2% |
| Sul | 42,7% | 46,3% | 10,7% | 0,3% |

Fonte: Elaboração própria.

[1] Para fins de facilitar a visualização e descrição de resultados, os índices elaborados e expostos nesta publicação tiveram seus resultados arredondados para duas casas decimais em algumas tabelas e mapas. Todavia, tanto os cálculos como a listagem anexa de índices por municípios fazem uso de três casas decimais. Desta forma, cabe esclarecer a divisão de classes neste nível de detalhe, que são: municípios classificados na melhor condição, ou seja, cor verde, com índices acima de 0,677; cor amarela, índices entre 0,563 e 0,676; cor laranja, índices entre 0,452 e 0,562; cor vermelha, índices abaixo de 0,452.

Capítulo 4

# AS MANCHAS EXTREMAS DE EXCLUSÃO SOCIAL NO BRASIL

Observar o Brasil traz sempre surpresas. Algumas vêm mostrando progressos e notícias alvissareiras em relação ao passado. Outras, ao contrário, querem insistir e dizer: o país ainda é aquele. Essa estranha dualidade se mostra mais uma vez presente na análise do conjunto dos municípios que apresentam os piores Índices de Exclusão Social (IES) do país.

De um lado, o crescimento econômico do país entre 2000 e 2010 foi de 42,6%, implicando mudança de patamar em relação ao período anterior (1990-2000), quando o Brasil expandiu sua produção em 28,5%.[1] Em meio a essa expansão geral da economia do país, os números do crescimento relativo das regiões vistas como as socialmente mais problemáticas no *Atlas da Exclusão Social* anterior (2000) foram superiores aos das demais áreas. Isto é, desde as Contas Nacionais de 2000, os números do IBGE demonstram que as regiões Norte e o Nordeste brasileiro vêm apresentando uma *performance* econômica mais dinâmica do que o Sul e o Sudeste, vistas como as áreas mais desenvolvidas. Por exemplo, quando se observa a participação do PIB de cada uma das regiões sobre o PIB brasileiro, nota-se que a região

---

[1] Séries temporais do Banco Central do Brasil. Disponível em: <https://www3.bcb.gov.br/sgspub/localizarseries/localizarSeries.do?method=prepararTelaLocalizarSeries>. Acesso em: 6 jun. 2013.

Norte cresceu sua participação em 21,9% e a região Nordeste aumentou em 8,1%. Enquanto isso, a região Sudeste perdeu 5,0% de sua participação no PIB nacional e a região Sul andou de lado e cresceu apenas 0,2%. O Centro-Oeste também cresceu significativamente (10,8%), porém, desde o primeiro estudo do *Atlas*, a região nunca apareceu como uma área crítica em termos de concentração de municípios com alto grau de exclusão social.[2] Esses números revelam que, em primeiro lugar, a economia brasileira, como um todo, se tornou mais dinâmica entre 2000 e 2010, o que permitiu melhoria na renda e nas oportunidades de emprego do país. Em segundo lugar, percebe-se, em uma primeira aproximação, que as diferenças regionais brasileiras cederam, embora o caminho para uma situação de equilíbrio ainda pareça distante.

Por outro lado, a observação dos mapas apresentados nos capítulos anteriores continua apontando para a preocupante concentração regional da exclusão social. Em outras palavras, os municípios com piores indicadores sociais são ainda aqueles localizados em regiões historicamente identificadas com o problema. Mais uma vez, apesar das melhorias sociais recentes e da redução da pobreza e da desigualdade regional, os números indicam que o Norte e o Nordeste do país continuam disparados na concentração de municípios com os piores IES.[3] Apenas a título de exemplo, enquanto a média nacional é de que as regiões possuam 21,0% dos seus municípios classificados entre os de alto grau de exclusão social, a região Norte possui 53,0% dos seus municípios dentro desta classificação, e a região Nordeste 48,8%. O mapa a seguir destaca a disparidade.

---

[2] Os números regionais foram extraídos do Sidra/IBGE. Disponível em: <http://www.sidra.ibge.gov.br/bda/tabela/listabl.asp?c=21&n=2&z=t&o=3>. Acesso em: 6 jun. 2013. Os indicadores sociais serão analisados nas próximas seções.

[3] São considerados municípios com alto grau de exclusão social aqueles que apresentaram IES (Índice de Exclusão Social) inferior ou igual a 0,45 ponto. É importante ter em mente que o IES varia entre 0 e 1 ponto e quanto mais o resultado estiver próximo de zero ponto, pior é a situação social da cidade e maior o grau de exclusão social.

ATLAS DA EXCLUSÃO SOCIAL NO BRASIL

## Manchas Extremas de Exclusão Social no Brasil

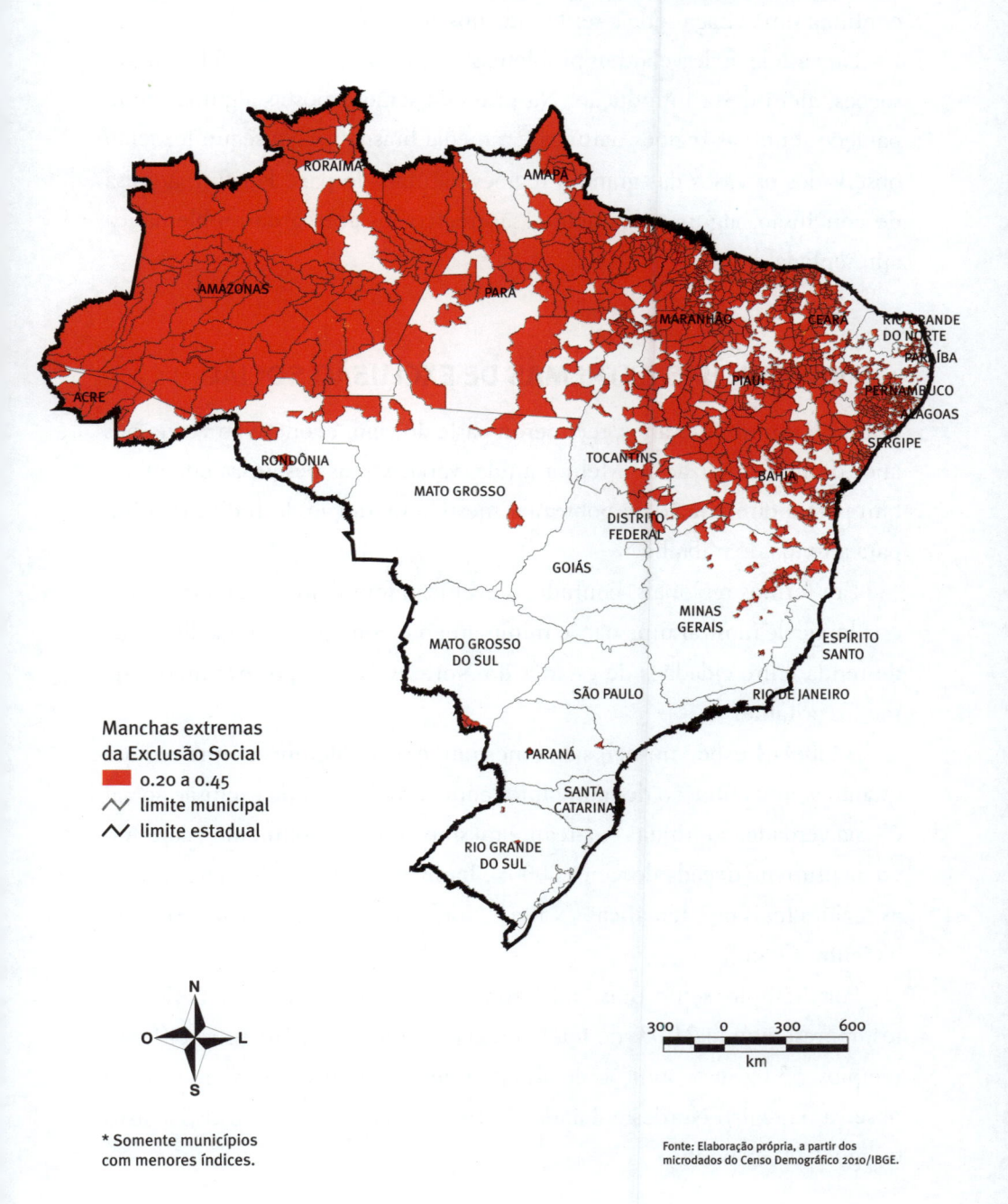

**Manchas extremas da Exclusão Social**
- 0.20 a 0.45
- limite municipal
- limite estadual

\* Somente municípios com menores índices.

Fonte: Elaboração própria, a partir dos microdados do Censo Demográfico 2010/IBGE.

A implicação desses dados é que, embora o Brasil tenha dado passos importantes na redução da pobreza, a desigualdade, neste caso a regional, continua uma chaga séria a ser tratada nos anos vindouros.

Para ajudar a desvelar tais problemas, este capítulo está dividido em três seções, além desta introdução. Na primeira serão expostas algumas comparações entre as regiões naturais e a média brasileira. Na seguinte, serão observados os casos das grandes regiões naturais do país. Por fim, à guisa de conclusão, alguns comentários são realizados acerca da problemática apresentada.

## 4.1. AS MANCHAS EXTREMAS DE EXCLUSÃO SOCIAL

O Brasil, nos últimos anos, recuperou parte do vigor econômico vivido nos anos de industrialização. Melhor ainda, várias são as pesquisas que apontam para a diminuição da pobreza e mesmo a redução do Índice de Gini para a renda do trabalho.

Em termos regionais, contudo, a evolução foi menor. O quadro ainda está longe de mostrar uma nação minimamente homogênea, cuja diferença de renda entre cidadãos de estados do Norte e do Sul, por exemplo, seja menos gritante.

A tabela 1 expõe números que mostram que as diferenças entre regiões quanto à concentração de municípios com elevado grau de exclusão social é – na verdade, continua – marcante mesmo após o crescimento econômico da primeira década dos anos 2000. Chama a atenção as diferenças entre as regiões mais problemáticas (Norte e Nordeste) e as demais (Sul, Sudeste e Centro-Oeste).

Por exemplo, se no Brasil há 1.166 municípios com IES até 0,45 pontos, representando 21,0% do total, a região Norte tem, entre seus 449 municípios, 53,0% na condição de alto grau de exclusão social. O mesmo se observa na região Nordeste. Lá, dos 1.794 municípios, 876 têm IES abaixo ou igual a 0,45 ponto.

Tabela 1. *Municípios brasileiros de acordo com o valor do IES, 2010.*

| | Municípios | | | População | | |
|---|---|---|---|---|---|---|
| | Total (A) | com IES < 0,45 (B) | B/A | Total (C) | em municípios com IES < 0,45 (D) | D/C |
| **Brasil** | 5.565 | 1.166 | 21,0% | 190.754.784 | 21.470.614 | 11,3% |
| Norte | 449 | 238 | 53,0% | 15.864.076 | 5.646.844 | 35,6% |
| Nordeste | 1.794 | 876 | 48,8% | 53.081.788 | 15.295.546 | 28,8% |
| Centro--Oeste | 466 | 13 | 2,8% | 14.057.936 | 166.613 | 1,2% |
| Sudeste | 1.668 | 35 | 2,1% | 80.364.134 | 336.795 | 0,4% |
| Sul | 1.188 | 4 | 0,3% | 27.386.850 | 24.816 | 0,1% |

Fonte: Elaboração própria. Dados de 2010.

Isto, traduzido em qualidade de vida, indica que se trata de cidades cuja pobreza dos cidadãos é elevada, as oportunidades de emprego formal estão aquém da necessidade e os níveis de escolaridade e alfabetização são os mais baixos do país. Ao mesmo tempo, são áreas onde a concentração de jovens na população é alta, demandando um conjunto de serviços públicos que, em não estando disponíveis, podem comprometer o futuro do município, da região e mesmo do país.

Ainda de acordo com a tabela 1, é possível aprofundar algumas características. Por exemplo, no Norte, a média populacional dos 238 municípios com IES até 0,45 ponto não passa de 23,7 mil habitantes. Ou seja, são unidades que estão longe de serem considerados municípios de médio ou grande porte. Trata-se de territórios onde os problemas, ao contrário das áreas metropolitanas, não surgem tanto pelo acesso diferenciado de cidadãos aos serviços disponíveis na cidade. Naqueles municípios com maior grau de exclusão social, as dificuldades nascem da pouca disponibilidade ou até mesmo da ausência de serviços importantes (escolas, hospitais etc.).

O mesmo se vê na região Nordeste. Nessa área do país, há 876 municípios com elevado grau de exclusão social. O tamanho médio das populações destas cidades não passa de 17,5 mil habitantes. Mais uma vez, o que se observa são municípios de pequeno porte, onde os serviços, marcadamente os públicos, estão pouco disponíveis.

No mesmo sentido, outra marca dos municípios com alto grau de exclusão social é a diferença entre o tamanho médio das populações de acordo com a região natural onde se inscrevem. Enquanto nas regiões Norte e Nordeste, como visto, a população média fica em 23,7 e 17,5 mil habitantes respectivamente, na região Sudeste o número chega a apenas 9,6 mil moradores, e na região Sul, cai para apenas 6,2 mil pessoas. Esses valores indicam que os municípios mais problemáticos dessas duas últimas regiões são destacadamente pequenos e incorrem em problemas semelhantes aos de seus pares mais ao Norte do país: carência em relação a equipamentos e serviços públicos.

## 4.2. AS MANCHAS EXTREMAS DE EXCLUSÃO SOCIAL NAS REGIÕES NATURAIS

A realidade interna às regiões naturais apresenta, ao contrário do país, uma relativa e esperada homogeneidade nos indicadores socioeconômicos. Como apontado acima, os municípios com maiores graus de exclusão social estão localizados nas regiões Norte e Nordeste do Brasil, enquanto as regiões Sul, Sudeste e Centro-Oeste mantêm níveis mais elevados de qualidade de vida ou, pelo menos, de serviços disponíveis à população.

Estas diferenças regionais serão o assunto das próximas subseções.

### Região Norte

O Norte do país, apesar de sua inestimável riqueza natural, possui um dos piores quadros de exclusão social do Brasil. São 238 municípios, 53%

do total, sofrendo com um IES menor ou igual a 0,45 ponto. No estado do Amazonas, 91,9% das cidades estão nestas condições.

Os problemas do baixo desenvolvimento industrial da região, a pouca atenção dada ao desenvolvimento de tecnologias de aproveitamento da natureza e sua efetiva aplicação econômica e a dispersão populacional em territórios municipais muitos extensos explicam boa parte dos resultados. Todavia, o estado de Rondônia, com problemas similares, típicos da Amazônia Legal, diferentemente de seus pares regionais, apresenta números significativamente melhores em relação à problemática da exclusão social. Observando a tabela 2, é fácil verificar que Rondônia tem apenas seis dos seus municípios (11,5%) com IES menor ou igual a 0,45 ponto. Em termos populacionais, somente 4,6% da população do estado reside nesses municípios com elevado grau de exclusão social.

Tabela 2. Municípios da região Norte de acordo com o valor do IES, 2010.

|  | Municípios | | | População | | |
|---|---|---|---|---|---|---|
|  | Total (A) | com IES < 0,45 (B) | B/A | Total (C) | em municípios com IES < 0,45 (D) | D/C |
| **Norte** | 449 | 238 | 53,0% | 15.864.076 | 5.646.844 | 35,6% |
| Pará | 143 | 106 | 74,1% | 7.580.880 | 3.400.284 | 44,9% |
| Amazonas | 62 | 57 | 91,9% | 3.483.899 | 1.524.145 | 43,7% |
| Roraima | 15 | 11 | 73,3% | 450.479 | 134.249 | 29,8% |
| Acre | 22 | 14 | 63,6% | 733.559 | 203.935 | 27,8% |
| Tocantins | 139 | 35 | 25,2% | 1.383.445 | 219.520 | 15,9% |
| Amapá | 16 | 9 | 56,3% | 669.493 | 92.355 | 13,8% |
| Rondônia | 52 | 6 | 11,5% | 1.562.321 | 72.356 | 4,6% |

Fonte: Elaboração própria. Dados de 2010.

No outro extremo, Amazonas e Pará parecem ser punidos pela grandeza territorial e fortuna natural. Ambos têm mais de 70% dos municípios em condições de elevada exclusão social, e os habitantes destas cidades representam perto de 44% da população dos habitantes dos estados.

De qualquer modo, os números revelam o quanto uma região tão estratégica para o futuro do Brasil precisa de ajuda para que se evite que a pobreza conduza a depredação inconsciente da natureza e a exploração das riquezas por outras nações em troca de "migalhas".

## Região Nordeste

O Nordeste foi secularmente uma região associada a graves problemas sociais. O semiárido já foi palco de atrocidades como a Guerra de Canudos. A Zona da Mata sofreu com a cana-de-açúcar, os desmandos dos senhores de terra e a fome. O agreste e seus latifúndios voltados à pecuária pouco espaço deram ao homem sem propriedade e padrinhos. O grave é que o quadro desenhado por séculos de desigualdade e a concentração do poder permanece, ao menos em parte, obstaculizando transformações na região.

Assim, a tabela 3 deixa poucas dúvidas em relação à gravidade do problema da exclusão social no Nordeste brasileiro. O caso mais gritante é o do estado do Maranhão, onde 80,6% dos municípios estão sob condições de elevado grau de exclusão social. A população que habita essas cidades perfaz 3,7 milhões de pessoas ou 55,9% da população do estado. O mapa anterior confirma a gravidade do quadro.

O problema, entretanto, se expande para quase todas as demais unidades federativas da região. Além do Maranhão, aparecem Alagoas, Piauí, Ceará, Pernambuco e Bahia com mais de 40% dos municípios com IES menor ou igual a 0,45 ponto. Dos que sobram, apenas o Rio Grande do Norte revela-se em patamar mais baixo, com 21% das suas cidades incluídas entre as de pior resultado. Mesmo assim, um número ainda muito alto.

Tabela 3. *Municípios da região Nordeste de acordo com o valor do IES, 2010.*

|  | Municípios | | | População | | |
|---|---|---|---|---|---|---|
|  | Total (A) | com IES < 0,45 (B) | B/A | Total (C) | em municípios com IES < 0,45 (D) | D/C |
| Nordeste | 1794 | 876 | 48,8% | 53.081.788 | 15.295.546 | 28,8% |
| Maranhão | 217 | 175 | 80,6% | 6.574.789 | 3.673.965 | 55,9% |
| Alagoas | 102 | 77 | 75,5% | 3.120.437 | 1.443.495 | 46,3% |
| Piauí | 224 | 132 | 58,9% | 3.118.336 | 1.015.140 | 32,6% |
| Ceará | 184 | 98 | 53,3% | 8.452.380 | 2.406.263 | 28,5% |
| Bahia | 417 | 168 | 40,3% | 14.016.906 | 3.474.910 | 24,8% |
| Pernambuco | 185 | 86 | 46,5% | 8.796.448 | 1.842.300 | 20,9% |
| Sergipe | 75 | 27 | 36,0% | 2.068.017 | 434.103 | 21,0% |
| Paraíba | 223 | 78 | 35,0% | 3.766.528 | 716.529 | 19,0% |
| Rio Grande do Norte | 167 | 35 | 21,0% | 3.167.947 | 288.841 | 9,1% |

Fonte: Elaboração própria. Dados de 2010.

Em termos populacionais, mais uma vez, já contando com Maranhão, surgem Alagoas, Piauí, Ceará e Bahia com quase um quarto ou mais de habitantes residindo em cidades com alto grau de exclusão social. É também aqui que o Rio Grande do Norte mostra-se menos problemático, absorvendo 9,1% da sua população em municípios com baixo IES.

Em resumo, trata-se de quase 30% da população da região vivendo em municípios com serviços precários e pouca oportunidade de trabalho e educação para os jovens. Os 15,3 milhões de habitantes desses municípios com graves problemas sociais não podem esperar para que a "lógica do mercado" leve o desenvolvimento até suas cidades. E caso insista-se em fazê-los esperar, não poderá ser surpresa para governos e analistas se por acaso as periferias das maiores cidades continuarem a crescer, emperrando os equipamentos sociais das metrópoles e agravando os níveis de violência nos estados.

## Região Centro-Oeste

Já bastante diferente é o caso do Centro-Oeste brasileiro. A região vem demonstrando grande vigor econômico em função da expansão da agroindústria, marcadamente a exportadora de grãos. Isso tem se refletido nas condições de vida de suas cidades, onde poucas, apenas 2,8% de um total de 465 municípios, apresentam IES menor ou igual a 0,45 ponto.[4]

Tabela 4. Municípios do Centro-Oeste de acordo com o valor do IES, 2010.

|  | Municípios | | | População | | |
|---|---|---|---|---|---|---|
|  | Total (A) | com IES < 0,45 (B) | B/A | Total (C) | em municípios com IES < 0,45 (D) | D/C |
| Centro-Oeste | 465 | 13 | 2,8% | 11.487.776 | 166.613 | 1,2% |
| Goiás | 246 | 4 | 1,6% | 6.003.733 | 31.715 | 0,5% |
| Mato Grosso do Sul | 78 | 4 | 5,1% | 2.448.949 | 43.360 | 1,8% |
| Mato Grosso | 141 | 5 | 3,5% | 3.035.094 | 90.538 | 3,0% |
| Distrito Federal* | nd | nd | nd | 2.570.160 | nd | nd |

* Nesta subseção, Brasília não está sendo somada aos demais estados. Ver nota 4.
Fonte: Elaboração própria. Dados de 2010.

No conjunto, observa-se que mesmo a unidade federativa que poderia ser considerada mais problemática, o estado de Mato Grosso, tem apenas 3% de sua população vivendo em municípios com grau elevado de exclusão social.

---

[4] Brasília, na verdade o Distrito Federal, não será considerada aqui, pois, além de não possuir municípios, tem condições especiais de ajuda e custeio por parte do Governo Federal.

## Região Sudeste

O Sudeste foi a região que produziu e absorveu os melhores impulsos da industrialização brasileira ocorrida entre 1930 e 1980. Nesse período, as urbes mudaram de tamanho, a massa salarial multiplicou-se e as cidades grandes, marcadamente São Paulo, receberam levas enormes de imigrantes de áreas pobres do país em busca de emprego, oportunidade e superação da pobreza. O quadro, porém, não foi tão favorável quanto se poderia esperar.

A concentração de renda e poder de poucas mãos, somada a poucos intervalos de democracia e liberdade para organização dos trabalhadores e da sociedade em geral, criou, nas grandes cidades, ilhas de riqueza cercadas de pobreza por todos os lados.

Nas cidades médias e pequenas, porém, o processo de crescimento econômico foi mais lento, ditado pela produção agrícola que se modernizava e o aumento vegetativo da população. Apenas recentemente o interior de São Paulo vem apresentando um vigor econômico invejável devido à interiorização das atividades industriais e ao crescimento das atividades tecnológicas.

O resultado de tudo isso aparece na tabela 5.

*Tabela 5. Municípios da região Sudeste de acordo com o valor do IES, 2010.*

|  | Municípios | | | População | | |
|---|---|---|---|---|---|---|
|  | Total (A) | com IES < 0,45 (B) | B/A | Total (C) | em municípios com IES < 0,45 (D) | D/C |
| **Sudeste** | 1.668 | 35 | 2,1% | 80.364.134 | 336.795 | 0,4% |
| Minas Gerais | 853 | 35 | 4,1% | 19.597.330 | 336.795 | 1,7% |
| São Paulo | 645 | 0 | 0,0% | 41.262.019 | 0 | 0,0% |
| Rio de Janeiro | 92 | 0 | 0,0% | 15.989.929 | 0 | 0,0% |
| Espírito Santo | 78 | 0 | 0,0% | 3.514.856 | 0 | 0,0% |

Fonte: Elaboração própria. Dados de 2010.

Os números do Sudeste mostram que, apesar da desigualdade interna das grandes cidades, quase todos os municípios da região apresentam estrutura e serviços mínimos capazes de oportunizar empregos formais, escola e menor taxa de pobreza. Apenas Minas Gerais, nas suas áreas norte e nordeste, conhecidas por seus antigos problemas de pobreza, tem municípios com IES menor ou igual a 0,45. Mesmo assim, estes municípios, com em média 9,6 mil habitantes, absorvem apenas 1,7% da população mineira.

Os demais estados, São Paulo, Rio de Janeiro e Espírito Santo, não apresentaram cidades onde o conjunto dos indicadores sociais mostrasse que a maioria das suas populações sofresse com elevados graus de exclusão social. Nestes estados há muita pobreza, mas associada à disponibilização de alguns serviços, marcadamente os públicos, que amenizam o grau de exclusão social. Nessas unidades federativas, o maior problema de suas cidades parece ser a desigualdade social que, mesmo não impedindo o acesso a vários serviços, tensiona as relações entre os grupos sociais e, por vezes, traduz-se em violência.[5]

## Região Sul

Os estados do Sul do país costumam ser vistos como áreas onde o desenvolvimento em sentido amplo foi mais longe. Não possuem a pujança econômica dos estados do Sudeste, mas, em compensação, mostram um quadro social muito mais equilibrado do que a franca maioria das cidades estudadas. Suas capitais, mesmo apresentando os problemas típicos das metrópoles de países do Terceiro Mundo, são cercadas por cidades com problemas sociais importantes, mas não tão violentos como os percebidos pela pesquisa no resto do país. O quadro aparece refletido na tabela 6.

---

[5] A discussão sobre a qualidade dos serviços e o acesso diferenciado dos grupos sociais a vários deles é um fato que pode ser considerado parte do problema da desigualdade social em sentido amplo, extrapolando, portanto, as diferenças de renda. Devido ao caráter deste livro, no entanto, o problema não será discutido aqui.

*Tabela 6. Municípios da região Sul de acordo com o valor do IES, 2010.*

| | Municípios | | | População | | |
|---|---|---|---|---|---|---|
| | Total (A) | com IES < 0,45 (B) | B/A | Total (C) | em municípios com IES < 0,45 (D) | D/C |
| Sul | 1.188 | 4 | 0,3% | 27.386.850 | 24.816 | 0,1% |
| Rio Grande do Sul | 496 | 2 | 0,4% | 10.693.910 | 12.729 | 0,1% |
| Santa Catarina | 293 | 0 | 0,0% | 6.248.415 | 0 | 0,0% |
| Paraná | 399 | 2 | 0,5% | 10.444.525 | 12.087 | 0,1% |

Fonte: Elaboração própria. Dados de 2010.

São apenas quatro municípios num total de 1.188 os que apresentam IES menor ou igual a 0,45. Todos os quatro são cidades pequenas, com, em média, pouco mais de 6,0 mil habitantes, onde se replicam com maior intensidade os problemas também sentidos em outras cidades do Rio Grande do Sul, Santa Catarina e Paraná: a desigualdade social, a necessidade de maior escolaridade e a pouca formalização das pessoas empregadas em diversos ramos, marcadamente o agropecuário.

Os problemas, contudo, mesmo presentes e demandando soluções, geram um grau de exclusão social muito diferente e mais baixo do que nas regiões Norte e Nordeste do país. Por isso mesmo, a forma de tratá-los exige outros cuidados, diversos daqueles necessários ao outro extremo do país.

## 4.3. CONSIDERAÇÕES FINAIS

O desenho obtido com o mapa sobre as manchas da exclusão social deixa poucas dúvidas sobre a seriedade da problemática da desigualdade regional brasileira. Mesmo que avanços tenham sido alcançados nos últimos anos, a disparidade dos números entre Norte e Sul, marcadamente em relação à desigualdade, à escolaridade, à pobreza e à participação dos jovens na população, exige que políticas públicas sejam desenhadas especificamente para cada caso e aplicadas urgentemente sob risco de o país desperdiçar mais uma geração e continuar adiando seu desenvolvimento.

Os números apresentados neste capítulo e o conjunto dos dados disponíveis no Capítulo 5 deste livro mostram que, se as grandes metrópoles do país trazem como seu maior problema a grande desigualdade social, os municípios marcados por elevado grau de exclusão social, em sua maioria, são marcados pela pouca oferta de bens e serviços, principalmente de equipamentos públicos. Estes municípios são, em geral, pequenos e incapazes de oportunizar trabalho formal, educação e mobilidade social ascendente aos jovens que representam grande parcela da população.

Assim, talvez a mais importante informação trazida pelas manchas extremas de exclusão social no Brasil seja a diferença acentuada nas realidades dos problemas sociais vividos nas cidades das cinco regiões naturais do país. Por isso mesmo, as políticas públicas voltadas para a superação dessas mazelas exige mais do que grandes atos e ações. Requer planejamento sistemático que parta de um nível geral (nacional), com diretrizes e metas de nível para todos, e desça, através de planos regionais e locais, até as especificidades dos diferentes cantos e recantos do Brasil.

É nesse ponto que as preocupações de Celso Furtado, ainda na década de 1950, com o planejamento e ação sobre as desigualdades regionais retornam à mesa e pedem solução. Essas preocupações colocam, hoje, nas mãos dos dirigentes públicos a responsabilidade pelo futuro do país e o desenvolvimento pleno de sua gente.

Capítulo 5

# ÍNDICE DE EXCLUSÃO SOCIAL NO BRASIL E O *RANKING* MUNICIPAL

Ao aplicar a análise multidimensional por meio do conceito de exclusão social e de seu índice, IES, determinado por suas sete variáveis que buscam simultaneamente caracterizar a manifestação do processo de exclusão social, percebe-se, em pleno século XXI, a continuidade de um Brasil dividido por regiões com maior e menor grau de exclusão social.

A partir dos resultados e da análise do IES de quanto maior, melhor, isto é, menor é o grau de exclusão, percebemos os extremos que vão do "Oiapoque ao Chuí", ou seja, é no Sul do país, no município de Pomerode, no estado de Santa Catarina, uma cidade com quase 28 mil habitantes e com um PIB per capita de R$ 31,6 mil, onde encontramos o maior e melhor IES (0,842). Já o município com o menor e pior IES (0,197) é o município de Uiramutã no estado de Roraima, uma cidade no norte do país com mais de 8 mil habitantes e um PIB *per capita* de R$ 7,3 mil.

Dessa forma, percebe-se que a cidade de Pomerode possui uma condição de vida quatro vezes melhor que a cidade de Uiramutã, melhor no sentido, já apontado anteriormente, em que esse município possui uma menor *exposição* ao risco da vida pela presença da violência, uma melhor condição humana de *ser, estar* e *realizar* enquanto condição de autorreconhecimento da própria personalidade e de maior e melhor pertencimento e posição sociais, como também de melhores condições de poder *criar, saber* e *ter*, isto é, com menor grau de exclusão. Há nessa cidade melhor acesso das pessoas às possibilidades de assumir iniciativas, compreender e refletir sobre suas condições de vida por meio do acesso à informação e capacidade cultural, além da possibilidade de ter inserção ocupacional e rendimentos que permitam o acesso a um padrão de vida aceitável.

Seguindo a forma de análise dos maiores e menores índices de exclusão social, temos os *rankings* dos 100 municípios com menor grau de exclusão, isto é, maior e melhor IES e os 100 municípios com maior grau de exclusão por apresentar os menores e piores IES.

No primeiro grupo, cujo IES varia de 0,783 a 0,842, temos apenas municípios das regiões Sul (55 cidades) e Sudeste (45 cidades), destas, 3 são do Estado do Paraná, 24 de Santa Catarina, 28 do Rio Grande do Sul e 45 de São Paulo. No segundo grupo, em que o IES varia de 0,197 a 0,339, temos apenas um município que não pertence às regiões Norte e Nordeste, ou seja, Serra Azul de Minas do estado de Minas Gerais, localizada na região Sudeste do país, que apresenta um IES de 0,322 e está na 5513[a] posição do *ranking* municipal. Nesse grupo, temos 50 municípios localizados na região Nordeste e 49 municípios localizados na região Norte do país, sendo uma cidade no estado do Rio Grande do Norte, uma em Rondônia, duas na Bahia, três em Roraima, três no Piauí, cinco em Pernambuco, seis no Acre, oito em Alagoas, 19 no Pará, 21 no Amazonas e 30 no Maranhão.

Dentro desses dois grupos, sendo cada um deles formado por 100 municípios com melhores e outro com 100 piores IES, o primeiro grupo apresentou, em 2010, um PIB de R$ 178,2 bilhões (4,7%) e uma população de um pouco mais de 5 milhões de habitantes (2,8%). O segundo grupo, também para o ano de 2010, apresentou um PIB de R$ 8,8 bilhões (0,2%) e uma população de um pouco mais de 2 milhões de habitantes (1,1%). Ao comparar um grupo com o outro, percebe-se que o primeiro tem um PIB 20 vezes superior e uma população de apenas 2,6 vezes que o segundo.

Esses resultados confirmam a sensibilidade do IES às desigualdades sociais e disparidades regionais que ainda persistem no Brasil, como também podemos observar no mapa de exclusão social apresentado, isto é, há um dualismo por meio da concentração de municípios com alto grau de exclusão ou piores IES nas regiões Norte e Nordeste e de municípios com baixo grau de exclusão ou melhores IES nas regiões Sul e Sudeste do país.

Tabela 1. Ranking dos 100 municípios com menor grau de exclusão social.

| Região | UF | Nome do Município 2010 | Posição* | Índice de Emprego | Índice de Pobreza | Índice de Desigualdade | Índice de Alfabetização | Índice de Escolaridade | Índice de Juventude | Índice de Violência | Índice de Exclusão |
|---|---|---|---|---|---|---|---|---|---|---|---|
| S | SC | Pomerode | 1º | 0,923 | 0,977 | 0,824 | 0,978 | 0,499 | 0,689 | 1,000 | 0,842 |
| S | RS | Vale Real | 2º | 0,824 | 0,961 | 0,980 | 0,960 | 0,388 | 0,674 | 1,000 | 0,833 |
| S | RS | Picada Café | 3º | 0,816 | 0,958 | 0,924 | 0,962 | 0,424 | 0,712 | 1,000 | 0,832 |
| S | SC | Schroeder | 4º | 0,896 | 0,976 | 0,884 | 0,971 | 0,541 | 0,595 | 0,966 | 0,831 |
| SE | SP | Elisiário | 5º | 0,887 | 0,952 | 0,904 | 0,836 | 0,419 | 0,697 | 1,000 | 0,830 |
| SE | SP | Borá | 6º | 1,000 | 0,915 | 0,778 | 0,800 | 0,575 | 0,647 | 1,000 | 0,828 |
| S | SC | Jaraguá do Sul | 7º | 0,907 | 0,964 | 0,714 | 0,967 | 0,717 | 0,640 | 0,956 | 0,828 |
| S | RS | Dois Irmãos | 8º | 0,897 | 0,980 | 0,811 | 0,951 | 0,491 | 0,669 | 0,962 | 0,825 |
| S | SC | Treviso | 9º | 0,783 | 0,949 | 0,879 | 0,972 | 0,484 | 0,685 | 1,000 | 0,820 |
| S | RS | Vila Flores | 10º | 0,722 | 0,929 | 0,921 | 0,981 | 0,434 | 0,747 | 1,000 | 0,819 |
| S | RS | Feliz | 11º | 0,764 | 0,982 | 0,829 | 0,994 | 0,451 | 0,721 | 1,000 | 0,818 |
| S | RS | Morro Reuter | 12º | 0,769 | 0,945 | 0,906 | 0,990 | 0,351 | 0,731 | 1,000 | 0,816 |
| S | SC | Ascurra | 13º | 0,899 | 0,938 | 0,870 | 0,920 | 0,360 | 0,645 | 1,000 | 0,813 |
| S | SC | Brusque | 14º | 0,860 | 0,958 | 0,746 | 0,947 | 0,568 | 0,655 | 0,980 | 0,813 |
| S | SC | São José | 15º | 0,832 | 0,940 | 0,682 | 0,946 | 0,809 | 0,655 | 0,921 | 0,812 |
| S | RS | Tupandi | 16º | 0,699 | 0,978 | 0,955 | 0,962 | 0,386 | 0,679 | 1,000 | 0,811 |
| S | SC | Botuverá | 17º | 0,690 | 0,984 | 0,997 | 0,898 | 0,331 | 0,693 | 1,000 | 0,810 |
| S | RS | Serafina Corrêa | 18º | 0,765 | 0,965 | 0,842 | 0,952 | 0,520 | 0,677 | 0,964 | 0,810 |

*a partir da melhor situação social ou maior IES

| Região | UF | Nome do Município 2010 | Posição* | Índice de Emprego | Índice de Pobreza | Índice de Desigualdade | Índice de Alfabetização | Índice de Escolaridade | Índice de Juventude | Índice de Violência | Índice de Exclusão |
|---|---|---|---|---|---|---|---|---|---|---|---|
| S | RS | Teutônia | 19º | 0,756 | 0,980 | 0,863 | 0,970 | 0,465 | 0,676 | 0,962 | 0,809 |
| SE | SP | São Caetano do Sul | 20º | 0,702 | 0,960 | 0,496 | 0,985 | 0,941 | 0,785 | 0,965 | 0,808 |
| S | RS | São José do Hortêncio | 21º | 0,695 | 0,963 | 1,000 | 0,964 | 0,280 | 0,693 | 1,000 | 0,806 |
| SE | SP | Dourado | 22º | 0,812 | 0,913 | 0,818 | 0,873 | 0,509 | 0,685 | 1,000 | 0,806 |
| SE | SP | Gabriel Monteiro | 23º | 0,652 | 0,932 | 0,829 | 0,842 | 0,625 | 0,737 | 1,000 | 0,804 |
| S | SC | Indaial | 24º | 0,852 | 0,966 | 0,796 | 0,930 | 0,518 | 0,603 | 0,962 | 0,803 |
| S | SC | Capivari de Baixo | 25º | 0,819 | 0,898 | 0,841 | 0,903 | 0,578 | 0,615 | 0,976 | 0,803 |
| S | SC | Blumenau | 26º | 0,868 | 0,962 | 0,643 | 0,968 | 0,652 | 0,658 | 0,943 | 0,803 |
| S | RS | Arroio do Meio | 27º | 0,714 | 0,963 | 0,859 | 0,976 | 0,468 | 0,710 | 0,945 | 0,802 |
| S | SC | Rio dos Cedros | 28º | 0,833 | 0,963 | 0,824 | 0,940 | 0,330 | 0,679 | 1,000 | 0,802 |
| SE | SP | Bady Bassitt | 29º | 0,715 | 0,937 | 0,843 | 0,942 | 0,598 | 0,653 | 0,964 | 0,801 |
| S | RS | Santa Maria do Herval | 30º | 0,676 | 0,967 | 0,960 | 0,980 | 0,228 | 0,746 | 1,000 | 0,801 |
| SE | SP | Inúbia Paulista | 31º | 0,825 | 0,847 | 0,832 | 0,822 | 0,578 | 0,664 | 1,000 | 0,801 |
| SE | SP | Palmares Paulista | 32º | 0,971 | 0,886 | 0,891 | 0,783 | 0,409 | 0,581 | 0,952 | 0,800 |
| SE | SP | Orindiúva | 33º | 0,792 | 0,895 | 0,814 | 0,864 | 0,659 | 0,590 | 1,000 | 0,799 |
| S | SC | Timbó | 34º | 0,872 | 0,972 | 0,643 | 0,961 | 0,574 | 0,673 | 0,943 | 0,798 |
| S | RS | Bento Gonçalves | 35º | 0,788 | 0,955 | 0,677 | 0,967 | 0,635 | 0,714 | 0,922 | 0,798 |
| S | SC | Luzerna | 36º | 0,700 | 0,960 | 0,723 | 0,979 | 0,576 | 0,711 | 1,000 | 0,797 |
| SE | SP | Saltinho | 37º | 0,685 | 0,967 | 0,789 | 0,963 | 0,612 | 0,699 | 0,926 | 0,797 |

*a partir da melhor situação social ou maior IES)

| Região | UF | Nome do Município 2010 | Posição* | Índice de Emprego | Índice de Pobreza | Índice de Desigualdade | Índice de Alfabetização | Índice de Escolaridade | Índice de Juventude | Índice de Violência | Índice de Exclusão |
|---|---|---|---|---|---|---|---|---|---|---|---|
| SE | SP | Embaúba | 38º | 0,779 | 0,899 | 0,844 | 0,854 | 0,438 | 0,701 | 1,000 | 0,796 |
| S | RS | Salvador do Sul | 39º | 0,710 | 0,960 | 0,825 | 0,959 | 0,444 | 0,686 | 1,000 | 0,796 |
| S | SC | Massaranduba | 40º | 0,699 | 0,958 | 0,885 | 0,944 | 0,489 | 0,641 | 0,965 | 0,795 |
| S | SC | Guabiruba | 41º | 0,799 | 0,922 | 0,839 | 0,946 | 0,428 | 0,632 | 1,000 | 0,795 |
| SE | SP | Santa Bárbara d'Oeste | 42º | 0,817 | 0,920 | 0,743 | 0,933 | 0,582 | 0,666 | 0,942 | 0,795 |
| S | SC | Florianópolis | 43º | 0,756 | 0,945 | 0,498 | 0,960 | 1,000 | 0,707 | 0,885 | 0,794 |
| SE | SP | Birigui | 44º | 0,797 | 0,917 | 0,724 | 0,924 | 0,608 | 0,676 | 0,957 | 0,794 |
| S | RS | Farroupilha | 45º | 0,810 | 0,938 | 0,702 | 0,953 | 0,610 | 0,673 | 0,926 | 0,793 |
| SE | SP | Neves Paulista | 46º | 0,654 | 0,929 | 0,768 | 0,877 | 0,555 | 0,770 | 1,000 | 0,793 |
| SE | SP | Bento de Abreu | 47º | 0,833 | 0,864 | 0,808 | 0,832 | 0,571 | 0,621 | 1,000 | 0,793 |
| SE | SP | Nova Odessa | 48º | 0,773 | 0,894 | 0,734 | 0,935 | 0,657 | 0,658 | 0,970 | 0,793 |
| SE | SP | Nova Luzitânia | 49º | 0,809 | 0,863 | 0,845 | 0,756 | 0,537 | 0,655 | 1,000 | 0,793 |
| SE | SP | Sebastianópolis do Sul | 50º | 0,736 | 0,944 | 0,729 | 0,862 | 0,534 | 0,729 | 1,000 | 0,793 |
| S | RS | Ivoti | 51º | 0,777 | 0,958 | 0,687 | 0,948 | 0,548 | 0,676 | 1,000 | 0,793 |
| SE | SP | Turiúba | 52º | 0,728 | 0,880 | 0,843 | 0,777 | 0,503 | 0,731 | 1,000 | 0,792 |
| S | RS | Lajeado | 53º | 0,796 | 0,957 | 0,658 | 0,934 | 0,626 | 0,684 | 0,942 | 0,792 |
| S | SC | Rio do Sul | 54º | 0,817 | 0,936 | 0,656 | 0,943 | 0,643 | 0,643 | 0,974 | 0,791 |
| SE | SP | São Carlos | 55º | 0,771 | 0,917 | 0,591 | 0,927 | 0,790 | 0,681 | 0,974 | 0,791 |
| SE | SP | Valinhos | 56º | 0,830 | 0,947 | 0,487 | 0,943 | 0,765 | 0,697 | 0,985 | 0,791 |
| SE | SP | Boraceia | 57º | 0,882 | 0,886 | 0,802 | 0,887 | 0,479 | 0,586 | 1,000 | 0,791 |
| S | SC | Urussanga | 58º | 0,681 | 0,943 | 0,763 | 0,943 | 0,542 | 0,706 | 1,000 | 0,791 |

*a partir da melhor situação social ou maior IES

| Região | UF | Nome do Município 2010 | Posição* | Índice de Emprego | Índice de Pobreza | Índice de Desigualdade | Índice de Alfabetização | Índice de Escolaridade | Índice de Juventude | Índice de Violência | Índice de Exclusão |
|---|---|---|---|---|---|---|---|---|---|---|---|
| SE | SP | Onda Verde | 59º | 0,773 | 0,880 | 0,872 | 0,824 | 0,547 | 0,605 | 1,000 | 0,791 |
| SE | SP | Americana | 60º | 0,745 | 0,938 | 0,647 | 0,951 | 0,700 | 0,704 | 0,943 | 0,790 |
| S | RS | Bom Princípio | 61º | 0,718 | 0,944 | 0,831 | 0,975 | 0,487 | 0,662 | 0,956 | 0,790 |
| SE | SP | Monte Alto | 62º | 0,744 | 0,909 | 0,740 | 0,915 | 0,570 | 0,696 | 0,989 | 0,790 |
| S | RS | São Vendelino | 63º | 0,703 | 0,989 | 0,987 | 0,991 | 0,406 | 0,719 | 0,732 | 0,790 |
| S | PR | Nossa Senhora das Graças | 64º | 0,830 | 0,829 | 0,907 | 0,763 | 0,476 | 0,626 | 1,000 | 0,790 |
| SE | SP | Rafard | 65º | 0,897 | 0,894 | 0,776 | 0,913 | 0,479 | 0,626 | 0,940 | 0,790 |
| S | RS | Bom Retiro do Sul | 66º | 0,823 | 0,922 | 0,804 | 0,932 | 0,388 | 0,645 | 1,000 | 0,790 |
| SE | SP | Vista Alegre do Alto | 67º | 0,705 | 0,954 | 0,862 | 0,839 | 0,480 | 0,642 | 1,000 | 0,790 |
| S | SC | Santo Amaro da Imperatriz | 68º | 0,699 | 0,936 | 0,814 | 0,908 | 0,577 | 0,626 | 1,000 | 0,790 |
| SE | SP | São João do Pau d'Alho | 69º | 0,601 | 0,938 | 0,905 | 0,802 | 0,485 | 0,728 | 1,000 | 0,790 |
| S | PR | Floresta | 70º | 0,718 | 0,890 | 0,839 | 0,877 | 0,551 | 0,653 | 1,000 | 0,789 |
| S | RS | São Marcos | 71º | 0,742 | 0,947 | 0,744 | 0,926 | 0,507 | 0,679 | 1,000 | 0,789 |
| S | RS | Estrela | 72º | 0,693 | 0,949 | 0,737 | 0,946 | 0,567 | 0,686 | 1,000 | 0,789 |
| S | SC | Rodeio | 73º | 0,907 | 0,964 | 0,721 | 0,929 | 0,340 | 0,712 | 0,905 | 0,789 |
| S | RS | Brochier | 74º | 0,733 | 0,932 | 0,861 | 0,950 | 0,261 | 0,739 | 1,000 | 0,789 |
| SE | SP | Barra Bonita | 75º | 0,757 | 0,909 | 0,676 | 0,894 | 0,631 | 0,710 | 0,985 | 0,789 |
| S | RS | Nova Bassano | 76º | 0,634 | 0,982 | 0,832 | 0,944 | 0,412 | 0,713 | 1,000 | 0,788 |
| SE | SP | Tabapuã | 77º | 0,816 | 0,910 | 0,784 | 0,870 | 0,439 | 0,698 | 0,954 | 0,788 |
| SE | SP | Nova Europa | 78º | 0,845 | 0,898 | 0,793 | 0,862 | 0,497 | 0,595 | 1,000 | 0,788 |

*a partir da melhor situação social ou maior IES)

ATLAS DA EXCLUSÃO SOCIAL NO BRASIL 101

| Região | UF | Nome do Município 2010 | Posição* | Índice de Emprego | Índice de Pobreza | Índice de Desigualdade | Índice de Alfabetização | Índice de Escolaridade | Índice de Juventude | Índice de Violência | Índice de Exclusão |
|---|---|---|---|---|---|---|---|---|---|---|---|
| SE | SP | Clementina | 79º | 0,866 | 0,866 | 0,824 | 0,814 | 0,468 | 0,608 | 1,000 | 0,787 |
| S | RS | Presidente Lucena | 80º | 0,646 | 0,944 | 0,907 | 0,962 | 0,321 | 0,716 | 1,000 | 0,787 |
| S | SC | Laurentino | 81º | 0,672 | 0,955 | 0,853 | 0,931 | 0,488 | 0,631 | 1,000 | 0,787 |
| SE | SP | Caiabu | 82º | 0,841 | 0,827 | 0,814 | 0,746 | 0,545 | 0,651 | 1,000 | 0,787 |
| S | RS | Carlos Barbosa | 83º | 0,724 | 1,000 | 0,574 | 0,958 | 0,593 | 0,729 | 1,000 | 0,786 |
| SE | SP | Pontes Gestal | 84º | 0,787 | 0,880 | 0,810 | 0,815 | 0,488 | 0,666 | 1,000 | 0,786 |
| SE | SP | Cerquilho | 85º | 0,747 | 0,946 | 0,741 | 0,938 | 0,603 | 0,649 | 0,934 | 0,786 |
| S | PR | Maringá | 86º | 0,709 | 0,943 | 0,600 | 0,946 | 0,799 | 0,686 | 0,949 | 0,786 |
| SE | SP | Catiguá | 87º | 0,946 | 0,909 | 0,718 | 0,816 | 0,445 | 0,662 | 0,927 | 0,786 |
| SE | SP | Santos | 88º | 0,710 | 0,928 | 0,469 | 0,963 | 0,921 | 0,753 | 0,937 | 0,786 |
| SE | SP | Zacarias | 89º | 0,796 | 0,846 | 0,794 | 0,831 | 0,515 | 0,681 | 1,000 | 0,786 |
| SE | SP | Lins | 90º | 0,786 | 0,899 | 0,664 | 0,900 | 0,711 | 0,678 | 0,927 | 0,785 |
| SE | SP | Jaci | 91º | 0,789 | 0,856 | 0,865 | 0,832 | 0,450 | 0,648 | 1,000 | 0,785 |
| S | SC | Joinville | 92º | 0,828 | 0,935 | 0,604 | 0,949 | 0,764 | 0,618 | 0,915 | 0,785 |
| SE | SP | Santa Lúcia | 93º | 0,890 | 0,853 | 0,796 | 0,862 | 0,504 | 0,570 | 1,000 | 0,785 |
| S | SC | Cocal do Sul | 94º | 0,751 | 0,921 | 0,816 | 0,952 | 0,606 | 0,644 | 0,863 | 0,785 |
| SE | SP | Gavião Peixoto | 95º | 0,901 | 0,852 | 0,853 | 0,828 | 0,399 | 0,581 | 1,000 | 0,784 |
| S | RS | Guaporé | 96º | 0,752 | 0,963 | 0,731 | 0,926 | 0,504 | 0,697 | 0,932 | 0,784 |
| SE | SP | Jundiaí | 97º | 0,805 | 0,927 | 0,505 | 0,953 | 0,757 | 0,693 | 0,970 | 0,784 |
| SE | SP | Bilac | 98º | 0,663 | 0,929 | 0,720 | 0,865 | 0,618 | 0,714 | 1,000 | 0,784 |
| SE | SP | Araraquara | 99º | 0,756 | 0,900 | 0,581 | 0,933 | 0,770 | 0,702 | 0,958 | 0,783 |
| S | RS | Alto Feliz | 100º | 0,594 | 0,934 | 0,954 | 0,950 | 0,277 | 0,739 | 1,000 | 0,783 |

*a partir da melhor situação social ou maior IES)

Fonte: Elaboração própria a partir de IBGE/Censo Demográfico, 2010.

*Tabela 2. Ranking dos 100 municípios com maior grau de exclusão social.*

| Região | UF | Nome do Município 2010 | Posição* | Índice de Emprego | Índice de Pobreza | Índice de Desigualdade | Índice de Alfabetização | Índice de Escolaridade | Índice de Juventude | Índice de Violência | Índice de Exclusão |
|---|---|---|---|---|---|---|---|---|---|---|---|
| NE | MA | Santana do Maranhão | 5466º | 0,153 | 0,077 | 0,446 | 0,267 | 0,092 | 0,326 | 0,955 | 0,339 |
| NE | MA | Nina Rodrigues | 5467º | 0,177 | 0,089 | 0,344 | 0,301 | 0,331 | 0,211 | 0,958 | 0,338 |
| NE | MA | Mirador | 5468º | 0,111 | 0,130 | 0,308 | 0,340 | 0,202 | 0,328 | 0,975 | 0,338 |
| NE | MA | Bom Jardim | 5469º | 0,122 | 0,163 | 0,416 | 0,311 | 0,140 | 0,321 | 0,867 | 0,337 |
| NE | MA | Matões do Norte | 5470º | 0,088 | 0,040 | 0,444 | 0,207 | 0,197 | 0,363 | 0,962 | 0,337 |
| NE | MA | Presidente Vargas | 5471º | 0,068 | 0,138 | 0,375 | 0,309 | 0,350 | 0,269 | 0,903 | 0,337 |
| N | AM | Eirunepé | 5472º | 0,140 | 0,247 | 0,352 | 0,204 | 0,294 | 0,187 | 0,898 | 0,337 |
| NE | MA | Conceição do Lago-Açu | 5473º | 0,066 | 0,176 | 0,576 | 0,157 | 0,096 | 0,259 | 0,892 | 0,337 |
| NE | MA | Serrano do Maranhão | 5474º | 0,130 | 0,066 | 0,412 | 0,227 | 0,146 | 0,316 | 1,000 | 0,337 |
| NE | PE | Caetés | 5475º | 0,078 | 0,206 | 0,391 | 0,212 | 0,112 | 0,410 | 0,843 | 0,336 |
| N | AM | Tapauá | 5476º | 0,120 | 0,197 | 0,393 | 0,243 | 0,188 | 0,200 | 0,973 | 0,336 |
| N | PA | Aveiro | 5477º | 0,103 | 0,131 | 0,388 | 0,618 | 0,156 | 0,217 | 0,934 | 0,335 |
| N | AM | Amaturá | 5478º | 0,142 | 0,081 | 0,264 | 0,482 | 0,320 | 0,227 | 1,000 | 0,335 |
| NE | MA | Governador Nunes Freire | 5479º | 0,082 | 0,239 | 0,459 | 0,396 | 0,177 | 0,274 | 0,754 | 0,335 |
| NE | MA | Pedro do Rosário | 5480º | 0,089 | 0,112 | 0,442 | 0,300 | 0,141 | 0,270 | 0,977 | 0,335 |
| NE | BA | Itapicuru | 5481º | 0,073 | 0,209 | 0,493 | 0,167 | 0,073 | 0,389 | 0,790 | 0,334 |
| NE | MA | Amapá do Maranhão | 5482º | 0,107 | 0,156 | 0,438 | 0,209 | 0,175 | 0,266 | 0,919 | 0,334 |
| NE | MA | Santa Filomena do Maranhão | 5483º | 0,105 | 0,074 | 0,412 | 0,291 | 0,111 | 0,318 | 1,000 | 0,334 |

*a partir da melhor situação social ou maior IES)

# ATLAS DA EXCLUSÃO SOCIAL NO BRASIL

| Região | UF | Nome do Município | Posição* 2010 | Índice de Emprego | Índice de Pobreza | Índice de Desigualdade | Índice de Alfabetização | Índice de Escolaridade | Índice de Juventude | Índice de Violência | Índice de Exclusão |
|---|---|---|---|---|---|---|---|---|---|---|---|
| N | PA | Oeiras do Pará | 5484º | 0,116 | 0,156 | 0,451 | 0,420 | 0,135 | 0,174 | 0,945 | 0,334 |
| N | PA | Augusto Corrêa | 5485º | 0,073 | 0,119 | 0,458 | 0,368 | 0,127 | 0,255 | 0,961 | 0,333 |
| NE | MA | Presidente Juscelino | 5486º | 0,076 | 0,094 | 0,375 | 0,363 | 0,331 | 0,229 | 0,955 | 0,333 |
| NE | PE | Inajá | 5487º | 0,081 | 0,183 | 0,380 | 0,128 | 0,201 | 0,324 | 0,918 | 0,332 |
| N | PA | Itupiranga | 5488º | 0,143 | 0,205 | 0,362 | 0,421 | 0,168 | 0,306 | 0,777 | 0,332 |
| NE | PI | Caraúbas do Piauí | 5489º | 0,127 | 0,141 | 0,423 | 0,022 | 0,068 | 0,409 | 0,906 | 0,332 |
| NE | MA | Amarante do Maranhão | 5490º | 0,094 | 0,224 | 0,416 | 0,340 | 0,180 | 0,284 | 0,794 | 0,332 |
| NE | AL | Mata Grande | 5491º | 0,094 | 0,240 | 0,446 | 0,131 | 0,120 | 0,327 | 0,810 | 0,331 |
| N | AM | Alvarães | 5492º | 0,094 | 0,151 | 0,420 | 0,499 | 0,209 | 0,121 | 0,963 | 0,330 |
| NE | MA | Cajari | 5493º | 0,061 | 0,082 | 0,345 | 0,450 | 0,162 | 0,311 | 1,000 | 0,330 |
| NE | MA | Alto Alegre do Pindaré | 5494º | 0,118 | 0,094 | 0,426 | 0,328 | 0,176 | 0,295 | 0,883 | 0,330 |
| NE | MA | São Benedito do Rio Preto | 5495º | 0,104 | 0,104 | 0,344 | 0,266 | 0,247 | 0,249 | 1,000 | 0,329 |
| NE | AL | Piranhas | 5496º | 0,233 | 0,267 | 0,373 | 0,326 | 0,237 | 0,312 | 0,549 | 0,329 |
| NE | PI | Isaías Coelho | 5497º | 0,223 | 0,190 | 0,021 | 0,229 | 0,155 | 0,433 | 1,000 | 0,328 |
| N | PA | Gurupá | 5498º | 0,044 | 0,210 | 0,458 | 0,317 | 0,115 | 0,197 | 0,946 | 0,328 |
| NE | PE | Buíque | 5499º | 0,103 | 0,181 | 0,438 | 0,125 | 0,132 | 0,331 | 0,840 | 0,327 |
| N | PA | Bagre | 5500º | 0,061 | 0,063 | 0,620 | 0,293 | 0,103 | 0,144 | 0,978 | 0,326 |
| N | AC | Santa Rosa do Purus | 5501º | 0,345 | 0,290 | 0,062 | 0,230 | 0,244 | 0,098 | 1,000 | 0,326 |
| NE | MA | Santo Amaro do Maranhão | 5502º | 0,082 | 0,102 | 0,364 | 0,522 | 0,153 | 0,242 | 0,962 | 0,326 |
| N | AC | Feijó | 5503º | 0,237 | 0,223 | 0,250 | 0,204 | 0,239 | 0,196 | 0,888 | 0,326 |

* a partir da melhor situação social ou maior IES)

| Região | UF | Nome do Município 2010 | Posição[a] | Índice de Emprego | Índice de Pobreza | Índice de Desigualdade | Índice de Alfabetização | Índice de Escolaridade | Índice de Juventude | Índice de Violência | Índice de Exclusão |
|---|---|---|---|---|---|---|---|---|---|---|---|
| N | RO | Campo Novo de Rondônia | 5504º | 0,169 | 0,444 | 0,263 | 0,707 | 0,143 | 0,404 | 0,343 | 0,325 |
| NE | MA | Satubinha | 5505º | 0,092 | 0,017 | 0,430 | 0,409 | 0,103 | 0,285 | 1,000 | 0,325 |
| NE | MA | Buriticupu | 5506º | 0,159 | 0,172 | 0,404 | 0,363 | 0,143 | 0,271 | 0,777 | 0,324 |
| NE | BA | Crisópolis | 5507º | 0,068 | 0,261 | 0,429 | 0,419 | 0,108 | 0,444 | 0,559 | 0,324 |
| NE | PI | Joaquim Pires | 5508º | 0,125 | 0,132 | 0,386 | 0,257 | 0,093 | 0,398 | 0,812 | 0,324 |
| N | PA | Curralinho | 5509º | 0,115 | 0,178 | 0,445 | 0,356 | 0,121 | 0,145 | 0,927 | 0,323 |
| N | PA | São Domingos do Capim | 5510º | 0,117 | 0,150 | 0,385 | 0,389 | 0,194 | 0,228 | 0,861 | 0,323 |
| NE | MA | Primeira Cruz | 5511º | 0,099 | 0,083 | 0,380 | 0,365 | 0,173 | 0,248 | 0,963 | 0,322 |
| N | AM | Barcelos | 5512º | 0,228 | 0,198 | 0,136 | 0,240 | 0,169 | 0,312 | 0,939 | 0,322 |
| SE | MG | Serra Azul de Minas | 5513º | 0,097 | 0,347 | 0,496 | 0,429 | 0,196 | 0,344 | 0,384 | 0,322 |
| N | PA | Viseu | 5514º | 0,125 | 0,106 | 0,338 | 0,417 | 0,126 | 0,239 | 0,972 | 0,321 |
| NE | AL | São José da Tapera | 5515º | 0,163 | 0,212 | 0,434 | 0,206 | 0,152 | 0,269 | 0,723 | 0,321 |
| N | AM | Fonte Boa | 5516º | 0,099 | 0,214 | 0,338 | 0,362 | 0,218 | 0,205 | 0,863 | 0,320 |
| NE | MA | Paulino Neves | 5517º | 0,027 | 0,149 | 0,359 | 0,290 | 0,201 | 0,232 | 1,000 | 0,320 |
| N | AM | São Paulo de Olivença | 5518º | 0,075 | 0,092 | 0,315 | 0,443 | 0,259 | 0,203 | 0,983 | 0,318 |
| NE | PE | Tupanatinga | 5519º | 0,050 | 0,174 | 0,357 | 0,212 | 0,150 | 0,340 | 0,872 | 0,317 |
| N | AM | Envira | 5520º | 0,103 | 0,163 | 0,326 | 0,199 | 0,215 | 0,177 | 1,000 | 0,316 |
| N | AM | Japurá | 5521º | 0,036 | 0,192 | 0,400 | 0,280 | 0,107 | 0,184 | 1,000 | 0,316 |
| N | AC | Porto Walter | 5522º | 0,148 | 0,204 | 0,379 | 0,110 | 0,211 | 0,064 | 1,000 | 0,315 |
| NE | AL | Canapi | 5523º | 0,073 | 0,210 | 0,391 | 0,133 | 0,112 | 0,308 | 0,849 | 0,315 |
| N | AC | Rodrigues Alves | 5524º | 0,165 | 0,149 | 0,309 | 0,270 | 0,262 | 0,165 | 0,892 | 0,313 |
| NE | MA | Fernando Falcão | 5525º | 0,086 | 0,030 | 0,494 | 0,180 | 0,058 | 0,247 | 1,000 | 0,312 |

[a] a partir da melhor situação social ou maior IES)

| Região | UF | Nome do Município 2010 | Posição* | Índice de Emprego | Índice de Pobreza | Índice de Desigualdade | Índice de Alfabetização | Índice de Escolaridade | Índice de Juventude | Índice de Violência | Índice de Exclusão |
|---|---|---|---|---|---|---|---|---|---|---|---|
| N | PA | Porto de Moz | 5526º | 0,062 | 0,164 | 0,399 | 0,340 | 0,138 | 0,156 | 0,923 | 0,306 |
| NE | MA | Itaipava do Grajaú | 5527º | 0,085 | 0,082 | 0,480 | 0,210 | 0,104 | 0,254 | 0,854 | 0,305 |
| NE | PE | Manari | 5528º | 0,033 | 0,180 | 0,504 | 0,092 | 0,069 | 0,281 | 0,799 | 0,303 |
| NE | MA | Humberto de Campos | 5529º | 0,102 | 0,063 | 0,338 | 0,422 | 0,145 | 0,219 | 0,921 | 0,301 |
| NE | MA | Cachoeira Grande | 5530º | 0,052 | 0,034 | 0,448 | 0,294 | 0,220 | 0,216 | 0,877 | 0,301 |
| NE | AL | Traipu | 5531º | 0,099 | 0,178 | 0,311 | 0,053 | 0,153 | 0,336 | 0,818 | 0,300 |
| N | AM | Guajará | 5532º | 0,205 | 0,143 | 0,131 | 0,317 | 0,222 | 0,148 | 1,000 | 0,300 |
| N | AM | Uarini | 5533º | 0,039 | 0,190 | 0,373 | 0,466 | 0,206 | 0,170 | 0,781 | 0,298 |
| N | PA | Prainha | 5534º | 0,099 | 0,111 | 0,241 | 0,461 | 0,150 | 0,211 | 0,947 | 0,298 |
| N | AM | Juruá | 5535º | 0,007 | 0,227 | 0,387 | 0,128 | 0,190 | 0,161 | 0,904 | 0,297 |
| N | PA | Anajás | 5536º | 0,120 | 0,153 | 0,363 | 0,142 | 0,067 | 0,152 | 0,979 | 0,296 |
| N | PA | Pacajá | 5537º | 0,140 | 0,211 | 0,277 | 0,454 | 0,145 | 0,313 | 0,623 | 0,296 |
| N | AM | Beruri | 5538º | 0,071 | 0,201 | 0,288 | 0,329 | 0,174 | 0,128 | 0,933 | 0,295 |
| N | AM | Ipixuna | 5539º | 0,054 | 0,045 | 0,423 | 0,094 | 0,219 | 0,153 | 1,000 | 0,295 |
| NE | AL | Poço das Trincheiras | 5540º | 0,096 | 0,137 | 0,322 | 0,268 | 0,086 | 0,315 | 0,813 | 0,295 |
| N | AC | Jordão | 5541º | 0,298 | 0,150 | 0,185 | 0,256 | 0,146 | 0,033 | 1,000 | 0,294 |
| N | PA | Cachoeira do Piriá | 5542º | 0,029 | 0,055 | 0,434 | 0,246 | 0,103 | 0,238 | 0,921 | 0,293 |
| N | AC | Marechal Thaumaturgo | 5543º | 0,133 | 0,123 | 0,409 | 0,149 | 0,124 | 0,059 | 0,963 | 0,290 |
| NE | AL | Belo Monte | 5544º | 0,136 | 0,157 | 0,280 | 0,218 | 0,109 | 0,368 | 0,704 | 0,290 |
| N | PA | Nova Esperança do Piriá | 5545º | 0,047 | 0,098 | 0,320 | 0,338 | 0,112 | 0,236 | 0,923 | 0,290 |
| N | PA | Afuá | 5546º | 0,130 | 0,122 | 0,282 | 0,287 | 0,116 | 0,171 | 0,926 | 0,288 |

*a partir da melhor situação social ou maior IES)

| Região | UF | Nome do Município 2010 | Posição* | Índice de Emprego | Índice de Pobreza | Índice de Desigualdade | Índice de Alfabetização | Índice de Escolaridade | Índice de Juventude | Índice de Violência | Índice de Exclusão |
|---|---|---|---|---|---|---|---|---|---|---|---|
| N | AM | Atalaia do Norte | 5547º | 0,125 | 0,124 | 0,284 | 0,127 | 0,142 | 0,202 | 0,931 | 0,288 |
| N | AM | Santo Antônio do Içá | 5548º | 0,082 | 0,056 | 0,256 | 0,420 | 0,187 | 0,165 | 0,979 | 0,287 |
| N | RR | Alto Alegre | 5549º | 0,205 | 0,197 | 0,136 | 0,026 | 0,253 | 0,201 | 0,873 | 0,287 |
| N | AM | Maraã | 5550º | 0,074 | 0,085 | 0,211 | 0,501 | 0,168 | 0,151 | 1,000 | 0,286 |
| N | PA | Portel | 5551º | 0,177 | 0,154 | 0,297 | 0,194 | 0,117 | 0,133 | 0,880 | 0,286 |
| NE | MA | Arame | 5552º | 0,130 | 0,108 | 0,163 | 0,248 | 0,149 | 0,258 | 0,951 | 0,285 |
| NE | AL | Inhapi | 5553º | 0,086 | 0,121 | 0,248 | 0,162 | 0,072 | 0,313 | 0,913 | 0,285 |
| N | PA | Chaves | 5554º | 0,063 | 0,171 | 0,258 | 0,278 | 0,000 | 0,223 | 0,975 | 0,284 |
| NE | RN | João Dias | 5555º | 0,362 | 0,178 | 0,479 | 0,143 | 0,173 | 0,481 | 0,000 | 0,283 |
| N | PA | Melgaço | 5556º | 0,062 | 0,043 | 0,486 | 0,057 | 0,060 | 0,118 | 1,000 | 0,281 |
| NE | MA | Belágua | 5557º | 0,096 | 0,007 | 0,343 | 0,035 | 0,220 | 0,154 | 1,000 | 0,279 |
| N | AM | Pauini | 5558º | 0,048 | 0,148 | 0,155 | 0,258 | 0,256 | 0,188 | 0,943 | 0,277 |
| NE | MA | Jenipapo dos Vieiras | 5559º | 0,092 | 0,094 | 0,262 | 0,198 | 0,137 | 0,258 | 0,832 | 0,271 |
| N | AM | Santa Isabel do Rio Negro | 5560º | 0,114 | 0,103 | 0,153 | 0,215 | 0,226 | 0,146 | 0,971 | 0,271 |
| NE | MA | Marajá do Sena | 5561º | 0,061 | 0,000 | 0,348 | 0,105 | 0,060 | 0,209 | 1,000 | 0,268 |
| N | AM | Jutaí | 5562º | 0,000 | 0,127 | 0,218 | 0,219 | 0,155 | 0,111 | 1,000 | 0,257 |
| N | RR | Amajari | 5563º | 0,157 | 0,092 | 0,111 | 0,075 | 0,174 | 0,190 | 0,833 | 0,242 |
| N | AM | Itamarati | 5564º | 0,149 | 0,003 | 0,061 | 0,100 | 0,082 | 0,179 | 1,000 | 0,232 |
| N | RR | Uiramutã | 5565º | 0,060 | 0,048 | 0,058 | 0,328 | 0,081 | 0,000 | 0,938 | 0,197 |

*a partir da melhor situação social ou maior IES

Fonte: Elaboração própria a partir de IBGE/Censo Demográfico, 2010.

# REFERÊNCIAS BIBLIOGRÁFICAS

AMORIM, R.; POCHMANN, M. (Orgs.) *Atlas da exclusão social no Brasil*. São Paulo: Cortez, 2003.

BUSSAB, W. O.; DINI, N. P. Pesquisa de emprego e desemprego SEADE/DIEESE: regiões homogêneas da Grande São Paulo. *Revista São Paulo em Perspectiva*, São Paulo, Fundação Seade, 3, p. 5-11, set./dez. 1985.

CARLEY, M. *Indicadores sociais*: teoria e prática. Rio de Janeiro: Zahar, 1985.

FERREIRA, M.; DINI, N.; FERREIRA, S. Espaços e dimensões da pobreza nos municípios do Estado de São Paulo, *Revista São Paulo em perspectiva*, São Paulo, Fundação SEADE, v. 20, n. 1, p. 5-17, jan./mar. 2006.

FIELD, A. *Descobrindo a estatística utilizando o SPSS*. Porto Alegre: Artmed, 2009.

GUERRA, A. L. *O uso de indicadores aplicados ao planejamento de políticas públicas em municípios abaixo de 50 mil habitantes*. São Paulo: EAESP-FGV, 2012.

IBGE. *Microdados do Censo Demográfico 2010*. Rio de Janeiro: IBGE, 2012.

INSTITUTO VIA PÚBLICA; SECRETARIA MUNICIPAL DA SAÚDE DE SÃO PAULO. *Atlas da Saúde da Cidade de São Paulo*. São Paulo: Instituto Via Pública & SMS, 2011.

JANNUZZI, P. M. *Indicadores sociais no Brasil*: conceitos, fonte de dados e aplicações. Campinas: Alínea, 2001.

MARTINELLI, M. *Curso de cartografia temática*. São Paulo: Contexto, 1991.

PNUD/ONU. *Atlas do desenvolvimento humano no Brasil*. Brasília: PNUD, 2004.

POCHMANN, M. et al. (Orgs.). *Atlas da exclusão social no Brasil*: dinâmica e manifestação territorial. São Paulo: Cortez, 2003. v. 2.

POCHMANN, M. et al. (Orgs.). *Atlas da exclusão social no Brasil:* os ricos no Brasil. São Paulo: Cortez, 2004a. v. 3.

_____ et al. (Orgs.). *Atlas da exclusão social:* a exclusão no mundo. São Paulo: Cortez, 2004b. v. 4.

_____ et al. (Orgs.). *Atlas da exclusão social:* agenda não liberal da inclusão social. São Paulo: Cortez, 2005. v. 5.

SANTAGADA, S. Indicadores sociais: uma primeira abordagem social e histórica. *Pensamento Plural.* Pelotas, 2007.

SANTOS, M. *A natureza do espaço:* técnica e tempo, razão e emoção. 4 ed. São Paulo: Edusp, 2008.

# ANEXO

Componentes do Índice de Exclusão Social
Municípios Brasileiros, 2010

# ANEXO

| Região | UF | Nome do Município 2010 | Posição* | Índice de Emprego | Índice de Pobreza | Índice de Desigualdade | Índice de Alfabetização | Índice de Escolaridade | Índice de Juventude | Índice de Violência | Índice de Exclusão |
|---|---|---|---|---|---|---|---|---|---|---|---|
| CO | GO | Abadia de Goiás | 1536º | 0,547 | 0,779 | 0,730 | 0,855 | 0,417 | 0,537 | 0,849 | 0,664 |
| SE | MG | Abadia dos Dourados | 1993º | 0,418 | 0,748 | 0,638 | 0,837 | 0,261 | 0,662 | 0,922 | 0,635 |
| CO | GO | Abadiânia | 1967º | 0,411 | 0,700 | 0,697 | 0,795 | 0,389 | 0,561 | 0,967 | 0,637 |
| SE | MG | Abaeté | 1968º | 0,514 | 0,754 | 0,491 | 0,841 | 0,306 | 0,640 | 0,977 | 0,637 |
| N | PA | Abaetetuba | 4238º | 0,269 | 0,320 | 0,514 | 0,668 | 0,378 | 0,383 | 0,841 | 0,459 |
| NE | CE | Abaiara | 3888º | 0,199 | 0,273 | 0,611 | 0,432 | 0,395 | 0,461 | 1,000 | 0,482 |
| NE | BA | Abaíra | 3131º | 0,171 | 0,451 | 0,637 | 0,613 | 0,239 | 0,676 | 1,000 | 0,541 |
| NE | BA | Abaré | 5125º | 0,206 | 0,213 | 0,470 | 0,425 | 0,234 | 0,397 | 0,848 | 0,396 |
| S | PR | Abatiá | 1804º | 0,481 | 0,730 | 0,698 | 0,679 | 0,372 | 0,599 | 0,933 | 0,647 |
| S | SC | Abdon Batista | 2350º | 0,261 | 0,638 | 0,665 | 0,798 | 0,385 | 0,615 | 1,000 | 0,609 |
| N | PA | Abel Figueiredo | 4550º | 0,240 | 0,420 | 0,431 | 0,631 | 0,214 | 0,398 | 0,847 | 0,440 |
| S | SC | Abelardo Luz | 2877º | 0,436 | 0,672 | 0,503 | 0,770 | 0,338 | 0,481 | 0,848 | 0,565 |
| SE | MG | Abre Campo | 2842º | 0,350 | 0,577 | 0,545 | 0,754 | 0,287 | 0,577 | 0,961 | 0,568 |
| NE | PE | Abreu e Lima | 2500º | 0,555 | 0,525 | 0,650 | 0,782 | 0,514 | 0,580 | 0,686 | 0,598 |
| N | TO | Abreulândia | 4881º | 0,224 | 0,472 | 0,179 | 0,696 | 0,330 | 0,443 | 0,782 | 0,418 |
| SE | MG | Acaiaca | 2792º | 0,405 | 0,474 | 0,622 | 0,762 | 0,248 | 0,569 | 1,000 | 0,573 |
| NE | MA | Açailândia | 3753º | 0,457 | 0,454 | 0,448 | 0,603 | 0,381 | 0,404 | 0,760 | 0,491 |
| NE | BA | Acajutiba | 5020º | 0,169 | 0,302 | 0,437 | 0,516 | 0,280 | 0,435 | 0,787 | 0,407 |
| N | PA | Acará | 5328º | 0,107 | 0,210 | 0,520 | 0,407 | 0,101 | 0,283 | 0,971 | 0,371 |
| NE | CE | Acarape | 3376º | 0,381 | 0,322 | 0,716 | 0,573 | 0,358 | 0,442 | 0,864 | 0,519 |
| NE | CE | Acaraú | 5181º | 0,127 | 0,225 | 0,381 | 0,425 | 0,231 | 0,434 | 0,946 | 0,391 |
| NE | RN | Acari | 2399º | 0,417 | 0,528 | 0,604 | 0,645 | 0,443 | 0,618 | 1,000 | 0,605 |
| NE | PI | Acauã | 4791º | 0,112 | 0,233 | 0,586 | 0,372 | 0,130 | 0,477 | 1,000 | 0,425 |
| S | RS | Aceguá | 2463º | 0,392 | 0,694 | 0,522 | 0,887 | 0,248 | 0,577 | 1,000 | 0,600 |
| NE | CE | Acopiara | 5109º | 0,132 | 0,302 | 0,435 | 0,314 | 0,204 | 0,545 | 0,776 | 0,398 |
| CO | MT | Acorizal | 3563º | 0,300 | 0,410 | 0,572 | 0,515 | 0,254 | 0,542 | 0,906 | 0,504 |
| N | AC | Acrelândia | 4530º | 0,300 | 0,364 | 0,500 | 0,638 | 0,274 | 0,338 | 0,793 | 0,442 |
| CO | GO | Acreúna | 2211º | 0,547 | 0,735 | 0,508 | 0,693 | 0,368 | 0,562 | 0,923 | 0,619 |

*a partir da melhor situação social ou maior IES)

| Região | UF | Nome do Município 2010 | Posição* | Índice de Emprego | Índice de Pobreza | Índice de Desigualdade | Índice de Alfabetização | Índice de Escolaridade | Índice de Juventude | Índice de Violência | Índice de Exclusão |
|---|---|---|---|---|---|---|---|---|---|---|---|
| NE | RN | Açu | 3447º | 0,386 | 0,485 | 0,514 | 0,521 | 0,367 | 0,534 | 0,775 | 0,514 |
| SE | MG | Açucena | 3543º | 0,343 | 0,465 | 0,597 | 0,619 | 0,197 | 0,528 | 0,798 | 0,506 |
| SE | SP | Adamantina | 251º | 0,690 | 0,897 | 0,559 | 0,875 | 0,682 | 0,716 | 0,985 | 0,761 |
| CO | GO | Adelândia | 1897º | 0,372 | 0,679 | 0,717 | 0,715 | 0,380 | 0,633 | 1,000 | 0,642 |
| SE | SP | Adolfo | 325º | 0,723 | 0,861 | 0,758 | 0,858 | 0,333 | 0,691 | 1,000 | 0,752 |
| S | PR | Adrianópolis | 3063º | 0,455 | 0,539 | 0,513 | 0,668 | 0,304 | 0,482 | 0,918 | 0,548 |
| NE | BA | Adustina | 5273º | 0,088 | 0,238 | 0,497 | 0,293 | 0,129 | 0,479 | 0,834 | 0,378 |
| NE | PE | Afogados da Ingazeira | 3823º | 0,302 | 0,444 | 0,443 | 0,521 | 0,372 | 0,512 | 0,837 | 0,486 |
| NE | RN | Afonso Bezerra | 4055º | 0,255 | 0,319 | 0,545 | 0,318 | 0,278 | 0,481 | 1,000 | 0,472 |
| SE | ES | Afonso Cláudio | 3141º | 0,258 | 0,617 | 0,569 | 0,701 | 0,338 | 0,599 | 0,766 | 0,540 |
| NE | MA | Afonso Cunha | 5353º | 0,270 | 0,138 | 0,417 | 0,248 | 0,157 | 0,257 | 1,000 | 0,366 |
| NE | PE | Afrânio | 4484º | 0,189 | 0,294 | 0,525 | 0,492 | 0,199 | 0,453 | 0,970 | 0,444 |
| N | PA | Afuá | 5546º | 0,130 | 0,122 | 0,282 | 0,287 | 0,116 | 0,171 | 0,926 | 0,288 |
| NE | PE | Agrestina | 4668º | 0,192 | 0,387 | 0,574 | 0,349 | 0,204 | 0,498 | 0,725 | 0,432 |
| NE | PI | Agricolândia | 3857º | 0,204 | 0,337 | 0,573 | 0,438 | 0,285 | 0,514 | 1,000 | 0,484 |
| S | SC | Agrolândia | 238º | 0,666 | 0,932 | 0,842 | 0,890 | 0,395 | 0,604 | 1,000 | 0,763 |
| S | SC | Agronômica | 1510º | 0,498 | 0,915 | 0,635 | 0,889 | 0,312 | 0,572 | 0,894 | 0,665 |
| N | PA | Água Azul do Norte | 4368º | 0,279 | 0,291 | 0,538 | 0,733 | 0,075 | 0,485 | 0,875 | 0,452 |
| CO | MT | Água Boa | 1978º | 0,567 | 0,745 | 0,553 | 0,825 | 0,485 | 0,526 | 0,850 | 0,636 |
| SE | MG | Água Boa | 3908º | 0,227 | 0,443 | 0,585 | 0,468 | 0,194 | 0,402 | 1,000 | 0,480 |
| NE | PI | Água Branca | 3515º | 0,237 | 0,423 | 0,574 | 0,525 | 0,391 | 0,496 | 0,937 | 0,509 |
| NE | PB | Água Branca | 4243º | 0,262 | 0,310 | 0,502 | 0,462 | 0,242 | 0,428 | 1,000 | 0,459 |
| NE | AL | Água Branca | 5211º | 0,158 | 0,266 | 0,461 | 0,319 | 0,195 | 0,363 | 0,893 | 0,386 |
| CO | MS | Água Clara | 2103º | 0,720 | 0,750 | 0,573 | 0,820 | 0,290 | 0,485 | 0,784 | 0,627 |

*a partir da melhor situação social ou maior IES

ATLAS DA EXCLUSÃO SOCIAL NO BRASIL 113

| Região | UF | Nome do Município 2010 | Posição* | Índice de Emprego | Índice de Pobreza | Índice de Desigualdade | Índice de Alfabetização | Índice de Escolaridade | Índice de Juventude | Índice de Violência | Índice de Exclusão |
|---|---|---|---|---|---|---|---|---|---|---|---|
| SE | MG | Água Comprida | 1041º | 0,641 | 0,795 | 0,688 | 0,865 | 0,201 | 0,674 | 1,000 | 0,698 |
| S | SC | Água Doce | 2556º | 0,510 | 0,745 | 0,506 | 0,838 | 0,365 | 0,532 | 0,776 | 0,595 |
| NE | MA | Água Doce do Maranhão | 5410º | 0,188 | 0,181 | 0,420 | 0,179 | 0,081 | 0,374 | 0,910 | 0,354 |
| SE | ES | Água Doce do Norte | 3499º | 0,234 | 0,497 | 0,609 | 0,594 | 0,283 | 0,546 | 0,823 | 0,510 |
| NE | BA | Água Fria | 4489º | 0,211 | 0,266 | 0,516 | 0,440 | 0,173 | 0,474 | 1,000 | 0,444 |
| CO | GO | Água Fria de Goiás | 3279º | 0,406 | 0,557 | 0,374 | 0,694 | 0,326 | 0,519 | 0,898 | 0,527 |
| CO | GO | Água Limpa | 1363º | 0,553 | 0,695 | 0,653 | 0,812 | 0,392 | 0,652 | 1,000 | 0,674 |
| NE | RN | Água Nova | 3585º | 0,239 | 0,238 | 0,662 | 0,537 | 0,365 | 0,512 | 1,000 | 0,503 |
| NE | PE | Água Preta | 4287º | 0,408 | 0,193 | 0,582 | 0,338 | 0,224 | 0,415 | 0,937 | 0,457 |
| S | RS | Água Santa | 2312º | 0,279 | 0,856 | 0,413 | 0,909 | 0,381 | 0,616 | 1,000 | 0,613 |
| SE | SP | Aguaí | 1171º | 0,672 | 0,780 | 0,625 | 0,838 | 0,381 | 0,597 | 0,951 | 0,688 |
| SE | MG | Aguanil | 2162º | 0,510 | 0,700 | 0,653 | 0,757 | 0,220 | 0,633 | 0,872 | 0,623 |
| NE | PE | Águas Belas | 5377º | 0,134 | 0,269 | 0,412 | 0,102 | 0,177 | 0,392 | 0,871 | 0,362 |
| SE | SP | Águas da Prata | 808º | 0,614 | 0,848 | 0,530 | 0,886 | 0,576 | 0,707 | 0,931 | 0,714 |
| S | SC | Águas de Chapecó | 1330º | 0,470 | 0,811 | 0,679 | 0,882 | 0,327 | 0,625 | 1,000 | 0,677 |
| SE | SP | Águas de Lindóia | 586º | 0,672 | 0,825 | 0,662 | 0,893 | 0,476 | 0,672 | 0,970 | 0,732 |
| SE | SP | Águas de Santa Bárbara | 745º | 0,735 | 0,828 | 0,598 | 0,917 | 0,527 | 0,607 | 0,907 | 0,719 |
| SE | SP | Águas de São Pedro | 101º | 0,580 | 0,938 | 0,504 | 0,991 | 0,943 | 0,741 | 1,000 | 0,783 |
| SE | MG | Águas Formosas | 4092º | 0,236 | 0,427 | 0,440 | 0,500 | 0,324 | 0,493 | 0,887 | 0,470 |
| S | SC | Águas Frias | 946º | 0,355 | 0,905 | 0,824 | 0,853 | 0,429 | 0,608 | 1,000 | 0,705 |
| CO | GO | Águas Lindas de Goiás | 2639º | 0,655 | 0,629 | 0,680 | 0,817 | 0,371 | 0,396 | 0,647 | 0,587 |
| S | SC | Águas Mornas | 751º | 0,433 | 0,948 | 0,887 | 0,884 | 0,326 | 0,642 | 0,906 | 0,718 |

*a partir da melhor situação social ou maior IES)

| Região | UF | Nome do Município 2010 | Posição* | Índice de Emprego | Índice de Pobreza | Índice de Desigualdade | Índice de Alfabetização | Índice de Escolaridade | Índice de Juventude | Índice de Violência | Índice de Exclusão |
|---|---|---|---|---|---|---|---|---|---|---|---|
| SE | MG | Águas Vermelhas | 4210º | 0,238 | 0,349 | 0,548 | 0,444 | 0,176 | 0,466 | 0,959 | 0,461 |
| S | RS | Agudo | 2179º | 0,286 | 0,814 | 0,545 | 0,864 | 0,282 | 0,680 | 0,969 | 0,622 |
| SE | SP | Agudos | 331º | 0,801 | 0,809 | 0,720 | 0,898 | 0,521 | 0,597 | 0,955 | 0,751 |
| S | PR | Agudos do Sul | 2581º | 0,331 | 0,667 | 0,627 | 0,839 | 0,343 | 0,527 | 0,937 | 0,593 |
| SE | ES | Águia Branca | 3069º | 0,254 | 0,563 | 0,536 | 0,708 | 0,335 | 0,571 | 0,945 | 0,547 |
| NE | PB | Aguiar | 5154º | 0,118 | 0,381 | 0,294 | 0,199 | 0,211 | 0,518 | 0,906 | 0,394 |
| N | TO | Aguiarnópolis | 2979º | 0,559 | 0,479 | 0,612 | 0,589 | 0,401 | 0,359 | 0,899 | 0,555 |
| SE | MG | Aimorés | 2490º | 0,444 | 0,660 | 0,525 | 0,708 | 0,375 | 0,616 | 0,896 | 0,599 |
| NE | BA | Aiquara | 3210º | 0,317 | 0,374 | 0,704 | 0,483 | 0,281 | 0,515 | 1,000 | 0,534 |
| NE | CE | Aiuaba | 5255º | 0,101 | 0,239 | 0,531 | 0,322 | 0,204 | 0,439 | 0,775 | 0,381 |
| SE | MG | Aiuruoca | 2241º | 0,368 | 0,689 | 0,609 | 0,734 | 0,275 | 0,656 | 1,000 | 0,618 |
| S | RS | Ajuricaba | 1320º | 0,315 | 0,877 | 0,634 | 0,889 | 0,400 | 0,712 | 1,000 | 0,677 |
| SE | MG | Alagoa | 2571º | 0,233 | 0,602 | 0,738 | 0,726 | 0,230 | 0,642 | 1,000 | 0,594 |
| NE | PB | Alagoa Grande | 4563º | 0,220 | 0,306 | 0,492 | 0,283 | 0,227 | 0,470 | 0,963 | 0,439 |
| NE | PB | Alagoa Nova | 4682º | 0,220 | 0,333 | 0,517 | 0,431 | 0,184 | 0,482 | 0,815 | 0,431 |
| NE | PE | Alagoinha | 4226º | 0,152 | 0,369 | 0,589 | 0,415 | 0,251 | 0,510 | 0,887 | 0,460 |
| NE | PB | Alagoinha | 4350º | 0,293 | 0,338 | 0,529 | 0,284 | 0,226 | 0,446 | 0,923 | 0,453 |
| NE | PI | Alagoinha do Piauí | 5016º | 0,141 | 0,264 | 0,533 | 0,058 | 0,149 | 0,585 | 0,858 | 0,408 |
| NE | BA | Alagoinhas | 2745º | 0,515 | 0,563 | 0,447 | 0,777 | 0,580 | 0,574 | 0,740 | 0,578 |
| SE | SP | Alambari | 960º | 0,699 | 0,765 | 0,693 | 0,887 | 0,368 | 0,556 | 1,000 | 0,704 |
| SE | MG | Albertina | 979º | 0,447 | 0,854 | 0,879 | 0,802 | 0,273 | 0,620 | 1,000 | 0,703 |
| NE | MA | Alcântara | 4866º | 0,214 | 0,223 | 0,404 | 0,491 | 0,275 | 0,439 | 0,952 | 0,420 |
| NE | CE | Alcântaras | 3364º | 0,444 | 0,329 | 0,655 | 0,448 | 0,273 | 0,458 | 0,952 | 0,520 |
| NE | PB | Alcantil | 4396º | 0,158 | 0,335 | 0,625 | 0,368 | 0,174 | 0,497 | 0,901 | 0,450 |
| CO | MS | Alcinópolis | 2484º | 0,494 | 0,783 | 0,498 | 0,775 | 0,365 | 0,564 | 0,772 | 0,599 |
| NE | BA | Alcobaça | 4330º | 0,189 | 0,443 | 0,522 | 0,509 | 0,249 | 0,430 | 0,853 | 0,454 |

*a partir da melhor situação social ou maior IES

# ATLAS DA EXCLUSÃO SOCIAL NO BRASIL

| Região | UF | Nome do Município 2010 | Posição* | Índice de Emprego | Índice de Pobreza | Índice de Desigualdade | Índice de Alfabetização | Índice de Escolaridade | Índice de Juventude | Índice de Violência | Índice de Exclusão |
|---|---|---|---|---|---|---|---|---|---|---|---|
| NE | MA | Aldeias Altas | 5398º | 0,278 | 0,134 | 0,412 | 0,149 | 0,127 | 0,314 | 0,935 | 0,357 |
| S | RS | Alecrim | 2542º | 0,198 | 0,700 | 0,589 | 0,854 | 0,207 | 0,712 | 1,000 | 0,596 |
| SE | ES | Alegre | 2006º | 0,452 | 0,702 | 0,533 | 0,731 | 0,521 | 0,611 | 0,949 | 0,634 |
| S | RS | Alegrete | 1254º | 0,587 | 0,762 | 0,535 | 0,889 | 0,541 | 0,626 | 0,953 | 0,682 |
| NE | PI | Alegrete do Piauí | 4044º | 0,209 | 0,382 | 0,570 | 0,289 | 0,226 | 0,488 | 1,000 | 0,472 |
| S | RS | Alegria | 3001º | 0,191 | 0,757 | 0,519 | 0,803 | 0,225 | 0,700 | 0,758 | 0,553 |
| SE | MG | Além Paraíba | 897º | 0,679 | 0,756 | 0,586 | 0,864 | 0,512 | 0,636 | 1,000 | 0,709 |
| N | PA | Alenquer | 5309º | 0,105 | 0,225 | 0,403 | 0,564 | 0,211 | 0,265 | 0,980 | 0,373 |
| NE | RN | Alexandria | 4455º | 0,186 | 0,354 | 0,515 | 0,308 | 0,279 | 0,570 | 0,807 | 0,446 |
| CO | GO | Alexânia | 2940º | 0,435 | 0,654 | 0,623 | 0,761 | 0,386 | 0,507 | 0,629 | 0,559 |
| SE | MG | Alfenas | 786º | 0,688 | 0,814 | 0,561 | 0,894 | 0,582 | 0,627 | 0,944 | 0,716 |
| SE | ES | Alfredo Chaves | 2195º | 0,269 | 0,738 | 0,602 | 0,852 | 0,360 | 0,668 | 0,963 | 0,621 |
| SE | SP | Alfredo Marcondes | 143º | 0,675 | 0,806 | 0,848 | 0,806 | 0,537 | 0,720 | 1,000 | 0,775 |
| SE | MG | Alfredo Vasconcelos | 1670º | 0,555 | 0,599 | 0,757 | 0,811 | 0,317 | 0,576 | 1,000 | 0,655 |
| S | SC | Alfredo Wagner | 2724º | 0,305 | 0,701 | 0,562 | 0,798 | 0,253 | 0,572 | 0,945 | 0,579 |
| NE | PB | Algodão de Jandaíra | 5222º | 0,157 | 0,298 | 0,639 | 0,337 | 0,172 | 0,443 | 0,560 | 0,384 |
| NE | PB | Alhandra | 4156º | 0,350 | 0,285 | 0,654 | 0,423 | 0,250 | 0,435 | 0,798 | 0,465 |
| NE | PE | Aliança | 3650º | 0,542 | 0,255 | 0,560 | 0,425 | 0,270 | 0,492 | 0,861 | 0,498 |
| N | TO | Aliança do Tocantins | 2847º | 0,409 | 0,454 | 0,629 | 0,733 | 0,456 | 0,498 | 0,908 | 0,568 |
| NE | BA | Almadina | 3976º | 0,299 | 0,354 | 0,633 | 0,349 | 0,207 | 0,520 | 0,836 | 0,476 |
| N | TO | Almas | 3793º | 0,328 | 0,429 | 0,446 | 0,538 | 0,364 | 0,365 | 1,000 | 0,488 |
| N | PA | Almeirim | 4191º | 0,353 | 0,445 | 0,288 | 0,589 | 0,439 | 0,306 | 0,954 | 0,463 |
| SE | MG | Almenara | 3192º | 0,341 | 0,497 | 0,510 | 0,550 | 0,313 | 0,563 | 0,960 | 0,536 |
| NE | RN | Almino Afonso | 3456º | 0,198 | 0,355 | 0,600 | 0,463 | 0,406 | 0,557 | 1,000 | 0,513 |

*a partir da melhor situação social ou maior IES)

| Região | UF | Nome do Município 2010 | Posição* | Índice de Emprego | Índice de Pobreza | Índice de Desigualdade | Índice de Alfabetização | Índice de Escolaridade | Índice de Juventude | Índice de Violência | Índice de Exclusão |
|---|---|---|---|---|---|---|---|---|---|---|---|
| S | PR | Almirante Tamandaré | 1806º | 0,774 | 0,821 | 0,702 | 0,863 | 0,418 | 0,482 | 0,521 | 0,647 |
| S | RS | Almirante Tamandaré do Sul | 977º | 0,408 | 0,874 | 0,694 | 0,935 | 0,348 | 0,730 | 1,000 | 0,703 |
| CO | GO | Aloândia | 1580º | 0,378 | 0,767 | 0,678 | 0,729 | 0,366 | 0,693 | 1,000 | 0,661 |
| SE | MG | Alpercata | 2789º | 0,478 | 0,523 | 0,634 | 0,682 | 0,244 | 0,529 | 0,927 | 0,574 |
| S | RS | Alpestre | 3196º | 0,164 | 0,742 | 0,604 | 0,752 | 0,204 | 0,655 | 0,676 | 0,535 |
| SE | MG | Alpinópolis | 1808º | 0,426 | 0,768 | 0,645 | 0,863 | 0,372 | 0,596 | 0,944 | 0,647 |
| CO | MT | Alta Floresta | 1761º | 0,562 | 0,761 | 0,604 | 0,814 | 0,459 | 0,528 | 0,894 | 0,650 |
| N | RO | Alta Floresta D'Oeste | 3504º | 0,335 | 0,536 | 0,418 | 0,741 | 0,321 | 0,495 | 0,851 | 0,510 |
| SE | SP | Altair | 617º | 0,875 | 0,839 | 0,732 | 0,806 | 0,343 | 0,579 | 0,864 | 0,729 |
| N | PA | Altamira | 3883º | 0,354 | 0,541 | 0,450 | 0,716 | 0,375 | 0,414 | 0,664 | 0,482 |
| NE | MA | Altamira do Maranhão | 4923º | 0,315 | 0,141 | 0,537 | 0,273 | 0,241 | 0,358 | 0,953 | 0,416 |
| S | PR | Altamira do Paraná | 3848º | 0,320 | 0,554 | 0,426 | 0,666 | 0,348 | 0,533 | 0,638 | 0,485 |
| NE | CE | Altaneira | 4580º | 0,227 | 0,287 | 0,485 | 0,371 | 0,235 | 0,481 | 0,924 | 0,438 |
| SE | MG | Alterosa | 2056º | 0,420 | 0,647 | 0,678 | 0,796 | 0,268 | 0,634 | 1,000 | 0,630 |
| NE | PE | Altinho | 4466º | 0,161 | 0,348 | 0,548 | 0,301 | 0,206 | 0,547 | 0,884 | 0,446 |
| SE | SP | Altinópolis | 511º | 0,681 | 0,878 | 0,690 | 0,895 | 0,444 | 0,639 | 0,967 | 0,737 |
| SE | SP | Alto Alegre | 306º | 0,658 | 0,806 | 0,848 | 0,829 | 0,359 | 0,724 | 1,000 | 0,754 |
| S | RS | Alto Alegre | 1882º | 0,230 | 0,847 | 0,590 | 0,862 | 0,344 | 0,713 | 1,000 | 0,642 |
| N | RR | Alto Alegre | 5549º | 0,205 | 0,197 | 0,136 | 0,026 | 0,253 | 0,201 | 0,873 | 0,287 |
| NE | MA | Alto Alegre do Maranhão | 5339º | 0,117 | 0,161 | 0,507 | 0,390 | 0,155 | 0,373 | 0,873 | 0,368 |
| NE | MA | Alto Alegre do Pindaré | 5494º | 0,118 | 0,094 | 0,426 | 0,328 | 0,176 | 0,295 | 0,883 | 0,330 |
| N | RO | Alto Alegre dos Parecis | 4529º | 0,203 | 0,439 | 0,494 | 0,696 | 0,201 | 0,427 | 0,756 | 0,442 |

*a partir da melhor situação social ou maior IES)

| Região | UF | Nome do Município 2010 | Posição* | Índice de Emprego | Índice de Pobreza | Índice de Desigualdade | Índice de Alfabetização | Índice de Escolaridade | Índice de Juventude | Índice de Violência | Índice de Exclusão |
|---|---|---|---|---|---|---|---|---|---|---|---|
| CO | MT | Alto Araguaia | 1514º | 0,582 | 0,781 | 0,634 | 0,832 | 0,538 | 0,570 | 0,800 | 0,665 |
| S | SC | Alto Bela Vista | 1434º | 0,327 | 0,826 | 0,639 | 0,933 | 0,390 | 0,698 | 1,000 | 0,671 |
| CO | MT | Alto Boa Vista | 3329º | 0,363 | 0,509 | 0,409 | 0,770 | 0,368 | 0,406 | 1,000 | 0,522 |
| SE | MG | Alto Caparaó | 2609º | 0,238 | 0,680 | 0,670 | 0,787 | 0,237 | 0,579 | 1,000 | 0,590 |
| NE | RN | Alto do Rodrigues | 2413º | 0,574 | 0,568 | 0,623 | 0,542 | 0,429 | 0,553 | 0,873 | 0,604 |
| S | RS | Alto Feliz | 100º | 0,594 | 0,934 | 0,954 | 0,950 | 0,277 | 0,739 | 1,000 | 0,783 |
| CO | MT | Alto Garças | 1440º | 0,613 | 0,759 | 0,635 | 0,820 | 0,420 | 0,587 | 0,899 | 0,670 |
| CO | GO | Alto Horizonte | 2077º | 0,519 | 0,735 | 0,583 | 0,742 | 0,435 | 0,543 | 0,885 | 0,629 |
| SE | MG | Alto Jequitibá | 3039º | 0,216 | 0,579 | 0,566 | 0,795 | 0,269 | 0,603 | 0,937 | 0,550 |
| NE | PI | Alto Longá | 4852º | 0,131 | 0,299 | 0,418 | 0,327 | 0,199 | 0,537 | 0,962 | 0,421 |
| CO | MT | Alto Paraguai | 2773º | 0,643 | 0,517 | 0,623 | 0,696 | 0,348 | 0,527 | 0,690 | 0,575 |
| S | PR | Alto Paraíso | 2813º | 0,572 | 0,612 | 0,441 | 0,721 | 0,266 | 0,575 | 0,838 | 0,571 |
| N | RO | Alto Paraíso | 4293º | 0,217 | 0,583 | 0,508 | 0,751 | 0,226 | 0,442 | 0,605 | 0,457 |
| CO | GO | Alto Paraíso de Goiás | 2984º | 0,367 | 0,618 | 0,291 | 0,746 | 0,554 | 0,486 | 1,000 | 0,555 |
| S | PR | Alto Paraná | 1301º | 0,603 | 0,752 | 0,705 | 0,790 | 0,331 | 0,598 | 0,962 | 0,679 |
| NE | MA | Alto Parnaíba | 5342º | 0,241 | 0,345 | 0,037 | 0,491 | 0,280 | 0,346 | 0,952 | 0,367 |
| S | PR | Alto Piquiri | 1348º | 0,658 | 0,710 | 0,696 | 0,736 | 0,283 | 0,592 | 1,000 | 0,675 |
| SE | MG | Alto Rio Doce | 3053º | 0,240 | 0,476 | 0,649 | 0,733 | 0,197 | 0,607 | 1,000 | 0,549 |
| SE | ES | Alto Rio Novo | 3421º | 0,323 | 0,532 | 0,530 | 0,665 | 0,266 | 0,555 | 0,787 | 0,516 |
| NE | CE | Alto Santo | 4060º | 0,231 | 0,356 | 0,623 | 0,379 | 0,203 | 0,531 | 0,873 | 0,471 |
| CO | MT | Alto Taquari | 1240º | 0,777 | 0,862 | 0,644 | 0,839 | 0,445 | 0,498 | 0,742 | 0,682 |
| S | PR | Altônia | 1383º | 0,515 | 0,835 | 0,807 | 0,806 | 0,399 | 0,632 | 0,721 | 0,673 |
| NE | PI | Altos | 3974º | 0,297 | 0,340 | 0,470 | 0,440 | 0,312 | 0,503 | 0,946 | 0,476 |
| SE | SP | Alumínio | 136º | 0,785 | 0,844 | 0,724 | 0,916 | 0,706 | 0,556 | 1,000 | 0,777 |

*a partir da melhor situação social ou maior IES

| Região | UF | Nome do Município 2010 | Posição* | Índice de Emprego | Índice de Pobreza | Índice de Desigualdade | Índice de Alfabetização | Índice de Escolaridade | Índice de Juventude | Índice de Violência | Índice de Exclusão |
|---|---|---|---|---|---|---|---|---|---|---|---|
| N | AM | Alvarães | 5492º | 0,094 | 0,151 | 0,420 | 0,499 | 0,209 | 0,121 | 0,963 | 0,330 |
| SE | MG | Alvarenga | 3815º | 0,211 | 0,414 | 0,539 | 0,654 | 0,178 | 0,583 | 0,883 | 0,487 |
| SE | SP | Álvares Florence | 442º | 0,570 | 0,830 | 0,747 | 0,843 | 0,445 | 0,761 | 1,000 | 0,743 |
| SE | SP | Álvares Machado | 909º | 0,636 | 0,800 | 0,654 | 0,864 | 0,547 | 0,614 | 0,912 | 0,707 |
| SE | SP | Álvaro de Carvalho | 784º | 0,829 | 0,780 | 0,804 | 0,836 | 0,274 | 0,748 | 0,664 | 0,716 |
| SE | SP | Alvinlândia | 1090º | 0,791 | 0,763 | 0,525 | 0,809 | 0,424 | 0,568 | 1,000 | 0,694 |
| SE | MG | Alvinópolis | 1898º | 0,538 | 0,636 | 0,658 | 0,771 | 0,329 | 0,614 | 0,966 | 0,642 |
| S | RS | Alvorada | 1421º | 0,720 | 0,787 | 0,698 | 0,887 | 0,456 | 0,515 | 0,710 | 0,671 |
| N | TO | Alvorada | 2049º | 0,551 | 0,688 | 0,639 | 0,788 | 0,494 | 0,521 | 0,814 | 0,631 |
| SE | MG | Alvorada de Minas | 5400º | 0,158 | 0,250 | 0,355 | 0,591 | 0,194 | 0,379 | 0,707 | 0,356 |
| NE | PI | Alvorada do Gurguéia | 5316º | 0,166 | 0,194 | 0,385 | 0,425 | 0,237 | 0,350 | 0,897 | 0,372 |
| CO | GO | Alvorada do Norte | 3831º | 0,367 | 0,543 | 0,592 | 0,621 | 0,357 | 0,482 | 0,485 | 0,486 |
| S | PR | Alvorada do Sul | 1464º | 0,583 | 0,719 | 0,615 | 0,814 | 0,437 | 0,614 | 0,949 | 0,669 |
| N | RO | Alvorada D'Oeste | 3080º | 0,381 | 0,567 | 0,520 | 0,719 | 0,289 | 0,484 | 0,938 | 0,546 |
| N | RR | Amajari | 5563º | 0,157 | 0,092 | 0,111 | 0,075 | 0,174 | 0,190 | 0,833 | 0,242 |
| CO | MS | Amambai | 3090º | 0,496 | 0,628 | 0,468 | 0,779 | 0,409 | 0,437 | 0,730 | 0,545 |
| N | AP | Amapá | 4635º | 0,234 | 0,372 | 0,348 | 0,703 | 0,374 | 0,293 | 0,936 | 0,435 |
| NE | MA | Amapá do Maranhão | 5482º | 0,107 | 0,156 | 0,438 | 0,209 | 0,175 | 0,266 | 0,919 | 0,334 |
| S | PR | Amaporã | 1398º | 0,584 | 0,705 | 0,783 | 0,755 | 0,360 | 0,509 | 1,000 | 0,673 |
| NE | PE | Amaraji | 4302º | 0,389 | 0,346 | 0,582 | 0,335 | 0,221 | 0,455 | 0,739 | 0,456 |
| S | RS | Amaral Ferrador | 2957º | 0,124 | 0,693 | 0,675 | 0,736 | 0,218 | 0,582 | 0,918 | 0,557 |
| CO | GO | Amaralina | 3832º | 0,245 | 0,343 | 0,465 | 0,677 | 0,171 | 0,581 | 1,000 | 0,486 |
| NE | PI | Amarante | 3997º | 0,251 | 0,396 | 0,510 | 0,388 | 0,299 | 0,506 | 0,909 | 0,475 |
| NE | MA | Amarante do Maranhão | 5490º | 0,094 | 0,224 | 0,416 | 0,340 | 0,180 | 0,284 | 0,794 | 0,332 |

*a partir da melhor situação social ou maior IES

| Região | UF | Nome do Município 2010 | Posição* | Índice de Emprego | Índice de Pobreza | Índice de Desigualdade | Índice de Alfabetização | Índice de Escolaridade | Índice de Juventude | Índice de Violência | Índice de Exclusão |
|---|---|---|---|---|---|---|---|---|---|---|---|
| NE | BA | Amargosa | 3723º | 0,240 | 0,434 | 0,459 | 0,565 | 0,349 | 0,532 | 0,924 | 0,493 |
| N | AM | Amaturá | 5478º | 0,142 | 0,081 | 0,264 | 0,482 | 0,320 | 0,227 | 1,000 | 0,335 |
| NE | BA | Amélia Rodrigues | 2993º | 0,409 | 0,461 | 0,588 | 0,702 | 0,446 | 0,515 | 0,855 | 0,554 |
| NE | BA | América Dourada | 4987º | 0,131 | 0,192 | 0,579 | 0,398 | 0,188 | 0,398 | 0,967 | 0,410 |
| SE | SP | Americana | 60º | 0,745 | 0,938 | 0,647 | 0,951 | 0,700 | 0,704 | 0,943 | 0,790 |
| CO | GO | Americano do Brasil | 1350º | 0,549 | 0,726 | 0,749 | 0,703 | 0,320 | 0,618 | 1,000 | 0,675 |
| SE | SP | Américo Brasiliense | 200º | 0,849 | 0,846 | 0,784 | 0,872 | 0,490 | 0,573 | 0,955 | 0,767 |
| SE | SP | Américo de Campos | 646º | 0,567 | 0,822 | 0,709 | 0,881 | 0,459 | 0,693 | 1,000 | 0,726 |
| S | RS | Ametista do Sul | 3521º | 0,260 | 0,633 | 0,423 | 0,758 | 0,257 | 0,550 | 0,787 | 0,508 |
| NE | CE | Amontada | 5176º | 0,135 | 0,183 | 0,467 | 0,451 | 0,292 | 0,358 | 0,920 | 0,391 |
| CO | GO | Amorinópolis | 2122º | 0,328 | 0,695 | 0,726 | 0,638 | 0,256 | 0,663 | 1,000 | 0,625 |
| SE | SP | Amparo | 128º | 0,808 | 0,914 | 0,592 | 0,913 | 0,620 | 0,693 | 0,968 | 0,779 |
| NE | PB | Amparo | 4694º | 0,110 | 0,281 | 0,581 | 0,559 | 0,280 | 0,524 | 0,751 | 0,430 |
| NE | SE | Amparo de São Francisco | 4174º | 0,232 | 0,337 | 0,569 | 0,554 | 0,399 | 0,461 | 0,771 | 0,464 |
| SE | MG | Amparo do Serra | 2900º | 0,365 | 0,507 | 0,661 | 0,691 | 0,269 | 0,573 | 0,897 | 0,562 |
| S | PR | Ampére | 1906º | 0,637 | 0,721 | 0,556 | 0,861 | 0,405 | 0,550 | 0,850 | 0,641 |
| NE | AL | Anadia | 4483º | 0,412 | 0,275 | 0,515 | 0,251 | 0,226 | 0,428 | 0,851 | 0,445 |
| NE | BA | Anagé | 4199º | 0,207 | 0,356 | 0,618 | 0,285 | 0,118 | 0,533 | 0,939 | 0,462 |
| S | PR | Anahy | 1498º | 0,492 | 0,720 | 0,712 | 0,776 | 0,377 | 0,603 | 1,000 | 0,666 |
| N | PA | Anajás | 5536º | 0,120 | 0,153 | 0,363 | 0,142 | 0,067 | 0,152 | 0,979 | 0,296 |
| NE | MA | Anajatuba | 5205º | 0,116 | 0,214 | 0,390 | 0,433 | 0,225 | 0,434 | 0,938 | 0,387 |
| SE | SP | Analândia | 764º | 0,719 | 0,824 | 0,526 | 0,881 | 0,541 | 0,610 | 1,000 | 0,717 |
| N | AM | Anamã | 5044º | 0,070 | 0,278 | 0,434 | 0,577 | 0,402 | 0,253 | 1,000 | 0,404 |
| N | TO | Ananás | 3258º | 0,447 | 0,510 | 0,617 | 0,610 | 0,446 | 0,387 | 0,736 | 0,529 |

*a partir da melhor situação social ou maior IES

| Região | UF | Nome do Município 2010 | Posição* | Índice de Emprego | Índice de Pobreza | Índice de Desigualdade | Índice de Alfabetização | Índice de Escolaridade | Índice de Juventude | Índice de Violência | Índice de Exclusão |
|---|---|---|---|---|---|---|---|---|---|---|---|
| N | PA | Ananindeua | 2905º | 0,520 | 0,612 | 0,521 | 0,900 | 0,643 | 0,515 | 0,464 | 0,562 |
| CO | GO | Anápolis | 1249º | 0,609 | 0,788 | 0,559 | 0,886 | 0,626 | 0,582 | 0,860 | 0,682 |
| N | PA | Anapu | 5414º | 0,144 | 0,320 | 0,425 | 0,510 | 0,156 | 0,297 | 0,696 | 0,353 |
| NE | MA | Anapurus | 5150º | 0,198 | 0,185 | 0,480 | 0,299 | 0,252 | 0,338 | 0,963 | 0,394 |
| CO | MS | Anastácio | 2395º | 0,478 | 0,636 | 0,624 | 0,757 | 0,361 | 0,526 | 0,913 | 0,606 |
| CO | MS | Anaurilândia | 2197º | 0,558 | 0,654 | 0,546 | 0,748 | 0,342 | 0,532 | 1,000 | 0,621 |
| SE | ES | Anchieta | 1327º | 0,584 | 0,731 | 0,644 | 0,870 | 0,539 | 0,604 | 0,869 | 0,677 |
| S | SC | Anchieta | 1775º | 0,291 | 0,811 | 0,708 | 0,864 | 0,372 | 0,588 | 1,000 | 0,649 |
| NE | BA | Andaraí | 5132º | 0,169 | 0,212 | 0,394 | 0,430 | 0,218 | 0,383 | 1,000 | 0,396 |
| S | PR | Andirá | 975º | 0,677 | 0,775 | 0,710 | 0,802 | 0,458 | 0,648 | 0,849 | 0,703 |
| NE | BA | Andorinha | 4067º | 0,267 | 0,369 | 0,476 | 0,446 | 0,235 | 0,532 | 0,928 | 0,471 |
| SE | MG | Andradas | 846º | 0,558 | 0,875 | 0,690 | 0,849 | 0,404 | 0,667 | 0,958 | 0,712 |
| SE | SP | Andradina | 771º | 0,676 | 0,864 | 0,549 | 0,891 | 0,579 | 0,692 | 0,850 | 0,716 |
| S | RS | André da Rocha | 1252º | 0,531 | 0,814 | 0,575 | 0,871 | 0,342 | 0,689 | 1,000 | 0,682 |
| SE | MG | Andrelândia | 2116º | 0,440 | 0,644 | 0,559 | 0,802 | 0,400 | 0,657 | 0,957 | 0,626 |
| SE | SP | Angatuba | 913º | 0,652 | 0,802 | 0,684 | 0,886 | 0,422 | 0,582 | 0,977 | 0,707 |
| SE | MG | Angelândia | 4649º | 0,354 | 0,379 | 0,533 | 0,472 | 0,181 | 0,354 | 0,740 | 0,434 |
| CO | MS | Angélica | 1586º | 0,630 | 0,777 | 0,725 | 0,760 | 0,368 | 0,570 | 0,773 | 0,660 |
| NE | PE | Angelim | 5213º | 0,149 | 0,301 | 0,417 | 0,289 | 0,216 | 0,458 | 0,796 | 0,386 |
| S | SC | Angelina | 2488º | 0,340 | 0,703 | 0,589 | 0,789 | 0,281 | 0,645 | 0,901 | 0,599 |
| NE | BA | Angical | 4183º | 0,192 | 0,324 | 0,464 | 0,496 | 0,304 | 0,494 | 1,000 | 0,463 |
| NE | PI | Angical do Piauí | 4185º | 0,192 | 0,392 | 0,371 | 0,503 | 0,283 | 0,530 | 1,000 | 0,463 |
| N | TO | Angico | 3255º | 0,459 | 0,359 | 0,646 | 0,646 | 0,416 | 0,418 | 0,836 | 0,529 |
| NE | RN | Angicos | 3187º | 0,370 | 0,413 | 0,519 | 0,442 | 0,390 | 0,562 | 1,000 | 0,536 |
| SE | RJ | Angra dos Reis | 1451º | 0,739 | 0,771 | 0,532 | 0,894 | 0,481 | 0,570 | 0,801 | 0,670 |
| NE | BA | Anguera | 3433º | 0,283 | 0,325 | 0,613 | 0,528 | 0,260 | 0,575 | 1,000 | 0,515 |
| S | PR | Ângulo | 1015º | 0,580 | 0,793 | 0,694 | 0,772 | 0,441 | 0,616 | 1,000 | 0,700 |
| CO | GO | Anhanguera | 240º | 0,554 | 0,897 | 0,799 | 0,962 | 0,594 | 0,637 | 1,000 | 0,763 |

*a partir da melhor situação social ou maior IES)

| Região | UF | Nome do Município 2010 | Posição* | Índice de Emprego | Índice de Pobreza | Índice de Desigualdade | Índice de Alfabetização | Índice de Escolaridade | Índice de Juventude | Índice de Violência | Índice de Exclusão |
|---|---|---|---|---|---|---|---|---|---|---|---|
| SE | SP | Anhembi | 1026º | 0,624 | 0,785 | 0,733 | 0,871 | 0,387 | 0,538 | 1,000 | 0,699 |
| SE | SP | Anhumas | 968º | 0,633 | 0,774 | 0,736 | 0,854 | 0,504 | 0,612 | 0,861 | 0,703 |
| CO | GO | Anicuns | 1186º | 0,619 | 0,734 | 0,628 | 0,809 | 0,421 | 0,624 | 1,000 | 0,687 |
| NE | PI | Anísio de Abreu | 4504º | 0,168 | 0,279 | 0,529 | 0,332 | 0,250 | 0,470 | 1,000 | 0,443 |
| S | SC | Anita Garibaldi | 2343º | 0,415 | 0,638 | 0,575 | 0,743 | 0,395 | 0,568 | 1,000 | 0,610 |
| S | SC | Anitápolis | 2013º | 0,286 | 0,802 | 0,698 | 0,793 | 0,252 | 0,621 | 1,000 | 0,633 |
| N | AM | Anori | 5331º | 0,126 | 0,235 | 0,400 | 0,476 | 0,234 | 0,245 | 0,968 | 0,370 |
| S | RS | Anta Gorda | 719º | 0,317 | 0,943 | 0,892 | 0,894 | 0,342 | 0,752 | 0,914 | 0,721 |
| NE | BA | Antas | 4081º | 0,174 | 0,336 | 0,470 | 0,425 | 0,283 | 0,599 | 0,970 | 0,470 |
| S | PR | Antonina | 2698º | 0,543 | 0,626 | 0,459 | 0,815 | 0,378 | 0,533 | 0,835 | 0,582 |
| NE | CE | Antonina do Norte | 4993º | 0,169 | 0,316 | 0,562 | 0,355 | 0,239 | 0,466 | 0,702 | 0,410 |
| NE | PI | Antônio Almeida | 3494º | 0,365 | 0,337 | 0,545 | 0,491 | 0,312 | 0,500 | 1,000 | 0,510 |
| NE | BA | Antônio Cardoso | 3887º | 0,234 | 0,351 | 0,668 | 0,371 | 0,212 | 0,473 | 0,955 | 0,482 |
| S | SC | Antônio Carlos | 1118º | 0,501 | 0,948 | 0,715 | 0,930 | 0,335 | 0,614 | 0,860 | 0,692 |
| SE | MG | Antônio Carlos | 1777º | 0,585 | 0,598 | 0,627 | 0,777 | 0,369 | 0,618 | 1,000 | 0,649 |
| SE | MG | Antônio Dias | 2732º | 0,545 | 0,468 | 0,610 | 0,719 | 0,211 | 0,520 | 1,000 | 0,579 |
| NE | BA | Antônio Gonçalves | 3638º | 0,230 | 0,392 | 0,558 | 0,610 | 0,279 | 0,482 | 1,000 | 0,499 |
| CO | MS | Antônio João | 3972º | 0,312 | 0,510 | 0,473 | 0,738 | 0,319 | 0,387 | 0,746 | 0,476 |
| NE | RN | Antônio Martins | 4685º | 0,185 | 0,302 | 0,565 | 0,310 | 0,201 | 0,563 | 0,774 | 0,431 |
| S | PR | Antônio Olinto | 3102º | 0,205 | 0,519 | 0,578 | 0,885 | 0,211 | 0,580 | 1,000 | 0,544 |
| S | RS | Antônio Prado | 468º | 0,489 | 0,957 | 0,748 | 0,907 | 0,463 | 0,704 | 0,959 | 0,740 |
| SE | MG | Antônio Prado de Minas | 2002º | 0,341 | 0,674 | 0,644 | 0,803 | 0,312 | 0,710 | 1,000 | 0,634 |

*a partir da melhor situação social ou maior IES)

| Região | UF | Nome do Município 2010 | Posição* | Índice de Emprego | Índice de Pobreza | Índice de Desigualdade | Índice de Alfabetização | Índice de Escolaridade | Índice de Juventude | Índice de Violência | Índice de Exclusão |
|---|---|---|---|---|---|---|---|---|---|---|---|
| SE | SP | Aparecida | 801º | 0,546 | 0,814 | 0,615 | 0,947 | 0,642 | 0,641 | 0,955 | 0,715 |
| NE | PB | Aparecida | 4115º | 0,193 | 0,344 | 0,560 | 0,386 | 0,184 | 0,581 | 0,932 | 0,468 |
| CO | GO | Aparecida de Goiânia | 1533º | 0,667 | 0,782 | 0,614 | 0,870 | 0,523 | 0,522 | 0,773 | 0,664 |
| CO | GO | Aparecida do Rio Doce | 2227º | 0,441 | 0,690 | 0,554 | 0,733 | 0,353 | 0,591 | 1,000 | 0,619 |
| N | TO | Aparecida do Rio Negro | 3100º | 0,340 | 0,420 | 0,611 | 0,710 | 0,416 | 0,433 | 1,000 | 0,544 |
| CO | MS | Aparecida do Taboado | 1293º | 0,704 | 0,814 | 0,626 | 0,802 | 0,408 | 0,593 | 0,814 | 0,679 |
| SE | SP | Aparecida d'Oeste | 1373º | 0,445 | 0,750 | 0,642 | 0,785 | 0,431 | 0,696 | 1,000 | 0,674 |
| SE | RJ | Aperibé | 1417º | 0,436 | 0,685 | 0,679 | 0,791 | 0,486 | 0,678 | 1,000 | 0,671 |
| SE | ES | Apiacá | 2613º | 0,359 | 0,582 | 0,526 | 0,696 | 0,394 | 0,622 | 1,000 | 0,589 |
| CO | MT | Apiacás | 2620º | 0,329 | 0,699 | 0,647 | 0,703 | 0,299 | 0,472 | 1,000 | 0,589 |
| SE | SP | Apiaí | 2553º | 0,524 | 0,552 | 0,482 | 0,844 | 0,446 | 0,501 | 0,979 | 0,595 |
| NE | MA | Apicum-Açu | 5012º | 0,101 | 0,204 | 0,571 | 0,567 | 0,180 | 0,333 | 1,000 | 0,408 |
| S | SC | Apiúna | 563º | 0,692 | 0,915 | 0,780 | 0,882 | 0,351 | 0,561 | 0,946 | 0,733 |
| NE | RN | Apodi | 3610º | 0,266 | 0,401 | 0,491 | 0,504 | 0,364 | 0,589 | 0,895 | 0,501 |
| NE | BA | Aporá | 5099º | 0,145 | 0,251 | 0,462 | 0,426 | 0,207 | 0,453 | 0,853 | 0,399 |
| CO | GO | Aporé | 1441º | 0,623 | 0,752 | 0,663 | 0,734 | 0,294 | 0,579 | 1,000 | 0,670 |
| NE | BA | Apuarema | 4196º | 0,154 | 0,340 | 0,653 | 0,326 | 0,190 | 0,455 | 1,000 | 0,462 |
| S | PR | Apucarana | 537º | 0,674 | 0,894 | 0,683 | 0,896 | 0,537 | 0,621 | 0,901 | 0,735 |
| N | AM | Apuí | 4349º | 0,149 | 0,424 | 0,444 | 0,773 | 0,284 | 0,420 | 0,884 | 0,453 |
| NE | CE | Apuiarés | 4392º | 0,171 | 0,287 | 0,506 | 0,446 | 0,311 | 0,480 | 0,963 | 0,451 |
| NE | SE | Aquidabã | 4591º | 0,237 | 0,331 | 0,485 | 0,366 | 0,230 | 0,479 | 0,870 | 0,438 |
| CO | MS | Aquidauana | 2453º | 0,538 | 0,623 | 0,469 | 0,827 | 0,429 | 0,514 | 0,943 | 0,601 |
| NE | CE | Aquiraz | 3327º | 0,474 | 0,434 | 0,592 | 0,578 | 0,333 | 0,509 | 0,735 | 0,522 |
| S | SC | Arabutã | 1692º | 0,292 | 0,826 | 0,643 | 0,936 | 0,306 | 0,687 | 1,000 | 0,654 |
| NE | PB | Araçagi | 4830º | 0,155 | 0,303 | 0,525 | 0,209 | 0,167 | 0,494 | 0,940 | 0,423 |
| SE | MG | Araçaí | 1034º | 0,713 | 0,685 | 0,719 | 0,796 | 0,396 | 0,580 | 1,000 | 0,698 |
| NE | SE | Aracaju | 1573º | 0,661 | 0,712 | 0,332 | 0,858 | 0,805 | 0,605 | 0,857 | 0,661 |

*a partir da melhor situação social ou maior IES)

ATLAS DA EXCLUSÃO SOCIAL NO BRASIL 123

| Região | UF | Nome do Município 2010 | Posição* | Índice de Emprego | Índice de Pobreza | Índice de Desigualdade | Índice de Alfabetização | Índice de Escolaridade | Índice de Juventude | Índice de Violência | Índice de Exclusão |
|---|---|---|---|---|---|---|---|---|---|---|---|
| SE | SP | Araçariguama | 1219º | 0,700 | 0,824 | 0,646 | 0,852 | 0,399 | 0,503 | 0,909 | 0,684 |
| NE | BA | Araças | 4538º | 0,290 | 0,294 | 0,505 | 0,494 | 0,253 | 0,408 | 0,865 | 0,441 |
| NE | CE | Aracati | 3346º | 0,344 | 0,405 | 0,509 | 0,570 | 0,417 | 0,536 | 0,910 | 0,521 |
| NE | BA | Aracatu | 3454º | 0,178 | 0,484 | 0,689 | 0,410 | 0,145 | 0,551 | 1,000 | 0,513 |
| SE | SP | Araçatuba | 485º | 0,723 | 0,864 | 0,512 | 0,933 | 0,663 | 0,703 | 0,900 | 0,739 |
| NE | BA | Araci | 5336º | 0,119 | 0,231 | 0,461 | 0,240 | 0,179 | 0,375 | 0,889 | 0,369 |
| SE | MG | Aracitaba | 2263º | 0,415 | 0,498 | 0,697 | 0,776 | 0,304 | 0,671 | 1,000 | 0,616 |
| NE | CE | Aracoiaba | 4298º | 0,198 | 0,293 | 0,555 | 0,386 | 0,285 | 0,493 | 0,939 | 0,456 |
| NE | PE | Araçoiaba | 3749º | 0,521 | 0,285 | 0,665 | 0,497 | 0,270 | 0,447 | 0,713 | 0,492 |
| SE | SP | Araçoiaba da Serra | 1253º | 0,575 | 0,817 | 0,525 | 0,898 | 0,552 | 0,609 | 0,924 | 0,682 |
| SE | ES | Aracruz | 1631º | 0,665 | 0,744 | 0,571 | 0,845 | 0,605 | 0,531 | 0,758 | 0,657 |
| CO | GO | Araçu | 2320º | 0,447 | 0,648 | 0,514 | 0,700 | 0,336 | 0,652 | 1,000 | 0,612 |
| SE | MG | Araçuaí | 3197º | 0,430 | 0,469 | 0,445 | 0,644 | 0,313 | 0,511 | 0,986 | 0,535 |
| CO | GO | Aragarças | 1523º | 0,529 | 0,743 | 0,667 | 0,818 | 0,536 | 0,581 | 0,858 | 0,664 |
| CO | GO | Aragoiânia | 2070º | 0,437 | 0,714 | 0,641 | 0,782 | 0,382 | 0,565 | 0,938 | 0,629 |
| N | TO | Aragominas | 3850º | 0,197 | 0,490 | 0,508 | 0,492 | 0,243 | 0,447 | 1,000 | 0,484 |
| N | TO | Araguacema | 3844º | 0,270 | 0,369 | 0,454 | 0,638 | 0,386 | 0,407 | 1,000 | 0,485 |
| N | TO | Araguaçu | 3027º | 0,396 | 0,535 | 0,565 | 0,711 | 0,387 | 0,577 | 0,763 | 0,551 |
| CO | MT | Araguaiana | 1658º | 0,511 | 0,677 | 0,699 | 0,767 | 0,370 | 0,584 | 1,000 | 0,656 |
| N | TO | Araguaína | 2260º | 0,564 | 0,691 | 0,447 | 0,799 | 0,683 | 0,485 | 0,813 | 0,616 |
| CO | MT | Araguainha | 1992º | 0,634 | 0,703 | 0,773 | 0,722 | 0,481 | 0,599 | 0,525 | 0,635 |
| N | TO | Araguanã | 3510º | 0,368 | 0,452 | 0,534 | 0,616 | 0,298 | 0,354 | 1,000 | 0,509 |
| NE | MA | Araguanã | 5195º | 0,167 | 0,092 | 0,552 | 0,392 | 0,179 | 0,342 | 1,000 | 0,389 |
| CO | GO | Araguapaz | 2952º | 0,354 | 0,675 | 0,521 | 0,640 | 0,322 | 0,602 | 0,792 | 0,558 |
| SE | MG | Araguari | 759º | 0,616 | 0,848 | 0,629 | 0,911 | 0,574 | 0,653 | 0,891 | 0,717 |
| N | TO | Araguatins | 4650º | 0,309 | 0,370 | 0,447 | 0,568 | 0,363 | 0,361 | 0,718 | 0,434 |
| NE | MA | Araioses | 5399º | 0,126 | 0,155 | 0,384 | 0,275 | 0,118 | 0,380 | 1,000 | 0,357 |
| CO | MS | Aral Moreira | 3864º | 0,360 | 0,471 | 0,518 | 0,716 | 0,285 | 0,364 | 0,797 | 0,484 |
| NE | BA | Aramari | 3486º | 0,487 | 0,340 | 0,540 | 0,573 | 0,258 | 0,528 | 0,844 | 0,511 |
| S | RS | Arambaré | 1731º | 0,495 | 0,704 | 0,604 | 0,861 | 0,305 | 0,656 | 1,000 | 0,652 |

*a partir da melhor situação social ou maior IES)

| Região | UF | Nome do Município 2010 | Posição* | Índice de Emprego | Índice de Pobreza | Índice de Desigualdade | Índice de Alfabetização | Índice de Escolaridade | Índice de Juventude | Índice de Violência | Índice de Exclusão |
|---|---|---|---|---|---|---|---|---|---|---|---|
| NE | MA | Arame | 5552º | 0,130 | 0,108 | 0,163 | 0,248 | 0,149 | 0,258 | 0,951 | 0,285 |
| SE | SP | Aramina | 377º | 0,735 | 0,859 | 0,721 | 0,893 | 0,481 | 0,665 | 0,899 | 0,747 |
| SE | SP | Arandu | 830º | 0,779 | 0,787 | 0,794 | 0,841 | 0,386 | 0,562 | 0,830 | 0,713 |
| SE | MG | Arantina | 1280º | 0,643 | 0,623 | 0,735 | 0,798 | 0,362 | 0,608 | 1,000 | 0,680 |
| SE | SP | Arapeí | 1010º | 0,647 | 0,659 | 0,782 | 0,853 | 0,437 | 0,572 | 1,000 | 0,700 |
| NE | AL | Arapiraca | 4127º | 0,377 | 0,464 | 0,476 | 0,519 | 0,355 | 0,482 | 0,614 | 0,467 |
| N | TO | Arapoema | 2990º | 0,375 | 0,530 | 0,559 | 0,629 | 0,406 | 0,434 | 1,000 | 0,554 |
| SE | MG | Araponga | 3558º | 0,166 | 0,435 | 0,699 | 0,567 | 0,099 | 0,528 | 1,000 | 0,504 |
| S | PR | Arapongas | 357º | 0,755 | 0,890 | 0,653 | 0,911 | 0,541 | 0,635 | 0,910 | 0,748 |
| SE | MG | Araporã | 399º | 0,854 | 0,761 | 0,744 | 0,867 | 0,450 | 0,553 | 1,000 | 0,745 |
| S | PR | Arapoti | 2357º | 0,596 | 0,685 | 0,439 | 0,858 | 0,496 | 0,505 | 0,839 | 0,609 |
| SE | MG | Arapuá | 1145º | 0,454 | 0,839 | 0,670 | 0,862 | 0,345 | 0,696 | 1,000 | 0,690 |
| S | PR | Arapuã | 3164º | 0,250 | 0,567 | 0,566 | 0,694 | 0,305 | 0,594 | 0,854 | 0,538 |
| CO | MT | Araputanga | 2065º | 0,526 | 0,707 | 0,555 | 0,775 | 0,536 | 0,536 | 0,864 | 0,630 |
| S | SC | Araquari | 973º | 0,779 | 0,818 | 0,753 | 0,856 | 0,352 | 0,472 | 0,895 | 0,703 |
| NE | PB | Arara | 4891º | 0,130 | 0,375 | 0,500 | 0,185 | 0,195 | 0,525 | 0,836 | 0,418 |
| S | SC | Araranguá | 589º | 0,627 | 0,886 | 0,669 | 0,910 | 0,569 | 0,591 | 0,958 | 0,731 |
| SE | SP | Araraquara | 99º | 0,756 | 0,900 | 0,581 | 0,933 | 0,770 | 0,702 | 0,958 | 0,783 |
| SE | SP | Araras | 168º | 0,766 | 0,896 | 0,623 | 0,908 | 0,647 | 0,667 | 0,956 | 0,770 |
| NE | CE | Ararendá | 4648º | 0,196 | 0,259 | 0,513 | 0,288 | 0,224 | 0,500 | 0,950 | 0,434 |
| NE | MA | Arari | 4346º | 0,263 | 0,327 | 0,460 | 0,499 | 0,293 | 0,421 | 0,945 | 0,454 |
| S | RS | Araricá | 453º | 0,737 | 0,854 | 0,851 | 0,873 | 0,221 | 0,597 | 1,000 | 0,741 |
| NE | CE | Araripe | 5278º | 0,198 | 0,226 | 0,475 | 0,338 | 0,171 | 0,389 | 0,799 | 0,377 |
| NE | PE | Araripina | 4493º | 0,254 | 0,360 | 0,463 | 0,451 | 0,253 | 0,413 | 0,906 | 0,444 |
| SE | RJ | Araruama | 2172º | 0,499 | 0,689 | 0,494 | 0,849 | 0,540 | 0,597 | 0,837 | 0,623 |
| S | PR | Araruna | 994º | 0,551 | 0,807 | 0,785 | 0,813 | 0,423 | 0,616 | 0,922 | 0,702 |
| NE | PB | Araruna | 4897º | 0,171 | 0,314 | 0,530 | 0,159 | 0,204 | 0,418 | 0,945 | 0,418 |
| NE | BA | Arataca | 4568º | 0,236 | 0,326 | 0,644 | 0,293 | 0,163 | 0,373 | 0,900 | 0,439 |
| S | RS | Aratiba | 1537º | 0,372 | 0,882 | 0,480 | 0,925 | 0,370 | 0,733 | 1,000 | 0,664 |
| NE | CE | Aratuba | 4525º | 0,170 | 0,272 | 0,612 | 0,518 | 0,342 | 0,421 | 0,820 | 0,442 |
| NE | BA | Aratuípe | 4676º | 0,136 | 0,326 | 0,533 | 0,441 | 0,266 | 0,447 | 0,879 | 0,432 |

*a partir da melhor situação social ou maior IES)

| Região | UF | Nome do Município 2010 | Posição* | Índice de Emprego | Índice de Pobreza | Índice de Desigualdade | Índice de Alfabetização | Índice de Escolaridade | Índice de Juventude | Índice de Violência | Índice de Exclusão |
|---|---|---|---|---|---|---|---|---|---|---|---|
| NE | SE | Arauá | 4416º | 0,223 | 0,288 | 0,568 | 0,427 | 0,228 | 0,427 | 0,952 | 0,449 |
| S | PR | Araucária | 1110º | 0,802 | 0,872 | 0,657 | 0,926 | 0,493 | 0,534 | 0,646 | 0,693 |
| SE | MG | Araújos | 1008º | 0,530 | 0,849 | 0,853 | 0,838 | 0,289 | 0,592 | 0,934 | 0,701 |
| SE | MG | Araxá | 226º | 0,757 | 0,881 | 0,618 | 0,927 | 0,642 | 0,650 | 0,967 | 0,764 |
| SE | MG | Arceburgo | 263º | 0,824 | 0,847 | 0,818 | 0,792 | 0,380 | 0,623 | 0,945 | 0,759 |
| SE | SP | Arco-Íris | 809º | 0,563 | 0,768 | 0,763 | 0,716 | 0,453 | 0,682 | 1,000 | 0,714 |
| SE | MG | Arcos | 430º | 0,686 | 0,824 | 0,708 | 0,917 | 0,516 | 0,670 | 0,943 | 0,743 |
| NE | PE | Arcoverde | 3509º | 0,404 | 0,481 | 0,403 | 0,623 | 0,483 | 0,503 | 0,766 | 0,509 |
| SE | MG | Areado | 896º | 0,643 | 0,786 | 0,680 | 0,874 | 0,426 | 0,635 | 0,962 | 0,709 |
| SE | RJ | Areal | 1521º | 0,543 | 0,688 | 0,613 | 0,859 | 0,439 | 0,602 | 1,000 | 0,664 |
| SE | SP | Arealva | 1050º | 0,566 | 0,828 | 0,681 | 0,867 | 0,447 | 0,675 | 0,867 | 0,697 |
| NE | PB | Areia | 4061º | 0,314 | 0,383 | 0,494 | 0,393 | 0,269 | 0,485 | 0,891 | 0,471 |
| NE | RN | Areia Branca | 2147º | 0,545 | 0,558 | 0,623 | 0,630 | 0,478 | 0,567 | 0,959 | 0,624 |
| NE | SE | Areia Branca | 4130º | 0,357 | 0,374 | 0,618 | 0,482 | 0,199 | 0,442 | 0,753 | 0,467 |
| NE | PB | Areia de Baraúnas | 4481º | 0,291 | 0,328 | 0,660 | 0,322 | 0,157 | 0,480 | 0,730 | 0,445 |
| NE | PB | Areial | 3762º | 0,160 | 0,405 | 0,604 | 0,457 | 0,234 | 0,528 | 1,000 | 0,491 |
| SE | SP | Areias | 1771º | 0,621 | 0,566 | 0,665 | 0,836 | 0,420 | 0,525 | 1,000 | 0,649 |
| SE | SP | Areiópolis | 229º | 0,948 | 0,817 | 0,844 | 0,794 | 0,356 | 0,542 | 0,951 | 0,764 |
| CO | MT | Arenápolis | 2708º | 0,370 | 0,692 | 0,637 | 0,770 | 0,442 | 0,550 | 0,697 | 0,581 |
| CO | GO | Arenópolis | 2618º | 0,254 | 0,660 | 0,568 | 0,722 | 0,275 | 0,675 | 1,000 | 0,589 |
| NE | RN | Arês | 3639º | 0,400 | 0,359 | 0,528 | 0,427 | 0,331 | 0,472 | 0,919 | 0,499 |
| SE | MG | Argirita | 1150º | 0,519 | 0,709 | 0,799 | 0,813 | 0,317 | 0,665 | 1,000 | 0,690 |
| SE | MG | Aricanduva | 4371º | 0,206 | 0,373 | 0,579 | 0,572 | 0,149 | 0,425 | 0,891 | 0,452 |
| SE | MG | Arinos | 3718º | 0,271 | 0,448 | 0,487 | 0,688 | 0,350 | 0,457 | 0,882 | 0,494 |
| CO | MT | Aripuanã | 3224º | 0,501 | 0,587 | 0,430 | 0,778 | 0,354 | 0,432 | 0,777 | 0,532 |
| N | RO | Ariquemes | 2531º | 0,544 | 0,722 | 0,493 | 0,828 | 0,497 | 0,479 | 0,752 | 0,597 |
| SE | SP | Ariranha | 221º | 0,815 | 0,913 | 0,773 | 0,869 | 0,419 | 0,653 | 0,878 | 0,765 |
| S | PR | Ariranha do Ivaí | 2087º | 0,316 | 0,638 | 0,763 | 0,712 | 0,329 | 0,639 | 1,000 | 0,628 |
| SE | RJ | Armação dos Búzios | 1934º | 0,523 | 0,807 | 0,500 | 0,900 | 0,561 | 0,591 | 0,755 | 0,639 |

*a partir da melhor situação social ou maior IES

| Região | UF | Nome do Município 2010 | Posição* | Índice de Emprego | Índice de Pobreza | Índice de Desigualdade | Índice de Alfabetização | Índice de Escolaridade | Índice de Juventude | Índice de Violência | Índice de Exclusão |
|---|---|---|---|---|---|---|---|---|---|---|---|
| S | SC | Armazém | 683º | 0,591 | 0,942 | 0,696 | 0,881 | 0,455 | 0,608 | 0,933 | 0,724 |
| NE | CE | Arneiroz | 4663º | 0,136 | 0,305 | 0,529 | 0,373 | 0,299 | 0,489 | 0,864 | 0,433 |
| NE | PI | Aroazes | 3980º | 0,246 | 0,338 | 0,534 | 0,369 | 0,220 | 0,527 | 1,000 | 0,476 |
| NE | PB | Aroeiras | 5186º | 0,139 | 0,285 | 0,431 | 0,240 | 0,164 | 0,438 | 0,918 | 0,390 |
| NE | PI | Aroeiras do Itaim | 4667º | 0,099 | 0,200 | 0,616 | 0,244 | 0,068 | 0,619 | 1,000 | 0,432 |
| NE | PI | Arraial | 4527º | 0,355 | 0,226 | 0,479 | 0,330 | 0,189 | 0,419 | 1,000 | 0,442 |
| SE | RJ | Arraial do Cabo | 957º | 0,537 | 0,784 | 0,625 | 0,906 | 0,631 | 0,621 | 0,962 | 0,704 |
| N | TO | Arraias | 3628º | 0,422 | 0,450 | 0,369 | 0,582 | 0,395 | 0,442 | 0,902 | 0,499 |
| S | RS | Arroio do Meio | 27º | 0,714 | 0,963 | 0,859 | 0,976 | 0,468 | 0,710 | 0,945 | 0,802 |
| S | RS | Arroio do Padre | 2754º | 0,171 | 0,688 | 0,543 | 0,900 | 0,164 | 0,699 | 1,000 | 0,577 |
| S | RS | Arroio do Sal | 1376º | 0,401 | 0,850 | 0,636 | 0,902 | 0,475 | 0,636 | 0,933 | 0,674 |
| S | RS | Arroio do Tigre | 2141º | 0,262 | 0,788 | 0,638 | 0,853 | 0,290 | 0,621 | 1,000 | 0,624 |
| S | RS | Arroio dos Ratos | 1278º | 0,604 | 0,743 | 0,629 | 0,859 | 0,406 | 0,618 | 0,962 | 0,680 |
| S | RS | Arroio Grande | 2216º | 0,454 | 0,649 | 0,571 | 0,834 | 0,351 | 0,622 | 0,944 | 0,619 |
| S | SC | Arroio Trinta | 534º | 0,532 | 0,951 | 0,659 | 0,912 | 0,452 | 0,694 | 1,000 | 0,735 |
| SE | SP | Artur Nogueira | 510º | 0,755 | 0,879 | 0,644 | 0,881 | 0,515 | 0,601 | 0,929 | 0,737 |
| CO | GO | Aruanã | 2428º | 0,398 | 0,750 | 0,556 | 0,752 | 0,301 | 0,511 | 1,000 | 0,603 |
| SE | SP | Arujá | 1504º | 0,628 | 0,769 | 0,441 | 0,892 | 0,651 | 0,549 | 0,903 | 0,666 |
| S | SC | Arvoredo | 1209º | 0,318 | 0,874 | 0,847 | 0,808 | 0,338 | 0,614 | 1,000 | 0,685 |
| S | RS | Arvorezinha | 1865º | 0,300 | 0,830 | 0,746 | 0,836 | 0,305 | 0,632 | 0,898 | 0,643 |
| S | SC | Ascurra | 13º | 0,899 | 0,938 | 0,870 | 0,920 | 0,360 | 0,645 | 1,000 | 0,813 |
| SE | SP | Aspásia | 1472º | 0,387 | 0,779 | 0,655 | 0,760 | 0,414 | 0,695 | 1,000 | 0,668 |
| S | PR | Assaí | 1935º | 0,538 | 0,738 | 0,492 | 0,816 | 0,533 | 0,622 | 0,841 | 0,639 |
| NE | CE | Assaré | 4861º | 0,166 | 0,341 | 0,410 | 0,365 | 0,205 | 0,453 | 0,954 | 0,420 |
| SE | SP | Assis | 206º | 0,688 | 0,875 | 0,580 | 0,924 | 0,777 | 0,684 | 0,967 | 0,766 |

*a partir da melhor situação social ou maior IES

| Região | UF | Nome do Município 2010 | Posição* | Índice de Emprego | Índice de Pobreza | Índice de Desigualdade | Índice de Alfabetização | Índice de Escolaridade | Índice de Juventude | Índice de Violência | Índice de Exclusão |
|---|---|---|---|---|---|---|---|---|---|---|---|
| N | AC | Assis Brasil | 4666º | 0,291 | 0,341 | 0,354 | 0,467 | 0,318 | 0,308 | 1,000 | 0,433 |
| S | PR | Assis Chateaubriand | 1460º | 0,477 | 0,784 | 0,620 | 0,849 | 0,431 | 0,641 | 0,953 | 0,669 |
| NE | PB | Assunção | 4037º | 0,221 | 0,377 | 0,514 | 0,439 | 0,244 | 0,478 | 1,000 | 0,473 |
| NE | PI | Assunção do Piauí | 5415º | 0,225 | 0,129 | 0,451 | 0,102 | 0,094 | 0,350 | 0,931 | 0,353 |
| SE | MG | Astolfo Dutra | 676º | 0,713 | 0,786 | 0,745 | 0,874 | 0,331 | 0,656 | 0,960 | 0,724 |
| S | PR | Astorga | 828º | 0,616 | 0,883 | 0,569 | 0,850 | 0,462 | 0,650 | 1,000 | 0,713 |
| S | PR | Atalaia | 560º | 0,628 | 0,858 | 0,766 | 0,841 | 0,511 | 0,674 | 0,867 | 0,733 |
| NE | AL | Atalaia | 5048º | 0,487 | 0,225 | 0,555 | 0,266 | 0,174 | 0,364 | 0,613 | 0,404 |
| N | AM | Atalaia do Norte | 5547º | 0,125 | 0,124 | 0,284 | 0,127 | 0,142 | 0,202 | 0,931 | 0,288 |
| S | SC | Atalanta | 1297º | 0,432 | 0,818 | 0,648 | 0,928 | 0,447 | 0,604 | 1,000 | 0,679 |
| SE | MG | Ataléia | 3906º | 0,153 | 0,433 | 0,603 | 0,480 | 0,210 | 0,517 | 0,928 | 0,480 |
| SE | SP | Atibaia | 1094º | 0,637 | 0,851 | 0,490 | 0,892 | 0,559 | 0,629 | 0,910 | 0,694 |
| SE | ES | Atilio Vivacqua | 1780º | 0,587 | 0,681 | 0,667 | 0,782 | 0,428 | 0,592 | 0,842 | 0,649 |
| N | TO | Augustinópolis | 3598º | 0,298 | 0,414 | 0,529 | 0,545 | 0,455 | 0,400 | 0,935 | 0,502 |
| N | PA | Augusto Corrêa | 5485º | 0,073 | 0,119 | 0,458 | 0,368 | 0,127 | 0,255 | 0,961 | 0,333 |
| SE | MG | Augusto de Lima | 2429º | 0,418 | 0,555 | 0,728 | 0,674 | 0,308 | 0,534 | 1,000 | 0,603 |
| S | RS | Augusto Pestana | 1336º | 0,309 | 0,890 | 0,603 | 0,934 | 0,353 | 0,746 | 1,000 | 0,676 |
| NE | RN | Augusto Severo | 5035º | 0,202 | 0,325 | 0,242 | 0,357 | 0,288 | 0,520 | 0,888 | 0,405 |
| S | RS | Áurea | 1310º | 0,338 | 0,825 | 0,721 | 0,916 | 0,298 | 0,716 | 1,000 | 0,678 |
| NE | BA | Aurelino Leal | 4161º | 0,224 | 0,333 | 0,667 | 0,401 | 0,245 | 0,432 | 0,885 | 0,465 |
| SE | SP | Auriflama | 396º | 0,629 | 0,896 | 0,637 | 0,880 | 0,591 | 0,685 | 0,963 | 0,745 |
| CO | GO | Aurilândia | 1644º | 0,409 | 0,661 | 0,695 | 0,694 | 0,408 | 0,710 | 1,000 | 0,656 |
| S | SC | Aurora | 1505º | 0,327 | 0,872 | 0,740 | 0,900 | 0,291 | 0,600 | 1,000 | 0,666 |
| NE | CE | Aurora | 4417º | 0,127 | 0,329 | 0,536 | 0,427 | 0,288 | 0,525 | 0,894 | 0,449 |

*a partir da melhor situação social ou maior IES)

| Região | UF | Nome do Município 2010 | Posição* | Índice de Emprego | Índice de Pobreza | Índice de Desigualdade | Índice de Alfabetização | Índice de Escolaridade | Índice de Juventude | Índice de Violência | Índice de Exclusão |
|---|---|---|---|---|---|---|---|---|---|---|---|
| N | PA | Aurora do Pará | 5386º | 0,146 | 0,163 | 0,427 | 0,405 | 0,147 | 0,328 | 0,922 | 0,359 |
| N | TO | Aurora do Tocantins | 4009º | 0,290 | 0,423 | 0,220 | 0,611 | 0,365 | 0,528 | 1,000 | 0,474 |
| N | AM | Autazes | 5311º | 0,141 | 0,244 | 0,401 | 0,546 | 0,228 | 0,231 | 0,951 | 0,373 |
| SE | SP | Avaí | 1486º | 0,667 | 0,672 | 0,612 | 0,848 | 0,383 | 0,551 | 1,000 | 0,667 |
| SE | SP | Avanhandava | 768º | 0,792 | 0,752 | 0,700 | 0,838 | 0,364 | 0,607 | 0,954 | 0,717 |
| SE | SP | Avaré | 305º | 0,747 | 0,876 | 0,627 | 0,906 | 0,588 | 0,635 | 0,969 | 0,754 |
| N | PA | Aveiro | 5477º | 0,103 | 0,131 | 0,388 | 0,618 | 0,156 | 0,217 | 0,934 | 0,335 |
| NE | PI | Avelino Lopes | 4856º | 0,213 | 0,219 | 0,450 | 0,474 | 0,204 | 0,457 | 0,953 | 0,420 |
| CO | GO | Avelinópolis | 2778º | 0,415 | 0,609 | 0,416 | 0,756 | 0,245 | 0,641 | 1,000 | 0,575 |
| NE | MA | Axixá | 4602º | 0,155 | 0,210 | 0,528 | 0,626 | 0,431 | 0,376 | 0,909 | 0,436 |
| N | TO | Axixá do Tocantins | 3856º | 0,310 | 0,450 | 0,593 | 0,469 | 0,354 | 0,368 | 0,832 | 0,484 |
| N | TO | Babaçulândia | 3385º | 0,318 | 0,415 | 0,603 | 0,523 | 0,356 | 0,505 | 0,900 | 0,518 |
| NE | MA | Bacabal | 4024º | 0,264 | 0,428 | 0,478 | 0,534 | 0,425 | 0,443 | 0,808 | 0,474 |
| NE | MA | Bacabeira | 4347º | 0,328 | 0,255 | 0,479 | 0,591 | 0,312 | 0,379 | 0,930 | 0,454 |
| NE | MA | Bacuri | 5207º | 0,106 | 0,221 | 0,438 | 0,502 | 0,204 | 0,352 | 0,969 | 0,387 |
| NE | MA | Bacurituba | 5198º | 0,165 | 0,109 | 0,490 | 0,487 | 0,189 | 0,435 | 0,902 | 0,388 |
| SE | SP | Bady Bassitt | 29º | 0,715 | 0,937 | 0,843 | 0,942 | 0,598 | 0,653 | 0,964 | 0,801 |
| SE | MG | Baependi | 1974º | 0,520 | 0,625 | 0,578 | 0,821 | 0,349 | 0,630 | 1,000 | 0,636 |
| S | RS | Bagé | 1337º | 0,637 | 0,761 | 0,453 | 0,897 | 0,563 | 0,616 | 0,947 | 0,676 |
| N | PA | Bagre | 5500º | 0,061 | 0,063 | 0,620 | 0,293 | 0,103 | 0,144 | 0,978 | 0,326 |
| NE | PB | Baía da Traição | 5069º | 0,122 | 0,244 | 0,428 | 0,483 | 0,288 | 0,390 | 0,935 | 0,402 |
| NE | RN | Baía Formosa | 3111º | 0,526 | 0,397 | 0,619 | 0,522 | 0,341 | 0,477 | 0,879 | 0,543 |
| NE | BA | Baianópolis | 4707º | 0,183 | 0,291 | 0,438 | 0,358 | 0,211 | 0,474 | 1,000 | 0,430 |
| N | PA | Baião | 5128º | 0,149 | 0,264 | 0,506 | 0,569 | 0,303 | 0,311 | 0,803 | 0,396 |
| NE | BA | Baixa Grande | 4826º | 0,125 | 0,295 | 0,503 | 0,475 | 0,223 | 0,443 | 0,922 | 0,423 |

*a partir da melhor situação social ou maior IES)

| Região | UF | Nome do Município 2010 | Posição* | Índice de Emprego | Índice de Pobreza | Índice de Desigualdade | Índice de Alfabetização | Índice de Escolaridade | Índice de Juventude | Índice de Violência | Índice de Exclusão |
|---|---|---|---|---|---|---|---|---|---|---|---|
| NE | PI | Baixa Grande do Ribeiro | 4958º | 0,296 | 0,214 | 0,421 | 0,509 | 0,186 | 0,317 | 1,000 | 0,412 |
| NE | CE | Baixio | 3366º | 0,248 | 0,372 | 0,665 | 0,502 | 0,370 | 0,552 | 0,914 | 0,520 |
| SE | ES | Baixo Guandu | 2634º | 0,431 | 0,646 | 0,605 | 0,742 | 0,428 | 0,593 | 0,732 | 0,587 |
| SE | SP | Balbinos | 421º | 0,388 | 0,845 | 0,810 | 0,886 | 0,230 | 1,000 | 1,000 | 0,744 |
| SE | MG | Baldim | 2310º | 0,405 | 0,657 | 0,658 | 0,842 | 0,382 | 0,582 | 0,869 | 0,613 |
| CO | GO | Baliza | 3569º | 0,202 | 0,446 | 0,442 | 0,651 | 0,268 | 0,592 | 1,000 | 0,503 |
| S | SC | Balneário Arroio do Silva | 2059º | 0,463 | 0,825 | 0,508 | 0,894 | 0,512 | 0,627 | 0,729 | 0,630 |
| S | SC | Balneário Barra do Sul | 1288º | 0,458 | 0,847 | 0,745 | 0,926 | 0,418 | 0,638 | 0,815 | 0,679 |
| S | SC | Balneário Camboriú | 131º | 0,661 | 0,959 | 0,538 | 0,977 | 0,883 | 0,702 | 0,909 | 0,778 |
| S | SC | Balneário Gaivota | 1292º | 0,444 | 0,856 | 0,636 | 0,867 | 0,423 | 0,604 | 1,000 | 0,679 |
| S | SC | Balneário Piçarras | 709º | 0,573 | 0,877 | 0,692 | 0,894 | 0,554 | 0,554 | 1,000 | 0,722 |
| S | RS | Balneário Pinhal | 2133º | 0,459 | 0,739 | 0,566 | 0,867 | 0,338 | 0,597 | 0,904 | 0,625 |
| S | PR | Balsa Nova | 1874º | 0,687 | 0,714 | 0,575 | 0,912 | 0,422 | 0,579 | 0,724 | 0,643 |
| SE | SP | Bálsamo | 287º | 0,605 | 0,903 | 0,705 | 0,866 | 0,506 | 0,727 | 1,000 | 0,756 |
| NE | MA | Balsas | 3318º | 0,480 | 0,546 | 0,412 | 0,701 | 0,454 | 0,380 | 0,819 | 0,523 |
| SE | MG | Bambuí | 959º | 0,550 | 0,859 | 0,603 | 0,867 | 0,445 | 0,699 | 0,954 | 0,704 |
| NE | CE | Banabuiú | 5051º | 0,192 | 0,264 | 0,469 | 0,370 | 0,279 | 0,390 | 0,850 | 0,404 |
| SE | SP | Bananal | 1700º | 0,544 | 0,686 | 0,560 | 0,837 | 0,500 | 0,603 | 0,949 | 0,653 |
| NE | PB | Bananeiras | 5325º | 0,157 | 0,248 | 0,387 | 0,293 | 0,186 | 0,476 | 0,786 | 0,371 |
| SE | MG | Bandeira | 3799º | 0,168 | 0,420 | 0,664 | 0,387 | 0,167 | 0,587 | 0,896 | 0,488 |
| SE | MG | Bandeira do Sul | 513º | 0,634 | 0,843 | 0,900 | 0,821 | 0,292 | 0,608 | 1,000 | 0,737 |
| S | SC | Bandeirante | 2307º | 0,288 | 0,764 | 0,774 | 0,839 | 0,242 | 0,613 | 0,821 | 0,613 |
| S | PR | Bandeirantes | 1328º | 0,586 | 0,773 | 0,602 | 0,839 | 0,533 | 0,616 | 0,871 | 0,677 |

*a partir da melhor situação social ou maior IES)

| Região | UF | Nome do Município 2010 | Posição* | Índice de Emprego | Índice de Pobreza | Índice de Desigualdade | Índice de Alfabetização | Índice de Escolaridade | Índice de Juventude | Índice de Violência | Índice de Exclusão |
|---|---|---|---|---|---|---|---|---|---|---|---|
| CO | MS | Bandeirantes | 2324º | 0,504 | 0,693 | 0,552 | 0,761 | 0,322 | 0,568 | 0,921 | 0,612 |
| N | TO | Bandeirantes do Tocantins | 3606º | 0,428 | 0,321 | 0,444 | 0,579 | 0,348 | 0,447 | 1,000 | 0,501 |
| N | PA | Bannach | 4656º | 0,284 | 0,409 | 0,347 | 0,578 | 0,208 | 0,430 | 0,848 | 0,434 |
| NE | BA | Banzaê | 4098º | 0,161 | 0,327 | 0,642 | 0,474 | 0,203 | 0,454 | 1,000 | 0,469 |
| S | RS | Barão | 134º | 0,682 | 0,966 | 0,767 | 0,960 | 0,374 | 0,702 | 1,000 | 0,777 |
| SE | SP | Barão de Antonina | 2201º | 0,343 | 0,705 | 0,632 | 0,837 | 0,339 | 0,582 | 1,000 | 0,620 |
| SE | MG | Barão de Cocais | 780º | 0,693 | 0,738 | 0,718 | 0,922 | 0,512 | 0,579 | 0,945 | 0,716 |
| S | RS | Barão de Cotegipe | 917º | 0,392 | 0,897 | 0,737 | 0,928 | 0,389 | 0,680 | 1,000 | 0,707 |
| NE | MA | Barão de Grajaú | 3666º | 0,353 | 0,376 | 0,526 | 0,534 | 0,256 | 0,490 | 0,942 | 0,497 |
| CO | MT | Barão de Melgaço | 3406º | 0,336 | 0,451 | 0,549 | 0,600 | 0,184 | 0,558 | 0,931 | 0,517 |
| SE | MG | Barão de Monte Alto | 2806º | 0,407 | 0,461 | 0,581 | 0,700 | 0,265 | 0,619 | 1,000 | 0,571 |
| S | RS | Barão do Triunfo | 4019º | 0,082 | 0,537 | 0,501 | 0,790 | 0,127 | 0,567 | 0,852 | 0,474 |
| NE | RN | Baraúna | 3682º | 0,344 | 0,344 | 0,719 | 0,401 | 0,169 | 0,438 | 0,935 | 0,496 |
| NE | PB | Baraúna | 4554º | 0,161 | 0,236 | 0,521 | 0,433 | 0,186 | 0,519 | 1,000 | 0,440 |
| SE | MG | Barbacena | 1213º | 0,667 | 0,734 | 0,405 | 0,900 | 0,616 | 0,647 | 0,979 | 0,685 |
| NE | CE | Barbalha | 3084º | 0,423 | 0,435 | 0,556 | 0,615 | 0,515 | 0,500 | 0,850 | 0,546 |
| SE | SP | Barbosa | 642º | 0,776 | 0,783 | 0,754 | 0,805 | 0,363 | 0,568 | 1,000 | 0,727 |
| S | PR | Barbosa Ferraz | 2313º | 0,451 | 0,637 | 0,605 | 0,702 | 0,391 | 0,606 | 0,918 | 0,613 |
| N | PA | Barcarena | 3591º | 0,428 | 0,485 | 0,448 | 0,747 | 0,446 | 0,377 | 0,755 | 0,502 |
| NE | RN | Barcelona | 3669º | 0,317 | 0,377 | 0,587 | 0,353 | 0,187 | 0,518 | 1,000 | 0,497 |
| N | AM | Barcelos | 5512º | 0,228 | 0,198 | 0,136 | 0,240 | 0,169 | 0,312 | 0,939 | 0,322 |
| SE | SP | Bariri | 300º | 0,739 | 0,898 | 0,721 | 0,900 | 0,468 | 0,642 | 0,934 | 0,754 |
| NE | BA | Barra | 5334º | 0,142 | 0,187 | 0,398 | 0,443 | 0,220 | 0,313 | 0,947 | 0,369 |

*a partir da melhor situação social ou maior IES

| Região | UF | Nome do Município 2010 | Posição* | Índice de Emprego | Índice de Pobreza | Índice de Desigualdade | Índice de Alfabetização | Índice de Escolaridade | Índice de Juventude | Índice de Violência | Índice de Exclusão |
|---|---|---|---|---|---|---|---|---|---|---|---|
| SE | SP | Barra Bonita | 75º | 0,757 | 0,909 | 0,676 | 0,894 | 0,631 | 0,710 | 0,985 | 0,789 |
| S | SC | Barra Bonita | 2145º | 0,194 | 0,804 | 0,768 | 0,733 | 0,265 | 0,599 | 1,000 | 0,624 |
| NE | BA | Barra da Estiva | 4664º | 0,190 | 0,291 | 0,501 | 0,639 | 0,257 | 0,470 | 0,804 | 0,433 |
| NE | PI | Barra D'Alcântara | 4113º | 0,277 | 0,273 | 0,546 | 0,379 | 0,195 | 0,518 | 1,000 | 0,468 |
| NE | PE | Barra de Guabiraba | 4412º | 0,302 | 0,316 | 0,540 | 0,273 | 0,224 | 0,433 | 0,919 | 0,449 |
| NE | PB | Barra de Santa Rosa | 4955º | 0,148 | 0,302 | 0,551 | 0,221 | 0,192 | 0,503 | 0,816 | 0,412 |
| NE | PB | Barra de Santana | 4735º | 0,068 | 0,331 | 0,592 | 0,407 | 0,174 | 0,503 | 0,873 | 0,428 |
| NE | AL | Barra de Santo Antônio | 4793º | 0,460 | 0,235 | 0,519 | 0,379 | 0,166 | 0,358 | 0,781 | 0,425 |
| SE | ES | Barra de São Francisco | 2728º | 0,415 | 0,619 | 0,540 | 0,684 | 0,386 | 0,589 | 0,859 | 0,579 |
| NE | AL | Barra de São Miguel | 3789º | 0,484 | 0,487 | 0,478 | 0,462 | 0,313 | 0,422 | 0,725 | 0,489 |
| NE | PB | Barra de São Miguel | 3818º | 0,122 | 0,456 | 0,673 | 0,517 | 0,187 | 0,514 | 0,907 | 0,487 |
| CO | MT | Barra do Bugres | 2438º | 0,647 | 0,658 | 0,567 | 0,711 | 0,416 | 0,477 | 0,771 | 0,603 |
| SE | SP | Barra do Chapéu | 3269º | 0,344 | 0,420 | 0,494 | 0,778 | 0,330 | 0,484 | 1,000 | 0,528 |
| NE | BA | Barra do Choça | 3853º | 0,308 | 0,355 | 0,693 | 0,416 | 0,146 | 0,453 | 0,910 | 0,484 |
| NE | MA | Barra do Corda | 5077º | 0,185 | 0,316 | 0,336 | 0,407 | 0,265 | 0,377 | 0,943 | 0,401 |
| CO | MT | Barra do Garças | 1981º | 0,522 | 0,703 | 0,415 | 0,844 | 0,643 | 0,562 | 0,936 | 0,636 |
| S | RS | Barra do Guarita | 1484º | 0,570 | 0,771 | 0,625 | 0,813 | 0,348 | 0,573 | 1,000 | 0,667 |
| S | PR | Barra do Jacaré | 806º | 0,526 | 0,708 | 0,724 | 0,788 | 0,618 | 0,685 | 1,000 | 0,714 |

*a partir da melhor situação social ou maior IES)

| Região | UF | Nome do Município 2010 | Posição* | Índice de Emprego | Índice de Pobreza | Índice de Desigualdade | Índice de Alfabetização | Índice de Escolaridade | Índice de Juventude | Índice de Violência | Índice de Exclusão |
|---|---|---|---|---|---|---|---|---|---|---|---|
| NE | BA | Barra do Mendes | 4142º | 0,113 | 0,380 | 0,440 | 0,696 | 0,302 | 0,493 | 1,000 | 0,466 |
| N | TO | Barra do Ouro | 4094º | 0,337 | 0,354 | 0,492 | 0,516 | 0,301 | 0,323 | 1,000 | 0,469 |
| SE | RJ | Barra do Piraí | 937º | 0,662 | 0,771 | 0,543 | 0,909 | 0,578 | 0,649 | 0,945 | 0,705 |
| S | RS | Barra do Quaraí | 2582º | 0,581 | 0,452 | 0,580 | 0,823 | 0,340 | 0,490 | 1,000 | 0,593 |
| S | RS | Barra do Ribeiro | 1691º | 0,590 | 0,689 | 0,575 | 0,843 | 0,390 | 0,606 | 0,959 | 0,654 |
| S | RS | Barra do Rio Azul | 1668º | 0,154 | 0,826 | 0,750 | 0,868 | 0,307 | 0,745 | 1,000 | 0,655 |
| NE | BA | Barra do Rocha | 3860º | 0,322 | 0,339 | 0,553 | 0,413 | 0,280 | 0,497 | 0,918 | 0,484 |
| SE | SP | Barra do Turvo | 3777º | 0,409 | 0,530 | 0,580 | 0,681 | 0,215 | 0,464 | 0,596 | 0,490 |
| NE | SE | Barra dos Coqueiros | 3458º | 0,532 | 0,459 | 0,397 | 0,712 | 0,419 | 0,485 | 0,708 | 0,513 |
| S | RS | Barra Funda | 403º | 0,457 | 0,935 | 0,789 | 0,906 | 0,502 | 0,682 | 1,000 | 0,745 |
| SE | MG | Barra Longa | 2923º | 0,267 | 0,482 | 0,611 | 0,703 | 0,243 | 0,656 | 1,000 | 0,560 |
| SE | RJ | Barra Mansa | 756º | 0,716 | 0,780 | 0,609 | 0,926 | 0,556 | 0,643 | 0,898 | 0,717 |
| S | SC | Barra Velha | 943º | 0,548 | 0,868 | 0,687 | 0,905 | 0,479 | 0,559 | 0,977 | 0,705 |
| S | PR | Barracão | 2464º | 0,402 | 0,714 | 0,509 | 0,845 | 0,345 | 0,557 | 0,947 | 0,600 |
| S | RS | Barracão | 2585º | 0,396 | 0,666 | 0,420 | 0,832 | 0,310 | 0,637 | 1,000 | 0,593 |
| NE | PI | Barras | 4218º | 0,274 | 0,312 | 0,563 | 0,339 | 0,244 | 0,433 | 0,965 | 0,461 |
| NE | CE | Barreira | 4182º | 0,221 | 0,278 | 0,577 | 0,449 | 0,300 | 0,465 | 0,947 | 0,463 |
| NE | BA | Barreiras | 2226º | 0,512 | 0,615 | 0,454 | 0,775 | 0,636 | 0,493 | 1,000 | 0,619 |
| NE | PI | Barreiras do Piauí | 4532º | 0,119 | 0,333 | 0,534 | 0,463 | 0,257 | 0,402 | 1,000 | 0,441 |
| N | AM | Barreirinha | 5446º | 0,073 | 0,144 | 0,388 | 0,632 | 0,285 | 0,144 | 1,000 | 0,346 |
| NE | MA | Barreirinhas | 5419º | 0,153 | 0,168 | 0,372 | 0,396 | 0,187 | 0,256 | 0,981 | 0,352 |
| NE | PE | Barreiros | 4059º | 0,466 | 0,257 | 0,445 | 0,462 | 0,359 | 0,442 | 0,872 | 0,471 |
| SE | SP | Barretos | 223º | 0,729 | 0,895 | 0,608 | 0,927 | 0,673 | 0,669 | 0,949 | 0,764 |

*a partir da melhor situação social ou maior IES

| Região | UF | Nome do Município 2010 | Posição* | Índice de Emprego | Índice de Pobreza | Índice de Desigualdade | Índice de Alfabetização | Índice de Escolaridade | Índice de Juventude | Índice de Violência | Índice de Exclusão |
|---|---|---|---|---|---|---|---|---|---|---|---|
| SE | SP | Barrinha | 583º | 0,768 | 0,850 | 0,763 | 0,832 | 0,389 | 0,537 | 0,963 | 0,732 |
| NE | CE | Barro | 3881º | 0,254 | 0,322 | 0,568 | 0,512 | 0,276 | 0,541 | 0,903 | 0,482 |
| CO | GO | Barro Alto | 981º | 0,712 | 0,801 | 0,692 | 0,764 | 0,527 | 0,543 | 0,881 | 0,702 |
| NE | BA | Barro Alto | 4093º | 0,125 | 0,346 | 0,564 | 0,645 | 0,288 | 0,471 | 0,962 | 0,470 |
| NE | PI | Barro Duro | 3505º | 0,401 | 0,423 | 0,556 | 0,417 | 0,259 | 0,491 | 0,921 | 0,509 |
| NE | BA | Barro Preto | 3513º | 0,461 | 0,374 | 0,604 | 0,436 | 0,326 | 0,523 | 0,758 | 0,509 |
| NE | BA | Barrocas | 3315º | 0,267 | 0,391 | 0,651 | 0,562 | 0,307 | 0,495 | 1,000 | 0,523 |
| N | TO | Barrolândia | 3177º | 0,410 | 0,472 | 0,628 | 0,642 | 0,317 | 0,513 | 0,805 | 0,537 |
| NE | CE | Barroquinha | 4984º | 0,189 | 0,201 | 0,486 | 0,313 | 0,199 | 0,418 | 1,000 | 0,410 |
| S | RS | Barros Cassal | 3212º | 0,222 | 0,713 | 0,555 | 0,695 | 0,241 | 0,541 | 0,813 | 0,534 |
| SE | MG | Barroso | 1381º | 0,624 | 0,656 | 0,598 | 0,875 | 0,524 | 0,606 | 0,947 | 0,674 |
| SE | SP | Barueri | 1265º | 0,761 | 0,792 | 0,359 | 0,905 | 0,648 | 0,562 | 0,903 | 0,681 |
| SE | SP | Bastos | 379º | 0,696 | 0,838 | 0,745 | 0,867 | 0,535 | 0,608 | 0,975 | 0,747 |
| CO | MS | Bataguassu | 1439º | 0,692 | 0,749 | 0,611 | 0,779 | 0,449 | 0,541 | 0,895 | 0,670 |
| NE | AL | Batalha | 4555º | 0,206 | 0,331 | 0,597 | 0,370 | 0,276 | 0,426 | 0,817 | 0,440 |
| NE | PI | Batalha | 4932º | 0,203 | 0,262 | 0,502 | 0,277 | 0,148 | 0,452 | 0,939 | 0,415 |
| SE | SP | Batatais | 413º | 0,737 | 0,875 | 0,588 | 0,906 | 0,563 | 0,649 | 0,963 | 0,744 |
| CO | MS | Batayporã | 2576º | 0,579 | 0,694 | 0,463 | 0,742 | 0,332 | 0,527 | 0,857 | 0,593 |
| NE | CE | Baturité | 3667º | 0,274 | 0,384 | 0,623 | 0,539 | 0,336 | 0,466 | 0,875 | 0,497 |
| SE | SP | Bauru | 361º | 0,752 | 0,888 | 0,474 | 0,936 | 0,742 | 0,666 | 0,920 | 0,748 |
| NE | PB | Bayeux | 3185º | 0,515 | 0,490 | 0,625 | 0,675 | 0,406 | 0,523 | 0,572 | 0,536 |
| SE | SP | Bebedouro | 525º | 0,674 | 0,863 | 0,573 | 0,902 | 0,613 | 0,656 | 0,965 | 0,736 |
| NE | CE | Beberibe | 3945º | 0,267 | 0,352 | 0,472 | 0,485 | 0,305 | 0,514 | 0,947 | 0,477 |
| NE | CE | Bela Cruz | 4844º | 0,116 | 0,237 | 0,489 | 0,449 | 0,269 | 0,439 | 0,983 | 0,421 |
| CO | MS | Bela Vista | 3029º | 0,415 | 0,578 | 0,366 | 0,808 | 0,424 | 0,447 | 1,000 | 0,551 |
| S | PR | Bela Vista da Caroba | 3064º | 0,159 | 0,650 | 0,574 | 0,724 | 0,233 | 0,560 | 1,000 | 0,548 |
| CO | GO | Bela Vista de Goiás | 2023º | 0,472 | 0,786 | 0,553 | 0,818 | 0,418 | 0,606 | 0,852 | 0,632 |
| SE | MG | Bela Vista de Minas | 1138º | 0,687 | 0,650 | 0,755 | 0,870 | 0,342 | 0,569 | 1,000 | 0,691 |

*a partir da melhor situação social ou maior IES)

| Região | UF | Nome do Município 2010 | Posição* | Índice de Emprego | Índice de Pobreza | Índice de Desigualdade | Índice de Alfabetização | Índice de Escolaridade | Índice de Juventude | Índice de Violência | Índice de Exclusão |
|---|---|---|---|---|---|---|---|---|---|---|---|
| NE | MA | Bela Vista do Maranhão | 5088º | 0,144 | 0,187 | 0,580 | 0,343 | 0,185 | 0,357 | 0,957 | 0,400 |
| S | PR | Bela Vista do Paraíso | 1123º | 0,607 | 0,810 | 0,637 | 0,756 | 0,400 | 0,643 | 0,966 | 0,692 |
| NE | PI | Bela Vista do Piauí | 4977º | 0,159 | 0,174 | 0,406 | 0,533 | 0,217 | 0,473 | 1,000 | 0,411 |
| S | SC | Bela Vista do Toldo | 3014º | 0,194 | 0,544 | 0,636 | 0,902 | 0,244 | 0,526 | 1,000 | 0,552 |
| NE | MA | Belágua | 5557º | 0,096 | 0,007 | 0,343 | 0,035 | 0,220 | 0,154 | 1,000 | 0,279 |
| N | PA | Belém | 2560º | 0,544 | 0,657 | 0,343 | 0,909 | 0,730 | 0,578 | 0,666 | 0,595 |
| NE | PB | Belém | 4099º | 0,172 | 0,354 | 0,576 | 0,291 | 0,245 | 0,541 | 0,970 | 0,469 |
| NE | AL | Belém | 5042º | 0,238 | 0,366 | 0,472 | 0,294 | 0,238 | 0,468 | 0,657 | 0,405 |
| NE | PE | Belém de Maria | 5228º | 0,122 | 0,282 | 0,643 | 0,350 | 0,236 | 0,375 | 0,633 | 0,383 |
| NE | PB | Belém do Brejo do Cruz | 4135º | 0,163 | 0,292 | 0,637 | 0,222 | 0,247 | 0,533 | 1,000 | 0,467 |
| NE | PI | Belém do Piauí | 4885º | 0,158 | 0,183 | 0,514 | 0,254 | 0,169 | 0,526 | 1,000 | 0,418 |
| NE | PE | Belém do São Francisco | 4712º | 0,206 | 0,336 | 0,343 | 0,523 | 0,423 | 0,416 | 0,872 | 0,429 |
| SE | RJ | Belford Roxo | 1905º | 0,636 | 0,644 | 0,663 | 0,884 | 0,448 | 0,545 | 0,783 | 0,641 |
| SE | MG | Belmiro Braga | 1926º | 0,526 | 0,633 | 0,675 | 0,743 | 0,293 | 0,602 | 1,000 | 0,640 |
| S | SC | Belmonte | 2046º | 0,285 | 0,777 | 0,693 | 0,814 | 0,302 | 0,599 | 1,000 | 0,631 |
| NE | BA | Belmonte | 4095º | 0,291 | 0,358 | 0,592 | 0,435 | 0,276 | 0,435 | 0,857 | 0,469 |
| NE | BA | Belo Campo | 4441º | 0,154 | 0,365 | 0,593 | 0,443 | 0,188 | 0,507 | 0,838 | 0,448 |
| SE | MG | Belo Horizonte | 647º | 0,744 | 0,865 | 0,377 | 0,951 | 0,808 | 0,689 | 0,842 | 0,726 |
| NE | PE | Belo Jardim | 3378º | 0,351 | 0,476 | 0,554 | 0,479 | 0,328 | 0,506 | 0,892 | 0,519 |
| NE | AL | Belo Monte | 5544º | 0,136 | 0,157 | 0,280 | 0,218 | 0,109 | 0,368 | 0,704 | 0,290 |
| SE | MG | Belo Oriente | 1697º | 0,615 | 0,652 | 0,706 | 0,777 | 0,378 | 0,517 | 0,956 | 0,654 |

*a partir da melhor situação social ou maior IES)

ATLAS DA EXCLUSÃO SOCIAL NO BRASIL 135

| Região | UF | Nome do Município 2010 | Posição* | Índice de Emprego | Índice de Pobreza | Índice de Desigualdade | Índice de Alfabetização | Índice de Escolaridade | Índice de Juventude | Índice de Violência | Índice de Exclusão |
|---|---|---|---|---|---|---|---|---|---|---|---|
| SE | MG | Belo Vale | 1893º | 0,455 | 0,681 | 0,645 | 0,857 | 0,256 | 0,655 | 1,000 | 0,642 |
| N | PA | Belterra | 4783º | 0,187 | 0,275 | 0,412 | 0,645 | 0,295 | 0,334 | 1,000 | 0,425 |
| NE | PI | Beneditinos | 4701º | 0,157 | 0,322 | 0,469 | 0,293 | 0,117 | 0,522 | 1,000 | 0,430 |
| NE | MA | Benedito Leite | 5031º | 0,183 | 0,216 | 0,413 | 0,381 | 0,170 | 0,454 | 1,000 | 0,406 |
| S | SC | Benedito Novo | 132º | 0,818 | 0,907 | 0,820 | 0,920 | 0,367 | 0,639 | 0,950 | 0,778 |
| N | PA | Benevides | 3235º | 0,432 | 0,488 | 0,603 | 0,802 | 0,438 | 0,432 | 0,688 | 0,531 |
| N | AM | Benjamin Constant | 5301º | 0,132 | 0,216 | 0,461 | 0,475 | 0,306 | 0,187 | 0,953 | 0,374 |
| S | RS | Benjamin Constant do Sul | 3350º | 0,212 | 0,555 | 0,617 | 0,746 | 0,194 | 0,416 | 1,000 | 0,520 |
| SE | SP | Bento de Abreu | 47º | 0,833 | 0,864 | 0,808 | 0,832 | 0,571 | 0,621 | 1,000 | 0,793 |
| NE | RN | Bento Fernandes | 4315º | 0,335 | 0,350 | 0,637 | 0,370 | 0,291 | 0,428 | 0,695 | 0,456 |
| S | RS | Bento Gonçalves | 35º | 0,788 | 0,955 | 0,677 | 0,967 | 0,635 | 0,714 | 0,922 | 0,798 |
| NE | MA | Bequimão | 4814º | 0,110 | 0,186 | 0,478 | 0,504 | 0,313 | 0,457 | 1,000 | 0,423 |
| SE | MG | Berilo | 2910º | 0,447 | 0,450 | 0,663 | 0,623 | 0,272 | 0,470 | 1,000 | 0,562 |
| SE | MG | Berizal | 3189º | 0,331 | 0,348 | 0,731 | 0,503 | 0,298 | 0,494 | 1,000 | 0,536 |
| NE | PB | Bernardino Batista | 4446º | 0,292 | 0,301 | 0,487 | 0,360 | 0,238 | 0,389 | 1,000 | 0,447 |
| SE | SP | Bernardino de Campos | 689º | 0,596 | 0,840 | 0,672 | 0,885 | 0,486 | 0,645 | 1,000 | 0,723 |
| NE | MA | Bernardo do Mearim | 4188º | 0,106 | 0,295 | 0,638 | 0,430 | 0,294 | 0,463 | 1,000 | 0,463 |
| N | TO | Bernardo Sayão | 3037º | 0,323 | 0,512 | 0,709 | 0,625 | 0,366 | 0,462 | 0,883 | 0,550 |
| SE | SP | Bertioga | 1412º | 0,563 | 0,822 | 0,603 | 0,861 | 0,497 | 0,519 | 0,934 | 0,672 |
| NE | PI | Bertolínia | 3876º | 0,171 | 0,437 | 0,535 | 0,465 | 0,261 | 0,484 | 1,000 | 0,483 |
| SE | MG | Bertópolis | 4890º | 0,130 | 0,369 | 0,504 | 0,347 | 0,149 | 0,460 | 0,884 | 0,418 |
| N | AM | Beruri | 5538º | 0,071 | 0,201 | 0,288 | 0,329 | 0,174 | 0,128 | 0,933 | 0,295 |
| NE | PE | Betânia | 5083º | 0,183 | 0,284 | 0,487 | 0,278 | 0,176 | 0,461 | 0,827 | 0,400 |

*a partir da melhor situação social ou maior IES)

| Região | UF | Nome do Município 2010 | Posição* | Índice de Emprego | Índice de Pobreza | Índice de Desigualdade | Índice de Alfabetização | Índice de Escolaridade | Índice de Juventude | Índice de Violência | Índice de Exclusão |
|---|---|---|---|---|---|---|---|---|---|---|---|
| NE | PI | Betânia do Piauí | 5457º | 0,082 | 0,161 | 0,513 | 0,171 | 0,116 | 0,390 | 0,827 | 0,342 |
| SE | MG | Betim | 1400º | 0,743 | 0,768 | 0,619 | 0,886 | 0,560 | 0,544 | 0,693 | 0,672 |
| NE | PE | Bezerros | 3926º | 0,243 | 0,425 | 0,519 | 0,445 | 0,236 | 0,578 | 0,840 | 0,478 |
| SE | MG | Bias Fortes | 2506º | 0,312 | 0,552 | 0,744 | 0,706 | 0,228 | 0,639 | 1,000 | 0,598 |
| SE | MG | Bicas | 1235º | 0,641 | 0,745 | 0,495 | 0,870 | 0,498 | 0,666 | 0,962 | 0,683 |
| S | SC | Biguaçu | 312º | 0,773 | 0,894 | 0,773 | 0,907 | 0,530 | 0,571 | 0,866 | 0,753 |
| SE | SP | Bilac | 98º | 0,663 | 0,929 | 0,720 | 0,865 | 0,618 | 0,714 | 1,000 | 0,784 |
| SE | MG | Biquinhas | 1448º | 0,381 | 0,756 | 0,755 | 0,795 | 0,285 | 0,710 | 1,000 | 0,670 |
| SE | SP | Birigui | 44º | 0,797 | 0,917 | 0,724 | 0,924 | 0,608 | 0,676 | 0,957 | 0,794 |
| SE | SP | Biritiba-Mirim | 1812º | 0,576 | 0,724 | 0,516 | 0,825 | 0,471 | 0,546 | 0,964 | 0,646 |
| NE | BA | Biritinga | 5030º | 0,149 | 0,240 | 0,472 | 0,427 | 0,183 | 0,476 | 0,895 | 0,406 |
| S | PR | Bituruna | 2765º | 0,521 | 0,583 | 0,589 | 0,856 | 0,272 | 0,462 | 0,869 | 0,576 |
| S | SC | Blumenau | 26º | 0,868 | 0,962 | 0,643 | 0,968 | 0,652 | 0,658 | 0,943 | 0,803 |
| SE | MG | Boa Esperança | 1480º | 0,624 | 0,720 | 0,624 | 0,863 | 0,382 | 0,580 | 0,946 | 0,667 |
| S | PR | Boa Esperança | 1881º | 0,358 | 0,690 | 0,632 | 0,753 | 0,443 | 0,669 | 1,000 | 0,642 |
| SE | ES | Boa Esperança | 2742º | 0,385 | 0,640 | 0,682 | 0,652 | 0,372 | 0,538 | 0,780 | 0,578 |
| S | PR | Boa Esperança do Iguaçu | 2352º | 0,284 | 0,676 | 0,676 | 0,870 | 0,349 | 0,543 | 1,000 | 0,609 |
| SE | SP | Boa Esperança do Sul | 876º | 0,800 | 0,801 | 0,695 | 0,777 | 0,325 | 0,557 | 0,962 | 0,710 |
| NE | PI | Boa Hora | 4847º | 0,184 | 0,242 | 0,562 | 0,213 | 0,179 | 0,416 | 1,000 | 0,421 |
| NE | BA | Boa Nova | 4661º | 0,235 | 0,271 | 0,550 | 0,368 | 0,128 | 0,461 | 0,932 | 0,433 |
| NE | PB | Boa Ventura | 3292º | 0,354 | 0,386 | 0,662 | 0,376 | 0,248 | 0,517 | 1,000 | 0,526 |
| S | PR | Boa Ventura de São Roque | 3226º | 0,260 | 0,515 | 0,550 | 0,763 | 0,294 | 0,472 | 1,000 | 0,532 |
| NE | CE | Boa Viagem | 5107º | 0,171 | 0,296 | 0,411 | 0,349 | 0,227 | 0,453 | 0,841 | 0,398 |
| N | RR | Boa Vista | 2178º | 0,590 | 0,689 | 0,409 | 0,844 | 0,769 | 0,426 | 0,850 | 0,622 |

*a partir da melhor situação social ou maior IES

ATLAS DA EXCLUSÃO SOCIAL NO BRASIL 137

| Região | UF | Nome do Município 2010 | Posição* | Índice de Emprego | Índice de Pobreza | Índice de Desigualdade | Índice de Alfabetização | Índice de Escolaridade | Índice de Juventude | Índice de Violência | Índice de Exclusão |
|---|---|---|---|---|---|---|---|---|---|---|---|
| NE | PB | Boa Vista | 2876º | 0,278 | 0,466 | 0,743 | 0,672 | 0,294 | 0,534 | 1,000 | 0,565 |
| S | PR | Boa Vista da Aparecida | 3194º | 0,328 | 0,658 | 0,607 | 0,704 | 0,296 | 0,532 | 0,671 | 0,535 |
| S | RS | Boa Vista das Missões | 2163º | 0,370 | 0,664 | 0,696 | 0,833 | 0,302 | 0,572 | 1,000 | 0,623 |
| S | RS | Boa Vista do Buricá | 469º | 0,498 | 0,936 | 0,728 | 0,978 | 0,436 | 0,693 | 1,000 | 0,740 |
| S | RS | Boa Vista do Cadeado | 1461º | 0,354 | 0,803 | 0,757 | 0,907 | 0,223 | 0,684 | 1,000 | 0,669 |
| NE | MA | Boa Vista do Gurupi | 5440º | 0,227 | 0,220 | 0,548 | 0,435 | 0,200 | 0,232 | 0,607 | 0,347 |
| S | RS | Boa Vista do Incra | 1722º | 0,388 | 0,721 | 0,626 | 0,899 | 0,388 | 0,660 | 1,000 | 0,652 |
| N | AM | Boa Vista do Ramos | 5429º | 0,152 | 0,136 | 0,379 | 0,690 | 0,249 | 0,176 | 0,931 | 0,350 |
| S | RS | Boa Vista do Sul | 1304º | 0,253 | 0,941 | 0,689 | 0,872 | 0,187 | 0,807 | 1,000 | 0,678 |
| NE | BA | Boa Vista do Tupim | 5082º | 0,168 | 0,237 | 0,468 | 0,353 | 0,171 | 0,391 | 0,971 | 0,400 |
| NE | AL | Boca da Mata | 4531º | 0,499 | 0,281 | 0,540 | 0,443 | 0,286 | 0,411 | 0,596 | 0,441 |
| N | AM | Boca do Acre | 5298º | 0,212 | 0,276 | 0,316 | 0,404 | 0,273 | 0,290 | 0,898 | 0,375 |
| SE | SP | Bocaina | 482º | 0,756 | 0,909 | 0,713 | 0,890 | 0,498 | 0,628 | 0,808 | 0,739 |
| NE | PI | Bocaina | 3555º | 0,169 | 0,465 | 0,428 | 0,544 | 0,319 | 0,627 | 1,000 | 0,504 |
| SE | MG | Bocaina de Minas | 2353º | 0,271 | 0,685 | 0,702 | 0,645 | 0,258 | 0,656 | 1,000 | 0,609 |
| S | SC | Bocaina do Sul | 2021º | 0,418 | 0,636 | 0,746 | 0,777 | 0,308 | 0,573 | 1,000 | 0,632 |
| SE | MG | Bocaiúva | 2513º | 0,494 | 0,566 | 0,556 | 0,751 | 0,479 | 0,516 | 0,922 | 0,598 |
| S | PR | Bocaiúva do Sul | 1976º | 0,541 | 0,716 | 0,665 | 0,808 | 0,272 | 0,486 | 1,000 | 0,636 |
| NE | RN | Bodó | 3713º | 0,274 | 0,322 | 0,539 | 0,432 | 0,368 | 0,499 | 1,000 | 0,494 |
| NE | PE | Bodocó | 4918º | 0,142 | 0,302 | 0,488 | 0,343 | 0,242 | 0,397 | 0,956 | 0,416 |
| CO | MS | Bodoquena | 2678º | 0,461 | 0,627 | 0,563 | 0,788 | 0,379 | 0,498 | 0,870 | 0,583 |

*a partir da melhor situação social ou maior IES

| Região | UF | Nome do Município 2010 | Posição* | Índice de Emprego | Índice de Pobreza | Índice de Desigualdade | Índice de Alfabetização | Índice de Escolaridade | Índice de Juventude | Índice de Violência | Índice de Exclusão |
|---|---|---|---|---|---|---|---|---|---|---|---|
| SE | SP | Bofete | 1426º | 0,637 | 0,773 | 0,640 | 0,838 | 0,384 | 0,574 | 0,892 | 0,671 |
| SE | SP | Boituva | 538º | 0,690 | 0,878 | 0,600 | 0,915 | 0,594 | 0,608 | 0,957 | 0,735 |
| NE | PE | Bom Conselho | 5127º | 0,161 | 0,314 | 0,342 | 0,277 | 0,245 | 0,436 | 0,931 | 0,396 |
| SE | MG | Bom Despacho | 779º | 0,672 | 0,840 | 0,601 | 0,887 | 0,516 | 0,607 | 0,966 | 0,716 |
| SE | RJ | Bom Jardim | 1743º | 0,585 | 0,737 | 0,597 | 0,798 | 0,296 | 0,635 | 0,918 | 0,651 |
| NE | PE | Bom Jardim | 4216º | 0,225 | 0,326 | 0,596 | 0,410 | 0,256 | 0,507 | 0,849 | 0,461 |
| NE | MA | Bom Jardim | 5469º | 0,122 | 0,163 | 0,416 | 0,311 | 0,140 | 0,321 | 0,867 | 0,337 |
| S | SC | Bom Jardim da Serra | 2527º | 0,501 | 0,651 | 0,434 | 0,803 | 0,324 | 0,560 | 1,000 | 0,597 |
| CO | GO | Bom Jardim de Goiás | 2963º | 0,227 | 0,647 | 0,588 | 0,686 | 0,295 | 0,612 | 0,876 | 0,556 |
| SE | MG | Bom Jardim de Minas | 2151º | 0,447 | 0,619 | 0,642 | 0,775 | 0,388 | 0,632 | 0,920 | 0,624 |
| S | SC | Bom Jesus | 2153º | 0,585 | 0,766 | 0,474 | 0,804 | 0,456 | 0,570 | 0,794 | 0,623 |
| S | RS | Bom Jesus | 2222º | 0,558 | 0,710 | 0,540 | 0,827 | 0,297 | 0,554 | 0,910 | 0,619 |
| NE | PB | Bom Jesus | 3673º | 0,232 | 0,403 | 0,578 | 0,475 | 0,249 | 0,501 | 1,000 | 0,496 |
| NE | PI | Bom Jesus | 3771º | 0,307 | 0,469 | 0,342 | 0,598 | 0,450 | 0,445 | 0,931 | 0,490 |
| NE | RN | Bom Jesus | 4194º | 0,281 | 0,349 | 0,498 | 0,303 | 0,235 | 0,452 | 1,000 | 0,462 |
| NE | BA | Bom Jesus da Lapa | 4010º | 0,287 | 0,394 | 0,388 | 0,571 | 0,416 | 0,435 | 0,926 | 0,474 |
| SE | MG | Bom Jesus da Penha | 1919º | 0,319 | 0,802 | 0,725 | 0,776 | 0,373 | 0,646 | 0,866 | 0,640 |
| NE | BA | Bom Jesus da Serra | 4681º | 0,137 | 0,256 | 0,535 | 0,411 | 0,175 | 0,474 | 1,000 | 0,431 |
| NE | MA | Bom Jesus das Selvas | 5459º | 0,249 | 0,171 | 0,272 | 0,379 | 0,106 | 0,318 | 0,909 | 0,341 |
| CO | GO | Bom Jesus de Goiás | 1763º | 0,674 | 0,683 | 0,565 | 0,787 | 0,330 | 0,557 | 0,975 | 0,650 |
| SE | MG | Bom Jesus do Amparo | 1998º | 0,524 | 0,600 | 0,669 | 0,808 | 0,311 | 0,576 | 1,000 | 0,634 |
| CO | MT | Bom Jesus do Araguaia | 2837º | 0,395 | 0,614 | 0,618 | 0,720 | 0,304 | 0,477 | 0,902 | 0,568 |
| SE | MG | Bom Jesus do Galho | 3155º | 0,333 | 0,490 | 0,579 | 0,645 | 0,210 | 0,589 | 0,932 | 0,539 |

*a partir da melhor situação social ou maior IES)

| Região | UF | Nome do Município 2010 | Posição* | Índice de Emprego | Índice de Pobreza | Índice de Desigualdade | Índice de Alfabetização | Índice de Escolaridade | Índice de Juventude | Índice de Violência | Índice de Exclusão |
|---|---|---|---|---|---|---|---|---|---|---|---|
| SE | RJ | Bom Jesus do Itabapoana | 1717º | 0,555 | 0,692 | 0,453 | 0,807 | 0,565 | 0,634 | 0,971 | 0,652 |
| SE | ES | Bom Jesus do Norte | 1324º | 0,559 | 0,683 | 0,610 | 0,809 | 0,588 | 0,634 | 0,945 | 0,677 |
| S | SC | Bom Jesus do Oeste | 1530º | 0,198 | 0,903 | 0,800 | 0,831 | 0,305 | 0,642 | 1,000 | 0,664 |
| S | PR | Bom Jesus do Sul | 2934º | 0,242 | 0,632 | 0,634 | 0,842 | 0,298 | 0,540 | 0,863 | 0,559 |
| N | TO | Bom Jesus do Tocantins | 4107º | 0,370 | 0,477 | 0,580 | 0,647 | 0,317 | 0,386 | 0,586 | 0,469 |
| N | PA | Bom Jesus do Tocantins | 4316º | 0,216 | 0,396 | 0,531 | 0,538 | 0,231 | 0,410 | 0,898 | 0,456 |
| SE | SP | Bom Jesus dos Perdões | 1468º | 0,601 | 0,729 | 0,604 | 0,871 | 0,472 | 0,578 | 0,921 | 0,668 |
| NE | MA | Bom Lugar | 5172º | 0,090 | 0,129 | 0,601 | 0,328 | 0,187 | 0,397 | 0,965 | 0,391 |
| S | RS | Bom Princípio | 61º | 0,718 | 0,944 | 0,831 | 0,975 | 0,487 | 0,662 | 0,956 | 0,790 |
| NE | PI | Bom Princípio do Piauí | 5112º | 0,176 | 0,201 | 0,446 | 0,248 | 0,139 | 0,456 | 1,000 | 0,397 |
| S | RS | Bom Progresso | 2408º | 0,470 | 0,703 | 0,557 | 0,815 | 0,388 | 0,611 | 0,777 | 0,605 |
| SE | MG | Bom Repouso | 2888º | 0,187 | 0,611 | 0,683 | 0,792 | 0,266 | 0,599 | 0,901 | 0,564 |
| S | SC | Bom Retiro | 1783º | 0,567 | 0,775 | 0,643 | 0,783 | 0,349 | 0,504 | 0,942 | 0,649 |
| S | RS | Bom Retiro do Sul | 66º | 0,823 | 0,922 | 0,804 | 0,932 | 0,388 | 0,645 | 1,000 | 0,790 |
| S | PR | Bom Sucesso | 741º | 0,742 | 0,816 | 0,709 | 0,744 | 0,388 | 0,573 | 1,000 | 0,719 |
| SE | MG | Bom Sucesso | 1633º | 0,575 | 0,692 | 0,589 | 0,774 | 0,392 | 0,633 | 0,970 | 0,657 |
| NE | PB | Bom Sucesso | 3460º | 0,193 | 0,374 | 0,673 | 0,391 | 0,239 | 0,602 | 1,000 | 0,512 |
| SE | SP | Bom Sucesso de Itararé | 2709º | 0,487 | 0,498 | 0,692 | 0,744 | 0,297 | 0,410 | 1,000 | 0,581 |

*a partir da melhor situação social ou maior IES

| Região | UF | Nome do Município 2010 | Posição* | Índice de Emprego | Índice de Pobreza | Índice de Desigualdade | Índice de Alfabetização | Índice de Escolaridade | Índice de Juventude | Índice de Violência | Índice de Exclusão |
|---|---|---|---|---|---|---|---|---|---|---|---|
| S | PR | Bom Sucesso do Sul | 2127º | 0,458 | 0,631 | 0,479 | 0,993 | 0,412 | 0,620 | 1,000 | 0,625 |
| S | SC | Bombinhas | 503º | 0,575 | 0,903 | 0,685 | 0,930 | 0,632 | 0,596 | 0,964 | 0,738 |
| SE | MG | Bonfim | 2594º | 0,280 | 0,640 | 0,590 | 0,767 | 0,170 | 0,720 | 1,000 | 0,592 |
| N | RR | Bonfim | 5453º | 0,183 | 0,269 | 0,145 | 0,705 | 0,298 | 0,183 | 0,905 | 0,342 |
| NE | PI | Bonfim do Piauí | 4074º | 0,172 | 0,364 | 0,681 | 0,248 | 0,149 | 0,485 | 1,000 | 0,470 |
| CO | GO | Bonfinópolis | 1997º | 0,477 | 0,710 | 0,692 | 0,786 | 0,346 | 0,535 | 0,931 | 0,634 |
| SE | MG | Bonfinópolis de Minas | 2388º | 0,377 | 0,614 | 0,629 | 0,767 | 0,382 | 0,552 | 1,000 | 0,606 |
| NE | BA | Boninal | 4169º | 0,215 | 0,346 | 0,478 | 0,555 | 0,270 | 0,477 | 0,962 | 0,464 |
| CO | MS | Bonito | 2220º | 0,519 | 0,727 | 0,502 | 0,797 | 0,370 | 0,521 | 0,973 | 0,619 |
| N | PA | Bonito | 4597º | 0,254 | 0,225 | 0,565 | 0,431 | 0,177 | 0,380 | 1,000 | 0,437 |
| NE | BA | Bonito | 4850º | 0,107 | 0,306 | 0,577 | 0,568 | 0,212 | 0,335 | 0,930 | 0,421 |
| NE | PE | Bonito | 5004º | 0,243 | 0,292 | 0,460 | 0,347 | 0,206 | 0,444 | 0,806 | 0,409 |
| SE | MG | Bonito de Minas | 4997º | 0,198 | 0,249 | 0,453 | 0,445 | 0,145 | 0,378 | 1,000 | 0,409 |
| NE | PB | Bonito de Santa Fé | 4460º | 0,194 | 0,347 | 0,536 | 0,356 | 0,261 | 0,457 | 0,904 | 0,446 |
| CO | GO | Bonópolis | 2668º | 0,404 | 0,561 | 0,731 | 0,598 | 0,238 | 0,500 | 1,000 | 0,584 |
| NE | PB | Boqueirão | 3822º | 0,130 | 0,471 | 0,662 | 0,514 | 0,308 | 0,502 | 0,815 | 0,486 |
| S | RS | Boqueirão do Leão | 2475º | 0,186 | 0,801 | 0,642 | 0,785 | 0,283 | 0,564 | 1,000 | 0,599 |
| NE | PI | Boqueirão do Piauí | 3841º | 0,330 | 0,362 | 0,585 | 0,297 | 0,160 | 0,488 | 1,000 | 0,485 |
| NE | SE | Boquim | 3872º | 0,258 | 0,384 | 0,573 | 0,496 | 0,295 | 0,472 | 0,898 | 0,483 |
| NE | BA | Boquira | 3898º | 0,213 | 0,384 | 0,520 | 0,474 | 0,283 | 0,481 | 1,000 | 0,481 |
| SE | SP | Borá | 6º | 1,000 | 0,915 | 0,778 | 0,800 | 0,575 | 0,647 | 1,000 | 0,828 |
| SE | SP | Boracéia | 57º | 0,882 | 0,886 | 0,802 | 0,887 | 0,479 | 0,586 | 1,000 | 0,791 |
| N | AM | Borba | 5452º | 0,094 | 0,207 | 0,328 | 0,549 | 0,253 | 0,203 | 0,940 | 0,342 |
| SE | SP | Borborema | 587º | 0,669 | 0,844 | 0,726 | 0,854 | 0,430 | 0,672 | 0,928 | 0,731 |
| NE | PB | Borborema | 4477º | 0,196 | 0,290 | 0,571 | 0,344 | 0,193 | 0,434 | 1,000 | 0,445 |

*a partir da melhor situação social ou maior IES

| Região | UF | Nome do Município 2010 | Posição* | Índice de Emprego | Índice de Pobreza | Índice de Desigualdade | Índice de Alfabetização | Índice de Escolaridade | Índice de Juventude | Índice de Violência | Índice de Exclusão |
|---|---|---|---|---|---|---|---|---|---|---|---|
| SE | MG | Borda da Mata | 1245º | 0,495 | 0,766 | 0,658 | 0,852 | 0,400 | 0,684 | 0,970 | 0,682 |
| SE | SP | Borebi | 532º | 0,777 | 0,800 | 0,780 | 0,772 | 0,425 | 0,543 | 1,000 | 0,735 |
| S | PR | Borrazópolis | 1513º | 0,336 | 0,764 | 0,704 | 0,782 | 0,450 | 0,666 | 1,000 | 0,665 |
| S | RS | Bossoroca | 2637º | 0,326 | 0,606 | 0,547 | 0,848 | 0,272 | 0,627 | 1,000 | 0,587 |
| SE | MG | Botelhos | 1520º | 0,490 | 0,780 | 0,644 | 0,837 | 0,291 | 0,639 | 1,000 | 0,664 |
| SE | SP | Botucatu | 380º | 0,744 | 0,859 | 0,481 | 0,921 | 0,747 | 0,642 | 0,975 | 0,747 |
| SE | MG | Botumirim | 3463º | 0,350 | 0,344 | 0,659 | 0,658 | 0,254 | 0,389 | 1,000 | 0,512 |
| NE | BA | Botuporã | 4458º | 0,146 | 0,296 | 0,524 | 0,452 | 0,204 | 0,491 | 1,000 | 0,446 |
| S | SC | Botuverá | 17º | 0,690 | 0,984 | 0,997 | 0,898 | 0,331 | 0,693 | 1,000 | 0,810 |
| S | RS | Bozano | 1372º | 0,197 | 0,938 | 0,730 | 0,897 | 0,279 | 0,732 | 1,000 | 0,674 |
| S | SC | Braço do Norte | 159º | 0,707 | 0,944 | 0,766 | 0,938 | 0,582 | 0,571 | 0,964 | 0,772 |
| S | SC | Braço do Trombudo | 121º | 0,642 | 0,948 | 0,842 | 0,941 | 0,468 | 0,646 | 1,000 | 0,780 |
| S | RS | Braga | 2733º | 0,346 | 0,634 | 0,629 | 0,711 | 0,308 | 0,596 | 0,859 | 0,579 |
| N | PA | Bragança | 4808º | 0,202 | 0,327 | 0,427 | 0,602 | 0,329 | 0,364 | 0,853 | 0,424 |
| SE | SP | Bragança Paulista | 567º | 0,682 | 0,859 | 0,536 | 0,919 | 0,659 | 0,648 | 0,950 | 0,733 |
| S | PR | Braganey | 2107º | 0,432 | 0,697 | 0,573 | 0,745 | 0,400 | 0,584 | 1,000 | 0,626 |
| NE | AL | Branquinha | 4557º | 0,486 | 0,239 | 0,721 | 0,111 | 0,089 | 0,335 | 0,803 | 0,440 |
| SE | MG | Brás Pires | 3000º | 0,235 | 0,484 | 0,686 | 0,753 | 0,227 | 0,563 | 1,000 | 0,553 |
| N | PA | Brasil Novo | 5169º | 0,128 | 0,381 | 0,237 | 0,600 | 0,177 | 0,418 | 0,934 | 0,392 |
| CO | MS | Brasilândia | 1623º | 0,666 | 0,785 | 0,561 | 0,770 | 0,387 | 0,536 | 0,912 | 0,658 |
| SE | MG | Brasilândia de Minas | 2137º | 0,596 | 0,649 | 0,696 | 0,780 | 0,334 | 0,430 | 0,927 | 0,624 |
| S | PR | Brasilândia do Sul | 1838º | 0,474 | 0,702 | 0,668 | 0,710 | 0,298 | 0,629 | 1,000 | 0,645 |
| N | TO | Brasilândia do Tocantins | 2858º | 0,489 | 0,496 | 0,510 | 0,689 | 0,407 | 0,454 | 1,000 | 0,567 |
| N | AC | Brasiléia | 4451º | 0,293 | 0,360 | 0,408 | 0,623 | 0,332 | 0,384 | 0,854 | 0,447 |
| NE | PI | Brasileira | 3686º | 0,324 | 0,392 | 0,609 | 0,228 | 0,157 | 0,527 | 1,000 | 0,496 |

*a partir da melhor situação social ou maior IES)

| Região | UF | Nome do Município 2010 | Posição* | Índice de Emprego | Índice de Pobreza | Índice de Desigualdade | Índice de Alfabetização | Índice de Escolaridade | Índice de Juventude | Índice de Violência | Índice de Exclusão |
|---|---|---|---|---|---|---|---|---|---|---|---|
| CO | DF | Brasília | 1031º | 0,748 | 0,843 | 0,327 | 0,923 | 0,840 | 0,581 | 0,841 | 0,698 |
| SE | MG | Brasília de Minas | 3355º | 0,308 | 0,419 | 0,508 | 0,701 | 0,345 | 0,508 | 0,967 | 0,520 |
| CO | MT | Brasnorte | 2720º | 0,552 | 0,706 | 0,519 | 0,811 | 0,348 | 0,456 | 0,763 | 0,580 |
| SE | MG | Brasópolis | 2097º | 0,486 | 0,693 | 0,509 | 0,813 | 0,352 | 0,616 | 1,000 | 0,628 |
| SE | SP | Braúna | 289º | 0,740 | 0,886 | 0,716 | 0,830 | 0,418 | 0,666 | 1,000 | 0,756 |
| SE | MG | Braúnas | 3317º | 0,330 | 0,477 | 0,476 | 0,629 | 0,175 | 0,586 | 1,000 | 0,523 |
| CO | GO | Brazabrantes | 1121º | 0,511 | 0,764 | 0,762 | 0,782 | 0,412 | 0,615 | 1,000 | 0,692 |
| NE | PE | Brejão | 4767º | 0,183 | 0,258 | 0,603 | 0,341 | 0,191 | 0,442 | 0,882 | 0,426 |
| SE | ES | Brejetuba | 3477º | 0,191 | 0,559 | 0,605 | 0,639 | 0,292 | 0,477 | 0,869 | 0,511 |
| NE | PE | Brejinho | 3884º | 0,237 | 0,378 | 0,592 | 0,471 | 0,224 | 0,502 | 0,929 | 0,482 |
| NE | RN | Brejinho | 3984º | 0,272 | 0,380 | 0,583 | 0,310 | 0,268 | 0,478 | 0,910 | 0,476 |
| N | TO | Brejinho de Nazaré | 3493º | 0,433 | 0,433 | 0,471 | 0,628 | 0,459 | 0,443 | 0,799 | 0,510 |
| NE | MA | Brejo | 5368º | 0,195 | 0,149 | 0,303 | 0,319 | 0,214 | 0,368 | 0,984 | 0,363 |
| SE | SP | Brejo Alegre | 328º | 0,738 | 0,889 | 0,782 | 0,767 | 0,372 | 0,623 | 1,000 | 0,751 |
| NE | PE | Brejo da Madre de Deus | 4945º | 0,141 | 0,386 | 0,627 | 0,319 | 0,153 | 0,432 | 0,724 | 0,414 |
| NE | MA | Brejo de Areia | 5376º | 0,069 | 0,209 | 0,608 | 0,279 | 0,126 | 0,266 | 0,907 | 0,362 |
| NE | PB | Brejo do Cruz | 4419º | 0,098 | 0,381 | 0,632 | 0,341 | 0,218 | 0,527 | 0,841 | 0,449 |
| NE | PI | Brejo do Piauí | 5111º | 0,071 | 0,256 | 0,542 | 0,138 | 0,119 | 0,462 | 1,000 | 0,398 |
| NE | PB | Brejo dos Santos | 4599º | 0,243 | 0,358 | 0,639 | 0,427 | 0,277 | 0,563 | 0,496 | 0,437 |
| NE | SE | Brejo Grande | 5287º | 0,114 | 0,204 | 0,550 | 0,332 | 0,199 | 0,339 | 0,866 | 0,376 |
| N | PA | Brejo Grande do Araguaia | 5230º | 0,193 | 0,337 | 0,434 | 0,532 | 0,272 | 0,361 | 0,645 | 0,383 |
| NE | CE | Brejo Santo | 3603º | 0,295 | 0,378 | 0,521 | 0,524 | 0,429 | 0,514 | 0,885 | 0,501 |
| NE | BA | Brejões | 3965º | 0,252 | 0,300 | 0,554 | 0,510 | 0,252 | 0,508 | 0,964 | 0,476 |

*a partir da melhor situação social ou maior IES

| Região | UF | Nome do Município 2010 | Posição* | Índice de Emprego | Índice de Pobreza | Índice de Desigualdade | Índice de Alfabetização | Índice de Escolaridade | Índice de Juventude | Índice de Violência | Índice de Exclusão |
|---|---|---|---|---|---|---|---|---|---|---|---|
| NE | BA | Brejolândia | 4534º | 0,130 | 0,246 | 0,464 | 0,461 | 0,255 | 0,549 | 1,000 | 0,441 |
| N | PA | Breu Branco | 5145º | 0,277 | 0,289 | 0,520 | 0,494 | 0,185 | 0,294 | 0,742 | 0,395 |
| N | PA | Breves | 5434º | 0,190 | 0,188 | 0,430 | 0,336 | 0,154 | 0,200 | 0,944 | 0,350 |
| CO | GO | Britânia | 2538º | 0,468 | 0,647 | 0,479 | 0,690 | 0,320 | 0,587 | 1,000 | 0,596 |
| S | RS | Brochier | 74º | 0,733 | 0,932 | 0,861 | 0,950 | 0,261 | 0,739 | 1,000 | 0,789 |
| SE | SP | Brodowski | 821º | 0,540 | 0,892 | 0,693 | 0,930 | 0,505 | 0,607 | 0,926 | 0,713 |
| SE | SP | Brotas | 225º | 0,783 | 0,866 | 0,740 | 0,862 | 0,487 | 0,612 | 1,000 | 0,764 |
| NE | BA | Brotas de Macaúbas | 4886º | 0,095 | 0,338 | 0,455 | 0,519 | 0,212 | 0,504 | 0,854 | 0,418 |
| SE | MG | Brumadinho | 1315º | 0,639 | 0,810 | 0,451 | 0,879 | 0,486 | 0,614 | 0,969 | 0,678 |
| NE | BA | Brumado | 2951º | 0,349 | 0,483 | 0,545 | 0,683 | 0,387 | 0,585 | 0,944 | 0,558 |
| S | SC | Brunópolis | 3104º | 0,276 | 0,592 | 0,614 | 0,727 | 0,292 | 0,559 | 0,817 | 0,544 |
| S | SC | Brusque | 14º | 0,860 | 0,958 | 0,746 | 0,947 | 0,568 | 0,655 | 0,980 | 0,813 |
| SE | MG | Bueno Brandão | 2406º | 0,238 | 0,665 | 0,692 | 0,808 | 0,214 | 0,669 | 1,000 | 0,605 |
| SE | MG | Buenópolis | 2489º | 0,487 | 0,594 | 0,590 | 0,681 | 0,406 | 0,561 | 0,899 | 0,599 |
| NE | PE | Buenos Aires | 3599º | 0,384 | 0,322 | 0,669 | 0,409 | 0,276 | 0,518 | 0,834 | 0,501 |
| NE | BA | Buerarema | 4834º | 0,251 | 0,369 | 0,443 | 0,503 | 0,291 | 0,523 | 0,609 | 0,422 |
| SE | MG | Bugre | 3267º | 0,279 | 0,480 | 0,707 | 0,637 | 0,168 | 0,547 | 0,870 | 0,528 |
| NE | PE | Buíque | 5499º | 0,103 | 0,181 | 0,438 | 0,125 | 0,132 | 0,331 | 0,840 | 0,327 |
| N | AC | Bujari | 4201º | 0,341 | 0,406 | 0,429 | 0,456 | 0,234 | 0,350 | 1,000 | 0,462 |
| N | PA | Bujaru | 5290º | 0,099 | 0,161 | 0,515 | 0,567 | 0,210 | 0,276 | 0,939 | 0,376 |
| SE | SP | Buri | 2471º | 0,585 | 0,542 | 0,563 | 0,807 | 0,346 | 0,479 | 0,972 | 0,600 |
| SE | SP | Buritama | 596º | 0,597 | 0,860 | 0,689 | 0,833 | 0,568 | 0,672 | 0,933 | 0,731 |
| NE | MA | Buriti | 5450º | 0,121 | 0,150 | 0,361 | 0,294 | 0,196 | 0,280 | 1,000 | 0,344 |
| CO | GO | Buriti Alegre | 1264º | 0,475 | 0,777 | 0,682 | 0,816 | 0,410 | 0,641 | 1,000 | 0,681 |
| NE | MA | Buriti Bravo | 5047º | 0,155 | 0,273 | 0,492 | 0,357 | 0,210 | 0,354 | 0,955 | 0,404 |
| CO | GO | Buriti de Goiás | 1746º | 0,422 | 0,785 | 0,601 | 0,757 | 0,340 | 0,657 | 1,000 | 0,651 |
| N | TO | Buriti do Tocantins | 4027º | 0,307 | 0,288 | 0,448 | 0,524 | 0,448 | 0,386 | 1,000 | 0,474 |

*a partir da melhor situação social ou maior IES)

| Região | UF | Nome do Município 2010 | Posição* | Índice de Emprego | Índice de Pobreza | Índice de Desigualdade | Índice de Alfabetização | Índice de Escolaridade | Índice de Juventude | Índice de Violência | Índice de Exclusão |
|---|---|---|---|---|---|---|---|---|---|---|---|
| NE | PI | Buriti dos Lopes | 4960º | 0,170 | 0,251 | 0,496 | 0,357 | 0,191 | 0,449 | 0,918 | 0,412 |
| NE | PI | Buriti dos Montes | 4833º | 0,202 | 0,272 | 0,454 | 0,346 | 0,166 | 0,449 | 1,000 | 0,423 |
| NE | MA | Buriticupu | 5506º | 0,159 | 0,172 | 0,404 | 0,363 | 0,143 | 0,271 | 0,777 | 0,324 |
| CO | GO | Buritinópolis | 5105º | 0,321 | 0,417 | 0,056 | 0,642 | 0,346 | 0,497 | 0,687 | 0,398 |
| NE | BA | Buritirama | 5193º | 0,161 | 0,165 | 0,487 | 0,407 | 0,220 | 0,355 | 0,947 | 0,389 |
| NE | MA | Buritirana | 4573º | 0,175 | 0,316 | 0,577 | 0,371 | 0,244 | 0,343 | 1,000 | 0,439 |
| SE | MG | Buritis | 3288º | 0,354 | 0,572 | 0,451 | 0,696 | 0,363 | 0,461 | 0,886 | 0,526 |
| N | RO | Buritis | 3958º | 0,267 | 0,586 | 0,585 | 0,769 | 0,274 | 0,425 | 0,566 | 0,477 |
| SE | SP | Buritizal | 594º | 0,651 | 0,840 | 0,652 | 0,894 | 0,432 | 0,686 | 1,000 | 0,731 |
| SE | MG | Buritizeiro | 2564º | 0,586 | 0,502 | 0,728 | 0,703 | 0,297 | 0,451 | 0,903 | 0,595 |
| S | RS | Butiá | 1622º | 0,650 | 0,683 | 0,604 | 0,815 | 0,350 | 0,588 | 0,949 | 0,658 |
| N | AM | Caapiranga | 5137º | 0,138 | 0,255 | 0,403 | 0,601 | 0,311 | 0,240 | 1,000 | 0,396 |
| NE | PB | Caaporã | 3806º | 0,549 | 0,305 | 0,608 | 0,468 | 0,316 | 0,406 | 0,719 | 0,488 |
| CO | MS | Caarapó | 2621º | 0,581 | 0,692 | 0,578 | 0,751 | 0,427 | 0,460 | 0,697 | 0,589 |
| NE | BA | Caatiba | 2783º | 0,589 | 0,415 | 0,768 | 0,377 | 0,177 | 0,519 | 0,954 | 0,574 |
| NE | PB | Cabaceiras | 3370º | 0,140 | 0,424 | 0,660 | 0,641 | 0,291 | 0,540 | 1,000 | 0,519 |
| NE | BA | Cabaceiras do Paraguaçu | 5033º | 0,127 | 0,257 | 0,501 | 0,419 | 0,264 | 0,381 | 0,910 | 0,405 |
| SE | MG | Cabeceira Grande | 2617º | 0,472 | 0,593 | 0,621 | 0,698 | 0,254 | 0,493 | 1,000 | 0,589 |
| CO | GO | Cabeceiras | 2548º | 0,511 | 0,536 | 0,596 | 0,713 | 0,373 | 0,491 | 1,000 | 0,596 |
| NE | PI | Cabeceiras do Piauí | 4462º | 0,253 | 0,298 | 0,521 | 0,322 | 0,164 | 0,499 | 0,948 | 0,446 |
| NE | PB | Cabedelo | 3729º | 0,573 | 0,593 | 0,197 | 0,771 | 0,620 | 0,561 | 0,345 | 0,493 |
| N | RO | Cabixi | 2889º | 0,349 | 0,549 | 0,556 | 0,714 | 0,325 | 0,524 | 1,000 | 0,564 |
| NE | PE | Cabo de Santo Agostinho | 2878º | 0,649 | 0,507 | 0,476 | 0,721 | 0,514 | 0,539 | 0,643 | 0,565 |
| SE | RJ | Cabo Frio | 2053º | 0,539 | 0,766 | 0,478 | 0,887 | 0,591 | 0,577 | 0,746 | 0,630 |
| SE | MG | Cabo Verde | 1360º | 0,596 | 0,732 | 0,683 | 0,806 | 0,269 | 0,626 | 1,000 | 0,675 |

*a partir da melhor situação social ou maior IES)

| Região | UF | Nome do Município 2010 | Posição* | Índice de Emprego | Índice de Pobreza | Índice de Desigualdade | Índice de Alfabetização | Índice de Escolaridade | Índice de Juventude | Índice de Violência | Índice de Exclusão |
|---|---|---|---|---|---|---|---|---|---|---|---|
| SE | SP | Cabrália Paulista | 1065º | 0,745 | 0,731 | 0,769 | 0,807 | 0,365 | 0,560 | 0,881 | 0,696 |
| SE | SP | Cabreúva | 530º | 0,781 | 0,861 | 0,736 | 0,872 | 0,467 | 0,530 | 0,925 | 0,735 |
| NE | PE | Cabrobó | 5079º | 0,165 | 0,294 | 0,408 | 0,478 | 0,315 | 0,418 | 0,798 | 0,401 |
| S | SC | Caçador | 848º | 0,827 | 0,807 | 0,592 | 0,874 | 0,475 | 0,537 | 0,926 | 0,712 |
| SE | SP | Caçapava | 356º | 0,758 | 0,833 | 0,568 | 0,922 | 0,717 | 0,619 | 0,951 | 0,748 |
| S | RS | Caçapava do Sul | 1564º | 0,450 | 0,748 | 0,610 | 0,834 | 0,408 | 0,667 | 0,985 | 0,662 |
| N | RO | Cacaulândia | 3619º | 0,209 | 0,581 | 0,478 | 0,731 | 0,248 | 0,462 | 0,909 | 0,500 |
| S | RS | Cacequi | 1938º | 0,523 | 0,650 | 0,543 | 0,847 | 0,450 | 0,610 | 0,962 | 0,639 |
| CO | MT | Cáceres | 2277º | 0,538 | 0,635 | 0,508 | 0,781 | 0,545 | 0,505 | 0,917 | 0,615 |
| NE | BA | Cachoeira | 3414º | 0,344 | 0,411 | 0,449 | 0,626 | 0,505 | 0,521 | 0,870 | 0,516 |
| CO | GO | Cachoeira Alta | 1496º | 0,558 | 0,856 | 0,559 | 0,766 | 0,395 | 0,633 | 0,901 | 0,667 |
| SE | MG | Cachoeira da Prata | 496º | 0,598 | 0,768 | 0,711 | 0,946 | 0,574 | 0,685 | 1,000 | 0,738 |
| CO | GO | Cachoeira de Goiás | 2215º | 0,327 | 0,663 | 0,641 | 0,742 | 0,384 | 0,624 | 1,000 | 0,619 |
| SE | MG | Cachoeira de Minas | 1614º | 0,484 | 0,679 | 0,650 | 0,836 | 0,415 | 0,620 | 1,000 | 0,658 |
| SE | MG | Cachoeira de Pajeú | 4241º | 0,228 | 0,327 | 0,544 | 0,460 | 0,191 | 0,490 | 0,942 | 0,459 |
| N | PA | Cachoeira do Arari | 5208º | 0,128 | 0,232 | 0,372 | 0,619 | 0,140 | 0,358 | 1,000 | 0,387 |
| N | PA | Cachoeira do Piriá | 5542º | 0,029 | 0,055 | 0,434 | 0,246 | 0,103 | 0,238 | 0,921 | 0,293 |
| S | RS | Cachoeira do Sul | 1378º | 0,551 | 0,790 | 0,506 | 0,846 | 0,515 | 0,662 | 0,938 | 0,674 |
| NE | PB | Cachoeira dos Índios | 3692º | 0,297 | 0,419 | 0,573 | 0,414 | 0,204 | 0,515 | 0,946 | 0,495 |
| SE | MG | Cachoeira Dourada | 337º | 0,840 | 0,853 | 0,865 | 0,760 | 0,456 | 0,598 | 0,792 | 0,750 |
| CO | GO | Cachoeira Dourada | 1646º | 0,583 | 0,748 | 0,622 | 0,712 | 0,345 | 0,612 | 0,937 | 0,656 |
| NE | MA | Cachoeira Grande | 5530º | 0,052 | 0,034 | 0,448 | 0,294 | 0,220 | 0,216 | 0,877 | 0,301 |

*a partir da melhor situação social ou maior IES

| Região | UF | Nome do Município 2010 | Posição* | Índice de Emprego | Índice de Pobreza | Índice de Desigualdade | Índice de Alfabetização | Índice de Escolaridade | Índice de Juventude | Índice de Violência | Índice de Exclusão |
|---|---|---|---|---|---|---|---|---|---|---|---|
| SE | SP | Cachoeira Paulista | 695º | 0,693 | 0,767 | 0,534 | 0,927 | 0,709 | 0,625 | 0,965 | 0,723 |
| SE | RJ | Cachoeiras de Macacu | 1650º | 0,534 | 0,708 | 0,573 | 0,806 | 0,500 | 0,601 | 0,952 | 0,656 |
| S | RS | Cachoeirinha | 257º | 0,738 | 0,876 | 0,684 | 0,925 | 0,665 | 0,622 | 0,908 | 0,760 |
| N | TO | Cachoeirinha | 3280º | 0,385 | 0,349 | 0,639 | 0,649 | 0,433 | 0,337 | 1,000 | 0,526 |
| NE | PE | Cachoeirinha | 4186º | 0,148 | 0,417 | 0,590 | 0,351 | 0,202 | 0,533 | 0,889 | 0,463 |
| SE | ES | Cachoeiro de Itapemirim | 1184º | 0,681 | 0,782 | 0,531 | 0,878 | 0,549 | 0,613 | 0,877 | 0,687 |
| NE | PB | Cacimba de Areia | 3693º | 0,220 | 0,315 | 0,597 | 0,431 | 0,326 | 0,538 | 1,000 | 0,495 |
| NE | PB | Cacimba de Dentro | 4868º | 0,146 | 0,321 | 0,534 | 0,243 | 0,158 | 0,452 | 0,938 | 0,419 |
| NE | PB | Cacimbas | 5310º | 0,158 | 0,242 | 0,517 | 0,190 | 0,175 | 0,280 | 0,924 | 0,373 |
| NE | AL | Cacimbinhas | 5451º | 0,195 | 0,281 | 0,406 | 0,123 | 0,152 | 0,431 | 0,643 | 0,344 |
| S | RS | Cacique Doble | 2802º | 0,219 | 0,670 | 0,562 | 0,795 | 0,276 | 0,579 | 1,000 | 0,572 |
| N | RO | Cacoal | 2509º | 0,529 | 0,705 | 0,418 | 0,830 | 0,441 | 0,527 | 0,868 | 0,598 |
| SE | SP | Caconde | 1983º | 0,403 | 0,742 | 0,587 | 0,846 | 0,432 | 0,577 | 0,972 | 0,636 |
| CO | GO | Caçu | 1275º | 0,552 | 0,882 | 0,521 | 0,825 | 0,418 | 0,644 | 0,961 | 0,680 |
| NE | BA | Caculé | 2954º | 0,272 | 0,518 | 0,620 | 0,593 | 0,360 | 0,589 | 0,953 | 0,557 |
| NE | BA | Caém | 5026º | 0,140 | 0,279 | 0,492 | 0,490 | 0,216 | 0,424 | 0,849 | 0,407 |
| SE | MG | Caetanópolis | 888º | 0,630 | 0,747 | 0,729 | 0,897 | 0,371 | 0,636 | 1,000 | 0,709 |
| NE | BA | Caetanos | 4038º | 0,239 | 0,310 | 0,583 | 0,401 | 0,120 | 0,552 | 1,000 | 0,473 |
| SE | MG | Caeté | 614º | 0,736 | 0,742 | 0,655 | 0,905 | 0,558 | 0,612 | 0,987 | 0,729 |
| NE | PE | Caetés | 5475º | 0,078 | 0,206 | 0,391 | 0,212 | 0,112 | 0,410 | 0,843 | 0,336 |
| NE | BA | Caetité | 3586º | 0,292 | 0,452 | 0,399 | 0,576 | 0,326 | 0,540 | 0,978 | 0,502 |
| NE | BA | Cafarnaum | 4760º | 0,107 | 0,285 | 0,478 | 0,539 | 0,264 | 0,426 | 0,970 | 0,426 |
| S | PR | Cafeara | 423º | 0,732 | 0,837 | 0,774 | 0,710 | 0,449 | 0,613 | 1,000 | 0,744 |

*a partir da melhor situação social ou maior IES)

| Região | UF | Nome do Município 2010 | Posição* | Índice de Emprego | Índice de Pobreza | Índice de Desigualdade | Índice de Alfabetização | Índice de Escolaridade | Índice de Juventude | Índice de Violência | Índice de Exclusão |
|---|---|---|---|---|---|---|---|---|---|---|---|
| S | PR | Cafelândia | 317º | 0,727 | 0,865 | 0,738 | 0,937 | 0,524 | 0,585 | 0,965 | 0,753 |
| SE | SP | Cafelândia | 761º | 0,710 | 0,794 | 0,634 | 0,869 | 0,477 | 0,644 | 0,937 | 0,717 |
| S | PR | Cafezal do Sul | 2306º | 0,514 | 0,762 | 0,749 | 0,687 | 0,359 | 0,658 | 0,515 | 0,613 |
| SE | SP | Caiabu | 82º | 0,841 | 0,827 | 0,814 | 0,746 | 0,545 | 0,651 | 1,000 | 0,787 |
| SE | MG | Caiana | 2738º | 0,229 | 0,613 | 0,739 | 0,720 | 0,228 | 0,546 | 1,000 | 0,578 |
| CO | GO | Caiapônia | 2707º | 0,336 | 0,693 | 0,527 | 0,712 | 0,332 | 0,628 | 0,876 | 0,581 |
| S | RS | Caibaté | 1634º | 0,377 | 0,761 | 0,619 | 0,860 | 0,381 | 0,683 | 1,000 | 0,657 |
| S | SC | Caibi | 1326º | 0,357 | 0,846 | 0,697 | 0,841 | 0,430 | 0,630 | 1,000 | 0,677 |
| S | RS | Caiçara | 2555º | 0,217 | 0,806 | 0,649 | 0,846 | 0,269 | 0,665 | 0,795 | 0,595 |
| NE | PB | Caiçara | 4031º | 0,225 | 0,351 | 0,556 | 0,276 | 0,263 | 0,502 | 1,000 | 0,473 |
| NE | RN | Caiçara do Norte | 4295º | 0,271 | 0,339 | 0,528 | 0,426 | 0,199 | 0,466 | 0,914 | 0,457 |
| NE | RN | Caiçara do Rio do Vento | 3233º | 0,489 | 0,338 | 0,576 | 0,422 | 0,254 | 0,530 | 1,000 | 0,531 |
| NE | RN | Caicó | 2439º | 0,424 | 0,656 | 0,470 | 0,680 | 0,479 | 0,625 | 0,934 | 0,603 |
| SE | SP | Caieiras | 395º | 0,735 | 0,837 | 0,626 | 0,916 | 0,719 | 0,567 | 0,946 | 0,745 |
| NE | BA | Cairu | 3701º | 0,289 | 0,417 | 0,498 | 0,631 | 0,347 | 0,471 | 0,898 | 0,495 |
| SE | SP | Caiuá | 1844º | 0,499 | 0,701 | 0,658 | 0,780 | 0,375 | 0,629 | 0,897 | 0,644 |
| SE | SP | Cajamar | 884º | 0,823 | 0,716 | 0,606 | 0,896 | 0,553 | 0,542 | 0,927 | 0,710 |
| NE | MA | Cajapió | 5404º | 0,069 | 0,081 | 0,423 | 0,375 | 0,266 | 0,374 | 0,951 | 0,355 |
| NE | MA | Cajari | 5493º | 0,061 | 0,082 | 0,345 | 0,450 | 0,162 | 0,311 | 1,000 | 0,330 |
| SE | SP | Cajati | 2096º | 0,617 | 0,653 | 0,619 | 0,796 | 0,394 | 0,473 | 0,908 | 0,628 |
| NE | PB | Cajazeiras | 3052º | 0,337 | 0,564 | 0,467 | 0,604 | 0,410 | 0,577 | 0,920 | 0,549 |
| NE | PI | Cajazeiras do Piauí | 4474º | 0,155 | 0,269 | 0,601 | 0,333 | 0,193 | 0,470 | 1,000 | 0,445 |
| NE | PB | Cajazeirinhas | 4737º | 0,122 | 0,216 | 0,582 | 0,290 | 0,165 | 0,506 | 1,000 | 0,428 |
| SE | SP | Cajobi | 161º | 0,753 | 0,883 | 0,765 | 0,859 | 0,459 | 0,663 | 1,000 | 0,772 |
| NE | AL | Cajueiro | 4633º | 0,594 | 0,203 | 0,581 | 0,257 | 0,209 | 0,364 | 0,669 | 0,435 |
| NE | PI | Cajueiro da Praia | 5161º | 0,281 | 0,182 | 0,312 | 0,314 | 0,155 | 0,445 | 1,000 | 0,393 |
| SE | MG | Cajuri | 2347º | 0,458 | 0,487 | 0,711 | 0,802 | 0,252 | 0,614 | 1,000 | 0,610 |

*a partir da melhor situação social ou maior IES

| Região | UF | Nome do Município 2010 | Posição* | Índice de Emprego | Índice de Pobreza | Índice de Desigualdade | Índice de Alfabetização | Índice de Escolaridade | Índice de Juventude | Índice de Violência | Índice de Exclusão |
|---|---|---|---|---|---|---|---|---|---|---|---|
| SE | SP | Cajuru | 607º | 0,683 | 0,832 | 0,772 | 0,892 | 0,434 | 0,577 | 0,955 | 0,730 |
| NE | PE | Calçado | 4996º | 0,071 | 0,273 | 0,517 | 0,344 | 0,219 | 0,446 | 0,953 | 0,410 |
| N | AP | Calçoene | 5023º | 0,277 | 0,403 | 0,259 | 0,666 | 0,313 | 0,293 | 0,827 | 0,407 |
| SE | MG | Caldas | 2052º | 0,379 | 0,752 | 0,602 | 0,848 | 0,247 | 0,678 | 0,962 | 0,630 |
| NE | PB | Caldas Brandão | 3786º | 0,371 | 0,339 | 0,638 | 0,243 | 0,222 | 0,495 | 0,908 | 0,489 |
| CO | GO | Caldas Novas | 1367º | 0,586 | 0,814 | 0,576 | 0,881 | 0,537 | 0,567 | 0,875 | 0,674 |
| CO | GO | Caldazinha | 1869º | 0,497 | 0,642 | 0,641 | 0,788 | 0,358 | 0,618 | 1,000 | 0,643 |
| NE | BA | Caldeirão Grande | 5133º | 0,099 | 0,263 | 0,473 | 0,351 | 0,200 | 0,433 | 0,917 | 0,396 |
| NE | PI | Caldeirão Grande do Piauí | 4817º | 0,133 | 0,266 | 0,537 | 0,283 | 0,190 | 0,449 | 1,000 | 0,423 |
| S | PR | Califórnia | 1676º | 0,494 | 0,770 | 0,578 | 0,848 | 0,452 | 0,599 | 0,936 | 0,655 |
| S | SC | Calmon | 2591º | 0,600 | 0,556 | 0,724 | 0,783 | 0,165 | 0,349 | 1,000 | 0,592 |
| NE | PE | Calumbi | 4790º | 0,253 | 0,379 | 0,505 | 0,303 | 0,208 | 0,484 | 0,724 | 0,425 |
| NE | BA | Camacan | 4714º | 0,364 | 0,362 | 0,351 | 0,494 | 0,228 | 0,440 | 0,785 | 0,429 |
| NE | BA | Camaçari | 2605º | 0,573 | 0,604 | 0,501 | 0,811 | 0,569 | 0,532 | 0,698 | 0,591 |
| SE | MG | Camacho | 2340º | 0,303 | 0,593 | 0,663 | 0,757 | 0,387 | 0,641 | 1,000 | 0,611 |
| NE | PB | Camalaú | 4373º | 0,107 | 0,334 | 0,655 | 0,407 | 0,178 | 0,506 | 0,910 | 0,452 |
| NE | BA | Camamu | 5199º | 0,178 | 0,326 | 0,496 | 0,383 | 0,219 | 0,348 | 0,749 | 0,388 |
| SE | MG | Camanducaia | 2062º | 0,501 | 0,753 | 0,568 | 0,800 | 0,271 | 0,596 | 0,951 | 0,630 |
| CO | MS | Camapuã | 1991º | 0,489 | 0,781 | 0,584 | 0,788 | 0,416 | 0,592 | 0,847 | 0,635 |
| S | RS | Camaquã | 1912º | 0,468 | 0,739 | 0,579 | 0,847 | 0,364 | 0,626 | 0,942 | 0,641 |
| NE | PE | Camaragibe | 2373º | 0,608 | 0,527 | 0,527 | 0,775 | 0,542 | 0,591 | 0,795 | 0,608 |
| S | RS | Camargo | 880º | 0,382 | 0,902 | 0,803 | 0,808 | 0,379 | 0,682 | 1,000 | 0,710 |
| S | PR | Cambará | 1003º | 0,686 | 0,772 | 0,633 | 0,838 | 0,510 | 0,627 | 0,891 | 0,701 |
| S | RS | Cambará do Sul | 935º | 0,671 | 0,801 | 0,675 | 0,840 | 0,408 | 0,567 | 1,000 | 0,705 |
| S | PR | Cambé | 495º | 0,738 | 0,870 | 0,735 | 0,878 | 0,481 | 0,619 | 0,871 | 0,738 |
| S | PR | Cambira | 1107º | 0,526 | 0,822 | 0,726 | 0,842 | 0,481 | 0,643 | 0,856 | 0,693 |
| S | SC | Camboriú | 833º | 0,763 | 0,899 | 0,764 | 0,906 | 0,340 | 0,508 | 0,825 | 0,713 |

*a partir da melhor situação social ou maior IES)

# ATLAS DA EXCLUSÃO SOCIAL NO BRASIL

| Região | UF | Nome do Município 2010 | Posição* | Índice de Emprego | Índice de Pobreza | Índice de Desigualdade | Índice de Alfabetização | Índice de Escolaridade | Índice de Juventude | Índice de Violência | Índice de Exclusão |
|---|---|---|---|---|---|---|---|---|---|---|---|
| SE | RJ | Cambuci | 1751º | 0,413 | 0,649 | 0,635 | 0,762 | 0,451 | 0,691 | 1,000 | 0,650 |
| SE | MG | Cambuí | 635º | 0,642 | 0,837 | 0,648 | 0,871 | 0,479 | 0,677 | 0,980 | 0,727 |
| SE | MG | Cambuquira | 1467º | 0,588 | 0,716 | 0,575 | 0,811 | 0,429 | 0,613 | 1,000 | 0,668 |
| N | PA | Cametá | 5118º | 0,114 | 0,216 | 0,434 | 0,686 | 0,295 | 0,297 | 0,961 | 0,397 |
| NE | CE | Camocim | 4387º | 0,283 | 0,259 | 0,452 | 0,465 | 0,325 | 0,444 | 0,957 | 0,451 |
| NE | PE | Camocim de São Félix | 4575º | 0,187 | 0,329 | 0,521 | 0,358 | 0,215 | 0,503 | 0,878 | 0,438 |
| SE | MG | Campanário | 3030º | 0,327 | 0,458 | 0,681 | 0,632 | 0,298 | 0,483 | 1,000 | 0,551 |
| SE | MG | Campanha | 1593º | 0,512 | 0,768 | 0,572 | 0,844 | 0,415 | 0,589 | 1,000 | 0,660 |
| SE | MG | Campestre | 2342º | 0,306 | 0,754 | 0,541 | 0,845 | 0,286 | 0,634 | 1,000 | 0,610 |
| NE | AL | Campestre | 3595º | 0,520 | 0,316 | 0,629 | 0,269 | 0,258 | 0,342 | 1,000 | 0,502 |
| S | RS | Campestre da Serra | 633º | 0,367 | 0,945 | 0,953 | 0,885 | 0,262 | 0,661 | 1,000 | 0,727 |
| CO | GO | Campestre de Goiás | 2516º | 0,378 | 0,572 | 0,678 | 0,763 | 0,269 | 0,570 | 1,000 | 0,598 |
| NE | MA | Campestre do Maranhão | 3077º | 0,564 | 0,464 | 0,621 | 0,522 | 0,306 | 0,373 | 0,922 | 0,546 |
| S | PR | Campina da Lagoa | 2374º | 0,383 | 0,686 | 0,650 | 0,756 | 0,411 | 0,564 | 0,865 | 0,607 |
| S | RS | Campina das Missões | 1214º | 0,253 | 0,813 | 0,769 | 0,935 | 0,364 | 0,755 | 1,000 | 0,685 |
| SE | SP | Campina do Monte Alegre | 1866º | 0,508 | 0,677 | 0,599 | 0,826 | 0,406 | 0,571 | 1,000 | 0,643 |
| S | PR | Campina do Simão | 3655º | 0,276 | 0,436 | 0,582 | 0,773 | 0,206 | 0,470 | 0,872 | 0,498 |
| NE | PB | Campina Grande | 2635º | 0,536 | 0,603 | 0,424 | 0,762 | 0,612 | 0,570 | 0,747 | 0,587 |
| S | PR | Campina Grande do Sul | 1744º | 0,771 | 0,815 | 0,696 | 0,870 | 0,456 | 0,507 | 0,504 | 0,651 |
| SE | MG | Campina Verde | 1811º | 0,453 | 0,749 | 0,578 | 0,847 | 0,315 | 0,671 | 0,973 | 0,646 |
| CO | GO | Campinaçu | 4306º | 0,217 | 0,482 | 0,467 | 0,741 | 0,088 | 0,579 | 0,715 | 0,456 |

*a partir da melhor situação social ou maior IES

| Região | UF | Nome do Município 2010 | Posição* | Índice de Emprego | Índice de Pobreza | Índice de Desigualdade | Índice de Alfabetização | Índice de Escolaridade | Índice de Juventude | Índice de Violência | Índice de Exclusão |
|---|---|---|---|---|---|---|---|---|---|---|---|
| CO | MT | Campinápolis | 5292º | 0,211 | 0,459 | 0,228 | 0,330 | 0,167 | 0,271 | 0,927 | 0,376 |
| SE | SP | Campinas | 362º | 0,793 | 0,862 | 0,439 | 0,931 | 0,750 | 0,684 | 0,920 | 0,748 |
| NE | PI | Campinas do Piauí | 4704º | 0,159 | 0,281 | 0,490 | 0,374 | 0,136 | 0,500 | 1,000 | 0,430 |
| S | RS | Campinas do Sul | 854º | 0,418 | 0,890 | 0,650 | 0,909 | 0,512 | 0,702 | 1,000 | 0,712 |
| CO | GO | Campinorte | 2426º | 0,501 | 0,666 | 0,601 | 0,752 | 0,314 | 0,563 | 0,860 | 0,603 |
| S | SC | Campo Alegre | 1100º | 0,554 | 0,774 | 0,755 | 0,914 | 0,462 | 0,578 | 0,911 | 0,693 |
| NE | AL | Campo Alegre | 3896º | 0,555 | 0,178 | 0,611 | 0,409 | 0,228 | 0,378 | 0,928 | 0,481 |
| CO | GO | Campo Alegre de Goiás | 2120º | 0,550 | 0,790 | 0,647 | 0,777 | 0,346 | 0,546 | 0,742 | 0,625 |
| NE | BA | Campo Alegre de Lourdes | 5253º | 0,137 | 0,219 | 0,382 | 0,379 | 0,157 | 0,404 | 0,981 | 0,381 |
| NE | PI | Campo Alegre do Fidalgo | 5380º | 0,156 | 0,186 | 0,285 | 0,263 | 0,131 | 0,441 | 1,000 | 0,361 |
| SE | MG | Campo Azul | 3910º | 0,187 | 0,309 | 0,619 | 0,582 | 0,245 | 0,467 | 1,000 | 0,480 |
| SE | MG | Campo Belo | 1281º | 0,587 | 0,779 | 0,635 | 0,842 | 0,355 | 0,669 | 0,919 | 0,680 |
| S | SC | Campo Belo do Sul | 2606º | 0,339 | 0,598 | 0,666 | 0,705 | 0,297 | 0,554 | 1,000 | 0,590 |
| S | RS | Campo Bom | 243º | 0,787 | 0,929 | 0,717 | 0,932 | 0,433 | 0,636 | 0,922 | 0,762 |
| S | PR | Campo Bonito | 2856º | 0,330 | 0,678 | 0,612 | 0,762 | 0,280 | 0,495 | 0,882 | 0,567 |
| NE | SE | Campo do Brito | 3846º | 0,296 | 0,461 | 0,505 | 0,456 | 0,247 | 0,499 | 0,876 | 0,485 |
| SE | MG | Campo do Meio | 1413º | 0,551 | 0,695 | 0,737 | 0,808 | 0,382 | 0,601 | 0,955 | 0,671 |
| S | PR | Campo do Tenente | 2363º | 0,540 | 0,612 | 0,585 | 0,819 | 0,347 | 0,454 | 1,000 | 0,608 |
| S | SC | Campo Erê | 2641º | 0,385 | 0,730 | 0,565 | 0,727 | 0,357 | 0,506 | 0,889 | 0,587 |
| SE | MG | Campo Florido | 1410º | 0,677 | 0,805 | 0,540 | 0,830 | 0,347 | 0,538 | 1,000 | 0,672 |

*a partir da melhor situação social ou maior IES)

ATLAS DA EXCLUSÃO SOCIAL NO BRASIL    151

| Região | UF | Nome do Município 2010 | Posição* | Índice de Emprego | Índice de Pobreza | Índice de Desigualdade | Índice de Alfabetização | Índice de Escolaridade | Índice de Juventude | Índice de Violência | Índice de Exclusão |
|---|---|---|---|---|---|---|---|---|---|---|---|
| NE | BA | Campo Formoso | 4986º | 0,163 | 0,292 | 0,452 | 0,469 | 0,241 | 0,443 | 0,844 | 0,410 |
| CO | MS | Campo Grande | 1036º | 0,644 | 0,842 | 0,451 | 0,924 | 0,735 | 0,594 | 0,884 | 0,698 |
| NE | AL | Campo Grande | 5373º | 0,196 | 0,146 | 0,433 | 0,163 | 0,115 | 0,394 | 0,942 | 0,362 |
| NE | PI | Campo Grande do Piauí | 4395º | 0,148 | 0,314 | 0,623 | 0,253 | 0,149 | 0,497 | 1,000 | 0,450 |
| S | PR | Campo Largo | 872º | 0,755 | 0,833 | 0,677 | 0,918 | 0,485 | 0,576 | 0,806 | 0,711 |
| NE | PI | Campo Largo do Piauí | 5362º | 0,117 | 0,148 | 0,517 | 0,133 | 0,168 | 0,321 | 1,000 | 0,364 |
| CO | GO | Campo Limpo de Goiás | 2485º | 0,431 | 0,669 | 0,728 | 0,730 | 0,244 | 0,480 | 0,917 | 0,599 |
| SE | SP | Campo Limpo Paulista | 299º | 0,772 | 0,858 | 0,712 | 0,921 | 0,670 | 0,586 | 0,860 | 0,755 |
| S | PR | Campo Magro | 1628º | 0,677 | 0,771 | 0,782 | 0,883 | 0,374 | 0,505 | 0,665 | 0,657 |
| NE | PI | Campo Maior | 3239º | 0,318 | 0,449 | 0,521 | 0,532 | 0,377 | 0,592 | 0,919 | 0,531 |
| S | PR | Campo Mourão | 1260º | 0,672 | 0,838 | 0,580 | 0,857 | 0,594 | 0,599 | 0,720 | 0,681 |
| S | RS | Campo Novo | 2140º | 0,486 | 0,619 | 0,582 | 0,741 | 0,382 | 0,600 | 1,000 | 0,624 |
| N | RO | Campo Novo de Rondônia | 5504º | 0,169 | 0,444 | 0,263 | 0,707 | 0,143 | 0,404 | 0,343 | 0,325 |
| CO | MT | Campo Novo do Parecis | 1013º | 0,794 | 0,859 | 0,666 | 0,878 | 0,493 | 0,494 | 0,774 | 0,700 |
| NE | RN | Campo Redondo | 3917º | 0,314 | 0,292 | 0,465 | 0,472 | 0,350 | 0,517 | 0,949 | 0,479 |
| CO | MT | Campo Verde | 1576º | 0,629 | 0,855 | 0,554 | 0,867 | 0,527 | 0,501 | 0,802 | 0,661 |
| SE | MG | Campos Altos | 1215º | 0,591 | 0,820 | 0,769 | 0,813 | 0,346 | 0,560 | 0,890 | 0,685 |

*a partir da melhor situação social ou maior IES

| Região | UF | Nome do Município 2010 | Posição* | Índice de Emprego | Índice de Pobreza | Índice de Desigualdade | Índice de Alfabetização | Índice de Escolaridade | Índice de Juventude | Índice de Violência | Índice de Exclusão |
|---|---|---|---|---|---|---|---|---|---|---|---|
| CO | GO | Campos Belos | 3178º | 0,386 | 0,529 | 0,472 | 0,693 | 0,483 | 0,485 | 0,830 | 0,537 |
| S | RS | Campos Borges | 2177º | 0,280 | 0,794 | 0,663 | 0,802 | 0,330 | 0,683 | 0,851 | 0,622 |
| CO | MT | Campos de Júlio | 2083º | 0,667 | 0,847 | 0,342 | 0,863 | 0,481 | 0,439 | 0,899 | 0,628 |
| SE | SP | Campos do Jordão | 1604º | 0,701 | 0,815 | 0,414 | 0,912 | 0,443 | 0,568 | 0,880 | 0,659 |
| SE | RJ | Campos dos Goytacazes | 2183º | 0,632 | 0,644 | 0,444 | 0,857 | 0,556 | 0,591 | 0,781 | 0,622 |
| SE | MG | Campos Gerais | 2123º | 0,435 | 0,696 | 0,681 | 0,787 | 0,333 | 0,565 | 0,925 | 0,625 |
| N | TO | Campos Lindos | 5463º | 0,259 | 0,224 | 0,246 | 0,495 | 0,243 | 0,233 | 0,808 | 0,341 |
| S | SC | Campos Novos | 1181º | 0,626 | 0,832 | 0,666 | 0,870 | 0,488 | 0,558 | 0,842 | 0,687 |
| SE | SP | Campos Novos Paulista | 1285º | 0,572 | 0,708 | 0,707 | 0,817 | 0,420 | 0,575 | 1,000 | 0,679 |
| NE | CE | Campos Sales | 4796º | 0,182 | 0,366 | 0,417 | 0,426 | 0,323 | 0,467 | 0,804 | 0,425 |
| CO | GO | Campos Verdes | 3086º | 0,333 | 0,498 | 0,636 | 0,610 | 0,290 | 0,555 | 0,896 | 0,546 |
| NE | PE | Camutanga | 3465º | 0,382 | 0,331 | 0,612 | 0,460 | 0,313 | 0,499 | 0,936 | 0,512 |
| SE | MG | Cana Verde | 1596º | 0,538 | 0,651 | 0,715 | 0,758 | 0,263 | 0,662 | 1,000 | 0,659 |
| SE | MG | Canaã | 2980º | 0,188 | 0,565 | 0,581 | 0,731 | 0,251 | 0,636 | 1,000 | 0,555 |
| N | PA | Canaã dos Carajás | 3229º | 0,457 | 0,552 | 0,457 | 0,748 | 0,418 | 0,389 | 0,844 | 0,532 |
| CO | MT | Canabrava do Norte | 3678º | 0,209 | 0,481 | 0,529 | 0,755 | 0,335 | 0,437 | 0,891 | 0,496 |
| SE | SP | Cananéia | 2194º | 0,457 | 0,688 | 0,586 | 0,848 | 0,476 | 0,512 | 0,915 | 0,621 |
| NE | AL | Canapi | 5523º | 0,073 | 0,210 | 0,391 | 0,133 | 0,112 | 0,308 | 0,849 | 0,315 |
| SE | MG | Canápolis | 1357º | 0,626 | 0,774 | 0,576 | 0,708 | 0,350 | 0,640 | 1,000 | 0,675 |
| NE | BA | Canápolis | 4618º | 0,166 | 0,287 | 0,592 | 0,385 | 0,251 | 0,437 | 0,889 | 0,436 |
| CO | MT | Canarana | 2404º | 0,497 | 0,794 | 0,512 | 0,741 | 0,381 | 0,494 | 0,861 | 0,605 |
| NE | BA | Canarana | 4369º | 0,106 | 0,324 | 0,609 | 0,577 | 0,237 | 0,446 | 0,935 | 0,452 |

*a partir da melhor situação social ou maior IES)

| Região | UF | Nome do Município 2010 | Posição* | Índice de Emprego | Índice de Pobreza | Índice de Desigualdade | Índice de Alfabetização | Índice de Escolaridade | Índice de Juventude | Índice de Violência | Índice de Exclusão |
|---|---|---|---|---|---|---|---|---|---|---|---|
| SE | SP | Canas | 1476º | 0,585 | 0,625 | 0,715 | 0,860 | 0,493 | 0,504 | 1,000 | 0,668 |
| NE | PI | Canavieira | 4943º | 0,116 | 0,270 | 0,550 | 0,381 | 0,234 | 0,448 | 0,867 | 0,414 |
| NE | BA | Canavieiras | 4384º | 0,221 | 0,399 | 0,550 | 0,569 | 0,267 | 0,489 | 0,710 | 0,451 |
| NE | BA | Candeal | 3721º | 0,191 | 0,351 | 0,699 | 0,469 | 0,288 | 0,533 | 0,883 | 0,493 |
| SE | MG | Candeias | 1854º | 0,384 | 0,761 | 0,620 | 0,732 | 0,287 | 0,702 | 1,000 | 0,644 |
| NE | BA | Candeias | 2442º | 0,624 | 0,536 | 0,565 | 0,805 | 0,541 | 0,554 | 0,718 | 0,602 |
| N | RO | Candeias do Jamari | 2616º | 0,535 | 0,614 | 0,633 | 0,746 | 0,350 | 0,410 | 0,895 | 0,589 |
| S | RS | Candelária | 2249º | 0,345 | 0,765 | 0,644 | 0,797 | 0,279 | 0,649 | 0,879 | 0,617 |
| NE | BA | Candiba | 3259º | 0,256 | 0,423 | 0,691 | 0,488 | 0,257 | 0,593 | 0,921 | 0,529 |
| S | PR | Cândido de Abreu | 3700º | 0,209 | 0,521 | 0,460 | 0,682 | 0,234 | 0,508 | 0,938 | 0,495 |
| S | RS | Cândido Godói | 1688º | 0,241 | 0,823 | 0,687 | 0,943 | 0,368 | 0,725 | 0,920 | 0,654 |
| NE | MA | Cândido Mendes | 5365º | 0,104 | 0,197 | 0,428 | 0,459 | 0,193 | 0,341 | 0,888 | 0,363 |
| SE | SP | Cândido Mota | 540º | 0,678 | 0,809 | 0,733 | 0,868 | 0,504 | 0,638 | 0,948 | 0,735 |
| SE | SP | Cândido Rodrigues | 516º | 0,694 | 0,928 | 0,624 | 0,832 | 0,544 | 0,738 | 0,805 | 0,737 |
| NE | BA | Cândido Sales | 4233º | 0,191 | 0,313 | 0,567 | 0,465 | 0,207 | 0,491 | 0,963 | 0,460 |
| S | RS | Candiota | 1534º | 0,696 | 0,721 | 0,557 | 0,877 | 0,337 | 0,531 | 1,000 | 0,664 |
| S | PR | Candói | 3302º | 0,418 | 0,551 | 0,497 | 0,829 | 0,226 | 0,462 | 0,826 | 0,525 |
| S | RS | Canela | 812º | 0,741 | 0,851 | 0,615 | 0,896 | 0,492 | 0,564 | 0,907 | 0,714 |
| S | SC | Canelinha | 1627º | 0,699 | 0,751 | 0,630 | 0,824 | 0,190 | 0,544 | 0,951 | 0,657 |
| NE | RN | Canguaretama | 3923º | 0,408 | 0,328 | 0,583 | 0,435 | 0,238 | 0,399 | 0,899 | 0,478 |
| S | RS | Canguçu | 2830º | 0,176 | 0,680 | 0,582 | 0,813 | 0,205 | 0,654 | 0,961 | 0,569 |
| NE | SE | Canhoba | 4508º | 0,196 | 0,318 | 0,540 | 0,288 | 0,239 | 0,412 | 1,000 | 0,443 |
| NE | PE | Canhotinho | 5046º | 0,217 | 0,269 | 0,517 | 0,249 | 0,208 | 0,476 | 0,767 | 0,404 |
| NE | CE | Canindé | 4799º | 0,242 | 0,290 | 0,405 | 0,507 | 0,276 | 0,442 | 0,867 | 0,425 |
| NE | SE | Canindé de São Francisco | 5204º | 0,223 | 0,248 | 0,477 | 0,338 | 0,193 | 0,320 | 0,874 | 0,387 |

*a partir da melhor situação social ou maior IES

| Região | UF | Nome do Município 2010 | Posição* | Índice de Emprego | Índice de Pobreza | Índice de Desigualdade | Índice de Alfabetização | Índice de Escolaridade | Índice de Juventude | Índice de Violência | Índice de Exclusão |
|---|---|---|---|---|---|---|---|---|---|---|---|
| SE | SP | Canitar | 724º | 0,824 | 0,753 | 0,768 | 0,828 | 0,383 | 0,476 | 1,000 | 0,720 |
| S | RS | Canoas | 775º | 0,744 | 0,859 | 0,554 | 0,930 | 0,641 | 0,613 | 0,801 | 0,716 |
| S | SC | Canoinhas | 1169º | 0,618 | 0,761 | 0,580 | 0,906 | 0,586 | 0,566 | 0,941 | 0,688 |
| NE | BA | Cansanção | 5165º | 0,109 | 0,233 | 0,448 | 0,361 | 0,217 | 0,426 | 0,937 | 0,392 |
| N | RR | Cantá | 5156º | 0,250 | 0,322 | 0,269 | 0,605 | 0,310 | 0,282 | 0,888 | 0,394 |
| SE | RJ | Cantagalo | 1560º | 0,634 | 0,726 | 0,594 | 0,821 | 0,490 | 0,622 | 0,816 | 0,663 |
| SE | MG | Cantagalo | 2857º | 0,301 | 0,509 | 0,740 | 0,686 | 0,276 | 0,488 | 1,000 | 0,567 |
| S | PR | Cantagalo | 3361º | 0,363 | 0,534 | 0,559 | 0,830 | 0,243 | 0,457 | 0,799 | 0,520 |
| NE | MA | Cantanhede | 5308º | 0,180 | 0,131 | 0,385 | 0,338 | 0,248 | 0,336 | 1,000 | 0,373 |
| NE | PI | Canto do Buriti | 4056º | 0,275 | 0,341 | 0,527 | 0,365 | 0,235 | 0,493 | 0,974 | 0,471 |
| NE | BA | Canudos | 4611º | 0,150 | 0,282 | 0,515 | 0,478 | 0,217 | 0,430 | 1,000 | 0,436 |
| S | RS | Canudos do Vale | 2636º | 0,189 | 0,734 | 0,515 | 0,800 | 0,151 | 0,765 | 1,000 | 0,587 |
| N | AM | Canutama | 5313º | 0,199 | 0,195 | 0,362 | 0,322 | 0,209 | 0,375 | 0,918 | 0,372 |
| S | PR | Capanema | 1432º | 0,442 | 0,829 | 0,678 | 0,860 | 0,347 | 0,620 | 0,972 | 0,671 |
| N | PA | Capanema | 3545º | 0,289 | 0,426 | 0,522 | 0,656 | 0,412 | 0,462 | 0,886 | 0,505 |
| S | SC | Capão Alto | 2649º | 0,492 | 0,653 | 0,549 | 0,808 | 0,255 | 0,597 | 0,811 | 0,586 |
| SE | SP | Capão Bonito | 1945º | 0,558 | 0,654 | 0,586 | 0,825 | 0,474 | 0,532 | 0,944 | 0,638 |
| S | RS | Capão Bonito do Sul | 2892º | 0,370 | 0,556 | 0,513 | 0,792 | 0,128 | 0,643 | 1,000 | 0,563 |
| S | RS | Capão da Canoa | 1674º | 0,550 | 0,839 | 0,548 | 0,897 | 0,519 | 0,550 | 0,814 | 0,655 |
| S | RS | Capão do Cipó | 2884º | 0,313 | 0,513 | 0,532 | 0,879 | 0,254 | 0,615 | 1,000 | 0,564 |
| S | RS | Capão do Leão | 1605º | 0,641 | 0,676 | 0,685 | 0,826 | 0,292 | 0,557 | 0,957 | 0,659 |
| SE | MG | Caparaó | 3262º | 0,208 | 0,524 | 0,697 | 0,726 | 0,210 | 0,504 | 0,900 | 0,529 |
| NE | SE | Capela | 3578º | 0,500 | 0,372 | 0,481 | 0,473 | 0,297 | 0,428 | 0,932 | 0,503 |
| NE | AL | Capela | 4703º | 0,507 | 0,312 | 0,585 | 0,320 | 0,240 | 0,379 | 0,543 | 0,430 |
| S | RS | Capela de Santana | 847º | 0,686 | 0,809 | 0,786 | 0,872 | 0,260 | 0,560 | 1,000 | 0,712 |

*a partir da melhor situação social ou maior IES)

| Região | UF | Nome do Município 2010 | Posição* | Índice de Emprego | Índice de Pobreza | Índice de Desigualdade | Índice de Alfabetização | Índice de Escolaridade | Índice de Juventude | Índice de Violência | Índice de Exclusão |
|---|---|---|---|---|---|---|---|---|---|---|---|
| SE | SP | Capela do Alto | 1080º | 0,624 | 0,769 | 0,775 | 0,860 | 0,382 | 0,548 | 0,941 | 0,695 |
| NE | BA | Capela do Alto Alegre | 3670º | 0,206 | 0,412 | 0,592 | 0,454 | 0,224 | 0,569 | 0,955 | 0,497 |
| SE | MG | Capela Nova | 2660º | 0,293 | 0,467 | 0,691 | 0,821 | 0,241 | 0,672 | 1,000 | 0,585 |
| SE | MG | Capelinha | 3367º | 0,413 | 0,525 | 0,524 | 0,629 | 0,297 | 0,435 | 0,851 | 0,520 |
| SE | MG | Capetinga | 1572º | 0,514 | 0,746 | 0,717 | 0,778 | 0,256 | 0,599 | 1,000 | 0,661 |
| NE | PB | Capim | 4954º | 0,466 | 0,173 | 0,559 | 0,149 | 0,130 | 0,373 | 0,814 | 0,412 |
| SE | MG | Capim Branco | 529º | 0,757 | 0,736 | 0,767 | 0,883 | 0,444 | 0,593 | 1,000 | 0,736 |
| NE | BA | Capim Grosso | 3986º | 0,219 | 0,445 | 0,494 | 0,544 | 0,297 | 0,498 | 0,863 | 0,475 |
| SE | MG | Capinópolis | 1937º | 0,653 | 0,789 | 0,409 | 0,751 | 0,364 | 0,620 | 0,898 | 0,639 |
| S | SC | Capinzal | 268º | 0,804 | 0,902 | 0,685 | 0,893 | 0,501 | 0,600 | 0,950 | 0,759 |
| NE | MA | Capinzal do Norte | 5091º | 0,193 | 0,207 | 0,448 | 0,321 | 0,194 | 0,426 | 0,951 | 0,400 |
| NE | CE | Capistrano | 4518º | 0,191 | 0,224 | 0,468 | 0,414 | 0,358 | 0,459 | 1,000 | 0,442 |
| S | RS | Capitão | 656º | 0,445 | 0,946 | 0,811 | 0,909 | 0,320 | 0,667 | 1,000 | 0,726 |
| SE | MG | Capitão Andrade | 3549º | 0,245 | 0,500 | 0,560 | 0,648 | 0,180 | 0,537 | 0,894 | 0,505 |
| NE | PI | Capitão de Campos | 4292º | 0,252 | 0,334 | 0,559 | 0,339 | 0,175 | 0,471 | 0,953 | 0,457 |
| SE | MG | Capitão Enéas | 3151º | 0,460 | 0,346 | 0,641 | 0,634 | 0,341 | 0,403 | 1,000 | 0,539 |
| NE | PI | Capitão Gervásio Oliveira | 5021º | 0,156 | 0,204 | 0,471 | 0,281 | 0,159 | 0,481 | 1,000 | 0,407 |
| S | PR | Capitão Leônidas Marques | 1663º | 0,502 | 0,801 | 0,662 | 0,820 | 0,433 | 0,568 | 0,861 | 0,655 |
| N | PA | Capitão Poço | 5462º | 0,091 | 0,243 | 0,428 | 0,411 | 0,188 | 0,345 | 0,719 | 0,341 |
| SE | MG | Capitólio | 737º | 0,558 | 0,848 | 0,770 | 0,875 | 0,334 | 0,660 | 1,000 | 0,719 |
| SE | SP | Capivari | 402º | 0,811 | 0,864 | 0,634 | 0,902 | 0,538 | 0,598 | 0,925 | 0,745 |

*a partir da melhor situação social ou maior IES

| Região | UF | Nome do Município 2010 | Posição* | Índice de Emprego | Índice de Pobreza | Índice de Desigualdade | Índice de Alfabetização | Índice de Escolaridade | Índice de Juventude | Índice de Violência | Índice de Exclusão |
|---|---|---|---|---|---|---|---|---|---|---|---|
| S | SC | Capivari de Baixo | 25º | 0,819 | 0,898 | 0,841 | 0,903 | 0,578 | 0,615 | 0,976 | 0,803 |
| S | RS | Capivari do Sul | 2025º | 0,598 | 0,792 | 0,222 | 0,844 | 0,508 | 0,604 | 1,000 | 0,632 |
| N | AC | Capixaba | 4696º | 0,276 | 0,418 | 0,468 | 0,484 | 0,182 | 0,307 | 0,882 | 0,430 |
| NE | PE | Capoeiras | 5011º | 0,086 | 0,268 | 0,575 | 0,349 | 0,154 | 0,441 | 0,920 | 0,408 |
| SE | MG | Caputira | 3781º | 0,260 | 0,424 | 0,451 | 0,738 | 0,202 | 0,532 | 0,942 | 0,489 |
| S | RS | Caraá | 2005º | 0,377 | 0,737 | 0,759 | 0,758 | 0,160 | 0,674 | 0,929 | 0,634 |
| N | RR | Caracaraí | 4357º | 0,276 | 0,394 | 0,460 | 0,691 | 0,386 | 0,288 | 0,859 | 0,453 |
| CO | MS | Caracol | 2364º | 0,517 | 0,600 | 0,715 | 0,832 | 0,271 | 0,489 | 0,904 | 0,608 |
| NE | PI | Caracol | 5320º | 0,193 | 0,223 | 0,358 | 0,207 | 0,142 | 0,410 | 0,949 | 0,371 |
| SE | SP | Caraguatatuba | 1377º | 0,605 | 0,794 | 0,550 | 0,901 | 0,629 | 0,586 | 0,804 | 0,674 |
| SE | MG | Caraí | 5056º | 0,219 | 0,274 | 0,518 | 0,468 | 0,118 | 0,405 | 0,814 | 0,403 |
| NE | BA | Caraíbas | 4017º | 0,210 | 0,389 | 0,601 | 0,321 | 0,132 | 0,555 | 0,949 | 0,474 |
| S | PR | Carambeí | 1527º | 0,752 | 0,784 | 0,503 | 0,903 | 0,467 | 0,468 | 0,891 | 0,664 |
| SE | MG | Caranaíba | 2451º | 0,395 | 0,514 | 0,698 | 0,835 | 0,268 | 0,591 | 1,000 | 0,602 |
| SE | MG | Carandaí | 1740º | 0,524 | 0,605 | 0,629 | 0,858 | 0,450 | 0,602 | 1,000 | 0,651 |
| SE | MG | Carangola | 1832º | 0,480 | 0,736 | 0,606 | 0,792 | 0,420 | 0,630 | 0,903 | 0,645 |
| SE | RJ | Carapebus | 1068º | 0,606 | 0,742 | 0,700 | 0,825 | 0,490 | 0,596 | 0,961 | 0,696 |
| SE | SP | Carapicuíba | 747º | 0,783 | 0,753 | 0,595 | 0,892 | 0,586 | 0,570 | 0,947 | 0,718 |
| SE | MG | Caratinga | 2218º | 0,547 | 0,665 | 0,499 | 0,805 | 0,410 | 0,587 | 0,908 | 0,619 |
| N | AM | Carauari | 5217º | 0,227 | 0,218 | 0,511 | 0,359 | 0,241 | 0,182 | 0,960 | 0,385 |
| NE | PB | Caraúbas | 3372º | 0,208 | 0,434 | 0,676 | 0,619 | 0,185 | 0,524 | 1,000 | 0,519 |
| NE | RN | Caraúbas | 4253º | 0,243 | 0,417 | 0,504 | 0,424 | 0,379 | 0,563 | 0,655 | 0,459 |
| NE | PI | Caraúbas do Piauí | 5489º | 0,127 | 0,141 | 0,423 | 0,022 | 0,068 | 0,409 | 0,906 | 0,332 |
| NE | BA | Caravelas | 3975º | 0,373 | 0,400 | 0,421 | 0,472 | 0,273 | 0,447 | 0,927 | 0,476 |
| S | RS | Carazinho | 774º | 0,653 | 0,853 | 0,554 | 0,915 | 0,625 | 0,642 | 0,895 | 0,716 |
| SE | MG | Carbonita | 2779º | 0,453 | 0,518 | 0,645 | 0,625 | 0,260 | 0,499 | 1,000 | 0,574 |
| NE | BA | Cardeal da Silva | 4778º | 0,371 | 0,221 | 0,498 | 0,473 | 0,190 | 0,349 | 0,883 | 0,426 |
| SE | SP | Cardoso | 894º | 0,548 | 0,796 | 0,710 | 0,833 | 0,419 | 0,677 | 1,000 | 0,709 |

*a partir da melhor situação social ou maior IES)

| Região | UF | Nome do Município 2010 | Posição* | Índice de Emprego | Índice de Pobreza | Índice de Desigualdade | Índice de Alfabetização | Índice de Escolaridade | Índice de Juventude | Índice de Violência | Índice de Exclusão |
|---|---|---|---|---|---|---|---|---|---|---|---|
| SE | RJ | Cardoso Moreira | 2423º | 0,476 | 0,610 | 0,646 | 0,704 | 0,355 | 0,647 | 0,794 | 0,604 |
| SE | MG | Careaçu | 1170º | 0,669 | 0,715 | 0,764 | 0,732 | 0,380 | 0,594 | 0,917 | 0,688 |
| N | AM | Careiro | 5333º | 0,218 | 0,207 | 0,270 | 0,654 | 0,218 | 0,301 | 0,921 | 0,369 |
| N | AM | Careiro da Várzea | 5135º | 0,055 | 0,230 | 0,450 | 0,606 | 0,260 | 0,354 | 0,978 | 0,396 |
| SE | ES | Cariacica | 1850º | 0,730 | 0,738 | 0,640 | 0,859 | 0,504 | 0,565 | 0,557 | 0,644 |
| NE | CE | Caridade | 4782º | 0,268 | 0,236 | 0,541 | 0,460 | 0,227 | 0,452 | 0,792 | 0,425 |
| NE | PI | Caridade do Piauí | 4874º | 0,281 | 0,208 | 0,529 | 0,333 | 0,198 | 0,415 | 0,892 | 0,419 |
| NE | BA | Carinhanha | 4818º | 0,119 | 0,210 | 0,555 | 0,429 | 0,287 | 0,388 | 1,000 | 0,423 |
| NE | SE | Carira | 4122º | 0,274 | 0,397 | 0,595 | 0,280 | 0,187 | 0,476 | 0,896 | 0,468 |
| NE | CE | Cariré | 4286º | 0,245 | 0,295 | 0,508 | 0,419 | 0,233 | 0,462 | 1,000 | 0,457 |
| N | TO | Cariri do Tocantins | 2579º | 0,323 | 0,612 | 0,654 | 0,691 | 0,350 | 0,552 | 1,000 | 0,593 |
| NE | CE | Caririaçu | 4845º | 0,233 | 0,317 | 0,555 | 0,356 | 0,217 | 0,418 | 0,783 | 0,421 |
| NE | CE | Cariús | 4453º | 0,154 | 0,332 | 0,535 | 0,373 | 0,211 | 0,532 | 0,916 | 0,447 |
| CO | MT | Carlinda | 2942º | 0,298 | 0,604 | 0,620 | 0,670 | 0,253 | 0,529 | 0,953 | 0,558 |
| S | PR | Carlópolis | 1661º | 0,430 | 0,771 | 0,636 | 0,859 | 0,419 | 0,603 | 0,962 | 0,655 |
| S | RS | Carlos Barbosa | 83º | 0,724 | 1,000 | 0,574 | 0,958 | 0,593 | 0,729 | 1,000 | 0,786 |
| SE | MG | Carlos Chagas | 2899º | 0,496 | 0,513 | 0,503 | 0,557 | 0,307 | 0,592 | 0,922 | 0,562 |
| S | RS | Carlos Gomes | 1615º | 0,242 | 0,856 | 0,697 | 0,914 | 0,259 | 0,715 | 1,000 | 0,658 |
| SE | MG | Carmésia | 2455º | 0,481 | 0,568 | 0,624 | 0,698 | 0,319 | 0,535 | 1,000 | 0,601 |
| SE | RJ | Carmo | 1195º | 0,626 | 0,697 | 0,623 | 0,806 | 0,469 | 0,625 | 1,000 | 0,686 |
| SE | MG | Carmo da Cachoeira | 1218º | 0,761 | 0,737 | 0,669 | 0,805 | 0,325 | 0,530 | 0,956 | 0,684 |
| SE | MG | Carmo da Mata | 781º | 0,637 | 0,788 | 0,771 | 0,847 | 0,335 | 0,627 | 1,000 | 0,716 |
| SE | MG | Carmo de Minas | 1349º | 0,764 | 0,667 | 0,627 | 0,804 | 0,348 | 0,532 | 1,000 | 0,675 |
| SE | MG | Carmo do Cajuru | 1029º | 0,620 | 0,782 | 0,691 | 0,879 | 0,389 | 0,604 | 0,974 | 0,699 |

*a partir da melhor situação social ou maior IES

| Região | UF | Nome do Município 2010 | Posição* | Índice de Emprego | Índice de Pobreza | Índice de Desigualdade | Índice de Alfabetização | Índice de Escolaridade | Índice de Juventude | Índice de Violência | Índice de Exclusão |
|---|---|---|---|---|---|---|---|---|---|---|---|
| SE | MG | Carmo do Paranaíba | 1686º | 0,554 | 0,745 | 0,566 | 0,829 | 0,359 | 0,631 | 0,948 | 0,654 |
| SE | MG | Carmo do Rio Claro | 1680º | 0,472 | 0,761 | 0,550 | 0,835 | 0,417 | 0,627 | 1,000 | 0,654 |
| CO | GO | Carmo do Rio Verde | 1370º | 0,596 | 0,711 | 0,665 | 0,795 | 0,430 | 0,610 | 0,942 | 0,674 |
| N | TO | Carmolândia | 2757º | 0,606 | 0,496 | 0,586 | 0,578 | 0,352 | 0,395 | 1,000 | 0,577 |
| NE | SE | Carmópolis | 2973º | 0,628 | 0,417 | 0,476 | 0,657 | 0,457 | 0,410 | 0,923 | 0,556 |
| SE | MG | Carmópolis de Minas | 1545º | 0,535 | 0,760 | 0,658 | 0,917 | 0,303 | 0,611 | 0,939 | 0,663 |
| NE | PE | Carnaíba | 4502º | 0,196 | 0,295 | 0,514 | 0,471 | 0,245 | 0,474 | 0,916 | 0,443 |
| NE | RN | Carnaúba dos Dantas | 2386º | 0,368 | 0,575 | 0,764 | 0,705 | 0,359 | 0,565 | 0,930 | 0,607 |
| NE | RN | Carnaubais | 3623º | 0,341 | 0,305 | 0,538 | 0,451 | 0,291 | 0,529 | 1,000 | 0,500 |
| NE | CE | Carnaubal | 4879º | 0,141 | 0,244 | 0,521 | 0,405 | 0,201 | 0,404 | 1,000 | 0,419 |
| NE | PE | Carnaubeira da Penha | 5464º | 0,092 | 0,186 | 0,462 | 0,358 | 0,283 | 0,305 | 0,735 | 0,340 |
| SE | MG | Carneirinho | 1402º | 0,611 | 0,809 | 0,512 | 0,777 | 0,422 | 0,647 | 0,945 | 0,672 |
| NE | AL | Carneiros | 5443º | 0,182 | 0,255 | 0,500 | 0,304 | 0,154 | 0,288 | 0,686 | 0,346 |
| N | RR | Caroebe | 4470º | 0,165 | 0,410 | 0,483 | 0,722 | 0,318 | 0,339 | 0,872 | 0,445 |
| NE | MA | Carolina | 3656º | 0,324 | 0,432 | 0,469 | 0,671 | 0,328 | 0,416 | 0,957 | 0,498 |
| NE | PE | Carpina | 2853º | 0,502 | 0,450 | 0,548 | 0,676 | 0,517 | 0,560 | 0,798 | 0,567 |
| SE | MG | Carrancas | 2126º | 0,445 | 0,656 | 0,506 | 0,863 | 0,445 | 0,602 | 1,000 | 0,625 |
| NE | PB | Carrapateira | 3748º | 0,287 | 0,260 | 0,633 | 0,483 | 0,305 | 0,465 | 1,000 | 0,492 |
| N | TO | Carrasco Bonito | 4784º | 0,263 | 0,244 | 0,472 | 0,387 | 0,330 | 0,291 | 1,000 | 0,425 |
| NE | PE | Caruaru | 2894º | 0,424 | 0,610 | 0,508 | 0,670 | 0,440 | 0,549 | 0,798 | 0,563 |
| NE | MA | Carutapera | 5114º | 0,109 | 0,255 | 0,499 | 0,556 | 0,195 | 0,316 | 0,953 | 0,397 |
| SE | MG | Carvalhópolis | 1438º | 0,378 | 0,769 | 0,718 | 0,864 | 0,405 | 0,636 | 1,000 | 0,670 |
| SE | MG | Carvalhos | 2855º | 0,251 | 0,588 | 0,529 | 0,711 | 0,254 | 0,677 | 1,000 | 0,567 |
| SE | SP | Casa Branca | 889º | 0,689 | 0,765 | 0,565 | 0,878 | 0,533 | 0,670 | 0,945 | 0,709 |

*a partir da melhor situação social ou maior IES)

ATLAS DA EXCLUSÃO SOCIAL NO BRASIL 159

| Região | UF | Nome do Município 2010 | Posição* | Índice de Emprego | Índice de Pobreza | Índice de Desigualdade | Índice de Alfabetização | Índice de Escolaridade | Índice de Juventude | Índice de Violência | Índice de Exclusão |
|---|---|---|---|---|---|---|---|---|---|---|---|
| SE | MG | Casa Grande | 1807º | 0,501 | 0,515 | 0,772 | 0,912 | 0,304 | 0,627 | 1,000 | 0,647 |
| NE | BA | Casa Nova | 4628º | 0,288 | 0,343 | 0,496 | 0,440 | 0,234 | 0,445 | 0,776 | 0,435 |
| S | RS | Casca | 343º | 0,469 | 0,918 | 0,720 | 0,941 | 0,544 | 0,745 | 1,000 | 0,750 |
| SE | MG | Cascalho Rico | 1390º | 0,467 | 0,853 | 0,600 | 0,873 | 0,300 | 0,664 | 1,000 | 0,673 |
| S | PR | Cascavel | 942º | 0,707 | 0,879 | 0,549 | 0,927 | 0,659 | 0,583 | 0,771 | 0,705 |
| NE | CE | Cascavel | 3386º | 0,327 | 0,406 | 0,608 | 0,541 | 0,311 | 0,518 | 0,906 | 0,518 |
| N | TO | Caseara | 3798º | 0,337 | 0,452 | 0,365 | 0,581 | 0,330 | 0,420 | 1,000 | 0,488 |
| S | RS | Caseiros | 2583º | 0,327 | 0,729 | 0,604 | 0,788 | 0,288 | 0,643 | 0,827 | 0,593 |
| SE | RJ | Casimiro de Abreu | 1199º | 0,613 | 0,793 | 0,594 | 0,857 | 0,538 | 0,586 | 0,912 | 0,686 |
| NE | PE | Casinhas | 4307º | 0,247 | 0,273 | 0,677 | 0,364 | 0,187 | 0,458 | 0,887 | 0,456 |
| NE | PB | Casserengue | 5352º | 0,096 | 0,206 | 0,433 | 0,165 | 0,074 | 0,432 | 1,000 | 0,366 |
| SE | MG | Cássia | 1263º | 0,557 | 0,823 | 0,621 | 0,795 | 0,365 | 0,612 | 1,000 | 0,681 |
| SE | SP | Cássia dos Coqueiros | 1088º | 0,524 | 0,769 | 0,712 | 0,817 | 0,462 | 0,615 | 1,000 | 0,694 |
| CO | MS | Cassilândia | 1712º | 0,537 | 0,803 | 0,492 | 0,778 | 0,476 | 0,635 | 0,901 | 0,653 |
| N | PA | Castanhal | 3278º | 0,471 | 0,508 | 0,482 | 0,797 | 0,465 | 0,457 | 0,685 | 0,527 |
| CO | MT | Castanheira | 3114º | 0,309 | 0,614 | 0,491 | 0,724 | 0,308 | 0,505 | 0,937 | 0,543 |
| N | RO | Castanheiras | 3002º | 0,349 | 0,612 | 0,589 | 0,712 | 0,294 | 0,516 | 0,854 | 0,553 |
| CO | GO | Castelândia | 2849º | 0,498 | 0,677 | 0,415 | 0,506 | 0,323 | 0,608 | 0,857 | 0,567 |
| SE | ES | Castelo | 1455º | 0,460 | 0,776 | 0,667 | 0,841 | 0,458 | 0,657 | 0,895 | 0,669 |
| NE | PI | Castelo do Piauí | 3901º | 0,272 | 0,344 | 0,608 | 0,440 | 0,200 | 0,465 | 0,972 | 0,481 |
| SE | SP | Castilho | 1374º | 0,620 | 0,704 | 0,626 | 0,831 | 0,521 | 0,609 | 0,884 | 0,674 |
| S | PR | Castro | 2134º | 0,625 | 0,694 | 0,501 | 0,854 | 0,419 | 0,482 | 0,915 | 0,625 |
| NE | BA | Castro Alves | 3837º | 0,305 | 0,359 | 0,494 | 0,521 | 0,308 | 0,508 | 0,918 | 0,485 |
| SE | MG | Cataguases | 701º | 0,708 | 0,776 | 0,565 | 0,891 | 0,548 | 0,668 | 0,985 | 0,722 |
| CO | GO | Catalão | 590º | 0,638 | 0,880 | 0,568 | 0,895 | 0,673 | 0,627 | 0,952 | 0,731 |
| SE | SP | Catanduva | 107º | 0,747 | 0,919 | 0,655 | 0,919 | 0,640 | 0,703 | 0,954 | 0,782 |
| S | SC | Catanduvas | 1022º | 0,751 | 0,846 | 0,649 | 0,877 | 0,442 | 0,541 | 0,837 | 0,699 |

*a partir da melhor situação social ou maior IES)

| Região | UF | Nome do Município 2010 | Posição* | Índice de Emprego | Índice de Pobreza | Índice de Desigualdade | Índice de Alfabetização | Índice de Escolaridade | Índice de Juventude | Índice de Violência | Índice de Exclusão |
|---|---|---|---|---|---|---|---|---|---|---|---|
| S | PR | Catanduvas | 3238º | 0,346 | 0,620 | 0,509 | 0,731 | 0,292 | 0,505 | 0,796 | 0,531 |
| NE | CE | Catarina | 4326º | 0,104 | 0,254 | 0,555 | 0,408 | 0,301 | 0,593 | 0,944 | 0,455 |
| SE | MG | Catas Altas | 711º | 0,689 | 0,740 | 0,794 | 0,905 | 0,423 | 0,553 | 1,000 | 0,721 |
| SE | MG | Catas Altas da Noruega | 3022º | 0,297 | 0,434 | 0,695 | 0,753 | 0,203 | 0,548 | 1,000 | 0,552 |
| NE | PE | Catende | 4032º | 0,418 | 0,316 | 0,483 | 0,399 | 0,346 | 0,441 | 0,862 | 0,473 |
| SE | SP | Catiguá | 87º | 0,946 | 0,909 | 0,718 | 0,816 | 0,445 | 0,662 | 0,927 | 0,786 |
| NE | PB | Catingueira | 4228º | 0,304 | 0,327 | 0,551 | 0,246 | 0,241 | 0,494 | 0,892 | 0,460 |
| NE | BA | Catolândia | 3983º | 0,242 | 0,306 | 0,547 | 0,460 | 0,200 | 0,533 | 1,000 | 0,476 |
| NE | PB | Catolé do Rocha | 3182º | 0,378 | 0,472 | 0,579 | 0,532 | 0,318 | 0,568 | 0,873 | 0,537 |
| NE | BA | Catu | 2992º | 0,518 | 0,516 | 0,436 | 0,777 | 0,467 | 0,587 | 0,715 | 0,554 |
| S | RS | Catuípe | 2037º | 0,345 | 0,813 | 0,473 | 0,893 | 0,354 | 0,717 | 0,944 | 0,632 |
| SE | MG | Catuji | 5206º | 0,214 | 0,254 | 0,484 | 0,475 | 0,155 | 0,385 | 0,767 | 0,387 |
| NE | CE | Catunda | 4786º | 0,209 | 0,228 | 0,505 | 0,395 | 0,266 | 0,460 | 0,895 | 0,425 |
| CO | GO | Caturaí | 2316º | 0,330 | 0,671 | 0,699 | 0,740 | 0,267 | 0,596 | 1,000 | 0,612 |
| NE | BA | Caturama | 4153º | 0,189 | 0,308 | 0,581 | 0,413 | 0,167 | 0,580 | 0,941 | 0,465 |
| NE | PB | Caturité | 3746º | 0,255 | 0,424 | 0,457 | 0,575 | 0,274 | 0,499 | 1,000 | 0,492 |
| SE | MG | Catuti | 3691º | 0,309 | 0,343 | 0,578 | 0,471 | 0,269 | 0,465 | 1,000 | 0,495 |
| NE | CE | Caucaia | 2989º | 0,504 | 0,478 | 0,601 | 0,714 | 0,477 | 0,474 | 0,735 | 0,554 |
| CO | GO | Cavalcante | 4551º | 0,317 | 0,368 | 0,341 | 0,437 | 0,258 | 0,364 | 1,000 | 0,440 |
| SE | MG | Caxambu | 1819º | 0,635 | 0,736 | 0,270 | 0,891 | 0,534 | 0,643 | 0,976 | 0,646 |
| S | SC | Caxambu do Sul | 2334º | 0,297 | 0,751 | 0,572 | 0,781 | 0,295 | 0,635 | 1,000 | 0,611 |
| NE | MA | Caxias | 4136º | 0,294 | 0,370 | 0,486 | 0,429 | 0,378 | 0,434 | 0,869 | 0,467 |
| S | RS | Caxias do Sul | 142º | 0,822 | 0,936 | 0,602 | 0,944 | 0,696 | 0,664 | 0,858 | 0,775 |
| NE | PI | Caxingó | 5265º | 0,194 | 0,185 | 0,538 | 0,000 | 0,089 | 0,375 | 1,000 | 0,379 |
| NE | RN | Ceará-Mirim | 3369º | 0,485 | 0,407 | 0,538 | 0,504 | 0,324 | 0,452 | 0,893 | 0,519 |
| SE | SP | Cedral | 191º | 0,663 | 0,875 | 0,710 | 0,883 | 0,577 | 0,705 | 1,000 | 0,768 |
| NE | MA | Cedral | 4802º | 0,098 | 0,196 | 0,459 | 0,621 | 0,308 | 0,447 | 1,000 | 0,424 |
| NE | CE | Cedro | 4143º | 0,200 | 0,384 | 0,457 | 0,428 | 0,350 | 0,536 | 0,894 | 0,466 |

*a partir da melhor situação social ou maior IES)

| Região | UF | Nome do Município 2010 | Posição* | Índice de Emprego | Índice de Pobreza | Índice de Desigualdade | Índice de Alfabetização | Índice de Escolaridade | Índice de Juventude | Índice de Violência | Índice de Exclusão |
|---|---|---|---|---|---|---|---|---|---|---|---|
| NE | PE | Cedro | 4478º | 0,219 | 0,290 | 0,470 | 0,535 | 0,346 | 0,432 | 0,903 | 0,445 |
| NE | SE | Cedro de São João | 3646º | 0,300 | 0,390 | 0,524 | 0,551 | 0,402 | 0,546 | 0,815 | 0,498 |
| SE | MG | Cedro do Abaeté | 1985º | 0,338 | 0,679 | 0,761 | 0,737 | 0,297 | 0,632 | 1,000 | 0,635 |
| S | SC | Celso Ramos | 1659º | 0,392 | 0,654 | 0,760 | 0,844 | 0,416 | 0,608 | 1,000 | 0,656 |
| S | RS | Centenário | 2401º | 0,184 | 0,720 | 0,590 | 0,927 | 0,211 | 0,733 | 1,000 | 0,605 |
| N | TO | Centenário | 4553º | 0,355 | 0,264 | 0,328 | 0,371 | 0,296 | 0,439 | 1,000 | 0,440 |
| S | PR | Centenário do Sul | 931º | 0,718 | 0,797 | 0,750 | 0,720 | 0,324 | 0,630 | 0,907 | 0,706 |
| NE | BA | Central | 4520º | 0,124 | 0,269 | 0,507 | 0,575 | 0,348 | 0,477 | 0,908 | 0,442 |
| SE | MG | Central de Minas | 3875º | 0,245 | 0,499 | 0,384 | 0,633 | 0,218 | 0,607 | 0,846 | 0,483 |
| NE | MA | Central do Maranhão | 5407º | 0,050 | 0,198 | 0,512 | 0,389 | 0,266 | 0,307 | 0,802 | 0,354 |
| SE | MG | Centralina | 1553º | 0,480 | 0,680 | 0,771 | 0,787 | 0,275 | 0,639 | 1,000 | 0,663 |
| NE | MA | Centro do Guilherme | 5430º | 0,025 | 0,165 | 0,456 | 0,307 | 0,196 | 0,299 | 1,000 | 0,350 |
| NE | MA | Centro Novo do Maranhão | 5261º | 0,245 | 0,168 | 0,478 | 0,404 | 0,125 | 0,269 | 0,970 | 0,380 |
| N | RO | Cerejeiras | 2932º | 0,378 | 0,658 | 0,560 | 0,788 | 0,392 | 0,531 | 0,725 | 0,560 |
| CO | GO | Ceres | 1233º | 0,466 | 0,831 | 0,529 | 0,860 | 0,645 | 0,639 | 0,950 | 0,683 |
| SE | SP | Cerqueira César | 416º | 0,729 | 0,830 | 0,712 | 0,870 | 0,529 | 0,579 | 1,000 | 0,744 |
| SE | SP | Cerquilho | 85º | 0,747 | 0,946 | 0,741 | 0,938 | 0,603 | 0,649 | 0,934 | 0,786 |
| S | RS | Cerrito | 2702º | 0,281 | 0,630 | 0,604 | 0,769 | 0,251 | 0,667 | 0,919 | 0,581 |
| S | PR | Cerro Azul | 3644º | 0,317 | 0,498 | 0,611 | 0,642 | 0,129 | 0,459 | 0,846 | 0,498 |
| S | RS | Cerro Branco | 2354º | 0,206 | 0,738 | 0,756 | 0,730 | 0,233 | 0,705 | 0,883 | 0,609 |
| NE | RN | Cerro Corá | 3842º | 0,222 | 0,388 | 0,512 | 0,448 | 0,276 | 0,516 | 1,000 | 0,485 |
| S | RS | Cerro Grande | 2976º | 0,235 | 0,684 | 0,608 | 0,740 | 0,268 | 0,622 | 0,785 | 0,555 |

*a partir da melhor situação social ou maior IES)

| Região | UF | Nome do Município 2010 | Posição* | Índice de Emprego | Índice de Pobreza | Índice de Desigualdade | Índice de Alfabetização | Índice de Escolaridade | Índice de Juventude | Índice de Violência | Índice de Exclusão |
|---|---|---|---|---|---|---|---|---|---|---|---|
| S | RS | Cerro Grande do Sul | 3097º | 0,203 | 0,639 | 0,583 | 0,775 | 0,218 | 0,537 | 0,949 | 0,545 |
| S | RS | Cerro Largo | 630º | 0,555 | 0,878 | 0,641 | 0,910 | 0,500 | 0,687 | 1,000 | 0,728 |
| S | SC | Cerro Negro | 3442º | 0,222 | 0,528 | 0,479 | 0,649 | 0,218 | 0,550 | 1,000 | 0,514 |
| SE | SP | Cesário Lange | 603º | 0,630 | 0,846 | 0,706 | 0,893 | 0,451 | 0,631 | 1,000 | 0,730 |
| S | PR | Céu Azul | 1192º | 0,534 | 0,843 | 0,641 | 0,884 | 0,448 | 0,624 | 0,906 | 0,686 |
| CO | GO | Cezarina | 1756º | 0,527 | 0,670 | 0,623 | 0,798 | 0,492 | 0,587 | 0,931 | 0,650 |
| NE | PE | Chã de Alegria | 3320º | 0,442 | 0,305 | 0,659 | 0,481 | 0,335 | 0,478 | 0,916 | 0,523 |
| NE | PE | Chã Grande | 4623º | 0,217 | 0,359 | 0,477 | 0,388 | 0,223 | 0,508 | 0,819 | 0,436 |
| NE | AL | Chã Preta | 4541º | 0,266 | 0,280 | 0,546 | 0,257 | 0,263 | 0,356 | 1,000 | 0,441 |
| SE | MG | Chácara | 1613º | 0,598 | 0,657 | 0,702 | 0,762 | 0,211 | 0,636 | 1,000 | 0,658 |
| SE | MG | Chalé | 2722º | 0,218 | 0,583 | 0,670 | 0,665 | 0,343 | 0,606 | 1,000 | 0,580 |
| S | RS | Chapada | 1190º | 0,396 | 0,888 | 0,659 | 0,908 | 0,410 | 0,732 | 0,889 | 0,686 |
| N | TO | Chapada da Natividade | 4810º | 0,312 | 0,316 | 0,342 | 0,567 | 0,269 | 0,410 | 0,841 | 0,424 |
| N | TO | Chapada de Areia | 3179º | 0,377 | 0,444 | 0,540 | 0,603 | 0,263 | 0,538 | 1,000 | 0,537 |
| SE | MG | Chapada do Norte | 2848º | 0,704 | 0,428 | 0,639 | 0,519 | 0,172 | 0,395 | 1,000 | 0,567 |
| CO | MT | Chapada dos Guimarães | 2675º | 0,446 | 0,635 | 0,497 | 0,724 | 0,432 | 0,520 | 0,912 | 0,584 |
| SE | MG | Chapada Gaúcha | 3787º | 0,236 | 0,387 | 0,567 | 0,650 | 0,315 | 0,374 | 1,000 | 0,489 |
| CO | GO | Chapadão do Céu | 680º | 0,723 | 0,933 | 0,737 | 0,896 | 0,481 | 0,495 | 0,851 | 0,724 |
| S | SC | Chapadão do Lageado | 2820º | 0,180 | 0,639 | 0,640 | 0,838 | 0,329 | 0,511 | 1,000 | 0,570 |
| CO | MS | Chapadão do Sul | 776º | 0,661 | 0,882 | 0,640 | 0,901 | 0,580 | 0,531 | 0,921 | 0,716 |
| NE | MA | Chapadinha | 4917º | 0,249 | 0,258 | 0,394 | 0,425 | 0,317 | 0,356 | 0,950 | 0,416 |
| S | SC | Chapecó | 281º | 0,788 | 0,915 | 0,623 | 0,912 | 0,635 | 0,595 | 0,912 | 0,757 |
| SE | SP | Charqueada | 170º | 0,813 | 0,863 | 0,767 | 0,863 | 0,476 | 0,597 | 1,000 | 0,770 |

*a partir da melhor situação social ou maior IES

| Região | UF | Nome do Município 2010 | Posição* | Índice de Emprego | Índice de Pobreza | Índice de Desigualdade | Índice de Alfabetização | Índice de Escolaridade | Índice de Juventude | Índice de Violência | Índice de Exclusão |
|---|---|---|---|---|---|---|---|---|---|---|---|
| S | RS | Charqueadas | 483º | 0,663 | 0,830 | 0,694 | 0,898 | 0,503 | 0,683 | 0,956 | 0,739 |
| S | RS | Charrua | 3122º | 0,173 | 0,708 | 0,574 | 0,713 | 0,178 | 0,494 | 1,000 | 0,542 |
| NE | CE | Chaval | 4528º | 0,261 | 0,223 | 0,576 | 0,328 | 0,256 | 0,447 | 0,918 | 0,442 |
| SE | SP | Chavantes | 631º | 0,800 | 0,804 | 0,624 | 0,826 | 0,445 | 0,597 | 1,000 | 0,728 |
| N | PA | Chaves | 5554º | 0,063 | 0,171 | 0,258 | 0,278 | 0,000 | 0,223 | 0,975 | 0,284 |
| SE | MG | Chiador | 1871º | 0,656 | 0,754 | 0,355 | 0,779 | 0,382 | 0,620 | 1,000 | 0,643 |
| S | RS | Chiapetta | 2091º | 0,371 | 0,699 | 0,570 | 0,869 | 0,383 | 0,625 | 1,000 | 0,628 |
| S | PR | Chopinzinho | 2284º | 0,424 | 0,788 | 0,489 | 0,855 | 0,440 | 0,568 | 0,868 | 0,614 |
| NE | CE | Choró | 5303º | 0,159 | 0,199 | 0,437 | 0,335 | 0,232 | 0,398 | 0,838 | 0,374 |
| NE | CE | Chorozinho | 3964º | 0,379 | 0,328 | 0,583 | 0,388 | 0,255 | 0,476 | 0,835 | 0,476 |
| NE | BA | Chorrochó | 4870º | 0,126 | 0,259 | 0,433 | 0,368 | 0,323 | 0,428 | 1,000 | 0,419 |
| S | RS | Chuí | 2341º | 0,345 | 0,671 | 0,596 | 0,953 | 0,361 | 0,537 | 1,000 | 0,610 |
| N | RO | Chupinguaia | 2541º | 0,547 | 0,643 | 0,635 | 0,761 | 0,262 | 0,424 | 0,937 | 0,596 |
| S | RS | Chuvisca | 3181º | 0,059 | 0,626 | 0,660 | 0,803 | 0,127 | 0,577 | 1,000 | 0,537 |
| S | PR | Cianorte | 293º | 0,657 | 0,922 | 0,752 | 0,903 | 0,553 | 0,631 | 0,918 | 0,755 |
| NE | BA | Cícero Dantas | 4283º | 0,155 | 0,406 | 0,513 | 0,329 | 0,226 | 0,555 | 0,903 | 0,457 |
| S | PR | Cidade Gaúcha | 1000º | 0,690 | 0,859 | 0,726 | 0,779 | 0,456 | 0,569 | 0,812 | 0,701 |
| CO | GO | Cidade Ocidental | 2290º | 0,634 | 0,697 | 0,541 | 0,848 | 0,555 | 0,459 | 0,712 | 0,614 |
| NE | MA | Cidelândia | 3804º | 0,334 | 0,352 | 0,639 | 0,458 | 0,245 | 0,379 | 0,962 | 0,488 |
| S | RS | Cidreira | 1481º | 0,446 | 0,813 | 0,579 | 0,916 | 0,487 | 0,611 | 0,959 | 0,667 |
| NE | BA | Cipó | 4314º | 0,160 | 0,350 | 0,497 | 0,503 | 0,333 | 0,459 | 0,934 | 0,456 |
| SE | MG | Cipotânea | 3474º | 0,229 | 0,431 | 0,577 | 0,762 | 0,167 | 0,593 | 0,921 | 0,511 |
| S | RS | Ciríaco | 2167º | 0,259 | 0,839 | 0,668 | 0,864 | 0,357 | 0,675 | 0,789 | 0,623 |
| SE | MG | Claraval | 1741º | 0,414 | 0,775 | 0,722 | 0,871 | 0,260 | 0,571 | 1,000 | 0,651 |
| SE | MG | Claro dos Poções | 2521º | 0,321 | 0,541 | 0,726 | 0,661 | 0,391 | 0,564 | 1,000 | 0,598 |
| CO | MT | Cláudia | 2734º | 0,527 | 0,715 | 0,503 | 0,785 | 0,319 | 0,470 | 0,811 | 0,579 |

*a partir da melhor situação social ou maior IES

| Região | UF | Nome do Município 2010 | Posição* | Índice de Emprego | Índice de Pobreza | Índice de Desigualdade | Índice de Alfabetização | Índice de Escolaridade | Índice de Juventude | Índice de Violência | Índice de Exclusão |
|---|---|---|---|---|---|---|---|---|---|---|---|
| SE | MG | Cláudio | 570º | 0,722 | 0,854 | 0,769 | 0,907 | 0,345 | 0,603 | 0,939 | 0,733 |
| SE | SP | Clementina | 79º | 0,866 | 0,866 | 0,824 | 0,814 | 0,468 | 0,608 | 1,000 | 0,787 |
| S | PR | Clevelândia | 2446º | 0,483 | 0,688 | 0,469 | 0,785 | 0,371 | 0,510 | 1,000 | 0,602 |
| NE | BA | Coaraci | 4388º | 0,327 | 0,363 | 0,466 | 0,500 | 0,335 | 0,531 | 0,653 | 0,451 |
| N | AM | Coari | 5058º | 0,252 | 0,355 | 0,353 | 0,531 | 0,299 | 0,254 | 0,884 | 0,403 |
| NE | PI | Cocal | 5294º | 0,113 | 0,241 | 0,457 | 0,224 | 0,124 | 0,390 | 0,960 | 0,375 |
| NE | PI | Cocal de Telha | 4324º | 0,262 | 0,315 | 0,545 | 0,299 | 0,101 | 0,504 | 1,000 | 0,455 |
| S | SC | Cocal do Sul | 94º | 0,751 | 0,921 | 0,816 | 0,952 | 0,606 | 0,644 | 0,863 | 0,785 |
| NE | PI | Cocal dos Alves | 5220º | 0,256 | 0,211 | 0,408 | 0,269 | 0,095 | 0,435 | 0,907 | 0,385 |
| CO | MT | Cocalinho | 2939º | 0,413 | 0,683 | 0,603 | 0,637 | 0,325 | 0,524 | 0,716 | 0,559 |
| CO | GO | Cocalzinho de Goiás | 2908º | 0,486 | 0,575 | 0,605 | 0,747 | 0,283 | 0,503 | 0,791 | 0,562 |
| NE | BA | Cocos | 4337º | 0,239 | 0,317 | 0,466 | 0,500 | 0,234 | 0,469 | 0,971 | 0,454 |
| N | AM | Codajás | 5409º | 0,106 | 0,198 | 0,368 | 0,504 | 0,306 | 0,252 | 0,888 | 0,354 |
| NE | MA | Codó | 4988º | 0,237 | 0,290 | 0,434 | 0,323 | 0,283 | 0,388 | 0,868 | 0,410 |
| NE | MA | Coelho Neto | 4915º | 0,323 | 0,246 | 0,488 | 0,364 | 0,251 | 0,359 | 0,844 | 0,416 |
| SE | MG | Coimbra | 2130º | 0,389 | 0,614 | 0,675 | 0,834 | 0,305 | 0,633 | 1,000 | 0,625 |
| NE | AL | Coité do Nóia | 5130º | 0,180 | 0,269 | 0,547 | 0,206 | 0,127 | 0,424 | 0,857 | 0,396 |
| NE | PI | Coivaras | 4509º | 0,108 | 0,241 | 0,611 | 0,329 | 0,221 | 0,505 | 1,000 | 0,443 |
| N | PA | Colares | 4789º | 0,139 | 0,252 | 0,463 | 0,726 | 0,296 | 0,364 | 0,954 | 0,425 |
| SE | ES | Colatina | 1258º | 0,690 | 0,807 | 0,554 | 0,844 | 0,517 | 0,647 | 0,772 | 0,681 |
| CO | MT | Colíder | 2454º | 0,494 | 0,716 | 0,432 | 0,785 | 0,397 | 0,559 | 0,915 | 0,601 |
| SE | SP | Colina | 341º | 0,767 | 0,826 | 0,662 | 0,885 | 0,556 | 0,635 | 0,970 | 0,750 |
| S | RS | Colinas | 618º | 0,470 | 0,939 | 0,637 | 0,960 | 0,333 | 0,815 | 1,000 | 0,729 |
| NE | MA | Colinas | 5212º | 0,200 | 0,268 | 0,339 | 0,325 | 0,265 | 0,345 | 0,947 | 0,386 |
| CO | GO | Colinas do Sul | 3055º | 0,325 | 0,519 | 0,560 | 0,687 | 0,372 | 0,466 | 1,000 | 0,549 |
| N | TO | Colinas do Tocantins | 2998º | 0,416 | 0,584 | 0,428 | 0,756 | 0,464 | 0,474 | 0,899 | 0,554 |

*a partir da melhor situação social ou maior IES

| Região | UF | Nome do Município 2010 | Posição* | Índice de Emprego | Índice de Pobreza | Índice de Desigualdade | Índice de Alfabetização | Índice de Escolaridade | Índice de Juventude | Índice de Violência | Índice de Exclusão |
|---|---|---|---|---|---|---|---|---|---|---|---|
| N | TO | Colméia | 3026º | 0,315 | 0,567 | 0,577 | 0,627 | 0,389 | 0,539 | 0,879 | 0,551 |
| CO | MT | Colniza | 4731º | 0,235 | 0,483 | 0,407 | 0,728 | 0,202 | 0,412 | 0,685 | 0,428 |
| SE | SP | Colômbia | 836º | 0,723 | 0,814 | 0,763 | 0,802 | 0,456 | 0,591 | 0,826 | 0,713 |
| S | PR | Colombo | 1203º | 0,759 | 0,847 | 0,741 | 0,893 | 0,465 | 0,516 | 0,636 | 0,686 |
| NE | PI | Colônia do Gurguéia | 3847º | 0,200 | 0,346 | 0,595 | 0,512 | 0,331 | 0,436 | 1,000 | 0,485 |
| NE | PI | Colônia do Piauí | 4230º | 0,218 | 0,362 | 0,571 | 0,265 | 0,169 | 0,472 | 1,000 | 0,460 |
| NE | AL | Colônia Leopoldina | 4865º | 0,462 | 0,277 | 0,511 | 0,209 | 0,185 | 0,349 | 0,766 | 0,420 |
| S | PR | Colorado | 314º | 0,674 | 0,916 | 0,708 | 0,829 | 0,524 | 0,666 | 0,953 | 0,753 |
| S | RS | Colorado | 1201º | 0,359 | 0,866 | 0,574 | 0,931 | 0,426 | 0,758 | 1,000 | 0,686 |
| N | RO | Colorado do Oeste | 2519º | 0,437 | 0,617 | 0,559 | 0,748 | 0,402 | 0,552 | 0,944 | 0,598 |
| SE | MG | Coluna | 4235º | 0,184 | 0,420 | 0,573 | 0,579 | 0,196 | 0,472 | 0,827 | 0,460 |
| N | TO | Combinado | 3034º | 0,291 | 0,534 | 0,551 | 0,650 | 0,430 | 0,477 | 1,000 | 0,550 |
| SE | MG | Comendador Gomes | 1805º | 0,523 | 0,768 | 0,682 | 0,847 | 0,317 | 0,611 | 0,825 | 0,647 |
| SE | RJ | Comendador Levy Gasparian | 819º | 0,715 | 0,719 | 0,697 | 0,864 | 0,406 | 0,624 | 1,000 | 0,714 |
| SE | MG | Comercinho | 3761º | 0,226 | 0,381 | 0,600 | 0,519 | 0,194 | 0,497 | 1,000 | 0,491 |
| CO | MT | Comodoro | 2956º | 0,498 | 0,651 | 0,488 | 0,703 | 0,371 | 0,452 | 0,800 | 0,557 |
| NE | PB | Conceição | 4545º | 0,180 | 0,329 | 0,469 | 0,284 | 0,274 | 0,528 | 0,915 | 0,440 |
| SE | MG | Conceição da Aparecida | 2300º | 0,316 | 0,765 | 0,667 | 0,832 | 0,275 | 0,609 | 0,894 | 0,613 |
| SE | ES | Conceição da Barra | 3381º | 0,510 | 0,517 | 0,538 | 0,710 | 0,396 | 0,474 | 0,579 | 0,519 |
| SE | MG | Conceição da Barra de Minas | 2175º | 0,439 | 0,650 | 0,590 | 0,842 | 0,295 | 0,619 | 1,000 | 0,622 |
| NE | BA | Conceição da Feira | 3379º | 0,347 | 0,390 | 0,447 | 0,671 | 0,433 | 0,517 | 0,949 | 0,519 |
| SE | MG | Conceição das Alagoas | 1568º | 0,661 | 0,808 | 0,538 | 0,829 | 0,331 | 0,565 | 0,932 | 0,662 |

*a partir da melhor situação social ou maior IES

| Região | UF | Nome do Município 2010 | Posição* | Índice de Emprego | Índice de Pobreza | Índice de Desigualdade | Índice de Alfabetização | Índice de Escolaridade | Índice de Juventude | Índice de Violência | Índice de Exclusão |
|---|---|---|---|---|---|---|---|---|---|---|---|
| SE | MG | Conceição das Pedras | 2567º | 0,299 | 0,574 | 0,613 | 0,834 | 0,278 | 0,662 | 1,000 | 0,594 |
| SE | MG | Conceição de Ipanema | 3012º | 0,198 | 0,592 | 0,508 | 0,702 | 0,288 | 0,644 | 1,000 | 0,553 |
| SE | RJ | Conceição de Macabu | 1485º | 0,602 | 0,728 | 0,603 | 0,804 | 0,571 | 0,569 | 0,877 | 0,667 |
| NE | BA | Conceição do Almeida | 3684º | 0,295 | 0,302 | 0,429 | 0,594 | 0,327 | 0,590 | 1,000 | 0,496 |
| N | PA | Conceição do Araguaia | 3574º | 0,297 | 0,495 | 0,522 | 0,665 | 0,382 | 0,428 | 0,840 | 0,503 |
| NE | PI | Conceição do Canindé | 4748º | 0,106 | 0,271 | 0,520 | 0,325 | 0,212 | 0,484 | 1,000 | 0,427 |
| SE | ES | Conceição do Castelo | 2544º | 0,334 | 0,658 | 0,557 | 0,742 | 0,333 | 0,604 | 1,000 | 0,596 |
| NE | BA | Conceição do Coité | 3612º | 0,230 | 0,425 | 0,598 | 0,580 | 0,318 | 0,508 | 0,883 | 0,501 |
| NE | BA | Conceição do Jacuípe | 2815º | 0,456 | 0,536 | 0,617 | 0,728 | 0,452 | 0,564 | 0,724 | 0,570 |
| NE | MA | Conceição do Lago-Açu | 5473º | 0,066 | 0,176 | 0,576 | 0,157 | 0,096 | 0,259 | 0,892 | 0,337 |
| SE | MG | Conceição do Mato Dentro | 3011º | 0,366 | 0,546 | 0,593 | 0,649 | 0,250 | 0,480 | 1,000 | 0,553 |
| SE | MG | Conceição do Pará | 1095º | 0,617 | 0,802 | 0,734 | 0,827 | 0,347 | 0,625 | 0,899 | 0,693 |
| SE | MG | Conceição do Rio Verde | 1996º | 0,676 | 0,636 | 0,529 | 0,752 | 0,294 | 0,559 | 1,000 | 0,634 |
| N | TO | Conceição do Tocantins | 4559º | 0,231 | 0,384 | 0,505 | 0,525 | 0,280 | 0,332 | 0,876 | 0,440 |
| SE | MG | Conceição dos Ouros | 992º | 0,614 | 0,767 | 0,799 | 0,889 | 0,357 | 0,574 | 0,950 | 0,702 |
| SE | SP | Conchal | 787º | 0,761 | 0,808 | 0,688 | 0,809 | 0,411 | 0,563 | 0,959 | 0,716 |
| SE | SP | Conchas | 904º | 0,629 | 0,817 | 0,608 | 0,877 | 0,476 | 0,616 | 1,000 | 0,708 |
| S | SC | Concórdia | 241º | 0,684 | 0,913 | 0,648 | 0,919 | 0,640 | 0,664 | 0,955 | 0,762 |

*a partir da melhor situação social ou maior IES

ATLAS DA EXCLUSÃO SOCIAL NO BRASIL                           167

| Região | UF | Nome do Município 2010 | Posição* | Índice de Emprego | Índice de Pobreza | Índice de Desigualdade | Índice de Alfabetização | Índice de Escolaridade | Índice de Juventude | Índice de Violência | Índice de Exclusão |
|---|---|---|---|---|---|---|---|---|---|---|---|
| N | PA | Concórdia do Pará | 4882º | 0,243 | 0,289 | 0,577 | 0,471 | 0,210 | 0,304 | 0,853 | 0,418 |
| NE | PB | Condado | 3824º | 0,183 | 0,406 | 0,618 | 0,371 | 0,243 | 0,555 | 0,921 | 0,486 |
| NE | PE | Condado | 3852º | 0,456 | 0,331 | 0,511 | 0,429 | 0,329 | 0,476 | 0,807 | 0,484 |
| NE | PB | Conde | 4290º | 0,422 | 0,359 | 0,512 | 0,506 | 0,311 | 0,436 | 0,660 | 0,457 |
| NE | BA | Conde | 5318º | 0,252 | 0,229 | 0,328 | 0,465 | 0,227 | 0,343 | 0,824 | 0,372 |
| NE | BA | Condeúba | 3859º | 0,191 | 0,382 | 0,593 | 0,472 | 0,165 | 0,530 | 1,000 | 0,484 |
| S | RS | Condor | 1405º | 0,516 | 0,803 | 0,583 | 0,896 | 0,384 | 0,614 | 1,000 | 0,672 |
| SE | MG | Cônego Marinho | 4075º | 0,204 | 0,331 | 0,532 | 0,622 | 0,250 | 0,442 | 1,000 | 0,470 |
| SE | MG | Confins | 441º | 0,742 | 0,786 | 0,675 | 0,922 | 0,575 | 0,592 | 1,000 | 0,743 |
| CO | MT | Confresa | 3833º | 0,332 | 0,512 | 0,402 | 0,731 | 0,295 | 0,450 | 0,814 | 0,485 |
| NE | PB | Congo | 4480º | 0,176 | 0,352 | 0,589 | 0,354 | 0,263 | 0,521 | 0,778 | 0,445 |
| SE | MG | Congonhal | 1387º | 0,472 | 0,726 | 0,669 | 0,816 | 0,387 | 0,681 | 1,000 | 0,673 |
| SE | MG | Congonhas | 641º | 0,789 | 0,794 | 0,578 | 0,913 | 0,567 | 0,597 | 0,946 | 0,727 |
| SE | MG | Congonhas do Norte | 3944º | 0,347 | 0,403 | 0,590 | 0,467 | 0,211 | 0,473 | 0,790 | 0,477 |
| S | PR | Congonhinhas | 2770º | 0,347 | 0,587 | 0,575 | 0,674 | 0,303 | 0,570 | 1,000 | 0,576 |
| SE | MG | Conquista | 465º | 0,782 | 0,839 | 0,688 | 0,800 | 0,423 | 0,617 | 1,000 | 0,741 |
| CO | MT | Conquista D'Oeste | 1830º | 0,553 | 0,734 | 0,605 | 0,729 | 0,443 | 0,480 | 1,000 | 0,645 |
| SE | MG | Conselheiro Lafaiete | 448º | 0,712 | 0,826 | 0,590 | 0,945 | 0,646 | 0,643 | 0,960 | 0,742 |
| S | PR | Conselheiro Mairinck | 2098º | 0,365 | 0,666 | 0,633 | 0,812 | 0,444 | 0,578 | 1,000 | 0,627 |
| SE | MG | Conselheiro Pena | 3054º | 0,335 | 0,526 | 0,555 | 0,693 | 0,300 | 0,563 | 0,930 | 0,549 |
| SE | MG | Consolação | 1973º | 0,321 | 0,637 | 0,830 | 0,763 | 0,292 | 0,623 | 1,000 | 0,636 |
| S | RS | Constantina | 1655º | 0,353 | 0,788 | 0,650 | 0,842 | 0,445 | 0,653 | 0,947 | 0,656 |
| SE | MG | Contagem | 793º | 0,742 | 0,810 | 0,597 | 0,934 | 0,632 | 0,627 | 0,791 | 0,715 |
| S | PR | Contenda | 1902º | 0,481 | 0,746 | 0,629 | 0,901 | 0,362 | 0,551 | 0,935 | 0,642 |
| NE | BA | Contendas do Sincorá | 3855º | 0,182 | 0,358 | 0,561 | 0,460 | 0,250 | 0,544 | 1,000 | 0,484 |

*a partir da melhor situação social ou maior IES

| Região | UF | Nome do Município 2010 | Posição* | Índice de Emprego | Índice de Pobreza | Índice de Desigualdade | Índice de Alfabetização | Índice de Escolaridade | Índice de Juventude | Índice de Violência | Índice de Exclusão |
|---|---|---|---|---|---|---|---|---|---|---|---|
| SE | MG | Coqueiral | 1908º | 0,554 | 0,617 | 0,607 | 0,859 | 0,354 | 0,587 | 1,000 | 0,641 |
| S | RS | Coqueiro Baixo | 1963º | 0,131 | 0,810 | 0,703 | 0,881 | 0,165 | 0,816 | 1,000 | 0,637 |
| NE | AL | Coqueiro Seco | 4513º | 0,539 | 0,383 | 0,583 | 0,388 | 0,291 | 0,474 | 0,341 | 0,443 |
| S | RS | Coqueiros do Sul | 2240º | 0,163 | 0,875 | 0,505 | 0,912 | 0,297 | 0,706 | 1,000 | 0,618 |
| SE | MG | Coração de Jesus | 3683º | 0,162 | 0,359 | 0,593 | 0,625 | 0,334 | 0,507 | 0,980 | 0,496 |
| NE | BA | Coração de Maria | 3996º | 0,224 | 0,325 | 0,532 | 0,570 | 0,290 | 0,487 | 0,954 | 0,475 |
| S | PR | Corbélia | 1565º | 0,534 | 0,826 | 0,624 | 0,862 | 0,473 | 0,594 | 0,809 | 0,662 |
| SE | RJ | Cordeiro | 599º | 0,702 | 0,814 | 0,621 | 0,889 | 0,589 | 0,633 | 0,949 | 0,730 |
| SE | SP | Cordeirópolis | 217º | 0,810 | 0,880 | 0,678 | 0,907 | 0,533 | 0,615 | 0,975 | 0,765 |
| NE | BA | Cordeiros | 3765º | 0,193 | 0,369 | 0,672 | 0,490 | 0,170 | 0,549 | 0,936 | 0,491 |
| S | SC | Cordilheira Alta | 288º | 0,628 | 0,912 | 0,785 | 0,923 | 0,422 | 0,651 | 1,000 | 0,756 |
| SE | MG | Cordisburgo | 2029º | 0,425 | 0,627 | 0,663 | 0,793 | 0,325 | 0,638 | 1,000 | 0,632 |
| SE | MG | Cordislândia | 2011º | 0,577 | 0,614 | 0,670 | 0,712 | 0,300 | 0,544 | 1,000 | 0,633 |
| NE | CE | Coreaú | 4627º | 0,212 | 0,251 | 0,563 | 0,279 | 0,290 | 0,428 | 0,929 | 0,435 |
| NE | PB | Coremas | 4386º | 0,127 | 0,349 | 0,547 | 0,292 | 0,252 | 0,514 | 0,966 | 0,451 |
| CO | MS | Corguinho | 2882º | 0,463 | 0,648 | 0,518 | 0,732 | 0,293 | 0,557 | 0,786 | 0,564 |
| NE | BA | Coribe | 4679º | 0,159 | 0,288 | 0,421 | 0,419 | 0,248 | 0,516 | 0,964 | 0,432 |
| SE | MG | Corinto | 2493º | 0,527 | 0,598 | 0,501 | 0,809 | 0,363 | 0,578 | 0,913 | 0,599 |
| S | PR | Cornélio Procópio | 685º | 0,655 | 0,847 | 0,611 | 0,879 | 0,632 | 0,665 | 0,867 | 0,724 |
| SE | MG | Coroaci | 3193º | 0,267 | 0,488 | 0,576 | 0,702 | 0,249 | 0,535 | 1,000 | 0,535 |
| SE | SP | Coroados | 445º | 0,706 | 0,870 | 0,800 | 0,872 | 0,403 | 0,636 | 0,901 | 0,742 |
| NE | MA | Coroatá | 5251º | 0,116 | 0,237 | 0,411 | 0,325 | 0,219 | 0,392 | 0,941 | 0,381 |
| SE | MG | Coromandel | 1582º | 0,501 | 0,812 | 0,563 | 0,850 | 0,373 | 0,644 | 0,943 | 0,660 |
| S | RS | Coronel Barros | 1651º | 0,287 | 0,927 | 0,522 | 0,953 | 0,268 | 0,743 | 1,000 | 0,656 |
| S | RS | Coronel Bicaco | 2821º | 0,338 | 0,625 | 0,547 | 0,794 | 0,327 | 0,597 | 0,866 | 0,570 |

*a partir da melhor situação social ou maior IES)

# ATLAS DA EXCLUSÃO SOCIAL NO BRASIL

| Região | UF | Nome do Município 2010 | Posição* | Índice de Emprego | Índice de Pobreza | Índice de Desigualdade | Índice de Alfabetização | Índice de Escolaridade | Índice de Juventude | Índice de Violência | Índice de Exclusão |
|---|---|---|---|---|---|---|---|---|---|---|---|
| S | PR | Coronel Domingos Soares | 3470º | 0,386 | 0,470 | 0,509 | 0,794 | 0,218 | 0,418 | 0,928 | 0,512 |
| NE | RN | Coronel Ezequiel | 4875º | 0,197 | 0,303 | 0,495 | 0,366 | 0,199 | 0,500 | 0,808 | 0,419 |
| SE | MG | Coronel Fabriciano | 1128º | 0,691 | 0,744 | 0,591 | 0,880 | 0,565 | 0,606 | 0,865 | 0,691 |
| S | SC | Coronel Freitas | 869º | 0,504 | 0,896 | 0,759 | 0,857 | 0,385 | 0,642 | 0,949 | 0,711 |
| NE | RN | Coronel João Pessoa | 4900º | 0,157 | 0,311 | 0,592 | 0,274 | 0,274 | 0,432 | 0,782 | 0,417 |
| NE | BA | Coronel João Sá | 4950º | 0,140 | 0,298 | 0,610 | 0,240 | 0,147 | 0,427 | 0,878 | 0,413 |
| NE | PI | Coronel José Dias | 5078º | 0,202 | 0,264 | 0,439 | 0,325 | 0,204 | 0,528 | 0,771 | 0,401 |
| SE | SP | Coronel Macedo | 2016º | 0,508 | 0,625 | 0,665 | 0,758 | 0,312 | 0,579 | 1,000 | 0,633 |
| S | SC | Coronel Martins | 3300º | 0,248 | 0,635 | 0,636 | 0,795 | 0,345 | 0,563 | 0,577 | 0,525 |
| SE | MG | Coronel Murta | 3390º | 0,257 | 0,378 | 0,602 | 0,616 | 0,292 | 0,526 | 1,000 | 0,518 |
| SE | MG | Coronel Pacheco | 936º | 0,650 | 0,734 | 0,733 | 0,787 | 0,328 | 0,666 | 1,000 | 0,705 |
| S | RS | Coronel Pilar | 1418º | 0,079 | 0,919 | 0,827 | 0,932 | 0,207 | 0,792 | 1,000 | 0,671 |
| CO | MS | Coronel Sapucaia | 4975º | 0,304 | 0,448 | 0,475 | 0,637 | 0,207 | 0,349 | 0,556 | 0,411 |
| S | PR | Coronel Vivida | 1822º | 0,525 | 0,763 | 0,637 | 0,850 | 0,437 | 0,582 | 0,809 | 0,645 |
| SE | MG | Coronel Xavier Chaves | 2184º | 0,504 | 0,580 | 0,524 | 0,908 | 0,334 | 0,640 | 1,000 | 0,622 |
| SE | MG | Córrego Danta | 1588º | 0,467 | 0,721 | 0,623 | 0,828 | 0,354 | 0,677 | 1,000 | 0,660 |
| SE | MG | Córrego do Bom Jesus | 1257º | 0,363 | 0,732 | 0,807 | 0,785 | 0,364 | 0,717 | 1,000 | 0,681 |
| CO | GO | Córrego do Ouro | 1773º | 0,416 | 0,757 | 0,608 | 0,808 | 0,377 | 0,634 | 1,000 | 0,649 |

*a partir da melhor situação social ou maior IES

| Região | UF | Nome do Município 2010 | Posição* | Índice de Emprego | Índice de Pobreza | Índice de Desigualdade | Índice de Alfabetização | Índice de Escolaridade | Índice de Juventude | Índice de Violência | Índice de Exclusão |
|---|---|---|---|---|---|---|---|---|---|---|---|
| SE | MG | Córrego Fundo | 622º | 0,627 | 0,750 | 0,915 | 0,811 | 0,293 | 0,645 | 1,000 | 0,728 |
| SE | MG | Córrego Novo | 3058º | 0,549 | 0,497 | 0,713 | 0,590 | 0,168 | 0,569 | 0,667 | 0,549 |
| S | SC | Correia Pinto | 1828º | 0,621 | 0,710 | 0,585 | 0,818 | 0,411 | 0,541 | 0,894 | 0,645 |
| NE | PI | Corrente | 3950º | 0,270 | 0,432 | 0,387 | 0,550 | 0,415 | 0,410 | 0,959 | 0,477 |
| NE | PE | Correntes | 5138º | 0,209 | 0,282 | 0,537 | 0,313 | 0,212 | 0,461 | 0,671 | 0,396 |
| NE | BA | Correntina | 4002º | 0,266 | 0,392 | 0,419 | 0,525 | 0,273 | 0,473 | 1,000 | 0,475 |
| NE | PE | Cortês | 3496º | 0,591 | 0,269 | 0,622 | 0,400 | 0,246 | 0,413 | 0,916 | 0,510 |
| CO | MS | Corumbá | 2405º | 0,551 | 0,661 | 0,476 | 0,844 | 0,506 | 0,476 | 0,880 | 0,605 |
| CO | GO | Corumbá de Goiás | 2496º | 0,408 | 0,637 | 0,553 | 0,713 | 0,353 | 0,567 | 1,000 | 0,599 |
| CO | GO | Corumbaíba | 1591º | 0,568 | 0,735 | 0,630 | 0,799 | 0,370 | 0,609 | 0,936 | 0,660 |
| SE | SP | Corumbataí | 531º | 0,780 | 0,828 | 0,623 | 0,870 | 0,468 | 0,609 | 1,000 | 0,735 |
| S | PR | Corumbataí do Sul | 2536º | 0,308 | 0,631 | 0,735 | 0,633 | 0,224 | 0,589 | 1,000 | 0,596 |
| N | RO | Corumbiara | 2974º | 0,337 | 0,566 | 0,616 | 0,744 | 0,182 | 0,495 | 1,000 | 0,556 |
| S | SC | Corupá | 461º | 0,707 | 0,902 | 0,620 | 0,939 | 0,463 | 0,623 | 1,000 | 0,741 |
| NE | AL | Coruripe | 4432º | 0,419 | 0,347 | 0,510 | 0,529 | 0,278 | 0,406 | 0,671 | 0,448 |
| SE | SP | Cosmópolis | 536º | 0,764 | 0,843 | 0,667 | 0,888 | 0,565 | 0,595 | 0,885 | 0,735 |
| SE | SP | Cosmorama | 616º | 0,523 | 0,817 | 0,759 | 0,828 | 0,439 | 0,737 | 1,000 | 0,729 |
| N | RO | Costa Marques | 3961º | 0,296 | 0,472 | 0,542 | 0,791 | 0,280 | 0,360 | 0,772 | 0,476 |
| CO | MS | Costa Rica | 1153º | 0,602 | 0,812 | 0,635 | 0,815 | 0,419 | 0,574 | 1,000 | 0,690 |
| NE | BA | Cotegipe | 4587º | 0,173 | 0,295 | 0,474 | 0,392 | 0,270 | 0,441 | 1,000 | 0,438 |
| SE | SP | Cotia | 1225º | 0,694 | 0,818 | 0,422 | 0,902 | 0,653 | 0,566 | 0,891 | 0,684 |
| S | RS | Cotiporã | 591º | 0,327 | 0,959 | 0,806 | 0,926 | 0,355 | 0,781 | 1,000 | 0,731 |
| CO | MT | Cotriguaçu | 4289º | 0,246 | 0,470 | 0,435 | 0,761 | 0,169 | 0,408 | 0,861 | 0,457 |
| SE | MG | Couto de Magalhães de Minas | 2936º | 0,488 | 0,466 | 0,648 | 0,811 | 0,369 | 0,504 | 0,753 | 0,559 |
| N | TO | Couto Magalhães | 4405º | 0,216 | 0,317 | 0,485 | 0,614 | 0,318 | 0,420 | 0,896 | 0,450 |

*a partir da melhor situação social ou maior IES

ATLAS DA EXCLUSÃO SOCIAL NO BRASIL 171

| Região | UF | Nome do Município 2010 | Posição* | Índice de Emprego | Índice de Pobreza | Índice de Desigualdade | Índice de Alfabetização | Índice de Escolaridade | Índice de Juventude | Índice de Violência | Índice de Exclusão |
|---|---|---|---|---|---|---|---|---|---|---|---|
| S | RS | Coxilha | 1600º | 0,575 | 0,697 | 0,585 | 0,865 | 0,349 | 0,614 | 1,000 | 0,659 |
| CO | MS | Coxim | 1864º | 0,548 | 0,729 | 0,547 | 0,779 | 0,405 | 0,576 | 0,968 | 0,643 |
| NE | PB | Coxixola | 3767º | 0,166 | 0,437 | 0,607 | 0,579 | 0,314 | 0,650 | 0,706 | 0,491 |
| NE | AL | Craíbas | 5372º | 0,106 | 0,220 | 0,527 | 0,161 | 0,136 | 0,394 | 0,839 | 0,362 |
| NE | CE | Crateús | 4068º | 0,249 | 0,385 | 0,379 | 0,483 | 0,336 | 0,538 | 0,943 | 0,471 |
| NE | CE | Crato | 3021º | 0,430 | 0,503 | 0,446 | 0,698 | 0,593 | 0,521 | 0,812 | 0,552 |
| SE | SP | Cravinhos | 187º | 0,776 | 0,894 | 0,721 | 0,874 | 0,535 | 0,610 | 0,984 | 0,768 |
| NE | BA | Cravolândia | 3977º | 0,250 | 0,319 | 0,528 | 0,430 | 0,305 | 0,472 | 1,000 | 0,476 |
| S | SC | Criciúma | 181º | 0,760 | 0,926 | 0,613 | 0,935 | 0,655 | 0,631 | 0,954 | 0,769 |
| SE | MG | Crisólita | 4516º | 0,171 | 0,366 | 0,559 | 0,293 | 0,116 | 0,448 | 1,000 | 0,442 |
| NE | BA | Crisópolis | 5507º | 0,068 | 0,261 | 0,429 | 0,419 | 0,108 | 0,444 | 0,559 | 0,324 |
| S | RS | Crissiumal | 1251º | 0,370 | 0,836 | 0,750 | 0,916 | 0,327 | 0,679 | 0,963 | 0,682 |
| SE | MG | Cristais | 2015º | 0,589 | 0,764 | 0,429 | 0,820 | 0,227 | 0,631 | 1,000 | 0,633 |
| SE | SP | Cristais Paulista | 907º | 0,674 | 0,830 | 0,618 | 0,848 | 0,506 | 0,597 | 0,931 | 0,707 |
| S | RS | Cristal | 2268º | 0,362 | 0,752 | 0,679 | 0,802 | 0,227 | 0,590 | 0,929 | 0,616 |
| S | RS | Cristal do Sul | 3095º | 0,174 | 0,598 | 0,674 | 0,763 | 0,251 | 0,616 | 0,816 | 0,545 |
| N | TO | Cristalândia | 3081º | 0,379 | 0,528 | 0,438 | 0,760 | 0,424 | 0,513 | 0,928 | 0,546 |
| NE | PI | Cristalândia do Piauí | 5263º | 0,156 | 0,191 | 0,369 | 0,402 | 0,240 | 0,400 | 0,934 | 0,380 |
| SE | MG | Cristália | 4461º | 0,302 | 0,244 | 0,542 | 0,616 | 0,231 | 0,294 | 1,000 | 0,446 |
| CO | GO | Cristalina | 2883º | 0,513 | 0,685 | 0,444 | 0,797 | 0,436 | 0,464 | 0,743 | 0,564 |
| SE | MG | Cristiano Otoni | 2225º | 0,467 | 0,655 | 0,690 | 0,895 | 0,394 | 0,566 | 0,792 | 0,619 |
| CO | GO | Cristianópolis | 2275º | 0,471 | 0,708 | 0,539 | 0,878 | 0,391 | 0,622 | 0,823 | 0,615 |
| SE | MG | Cristina | 2075º | 0,441 | 0,601 | 0,697 | 0,831 | 0,274 | 0,617 | 1,000 | 0,629 |
| NE | SE | Cristinápolis | 4720º | 0,219 | 0,258 | 0,588 | 0,353 | 0,191 | 0,358 | 0,969 | 0,429 |
| NE | PI | Cristino Castro | 4919º | 0,172 | 0,338 | 0,406 | 0,427 | 0,212 | 0,410 | 0,948 | 0,416 |
| NE | BA | Cristópolis | 4271º | 0,182 | 0,327 | 0,501 | 0,358 | 0,289 | 0,488 | 1,000 | 0,458 |

*a partir da melhor situação social ou maior IES)

| Região | UF | Nome do Município 2010 | Posição* | Índice de Emprego | Índice de Pobreza | Índice de Desigualdade | Índice de Alfabetização | Índice de Escolaridade | Índice de Juventude | Índice de Violência | Índice de Exclusão |
|---|---|---|---|---|---|---|---|---|---|---|---|
| CO | GO | Crixás | 2063º | 0,539 | 0,641 | 0,476 | 0,771 | 0,483 | 0,588 | 1,000 | 0,630 |
| N | TO | Crixás do Tocantins | 2950º | 0,295 | 0,498 | 0,644 | 0,773 | 0,316 | 0,491 | 1,000 | 0,558 |
| NE | CE | Croatá | 5268º | 0,106 | 0,197 | 0,423 | 0,307 | 0,158 | 0,411 | 1,000 | 0,379 |
| CO | GO | Cromínia | 2385º | 0,413 | 0,649 | 0,550 | 0,800 | 0,415 | 0,659 | 0,854 | 0,607 |
| SE | MG | Crucilândia | 2266º | 0,319 | 0,653 | 0,712 | 0,725 | 0,244 | 0,654 | 1,000 | 0,616 |
| NE | CE | Cruz | 4719º | 0,103 | 0,330 | 0,425 | 0,544 | 0,265 | 0,446 | 0,977 | 0,429 |
| S | RS | Cruz Alta | 1399º | 0,604 | 0,796 | 0,508 | 0,910 | 0,568 | 0,621 | 0,843 | 0,673 |
| NE | BA | Cruz das Almas | 2526º | 0,500 | 0,500 | 0,448 | 0,760 | 0,635 | 0,585 | 0,911 | 0,597 |
| NE | PB | Cruz do Espírito Santo | 3698º | 0,409 | 0,257 | 0,712 | 0,292 | 0,163 | 0,444 | 1,000 | 0,495 |
| S | PR | Cruz Machado | 3420º | 0,221 | 0,526 | 0,500 | 0,873 | 0,253 | 0,495 | 0,942 | 0,516 |
| SE | SP | Cruzália | 294º | 0,643 | 0,793 | 0,704 | 0,862 | 0,665 | 0,689 | 1,000 | 0,755 |
| S | RS | Cruzaltense | 2213º | 0,158 | 0,773 | 0,666 | 0,876 | 0,247 | 0,705 | 1,000 | 0,619 |
| SE | SP | Cruzeiro | 648º | 0,684 | 0,798 | 0,512 | 0,956 | 0,738 | 0,626 | 0,953 | 0,726 |
| SE | MG | Cruzeiro da Fortaleza | 2336º | 0,529 | 0,729 | 0,409 | 0,799 | 0,348 | 0,546 | 1,000 | 0,611 |
| S | PR | Cruzeiro do Iguaçu | 2589º | 0,498 | 0,723 | 0,560 | 0,751 | 0,374 | 0,536 | 0,757 | 0,592 |
| S | PR | Cruzeiro do Oeste | 1035º | 0,623 | 0,781 | 0,705 | 0,760 | 0,434 | 0,641 | 0,924 | 0,698 |
| S | RS | Cruzeiro do Sul | 351º | 0,626 | 0,916 | 0,761 | 0,912 | 0,346 | 0,686 | 1,000 | 0,749 |
| S | PR | Cruzeiro do Sul | 758º | 0,657 | 0,762 | 0,743 | 0,754 | 0,434 | 0,633 | 1,000 | 0,717 |
| N | AC | Cruzeiro do Sul | 4085º | 0,424 | 0,443 | 0,314 | 0,608 | 0,455 | 0,294 | 0,887 | 0,470 |
| NE | RN | Cruzeta | 2653º | 0,267 | 0,489 | 0,726 | 0,537 | 0,418 | 0,622 | 1,000 | 0,585 |
| SE | MG | Cruzília | 1927º | 0,531 | 0,649 | 0,595 | 0,800 | 0,360 | 0,598 | 1,000 | 0,640 |
| S | PR | Cruzmaltina | 2155º | 0,295 | 0,705 | 0,817 | 0,687 | 0,374 | 0,634 | 0,835 | 0,623 |
| SE | SP | Cubatão | 626º | 0,816 | 0,776 | 0,641 | 0,879 | 0,608 | 0,572 | 0,882 | 0,728 |
| NE | PB | Cubati | 4631º | 0,171 | 0,299 | 0,600 | 0,401 | 0,174 | 0,489 | 0,848 | 0,435 |

*a partir da melhor situação social ou maior IES)

ATLAS DA EXCLUSÃO SOCIAL NO BRASIL173

| Região | UF | Nome do Município 2010 | Posição* | Índice de Emprego | Índice de Pobreza | Índice de Desigualdade | Índice de Alfabetização | Índice de Escolaridade | Índice de Juventude | Índice de Violência | Índice de Exclusão |
|---|---|---|---|---|---|---|---|---|---|---|---|
| CO | MT | Cuiabá | 1270º | 0,677 | 0,818 | 0,396 | 0,900 | 0,782 | 0,588 | 0,795 | 0,680 |
| NE | PB | Cuité | 4220º | 0,171 | 0,367 | 0,560 | 0,348 | 0,259 | 0,554 | 0,870 | 0,460 |
| NE | PB | Cuité de Mamanguape | 4686º | 0,140 | 0,261 | 0,619 | 0,133 | 0,184 | 0,467 | 1,000 | 0,431 |
| NE | PB | Cuitegi | 4236º | 0,302 | 0,352 | 0,605 | 0,311 | 0,211 | 0,451 | 0,849 | 0,460 |
| N | RO | Cujubim | 3768º | 0,314 | 0,601 | 0,540 | 0,703 | 0,203 | 0,379 | 0,770 | 0,491 |
| CO | GO | Cumari | 1639º | 0,501 | 0,753 | 0,422 | 0,856 | 0,537 | 0,662 | 1,000 | 0,657 |
| NE | PE | Cumaru | 4400º | 0,188 | 0,328 | 0,579 | 0,371 | 0,190 | 0,553 | 0,849 | 0,450 |
| N | PA | Cumaru do Norte | 4205º | 0,415 | 0,468 | 0,364 | 0,370 | 0,083 | 0,450 | 0,950 | 0,462 |
| NE | SE | Cumbe | 3371º | 0,316 | 0,373 | 0,612 | 0,453 | 0,323 | 0,505 | 1,000 | 0,519 |
| SE | SP | Cunha | 2941º | 0,333 | 0,591 | 0,497 | 0,793 | 0,314 | 0,592 | 0,905 | 0,559 |
| S | SC | Cunha Porã | 558º | 0,427 | 0,925 | 0,804 | 0,909 | 0,446 | 0,674 | 1,000 | 0,733 |
| S | SC | Cunhataí | 1475º | 0,297 | 0,921 | 0,666 | 0,945 | 0,285 | 0,654 | 1,000 | 0,668 |
| SE | MG | Cuparaque | 3144º | 0,318 | 0,472 | 0,618 | 0,540 | 0,242 | 0,543 | 1,000 | 0,540 |
| NE | PE | Cupira | 4323º | 0,143 | 0,431 | 0,575 | 0,363 | 0,239 | 0,502 | 0,844 | 0,455 |
| NE | BA | Curaçá | 4914º | 0,160 | 0,281 | 0,535 | 0,449 | 0,247 | 0,433 | 0,822 | 0,416 |
| NE | PI | Curimatá | 3993º | 0,245 | 0,365 | 0,486 | 0,547 | 0,313 | 0,426 | 1,000 | 0,475 |
| N | PA | Curionópolis | 4630º | 0,258 | 0,394 | 0,488 | 0,606 | 0,296 | 0,387 | 0,716 | 0,435 |
| S | PR | Curitiba | 408º | 0,752 | 0,920 | 0,464 | 0,967 | 0,861 | 0,664 | 0,774 | 0,744 |
| S | SC | Curitibanos | 1490º | 0,643 | 0,758 | 0,559 | 0,831 | 0,472 | 0,537 | 0,945 | 0,667 |
| S | PR | Curiúva | 2759º | 0,484 | 0,624 | 0,683 | 0,743 | 0,245 | 0,538 | 0,738 | 0,577 |
| NE | PI | Currais | 5086º | 0,113 | 0,202 | 0,552 | 0,257 | 0,181 | 0,395 | 1,000 | 0,400 |
| NE | RN | Currais Novos | 2811º | 0,412 | 0,542 | 0,414 | 0,641 | 0,515 | 0,583 | 0,963 | 0,571 |
| NE | PB | Curral de Cima | 4989º | 0,112 | 0,274 | 0,536 | 0,177 | 0,152 | 0,446 | 1,000 | 0,410 |
| SE | MG | Curral de Dentro | 4505º | 0,314 | 0,307 | 0,497 | 0,519 | 0,180 | 0,444 | 0,850 | 0,443 |
| NE | PI | Curral Novo do Piauí | 5390º | 0,120 | 0,162 | 0,438 | 0,242 | 0,123 | 0,338 | 1,000 | 0,358 |
| NE | PB | Curral Velho | 5070º | 0,381 | 0,315 | 0,403 | 0,254 | 0,273 | 0,478 | 0,585 | 0,401 |

*a partir da melhor situação social ou maior IES)

| Região | UF | Nome do Município 2010 | Posição* | Índice de Emprego | Índice de Pobreza | Índice de Desigualdade | Índice de Alfabetização | Índice de Escolaridade | Índice de Juventude | Índice de Violência | Índice de Exclusão |
|---|---|---|---|---|---|---|---|---|---|---|---|
| N | PA | Curralinho | 5509º | 0,115 | 0,178 | 0,445 | 0,356 | 0,121 | 0,145 | 0,927 | 0,323 |
| NE | PI | Curralinhos | 4769º | 0,164 | 0,246 | 0,521 | 0,325 | 0,220 | 0,436 | 1,000 | 0,426 |
| N | PA | Curuá | 5346º | 0,162 | 0,138 | 0,395 | 0,518 | 0,261 | 0,234 | 1,000 | 0,367 |
| N | PA | Curuçá | 4904º | 0,152 | 0,240 | 0,430 | 0,688 | 0,269 | 0,380 | 0,954 | 0,417 |
| NE | MA | Cururupu | 4902º | 0,146 | 0,278 | 0,437 | 0,631 | 0,258 | 0,426 | 0,888 | 0,417 |
| CO | MT | Curvelândia | 2873º | 0,356 | 0,631 | 0,642 | 0,693 | 0,330 | 0,550 | 0,786 | 0,565 |
| SE | MG | Curvelo | 1857º | 0,598 | 0,673 | 0,547 | 0,843 | 0,434 | 0,582 | 0,923 | 0,644 |
| NE | PE | Custódia | 3696º | 0,372 | 0,425 | 0,520 | 0,422 | 0,240 | 0,521 | 0,877 | 0,495 |
| N | AP | Cutias | 4896º | 0,323 | 0,294 | 0,370 | 0,685 | 0,387 | 0,198 | 0,889 | 0,418 |
| CO | GO | Damianópolis | 3796º | 0,292 | 0,471 | 0,475 | 0,606 | 0,372 | 0,579 | 0,684 | 0,488 |
| NE | PB | Damião | 5164º | 0,083 | 0,204 | 0,591 | 0,169 | 0,095 | 0,430 | 1,000 | 0,393 |
| CO | GO | Damolândia | 2064º | 0,374 | 0,710 | 0,616 | 0,723 | 0,352 | 0,645 | 1,000 | 0,630 |
| N | TO | Darcinópolis | 4145º | 0,261 | 0,423 | 0,551 | 0,526 | 0,182 | 0,413 | 0,901 | 0,466 |
| NE | BA | Dário Meira | 5175º | 0,151 | 0,211 | 0,478 | 0,280 | 0,192 | 0,429 | 0,919 | 0,391 |
| SE | MG | Datas | 2852º | 0,372 | 0,486 | 0,735 | 0,790 | 0,297 | 0,487 | 0,900 | 0,567 |
| S | RS | David Canabarro | 1261º | 0,279 | 0,903 | 0,696 | 0,878 | 0,434 | 0,662 | 1,000 | 0,681 |
| CO | GO | Davinópolis | 1091º | 0,411 | 0,826 | 0,777 | 0,709 | 0,414 | 0,672 | 1,000 | 0,694 |
| NE | MA | Davinópolis | 3592º | 0,375 | 0,331 | 0,686 | 0,440 | 0,298 | 0,369 | 0,959 | 0,502 |
| SE | MG | Delfim Moreira | 2030º | 0,461 | 0,600 | 0,677 | 0,839 | 0,341 | 0,588 | 1,000 | 0,632 |
| SE | MG | Delfinópolis | 1193º | 0,586 | 0,789 | 0,634 | 0,825 | 0,415 | 0,592 | 1,000 | 0,686 |
| NE | AL | Delmiro Gouveia | 4423º | 0,393 | 0,413 | 0,516 | 0,462 | 0,253 | 0,454 | 0,611 | 0,448 |
| SE | MG | Delta | 883º | 0,955 | 0,743 | 0,757 | 0,685 | 0,209 | 0,525 | 0,936 | 0,710 |
| NE | PI | Demerval Lobão | 3271º | 0,322 | 0,415 | 0,621 | 0,455 | 0,296 | 0,516 | 1,000 | 0,528 |
| CO | MT | Denise | 1562º | 0,683 | 0,740 | 0,735 | 0,702 | 0,389 | 0,470 | 0,878 | 0,662 |
| CO | MS | Deodápolis | 1465º | 0,536 | 0,780 | 0,667 | 0,734 | 0,440 | 0,566 | 0,957 | 0,669 |
| NE | CE | Deputado Irapuan Pinheiro | 4162º | 0,179 | 0,339 | 0,572 | 0,363 | 0,236 | 0,534 | 0,943 | 0,465 |

*a partir da melhor situação social ou maior IES

| Região | UF | Nome do Município 2010 | Posição* | Índice de Emprego | Índice de Pobreza | Índice de Desigualdade | Índice de Alfabetização | Índice de Escolaridade | Índice de Juventude | Índice de Violência | Índice de Exclusão |
|---|---|---|---|---|---|---|---|---|---|---|---|
| S | RS | Derrubadas | 3630º | 0,181 | 0,547 | 0,414 | 0,836 | 0,289 | 0,585 | 0,837 | 0,499 |
| SE | SP | Descalvado | 320º | 0,714 | 0,877 | 0,670 | 0,899 | 0,533 | 0,672 | 0,950 | 0,752 |
| S | SC | Descanso | 1449º | 0,313 | 0,879 | 0,713 | 0,903 | 0,420 | 0,677 | 0,879 | 0,670 |
| SE | MG | Descoberto | 1471º | 0,596 | 0,648 | 0,666 | 0,852 | 0,315 | 0,641 | 1,000 | 0,668 |
| NE | PB | Desterro | 4780º | 0,150 | 0,303 | 0,498 | 0,499 | 0,260 | 0,444 | 0,870 | 0,425 |
| SE | MG | Desterro de Entre Rios | 2414º | 0,338 | 0,517 | 0,745 | 0,726 | 0,251 | 0,662 | 1,000 | 0,604 |
| SE | MG | Desterro do Melo | 2850º | 0,241 | 0,500 | 0,661 | 0,675 | 0,226 | 0,675 | 1,000 | 0,567 |
| S | RS | Dezesseis de Novembro | 2901º | 0,204 | 0,568 | 0,594 | 0,756 | 0,248 | 0,641 | 1,000 | 0,562 |
| SE | SP | Diadema | 702º | 0,774 | 0,789 | 0,666 | 0,899 | 0,615 | 0,585 | 0,822 | 0,722 |
| NE | PB | Diamante | 4935º | 0,295 | 0,275 | 0,466 | 0,365 | 0,294 | 0,481 | 0,685 | 0,415 |
| S | PR | Diamante do Norte | 1234º | 0,591 | 0,801 | 0,691 | 0,783 | 0,501 | 0,624 | 0,811 | 0,683 |
| S | PR | Diamante do Sul | 3287º | 0,375 | 0,504 | 0,660 | 0,647 | 0,205 | 0,450 | 0,852 | 0,526 |
| S | PR | Diamante D'Oeste | 2906º | 0,379 | 0,587 | 0,577 | 0,662 | 0,259 | 0,487 | 1,000 | 0,562 |
| SE | MG | Diamantina | 2279º | 0,569 | 0,617 | 0,452 | 0,811 | 0,527 | 0,536 | 0,932 | 0,615 |
| CO | MT | Diamantino | 1909º | 0,552 | 0,783 | 0,630 | 0,860 | 0,491 | 0,511 | 0,770 | 0,641 |
| N | TO | Dianópolis | 2944º | 0,499 | 0,591 | 0,461 | 0,750 | 0,528 | 0,392 | 0,837 | 0,558 |
| NE | BA | Dias d'Ávila | 2943º | 0,608 | 0,550 | 0,524 | 0,805 | 0,523 | 0,489 | 0,562 | 0,558 |
| S | RS | Dilermando de Aguiar | 3044º | 0,324 | 0,598 | 0,430 | 0,722 | 0,155 | 0,654 | 1,000 | 0,550 |
| SE | MG | Diogo de Vasconcelos | 3885º | 0,228 | 0,379 | 0,572 | 0,692 | 0,174 | 0,545 | 0,865 | 0,482 |
| SE | MG | Dionísio | 1730º | 0,502 | 0,638 | 0,668 | 0,767 | 0,382 | 0,632 | 1,000 | 0,652 |
| S | SC | Dionísio Cerqueira | 2578º | 0,377 | 0,687 | 0,533 | 0,801 | 0,354 | 0,536 | 0,965 | 0,593 |
| CO | GO | Diorama | 2319º | 0,238 | 0,725 | 0,767 | 0,758 | 0,401 | 0,653 | 0,790 | 0,612 |
| SE | SP | Dirce Reis | 422º | 0,557 | 0,840 | 0,820 | 0,729 | 0,474 | 0,715 | 1,000 | 0,744 |
| NE | PI | Dirceu Arcoverde | 4077º | 0,197 | 0,362 | 0,537 | 0,406 | 0,215 | 0,509 | 1,000 | 0,470 |

*a partir da melhor situação social ou maior IES)

| Região | UF | Nome do Município 2010 | Posição* | Índice de Emprego | Índice de Pobreza | Índice de Desigualdade | Índice de Alfabetização | Índice de Escolaridade | Índice de Juventude | Índice de Violência | Índice de Exclusão |
|---|---|---|---|---|---|---|---|---|---|---|---|
| NE | SE | Divina Pastora | 2969º | 0,467 | 0,417 | 0,779 | 0,476 | 0,399 | 0,406 | 0,880 | 0,556 |
| SE | MG | Divinésia | 2017º | 0,484 | 0,675 | 0,774 | 0,842 | 0,298 | 0,564 | 0,842 | 0,633 |
| SE | MG | Divino | 3540º | 0,215 | 0,493 | 0,508 | 0,715 | 0,213 | 0,542 | 0,946 | 0,506 |
| SE | MG | Divino das Laranjeiras | 3322º | 0,296 | 0,549 | 0,683 | 0,654 | 0,229 | 0,571 | 0,684 | 0,523 |
| SE | ES | Divino de São Lourenço | 3679º | 0,200 | 0,487 | 0,548 | 0,688 | 0,213 | 0,531 | 0,885 | 0,496 |
| SE | SP | Divinolândia | 1453º | 0,404 | 0,792 | 0,620 | 0,870 | 0,384 | 0,692 | 1,000 | 0,669 |
| SE | MG | Divinolândia de Minas | 3158º | 0,270 | 0,504 | 0,696 | 0,731 | 0,253 | 0,468 | 0,926 | 0,539 |
| SE | MG | Divinópolis | 333º | 0,704 | 0,873 | 0,627 | 0,939 | 0,602 | 0,657 | 0,954 | 0,751 |
| CO | GO | Divinópolis de Goiás | 3584º | 0,376 | 0,422 | 0,417 | 0,571 | 0,380 | 0,508 | 0,895 | 0,503 |
| N | TO | Divinópolis do Tocantins | 3759º | 0,282 | 0,456 | 0,305 | 0,658 | 0,374 | 0,494 | 1,000 | 0,491 |
| SE | MG | Divisa Alegre | 3517º | 0,399 | 0,436 | 0,579 | 0,521 | 0,271 | 0,417 | 0,912 | 0,508 |
| SE | MG | Divisa Nova | 1156º | 0,659 | 0,737 | 0,788 | 0,721 | 0,297 | 0,551 | 1,000 | 0,690 |
| SE | MG | Divisópolis | 3387º | 0,252 | 0,399 | 0,670 | 0,506 | 0,240 | 0,513 | 1,000 | 0,518 |
| SE | SP | Dobrada | 449º | 0,949 | 0,843 | 0,803 | 0,687 | 0,435 | 0,541 | 0,803 | 0,742 |
| SE | SP | Dois Córregos | 671º | 0,815 | 0,819 | 0,641 | 0,833 | 0,429 | 0,616 | 0,916 | 0,725 |
| S | RS | Dois Irmãos | 8º | 0,897 | 0,980 | 0,811 | 0,951 | 0,491 | 0,669 | 0,962 | 0,825 |
| S | RS | Dois Irmãos das Missões | 2743º | 0,376 | 0,566 | 0,543 | 0,762 | 0,288 | 0,586 | 1,000 | 0,578 |
| CO | MS | Dois Irmãos do Buriti | 3076º | 0,493 | 0,502 | 0,426 | 0,771 | 0,281 | 0,467 | 1,000 | 0,547 |
| N | TO | Dois Irmãos do Tocantins | 4239º | 0,201 | 0,296 | 0,441 | 0,608 | 0,217 | 0,534 | 1,000 | 0,459 |
| S | RS | Dois Lajeados | 352º | 0,290 | 0,977 | 0,892 | 0,922 | 0,402 | 0,787 | 1,000 | 0,749 |

*a partir da melhor situação social ou maior IES)

| Região | UF | Nome do Município 2010 | Posição* | Índice de Emprego | Índice de Pobreza | Índice de Desigualdade | Índice de Alfabetização | Índice de Escolaridade | Índice de Juventude | Índice de Violência | Índice de Exclusão |
|---|---|---|---|---|---|---|---|---|---|---|---|
| NE | AL | Dois Riachos | 5337º | 0,160 | 0,209 | 0,483 | 0,150 | 0,119 | 0,386 | 0,904 | 0,368 |
| S | PR | Dois Vizinhos | 991º | 0,568 | 0,854 | 0,635 | 0,873 | 0,552 | 0,580 | 0,942 | 0,702 |
| SE | SP | Dolcinópolis | 146º | 0,643 | 0,890 | 0,850 | 0,773 | 0,500 | 0,698 | 1,000 | 0,774 |
| CO | MT | Dom Aquino | 2384º | 0,529 | 0,655 | 0,523 | 0,724 | 0,378 | 0,597 | 0,873 | 0,607 |
| NE | BA | Dom Basílio | 3636º | 0,152 | 0,326 | 0,667 | 0,505 | 0,232 | 0,585 | 1,000 | 0,499 |
| SE | MG | Dom Bosco | 2588º | 0,350 | 0,579 | 0,728 | 0,703 | 0,284 | 0,521 | 1,000 | 0,592 |
| SE | MG | Dom Cavati | 2055º | 0,347 | 0,696 | 0,686 | 0,755 | 0,347 | 0,612 | 1,000 | 0,630 |
| N | PA | Dom Eliseu | 4168º | 0,381 | 0,375 | 0,521 | 0,622 | 0,248 | 0,369 | 0,807 | 0,464 |
| NE | PI | Dom Expedito Lopes | 4118º | 0,167 | 0,344 | 0,550 | 0,470 | 0,239 | 0,562 | 0,921 | 0,468 |
| S | RS | Dom Feliciano | 3392º | 0,130 | 0,539 | 0,590 | 0,753 | 0,117 | 0,574 | 1,000 | 0,518 |
| NE | PI | Dom Inocêncio | 4963º | 0,076 | 0,201 | 0,520 | 0,464 | 0,114 | 0,511 | 1,000 | 0,412 |
| SE | MG | Dom Joaquim | 3423º | 0,265 | 0,466 | 0,502 | 0,668 | 0,241 | 0,534 | 1,000 | 0,516 |
| NE | BA | Dom Macedo Costa | 3706º | 0,170 | 0,401 | 0,472 | 0,581 | 0,313 | 0,579 | 1,000 | 0,494 |
| S | RS | Dom Pedrito | 1839º | 0,620 | 0,729 | 0,503 | 0,881 | 0,401 | 0,624 | 0,853 | 0,644 |
| NE | MA | Dom Pedro | 4212º | 0,160 | 0,341 | 0,598 | 0,493 | 0,266 | 0,429 | 0,954 | 0,461 |
| S | RS | Dom Pedro de Alcântara | 2494º | 0,316 | 0,786 | 0,690 | 0,908 | 0,258 | 0,730 | 0,592 | 0,599 |
| SE | MG | Dom Silvério | 1106º | 0,507 | 0,715 | 0,745 | 0,812 | 0,393 | 0,693 | 1,000 | 0,693 |
| SE | MG | Dom Viçoso | 1969º | 0,409 | 0,560 | 0,750 | 0,824 | 0,318 | 0,658 | 1,000 | 0,637 |
| SE | ES | Domingos Martins | 2700º | 0,252 | 0,692 | 0,612 | 0,794 | 0,260 | 0,615 | 0,918 | 0,581 |
| NE | PI | Domingos Mourão | 4979º | 0,196 | 0,283 | 0,457 | 0,381 | 0,131 | 0,383 | 1,000 | 0,411 |

*a partir da melhor situação social ou maior IES)

| Região | UF | Nome do Município 2010 | Posição* | Índice de Emprego | Índice de Pobreza | Índice de Desigualdade | Índice de Alfabetização | Índice de Escolaridade | Índice de Juventude | Índice de Violência | Índice de Exclusão |
|---|---|---|---|---|---|---|---|---|---|---|---|
| S | SC | Dona Emma | 1164º | 0,489 | 0,912 | 0,657 | 0,931 | 0,344 | 0,572 | 1,000 | 0,689 |
| SE | MG | Dona Eusébia | 1198º | 0,512 | 0,779 | 0,748 | 0,840 | 0,343 | 0,604 | 1,000 | 0,686 |
| S | RS | Dona Francisca | 2209º | 0,285 | 0,789 | 0,641 | 0,874 | 0,359 | 0,650 | 0,847 | 0,619 |
| NE | PB | Dona Inês | 5062º | 0,132 | 0,273 | 0,500 | 0,231 | 0,234 | 0,434 | 0,901 | 0,402 |
| SE | MG | Dores de Campos | 927º | 0,566 | 0,748 | 0,779 | 0,868 | 0,363 | 0,646 | 1,000 | 0,706 |
| SE | MG | Dores de Guanhães | 2846º | 0,432 | 0,512 | 0,602 | 0,630 | 0,243 | 0,538 | 1,000 | 0,568 |
| SE | MG | Dores do Indaiá | 1470º | 0,464 | 0,806 | 0,643 | 0,783 | 0,426 | 0,655 | 0,924 | 0,668 |
| SE | ES | Dores do Rio Preto | 3123º | 0,262 | 0,538 | 0,560 | 0,662 | 0,255 | 0,556 | 1,000 | 0,542 |
| SE | MG | Dores do Turvo | 2933º | 0,270 | 0,515 | 0,651 | 0,731 | 0,203 | 0,592 | 1,000 | 0,559 |
| SE | MG | Doresópolis | 1539º | 0,427 | 0,708 | 0,788 | 0,887 | 0,265 | 0,625 | 1,000 | 0,664 |
| NE | PE | Dormentes | 4179º | 0,154 | 0,318 | 0,644 | 0,483 | 0,255 | 0,452 | 0,938 | 0,464 |
| S | PR | Douradina | 637º | 0,665 | 0,870 | 0,710 | 0,820 | 0,458 | 0,632 | 0,930 | 0,727 |
| CO | MS | Douradina | 2608º | 0,512 | 0,664 | 0,364 | 0,796 | 0,409 | 0,511 | 1,000 | 0,590 |
| SE | SP | Dourado | 22º | 0,812 | 0,913 | 0,818 | 0,873 | 0,509 | 0,685 | 1,000 | 0,806 |
| SE | MG | Douradoquara | 2057º | 0,262 | 0,792 | 0,601 | 0,853 | 0,295 | 0,686 | 1,000 | 0,630 |
| CO | MS | Dourados | 1271º | 0,692 | 0,825 | 0,529 | 0,882 | 0,616 | 0,554 | 0,790 | 0,680 |
| S | PR | Doutor Camargo | 410º | 0,555 | 0,853 | 0,784 | 0,842 | 0,495 | 0,691 | 1,000 | 0,744 |
| S | RS | Doutor Maurício Cardoso | 1873º | 0,297 | 0,756 | 0,609 | 0,879 | 0,331 | 0,722 | 1,000 | 0,643 |
| S | SC | Doutor Pedrinho | 123º | 0,804 | 0,943 | 0,884 | 0,929 | 0,231 | 0,609 | 1,000 | 0,780 |
| S | RS | Doutor Ricardo | 1060º | 0,280 | 0,924 | 0,821 | 0,864 | 0,263 | 0,726 | 1,000 | 0,697 |
| NE | RN | Doutor Severiano | 4025º | 0,110 | 0,375 | 0,599 | 0,515 | 0,306 | 0,514 | 0,920 | 0,474 |
| S | PR | Doutor Ulysses | 4549º | 0,321 | 0,381 | 0,584 | 0,662 | 0,044 | 0,409 | 0,728 | 0,440 |

*a partir da melhor situação social ou maior IES

| Região | UF | Nome do Município 2010 | Posição* | Índice de Emprego | Índice de Pobreza | Índice de Desigualdade | Índice de Alfabetização | Índice de Escolaridade | Índice de Juventude | Índice de Violência | Índice de Exclusão |
|---|---|---|---|---|---|---|---|---|---|---|---|
| CO | GO | Doverlândia | 2672º | 0,259 | 0,702 | 0,660 | 0,719 | 0,239 | 0,591 | 0,934 | 0,584 |
| SE | SP | Dracena | 166º | 0,672 | 0,902 | 0,689 | 0,893 | 0,605 | 0,728 | 0,952 | 0,771 |
| SE | SP | Duartina | 180º | 0,718 | 0,877 | 0,717 | 0,880 | 0,530 | 0,680 | 1,000 | 0,769 |
| SE | RJ | Duas Barras | 1944º | 0,482 | 0,713 | 0,678 | 0,779 | 0,345 | 0,594 | 0,905 | 0,638 |
| NE | PB | Duas Estradas | 4335º | 0,258 | 0,337 | 0,544 | 0,394 | 0,227 | 0,495 | 0,857 | 0,454 |
| N | TO | Dueré | 2914º | 0,419 | 0,533 | 0,470 | 0,736 | 0,375 | 0,502 | 1,000 | 0,561 |
| SE | SP | Dumont | 188º | 0,751 | 0,863 | 0,796 | 0,846 | 0,490 | 0,615 | 1,000 | 0,768 |
| NE | MA | Duque Bacelar | 5454º | 0,152 | 0,154 | 0,387 | 0,215 | 0,192 | 0,281 | 0,951 | 0,342 |
| SE | RJ | Duque de Caxias | 1824º | 0,649 | 0,695 | 0,612 | 0,891 | 0,509 | 0,570 | 0,716 | 0,645 |
| SE | MG | Durandé | 3286º | 0,178 | 0,579 | 0,713 | 0,655 | 0,239 | 0,487 | 0,860 | 0,526 |
| SE | SP | Echaporã | 1699º | 0,545 | 0,762 | 0,507 | 0,813 | 0,514 | 0,606 | 0,918 | 0,653 |
| SE | ES | Ecoporanga | 3363º | 0,344 | 0,512 | 0,595 | 0,578 | 0,346 | 0,578 | 0,686 | 0,520 |
| CO | GO | Edealina | 2221º | 0,296 | 0,770 | 0,566 | 0,784 | 0,347 | 0,633 | 1,000 | 0,619 |
| CO | GO | Edéia | 2156º | 0,468 | 0,839 | 0,513 | 0,763 | 0,474 | 0,597 | 0,769 | 0,623 |
| N | AM | Eirunepé | 5472º | 0,140 | 0,247 | 0,352 | 0,204 | 0,294 | 0,187 | 0,898 | 0,337 |
| CO | MS | Eldorado | 2670º | 0,432 | 0,657 | 0,590 | 0,715 | 0,357 | 0,515 | 0,867 | 0,584 |
| SE | SP | Eldorado | 2835º | 0,468 | 0,545 | 0,580 | 0,773 | 0,396 | 0,443 | 0,893 | 0,569 |
| S | RS | Eldorado do Sul | 1200º | 0,650 | 0,798 | 0,636 | 0,891 | 0,492 | 0,537 | 0,894 | 0,686 |
| N | PA | Eldorado dos Carajás | 5321º | 0,183 | 0,312 | 0,435 | 0,475 | 0,149 | 0,330 | 0,755 | 0,371 |
| NE | PI | Elesbão Veloso | 3733º | 0,266 | 0,375 | 0,611 | 0,269 | 0,186 | 0,581 | 0,964 | 0,493 |
| SE | SP | Elias Fausto | 726º | 0,767 | 0,807 | 0,713 | 0,856 | 0,289 | 0,587 | 1,000 | 0,720 |
| NE | PI | Eliseu Martins | 3757º | 0,271 | 0,411 | 0,423 | 0,578 | 0,265 | 0,531 | 1,000 | 0,491 |
| SE | SP | Elisiário | 5º | 0,887 | 0,952 | 0,904 | 0,836 | 0,419 | 0,697 | 1,000 | 0,830 |
| NE | BA | Elísio Medrado | 3596º | 0,127 | 0,444 | 0,575 | 0,475 | 0,262 | 0,588 | 1,000 | 0,502 |
| SE | MG | Elói Mendes | 1714º | 0,564 | 0,717 | 0,628 | 0,781 | 0,348 | 0,590 | 0,959 | 0,653 |
| NE | PB | Emas | 3660º | 0,313 | 0,296 | 0,653 | 0,359 | 0,298 | 0,464 | 1,000 | 0,498 |

*a partir da melhor situação social ou maior IES)

| Região | UF | Nome do Município 2010 | Posição* | Índice de Emprego | Índice de Pobreza | Índice de Desigualdade | Índice de Alfabetização | Índice de Escolaridade | Índice de Juventude | Índice de Violência | Índice de Exclusão |
|---|---|---|---|---|---|---|---|---|---|---|---|
| SE | SP | Embaúba | 38º | 0,779 | 0,899 | 0,844 | 0,854 | 0,438 | 0,701 | 1,000 | 0,796 |
| SE | SP | Embu das Artes | 1316º | 0,722 | 0,737 | 0,607 | 0,879 | 0,511 | 0,532 | 0,855 | 0,678 |
| SE | SP | Embu-Guaçu | 1469º | 0,621 | 0,755 | 0,558 | 0,875 | 0,582 | 0,542 | 0,876 | 0,668 |
| SE | SP | Emilianópolis | 436º | 0,603 | 0,804 | 0,807 | 0,782 | 0,504 | 0,676 | 1,000 | 0,743 |
| S | RS | Encantado | 103º | 0,722 | 0,936 | 0,726 | 0,944 | 0,492 | 0,714 | 0,975 | 0,782 |
| NE | RN | Encanto | 3337º | 0,265 | 0,448 | 0,639 | 0,528 | 0,327 | 0,528 | 0,901 | 0,522 |
| NE | BA | Encruzilhada | 4948º | 0,192 | 0,219 | 0,565 | 0,324 | 0,157 | 0,436 | 0,912 | 0,413 |
| S | RS | Encruzilhada do Sul | 2818º | 0,397 | 0,632 | 0,515 | 0,772 | 0,256 | 0,610 | 0,873 | 0,570 |
| S | PR | Enéas Marques | 2699º | 0,372 | 0,785 | 0,401 | 0,851 | 0,392 | 0,585 | 0,830 | 0,581 |
| S | PR | Engenheiro Beltrão | 798º | 0,642 | 0,807 | 0,677 | 0,829 | 0,500 | 0,619 | 0,963 | 0,715 |
| SE | MG | Engenheiro Caldas | 3082º | 0,414 | 0,510 | 0,587 | 0,644 | 0,279 | 0,508 | 0,899 | 0,546 |
| SE | SP | Engenheiro Coelho | 857º | 0,718 | 0,834 | 0,666 | 0,814 | 0,543 | 0,540 | 0,901 | 0,712 |
| SE | MG | Engenheiro Navarro | 2597º | 0,450 | 0,490 | 0,721 | 0,668 | 0,297 | 0,516 | 1,000 | 0,592 |
| SE | RJ | Engenheiro Paulo de Frontin | 778º | 0,598 | 0,702 | 0,663 | 0,908 | 0,573 | 0,682 | 1,000 | 0,716 |
| S | RS | Engenho Velho | 2824º | 0,206 | 0,788 | 0,472 | 0,807 | 0,309 | 0,527 | 1,000 | 0,570 |
| SE | MG | Entre Folhas | 3059º | 0,246 | 0,484 | 0,626 | 0,725 | 0,238 | 0,587 | 1,000 | 0,548 |
| S | SC | Entre Rios | 2400º | 0,485 | 0,630 | 0,703 | 0,712 | 0,306 | 0,418 | 1,000 | 0,605 |
| NE | BA | Entre Rios | 4234º | 0,434 | 0,325 | 0,350 | 0,591 | 0,317 | 0,420 | 0,870 | 0,460 |
| SE | MG | Entre Rios de Minas | 1681º | 0,571 | 0,663 | 0,587 | 0,845 | 0,342 | 0,636 | 1,000 | 0,654 |
| S | PR | Entre Rios do Oeste | 859º | 0,495 | 0,926 | 0,589 | 0,956 | 0,498 | 0,642 | 1,000 | 0,711 |

*a partir da melhor situação social ou maior IES)

| Região | UF | Nome do Município 2010 | Posição* | Índice de Emprego | Índice de Pobreza | Índice de Desigualdade | Índice de Alfabetização | Índice de Escolaridade | Índice de Juventude | Índice de Violência | Índice de Exclusão |
|---|---|---|---|---|---|---|---|---|---|---|---|
| S | RS | Entre Rios do Sul | 2038º | 0,440 | 0,804 | 0,676 | 0,818 | 0,239 | 0,629 | 0,831 | 0,632 |
| S | RS | Entre-Ijuís | 1856º | 0,367 | 0,739 | 0,640 | 0,878 | 0,297 | 0,666 | 1,000 | 0,644 |
| N | AM | Envira | 5520º | 0,103 | 0,163 | 0,326 | 0,199 | 0,215 | 0,177 | 1,000 | 0,316 |
| N | AC | Epitaciolândia | 3836º | 0,309 | 0,472 | 0,384 | 0,641 | 0,409 | 0,382 | 0,931 | 0,485 |
| NE | RN | Equador | 3653º | 0,324 | 0,339 | 0,581 | 0,522 | 0,315 | 0,498 | 0,911 | 0,498 |
| S | RS | Erebango | 1757º | 0,506 | 0,750 | 0,639 | 0,865 | 0,290 | 0,563 | 1,000 | 0,650 |
| S | RS | Erechim | 185º | 0,780 | 0,907 | 0,613 | 0,939 | 0,651 | 0,672 | 0,908 | 0,769 |
| NE | CE | Ererê | 3530º | 0,341 | 0,320 | 0,645 | 0,354 | 0,307 | 0,536 | 0,924 | 0,507 |
| NE | BA | Érico Cardoso | 3533º | 0,226 | 0,400 | 0,604 | 0,387 | 0,254 | 0,568 | 1,000 | 0,507 |
| S | SC | Ermo | 1344º | 0,341 | 0,835 | 0,776 | 0,886 | 0,374 | 0,595 | 1,000 | 0,676 |
| S | RS | Ernestina | 1657º | 0,389 | 0,813 | 0,698 | 0,876 | 0,390 | 0,670 | 0,832 | 0,656 |
| S | RS | Erval Grande | 2633º | 0,257 | 0,770 | 0,585 | 0,769 | 0,228 | 0,640 | 0,899 | 0,587 |
| S | RS | Erval Seco | 3096º | 0,238 | 0,614 | 0,545 | 0,765 | 0,290 | 0,591 | 0,868 | 0,545 |
| S | SC | Erval Velho | 849º | 0,599 | 0,893 | 0,650 | 0,851 | 0,354 | 0,643 | 1,000 | 0,712 |
| SE | MG | Ervália | 2962º | 0,307 | 0,596 | 0,654 | 0,716 | 0,232 | 0,593 | 0,826 | 0,556 |
| NE | PE | Escada | 2833º | 0,664 | 0,409 | 0,640 | 0,535 | 0,365 | 0,496 | 0,812 | 0,569 |
| S | RS | Esmeralda | 2289º | 0,348 | 0,644 | 0,621 | 0,810 | 0,315 | 0,636 | 1,000 | 0,614 |
| SE | MG | Esmeraldas | 2136º | 0,671 | 0,647 | 0,695 | 0,820 | 0,306 | 0,490 | 0,784 | 0,624 |
| SE | MG | Espera Feliz | 2787º | 0,320 | 0,652 | 0,570 | 0,721 | 0,261 | 0,574 | 0,954 | 0,574 |
| NE | PB | Esperança | 3720º | 0,291 | 0,409 | 0,509 | 0,482 | 0,287 | 0,518 | 0,933 | 0,493 |
| S | RS | Esperança do Sul | 2403º | 0,095 | 0,740 | 0,720 | 0,821 | 0,182 | 0,725 | 1,000 | 0,605 |
| S | PR | Esperança Nova | 1151º | 0,369 | 0,805 | 0,789 | 0,793 | 0,382 | 0,693 | 1,000 | 0,690 |
| NE | PI | Esperantina | 4069º | 0,213 | 0,394 | 0,556 | 0,357 | 0,269 | 0,486 | 0,931 | 0,471 |
| N | TO | Esperantina | 5098º | 0,159 | 0,157 | 0,472 | 0,540 | 0,334 | 0,320 | 0,945 | 0,399 |
| NE | MA | Esperantinópolis | 5289º | 0,076 | 0,259 | 0,400 | 0,328 | 0,242 | 0,400 | 0,915 | 0,376 |
| S | PR | Espigão Alto do Iguaçu | 3593º | 0,301 | 0,534 | 0,436 | 0,732 | 0,237 | 0,494 | 0,889 | 0,502 |

*a partir da melhor situação social ou maior IES

| Região | UF | Nome do Município 2010 | Posição* | Índice de Emprego | Índice de Pobreza | Índice de Desigualdade | Índice de Alfabetização | Índice de Escolaridade | Índice de Juventude | Índice de Violência | Índice de Exclusão |
|---|---|---|---|---|---|---|---|---|---|---|---|
| N | RO | Espigão D'Oeste | 2808º | 0,401 | 0,644 | 0,512 | 0,753 | 0,296 | 0,502 | 0,964 | 0,571 |
| SE | MG | Espinosa | 3270º | 0,298 | 0,441 | 0,667 | 0,530 | 0,284 | 0,525 | 0,916 | 0,528 |
| NE | RN | Espírito Santo | 4574º | 0,348 | 0,285 | 0,488 | 0,153 | 0,195 | 0,439 | 0,950 | 0,438 |
| SE | MG | Espírito Santo do Dourado | 1311º | 0,415 | 0,756 | 0,838 | 0,781 | 0,232 | 0,679 | 1,000 | 0,678 |
| SE | SP | Espírito Santo do Pinhal | 662º | 0,754 | 0,870 | 0,449 | 0,899 | 0,555 | 0,673 | 0,963 | 0,725 |
| SE | SP | Espírito Santo do Turvo | 392º | 0,865 | 0,794 | 0,805 | 0,795 | 0,363 | 0,531 | 1,000 | 0,746 |
| NE | BA | Esplanada | 4895º | 0,260 | 0,322 | 0,416 | 0,521 | 0,309 | 0,392 | 0,778 | 0,418 |
| S | RS | Espumoso | 1180º | 0,446 | 0,844 | 0,596 | 0,858 | 0,493 | 0,658 | 1,000 | 0,687 |
| S | RS | Estação | 334º | 0,622 | 0,924 | 0,658 | 0,924 | 0,516 | 0,676 | 1,000 | 0,751 |
| NE | SE | Estância | 3368º | 0,441 | 0,455 | 0,515 | 0,607 | 0,408 | 0,479 | 0,782 | 0,519 |
| S | RS | Estância Velha | 216º | 0,758 | 0,916 | 0,720 | 0,933 | 0,479 | 0,627 | 0,963 | 0,765 |
| S | RS | Esteio | 348º | 0,780 | 0,887 | 0,618 | 0,932 | 0,652 | 0,639 | 0,839 | 0,750 |
| SE | MG | Estiva | 1594º | 0,305 | 0,779 | 0,787 | 0,846 | 0,289 | 0,652 | 1,000 | 0,660 |
| SE | SP | Estiva Gerbi | 147º | 0,775 | 0,855 | 0,742 | 0,880 | 0,584 | 0,616 | 1,000 | 0,774 |
| NE | MA | Estreito | 3297º | 0,574 | 0,517 | 0,434 | 0,612 | 0,340 | 0,441 | 0,782 | 0,525 |
| S | RS | Estrela | 72º | 0,693 | 0,949 | 0,737 | 0,946 | 0,567 | 0,686 | 1,000 | 0,789 |
| SE | MG | Estrela Dalva | 2236º | 0,560 | 0,696 | 0,404 | 0,685 | 0,360 | 0,624 | 1,000 | 0,618 |
| NE | AL | Estrela de Alagoas | 5305º | 0,069 | 0,270 | 0,564 | 0,147 | 0,094 | 0,461 | 0,819 | 0,374 |
| SE | MG | Estrela do Indaiá | 1698º | 0,543 | 0,681 | 0,636 | 0,724 | 0,290 | 0,665 | 1,000 | 0,653 |
| SE | SP | Estrela do Norte | 820º | 0,804 | 0,756 | 0,704 | 0,824 | 0,566 | 0,571 | 0,804 | 0,713 |
| CO | GO | Estrela do Norte | 2323º | 0,497 | 0,779 | 0,622 | 0,707 | 0,384 | 0,604 | 0,687 | 0,612 |
| SE | MG | Estrela do Sul | 1133º | 0,658 | 0,779 | 0,689 | 0,777 | 0,368 | 0,613 | 0,930 | 0,691 |

*a partir da melhor situação social ou maior IES

| Região | UF | Nome do Município 2010 | Posição* | Índice de Emprego | Índice de Pobreza | Índice de Desigualdade | Índice de Alfabetização | Índice de Escolaridade | Índice de Juventude | Índice de Violência | Índice de Exclusão |
|---|---|---|---|---|---|---|---|---|---|---|---|
| SE | SP | Estrela d'Oeste | 112º | 0,699 | 0,871 | 0,785 | 0,869 | 0,541 | 0,709 | 1,000 | 0,781 |
| S | RS | Estrela Velha | 3006º | 0,189 | 0,724 | 0,629 | 0,837 | 0,267 | 0,624 | 0,713 | 0,553 |
| NE | BA | Euclides da Cunha | 4546º | 0,156 | 0,337 | 0,481 | 0,435 | 0,212 | 0,488 | 0,954 | 0,440 |
| SE | SP | Euclides da Cunha Paulista | 2019º | 0,514 | 0,647 | 0,671 | 0,732 | 0,488 | 0,531 | 0,891 | 0,632 |
| S | RS | Eugênio de Castro | 2203º | 0,346 | 0,691 | 0,570 | 0,870 | 0,270 | 0,689 | 1,000 | 0,620 |
| SE | MG | Eugenópolis | 1736º | 0,465 | 0,648 | 0,669 | 0,775 | 0,364 | 0,665 | 1,000 | 0,651 |
| NE | BA | Eunápolis | 3503º | 0,477 | 0,582 | 0,421 | 0,662 | 0,504 | 0,496 | 0,528 | 0,510 |
| NE | CE | Eusébio | 3534º | 0,537 | 0,511 | 0,280 | 0,728 | 0,491 | 0,468 | 0,695 | 0,506 |
| SE | MG | Ewbank da Câmara | 1058º | 0,806 | 0,634 | 0,837 | 0,817 | 0,351 | 0,555 | 0,861 | 0,697 |
| SE | MG | Extrema | 209º | 0,777 | 0,873 | 0,776 | 0,889 | 0,474 | 0,617 | 0,964 | 0,766 |
| NE | RN | Extremoz | 3033º | 0,531 | 0,482 | 0,467 | 0,593 | 0,397 | 0,469 | 0,936 | 0,550 |
| NE | PE | Exu | 5092º | 0,141 | 0,251 | 0,449 | 0,451 | 0,251 | 0,422 | 0,868 | 0,399 |
| NE | PB | Fagundes | 4607º | 0,171 | 0,325 | 0,547 | 0,347 | 0,175 | 0,448 | 0,954 | 0,436 |
| S | RS | Fagundes Varela | 290º | 0,374 | 0,974 | 0,879 | 0,943 | 0,383 | 0,767 | 1,000 | 0,756 |
| CO | GO | Faina | 2696º | 0,276 | 0,610 | 0,655 | 0,648 | 0,239 | 0,623 | 1,000 | 0,582 |
| SE | MG | Fama | 1425º | 0,479 | 0,754 | 0,648 | 0,808 | 0,334 | 0,690 | 1,000 | 0,671 |
| SE | MG | Faria Lemos | 2164º | 0,474 | 0,640 | 0,559 | 0,703 | 0,421 | 0,593 | 1,000 | 0,623 |
| NE | CE | Farias Brito | 4299º | 0,172 | 0,296 | 0,487 | 0,463 | 0,336 | 0,492 | 0,973 | 0,456 |
| N | PA | Faro | 4921º | 0,265 | 0,188 | 0,472 | 0,668 | 0,255 | 0,244 | 1,000 | 0,416 |
| S | PR | Farol | 2492º | 0,430 | 0,686 | 0,597 | 0,728 | 0,382 | 0,561 | 0,850 | 0,599 |
| S | RS | Farroupilha | 45º | 0,810 | 0,938 | 0,702 | 0,953 | 0,610 | 0,673 | 0,926 | 0,793 |
| SE | SP | Fartura | 644º | 0,636 | 0,835 | 0,712 | 0,888 | 0,479 | 0,623 | 0,966 | 0,727 |
| NE | PI | Fartura do Piauí | 5002º | 0,133 | 0,256 | 0,541 | 0,256 | 0,176 | 0,390 | 1,000 | 0,409 |
| N | TO | Fátima | 2782º | 0,491 | 0,506 | 0,462 | 0,670 | 0,494 | 0,483 | 1,000 | 0,574 |

*a partir da melhor situação social ou maior IES

| Região | UF | Nome do Município 2010 | Posição* | Índice de Emprego | Índice de Pobreza | Índice de Desigualdade | Índice de Alfabetização | Índice de Escolaridade | Índice de Juventude | Índice de Violência | Índice de Exclusão |
|---|---|---|---|---|---|---|---|---|---|---|---|
| NE | BA | Fátima | 4699º | 0,121 | 0,311 | 0,532 | 0,284 | 0,168 | 0,504 | 0,971 | 0,430 |
| CO | MS | Fátima do Sul | 1787º | 0,480 | 0,760 | 0,541 | 0,775 | 0,460 | 0,633 | 0,945 | 0,648 |
| S | PR | Faxinal | 2402º | 0,412 | 0,713 | 0,613 | 0,750 | 0,429 | 0,571 | 0,809 | 0,605 |
| S | RS | Faxinal do Soturno | 1313º | 0,434 | 0,822 | 0,631 | 0,897 | 0,455 | 0,683 | 0,922 | 0,678 |
| S | SC | Faxinal dos Guedes | 811º | 0,702 | 0,858 | 0,636 | 0,864 | 0,477 | 0,557 | 0,951 | 0,714 |
| S | RS | Faxinalzinho | 2418º | 0,275 | 0,621 | 0,684 | 0,810 | 0,332 | 0,599 | 1,000 | 0,604 |
| CO | GO | Fazenda Nova | 2602º | 0,304 | 0,678 | 0,644 | 0,722 | 0,325 | 0,657 | 0,835 | 0,591 |
| S | PR | Fazenda Rio Grande | 1826º | 0,762 | 0,789 | 0,603 | 0,880 | 0,408 | 0,467 | 0,688 | 0,645 |
| S | RS | Fazenda Vilanova | 1463º | 0,549 | 0,844 | 0,689 | 0,890 | 0,299 | 0,596 | 0,859 | 0,669 |
| N | AC | Feijó | 5503º | 0,237 | 0,223 | 0,250 | 0,204 | 0,239 | 0,196 | 0,888 | 0,326 |
| NE | BA | Feira da Mata | 4929º | 0,196 | 0,244 | 0,499 | 0,556 | 0,218 | 0,510 | 0,748 | 0,415 |
| NE | BA | Feira de Santana | 2841º | 0,497 | 0,613 | 0,382 | 0,796 | 0,594 | 0,564 | 0,706 | 0,568 |
| NE | AL | Feira Grande | 5428º | 0,161 | 0,211 | 0,521 | 0,178 | 0,120 | 0,407 | 0,707 | 0,351 |
| NE | PE | Feira Nova | 4279º | 0,231 | 0,391 | 0,606 | 0,431 | 0,198 | 0,505 | 0,772 | 0,457 |
| NE | SE | Feira Nova | 4821º | 0,253 | 0,277 | 0,617 | 0,358 | 0,248 | 0,433 | 0,707 | 0,423 |
| NE | MA | Feira Nova do Maranhão | 5385º | 0,094 | 0,179 | 0,339 | 0,571 | 0,169 | 0,313 | 1,000 | 0,359 |
| SE | MG | Felício dos Santos | 3535º | 0,264 | 0,448 | 0,659 | 0,645 | 0,219 | 0,451 | 0,899 | 0,506 |
| NE | RN | Felipe Guerra | 2838º | 0,374 | 0,404 | 0,616 | 0,547 | 0,408 | 0,613 | 1,000 | 0,568 |
| SE | MG | Felisburgo | 4836º | 0,226 | 0,391 | 0,533 | 0,470 | 0,222 | 0,480 | 0,622 | 0,422 |
| SE | MG | Felixlândia | 2132º | 0,472 | 0,633 | 0,664 | 0,794 | 0,266 | 0,579 | 1,000 | 0,625 |
| S | RS | Feliz | 11º | 0,764 | 0,982 | 0,829 | 0,994 | 0,451 | 0,721 | 1,000 | 0,818 |
| NE | AL | Feliz Deserto | 5037º | 0,318 | 0,282 | 0,588 | 0,276 | 0,213 | 0,396 | 0,641 | 0,405 |

*a partir da melhor situação social ou maior IES)

| Região | UF | Nome do Município 2010 | Posição* | Índice de Emprego | Índice de Pobreza | Índice de Desigualdade | Índice de Alfabetização | Índice de Escolaridade | Índice de Juventude | Índice de Violência | Índice de Exclusão |
|---|---|---|---|---|---|---|---|---|---|---|---|
| CO | MT | Feliz Natal | 2577º | 0,482 | 0,726 | 0,660 | 0,778 | 0,365 | 0,360 | 0,857 | 0,593 |
| S | PR | Fênix | 2035º | 0,499 | 0,688 | 0,696 | 0,754 | 0,424 | 0,607 | 0,783 | 0,632 |
| S | PR | Fernandes Pinheiro | 3109º | 0,392 | 0,513 | 0,491 | 0,816 | 0,230 | 0,492 | 1,000 | 0,543 |
| SE | MG | Fernandes Tourinho | 2716º | 0,352 | 0,527 | 0,739 | 0,588 | 0,249 | 0,548 | 1,000 | 0,580 |
| NE | PE | Fernando de Noronha | 295º | 0,574 | 0,963 | 0,663 | 0,881 | 0,593 | 0,670 | 1,000 | 0,755 |
| NE | MA | Fernando Falcão | 5525º | 0,086 | 0,030 | 0,494 | 0,180 | 0,058 | 0,247 | 1,000 | 0,312 |
| NE | RN | Fernando Pedroza | 3256º | 0,508 | 0,336 | 0,484 | 0,348 | 0,322 | 0,572 | 1,000 | 0,529 |
| SE | SP | Fernando Prestes | 157º | 0,616 | 0,943 | 0,745 | 0,855 | 0,512 | 0,729 | 1,000 | 0,772 |
| SE | SP | Fernandópolis | 338º | 0,637 | 0,919 | 0,599 | 0,900 | 0,654 | 0,710 | 0,920 | 0,750 |
| SE | SP | Fernão | 1089º | 0,611 | 0,711 | 0,763 | 0,829 | 0,286 | 0,647 | 1,000 | 0,694 |
| SE | SP | Ferraz de Vasconcelos | 1067º | 0,713 | 0,733 | 0,672 | 0,884 | 0,563 | 0,517 | 0,895 | 0,696 |
| N | AP | Ferreira Gomes | 3967º | 0,391 | 0,432 | 0,396 | 0,626 | 0,424 | 0,288 | 0,910 | 0,476 |
| NE | PE | Ferreiros | 3461º | 0,417 | 0,360 | 0,568 | 0,420 | 0,288 | 0,536 | 0,909 | 0,512 |
| SE | MG | Ferros | 3251º | 0,379 | 0,511 | 0,539 | 0,565 | 0,180 | 0,578 | 0,904 | 0,529 |
| SE | MG | Fervedouro | 3570º | 0,253 | 0,415 | 0,621 | 0,689 | 0,136 | 0,512 | 0,950 | 0,503 |
| S | PR | Figueira | 1458º | 0,621 | 0,707 | 0,670 | 0,746 | 0,353 | 0,570 | 1,000 | 0,669 |
| CO | MS | Figueirão | 1820º | 0,556 | 0,776 | 0,705 | 0,805 | 0,280 | 0,579 | 0,822 | 0,646 |
| N | TO | Figueirópolis | 2584º | 0,386 | 0,592 | 0,529 | 0,663 | 0,465 | 0,566 | 1,000 | 0,593 |
| CO | MT | Figueirópolis D'Oeste | 1999º | 0,367 | 0,689 | 0,720 | 0,736 | 0,370 | 0,577 | 1,000 | 0,634 |
| N | TO | Filadélfia | 3703º | 0,404 | 0,344 | 0,504 | 0,566 | 0,358 | 0,399 | 0,939 | 0,494 |
| NE | BA | Filadélfia | 4621º | 0,187 | 0,275 | 0,444 | 0,503 | 0,221 | 0,485 | 0,969 | 0,436 |
| NE | BA | Firmino Alves | 2543º | 0,572 | 0,481 | 0,707 | 0,521 | 0,271 | 0,508 | 1,000 | 0,596 |
| CO | GO | Firminópolis | 1176º | 0,397 | 0,758 | 0,706 | 0,813 | 0,523 | 0,680 | 1,000 | 0,687 |

*a partir da melhor situação social ou maior IES)

| Região | UF | Nome do Município 2010 | Posição* | Índice de Emprego | Índice de Pobreza | Índice de Desigualdade | Índice de Alfabetização | Índice de Escolaridade | Índice de Juventude | Índice de Violência | Índice de Exclusão |
|---|---|---|---|---|---|---|---|---|---|---|---|
| NE | AL | Flexeiras | 4838º | 0,407 | 0,241 | 0,627 | 0,294 | 0,149 | 0,351 | 0,747 | 0,422 |
| S | PR | Flor da Serra do Sul | 2632º | 0,312 | 0,719 | 0,661 | 0,801 | 0,261 | 0,535 | 0,890 | 0,587 |
| S | SC | Flor do Sertão | 2322º | 0,247 | 0,794 | 0,621 | 0,772 | 0,309 | 0,591 | 1,000 | 0,612 |
| SE | SP | Flora Rica | 1158º | 0,698 | 0,715 | 0,745 | 0,731 | 0,535 | 0,677 | 0,703 | 0,689 |
| S | PR | Foraí | 179º | 0,698 | 0,918 | 0,719 | 0,851 | 0,445 | 0,725 | 1,000 | 0,769 |
| NE | RN | Florânia | 3018º | 0,253 | 0,486 | 0,607 | 0,515 | 0,369 | 0,600 | 1,000 | 0,552 |
| SE | SP | Floreal | 184º | 0,529 | 0,887 | 0,825 | 0,831 | 0,521 | 0,772 | 1,000 | 0,769 |
| NE | PE | Flores | 4377º | 0,214 | 0,340 | 0,555 | 0,322 | 0,158 | 0,515 | 0,930 | 0,452 |
| S | RS | Flores da Cunha | 246º | 0,671 | 0,939 | 0,697 | 0,945 | 0,487 | 0,702 | 0,942 | 0,762 |
| CO | GO | Flores de Goiás | 4389º | 0,285 | 0,311 | 0,349 | 0,602 | 0,264 | 0,486 | 0,957 | 0,451 |
| NE | PI | Flores do Piauí | 4876º | 0,199 | 0,232 | 0,445 | 0,315 | 0,169 | 0,487 | 1,000 | 0,419 |
| S | PR | Floresta | 70º | 0,718 | 0,890 | 0,839 | 0,877 | 0,551 | 0,653 | 1,000 | 0,789 |
| NE | PE | Floresta | 4345º | 0,257 | 0,410 | 0,541 | 0,569 | 0,433 | 0,412 | 0,645 | 0,454 |
| NE | BA | Floresta Azul | 3742º | 0,264 | 0,323 | 0,652 | 0,394 | 0,248 | 0,520 | 0,951 | 0,492 |
| N | PA | Floresta do Araguaia | 5343º | 0,172 | 0,283 | 0,350 | 0,546 | 0,220 | 0,375 | 0,737 | 0,367 |
| NE | PI | Floresta do Piauí | 4382º | 0,177 | 0,348 | 0,559 | 0,154 | 0,157 | 0,533 | 1,000 | 0,452 |
| SE | MG | Florestal | 1064º | 0,567 | 0,826 | 0,615 | 0,868 | 0,482 | 0,595 | 1,000 | 0,696 |
| S | PR | Florestópolis | 679º | 0,883 | 0,864 | 0,891 | 0,745 | 0,398 | 0,593 | 0,583 | 0,724 |
| NE | PI | Floriano | 2540º | 0,470 | 0,583 | 0,478 | 0,723 | 0,550 | 0,549 | 0,928 | 0,596 |
| S | RS | Floriano Peixoto | 2735º | 0,130 | 0,774 | 0,692 | 0,936 | 0,162 | 0,733 | 0,742 | 0,579 |
| S | SC | Florianópolis | 43º | 0,756 | 0,945 | 0,498 | 0,960 | 1,000 | 0,707 | 0,885 | 0,794 |
| S | PR | Flórida | 284º | 0,645 | 0,877 | 0,794 | 0,829 | 0,505 | 0,639 | 1,000 | 0,757 |
| SE | SP | Flórida Paulista | 550º | 0,711 | 0,818 | 0,724 | 0,831 | 0,330 | 0,683 | 1,000 | 0,734 |

*a partir da melhor situação social ou maior IES

| Região | UF | Nome do Município 2010 | Posição* | Índice de Emprego | Índice de Pobreza | Índice de Desigualdade | Índice de Alfabetização | Índice de Escolaridade | Índice de Juventude | Índice de Violência | Índice de Exclusão |
|---|---|---|---|---|---|---|---|---|---|---|---|
| SE | SP | Florínia | 1457º | 0,658 | 0,692 | 0,599 | 0,839 | 0,274 | 0,641 | 1,000 | 0,669 |
| N | AM | Fonte Boa | 5516º | 0,099 | 0,214 | 0,338 | 0,362 | 0,218 | 0,205 | 0,863 | 0,320 |
| S | RS | Fontoura Xavier | 3399º | 0,262 | 0,633 | 0,521 | 0,648 | 0,282 | 0,554 | 0,757 | 0,517 |
| SE | MG | Formiga | 699º | 0,663 | 0,827 | 0,607 | 0,891 | 0,474 | 0,679 | 0,976 | 0,723 |
| S | RS | Formigueiro | 2257º | 0,333 | 0,701 | 0,549 | 0,784 | 0,329 | 0,681 | 1,000 | 0,617 |
| CO | GO | Formosa | 2498º | 0,515 | 0,703 | 0,471 | 0,817 | 0,595 | 0,500 | 0,751 | 0,598 |
| NE | MA | Formosa da Serra Negra | 5379º | 0,139 | 0,106 | 0,334 | 0,594 | 0,227 | 0,314 | 1,000 | 0,361 |
| S | PR | Formosa do Oeste | 1294º | 0,360 | 0,789 | 0,742 | 0,812 | 0,450 | 0,711 | 0,931 | 0,679 |
| NE | BA | Formosa do Rio Preto | 4464º | 0,279 | 0,331 | 0,371 | 0,515 | 0,318 | 0,395 | 0,977 | 0,446 |
| S | SC | Formosa do Sul | 1602º | 0,321 | 0,845 | 0,736 | 0,878 | 0,305 | 0,595 | 1,000 | 0,659 |
| CO | GO | Formoso | 2721º | 0,301 | 0,597 | 0,464 | 0,754 | 0,467 | 0,603 | 1,000 | 0,580 |
| SE | MG | Formoso | 3790º | 0,273 | 0,434 | 0,471 | 0,614 | 0,325 | 0,447 | 0,936 | 0,489 |
| N | TO | Formoso do Araguaia | 3066º | 0,419 | 0,525 | 0,538 | 0,719 | 0,421 | 0,460 | 0,859 | 0,548 |
| S | RS | Forquetinha | 910º | 0,362 | 0,909 | 0,809 | 0,877 | 0,127 | 0,820 | 1,000 | 0,707 |
| NE | CE | Forquilha | 3091º | 0,516 | 0,402 | 0,643 | 0,505 | 0,322 | 0,486 | 0,881 | 0,545 |
| S | SC | Forquilhinha | 467º | 0,743 | 0,922 | 0,670 | 0,928 | 0,430 | 0,563 | 0,977 | 0,741 |
| NE | CE | Fortaleza | 2256º | 0,608 | 0,673 | 0,346 | 0,847 | 0,698 | 0,590 | 0,752 | 0,617 |
| SE | MG | Fortaleza de Minas | 713º | 0,708 | 0,771 | 0,730 | 0,834 | 0,387 | 0,614 | 1,000 | 0,721 |
| N | TO | Fortaleza do Tabocão | 2422º | 0,589 | 0,509 | 0,628 | 0,662 | 0,408 | 0,450 | 1,000 | 0,604 |
| NE | MA | Fortaleza dos Nogueiras | 3959º | 0,301 | 0,313 | 0,520 | 0,704 | 0,285 | 0,362 | 1,000 | 0,477 |
| S | RS | Fortaleza dos Valos | 2448º | 0,396 | 0,728 | 0,321 | 0,871 | 0,418 | 0,642 | 1,000 | 0,602 |
| NE | CE | Fortim | 3999º | 0,148 | 0,327 | 0,564 | 0,465 | 0,330 | 0,496 | 1,000 | 0,475 |
| NE | MA | Fortuna | 4860º | 0,252 | 0,321 | 0,454 | 0,343 | 0,275 | 0,355 | 0,897 | 0,420 |
| SE | MG | Fortuna de Minas | 1314º | 0,577 | 0,687 | 0,730 | 0,844 | 0,369 | 0,582 | 1,000 | 0,678 |

*a partir da melhor situação social ou maior IES

| Região | UF | Nome do Município 2010 | Posição* | Índice de Emprego | Índice de Pobreza | Índice de Desigualdade | Índice de Alfabetização | Índice de Escolaridade | Índice de Juventude | Índice de Violência | Índice de Exclusão |
|---|---|---|---|---|---|---|---|---|---|---|---|
| S | PR | Foz do Iguaçu | 2247º | 0,564 | 0,773 | 0,501 | 0,894 | 0,588 | 0,525 | 0,655 | 0,617 |
| S | PR | Foz do Jordão | 3184º | 0,455 | 0,549 | 0,491 | 0,786 | 0,261 | 0,426 | 0,904 | 0,537 |
| S | SC | Fraiburgo | 1196º | 0,806 | 0,761 | 0,593 | 0,855 | 0,414 | 0,510 | 0,910 | 0,686 |
| SE | SP | Franca | 276º | 0,696 | 0,892 | 0,652 | 0,942 | 0,653 | 0,609 | 0,972 | 0,758 |
| NE | PI | Francinópolis | 4584º | 0,245 | 0,244 | 0,461 | 0,291 | 0,231 | 0,492 | 1,000 | 0,438 |
| S | PR | Francisco Alves | 1784º | 0,430 | 0,743 | 0,745 | 0,691 | 0,291 | 0,589 | 1,000 | 0,648 |
| NE | PI | Francisco Ayres | 3597º | 0,364 | 0,399 | 0,548 | 0,325 | 0,206 | 0,511 | 1,000 | 0,502 |
| SE | MG | Francisco Badaró | 3150º | 0,312 | 0,419 | 0,647 | 0,583 | 0,211 | 0,575 | 1,000 | 0,539 |
| S | PR | Francisco Beltrão | 526º | 0,657 | 0,880 | 0,641 | 0,900 | 0,620 | 0,600 | 0,947 | 0,736 |
| NE | RN | Francisco Dantas | 3326º | 0,285 | 0,381 | 0,588 | 0,372 | 0,335 | 0,589 | 1,000 | 0,522 |
| SE | MG | Francisco Dumont | 3191º | 0,360 | 0,464 | 0,684 | 0,619 | 0,246 | 0,484 | 0,893 | 0,536 |
| NE | PI | Francisco Macedo | 4124º | 0,323 | 0,383 | 0,593 | 0,222 | 0,163 | 0,546 | 0,819 | 0,468 |
| SE | SP | Francisco Morato | 1364º | 0,751 | 0,672 | 0,710 | 0,833 | 0,425 | 0,476 | 0,902 | 0,674 |
| SE | MG | Francisco Sá | 3347º | 0,339 | 0,426 | 0,521 | 0,586 | 0,314 | 0,509 | 0,979 | 0,521 |
| NE | PI | Francisco Santos | 3812º | 0,154 | 0,439 | 0,562 | 0,432 | 0,223 | 0,536 | 1,000 | 0,487 |
| SE | MG | Franciscópolis | 4172º | 0,169 | 0,437 | 0,570 | 0,443 | 0,213 | 0,461 | 0,910 | 0,464 |
| SE | SP | Franco da Rocha | 953º | 0,763 | 0,752 | 0,656 | 0,872 | 0,508 | 0,570 | 0,874 | 0,704 |
| NE | CE | Frecheirinha | 4524º | 0,200 | 0,289 | 0,534 | 0,347 | 0,291 | 0,418 | 0,960 | 0,442 |
| S | RS | Frederico Westphalen | 822º | 0,577 | 0,860 | 0,636 | 0,910 | 0,584 | 0,642 | 0,892 | 0,713 |
| SE | MG | Frei Gaspar | 3383º | 0,287 | 0,413 | 0,707 | 0,416 | 0,207 | 0,481 | 1,000 | 0,518 |

*a partir da melhor situação social ou maior IES

| Região | UF | Nome do Município 2010 | Posição* | Índice de Emprego | Índice de Pobreza | Índice de Desigualdade | Índice de Alfabetização | Índice de Escolaridade | Índice de Juventude | Índice de Violência | Índice de Exclusão |
|---|---|---|---|---|---|---|---|---|---|---|---|
| SE | MG | Frei Inocêncio | 3225º | 0,376 | 0,516 | 0,643 | 0,620 | 0,321 | 0,499 | 0,767 | 0,532 |
| SE | MG | Frei Lagonegro | 4471º | 0,249 | 0,296 | 0,576 | 0,588 | 0,122 | 0,475 | 0,844 | 0,445 |
| NE | PB | Frei Martinho | 3620º | 0,168 | 0,500 | 0,444 | 0,392 | 0,270 | 0,636 | 1,000 | 0,500 |
| NE | PE | Frei Miguelinho | 4144º | 0,160 | 0,409 | 0,625 | 0,371 | 0,119 | 0,588 | 0,854 | 0,466 |
| NE | SE | Frei Paulo | 3019º | 0,533 | 0,516 | 0,606 | 0,432 | 0,203 | 0,495 | 0,925 | 0,552 |
| S | SC | Frei Rogério | 2663º | 0,340 | 0,599 | 0,547 | 0,847 | 0,367 | 0,542 | 1,000 | 0,585 |
| SE | MG | Fronteira | 1319º | 0,665 | 0,769 | 0,686 | 0,790 | 0,370 | 0,569 | 0,889 | 0,677 |
| SE | MG | Fronteira dos Vales | 3579º | 0,265 | 0,361 | 0,663 | 0,386 | 0,236 | 0,501 | 1,000 | 0,503 |
| NE | PI | Fronteiras | 3581º | 0,318 | 0,418 | 0,463 | 0,430 | 0,327 | 0,514 | 1,000 | 0,503 |
| SE | MG | Fruta de Leite | 4133º | 0,336 | 0,335 | 0,627 | 0,326 | 0,113 | 0,382 | 1,000 | 0,467 |
| SE | MG | Frutal | 1087º | 0,632 | 0,818 | 0,620 | 0,879 | 0,410 | 0,649 | 0,903 | 0,694 |
| NE | RN | Frutuoso Gomes | 3769º | 0,188 | 0,377 | 0,632 | 0,461 | 0,268 | 0,580 | 0,877 | 0,490 |
| SE | ES | Fundão | 2431º | 0,525 | 0,745 | 0,588 | 0,802 | 0,459 | 0,584 | 0,603 | 0,603 |
| SE | MG | Funilândia | 2366º | 0,537 | 0,514 | 0,658 | 0,729 | 0,320 | 0,528 | 1,000 | 0,608 |
| SE | SP | Gabriel Monteiro | 23º | 0,652 | 0,932 | 0,829 | 0,842 | 0,625 | 0,737 | 1,000 | 0,804 |
| NE | PB | Gado Bravo | 5357º | 0,111 | 0,184 | 0,466 | 0,322 | 0,104 | 0,438 | 0,876 | 0,365 |
| SE | SP | Gália | 1103º | 0,726 | 0,741 | 0,728 | 0,798 | 0,399 | 0,662 | 0,777 | 0,693 |
| SE | MG | Galiléia | 2879º | 0,387 | 0,542 | 0,571 | 0,623 | 0,281 | 0,544 | 1,000 | 0,565 |
| NE | RN | Galinhos | 4402º | 0,311 | 0,301 | 0,445 | 0,394 | 0,214 | 0,433 | 1,000 | 0,450 |
| S | SC | Galvão | 2326º | 0,364 | 0,765 | 0,663 | 0,708 | 0,351 | 0,586 | 0,850 | 0,612 |
| NE | PE | Gameleira | 3440º | 0,599 | 0,251 | 0,621 | 0,452 | 0,369 | 0,407 | 0,851 | 0,514 |
| CO | GO | Gameleira de Goiás | 2747º | 0,322 | 0,701 | 0,513 | 0,755 | 0,243 | 0,564 | 1,000 | 0,578 |
| SE | MG | Gameleiras | 4021º | 0,161 | 0,347 | 0,576 | 0,512 | 0,353 | 0,503 | 0,899 | 0,474 |
| NE | BA | Gandu | 4213º | 0,264 | 0,479 | 0,399 | 0,517 | 0,348 | 0,493 | 0,760 | 0,461 |
| NE | PE | Garanhuns | 3403º | 0,424 | 0,492 | 0,399 | 0,626 | 0,448 | 0,510 | 0,803 | 0,517 |

*a partir da melhor situação social ou maior IES)

| Região | UF | Nome do Município 2010 | Posição* | Índice de Emprego | Índice de Pobreza | Índice de Desigualdade | Índice de Alfabetização | Índice de Escolaridade | Índice de Juventude | Índice de Violência | Índice de Exclusão |
|---|---|---|---|---|---|---|---|---|---|---|---|
| NE | SE | Gararu | 5225º | 0,202 | 0,215 | 0,351 | 0,357 | 0,222 | 0,420 | 0,909 | 0,384 |
| SE | SP | Garça | 539º | 0,779 | 0,816 | 0,574 | 0,857 | 0,580 | 0,651 | 0,940 | 0,735 |
| S | RS | Garibaldi | 111º | 0,748 | 0,981 | 0,566 | 0,954 | 0,575 | 0,733 | 0,983 | 0,782 |
| S | SC | Garopaba | 858º | 0,514 | 0,854 | 0,682 | 0,843 | 0,579 | 0,636 | 0,943 | 0,712 |
| N | PA | Garrafão do Norte | 5465º | 0,071 | 0,229 | 0,502 | 0,225 | 0,144 | 0,270 | 0,855 | 0,339 |
| S | RS | Garruchos | 2903º | 0,279 | 0,562 | 0,536 | 0,777 | 0,266 | 0,610 | 1,000 | 0,562 |
| S | SC | Garuva | 1038º | 0,652 | 0,840 | 0,694 | 0,873 | 0,445 | 0,482 | 0,965 | 0,698 |
| S | SC | Gaspar | 194º | 0,765 | 0,916 | 0,769 | 0,951 | 0,461 | 0,606 | 0,946 | 0,768 |
| SE | SP | Gastão Vidigal | 189º | 0,830 | 0,846 | 0,722 | 0,830 | 0,388 | 0,701 | 1,000 | 0,768 |
| CO | MT | Gaúcha do Norte | 3532º | 0,474 | 0,645 | 0,239 | 0,376 | 0,296 | 0,416 | 1,000 | 0,507 |
| S | RS | Gaurama | 827º | 0,495 | 0,874 | 0,707 | 0,924 | 0,428 | 0,719 | 0,911 | 0,713 |
| NE | BA | Gavião | 3522º | 0,216 | 0,384 | 0,758 | 0,453 | 0,330 | 0,575 | 0,772 | 0,508 |
| SE | SP | Gavião Peixoto | 95º | 0,901 | 0,852 | 0,853 | 0,828 | 0,399 | 0,581 | 1,000 | 0,784 |
| NE | PI | Geminiano | 4399º | 0,191 | 0,242 | 0,651 | 0,294 | 0,128 | 0,497 | 1,000 | 0,450 |
| S | RS | General Câmara | 2007º | 0,429 | 0,738 | 0,592 | 0,803 | 0,352 | 0,635 | 0,938 | 0,633 |
| S | PR | General Carneiro | 2753º | 0,586 | 0,552 | 0,613 | 0,806 | 0,303 | 0,425 | 0,848 | 0,577 |
| CO | MT | General Carneiro | 3401º | 0,395 | 0,535 | 0,416 | 0,741 | 0,368 | 0,413 | 0,897 | 0,517 |
| NE | SE | General Maynard | 2947º | 0,647 | 0,411 | 0,471 | 0,698 | 0,476 | 0,477 | 0,822 | 0,558 |
| SE | SP | General Salgado | 414º | 0,695 | 0,876 | 0,667 | 0,869 | 0,525 | 0,702 | 0,902 | 0,744 |
| NE | CE | General Sampaio | 4937º | 0,166 | 0,281 | 0,558 | 0,348 | 0,174 | 0,390 | 0,916 | 0,414 |
| S | RS | Gentil | 1677º | 0,287 | 0,750 | 0,664 | 0,867 | 0,426 | 0,693 | 1,000 | 0,655 |
| NE | BA | Gentio do Ouro | 4439º | 0,174 | 0,255 | 0,540 | 0,457 | 0,203 | 0,494 | 1,000 | 0,448 |
| SE | SP | Getulina | 730º | 0,744 | 0,771 | 0,644 | 0,834 | 0,425 | 0,673 | 0,952 | 0,720 |

*a partir da melhor situação social ou maior IES

| Região | UF | Nome do Município 2010 | Posição* | Índice de Emprego | Índice de Pobreza | Índice de Desigualdade | Índice de Alfabetização | Índice de Escolaridade | Índice de Juventude | Índice de Violência | Índice de Exclusão |
|---|---|---|---|---|---|---|---|---|---|---|---|
| S | RS | Getúlio Vargas | 405º | 0,578 | 0,887 | 0,689 | 0,929 | 0,508 | 0,695 | 1,000 | 0,745 |
| NE | PI | Gilbués | 5332º | 0,174 | 0,289 | 0,229 | 0,448 | 0,196 | 0,362 | 0,950 | 0,369 |
| NE | AL | Girau do Ponciano | 5456º | 0,127 | 0,162 | 0,421 | 0,220 | 0,136 | 0,379 | 0,858 | 0,342 |
| S | RS | Giruá | 2093º | 0,439 | 0,721 | 0,516 | 0,867 | 0,338 | 0,645 | 0,970 | 0,628 |
| SE | MG | Glaucilândia | 2690º | 0,334 | 0,417 | 0,699 | 0,736 | 0,432 | 0,560 | 1,000 | 0,582 |
| SE | SP | Glicério | 851º | 0,751 | 0,850 | 0,545 | 0,839 | 0,393 | 0,617 | 1,000 | 0,712 |
| NE | BA | Glória | 4083º | 0,316 | 0,339 | 0,540 | 0,389 | 0,248 | 0,514 | 0,862 | 0,470 |
| CO | MS | Glória de Dourados | 1422º | 0,463 | 0,781 | 0,650 | 0,778 | 0,498 | 0,626 | 0,948 | 0,671 |
| NE | PE | Glória do Goitá | 4590º | 0,192 | 0,325 | 0,533 | 0,380 | 0,262 | 0,482 | 0,839 | 0,438 |
| CO | MT | Glória D'Oeste | 2082º | 0,425 | 0,695 | 0,607 | 0,747 | 0,364 | 0,596 | 1,000 | 0,629 |
| S | RS | Glorinha | 803º | 0,652 | 0,831 | 0,736 | 0,839 | 0,375 | 0,638 | 0,925 | 0,714 |
| NE | MA | Godofredo Viana | 4141º | 0,214 | 0,282 | 0,581 | 0,609 | 0,296 | 0,383 | 1,000 | 0,466 |
| S | PR | Godoy Moreira | 2524º | 0,291 | 0,628 | 0,686 | 0,711 | 0,251 | 0,621 | 1,000 | 0,597 |
| SE | MG | Goiabeira | 3243º | 0,323 | 0,509 | 0,613 | 0,559 | 0,286 | 0,565 | 0,830 | 0,530 |
| NE | PE | Goiana | 3412º | 0,495 | 0,398 | 0,479 | 0,588 | 0,453 | 0,522 | 0,732 | 0,517 |
| SE | MG | Goianá | 1237º | 0,526 | 0,733 | 0,644 | 0,799 | 0,479 | 0,645 | 1,000 | 0,683 |
| CO | GO | Goianápolis | 2921º | 0,316 | 0,624 | 0,534 | 0,656 | 0,405 | 0,537 | 0,903 | 0,560 |
| CO | GO | Goiandira | 693º | 0,599 | 0,807 | 0,717 | 0,843 | 0,587 | 0,662 | 0,901 | 0,723 |
| CO | GO | Goianésia | 1427º | 0,626 | 0,812 | 0,641 | 0,809 | 0,435 | 0,579 | 0,825 | 0,671 |
| N | PA | Goianésia do Pará | 5066º | 0,287 | 0,354 | 0,470 | 0,477 | 0,174 | 0,368 | 0,692 | 0,402 |
| CO | GO | Goiânia | 965º | 0,627 | 0,866 | 0,415 | 0,929 | 0,813 | 0,636 | 0,839 | 0,703 |
| NE | RN | Goianinha | 3588º | 0,522 | 0,404 | 0,434 | 0,486 | 0,311 | 0,444 | 0,884 | 0,502 |
| CO | GO | Goianira | 1629º | 0,641 | 0,723 | 0,762 | 0,810 | 0,376 | 0,525 | 0,786 | 0,657 |
| N | TO | Goianorte | 4120º | 0,203 | 0,400 | 0,506 | 0,606 | 0,289 | 0,457 | 0,895 | 0,468 |
| CO | GO | Goiás | 2168º | 0,405 | 0,699 | 0,529 | 0,734 | 0,478 | 0,640 | 0,937 | 0,623 |
| N | TO | Goiatins | 5140º | 0,255 | 0,275 | 0,346 | 0,433 | 0,273 | 0,317 | 0,914 | 0,395 |

*a partir da melhor situação social ou maior IES)

| Região | UF | Nome do Município 2010 | Posição* | Índice de Emprego | Índice de Pobreza | Índice de Desigualdade | Índice de Alfabetização | Índice de Escolaridade | Índice de Juventude | Índice de Violência | Índice de Exclusão |
|---|---|---|---|---|---|---|---|---|---|---|---|
| CO | GO | Goiatuba | 1709º | 0,507 | 0,816 | 0,554 | 0,827 | 0,433 | 0,614 | 0,888 | 0,653 |
| S | PR | Goioerê | 1690º | 0,558 | 0,773 | 0,603 | 0,795 | 0,468 | 0,611 | 0,821 | 0,654 |
| S | PR | Goioxim | 4277º | 0,197 | 0,446 | 0,600 | 0,743 | 0,216 | 0,418 | 0,723 | 0,457 |
| SE | MG | Gonçalves | 2176º | 0,342 | 0,693 | 0,668 | 0,752 | 0,278 | 0,637 | 1,000 | 0,622 |
| NE | MA | Gonçalves Dias | 5179º | 0,189 | 0,273 | 0,402 | 0,247 | 0,179 | 0,403 | 0,940 | 0,391 |
| NE | BA | Gongogi | 3989º | 0,266 | 0,311 | 0,630 | 0,392 | 0,216 | 0,487 | 0,938 | 0,475 |
| SE | MG | Gonzaga | 4076º | 0,272 | 0,322 | 0,563 | 0,632 | 0,216 | 0,449 | 0,912 | 0,470 |
| SE | MG | Gouveia | 2187º | 0,547 | 0,549 | 0,673 | 0,835 | 0,352 | 0,569 | 0,911 | 0,621 |
| CO | GO | Gouvelândia | 1868º | 0,546 | 0,724 | 0,688 | 0,631 | 0,338 | 0,599 | 0,895 | 0,643 |
| NE | MA | Governador Archer | 4839º | 0,170 | 0,264 | 0,482 | 0,330 | 0,236 | 0,415 | 1,000 | 0,422 |
| S | SC | Governador Celso Ramos | 394º | 0,701 | 0,876 | 0,703 | 0,855 | 0,437 | 0,646 | 1,000 | 0,746 |
| NE | RN | Governador Dix-Sept Rosado | 3571º | 0,267 | 0,369 | 0,588 | 0,476 | 0,237 | 0,538 | 1,000 | 0,503 |
| NE | MA | Governador Edison Lobão | 3948º | 0,337 | 0,419 | 0,644 | 0,566 | 0,266 | 0,387 | 0,738 | 0,477 |
| NE | MA | Governador Eugênio Barros | 5119º | 0,203 | 0,264 | 0,436 | 0,185 | 0,186 | 0,364 | 1,000 | 0,397 |
| N | RO | Governador Jorge Teixeira | 3946º | 0,178 | 0,451 | 0,479 | 0,718 | 0,169 | 0,463 | 1,000 | 0,477 |
| SE | ES | Governador Lindenberg | 2627º | 0,245 | 0,676 | 0,662 | 0,768 | 0,331 | 0,600 | 0,904 | 0,588 |
| NE | MA | Governador Luiz Rocha | 5100º | 0,190 | 0,234 | 0,468 | 0,336 | 0,215 | 0,376 | 0,929 | 0,398 |
| NE | BA | Governador Mangabeira | 3472º | 0,330 | 0,399 | 0,503 | 0,639 | 0,405 | 0,505 | 0,895 | 0,512 |
| NE | MA | Governador Newton Bello | 5442º | 0,072 | 0,178 | 0,539 | 0,199 | 0,117 | 0,302 | 0,913 | 0,347 |
| NE | MA | Governador Nunes Freire | 5479º | 0,082 | 0,239 | 0,459 | 0,396 | 0,177 | 0,274 | 0,754 | 0,335 |

*a partir da melhor situação social ou maior (ES)

| Região | UF | Nome do Município 2010 | Posição* | Índice de Emprego | Índice de Pobreza | Índice de Desigualdade | Índice de Alfabetização | Índice de Escolaridade | Índice de Juventude | Índice de Violência | Índice de Exclusão |
|---|---|---|---|---|---|---|---|---|---|---|---|
| SE | MG | Governador Valadares | 1954º | 0,599 | 0,708 | 0,516 | 0,839 | 0,533 | 0,583 | 0,803 | 0,638 |
| NE | CE | Graça | 4995º | 0,130 | 0,259 | 0,476 | 0,346 | 0,189 | 0,420 | 1,000 | 0,410 |
| NE | MA | Graça Aranha | 4768º | 0,147 | 0,235 | 0,513 | 0,394 | 0,193 | 0,467 | 1,000 | 0,426 |
| NE | SE | Gracho Cardoso | 4708º | 0,154 | 0,270 | 0,438 | 0,390 | 0,225 | 0,502 | 1,000 | 0,430 |
| NE | MA | Grajaú | 5231º | 0,251 | 0,322 | 0,352 | 0,463 | 0,230 | 0,308 | 0,807 | 0,383 |
| S | RS | Gramado | 252º | 0,768 | 0,931 | 0,609 | 0,949 | 0,514 | 0,654 | 0,968 | 0,761 |
| S | RS | Gramado dos Loureiros | 3339º | 0,287 | 0,660 | 0,568 | 0,758 | 0,325 | 0,604 | 0,541 | 0,521 |
| S | RS | Gramado Xavier | 3782º | 0,131 | 0,635 | 0,478 | 0,803 | 0,163 | 0,490 | 0,869 | 0,489 |
| S | PR | Grandes Rios | 2814º | 0,241 | 0,624 | 0,669 | 0,654 | 0,314 | 0,581 | 0,921 | 0,571 |
| NE | PE | Granito | 4570º | 0,313 | 0,283 | 0,504 | 0,386 | 0,251 | 0,434 | 0,848 | 0,439 |
| NE | CE | Granja | 5445º | 0,119 | 0,148 | 0,348 | 0,233 | 0,183 | 0,371 | 0,960 | 0,346 |
| NE | CE | Granjeiro | 4593º | 0,175 | 0,290 | 0,576 | 0,411 | 0,275 | 0,427 | 0,888 | 0,437 |
| SE | MG | Grão Mogol | 3431º | 0,303 | 0,415 | 0,623 | 0,637 | 0,225 | 0,443 | 1,000 | 0,515 |
| S | SC | Grão Pará | 987º | 0,413 | 0,925 | 0,720 | 0,924 | 0,392 | 0,619 | 1,000 | 0,702 |
| NE | PE | Gravatá | 3600º | 0,303 | 0,468 | 0,511 | 0,545 | 0,289 | 0,543 | 0,850 | 0,501 |
| S | RS | Gravataí | 598º | 0,717 | 0,826 | 0,669 | 0,916 | 0,574 | 0,597 | 0,906 | 0,730 |
| S | SC | Gravatal | 125º | 0,757 | 0,900 | 0,780 | 0,896 | 0,495 | 0,636 | 1,000 | 0,779 |
| NE | CE | Groaíras | 3298º | 0,280 | 0,416 | 0,645 | 0,529 | 0,319 | 0,519 | 0,949 | 0,525 |
| NE | RN | Grossos | 2756º | 0,453 | 0,501 | 0,595 | 0,430 | 0,370 | 0,573 | 1,000 | 0,577 |
| SE | MG | Grupiara | 313º | 0,685 | 0,783 | 0,767 | 0,852 | 0,524 | 0,680 | 1,000 | 0,753 |
| S | RS | Guabiju | 1385º | 0,336 | 0,937 | 0,483 | 0,933 | 0,364 | 0,768 | 1,000 | 0,673 |
| S | SC | Guabiruba | 41º | 0,799 | 0,922 | 0,839 | 0,946 | 0,428 | 0,632 | 1,000 | 0,795 |
| SE | ES | Guaçuí | 2459º | 0,406 | 0,675 | 0,544 | 0,702 | 0,457 | 0,572 | 0,907 | 0,601 |
| NE | PI | Guadalupe | 3038º | 0,428 | 0,535 | 0,577 | 0,583 | 0,311 | 0,502 | 0,899 | 0,550 |
| S | RS | Guaíba | 887º | 0,744 | 0,822 | 0,628 | 0,912 | 0,577 | 0,609 | 0,771 | 0,709 |
| SE | SP | Guaiçara | 244º | 0,800 | 0,878 | 0,821 | 0,861 | 0,524 | 0,594 | 0,854 | 0,762 |

*a partir da melhor situação social ou maior IES

| Região | UF | Nome do Município 2010 | Posição* | Índice de Emprego | Índice de Pobreza | Índice de Desigualdade | Índice de Alfabetização | Índice de Escolaridade | Índice de Juventude | Índice de Violência | Índice de Exclusão |
|---|---|---|---|---|---|---|---|---|---|---|---|
| SE | SP | Guaimbê | 655º | 0,770 | 0,761 | 0,768 | 0,794 | 0,489 | 0,582 | 0,904 | 0,726 |
| SE | SP | Guaíra | 947º | 0,676 | 0,849 | 0,549 | 0,904 | 0,504 | 0,648 | 0,889 | 0,705 |
| S | PR | Guaíra | 3042º | 0,449 | 0,722 | 0,445 | 0,804 | 0,490 | 0,575 | 0,509 | 0,550 |
| S | PR | Guairaçá | 1436º | 0,520 | 0,813 | 0,674 | 0,732 | 0,347 | 0,577 | 1,000 | 0,670 |
| NE | CE | Guaiúba | 3821º | 0,330 | 0,271 | 0,620 | 0,539 | 0,313 | 0,447 | 0,914 | 0,487 |
| N | AM | Guajará | 5532º | 0,205 | 0,143 | 0,131 | 0,317 | 0,222 | 0,148 | 1,000 | 0,300 |
| N | RO | Guajará-Mirim | 2945º | 0,518 | 0,590 | 0,476 | 0,801 | 0,417 | 0,392 | 0,863 | 0,558 |
| NE | BA | Guajeru | 3568º | 0,265 | 0,366 | 0,664 | 0,389 | 0,168 | 0,542 | 1,000 | 0,503 |
| NE | RN | Guamaré | 3060º | 0,523 | 0,471 | 0,529 | 0,458 | 0,331 | 0,447 | 1,000 | 0,548 |
| S | PR | Guamiranga | 2875º | 0,168 | 0,631 | 0,662 | 0,853 | 0,263 | 0,520 | 1,000 | 0,565 |
| NE | BA | Guanambi | 2955º | 0,346 | 0,544 | 0,477 | 0,692 | 0,445 | 0,575 | 0,914 | 0,557 |
| SE | MG | Guanhães | 2775º | 0,453 | 0,602 | 0,452 | 0,768 | 0,385 | 0,537 | 0,933 | 0,575 |
| SE | MG | Guapé | 1375º | 0,478 | 0,713 | 0,780 | 0,832 | 0,330 | 0,612 | 1,000 | 0,674 |
| SE | SP | Guapiaçu | 412º | 0,657 | 0,865 | 0,733 | 0,868 | 0,400 | 0,682 | 1,000 | 0,744 |
| SE | SP | Guapiara | 3436º | 0,363 | 0,502 | 0,463 | 0,767 | 0,303 | 0,511 | 0,827 | 0,514 |
| SE | RJ | Guapimirim | 2223º | 0,491 | 0,694 | 0,544 | 0,836 | 0,459 | 0,551 | 0,879 | 0,619 |
| S | PR | Guapirama | 1685º | 0,540 | 0,665 | 0,654 | 0,778 | 0,409 | 0,576 | 1,000 | 0,654 |
| CO | GO | Guapó | 2550º | 0,442 | 0,691 | 0,482 | 0,774 | 0,386 | 0,556 | 0,926 | 0,596 |
| S | RS | Guaporé | 96º | 0,752 | 0,963 | 0,731 | 0,926 | 0,504 | 0,697 | 0,932 | 0,784 |
| S | PR | Guaporema | 863º | 0,687 | 0,837 | 0,829 | 0,763 | 0,451 | 0,600 | 0,766 | 0,711 |
| SE | SP | Guará | 1248º | 0,668 | 0,767 | 0,606 | 0,813 | 0,431 | 0,551 | 0,974 | 0,682 |
| NE | PB | Guarabira | 3010º | 0,460 | 0,497 | 0,517 | 0,594 | 0,469 | 0,550 | 0,812 | 0,553 |
| SE | SP | Guaraçaí | 1182º | 0,554 | 0,796 | 0,722 | 0,831 | 0,484 | 0,704 | 0,753 | 0,687 |
| SE | SP | Guaraci | 398º | 0,697 | 0,820 | 0,745 | 0,834 | 0,545 | 0,597 | 1,000 | 0,745 |
| S | PR | Guaraci | 1017º | 0,644 | 0,834 | 0,815 | 0,797 | 0,369 | 0,605 | 0,801 | 0,700 |
| S | SC | Guaraciaba | 1450º | 0,357 | 0,875 | 0,654 | 0,874 | 0,363 | 0,680 | 0,950 | 0,670 |
| SE | MG | Guaraciaba | 2909º | 0,286 | 0,505 | 0,612 | 0,659 | 0,213 | 0,656 | 1,000 | 0,562 |
| NE | CE | Guaraciaba do Norte | 4692º | 0,160 | 0,280 | 0,550 | 0,452 | 0,211 | 0,405 | 0,959 | 0,431 |
| SE | MG | Guaraciama | 2375º | 0,450 | 0,446 | 0,740 | 0,669 | 0,427 | 0,547 | 1,000 | 0,607 |
| N | TO | Guaraí | 2812º | 0,469 | 0,631 | 0,367 | 0,748 | 0,552 | 0,509 | 0,865 | 0,571 |

*a partir da melhor situação social ou maior IES)

| Região | UF | Nome do Município 2010 | Posição* | Índice de Emprego | Índice de Pobreza | Índice de Desigualdade | Índice de Alfabetização | Índice de Escolaridade | Índice de Juventude | Índice de Violência | Índice de Exclusão |
|---|---|---|---|---|---|---|---|---|---|---|---|
| CO | GO | Guaraíta | 2291º | 0,379 | 0,629 | 0,749 | 0,804 | 0,356 | 0,660 | 0,781 | 0,614 |
| NE | CE | Guaramiranga | 3396º | 0,317 | 0,372 | 0,642 | 0,669 | 0,387 | 0,461 | 0,875 | 0,518 |
| S | SC | Guaramirim | 378º | 0,857 | 0,821 | 0,667 | 0,941 | 0,432 | 0,563 | 1,000 | 0,747 |
| SE | MG | Guaranésia | 419º | 0,776 | 0,825 | 0,763 | 0,782 | 0,370 | 0,621 | 1,000 | 0,744 |
| SE | MG | Guarani | 1401º | 0,621 | 0,720 | 0,600 | 0,772 | 0,343 | 0,644 | 1,000 | 0,672 |
| S | RS | Guarani das Missões | 1227º | 0,354 | 0,800 | 0,725 | 0,903 | 0,389 | 0,699 | 1,000 | 0,684 |
| CO | GO | Guarani de Goiás | 3863º | 0,284 | 0,385 | 0,598 | 0,542 | 0,313 | 0,522 | 0,756 | 0,484 |
| SE | SP | Guarani d'Oeste | 755º | 0,507 | 0,791 | 0,760 | 0,790 | 0,516 | 0,673 | 1,000 | 0,717 |
| S | PR | Guaraniaçu | 2776º | 0,396 | 0,683 | 0,502 | 0,793 | 0,289 | 0,554 | 0,893 | 0,575 |
| SE | SP | Guarantã | 1322º | 0,711 | 0,760 | 0,606 | 0,807 | 0,397 | 0,560 | 0,919 | 0,677 |
| CO | MT | Guarantã do Norte | 2398º | 0,414 | 0,721 | 0,612 | 0,849 | 0,410 | 0,530 | 0,822 | 0,605 |
| SE | ES | Guarapari | 2297º | 0,611 | 0,735 | 0,412 | 0,854 | 0,576 | 0,583 | 0,679 | 0,614 |
| S | PR | Guarapuava | 1889º | 0,632 | 0,743 | 0,482 | 0,883 | 0,503 | 0,526 | 0,866 | 0,642 |
| S | PR | Guaraqueçaba | 3354º | 0,316 | 0,421 | 0,596 | 0,682 | 0,219 | 0,471 | 1,000 | 0,520 |
| SE | MG | Guarará | 1236º | 0,641 | 0,686 | 0,747 | 0,849 | 0,259 | 0,604 | 1,000 | 0,683 |
| SE | SP | Guararapes | 373º | 0,677 | 0,869 | 0,716 | 0,873 | 0,537 | 0,675 | 0,915 | 0,747 |
| SE | SP | Guararema | 1137º | 0,653 | 0,784 | 0,576 | 0,857 | 0,552 | 0,584 | 0,919 | 0,691 |
| NE | BA | Guaratinga | 4772º | 0,183 | 0,349 | 0,515 | 0,266 | 0,199 | 0,478 | 0,859 | 0,426 |
| SE | SP | Guaratinguetá | 628º | 0,699 | 0,830 | 0,497 | 0,952 | 0,742 | 0,655 | 0,893 | 0,728 |
| S | PR | Guaratuba | 2755º | 0,501 | 0,726 | 0,477 | 0,887 | 0,488 | 0,529 | 0,611 | 0,577 |
| SE | MG | Guarda-Mor | 2377º | 0,421 | 0,715 | 0,521 | 0,774 | 0,329 | 0,554 | 1,000 | 0,607 |
| SE | SP | Guareí | 980º | 0,583 | 0,794 | 0,712 | 0,864 | 0,263 | 0,696 | 1,000 | 0,703 |
| SE | SP | Guariba | 856º | 0,761 | 0,839 | 0,705 | 0,815 | 0,475 | 0,579 | 0,809 | 0,712 |
| NE | PI | Guaribas | 5345º | 0,177 | 0,170 | 0,442 | 0,224 | 0,160 | 0,305 | 1,000 | 0,367 |
| CO | GO | Guarinos | 3159º | 0,109 | 0,471 | 0,644 | 0,741 | 0,228 | 0,663 | 1,000 | 0,539 |
| SE | SP | Guarujá | 1282º | 0,639 | 0,770 | 0,552 | 0,878 | 0,576 | 0,563 | 0,905 | 0,680 |

*a partir da melhor situação social ou maior IES

| Região | UF | Nome do Município 2010 | Posição* | Índice de Emprego | Índice de Pobreza | Índice de Desigualdade | Índice de Alfabetização | Índice de Escolaridade | Índice de Juventude | Índice de Violência | Índice de Exclusão |
|---|---|---|---|---|---|---|---|---|---|---|---|
| S | SC | Guarujá do Sul | 844º | 0,403 | 0,913 | 0,775 | 0,893 | 0,404 | 0,648 | 1,000 | 0,712 |
| SE | SP | Guarulhos | 1079º | 0,717 | 0,774 | 0,522 | 0,897 | 0,640 | 0,566 | 0,888 | 0,695 |
| S | SC | Guatambú | 1230º | 0,563 | 0,825 | 0,682 | 0,798 | 0,378 | 0,549 | 1,000 | 0,684 |
| SE | SP | Guatapará | 1284º | 0,696 | 0,761 | 0,546 | 0,792 | 0,423 | 0,564 | 1,000 | 0,679 |
| SE | MG | Guaxupé | 621º | 0,762 | 0,823 | 0,613 | 0,894 | 0,496 | 0,650 | 0,916 | 0,729 |
| CO | MS | Guia Lopes da Laguna | 3119º | 0,451 | 0,602 | 0,430 | 0,747 | 0,339 | 0,527 | 0,799 | 0,542 |
| SE | MG | Guidoval | 1108º | 0,541 | 0,768 | 0,803 | 0,790 | 0,280 | 0,629 | 1,000 | 0,693 |
| NE | MA | Guimarães | 4729º | 0,096 | 0,240 | 0,472 | 0,640 | 0,355 | 0,455 | 0,914 | 0,429 |
| SE | MG | Guimarânia | 2170º | 0,458 | 0,690 | 0,617 | 0,825 | 0,351 | 0,569 | 0,928 | 0,623 |
| CO | MT | Guiratinga | 2280º | 0,443 | 0,660 | 0,594 | 0,757 | 0,397 | 0,619 | 0,888 | 0,615 |
| SE | MG | Guiricema | 2058º | 0,332 | 0,682 | 0,737 | 0,754 | 0,285 | 0,684 | 0,940 | 0,630 |
| SE | MG | Gurinhatã | 2113º | 0,388 | 0,704 | 0,608 | 0,714 | 0,267 | 0,682 | 1,000 | 0,626 |
| NE | PB | Gurinhém | 3731º | 0,367 | 0,312 | 0,667 | 0,224 | 0,214 | 0,486 | 0,963 | 0,493 |
| NE | PB | Gurjão | 3152º | 0,185 | 0,415 | 0,661 | 0,564 | 0,400 | 0,572 | 1,000 | 0,539 |
| N | PA | Gurupá | 5498º | 0,044 | 0,210 | 0,458 | 0,317 | 0,115 | 0,197 | 0,946 | 0,328 |
| N | TO | Gurupi | 1531º | 0,571 | 0,753 | 0,514 | 0,870 | 0,705 | 0,533 | 0,878 | 0,664 |
| SE | SP | Guzolândia | 1189º | 0,712 | 0,768 | 0,744 | 0,770 | 0,387 | 0,607 | 0,781 | 0,686 |
| S | RS | Harmonia | 110º | 0,654 | 0,948 | 0,851 | 0,969 | 0,400 | 0,672 | 1,000 | 0,782 |
| CO | GO | Heitoraí | 2687º | 0,336 | 0,576 | 0,540 | 0,747 | 0,370 | 0,596 | 1,000 | 0,583 |
| SE | MG | Heliodora | 1913º | 0,486 | 0,695 | 0,753 | 0,747 | 0,239 | 0,618 | 0,915 | 0,641 |
| NE | BA | Heliópolis | 4379º | 0,162 | 0,324 | 0,573 | 0,366 | 0,179 | 0,474 | 1,000 | 0,452 |
| SE | SP | Herculândia | 1286º | 0,537 | 0,712 | 0,678 | 0,839 | 0,453 | 0,604 | 1,000 | 0,679 |
| S | RS | Herval | 3404º | 0,321 | 0,603 | 0,203 | 0,836 | 0,313 | 0,612 | 0,923 | 0,517 |
| S | SC | Herval d'Oeste | 138º | 0,813 | 0,888 | 0,738 | 0,911 | 0,541 | 0,623 | 0,951 | 0,776 |
| S | RS | Herveiras | 2793º | 0,125 | 0,715 | 0,738 | 0,816 | 0,138 | 0,545 | 1,000 | 0,573 |
| CO | GO | Hidrolândia | 1549º | 0,537 | 0,766 | 0,646 | 0,847 | 0,447 | 0,566 | 0,910 | 0,663 |
| NE | CE | Hidrolândia | 4160º | 0,223 | 0,330 | 0,567 | 0,418 | 0,240 | 0,479 | 0,946 | 0,465 |
| CO | GO | Hidrolina | 2356º | 0,323 | 0,645 | 0,730 | 0,788 | 0,336 | 0,628 | 0,871 | 0,609 |
| SE | SP | Holambra | 316º | 0,800 | 0,970 | 0,498 | 0,874 | 0,624 | 0,612 | 0,954 | 0,753 |

*a partir da melhor situação social ou maior IES)

| Região | UF | Nome do Município 2010 | Posição* | Índice de Emprego | Índice de Pobreza | Índice de Desigualdade | Índice de Alfabetização | Índice de Escolaridade | Índice de Juventude | Índice de Violência | Índice de Exclusão |
|---|---|---|---|---|---|---|---|---|---|---|---|
| S | PR | Honório Serpa | 2902º | 0,255 | 0,570 | 0,634 | 0,841 | 0,308 | 0,479 | 1,000 | 0,562 |
| NE | CE | Horizonte | 2410º | 0,695 | 0,458 | 0,725 | 0,671 | 0,431 | 0,476 | 0,783 | 0,605 |
| S | RS | Horizontina | 381º | 0,619 | 0,920 | 0,598 | 0,956 | 0,576 | 0,695 | 0,972 | 0,747 |
| SE | SP | Hortolândia | 427º | 0,771 | 0,818 | 0,731 | 0,900 | 0,556 | 0,576 | 0,911 | 0,743 |
| NE | PI | Hugo Napoleão | 3968º | 0,360 | 0,231 | 0,494 | 0,359 | 0,298 | 0,515 | 1,000 | 0,476 |
| S | RS | Hulha Negra | 3025º | 0,377 | 0,609 | 0,494 | 0,807 | 0,259 | 0,512 | 0,914 | 0,551 |
| S | RS | Humaitá | 1305º | 0,379 | 0,871 | 0,732 | 0,943 | 0,423 | 0,715 | 0,788 | 0,678 |
| N | AM | Humaitá | 4804º | 0,301 | 0,383 | 0,254 | 0,581 | 0,360 | 0,293 | 0,941 | 0,424 |
| NE | MA | Humberto de Campos | 5529º | 0,102 | 0,063 | 0,338 | 0,422 | 0,145 | 0,219 | 0,921 | 0,301 |
| SE | SP | Iacanga | 215º | 0,733 | 0,879 | 0,782 | 0,880 | 0,490 | 0,650 | 0,948 | 0,765 |
| CO | GO | Iaciara | 4165º | 0,350 | 0,436 | 0,494 | 0,581 | 0,329 | 0,416 | 0,707 | 0,465 |
| SE | SP | Iacri | 893º | 0,597 | 0,806 | 0,692 | 0,833 | 0,375 | 0,665 | 1,000 | 0,709 |
| NE | BA | Iaçu | 4922º | 0,237 | 0,321 | 0,343 | 0,495 | 0,248 | 0,437 | 0,879 | 0,416 |
| SE | MG | Iapu | 3171º | 0,394 | 0,520 | 0,541 | 0,694 | 0,236 | 0,568 | 0,849 | 0,538 |
| SE | SP | Iaras | 1853º | 0,667 | 0,616 | 0,539 | 0,901 | 0,259 | 0,609 | 1,000 | 0,644 |
| NE | PE | Iati | 5392º | 0,110 | 0,237 | 0,472 | 0,156 | 0,124 | 0,390 | 0,858 | 0,357 |
| S | PR | Ibaiti | 2727º | 0,521 | 0,680 | 0,338 | 0,774 | 0,410 | 0,567 | 0,873 | 0,579 |
| S | RS | Ibarama | 2714º | 0,094 | 0,735 | 0,712 | 0,854 | 0,161 | 0,596 | 1,000 | 0,580 |
| NE | CE | Ibaretama | 5189º | 0,161 | 0,221 | 0,490 | 0,270 | 0,184 | 0,427 | 0,879 | 0,389 |
| SE | SP | Ibaté | 593º | 0,829 | 0,772 | 0,778 | 0,850 | 0,393 | 0,567 | 0,915 | 0,731 |
| NE | AL | Ibateguara | 5152º | 0,507 | 0,180 | 0,522 | 0,214 | 0,125 | 0,345 | 0,691 | 0,394 |
| SE | ES | Ibatiba | 3154º | 0,242 | 0,650 | 0,664 | 0,644 | 0,228 | 0,550 | 0,791 | 0,539 |
| S | PR | Ibema | 2337º | 0,489 | 0,695 | 0,702 | 0,749 | 0,348 | 0,495 | 0,828 | 0,611 |
| SE | MG | Ibertioga | 2503º | 0,411 | 0,478 | 0,717 | 0,746 | 0,280 | 0,593 | 1,000 | 0,598 |
| SE | MG | Ibiá | 1495º | 0,603 | 0,740 | 0,556 | 0,885 | 0,324 | 0,627 | 1,000 | 0,667 |
| S | RS | Ibiaçá | 1386º | 0,268 | 0,918 | 0,710 | 0,878 | 0,372 | 0,738 | 0,890 | 0,673 |
| SE | MG | Ibiaí | 3998º | 0,284 | 0,336 | 0,583 | 0,618 | 0,233 | 0,463 | 0,867 | 0,475 |
| S | SC | Ibiam | 1584º | 0,365 | 0,846 | 0,641 | 0,908 | 0,316 | 0,636 | 1,000 | 0,660 |

*a partir da melhor situação social ou maior IES)

| Região | UF | Nome do Município 2010 | Posição* | Índice de Emprego | Índice de Pobreza | Índice de Desigualdade | Índice de Alfabetização | Índice de Escolaridade | Índice de Juventude | Índice de Violência | Índice de Exclusão |
|---|---|---|---|---|---|---|---|---|---|---|---|
| NE | CE | Ibiapina | 4301º | 0,114 | 0,323 | 0,631 | 0,516 | 0,225 | 0,431 | 0,978 | 0,456 |
| NE | PB | Ibiara | 4848º | 0,257 | 0,329 | 0,511 | 0,217 | 0,267 | 0,552 | 0,655 | 0,421 |
| NE | BA | Ibiassucê | 3139º | 0,259 | 0,450 | 0,648 | 0,579 | 0,240 | 0,629 | 0,948 | 0,540 |
| NE | BA | Ibicaraí | 3932º | 0,343 | 0,404 | 0,496 | 0,542 | 0,340 | 0,524 | 0,721 | 0,478 |
| S | SC | Ibicaré | 1051º | 0,455 | 0,868 | 0,708 | 0,856 | 0,336 | 0,679 | 1,000 | 0,697 |
| NE | BA | Ibicoara | 3304º | 0,491 | 0,370 | 0,606 | 0,642 | 0,199 | 0,415 | 0,970 | 0,524 |
| NE | BA | Ibicuí | 3559º | 0,335 | 0,355 | 0,568 | 0,471 | 0,256 | 0,525 | 0,967 | 0,504 |
| NE | CE | Ibicuitinga | 4736º | 0,191 | 0,225 | 0,533 | 0,380 | 0,316 | 0,510 | 0,816 | 0,428 |
| NE | PE | Ibimirim | 5275º | 0,158 | 0,249 | 0,544 | 0,278 | 0,217 | 0,389 | 0,730 | 0,378 |
| NE | BA | Ibipeba | 4365º | 0,144 | 0,317 | 0,454 | 0,598 | 0,335 | 0,522 | 0,908 | 0,453 |
| NE | BA | Ibipitanga | 4569º | 0,147 | 0,308 | 0,443 | 0,405 | 0,223 | 0,516 | 1,000 | 0,439 |
| S | PR | Ibiporã | 984º | 0,688 | 0,800 | 0,630 | 0,856 | 0,486 | 0,616 | 0,892 | 0,702 |
| NE | BA | Ibiquera | 5057º | 0,205 | 0,224 | 0,388 | 0,329 | 0,174 | 0,444 | 1,000 | 0,403 |
| SE | SP | Ibirá | 575º | 0,679 | 0,861 | 0,608 | 0,833 | 0,463 | 0,692 | 1,000 | 0,732 |
| SE | MG | Ibiracatu | 4193º | 0,287 | 0,309 | 0,563 | 0,520 | 0,207 | 0,440 | 0,915 | 0,462 |
| SE | MG | Ibiraci | 1345º | 0,543 | 0,824 | 0,724 | 0,834 | 0,356 | 0,561 | 0,915 | 0,676 |
| SE | ES | Ibiraçu | 1515º | 0,650 | 0,761 | 0,464 | 0,827 | 0,430 | 0,590 | 1,000 | 0,665 |
| S | RS | Ibiraiaras | 1445º | 0,299 | 0,872 | 0,695 | 0,870 | 0,390 | 0,641 | 1,000 | 0,670 |
| NE | PE | Ibirajuba | 5003º | 0,105 | 0,352 | 0,635 | 0,288 | 0,220 | 0,493 | 0,655 | 0,409 |
| S | SC | Ibirama | 106º | 0,768 | 0,956 | 0,832 | 0,920 | 0,400 | 0,613 | 0,970 | 0,782 |
| NE | BA | Ibirapitanga | 5129º | 0,169 | 0,360 | 0,532 | 0,316 | 0,182 | 0,362 | 0,770 | 0,396 |
| NE | BA | Ibirapuã | 2972º | 0,496 | 0,560 | 0,563 | 0,522 | 0,269 | 0,528 | 0,869 | 0,556 |
| S | RS | Ibirapuitã | 2767º | 0,450 | 0,639 | 0,519 | 0,815 | 0,211 | 0,598 | 0,872 | 0,576 |
| SE | SP | Ibirarema | 789º | 0,719 | 0,804 | 0,712 | 0,880 | 0,418 | 0,587 | 0,923 | 0,715 |
| NE | BA | Ibirataia | 3940º | 0,312 | 0,357 | 0,590 | 0,404 | 0,240 | 0,517 | 0,835 | 0,477 |
| SE | MG | Ibirité | 1462º | 0,786 | 0,709 | 0,683 | 0,876 | 0,389 | 0,515 | 0,777 | 0,669 |
| S | RS | Ibirubá | 762º | 0,514 | 0,911 | 0,603 | 0,935 | 0,517 | 0,698 | 0,946 | 0,717 |
| NE | BA | Ibitiara | 4257º | 0,153 | 0,324 | 0,485 | 0,543 | 0,203 | 0,535 | 1,000 | 0,458 |
| SE | SP | Ibitinga | 291º | 0,781 | 0,879 | 0,688 | 0,895 | 0,473 | 0,669 | 0,922 | 0,756 |
| SE | ES | Ibitirama | 3562º | 0,168 | 0,501 | 0,639 | 0,595 | 0,224 | 0,478 | 0,942 | 0,504 |
| NE | BA | Ibititá | 4420º | 0,104 | 0,319 | 0,573 | 0,503 | 0,249 | 0,504 | 0,913 | 0,449 |

*a partir da melhor situação social ou maior IES

| Região | UF | Nome do Município 2010 | Posição* | Índice de Emprego | Índice de Pobreza | Índice de Desigualdade | Índice de Alfabetização | Índice de Escolaridade | Índice de Juventude | Índice de Violência | Índice de Exclusão |
|---|---|---|---|---|---|---|---|---|---|---|---|
| SE | MG | Ibitiúra de Minas | 2311º | 0,250 | 0,732 | 0,768 | 0,784 | 0,299 | 0,647 | 0,846 | 0,613 |
| SE | MG | Ibituruna | 1415º | 0,623 | 0,629 | 0,732 | 0,817 | 0,374 | 0,561 | 1,000 | 0,671 |
| SE | SP | Ibiúna | 2171º | 0,456 | 0,732 | 0,592 | 0,828 | 0,397 | 0,555 | 0,890 | 0,623 |
| NE | BA | Ibotirama | 3567º | 0,307 | 0,405 | 0,477 | 0,585 | 0,398 | 0,467 | 0,959 | 0,504 |
| NE | CE | Icapuí | 3865º | 0,218 | 0,348 | 0,627 | 0,462 | 0,327 | 0,548 | 0,830 | 0,484 |
| S | SC | Içara | 487º | 0,688 | 0,884 | 0,750 | 0,910 | 0,427 | 0,595 | 0,956 | 0,739 |
| SE | MG | Icaraí de Minas | 3779º | 0,206 | 0,349 | 0,577 | 0,702 | 0,317 | 0,420 | 1,000 | 0,489 |
| S | PR | Icaraíma | 1557º | 0,516 | 0,741 | 0,729 | 0,758 | 0,331 | 0,607 | 0,941 | 0,663 |
| NE | MA | Icatu | 5335º | 0,087 | 0,166 | 0,421 | 0,542 | 0,209 | 0,294 | 1,000 | 0,369 |
| SE | SP | Icém | 406º | 0,722 | 0,829 | 0,688 | 0,860 | 0,520 | 0,625 | 1,000 | 0,745 |
| NE | BA | Ichu | 2958º | 0,259 | 0,417 | 0,641 | 0,665 | 0,465 | 0,545 | 1,000 | 0,557 |
| NE | CE | Icó | 4615º | 0,225 | 0,334 | 0,471 | 0,279 | 0,289 | 0,499 | 0,849 | 0,436 |
| SE | ES | Iconha | 1166º | 0,471 | 0,784 | 0,667 | 0,835 | 0,475 | 0,687 | 0,958 | 0,689 |
| NE | RN | Ielmo Marinho | 4488º | 0,258 | 0,247 | 0,558 | 0,401 | 0,147 | 0,435 | 1,000 | 0,444 |
| SE | SP | Iepê | 706º | 0,650 | 0,771 | 0,658 | 0,850 | 0,557 | 0,630 | 1,000 | 0,722 |
| NE | AL | Igaci | 5391º | 0,144 | 0,288 | 0,450 | 0,187 | 0,154 | 0,449 | 0,690 | 0,358 |
| NE | BA | Igaporã | 3449º | 0,197 | 0,360 | 0,595 | 0,604 | 0,345 | 0,555 | 1,000 | 0,514 |
| SE | SP | Igaraçu do Tietê | 301º | 0,830 | 0,835 | 0,839 | 0,813 | 0,433 | 0,609 | 0,866 | 0,754 |
| NE | PB | Igaracy | 4070º | 0,237 | 0,396 | 0,535 | 0,322 | 0,267 | 0,507 | 0,915 | 0,471 |
| SE | SP | Igarapava | 1296º | 0,767 | 0,866 | 0,255 | 0,832 | 0,496 | 0,646 | 0,963 | 0,679 |
| SE | MG | Igarapé | 1984º | 0,672 | 0,713 | 0,634 | 0,858 | 0,386 | 0,543 | 0,716 | 0,636 |
| NE | MA | Igarapé do Meio | 4938º | 0,193 | 0,215 | 0,573 | 0,323 | 0,225 | 0,314 | 1,000 | 0,414 |
| NE | MA | Igarapé Grande | 4966º | 0,094 | 0,323 | 0,527 | 0,391 | 0,304 | 0,469 | 0,764 | 0,412 |
| N | PA | Igarapé-Açu | 4756º | 0,152 | 0,289 | 0,449 | 0,605 | 0,297 | 0,402 | 0,928 | 0,427 |
| N | PA | Igarapé-Miri | 5351º | 0,116 | 0,182 | 0,523 | 0,498 | 0,197 | 0,321 | 0,812 | 0,367 |
| NE | PE | Igarassu | 2797º | 0,572 | 0,476 | 0,590 | 0,694 | 0,490 | 0,539 | 0,720 | 0,573 |
| SE | SP | Igaratá | 1369º | 0,593 | 0,756 | 0,720 | 0,807 | 0,328 | 0,576 | 0,941 | 0,674 |

*a partir da melhor situação social ou maior IES)

| Região | UF | Nome do Município 2010 | Posição* | Índice de Emprego | Índice de Pobreza | Índice de Desigualdade | Índice de Alfabetização | Índice de Escolaridade | Índice de Juventude | Índice de Violência | Índice de Exclusão |
|---|---|---|---|---|---|---|---|---|---|---|---|
| SE | MG | Igaratinga | 1499º | 0,574 | 0,793 | 0,820 | 0,873 | 0,215 | 0,563 | 0,832 | 0,666 |
| NE | BA | Igrapiúna | 4641º | 0,282 | 0,329 | 0,496 | 0,445 | 0,199 | 0,352 | 0,922 | 0,434 |
| NE | AL | Igreja Nova | 5370º | 0,274 | 0,222 | 0,277 | 0,205 | 0,137 | 0,435 | 0,866 | 0,362 |
| S | RS | Igrejinha | 481º | 0,779 | 0,931 | 0,700 | 0,921 | 0,348 | 0,605 | 0,901 | 0,740 |
| SE | RJ | Iguaba Grande | 1922º | 0,476 | 0,741 | 0,460 | 0,930 | 0,636 | 0,630 | 0,818 | 0,640 |
| NE | BA | Iguaí | 5053º | 0,186 | 0,281 | 0,466 | 0,367 | 0,168 | 0,501 | 0,798 | 0,403 |
| SE | SP | Iguape | 2557º | 0,396 | 0,649 | 0,471 | 0,836 | 0,462 | 0,563 | 0,946 | 0,595 |
| NE | PE | Iguaraci | 4803º | 0,125 | 0,351 | 0,495 | 0,422 | 0,183 | 0,536 | 0,823 | 0,424 |
| S | PR | Iguaraçu | 652º | 0,641 | 0,819 | 0,749 | 0,823 | 0,618 | 0,608 | 0,869 | 0,726 |
| SE | MG | Iguatama | 491º | 0,656 | 0,807 | 0,720 | 0,916 | 0,433 | 0,687 | 1,000 | 0,739 |
| CO | MS | Iguatemi | 2911º | 0,468 | 0,663 | 0,563 | 0,760 | 0,299 | 0,488 | 0,755 | 0,561 |
| S | PR | Iguatu | 1886º | 0,422 | 0,702 | 0,649 | 0,781 | 0,377 | 0,610 | 1,000 | 0,642 |
| NE | CE | Iguatu | 3217º | 0,351 | 0,496 | 0,488 | 0,522 | 0,413 | 0,573 | 0,881 | 0,533 |
| SE | MG | Ijaci | 1142º | 0,751 | 0,721 | 0,746 | 0,888 | 0,479 | 0,578 | 0,734 | 0,690 |
| S | RS | Ijuí | 1047º | 0,602 | 0,861 | 0,447 | 0,917 | 0,583 | 0,669 | 0,941 | 0,698 |
| SE | SP | Ilha Comprida | 2586º | 0,331 | 0,688 | 0,624 | 0,880 | 0,462 | 0,613 | 0,712 | 0,593 |
| NE | SE | Ilha das Flores | 5360º | 0,194 | 0,143 | 0,429 | 0,432 | 0,236 | 0,359 | 0,813 | 0,364 |
| NE | PE | Ilha de Itamaracá | 4355º | 0,309 | 0,392 | 0,373 | 0,674 | 0,355 | 0,602 | 0,596 | 0,453 |
| NE | PI | Ilha Grande | 4403º | 0,213 | 0,226 | 0,563 | 0,414 | 0,259 | 0,451 | 1,000 | 0,450 |
| SE | SP | Ilha Solteira | 176º | 0,674 | 0,909 | 0,621 | 0,921 | 0,744 | 0,690 | 0,938 | 0,769 |
| SE | SP | Ilhabela | 996º | 0,575 | 0,835 | 0,594 | 0,896 | 0,602 | 0,555 | 0,982 | 0,701 |
| NE | BA | Ilhéus | 3062º | 0,498 | 0,578 | 0,421 | 0,713 | 0,527 | 0,545 | 0,672 | 0,548 |
| S | SC | Ilhota | 650º | 0,723 | 0,881 | 0,726 | 0,890 | 0,354 | 0,564 | 0,958 | 0,726 |
| SE | MG | Ilicínea | 1585º | 0,534 | 0,729 | 0,779 | 0,824 | 0,299 | 0,566 | 0,909 | 0,660 |
| S | RS | Ilópolis | 1887º | 0,201 | 0,882 | 0,614 | 0,878 | 0,327 | 0,686 | 1,000 | 0,642 |
| NE | PB | Imaculada | 4727º | 0,244 | 0,274 | 0,548 | 0,309 | 0,211 | 0,369 | 0,954 | 0,429 |
| S | SC | Imaruí | 2090º | 0,426 | 0,685 | 0,653 | 0,758 | 0,239 | 0,635 | 1,000 | 0,628 |
| S | PR | Imbaú | 2703º | 0,519 | 0,653 | 0,716 | 0,677 | 0,167 | 0,472 | 0,815 | 0,581 |

*a partir da melhor situação social ou maior IES)

ATLAS DA EXCLUSÃO SOCIAL NO BRASIL

| Região | UF | Nome do Município 2010 | Posição* | Índice de Emprego | Índice de Pobreza | Índice de Desigualdade | Índice de Alfabetização | Índice de Escolaridade | Índice de Juventude | Índice de Violência | Índice de Exclusão |
|---|---|---|---|---|---|---|---|---|---|---|---|
| S | RS | Imbé | 1837º | 0,485 | 0,817 | 0,410 | 0,917 | 0,552 | 0,627 | 0,882 | 0,645 |
| SE | MG | Imbé de Minas | 3868º | 0,204 | 0,414 | 0,695 | 0,655 | 0,079 | 0,518 | 0,838 | 0,483 |
| S | SC | Imbituba | 664º | 0,599 | 0,854 | 0,672 | 0,876 | 0,559 | 0,641 | 0,948 | 0,725 |
| S | PR | Imbituva | 2677º | 0,508 | 0,650 | 0,552 | 0,890 | 0,271 | 0,508 | 0,835 | 0,584 |
| S | SC | Imbuia | 2469º | 0,272 | 0,734 | 0,603 | 0,854 | 0,316 | 0,540 | 1,000 | 0,600 |
| S | RS | Imigrante | 105º | 0,521 | 0,982 | 0,878 | 0,991 | 0,299 | 0,805 | 1,000 | 0,782 |
| NE | MA | Imperatriz | 2684º | 0,480 | 0,634 | 0,471 | 0,754 | 0,626 | 0,490 | 0,775 | 0,583 |
| S | PR | Inácio Martins | 3389º | 0,409 | 0,499 | 0,553 | 0,775 | 0,247 | 0,404 | 0,857 | 0,518 |
| CO | GO | Inaciolândia | 1652º | 0,547 | 0,718 | 0,674 | 0,612 | 0,386 | 0,574 | 1,000 | 0,656 |
| S | PR | Inajá | 1446º | 0,678 | 0,748 | 0,706 | 0,718 | 0,377 | 0,588 | 0,826 | 0,670 |
| NE | PE | Inajá | 5487º | 0,081 | 0,183 | 0,380 | 0,128 | 0,201 | 0,324 | 0,918 | 0,332 |
| SE | MG | Inconfidentes | 1643º | 0,488 | 0,715 | 0,604 | 0,842 | 0,327 | 0,671 | 1,000 | 0,656 |
| SE | MG | Indaiabira | 4082º | 0,234 | 0,364 | 0,619 | 0,387 | 0,187 | 0,474 | 0,929 | 0,470 |
| S | SC | Indaial | 24º | 0,852 | 0,966 | 0,796 | 0,930 | 0,518 | 0,603 | 0,962 | 0,803 |
| SE | SP | Indaiatuba | 135º | 0,786 | 0,925 | 0,614 | 0,943 | 0,708 | 0,640 | 0,928 | 0,777 |
| S | RS | Independência | 1883º | 0,355 | 0,770 | 0,614 | 0,839 | 0,331 | 0,656 | 1,000 | 0,642 |
| NE | CE | Independência | 4521º | 0,122 | 0,317 | 0,468 | 0,450 | 0,303 | 0,531 | 0,919 | 0,442 |
| SE | SP | Indiana | 610º | 0,652 | 0,843 | 0,680 | 0,881 | 0,553 | 0,667 | 0,892 | 0,730 |
| S | PR | Indianópolis | 400º | 0,636 | 0,902 | 0,865 | 0,822 | 0,428 | 0,644 | 0,879 | 0,745 |
| SE | MG | Indianópolis | 1307º | 0,626 | 0,709 | 0,764 | 0,794 | 0,296 | 0,544 | 1,000 | 0,678 |
| SE | SP | Indiaporã | 903º | 0,509 | 0,786 | 0,630 | 0,788 | 0,531 | 0,740 | 1,000 | 0,708 |
| CO | GO | Indiara | 1801º | 0,579 | 0,746 | 0,673 | 0,762 | 0,331 | 0,551 | 0,886 | 0,647 |
| NE | SE | Indiaroba | 4867º | 0,250 | 0,242 | 0,525 | 0,393 | 0,250 | 0,328 | 0,934 | 0,420 |
| CO | MT | Indiavaí | 2706º | 0,417 | 0,526 | 0,625 | 0,688 | 0,310 | 0,529 | 1,000 | 0,581 |
| NE | PB | Ingá | 4106º | 0,279 | 0,373 | 0,586 | 0,231 | 0,240 | 0,476 | 0,914 | 0,469 |
| SE | MG | Ingaí | 1610º | 0,663 | 0,701 | 0,544 | 0,826 | 0,321 | 0,591 | 1,000 | 0,658 |
| NE | PE | Ingazeira | 4030º | 0,200 | 0,341 | 0,526 | 0,429 | 0,277 | 0,507 | 1,000 | 0,473 |

*a partir da melhor situação social ou maior IES

| Região | UF | Nome do Município 2010 | Posição* | Índice de Emprego | Índice de Pobreza | Índice de Desigualdade | Índice de Alfabetização | Índice de Escolaridade | Índice de Juventude | Índice de Violência | Índice de Exclusão |
|---|---|---|---|---|---|---|---|---|---|---|---|
| S | RS | Inhacorá | 2680º | 0,336 | 0,653 | 0,720 | 0,763 | 0,255 | 0,616 | 0,771 | 0,583 |
| NE | BA | Inhambupe | 4687º | 0,248 | 0,303 | 0,517 | 0,445 | 0,230 | 0,420 | 0,842 | 0,431 |
| N | PA | Inhangapi | 4497º | 0,276 | 0,290 | 0,539 | 0,600 | 0,264 | 0,382 | 0,845 | 0,444 |
| NE | AL | Inhapi | 5553º | 0,086 | 0,121 | 0,248 | 0,162 | 0,072 | 0,313 | 0,913 | 0,285 |
| SE | MG | Inhapim | 3118º | 0,275 | 0,532 | 0,525 | 0,708 | 0,255 | 0,588 | 0,979 | 0,542 |
| SE | MG | Inhaúma | 2159º | 0,612 | 0,676 | 0,699 | 0,828 | 0,397 | 0,573 | 0,639 | 0,623 |
| NE | PI | Inhuma | 4204º | 0,161 | 0,315 | 0,531 | 0,461 | 0,289 | 0,510 | 0,965 | 0,462 |
| CO | GO | Inhumas | 2101º | 0,518 | 0,787 | 0,637 | 0,808 | 0,375 | 0,631 | 0,677 | 0,627 |
| SE | MG | Inimutaba | 2004º | 0,507 | 0,585 | 0,728 | 0,755 | 0,307 | 0,567 | 1,000 | 0,634 |
| CO | MS | Inocência | 1679º | 0,616 | 0,751 | 0,608 | 0,733 | 0,338 | 0,582 | 0,932 | 0,654 |
| SE | SP | Inúbia Paulista | 31º | 0,825 | 0,847 | 0,832 | 0,822 | 0,578 | 0,664 | 1,000 | 0,801 |
| S | SC | Iomerê | 323º | 0,522 | 0,953 | 0,898 | 0,946 | 0,473 | 0,705 | 0,810 | 0,752 |
| SE | MG | Ipaba | 1936º | 0,567 | 0,644 | 0,768 | 0,779 | 0,352 | 0,484 | 0,907 | 0,639 |
| CO | GO | Ipameri | 1776º | 0,529 | 0,713 | 0,563 | 0,816 | 0,407 | 0,623 | 0,958 | 0,649 |
| SE | MG | Ipanema | 2655º | 0,356 | 0,619 | 0,543 | 0,735 | 0,342 | 0,619 | 0,943 | 0,585 |
| NE | RN | Ipanguaçu | 3583º | 0,456 | 0,346 | 0,620 | 0,375 | 0,314 | 0,484 | 0,812 | 0,503 |
| NE | CE | Ipaporanga | 4759º | 0,205 | 0,236 | 0,486 | 0,314 | 0,174 | 0,477 | 1,000 | 0,426 |
| SE | MG | Ipatinga | 792º | 0,746 | 0,813 | 0,543 | 0,902 | 0,625 | 0,617 | 0,874 | 0,715 |
| NE | CE | Ipaumirim | 4522º | 0,232 | 0,366 | 0,326 | 0,436 | 0,302 | 0,523 | 0,913 | 0,442 |
| SE | SP | Ipaussu | 692º | 0,800 | 0,802 | 0,628 | 0,862 | 0,464 | 0,610 | 0,924 | 0,723 |
| S | RS | Ipê | 1179º | 0,418 | 0,867 | 0,644 | 0,878 | 0,336 | 0,715 | 1,000 | 0,687 |
| NE | BA | Ipecaetá | 4849º | 0,103 | 0,248 | 0,529 | 0,465 | 0,136 | 0,498 | 0,966 | 0,421 |
| SE | SP | Iperó | 688º | 0,731 | 0,780 | 0,752 | 0,874 | 0,495 | 0,569 | 0,908 | 0,723 |
| SE | SP | Ipeúna | 976º | 0,784 | 0,879 | 0,645 | 0,873 | 0,483 | 0,557 | 0,741 | 0,703 |
| SE | MG | Ipiaçu | 1343º | 0,683 | 0,714 | 0,699 | 0,701 | 0,333 | 0,652 | 0,873 | 0,676 |
| NE | BA | Ipiaú | 4119º | 0,364 | 0,447 | 0,207 | 0,566 | 0,392 | 0,545 | 0,836 | 0,468 |
| SE | SP | Ipiguá | 501º | 0,692 | 0,837 | 0,822 | 0,861 | 0,388 | 0,664 | 0,883 | 0,738 |
| S | SC | Ipira | 1262º | 0,408 | 0,834 | 0,666 | 0,928 | 0,366 | 0,661 | 1,000 | 0,681 |
| NE | BA | Ipirá | 4443º | 0,237 | 0,344 | 0,532 | 0,412 | 0,165 | 0,482 | 0,895 | 0,447 |
| S | PR | Ipiranga | 2887º | 0,328 | 0,660 | 0,519 | 0,851 | 0,224 | 0,493 | 1,000 | 0,564 |

*a partir da melhor situação social ou maior IES

| Região | UF | Nome do Município 2010 | Posição* | Índice de Emprego | Índice de Pobreza | Índice de Desigualdade | Índice de Alfabetização | Índice de Escolaridade | Índice de Juventude | Índice de Violência | Índice de Exclusão |
|---|---|---|---|---|---|---|---|---|---|---|---|
| CO | GO | Ipiranga de Goiás | 2781º | 0,315 | 0,626 | 0,722 | 0,768 | 0,364 | 0,655 | 0,634 | 0,574 |
| CO | MT | Ipiranga do Norte | 1396º | 0,552 | 0,840 | 0,599 | 0,899 | 0,424 | 0,500 | 1,000 | 0,673 |
| NE | PI | Ipiranga do Piauí | 3763º | 0,201 | 0,325 | 0,624 | 0,544 | 0,300 | 0,522 | 0,944 | 0,491 |
| S | RS | Ipiranga do Sul | 1242º | 0,232 | 0,936 | 0,625 | 0,941 | 0,393 | 0,760 | 1,000 | 0,682 |
| N | AM | Ipixuna | 5539º | 0,054 | 0,045 | 0,423 | 0,094 | 0,219 | 0,153 | 1,000 | 0,295 |
| N | PA | Ipixuna do Pará | 5375º | 0,230 | 0,153 | 0,423 | 0,479 | 0,076 | 0,329 | 0,888 | 0,362 |
| NE | PE | Ipojuca | 3312º | 0,611 | 0,430 | 0,547 | 0,533 | 0,330 | 0,434 | 0,748 | 0,524 |
| CO | GO | Iporá | 2009º | 0,390 | 0,777 | 0,552 | 0,772 | 0,510 | 0,659 | 0,850 | 0,633 |
| S | PR | Iporã | 1923º | 0,480 | 0,795 | 0,687 | 0,768 | 0,368 | 0,631 | 0,757 | 0,640 |
| S | SC | Iporã do Oeste | 971º | 0,401 | 0,896 | 0,713 | 0,947 | 0,448 | 0,627 | 1,000 | 0,703 |
| SE | SP | Iporanga | 2825º | 0,370 | 0,528 | 0,527 | 0,748 | 0,491 | 0,466 | 1,000 | 0,570 |
| NE | CE | Ipu | 4452º | 0,176 | 0,344 | 0,464 | 0,415 | 0,291 | 0,463 | 0,961 | 0,447 |
| SE | SP | Ipuã | 1542º | 0,733 | 0,816 | 0,402 | 0,821 | 0,451 | 0,592 | 0,890 | 0,663 |
| S | SC | Ipuaçu | 3214º | 0,516 | 0,568 | 0,381 | 0,795 | 0,326 | 0,376 | 0,923 | 0,534 |
| NE | PE | Ipubi | 5064º | 0,135 | 0,279 | 0,529 | 0,345 | 0,194 | 0,362 | 0,926 | 0,402 |
| NE | RN | Ipueira | 2200º | 0,311 | 0,602 | 0,780 | 0,476 | 0,439 | 0,622 | 1,000 | 0,620 |
| N | TO | Ipueiras | 3147º | 0,589 | 0,439 | 0,719 | 0,644 | 0,242 | 0,449 | 0,683 | 0,540 |
| NE | CE | Ipueiras | 5059º | 0,150 | 0,266 | 0,463 | 0,345 | 0,224 | 0,428 | 0,904 | 0,403 |
| SE | MG | Ipuiúna | 2539º | 0,306 | 0,784 | 0,520 | 0,764 | 0,255 | 0,637 | 0,945 | 0,596 |
| S | SC | Ipumirim | 523º | 0,551 | 0,925 | 0,744 | 0,909 | 0,402 | 0,654 | 1,000 | 0,736 |
| NE | BA | Ipupiara | 3732º | 0,159 | 0,384 | 0,578 | 0,685 | 0,224 | 0,567 | 0,944 | 0,493 |
| NE | CE | Iracema | 3873º | 0,227 | 0,384 | 0,481 | 0,444 | 0,401 | 0,552 | 0,886 | 0,483 |
| N | RR | Iracema | 5317º | 0,185 | 0,297 | 0,338 | 0,285 | 0,239 | 0,335 | 0,880 | 0,372 |
| S | PR | Iracema do Oeste | 2430º | 0,375 | 0,773 | 0,763 | 0,719 | 0,343 | 0,641 | 0,596 | 0,603 |
| SE | SP | Iracemápolis | 164º | 0,806 | 0,818 | 0,677 | 0,939 | 0,626 | 0,642 | 0,974 | 0,771 |
| S | SC | Iraceminha | 1842º | 0,240 | 0,813 | 0,710 | 0,858 | 0,340 | 0,630 | 1,000 | 0,644 |

*a partir da melhor situação social ou maior IES)

| Região | UF | Nome do Município 2010 | Posição* | Índice de Emprego | Índice de Pobreza | Índice de Desigualdade | Índice de Alfabetização | Índice de Escolaridade | Índice de Juventude | Índice de Violência | Índice de Exclusão |
|---|---|---|---|---|---|---|---|---|---|---|---|
| S | RS | Iraí | 2953º | 0,355 | 0,597 | 0,508 | 0,808 | 0,317 | 0,626 | 0,807 | 0,557 |
| SE | MG | Iraí de Minas | 1940º | 0,486 | 0,761 | 0,619 | 0,830 | 0,345 | 0,572 | 0,920 | 0,639 |
| NE | BA | Irajuba | 4713º | 0,104 | 0,311 | 0,543 | 0,417 | 0,194 | 0,482 | 0,926 | 0,429 |
| NE | BA | Iramaia | 4208º | 0,213 | 0,266 | 0,579 | 0,468 | 0,234 | 0,460 | 1,000 | 0,461 |
| N | AM | Iranduba | 4815º | 0,287 | 0,373 | 0,392 | 0,613 | 0,303 | 0,295 | 0,834 | 0,423 |
| S | SC | Irani | 1021º | 0,586 | 0,834 | 0,734 | 0,854 | 0,494 | 0,557 | 0,891 | 0,699 |
| SE | SP | Irapuã | 259º | 0,791 | 0,843 | 0,847 | 0,818 | 0,367 | 0,650 | 0,928 | 0,760 |
| SE | SP | Irapuru | 934º | 0,566 | 0,767 | 0,688 | 0,846 | 0,403 | 0,753 | 0,933 | 0,705 |
| NE | BA | Iraquara | 5006º | 0,122 | 0,247 | 0,364 | 0,622 | 0,303 | 0,419 | 0,954 | 0,409 |
| NE | BA | Irará | 4072º | 0,161 | 0,424 | 0,589 | 0,500 | 0,317 | 0,483 | 0,830 | 0,470 |
| S | PR | Irati | 1389º | 0,565 | 0,779 | 0,601 | 0,918 | 0,445 | 0,593 | 0,926 | 0,673 |
| S | SC | Irati | 2298º | 0,435 | 0,756 | 0,671 | 0,803 | 0,330 | 0,594 | 0,752 | 0,613 |
| NE | CE | Irauçuba | 5104º | 0,236 | 0,214 | 0,352 | 0,414 | 0,320 | 0,388 | 0,907 | 0,398 |
| NE | BA | Irecê | 3485º | 0,339 | 0,483 | 0,398 | 0,716 | 0,503 | 0,508 | 0,796 | 0,511 |
| S | PR | Iretama | 3057º | 0,363 | 0,644 | 0,427 | 0,682 | 0,268 | 0,547 | 0,951 | 0,549 |
| S | SC | Irineópolis | 2872º | 0,256 | 0,714 | 0,493 | 0,846 | 0,312 | 0,532 | 0,950 | 0,565 |
| N | PA | Irituia | 5250º | 0,124 | 0,236 | 0,422 | 0,513 | 0,190 | 0,338 | 0,934 | 0,381 |
| SE | ES | Irupi | 3536º | 0,174 | 0,610 | 0,564 | 0,609 | 0,249 | 0,532 | 0,823 | 0,506 |
| NE | PI | Isaías Coelho | 5497º | 0,223 | 0,190 | 0,021 | 0,229 | 0,155 | 0,433 | 1,000 | 0,328 |
| CO | GO | Israelândia | 1710º | 0,401 | 0,668 | 0,706 | 0,760 | 0,409 | 0,656 | 1,000 | 0,653 |
| S | SC | Itá | 645º | 0,529 | 0,895 | 0,678 | 0,890 | 0,551 | 0,624 | 1,000 | 0,726 |
| S | RS | Itaara | 1733º | 0,570 | 0,757 | 0,386 | 0,890 | 0,480 | 0,619 | 1,000 | 0,651 |
| NE | SE | Itabaiana | 3624º | 0,312 | 0,519 | 0,529 | 0,575 | 0,300 | 0,506 | 0,773 | 0,500 |
| NE | PB | Itabaiana | 3676º | 0,279 | 0,396 | 0,584 | 0,435 | 0,329 | 0,563 | 0,830 | 0,496 |
| NE | SE | Itabaianinha | 4990º | 0,163 | 0,298 | 0,571 | 0,376 | 0,175 | 0,408 | 0,826 | 0,410 |
| NE | BA | Itabela | 4671º | 0,372 | 0,374 | 0,458 | 0,454 | 0,265 | 0,404 | 0,689 | 0,432 |
| SE | SP | Itaberá | 2658º | 0,425 | 0,564 | 0,559 | 0,834 | 0,383 | 0,553 | 0,913 | 0,585 |
| NE | BA | Itaberaba | 3561º | 0,334 | 0,472 | 0,415 | 0,604 | 0,381 | 0,510 | 0,882 | 0,504 |
| CO | GO | Itaberaí | 2259º | 0,501 | 0,754 | 0,476 | 0,805 | 0,385 | 0,591 | 0,882 | 0,617 |
| NE | SE | Itabi | 3909º | 0,249 | 0,347 | 0,624 | 0,362 | 0,251 | 0,527 | 0,895 | 0,480 |

*a partir da melhor situação social ou maior IES

ATLAS DA EXCLUSÃO SOCIAL NO BRASIL 205

| Região | UF | Nome do Município 2010 | Posição* | Índice de Emprego | Índice de Pobreza | Índice de Desigualdade | Índice de Alfabetização | Índice de Escolaridade | Índice de Juventude | Índice de Violência | Índice de Exclusão |
|---|---|---|---|---|---|---|---|---|---|---|---|
| SE | MG | Itabira | 911º | 0,715 | 0,766 | 0,548 | 0,874 | 0,579 | 0,617 | 0,948 | 0,707 |
| SE | MG | Itabirinha | 3344º | 0,257 | 0,485 | 0,606 | 0,589 | 0,256 | 0,597 | 0,854 | 0,521 |
| SE | MG | Itabirito | 375º | 0,805 | 0,848 | 0,621 | 0,938 | 0,529 | 0,622 | 0,943 | 0,747 |
| SE | RJ | Itaboraí | 2068º | 0,591 | 0,690 | 0,594 | 0,866 | 0,460 | 0,586 | 0,730 | 0,629 |
| NE | BA | Itabuna | 2931º | 0,535 | 0,604 | 0,446 | 0,760 | 0,584 | 0,597 | 0,530 | 0,560 |
| N | TO | Itacajá | 4651º | 0,197 | 0,371 | 0,411 | 0,555 | 0,366 | 0,390 | 0,854 | 0,434 |
| SE | MG | Itacambira | 3173º | 0,401 | 0,414 | 0,590 | 0,702 | 0,336 | 0,508 | 0,896 | 0,537 |
| SE | MG | Itacarambi | 3413º | 0,442 | 0,417 | 0,569 | 0,656 | 0,373 | 0,389 | 0,853 | 0,516 |
| NE | BA | Itacaré | 4427º | 0,307 | 0,408 | 0,484 | 0,459 | 0,227 | 0,402 | 0,829 | 0,448 |
| N | AM | Itacoatiara | 4080º | 0,296 | 0,426 | 0,403 | 0,719 | 0,405 | 0,311 | 0,928 | 0,470 |
| NE | PE | Itacuruba | 4137º | 0,146 | 0,382 | 0,647 | 0,502 | 0,436 | 0,441 | 0,762 | 0,467 |
| S | RS | Itacurubi | 3631º | 0,249 | 0,555 | 0,344 | 0,826 | 0,224 | 0,615 | 0,849 | 0,499 |
| NE | BA | Itaeté | 4750º | 0,148 | 0,304 | 0,495 | 0,469 | 0,236 | 0,399 | 0,965 | 0,427 |
| NE | BA | Itagi | 4490º | 0,229 | 0,310 | 0,629 | 0,362 | 0,184 | 0,456 | 0,841 | 0,444 |
| NE | BA | Itagibá | 3990º | 0,323 | 0,336 | 0,597 | 0,429 | 0,272 | 0,514 | 0,795 | 0,475 |
| NE | BA | Itagimirim | 3826º | 0,362 | 0,421 | 0,535 | 0,410 | 0,335 | 0,492 | 0,781 | 0,486 |
| SE | ES | Itaguaçu | 2154º | 0,308 | 0,726 | 0,714 | 0,725 | 0,391 | 0,664 | 0,853 | 0,623 |
| NE | BA | Itaguaçu da Bahia | 5277º | 0,075 | 0,257 | 0,518 | 0,368 | 0,169 | 0,391 | 0,842 | 0,377 |
| SE | RJ | Itaguaí | 1840º | 0,619 | 0,705 | 0,587 | 0,885 | 0,543 | 0,566 | 0,743 | 0,644 |
| S | PR | Itaguajé | 1024º | 0,592 | 0,748 | 0,753 | 0,767 | 0,460 | 0,573 | 1,000 | 0,699 |
| SE | MG | Itaguara | 1220º | 0,487 | 0,780 | 0,700 | 0,839 | 0,368 | 0,650 | 1,000 | 0,684 |
| CO | GO | Itaguari | 1904º | 0,261 | 0,808 | 0,795 | 0,718 | 0,391 | 0,627 | 0,885 | 0,641 |
| CO | GO | Itaguaru | 2248º | 0,224 | 0,734 | 0,667 | 0,731 | 0,418 | 0,686 | 0,904 | 0,617 |
| N | TO | Itaguatins | 4255º | 0,251 | 0,349 | 0,471 | 0,468 | 0,296 | 0,390 | 1,000 | 0,459 |
| SE | SP | Itaí | 1229º | 0,617 | 0,751 | 0,667 | 0,840 | 0,415 | 0,604 | 0,935 | 0,684 |
| NE | PE | Itaíba | 5282º | 0,072 | 0,281 | 0,547 | 0,151 | 0,122 | 0,408 | 0,881 | 0,377 |
| NE | CE | Itaiçaba | 3045º | 0,242 | 0,431 | 0,694 | 0,557 | 0,387 | 0,603 | 0,929 | 0,550 |
| NE | PI | Itainópolis | 4342º | 0,147 | 0,321 | 0,582 | 0,237 | 0,150 | 0,600 | 0,953 | 0,454 |
| S | SC | Itaiópolis | 2381º | 0,380 | 0,730 | 0,569 | 0,885 | 0,357 | 0,519 | 0,949 | 0,607 |
| NE | MA | Itaipava do Grajaú | 5527º | 0,085 | 0,082 | 0,480 | 0,210 | 0,104 | 0,254 | 0,854 | 0,305 |

*a partir da melhor situação social ou maior IES)

| Região | UF | Nome do Município 2010 | Posição* | Índice de Emprego | Índice de Pobreza | Índice de Desigualdade | Índice de Alfabetização | Índice de Escolaridade | Índice de Juventude | Índice de Violência | Índice de Exclusão |
|---|---|---|---|---|---|---|---|---|---|---|---|
| SE | MG | Itaipé | 4358º | 0,243 | 0,381 | 0,612 | 0,449 | 0,186 | 0,388 | 0,868 | 0,453 |
| S | PR | Itaipulândia | 1975º | 0,552 | 0,817 | 0,339 | 0,854 | 0,431 | 0,577 | 1,000 | 0,636 |
| NE | CE | Itaitinga | 3590º | 0,483 | 0,345 | 0,568 | 0,645 | 0,304 | 0,488 | 0,739 | 0,502 |
| N | PA | Itaituba | 4126º | 0,310 | 0,487 | 0,441 | 0,680 | 0,275 | 0,389 | 0,808 | 0,468 |
| CO | GO | Itajá | 1283º | 0,501 | 0,791 | 0,690 | 0,798 | 0,393 | 0,605 | 1,000 | 0,680 |
| NE | RN | Itajá | 2948º | 0,465 | 0,422 | 0,740 | 0,413 | 0,316 | 0,490 | 0,925 | 0,558 |
| S | SC | Itajaí | 307º | 0,758 | 0,921 | 0,662 | 0,935 | 0,649 | 0,603 | 0,844 | 0,754 |
| SE | SP | Itajobi | 425º | 0,562 | 0,892 | 0,792 | 0,870 | 0,386 | 0,729 | 0,964 | 0,743 |
| SE | SP | Itaju | 261º | 0,770 | 0,838 | 0,826 | 0,859 | 0,359 | 0,624 | 1,000 | 0,759 |
| NE | BA | Itaju do Colônia | 3931º | 0,417 | 0,389 | 0,621 | 0,429 | 0,265 | 0,433 | 0,715 | 0,478 |
| SE | MG | Itajubá | 574º | 0,743 | 0,829 | 0,479 | 0,930 | 0,702 | 0,637 | 0,954 | 0,732 |
| NE | BA | Itajuípe | 3490º | 0,502 | 0,480 | 0,587 | 0,520 | 0,301 | 0,525 | 0,605 | 0,510 |
| SE | RJ | Italva | 1290º | 0,516 | 0,728 | 0,631 | 0,788 | 0,427 | 0,689 | 1,000 | 0,679 |
| NE | BA | Itamaraju | 3760º | 0,417 | 0,484 | 0,477 | 0,540 | 0,320 | 0,482 | 0,720 | 0,491 |
| SE | MG | Itamarandiba | 3358º | 0,343 | 0,491 | 0,555 | 0,627 | 0,265 | 0,444 | 0,951 | 0,520 |
| N | AM | Itamarati | 5564º | 0,149 | 0,003 | 0,061 | 0,100 | 0,082 | 0,179 | 1,000 | 0,232 |
| SE | MG | Itamarati de Minas | 879º | 0,507 | 0,780 | 0,787 | 0,874 | 0,341 | 0,701 | 1,000 | 0,710 |
| NE | BA | Itamari | 4276º | 0,232 | 0,433 | 0,544 | 0,404 | 0,242 | 0,477 | 0,803 | 0,458 |
| SE | MG | Itambacuri | 3651º | 0,303 | 0,452 | 0,545 | 0,581 | 0,277 | 0,490 | 0,863 | 0,498 |
| S | PR | Itambaracá | 1701º | 0,600 | 0,702 | 0,735 | 0,693 | 0,423 | 0,613 | 0,769 | 0,653 |
| S | PR | Itambé | 155º | 0,769 | 0,861 | 0,848 | 0,785 | 0,550 | 0,634 | 0,913 | 0,773 |
| NE | BA | Itambé | 2926º | 0,519 | 0,457 | 0,753 | 0,486 | 0,203 | 0,484 | 0,887 | 0,560 |
| NE | PE | Itambé | 4300º | 0,426 | 0,299 | 0,523 | 0,367 | 0,245 | 0,475 | 0,765 | 0,456 |
| SE | MG | Itambé do Mato Dentro | 2828º | 0,189 | 0,533 | 0,746 | 0,637 | 0,252 | 0,619 | 1,000 | 0,569 |
| SE | MG | Itamogi | 1797º | 0,365 | 0,715 | 0,748 | 0,796 | 0,302 | 0,630 | 1,000 | 0,647 |
| SE | MG | Itamonte | 1382º | 0,522 | 0,747 | 0,645 | 0,892 | 0,416 | 0,622 | 0,963 | 0,674 |
| NE | BA | Itanagra | 5076º | 0,383 | 0,282 | 0,330 | 0,441 | 0,215 | 0,372 | 0,795 | 0,401 |
| SE | SP | Itanhaém | 1779º | 0,469 | 0,758 | 0,561 | 0,871 | 0,586 | 0,569 | 0,880 | 0,649 |

*a partir da melhor situação social ou maior IES)

| Região | UF | Nome do Município 2010 | Posição* | Índice de Emprego | Índice de Pobreza | Índice de Desigualdade | Índice de Alfabetização | Índice de Escolaridade | Índice de Juventude | Índice de Violência | Índice de Exclusão |
|---|---|---|---|---|---|---|---|---|---|---|---|
| SE | MG | Itanhandu | 878º | 0,705 | 0,789 | 0,566 | 0,917 | 0,449 | 0,628 | 1,000 | 0,710 |
| CO | MT | Itanhangá | 3501º | 0,309 | 0,723 | 0,541 | 0,808 | 0,350 | 0,474 | 0,507 | 0,510 |
| NE | BA | Itanhém | 4015º | 0,208 | 0,429 | 0,507 | 0,501 | 0,335 | 0,553 | 0,794 | 0,474 |
| SE | MG | Itanhomi | 3373º | 0,238 | 0,547 | 0,457 | 0,669 | 0,252 | 0,577 | 0,956 | 0,519 |
| SE | MG | Itaobim | 3564º | 0,334 | 0,463 | 0,561 | 0,576 | 0,314 | 0,518 | 0,777 | 0,504 |
| SE | SP | Itaóca | 3079º | 0,317 | 0,500 | 0,490 | 0,710 | 0,383 | 0,531 | 1,000 | 0,546 |
| SE | RJ | Itaocara | 1813º | 0,420 | 0,699 | 0,587 | 0,788 | 0,468 | 0,696 | 0,932 | 0,646 |
| CO | GO | Itapaci | 2251º | 0,568 | 0,729 | 0,467 | 0,755 | 0,407 | 0,560 | 0,887 | 0,617 |
| NE | CE | Itapagé | 4468º | 0,308 | 0,288 | 0,510 | 0,521 | 0,284 | 0,451 | 0,796 | 0,446 |
| SE | MG | Itapagipe | 950º | 0,521 | 0,812 | 0,664 | 0,885 | 0,422 | 0,722 | 0,962 | 0,704 |
| NE | BA | Itaparica | 3862º | 0,391 | 0,453 | 0,391 | 0,821 | 0,470 | 0,518 | 0,573 | 0,484 |
| NE | BA | Itapé | 3426º | 0,422 | 0,359 | 0,628 | 0,517 | 0,275 | 0,510 | 0,858 | 0,515 |
| NE | BA | Itapebi | 4110º | 0,450 | 0,356 | 0,595 | 0,366 | 0,244 | 0,407 | 0,752 | 0,469 |
| SE | MG | Itapecerica | 990º | 0,572 | 0,768 | 0,676 | 0,797 | 0,457 | 0,681 | 0,976 | 0,702 |
| SE | SP | Itapecerica da Serra | 1321º | 0,701 | 0,735 | 0,635 | 0,878 | 0,529 | 0,535 | 0,830 | 0,677 |
| NE | MA | Itapecuru Mirim | 5072º | 0,219 | 0,191 | 0,448 | 0,406 | 0,316 | 0,369 | 0,891 | 0,401 |
| S | PR | Itapejara d'Oeste | 1794º | 0,460 | 0,793 | 0,600 | 0,860 | 0,408 | 0,601 | 0,901 | 0,648 |
| S | SC | Itapema | 825º | 0,594 | 0,909 | 0,575 | 0,948 | 0,648 | 0,605 | 0,864 | 0,713 |
| SE | ES | Itapemirim | 2673º | 0,446 | 0,591 | 0,657 | 0,749 | 0,311 | 0,550 | 0,832 | 0,584 |
| S | PR | Itaperuçu | 2036º | 0,677 | 0,684 | 0,767 | 0,783 | 0,251 | 0,429 | 0,826 | 0,632 |
| SE | RJ | Itaperuna | 1143º | 0,621 | 0,761 | 0,605 | 0,856 | 0,540 | 0,664 | 0,864 | 0,690 |
| NE | PE | Itapetim | 4049º | 0,165 | 0,425 | 0,475 | 0,458 | 0,243 | 0,581 | 0,925 | 0,472 |
| NE | BA | Itapetinga | 2160º | 0,688 | 0,638 | 0,595 | 0,663 | 0,441 | 0,548 | 0,771 | 0,623 |
| SE | SP | Itapetininga | 823º | 0,701 | 0,800 | 0,586 | 0,908 | 0,605 | 0,581 | 0,932 | 0,713 |
| SE | MG | Itapeva | 1624º | 0,589 | 0,677 | 0,616 | 0,818 | 0,299 | 0,629 | 1,000 | 0,657 |
| SE | SP | Itapeva | 1660º | 0,632 | 0,681 | 0,513 | 0,867 | 0,574 | 0,528 | 0,941 | 0,656 |
| SE | SP | Itapevi | 1306º | 0,736 | 0,705 | 0,638 | 0,877 | 0,527 | 0,485 | 0,883 | 0,678 |
| NE | BA | Itapicuru | 5481º | 0,073 | 0,209 | 0,493 | 0,167 | 0,073 | 0,389 | 0,790 | 0,334 |
| NE | CE | Itapipoca | 4291º | 0,258 | 0,294 | 0,470 | 0,526 | 0,417 | 0,423 | 0,892 | 0,457 |

*a partir da melhor situação social ou maior IES

| Região | UF | Nome do Município 2010 | Posição* | Índice de Emprego | Índice de Pobreza | Índice de Desigualdade | Índice de Alfabetização | Índice de Escolaridade | Índice de Juventude | Índice de Violência | Índice de Exclusão |
|---|---|---|---|---|---|---|---|---|---|---|---|
| SE | SP | Itapira | 154º | 0,802 | 0,872 | 0,662 | 0,898 | 0,558 | 0,690 | 0,962 | 0,773 |
| S | SC | Itapiranga | 308º | 0,640 | 0,921 | 0,680 | 0,937 | 0,578 | 0,612 | 1,000 | 0,754 |
| N | AM | Itapiranga | 5081º | 0,163 | 0,271 | 0,258 | 0,735 | 0,475 | 0,274 | 0,937 | 0,400 |
| CO | GO | Itapirapuã | 2515º | 0,378 | 0,687 | 0,658 | 0,680 | 0,294 | 0,604 | 0,867 | 0,598 |
| SE | SP | Itapirapuã Paulista | 3469º | 0,418 | 0,408 | 0,521 | 0,750 | 0,345 | 0,420 | 0,866 | 0,512 |
| N | TO | Itapiratins | 4177º | 0,147 | 0,480 | 0,545 | 0,584 | 0,230 | 0,455 | 0,853 | 0,464 |
| NE | PE | Itapissuma | 4934º | 0,449 | 0,309 | 0,479 | 0,608 | 0,331 | 0,495 | 0,322 | 0,415 |
| NE | BA | Itapitanga | 4057º | 0,306 | 0,256 | 0,694 | 0,461 | 0,237 | 0,501 | 0,796 | 0,471 |
| NE | CE | Itapiúna | 4738º | 0,150 | 0,263 | 0,586 | 0,361 | 0,268 | 0,434 | 0,888 | 0,428 |
| S | SC | Itapoá | 1098º | 0,443 | 0,858 | 0,637 | 0,912 | 0,566 | 0,608 | 0,965 | 0,693 |
| SE | SP | Itápolis | 456º | 0,700 | 0,874 | 0,676 | 0,870 | 0,434 | 0,681 | 0,961 | 0,741 |
| CO | MS | Itaporã | 2744º | 0,526 | 0,585 | 0,498 | 0,750 | 0,382 | 0,446 | 0,950 | 0,578 |
| N | TO | Itaporã do Tocantins | 3618º | 0,342 | 0,479 | 0,693 | 0,578 | 0,373 | 0,479 | 0,574 | 0,500 |
| SE | SP | Itaporanga | 2590º | 0,335 | 0,630 | 0,519 | 0,787 | 0,399 | 0,588 | 1,000 | 0,592 |
| NE | PB | Itaporanga | 3218º | 0,353 | 0,459 | 0,574 | 0,515 | 0,335 | 0,512 | 0,955 | 0,533 |
| NE | SE | Itaporanga d'Ajuda | 3914º | 0,438 | 0,307 | 0,573 | 0,478 | 0,252 | 0,428 | 0,846 | 0,479 |
| NE | PB | Itapororoca | 4616º | 0,172 | 0,294 | 0,607 | 0,311 | 0,184 | 0,490 | 0,878 | 0,436 |
| N | RO | Itapuã do Oeste | 2961º | 0,367 | 0,585 | 0,632 | 0,714 | 0,252 | 0,400 | 1,000 | 0,556 |
| S | RS | Itapuca | 2644º | 0,111 | 0,861 | 0,774 | 0,818 | 0,209 | 0,603 | 0,778 | 0,586 |
| SE | SP | Itapuí | 202º | 0,863 | 0,852 | 0,736 | 0,895 | 0,410 | 0,605 | 1,000 | 0,767 |
| SE | SP | Itapura | 1279º | 0,673 | 0,666 | 0,625 | 0,788 | 0,441 | 0,595 | 1,000 | 0,680 |
| CO | GO | Itapuranga | 1894º | 0,412 | 0,735 | 0,609 | 0,742 | 0,435 | 0,652 | 0,940 | 0,642 |
| SE | SP | Itaquaquecetuba | 1755º | 0,656 | 0,663 | 0,673 | 0,854 | 0,472 | 0,481 | 0,851 | 0,650 |
| NE | BA | Itaquara | 5270º | 0,145 | 0,240 | 0,453 | 0,306 | 0,105 | 0,511 | 0,797 | 0,378 |
| S | RS | Itaqui | 1932º | 0,611 | 0,661 | 0,544 | 0,882 | 0,418 | 0,537 | 0,945 | 0,639 |
| CO | MS | Itaquiraí | 3730º | 0,396 | 0,557 | 0,540 | 0,660 | 0,221 | 0,476 | 0,637 | 0,493 |
| NE | PE | Itaquitinga | 3702º | 0,553 | 0,327 | 0,659 | 0,387 | 0,281 | 0,464 | 0,668 | 0,495 |
| SE | ES | Itarana | 2450º | 0,216 | 0,770 | 0,649 | 0,813 | 0,331 | 0,656 | 0,857 | 0,602 |

*a partir da melhor situação social ou maior IES)

| Região | UF | Nome do Município 2010 | Posição* | Índice de Emprego | Índice de Pobreza | Índice de Desigualdade | Índice de Alfabetização | Índice de Escolaridade | Índice de Juventude | Índice de Violência | Índice de Exclusão |
|---|---|---|---|---|---|---|---|---|---|---|---|
| NE | BA | Itarantim | 3307º | 0,334 | 0,425 | 0,554 | 0,529 | 0,255 | 0,542 | 1,000 | 0,524 |
| SE | SP | Itararé | 1782º | 0,559 | 0,660 | 0,608 | 0,865 | 0,440 | 0,542 | 0,978 | 0,649 |
| NE | CE | Itarema | 4959º | 0,176 | 0,194 | 0,529 | 0,466 | 0,244 | 0,374 | 0,944 | 0,412 |
| SE | SP | Itariri | 2871º | 0,451 | 0,558 | 0,538 | 0,813 | 0,344 | 0,452 | 0,933 | 0,565 |
| CO | GO | Itarumã | 2245º | 0,519 | 0,810 | 0,395 | 0,756 | 0,292 | 0,579 | 1,000 | 0,618 |
| S | RS | Itati | 2360º | 0,283 | 0,712 | 0,621 | 0,738 | 0,265 | 0,657 | 1,000 | 0,609 |
| SE | RJ | Itatiaia | 972º | 0,706 | 0,794 | 0,546 | 0,881 | 0,611 | 0,600 | 0,892 | 0,703 |
| SE | MG | Itatiaiuçu | 1318º | 0,639 | 0,715 | 0,760 | 0,807 | 0,315 | 0,554 | 0,948 | 0,677 |
| SE | SP | Itatiba | 231º | 0,792 | 0,911 | 0,595 | 0,928 | 0,609 | 0,651 | 0,938 | 0,764 |
| S | RS | Itatiba do Sul | 3263º | 0,158 | 0,673 | 0,548 | 0,785 | 0,234 | 0,649 | 0,751 | 0,529 |
| NE | BA | Itatim | 4354º | 0,253 | 0,316 | 0,644 | 0,520 | 0,275 | 0,465 | 0,713 | 0,453 |
| SE | SP | Itatinga | 660º | 0,803 | 0,769 | 0,714 | 0,847 | 0,443 | 0,521 | 1,000 | 0,726 |
| NE | CE | Itatira | 5013º | 0,208 | 0,241 | 0,509 | 0,301 | 0,178 | 0,365 | 0,972 | 0,408 |
| NE | PB | Itatuba | 4270º | 0,285 | 0,326 | 0,590 | 0,198 | 0,192 | 0,460 | 0,949 | 0,458 |
| NE | RN | Itaú | 3473º | 0,257 | 0,370 | 0,611 | 0,567 | 0,336 | 0,559 | 0,907 | 0,512 |
| SE | MG | Itaú de Minas | 945º | 0,663 | 0,863 | 0,459 | 0,919 | 0,598 | 0,634 | 0,930 | 0,705 |
| CO | MT | Itaúba | 2596º | 0,475 | 0,681 | 0,472 | 0,733 | 0,355 | 0,490 | 1,000 | 0,592 |
| N | AP | Itaubal | 5394º | 0,187 | 0,200 | 0,327 | 0,646 | 0,272 | 0,215 | 0,878 | 0,357 |
| CO | GO | Itauçu | 1259º | 0,488 | 0,771 | 0,658 | 0,776 | 0,429 | 0,662 | 1,000 | 0,681 |
| NE | PI | Itaueira | 3969º | 0,242 | 0,376 | 0,481 | 0,417 | 0,211 | 0,540 | 1,000 | 0,476 |
| SE | MG | Itaúna | 506º | 0,742 | 0,859 | 0,603 | 0,928 | 0,548 | 0,647 | 0,921 | 0,738 |
| S | PR | Itaúna do Sul | 1194º | 0,664 | 0,722 | 0,809 | 0,644 | 0,292 | 0,549 | 1,000 | 0,686 |
| SE | MG | Itaverava | 3041º | 0,316 | 0,500 | 0,630 | 0,717 | 0,181 | 0,545 | 1,000 | 0,550 |
| SE | MG | Itinga | 3830º | 0,298 | 0,334 | 0,573 | 0,567 | 0,220 | 0,466 | 0,964 | 0,486 |
| NE | MA | Itinga do Maranhão | 4612º | 0,283 | 0,397 | 0,511 | 0,476 | 0,255 | 0,383 | 0,749 | 0,436 |
| CO | MT | Itiquira | 1721º | 0,668 | 0,673 | 0,590 | 0,841 | 0,421 | 0,541 | 0,909 | 0,652 |
| SE | SP | Itirapina | 477º | 0,767 | 0,855 | 0,614 | 0,841 | 0,423 | 0,670 | 1,000 | 0,740 |
| SE | SP | Itirapuã | 1204º | 0,631 | 0,748 | 0,700 | 0,839 | 0,375 | 0,541 | 1,000 | 0,686 |

*a partir da melhor situação social ou maior IES)

| Região | UF | Nome do Município 2010 | Posição* | Índice de Emprego | Índice de Pobreza | Índice de Desigualdade | Índice de Alfabetização | Índice de Escolaridade | Índice de Juventude | Índice de Violência | Índice de Exclusão |
|---|---|---|---|---|---|---|---|---|---|---|---|
| NE | BA | Itiruçu | 3393º | 0,281 | 0,388 | 0,581 | 0,519 | 0,318 | 0,528 | 1,000 | 0,518 |
| NE | BA | Itiúba | 5159º | 0,126 | 0,232 | 0,455 | 0,388 | 0,165 | 0,427 | 0,942 | 0,393 |
| SE | SP | Itobi | 401º | 0,688 | 0,844 | 0,763 | 0,842 | 0,442 | 0,629 | 1,000 | 0,745 |
| NE | BA | Itororó | 3576º | 0,490 | 0,444 | 0,657 | 0,484 | 0,244 | 0,531 | 0,582 | 0,503 |
| SE | SP | Itu | 493º | 0,772 | 0,872 | 0,512 | 0,910 | 0,648 | 0,619 | 0,946 | 0,739 |
| NE | BA | Ituaçu | 3897º | 0,217 | 0,362 | 0,536 | 0,489 | 0,212 | 0,527 | 1,000 | 0,481 |
| NE | BA | Ituberá | 3987º | 0,258 | 0,434 | 0,566 | 0,545 | 0,288 | 0,437 | 0,824 | 0,475 |
| SE | MG | Itueta | 3266º | 0,269 | 0,529 | 0,546 | 0,719 | 0,173 | 0,602 | 0,911 | 0,528 |
| SE | MG | Ituiutaba | 1049º | 0,638 | 0,845 | 0,570 | 0,838 | 0,468 | 0,660 | 0,904 | 0,698 |
| CO | GO | Itumbiara | 807º | 0,647 | 0,839 | 0,599 | 0,852 | 0,552 | 0,641 | 0,933 | 0,714 |
| SE | MG | Itumirim | 2099º | 0,668 | 0,614 | 0,519 | 0,887 | 0,459 | 0,628 | 0,746 | 0,627 |
| SE | SP | Itupeva | 297º | 0,808 | 0,866 | 0,686 | 0,908 | 0,579 | 0,582 | 0,919 | 0,755 |
| N | PA | Itupiranga | 5488º | 0,143 | 0,205 | 0,362 | 0,421 | 0,168 | 0,306 | 0,777 | 0,332 |
| S | SC | Ituporanga | 1023º | 0,486 | 0,907 | 0,713 | 0,894 | 0,390 | 0,564 | 1,000 | 0,699 |
| SE | MG | Iturama | 785º | 0,672 | 0,843 | 0,643 | 0,840 | 0,479 | 0,609 | 0,955 | 0,716 |
| SE | MG | Itutinga | 2281º | 0,388 | 0,677 | 0,475 | 0,883 | 0,399 | 0,632 | 1,000 | 0,615 |
| SE | SP | Ituverava | 708º | 0,654 | 0,884 | 0,538 | 0,880 | 0,599 | 0,655 | 0,933 | 0,722 |
| NE | BA | Iuiú | 4184º | 0,206 | 0,283 | 0,642 | 0,444 | 0,267 | 0,427 | 0,952 | 0,463 |
| SE | ES | Iúna | 3040º | 0,312 | 0,598 | 0,587 | 0,699 | 0,314 | 0,549 | 0,848 | 0,550 |
| S | PR | Ivaí | 3099º | 0,235 | 0,614 | 0,571 | 0,838 | 0,278 | 0,508 | 0,919 | 0,545 |
| S | PR | Ivaiporã | 1835º | 0,447 | 0,746 | 0,611 | 0,769 | 0,460 | 0,630 | 0,902 | 0,645 |
| S | PR | Ivaté | 415º | 0,755 | 0,802 | 0,813 | 0,818 | 0,450 | 0,611 | 0,931 | 0,744 |
| S | PR | Ivatuba | 608º | 0,716 | 0,837 | 0,704 | 0,885 | 0,524 | 0,509 | 1,000 | 0,730 |
| CO | MS | Ivinhema | 1507º | 0,537 | 0,794 | 0,620 | 0,798 | 0,422 | 0,596 | 0,930 | 0,666 |
| CO | GO | Ivolândia | 2088º | 0,268 | 0,710 | 0,671 | 0,732 | 0,345 | 0,689 | 1,000 | 0,628 |
| S | RS | Ivorá | 1429º | 0,240 | 0,820 | 0,703 | 0,921 | 0,403 | 0,725 | 1,000 | 0,671 |
| S | RS | Ivoti | 51º | 0,777 | 0,958 | 0,687 | 0,948 | 0,548 | 0,676 | 1,000 | 0,793 |
| NE | PE | Jaboatão dos Guararapes | 2603º | 0,607 | 0,558 | 0,405 | 0,803 | 0,588 | 0,576 | 0,762 | 0,591 |
| S | SC | Jaborá | 1226º | 0,356 | 0,892 | 0,685 | 0,879 | 0,389 | 0,653 | 1,000 | 0,684 |
| SE | SP | Jaborandi | 282º | 0,778 | 0,803 | 0,788 | 0,860 | 0,409 | 0,642 | 1,000 | 0,757 |

*a partir da melhor situação social ou maior IES

| Região | UF | Nome do Município 2010 | Posição* | Índice de Emprego | Índice de Pobreza | Índice de Desigualdade | Índice de Alfabetização | Índice de Escolaridade | Índice de Juventude | Índice de Violência | Índice de Exclusão |
|---|---|---|---|---|---|---|---|---|---|---|---|
| NE | BA | Jaborandi | 4936º | 0,167 | 0,293 | 0,330 | 0,483 | 0,255 | 0,536 | 0,884 | 0,414 |
| S | PR | Jaboti | 2308º | 0,245 | 0,747 | 0,618 | 0,785 | 0,374 | 0,603 | 1,000 | 0,613 |
| S | RS | Jaboticaba | 3221º | 0,241 | 0,499 | 0,476 | 0,759 | 0,264 | 0,605 | 1,000 | 0,533 |
| SE | SP | Jaboticabal | 505º | 0,712 | 0,873 | 0,535 | 0,913 | 0,638 | 0,664 | 0,935 | 0,738 |
| SE | MG | Jaboticatubas | 2458º | 0,469 | 0,668 | 0,477 | 0,792 | 0,314 | 0,593 | 0,970 | 0,601 |
| NE | RN | Jaçanã | 4269º | 0,184 | 0,359 | 0,605 | 0,448 | 0,280 | 0,501 | 0,803 | 0,458 |
| NE | BA | Jacaraci | 3506º | 0,157 | 0,411 | 0,633 | 0,491 | 0,218 | 0,604 | 1,000 | 0,509 |
| NE | PB | Jacaraú | 4907º | 0,142 | 0,316 | 0,493 | 0,322 | 0,198 | 0,477 | 0,888 | 0,417 |
| NE | AL | Jacaré dos Homens | 5266º | 0,147 | 0,252 | 0,585 | 0,369 | 0,190 | 0,369 | 0,712 | 0,379 |
| N | PA | Jacareacanga | 5439º | 0,098 | 0,383 | 0,213 | 0,355 | 0,089 | 0,384 | 0,889 | 0,347 |
| SE | SP | Jacareí | 440º | 0,736 | 0,834 | 0,589 | 0,927 | 0,717 | 0,618 | 0,911 | 0,743 |
| S | PR | Jacarezinho | 958º | 0,744 | 0,773 | 0,511 | 0,812 | 0,600 | 0,593 | 0,960 | 0,704 |
| SE | SP | Jaci | 91º | 0,789 | 0,856 | 0,865 | 0,832 | 0,450 | 0,648 | 1,000 | 0,785 |
| CO | MT | Jaciara | 1518º | 0,671 | 0,755 | 0,535 | 0,786 | 0,507 | 0,555 | 0,899 | 0,665 |
| SE | MG | Jacinto | 3444º | 0,235 | 0,444 | 0,607 | 0,424 | 0,236 | 0,555 | 1,000 | 0,514 |
| S | SC | Jacinto Machado | 1653º | 0,401 | 0,807 | 0,685 | 0,843 | 0,405 | 0,617 | 0,902 | 0,656 |
| NE | BA | Jacobina | 3380º | 0,319 | 0,489 | 0,486 | 0,628 | 0,415 | 0,528 | 0,842 | 0,519 |
| NE | PI | Jacobina do Piauí | 4892º | 0,148 | 0,204 | 0,533 | 0,242 | 0,157 | 0,506 | 1,000 | 0,418 |
| SE | MG | Jacuí | 1356º | 0,432 | 0,800 | 0,755 | 0,792 | 0,303 | 0,633 | 1,000 | 0,675 |
| NE | AL | Jacuípe | 4105º | 0,485 | 0,253 | 0,645 | 0,327 | 0,168 | 0,337 | 0,926 | 0,469 |
| S | RS | Jacuizinho | 4644º | 0,163 | 0,529 | 0,159 | 0,758 | 0,205 | 0,613 | 0,793 | 0,434 |
| N | PA | Jacundá | 4828º | 0,282 | 0,388 | 0,376 | 0,635 | 0,275 | 0,396 | 0,737 | 0,423 |
| SE | SP | Jacupiranga | 1888º | 0,632 | 0,675 | 0,524 | 0,815 | 0,462 | 0,511 | 0,970 | 0,642 |
| SE | MG | Jacutinga | 727º | 0,590 | 0,863 | 0,717 | 0,879 | 0,399 | 0,624 | 1,000 | 0,720 |
| S | RS | Jacutinga | 1009º | 0,480 | 0,843 | 0,794 | 0,887 | 0,377 | 0,699 | 0,857 | 0,700 |
| S | PR | Jaguapitã | 867º | 0,726 | 0,883 | 0,770 | 0,793 | 0,371 | 0,634 | 0,745 | 0,711 |
| NE | BA | Jaguaquara | 4414º | 0,185 | 0,356 | 0,561 | 0,438 | 0,202 | 0,467 | 0,898 | 0,449 |
| SE | MG | Jaguaraçu | 978º | 0,693 | 0,718 | 0,748 | 0,808 | 0,336 | 0,598 | 1,000 | 0,703 |

*a partir da melhor situação social ou maior IES)

| Região | UF | Nome do Município 2010 | Posição* | Índice de Emprego | Índice de Pobreza | Índice de Desigualdade | Índice de Alfabetização | Índice de Escolaridade | Índice de Juventude | Índice de Violência | Índice de Exclusão |
|---|---|---|---|---|---|---|---|---|---|---|---|
| S | RS | Jaguarão | 1559º | 0,511 | 0,736 | 0,586 | 0,859 | 0,438 | 0,634 | 0,963 | 0,663 |
| NE | BA | Jaguarari | 3756º | 0,368 | 0,427 | 0,255 | 0,612 | 0,347 | 0,537 | 0,983 | 0,491 |
| SE | ES | Jaguaré | 3699º | 0,354 | 0,599 | 0,459 | 0,711 | 0,344 | 0,503 | 0,599 | 0,495 |
| NE | CE | Jaguaretama | 5000º | 0,177 | 0,279 | 0,455 | 0,410 | 0,272 | 0,500 | 0,767 | 0,409 |
| S | RS | Jaguari | 1847º | 0,326 | 0,781 | 0,557 | 0,888 | 0,333 | 0,722 | 1,000 | 0,644 |
| S | PR | Jaguariaíva | 1803º | 0,680 | 0,667 | 0,556 | 0,876 | 0,489 | 0,514 | 0,872 | 0,647 |
| NE | CE | Jaguaribara | 4167º | 0,193 | 0,397 | 0,667 | 0,470 | 0,308 | 0,539 | 0,650 | 0,464 |
| NE | CE | Jaguaribe | 4265º | 0,179 | 0,369 | 0,506 | 0,471 | 0,323 | 0,519 | 0,849 | 0,458 |
| NE | BA | Jaguaripe | 5117º | 0,104 | 0,278 | 0,475 | 0,367 | 0,178 | 0,439 | 0,905 | 0,397 |
| SE | SP | Jaguariúna | 196º | 0,812 | 0,891 | 0,584 | 0,920 | 0,678 | 0,638 | 0,941 | 0,768 |
| NE | CE | Jaguaruana | 3488º | 0,235 | 0,371 | 0,641 | 0,440 | 0,304 | 0,537 | 0,984 | 0,510 |
| S | SC | Jaguaruna | 580º | 0,575 | 0,888 | 0,784 | 0,862 | 0,375 | 0,639 | 1,000 | 0,732 |
| SE | MG | Jaíba | 3130º | 0,371 | 0,526 | 0,650 | 0,622 | 0,272 | 0,405 | 0,954 | 0,541 |
| NE | PI | Jaicós | 4603º | 0,197 | 0,304 | 0,530 | 0,151 | 0,200 | 0,471 | 1,000 | 0,436 |
| SE | SP | Jales | 385º | 0,579 | 0,880 | 0,658 | 0,899 | 0,618 | 0,719 | 0,956 | 0,747 |
| SE | SP | Jambeiro | 347º | 0,817 | 0,828 | 0,605 | 0,861 | 0,616 | 0,580 | 1,000 | 0,750 |
| SE | MG | Jampruca | 3200º | 0,337 | 0,468 | 0,618 | 0,539 | 0,252 | 0,492 | 1,000 | 0,535 |
| SE | MG | Janaúba | 2810º | 0,465 | 0,527 | 0,511 | 0,719 | 0,472 | 0,501 | 0,907 | 0,571 |
| CO | GO | Jandaia | 1723º | 0,362 | 0,761 | 0,683 | 0,748 | 0,370 | 0,650 | 1,000 | 0,652 |
| S | PR | Jandaia do Sul | 698º | 0,587 | 0,896 | 0,669 | 0,865 | 0,554 | 0,650 | 0,897 | 0,723 |
| NE | RN | Jandaíra | 4344º | 0,365 | 0,271 | 0,540 | 0,277 | 0,225 | 0,435 | 0,924 | 0,454 |
| NE | BA | Jandaíra | 5173º | 0,250 | 0,201 | 0,498 | 0,453 | 0,196 | 0,365 | 0,799 | 0,391 |
| SE | SP | Jandira | 620º | 0,779 | 0,822 | 0,600 | 0,892 | 0,627 | 0,546 | 0,933 | 0,729 |
| NE | RN | Janduís | 3422º | 0,341 | 0,316 | 0,624 | 0,407 | 0,273 | 0,551 | 1,000 | 0,516 |
| CO | MT | Jangada | 3687º | 0,453 | 0,357 | 0,450 | 0,607 | 0,246 | 0,465 | 0,932 | 0,496 |
| S | PR | Janiópolis | 2607º | 0,348 | 0,732 | 0,580 | 0,650 | 0,343 | 0,625 | 0,841 | 0,590 |
| SE | MG | Januária | 3415º | 0,373 | 0,442 | 0,462 | 0,640 | 0,420 | 0,448 | 0,928 | 0,516 |
| NE | RN | Januário Cicco | 4722º | 0,185 | 0,251 | 0,533 | 0,236 | 0,216 | 0,448 | 1,000 | 0,429 |
| SE | MG | Japaraíba | 710º | 0,611 | 0,805 | 0,832 | 0,866 | 0,393 | 0,564 | 1,000 | 0,722 |

*a partir da melhor situação social ou maior IES)

# ATLAS DA EXCLUSÃO SOCIAL NO BRASIL

| Região | UF | Nome do Município 2010 | Posição* | Índice de Emprego | Índice de Pobreza | Índice de Desigualdade | Índice de Alfabetização | Índice de Escolaridade | Índice de Juventude | Índice de Violência | Índice de Exclusão |
|---|---|---|---|---|---|---|---|---|---|---|---|
| NE | AL | Japaratinga | 4123º | 0,407 | 0,283 | 0,554 | 0,336 | 0,238 | 0,352 | 1,000 | 0,468 |
| NE | SE | Japaratuba | 3331º | 0,424 | 0,337 | 0,566 | 0,578 | 0,392 | 0,461 | 0,938 | 0,522 |
| SE | RJ | Japeri | 2537º | 0,575 | 0,579 | 0,669 | 0,831 | 0,375 | 0,514 | 0,728 | 0,596 |
| NE | RN | Japi | 4438º | 0,274 | 0,264 | 0,546 | 0,187 | 0,255 | 0,436 | 1,000 | 0,448 |
| S | PR | Japira | 2420º | 0,320 | 0,716 | 0,631 | 0,791 | 0,391 | 0,571 | 0,894 | 0,604 |
| NE | SE | Japoatã | 4609º | 0,298 | 0,288 | 0,592 | 0,320 | 0,183 | 0,418 | 0,839 | 0,436 |
| SE | MG | Japonvar | 4138º | 0,281 | 0,331 | 0,653 | 0,584 | 0,256 | 0,453 | 0,749 | 0,467 |
| CO | MS | Japorã | 5458º | 0,216 | 0,315 | 0,263 | 0,506 | 0,149 | 0,242 | 0,798 | 0,342 |
| S | PR | Japurá | 488º | 0,560 | 0,861 | 0,863 | 0,843 | 0,346 | 0,669 | 1,000 | 0,739 |
| N | AM | Japurá | 5521º | 0,036 | 0,192 | 0,400 | 0,280 | 0,107 | 0,184 | 1,000 | 0,316 |
| NE | PE | Jaqueira | 4642º | 0,491 | 0,212 | 0,417 | 0,311 | 0,239 | 0,368 | 0,910 | 0,434 |
| S | RS | Jaquirana | 2662º | 0,392 | 0,562 | 0,694 | 0,762 | 0,186 | 0,530 | 1,000 | 0,585 |
| CO | GO | Jaraguá | 2131º | 0,358 | 0,740 | 0,646 | 0,801 | 0,389 | 0,543 | 0,975 | 0,625 |
| S | SC | Jaraguá do Sul | 7º | 0,907 | 0,964 | 0,714 | 0,967 | 0,717 | 0,640 | 0,956 | 0,828 |
| CO | MS | Jaraguari | 2449º | 0,386 | 0,669 | 0,612 | 0,820 | 0,272 | 0,607 | 0,918 | 0,602 |
| NE | AL | Jaramataia | 4809º | 0,224 | 0,241 | 0,616 | 0,173 | 0,201 | 0,420 | 0,906 | 0,424 |
| CO | MS | Jardim | 2292º | 0,475 | 0,733 | 0,475 | 0,842 | 0,422 | 0,522 | 0,957 | 0,614 |
| NE | CE | Jardim | 4114º | 0,252 | 0,308 | 0,530 | 0,463 | 0,299 | 0,463 | 0,961 | 0,468 |
| S | PR | Jardim Alegre | 3424º | 0,305 | 0,537 | 0,370 | 0,716 | 0,257 | 0,602 | 0,916 | 0,516 |
| NE | RN | Jardim de Angicos | 4102º | 0,238 | 0,352 | 0,523 | 0,345 | 0,208 | 0,510 | 1,000 | 0,469 |
| NE | RN | Jardim de Piranhas | 3439º | 0,257 | 0,411 | 0,663 | 0,481 | 0,224 | 0,569 | 0,923 | 0,514 |
| NE | PI | Jardim do Mulato | 4375º | 0,182 | 0,255 | 0,559 | 0,386 | 0,244 | 0,489 | 1,000 | 0,452 |
| NE | RN | Jardim do Seridó | 2476º | 0,345 | 0,564 | 0,583 | 0,634 | 0,376 | 0,688 | 1,000 | 0,599 |
| S | PR | Jardim Olinda | 1340º | 0,655 | 0,723 | 0,694 | 0,780 | 0,297 | 0,563 | 1,000 | 0,676 |
| SE | SP | Jardinópolis | 902º | 0,752 | 0,791 | 0,573 | 0,890 | 0,469 | 0,581 | 0,972 | 0,708 |
| S | SC | Jardinópolis | 1239º | 0,372 | 0,844 | 0,781 | 0,851 | 0,370 | 0,604 | 1,000 | 0,682 |

*a partir da melhor situação social ou maior IES

| Região | UF | Nome do Município 2010 | Posição* | Índice de Emprego | Índice de Pobreza | Índice de Desigualdade | Índice de Alfabetização | Índice de Escolaridade | Índice de Juventude | Índice de Violência | Índice de Exclusão |
|---|---|---|---|---|---|---|---|---|---|---|---|
| S | RS | Jari | 3783º | 0,143 | 0,502 | 0,440 | 0,844 | 0,152 | 0,655 | 0,854 | 0,489 |
| SE | SP | Jarinu | 1012º | 0,642 | 0,821 | 0,653 | 0,859 | 0,469 | 0,579 | 0,935 | 0,700 |
| N | RO | Jaru | 2510º | 0,460 | 0,681 | 0,573 | 0,761 | 0,386 | 0,497 | 0,900 | 0,598 |
| CO | GO | Jataí | 1786º | 0,605 | 0,827 | 0,463 | 0,870 | 0,526 | 0,582 | 0,787 | 0,648 |
| S | PR | Jataizinho | 1707º | 0,670 | 0,689 | 0,650 | 0,803 | 0,380 | 0,543 | 0,869 | 0,653 |
| NE | PE | Jataúba | 5041º | 0,091 | 0,320 | 0,595 | 0,263 | 0,149 | 0,422 | 0,868 | 0,405 |
| CO | MS | Jateí | 2144º | 0,670 | 0,646 | 0,384 | 0,741 | 0,405 | 0,569 | 1,000 | 0,624 |
| NE | CE | Jati | 3882º | 0,179 | 0,337 | 0,589 | 0,445 | 0,452 | 0,519 | 0,864 | 0,482 |
| NE | PE | Jatobá | 3551º | 0,405 | 0,406 | 0,435 | 0,501 | 0,367 | 0,492 | 0,925 | 0,504 |
| NE | MA | Jatobá | 5271º | 0,196 | 0,219 | 0,435 | 0,299 | 0,196 | 0,315 | 0,939 | 0,378 |
| NE | PI | Jatobá do Piauí | 4410º | 0,115 | 0,321 | 0,645 | 0,363 | 0,138 | 0,565 | 0,888 | 0,449 |
| SE | SP | Jaú | 150º | 0,786 | 0,924 | 0,657 | 0,916 | 0,569 | 0,662 | 0,948 | 0,774 |
| N | TO | Jaú do Tocantins | 3995º | 0,329 | 0,468 | 0,295 | 0,714 | 0,267 | 0,534 | 0,852 | 0,475 |
| CO | GO | Jaupaci | 2237º | 0,373 | 0,684 | 0,741 | 0,671 | 0,377 | 0,632 | 0,827 | 0,618 |
| CO | MT | Jauru | 3323º | 0,293 | 0,569 | 0,483 | 0,654 | 0,341 | 0,488 | 0,900 | 0,523 |
| SE | MG | Jeceaba | 2040º | 0,657 | 0,590 | 0,624 | 0,865 | 0,284 | 0,651 | 0,807 | 0,631 |
| SE | MG | Jenipapo de Minas | 3183º | 0,449 | 0,467 | 0,666 | 0,519 | 0,249 | 0,418 | 0,927 | 0,537 |
| NE | MA | Jenipapo dos Vieiras | 5559º | 0,092 | 0,094 | 0,262 | 0,198 | 0,137 | 0,258 | 0,832 | 0,271 |
| SE | MG | Jequeri | 3419º | 0,270 | 0,463 | 0,580 | 0,695 | 0,183 | 0,592 | 0,879 | 0,516 |
| NE | AL | Jequiá da Praia | 4011º | 0,486 | 0,201 | 0,637 | 0,431 | 0,150 | 0,377 | 0,957 | 0,474 |
| NE | BA | Jequié | 3035º | 0,468 | 0,505 | 0,462 | 0,646 | 0,469 | 0,559 | 0,812 | 0,550 |
| SE | MG | Jequitaí | 3484º | 0,326 | 0,469 | 0,626 | 0,587 | 0,313 | 0,526 | 0,740 | 0,511 |
| SE | MG | Jequitibá | 3773º | 0,351 | 0,602 | 0,048 | 0,812 | 0,208 | 0,590 | 1,000 | 0,490 |
| SE | MG | Jequitinhonha | 3632º | 0,300 | 0,468 | 0,491 | 0,470 | 0,250 | 0,510 | 0,957 | 0,499 |
| NE | BA | Jeremoabo | 4878º | 0,135 | 0,330 | 0,519 | 0,319 | 0,187 | 0,450 | 0,903 | 0,419 |
| NE | PB | Jericó | 4198º | 0,242 | 0,351 | 0,566 | 0,420 | 0,190 | 0,531 | 0,862 | 0,462 |
| SE | SP | Jeriquara | 839º | 0,688 | 0,770 | 0,741 | 0,807 | 0,442 | 0,544 | 1,000 | 0,712 |

*a partir da melhor situação social ou maior IES

| Região | UF | Nome do Município 2010 | Posição* | Índice de Emprego | Índice de Pobreza | Índice de Desigualdade | Índice de Alfabetização | Índice de Escolaridade | Índice de Juventude | Índice de Violência | Índice de Exclusão |
|---|---|---|---|---|---|---|---|---|---|---|---|
| SE | ES | Jerônimo Monteiro | 2329º | 0,419 | 0,661 | 0,514 | 0,714 | 0,418 | 0,605 | 1,000 | 0,612 |
| NE | PI | Jerumenha | 3962º | 0,298 | 0,333 | 0,590 | 0,458 | 0,244 | 0,487 | 0,882 | 0,476 |
| SE | MG | Jesuânia | 2193º | 0,482 | 0,647 | 0,614 | 0,801 | 0,197 | 0,628 | 1,000 | 0,621 |
| S | PR | Jesuítas | 1556º | 0,366 | 0,742 | 0,727 | 0,812 | 0,352 | 0,674 | 1,000 | 0,663 |
| CO | GO | Jesúpolis | 3013º | 0,352 | 0,584 | 0,674 | 0,679 | 0,253 | 0,561 | 0,774 | 0,553 |
| NE | CE | Jijoca de Jericoacoara | 4539º | 0,250 | 0,400 | 0,410 | 0,563 | 0,313 | 0,444 | 0,786 | 0,441 |
| N | RO | Ji-Paraná | 1673º | 0,597 | 0,740 | 0,502 | 0,831 | 0,522 | 0,521 | 0,982 | 0,655 |
| NE | BA | Jiquiriçá | 4366º | 0,089 | 0,303 | 0,579 | 0,545 | 0,174 | 0,509 | 1,000 | 0,453 |
| NE | BA | Jitaúna | 4252º | 0,212 | 0,315 | 0,563 | 0,390 | 0,300 | 0,492 | 0,889 | 0,459 |
| S | SC | Joaçaba | 201º | 0,731 | 0,949 | 0,508 | 0,942 | 0,771 | 0,665 | 0,942 | 0,767 |
| SE | MG | Joaíma | 4592º | 0,236 | 0,348 | 0,515 | 0,422 | 0,232 | 0,450 | 0,826 | 0,437 |
| SE | MG | Joanésia | 2994º | 0,354 | 0,510 | 0,588 | 0,626 | 0,165 | 0,605 | 1,000 | 0,554 |
| SE | SP | Joanópolis | 1165º | 0,484 | 0,813 | 0,696 | 0,857 | 0,359 | 0,651 | 1,000 | 0,689 |
| NE | PE | João Alfredo | 4643º | 0,261 | 0,393 | 0,581 | 0,284 | 0,150 | 0,509 | 0,695 | 0,434 |
| NE | RN | João Câmara | 4262º | 0,277 | 0,390 | 0,472 | 0,392 | 0,238 | 0,442 | 0,935 | 0,458 |
| NE | PI | João Costa | 4435º | 0,141 | 0,241 | 0,605 | 0,338 | 0,195 | 0,522 | 1,000 | 0,448 |
| NE | RN | João Dias | 5555º | 0,362 | 0,178 | 0,479 | 0,143 | 0,173 | 0,481 | 0,000 | 0,283 |
| NE | BA | João Dourado | 4716º | 0,153 | 0,310 | 0,515 | 0,576 | 0,246 | 0,430 | 0,862 | 0,429 |
| NE | MA | João Lisboa | 3338º | 0,333 | 0,425 | 0,674 | 0,513 | 0,350 | 0,416 | 0,923 | 0,522 |
| SE | MG | João Monlevade | 691º | 0,713 | 0,772 | 0,596 | 0,930 | 0,604 | 0,640 | 0,929 | 0,723 |
| SE | ES | João Neiva | 1424º | 0,677 | 0,772 | 0,484 | 0,861 | 0,590 | 0,654 | 0,770 | 0,671 |
| NE | PB | João Pessoa | 2246º | 0,633 | 0,697 | 0,342 | 0,830 | 0,757 | 0,610 | 0,644 | 0,617 |
| SE | MG | João Pinheiro | 2517º | 0,495 | 0,682 | 0,574 | 0,801 | 0,402 | 0,519 | 0,805 | 0,598 |
| SE | SP | João Ramalho | 717º | 0,745 | 0,825 | 0,734 | 0,784 | 0,498 | 0,569 | 0,875 | 0,721 |
| SE | MG | Joaquim Felício | 2712º | 0,496 | 0,540 | 0,528 | 0,695 | 0,273 | 0,552 | 1,000 | 0,580 |
| NE | AL | Joaquim Gomes | 5349º | 0,327 | 0,199 | 0,577 | 0,126 | 0,104 | 0,325 | 0,700 | 0,367 |

*a partir da melhor situação social ou maior IES)

| Região | UF | Nome do Município 2010 | Posição* | Índice de Emprego | Índice de Pobreza | Índice de Desigualdade | Índice de Alfabetização | Índice de Escolaridade | Índice de Juventude | Índice de Violência | Índice de Exclusão |
|---|---|---|---|---|---|---|---|---|---|---|---|
| NE | PE | Joaquim Nabuco | 4046º | 0,534 | 0,321 | 0,586 | 0,353 | 0,194 | 0,412 | 0,769 | 0,472 |
| NE | PI | Joaquim Pires | 5508º | 0,125 | 0,132 | 0,386 | 0,257 | 0,093 | 0,398 | 0,812 | 0,324 |
| S | PR | Joaquim Távora | 815º | 0,619 | 0,788 | 0,713 | 0,836 | 0,439 | 0,623 | 1,000 | 0,714 |
| NE | PB | Joca Claudino | 3546º | 0,221 | 0,300 | 0,707 | 0,230 | 0,345 | 0,555 | 1,000 | 0,505 |
| NE | PI | Joca Marques | 5406º | 0,188 | 0,139 | 0,443 | 0,190 | 0,085 | 0,403 | 0,898 | 0,355 |
| S | RS | Jóia | 3115º | 0,250 | 0,595 | 0,462 | 0,867 | 0,272 | 0,587 | 0,938 | 0,543 |
| S | SC | Joinville | 92º | 0,828 | 0,935 | 0,604 | 0,949 | 0,764 | 0,618 | 0,915 | 0,785 |
| SE | MG | Jordânia | 3529º | 0,204 | 0,462 | 0,557 | 0,517 | 0,309 | 0,497 | 1,000 | 0,507 |
| N | AC | Jordão | 5541º | 0,298 | 0,150 | 0,185 | 0,256 | 0,146 | 0,033 | 1,000 | 0,294 |
| S | SC | José Boiteux | 1747º | 0,483 | 0,786 | 0,702 | 0,877 | 0,282 | 0,493 | 1,000 | 0,651 |
| SE | SP | José Bonifácio | 484º | 0,628 | 0,905 | 0,673 | 0,892 | 0,539 | 0,645 | 0,952 | 0,739 |
| NE | RN | José da Penha | 3547º | 0,161 | 0,438 | 0,637 | 0,371 | 0,227 | 0,578 | 1,000 | 0,505 |
| NE | PI | José de Freitas | 3942º | 0,285 | 0,319 | 0,502 | 0,458 | 0,269 | 0,498 | 0,986 | 0,477 |
| SE | MG | José Gonçalves de Minas | 2601º | 0,513 | 0,504 | 0,749 | 0,643 | 0,311 | 0,408 | 1,000 | 0,591 |
| SE | MG | José Raydan | 3425º | 0,206 | 0,479 | 0,607 | 0,567 | 0,236 | 0,511 | 1,000 | 0,515 |
| NE | MA | Joselândia | 5201º | 0,150 | 0,239 | 0,442 | 0,251 | 0,168 | 0,373 | 1,000 | 0,388 |
| SE | MG | Josenópolis | 4864º | 0,318 | 0,330 | 0,660 | 0,417 | 0,163 | 0,332 | 0,658 | 0,420 |
| CO | GO | Joviânia | 1748º | 0,505 | 0,770 | 0,602 | 0,775 | 0,391 | 0,611 | 0,927 | 0,651 |
| CO | MT | Juara | 2563º | 0,492 | 0,734 | 0,586 | 0,797 | 0,301 | 0,504 | 0,810 | 0,595 |
| NE | PB | Juarez Távora | 4087º | 0,263 | 0,301 | 0,606 | 0,257 | 0,219 | 0,479 | 1,000 | 0,470 |
| N | TO | Juarina | 4542º | 0,052 | 0,309 | 0,504 | 0,668 | 0,281 | 0,434 | 1,000 | 0,441 |
| SE | MG | Juatuba | 1298º | 0,779 | 0,660 | 0,616 | 0,832 | 0,477 | 0,541 | 0,906 | 0,679 |
| NE | PB | Juazeirinho | 4261º | 0,253 | 0,310 | 0,563 | 0,427 | 0,206 | 0,434 | 0,969 | 0,458 |

*a partir da melhor situação social ou maior IES)

ATLAS DA EXCLUSÃO SOCIAL NO BRASIL

| Região | UF | Nome do Município 2010 | Posição* | Índice de Emprego | Índice de Pobreza | Índice de Desigualdade | Índice de Alfabetização | Índice de Escolaridade | Índice de Juventude | Índice de Violência | Índice de Exclusão |
|---|---|---|---|---|---|---|---|---|---|---|---|
| NE | BA | Juazeiro | 3175º | 0,468 | 0,505 | 0,450 | 0,696 | 0,492 | 0,476 | 0,795 | 0,537 |
| NE | CE | Juazeiro do Norte | 3127º | 0,396 | 0,491 | 0,495 | 0,665 | 0,516 | 0,498 | 0,838 | 0,541 |
| NE | PI | Juazeiro do Piauí | 4503º | 0,196 | 0,270 | 0,567 | 0,372 | 0,210 | 0,425 | 1,000 | 0,443 |
| NE | CE | Jucás | 4362º | 0,177 | 0,290 | 0,595 | 0,377 | 0,212 | 0,471 | 0,978 | 0,453 |
| NE | PE | Jucati | 5131º | 0,028 | 0,280 | 0,565 | 0,331 | 0,161 | 0,444 | 0,902 | 0,396 |
| NE | BA | Jucuruçu | 5149º | 0,150 | 0,201 | 0,472 | 0,333 | 0,186 | 0,468 | 0,899 | 0,394 |
| NE | RN | Jucurutu | 3398º | 0,249 | 0,420 | 0,646 | 0,345 | 0,227 | 0,606 | 0,971 | 0,517 |
| CO | MT | Juína | 2769º | 0,468 | 0,678 | 0,387 | 0,777 | 0,432 | 0,506 | 0,907 | 0,576 |
| SE | MG | Juiz de Fora | 572º | 0,710 | 0,845 | 0,463 | 0,939 | 0,709 | 0,676 | 0,940 | 0,733 |
| NE | PI | Júlio Borges | 4510º | 0,215 | 0,220 | 0,525 | 0,542 | 0,257 | 0,409 | 1,000 | 0,443 |
| S | RS | Júlio de Castilhos | 2465º | 0,435 | 0,713 | 0,399 | 0,900 | 0,405 | 0,600 | 0,920 | 0,600 |
| SE | SP | Júlio Mesquita | 665º | 0,865 | 0,732 | 0,750 | 0,766 | 0,487 | 0,560 | 0,883 | 0,725 |
| SE | SP | Jumirim | 118º | 0,799 | 0,901 | 0,784 | 0,867 | 0,479 | 0,615 | 1,000 | 0,780 |
| NE | MA | Junco do Maranhão | 5134º | 0,242 | 0,260 | 0,546 | 0,432 | 0,245 | 0,318 | 0,741 | 0,396 |
| NE | PB | Junco do Seridó | 3712º | 0,220 | 0,352 | 0,624 | 0,509 | 0,341 | 0,499 | 0,922 | 0,494 |
| NE | RN | Jundiá | 3784º | 0,246 | 0,373 | 0,699 | 0,196 | 0,207 | 0,473 | 1,000 | 0,489 |
| NE | AL | Jundiá | 4380º | 0,464 | 0,293 | 0,515 | 0,284 | 0,191 | 0,389 | 0,876 | 0,452 |
| SE | SP | Jundiaí | 97º | 0,805 | 0,927 | 0,505 | 0,953 | 0,757 | 0,693 | 0,970 | 0,784 |
| S | PR | Jundiaí do Sul | 2461º | 0,351 | 0,625 | 0,590 | 0,741 | 0,385 | 0,582 | 1,000 | 0,601 |
| NE | AL | Junqueiro | 4887º | 0,276 | 0,346 | 0,456 | 0,320 | 0,207 | 0,428 | 0,804 | 0,418 |
| SE | SP | Junqueirópolis | 715º | 0,595 | 0,852 | 0,696 | 0,855 | 0,433 | 0,714 | 0,917 | 0,721 |
| NE | PE | Jupi | 5187º | 0,111 | 0,354 | 0,578 | 0,340 | 0,205 | 0,452 | 0,620 | 0,390 |
| S | SC | Jupiá | 2760º | 0,339 | 0,671 | 0,449 | 0,791 | 0,317 | 0,575 | 1,000 | 0,577 |
| SE | SP | Juquiá | 2271º | 0,499 | 0,622 | 0,598 | 0,775 | 0,446 | 0,512 | 0,946 | 0,616 |
| SE | SP | Juquitiba | 2928º | 0,514 | 0,637 | 0,558 | 0,795 | 0,489 | 0,510 | 0,547 | 0,560 |
| SE | MG | Juramento | 2822º | 0,384 | 0,467 | 0,717 | 0,690 | 0,376 | 0,533 | 0,874 | 0,570 |

*a partir da melhor situação social ou maior IES

| Região | UF | Nome do Município 2010 | Posição* | Índice de Emprego | Índice de Pobreza | Índice de Desigualdade | Índice de Alfabetização | Índice de Escolaridade | Índice de Juventude | Índice de Violência | Índice de Exclusão |
|---|---|---|---|---|---|---|---|---|---|---|---|
| S | PR | Juranda | 1792º | 0,395 | 0,711 | 0,692 | 0,776 | 0,393 | 0,609 | 1,000 | 0,648 |
| NE | PI | Jurema | 5257º | 0,103 | 0,215 | 0,475 | 0,234 | 0,179 | 0,468 | 0,885 | 0,381 |
| NE | PE | Jurema | 5279º | 0,055 | 0,284 | 0,562 | 0,235 | 0,110 | 0,409 | 0,857 | 0,377 |
| NE | PB | Juripiranga | 3966º | 0,383 | 0,293 | 0,511 | 0,296 | 0,221 | 0,487 | 1,000 | 0,476 |
| NE | PB | Juru | 4245º | 0,341 | 0,315 | 0,553 | 0,312 | 0,172 | 0,483 | 0,894 | 0,459 |
| N | AM | Juruá | 5535º | 0,007 | 0,227 | 0,387 | 0,128 | 0,190 | 0,161 | 0,904 | 0,297 |
| SE | MG | Juruaia | 2572º | 0,381 | 0,856 | 0,311 | 0,894 | 0,274 | 0,582 | 1,000 | 0,594 |
| CO | MT | Juruena | 2628º | 0,426 | 0,626 | 0,687 | 0,778 | 0,335 | 0,435 | 0,907 | 0,588 |
| N | PA | Juruti | 5009º | 0,245 | 0,264 | 0,392 | 0,690 | 0,278 | 0,232 | 0,967 | 0,408 |
| CO | MT | Juscimeira | 1939º | 0,548 | 0,713 | 0,697 | 0,691 | 0,393 | 0,582 | 0,818 | 0,639 |
| S | PR | Jussara | 725º | 0,764 | 0,837 | 0,670 | 0,896 | 0,378 | 0,600 | 0,921 | 0,720 |
| CO | GO | Jussara | 2704º | 0,379 | 0,743 | 0,274 | 0,755 | 0,448 | 0,612 | 0,973 | 0,581 |
| NE | BA | Jussara | 4766º | 0,105 | 0,310 | 0,543 | 0,453 | 0,214 | 0,432 | 0,931 | 0,426 |
| NE | BA | Jussari | 3953º | 0,402 | 0,377 | 0,538 | 0,332 | 0,239 | 0,477 | 0,839 | 0,477 |
| NE | BA | Jussiape | 3031º | 0,188 | 0,502 | 0,667 | 0,496 | 0,257 | 0,664 | 1,000 | 0,551 |
| N | AM | Jutaí | 5562º | 0,000 | 0,127 | 0,218 | 0,219 | 0,155 | 0,111 | 1,000 | 0,257 |
| CO | MS | Juti | 2864º | 0,530 | 0,603 | 0,537 | 0,624 | 0,276 | 0,461 | 0,912 | 0,566 |
| SE | MG | Juvenília | 4207º | 0,314 | 0,241 | 0,505 | 0,526 | 0,278 | 0,411 | 1,000 | 0,461 |
| S | PR | Kaloré | 1300º | 0,429 | 0,749 | 0,785 | 0,798 | 0,429 | 0,696 | 0,885 | 0,679 |
| N | AM | Lábrea | 5413º | 0,116 | 0,256 | 0,399 | 0,347 | 0,210 | 0,252 | 0,903 | 0,353 |
| S | SC | Lacerdópolis | 497º | 0,427 | 0,945 | 0,793 | 0,900 | 0,462 | 0,687 | 1,000 | 0,738 |
| SE | MG | Ladainha | 5093º | 0,173 | 0,293 | 0,469 | 0,367 | 0,162 | 0,381 | 0,908 | 0,399 |
| CO | MS | Ladário | 2026º | 0,641 | 0,664 | 0,522 | 0,823 | 0,541 | 0,419 | 0,947 | 0,632 |
| NE | BA | Lafaiete Coutinho | 3557º | 0,228 | 0,339 | 0,561 | 0,495 | 0,249 | 0,624 | 1,000 | 0,504 |
| SE | MG | Lagamar | 2148º | 0,414 | 0,725 | 0,584 | 0,793 | 0,402 | 0,651 | 0,863 | 0,624 |
| NE | SE | Lagarto | 3714º | 0,294 | 0,464 | 0,575 | 0,487 | 0,289 | 0,493 | 0,819 | 0,494 |
| S | SC | Lages | 1112º | 0,702 | 0,791 | 0,475 | 0,898 | 0,613 | 0,581 | 0,924 | 0,692 |
| NE | MA | Lago da Pedra | 5232º | 0,140 | 0,282 | 0,471 | 0,313 | 0,224 | 0,372 | 0,831 | 0,383 |
| NE | MA | Lago do Junco | 5210º | 0,160 | 0,224 | 0,383 | 0,309 | 0,247 | 0,356 | 1,000 | 0,386 |

*a partir da melhor situação social ou maior IES)

| Região | UF | Nome do Município 2010 | Posição* | Índice de Emprego | Índice de Pobreza | Índice de Desigualdade | Índice de Alfabetização | Índice de Escolaridade | Índice de Juventude | Índice de Violência | Índice de Exclusão |
|---|---|---|---|---|---|---|---|---|---|---|---|
| NE | MA | Lago dos Rodrigues | 4254º | 0,139 | 0,318 | 0,631 | 0,369 | 0,285 | 0,414 | 1,000 | 0,459 |
| NE | MA | Lago Verde | 5288º | 0,139 | 0,161 | 0,562 | 0,251 | 0,204 | 0,308 | 0,932 | 0,376 |
| NE | PB | Lagoa | 3840º | 0,230 | 0,284 | 0,675 | 0,305 | 0,189 | 0,554 | 1,000 | 0,485 |
| NE | PI | Lagoa Alegre | 4721º | 0,198 | 0,288 | 0,522 | 0,335 | 0,168 | 0,409 | 1,000 | 0,429 |
| S | RS | Lagoa Bonita do Sul | 2592º | 0,110 | 0,768 | 0,721 | 0,778 | 0,219 | 0,595 | 1,000 | 0,592 |
| NE | AL | Lagoa da Canoa | 5180º | 0,172 | 0,257 | 0,537 | 0,148 | 0,191 | 0,423 | 0,829 | 0,391 |
| N | TO | Lagoa da Confusão | 3321º | 0,328 | 0,534 | 0,569 | 0,654 | 0,360 | 0,393 | 0,898 | 0,523 |
| SE | MG | Lagoa da Prata | 998º | 0,586 | 0,826 | 0,663 | 0,892 | 0,431 | 0,602 | 0,977 | 0,701 |
| NE | RN | Lagoa d'Anta | 4485º | 0,218 | 0,367 | 0,510 | 0,285 | 0,299 | 0,415 | 0,916 | 0,444 |
| NE | PB | Lagoa de Dentro | 4512º | 0,156 | 0,284 | 0,529 | 0,373 | 0,219 | 0,481 | 1,000 | 0,443 |
| NE | PE | Lagoa de Itaenga | 4227º | 0,384 | 0,311 | 0,649 | 0,463 | 0,234 | 0,458 | 0,673 | 0,460 |
| NE | RN | Lagoa de Pedras | 5236º | 0,127 | 0,290 | 0,553 | 0,205 | 0,173 | 0,413 | 0,777 | 0,383 |
| NE | PI | Lagoa de São Francisco | 4625º | 0,374 | 0,200 | 0,536 | 0,310 | 0,127 | 0,379 | 1,000 | 0,435 |
| NE | RN | Lagoa de Velhos | 3174º | 0,359 | 0,434 | 0,732 | 0,371 | 0,238 | 0,472 | 1,000 | 0,537 |
| NE | PI | Lagoa do Barro do Piauí | 5139º | 0,218 | 0,149 | 0,402 | 0,427 | 0,139 | 0,440 | 1,000 | 0,396 |
| NE | PE | Lagoa do Carro | 3207º | 0,425 | 0,375 | 0,674 | 0,520 | 0,274 | 0,517 | 0,903 | 0,534 |
| NE | MA | Lagoa do Mato | 4526º | 0,262 | 0,269 | 0,537 | 0,312 | 0,204 | 0,408 | 1,000 | 0,442 |
| NE | PE | Lagoa do Ouro | 4980º | 0,100 | 0,286 | 0,552 | 0,167 | 0,152 | 0,439 | 1,000 | 0,411 |

*a partir da melhor situação social ou maior IES

| Região | UF | Nome do Município 2010 | Posição* | Índice de Emprego | Índice de Pobreza | Índice de Desigualdade | Índice de Alfabetização | Índice de Escolaridade | Índice de Juventude | Índice de Violência | Índice de Exclusão |
|---|---|---|---|---|---|---|---|---|---|---|---|
| NE | PI | Lagoa do Piauí | 3554º | 0,355 | 0,316 | 0,648 | 0,429 | 0,193 | 0,493 | 1,000 | 0,504 |
| NE | PI | Lagoa do Sítio | 5022º | 0,109 | 0,216 | 0,483 | 0,240 | 0,173 | 0,507 | 1,000 | 0,407 |
| N | TO | Lagoa do Tocantins | 5425º | 0,220 | 0,273 | 0,361 | 0,440 | 0,263 | 0,267 | 0,705 | 0,351 |
| NE | PE | Lagoa dos Gatos | 4926º | 0,092 | 0,356 | 0,577 | 0,213 | 0,170 | 0,438 | 0,900 | 0,415 |
| SE | MG | Lagoa dos Patos | 3075º | 0,346 | 0,454 | 0,699 | 0,710 | 0,362 | 0,464 | 0,877 | 0,547 |
| S | RS | Lagoa dos Três Cantos | 554º | 0,361 | 0,939 | 0,715 | 0,979 | 0,478 | 0,771 | 1,000 | 0,734 |
| SE | MG | Lagoa Dourada | 2638º | 0,401 | 0,595 | 0,522 | 0,897 | 0,284 | 0,564 | 1,000 | 0,587 |
| SE | MG | Lagoa Formosa | 1814º | 0,479 | 0,796 | 0,584 | 0,792 | 0,304 | 0,645 | 0,939 | 0,646 |
| SE | MG | Lagoa Grande | 2073º | 0,520 | 0,689 | 0,584 | 0,767 | 0,344 | 0,538 | 1,000 | 0,629 |
| NE | PE | Lagoa Grande | 4006º | 0,368 | 0,365 | 0,537 | 0,453 | 0,307 | 0,382 | 0,886 | 0,474 |
| NE | MA | Lagoa Grande do Maranhão | 5437º | 0,140 | 0,131 | 0,498 | 0,188 | 0,109 | 0,259 | 1,000 | 0,348 |
| NE | RN | Lagoa Nova | 4331º | 0,175 | 0,286 | 0,573 | 0,388 | 0,229 | 0,476 | 1,000 | 0,454 |
| NE | BA | Lagoa Real | 4273º | 0,164 | 0,258 | 0,616 | 0,517 | 0,153 | 0,495 | 1,000 | 0,458 |
| NE | RN | Lagoa Salgada | 4884º | 0,198 | 0,265 | 0,487 | 0,200 | 0,189 | 0,436 | 1,000 | 0,418 |
| SE | MG | Lagoa Santa | 1018º | 0,668 | 0,832 | 0,421 | 0,915 | 0,644 | 0,603 | 0,970 | 0,700 |
| CO | GO | Lagoa Santa | 1788º | 0,458 | 0,740 | 0,541 | 0,863 | 0,431 | 0,615 | 1,000 | 0,648 |
| NE | PB | Lagoa Seca | 3892º | 0,292 | 0,400 | 0,481 | 0,567 | 0,278 | 0,506 | 0,879 | 0,481 |
| S | RS | Lagoa Vermelha | 1704º | 0,550 | 0,791 | 0,562 | 0,837 | 0,435 | 0,620 | 0,849 | 0,653 |
| S | RS | Lagoão | 3204º | 0,106 | 0,663 | 0,715 | 0,605 | 0,184 | 0,528 | 0,916 | 0,535 |
| SE | SP | Lagoinha | 2885º | 0,441 | 0,709 | 0,616 | 0,815 | 0,365 | 0,629 | 0,463 | 0,564 |

*a partir da melhor situação social ou maior IES)

| Região | UF | Nome do Município 2010 | Posição* | Índice de Emprego | Índice de Pobreza | Índice de Desigualdade | Índice de Alfabetização | Índice de Escolaridade | Índice de Juventude | Índice de Violência | Índice de Exclusão |
|---|---|---|---|---|---|---|---|---|---|---|---|
| NE | PI | Lagoinha do Piauí | 4294º | 0,234 | 0,307 | 0,487 | 0,431 | 0,213 | 0,490 | 1,000 | 0,457 |
| S | SC | Laguna | 866º | 0,594 | 0,820 | 0,687 | 0,886 | 0,539 | 0,634 | 0,899 | 0,711 |
| CO | MS | Laguna Carapã | 2656º | 0,511 | 0,677 | 0,532 | 0,757 | 0,336 | 0,433 | 0,920 | 0,585 |
| NE | BA | Laje | 4812º | 0,107 | 0,296 | 0,561 | 0,425 | 0,219 | 0,482 | 0,859 | 0,424 |
| SE | RJ | Laje do Muriaé | 1986º | 0,498 | 0,588 | 0,630 | 0,731 | 0,433 | 0,605 | 1,000 | 0,635 |
| S | RS | Lajeado | 53º | 0,796 | 0,957 | 0,658 | 0,934 | 0,626 | 0,684 | 0,942 | 0,792 |
| N | TO | Lajeado | 3475º | 0,556 | 0,526 | 0,403 | 0,769 | 0,427 | 0,430 | 0,625 | 0,511 |
| S | RS | Lajeado do Bugre | 3492º | 0,239 | 0,466 | 0,580 | 0,613 | 0,153 | 0,527 | 1,000 | 0,510 |
| S | SC | Lajeado Grande | 944º | 0,437 | 0,890 | 0,709 | 0,863 | 0,415 | 0,663 | 1,000 | 0,705 |
| NE | MA | Lajeado Novo | 4964º | 0,220 | 0,258 | 0,401 | 0,577 | 0,210 | 0,393 | 0,925 | 0,412 |
| NE | BA | Lajedão | 3441º | 0,381 | 0,471 | 0,425 | 0,486 | 0,218 | 0,557 | 1,000 | 0,514 |
| NE | BA | Lajedinho | 4933º | 0,160 | 0,228 | 0,460 | 0,411 | 0,170 | 0,458 | 1,000 | 0,415 |
| NE | PE | Lajedo | 4250º | 0,202 | 0,448 | 0,570 | 0,451 | 0,246 | 0,506 | 0,744 | 0,459 |
| NE | BA | Lajedo do Tabocal | 4409º | 0,177 | 0,311 | 0,643 | 0,414 | 0,177 | 0,484 | 0,875 | 0,449 |
| NE | RN | Lajes | 3637º | 0,279 | 0,346 | 0,598 | 0,414 | 0,297 | 0,538 | 0,950 | 0,499 |
| NE | RN | Lajes Pintadas | 3446º | 0,280 | 0,369 | 0,670 | 0,407 | 0,381 | 0,531 | 0,887 | 0,514 |
| SE | MG | Lajinha | 3007º | 0,273 | 0,600 | 0,565 | 0,675 | 0,294 | 0,558 | 0,947 | 0,553 |
| NE | BA | Lamarão | 4962º | 0,136 | 0,198 | 0,583 | 0,282 | 0,128 | 0,444 | 1,000 | 0,412 |
| SE | MG | Lambari | 1970º | 0,403 | 0,712 | 0,601 | 0,863 | 0,401 | 0,615 | 0,973 | 0,637 |
| CO | MT | Lambari D'Oeste | 2295º | 0,710 | 0,666 | 0,612 | 0,680 | 0,290 | 0,489 | 0,808 | 0,614 |
| SE | MG | Lamim | 2610º | 0,257 | 0,604 | 0,670 | 0,757 | 0,297 | 0,606 | 1,000 | 0,590 |
| NE | PI | Landri Sales | 3904º | 0,348 | 0,344 | 0,449 | 0,412 | 0,230 | 0,512 | 1,000 | 0,480 |
| S | PR | Lapa | 1799º | 0,586 | 0,715 | 0,598 | 0,894 | 0,422 | 0,569 | 0,861 | 0,647 |
| NE | BA | Lapão | 4499º | 0,143 | 0,287 | 0,538 | 0,528 | 0,236 | 0,460 | 0,959 | 0,443 |

*a partir da melhor situação social ou maior IES

| Região | UF | Nome do Município 2010 | Posição* | Índice de Emprego | Índice de Pobreza | Índice de Desigualdade | Índice de Alfabetização | Índice de Escolaridade | Índice de Juventude | Índice de Violência | Índice de Exclusão |
|---|---|---|---|---|---|---|---|---|---|---|---|
| SE | ES | Laranja da Terra | 2845º | 0,157 | 0,574 | 0,635 | 0,742 | 0,231 | 0,690 | 1,000 | 0,568 |
| SE | MG | Laranjal | 1547º | 0,496 | 0,689 | 0,562 | 0,802 | 0,445 | 0,707 | 1,000 | 0,663 |
| S | PR | Laranjal | 4645º | 0,193 | 0,399 | 0,611 | 0,622 | 0,156 | 0,371 | 0,755 | 0,434 |
| N | AP | Laranjal do Jari | 3531º | 0,484 | 0,478 | 0,472 | 0,668 | 0,451 | 0,300 | 0,818 | 0,507 |
| SE | SP | Laranjal Paulista | 315º | 0,741 | 0,884 | 0,741 | 0,916 | 0,498 | 0,652 | 0,876 | 0,753 |
| NE | SE | Laranjeiras | 3098º | 0,689 | 0,318 | 0,521 | 0,661 | 0,454 | 0,441 | 0,807 | 0,545 |
| S | PR | Laranjeiras do Sul | 2746º | 0,466 | 0,677 | 0,500 | 0,824 | 0,395 | 0,527 | 0,780 | 0,578 |
| SE | MG | Lassance | 3083º | 0,435 | 0,524 | 0,669 | 0,664 | 0,216 | 0,478 | 0,840 | 0,546 |
| NE | PB | Lastro | 4045º | 0,164 | 0,258 | 0,677 | 0,385 | 0,113 | 0,593 | 1,000 | 0,472 |
| S | SC | Laurentino | 81º | 0,672 | 0,955 | 0,853 | 0,931 | 0,488 | 0,631 | 1,000 | 0,787 |
| NE | BA | Lauro de Freitas | 2665º | 0,615 | 0,694 | 0,298 | 0,885 | 0,742 | 0,583 | 0,519 | 0,585 |
| S | SC | Lauro Muller | 145º | 0,795 | 0,873 | 0,809 | 0,916 | 0,518 | 0,610 | 0,928 | 0,775 |
| N | TO | Lavandeira | 3608º | 0,157 | 0,428 | 0,571 | 0,560 | 0,417 | 0,444 | 1,000 | 0,501 |
| SE | SP | Lavínia | 232º | 0,675 | 0,854 | 0,801 | 0,710 | 0,388 | 0,887 | 0,881 | 0,764 |
| SE | MG | Lavras | 292º | 0,767 | 0,850 | 0,568 | 0,924 | 0,681 | 0,644 | 0,966 | 0,755 |
| NE | CE | Lavras da Mangabeira | 4680º | 0,186 | 0,301 | 0,422 | 0,405 | 0,317 | 0,518 | 0,866 | 0,431 |
| S | RS | Lavras do Sul | 2060º | 0,461 | 0,678 | 0,588 | 0,813 | 0,410 | 0,612 | 0,932 | 0,630 |
| SE | SP | Lavrinhas | 2066º | 0,703 | 0,559 | 0,434 | 0,881 | 0,570 | 0,520 | 0,921 | 0,630 |
| SE | MG | Leandro Ferreira | 1577º | 0,631 | 0,794 | 0,658 | 0,777 | 0,281 | 0,619 | 0,838 | 0,661 |
| S | SC | Lebon Régis | 2652º | 0,523 | 0,575 | 0,661 | 0,747 | 0,280 | 0,445 | 0,912 | 0,586 |
| SE | SP | Leme | 636º | 0,780 | 0,847 | 0,625 | 0,841 | 0,475 | 0,601 | 0,938 | 0,727 |
| SE | MG | Leme do Prado | 1878º | 0,663 | 0,532 | 0,754 | 0,630 | 0,399 | 0,471 | 1,000 | 0,643 |
| NE | BA | Lençóis | 4086º | 0,189 | 0,385 | 0,369 | 0,576 | 0,466 | 0,435 | 1,000 | 0,470 |
| SE | SP | Lençóis Paulista | 149º | 0,796 | 0,889 | 0,698 | 0,905 | 0,584 | 0,617 | 0,975 | 0,774 |

*a partir da melhor situação social ou maior IES

ATLAS DA EXCLUSÃO SOCIAL NO BRASIL

| Região | UF | Nome do Município 2010 | Posição* | Índice de Emprego | Índice de Pobreza | Índice de Desigualdade | Índice de Alfabetização | Índice de Escolaridade | Índice de Juventude | Índice de Violência | Índice de Exclusão |
|---|---|---|---|---|---|---|---|---|---|---|---|
| S | SC | Leoberto Leal | 2736º | 0,199 | 0,761 | 0,546 | 0,792 | 0,225 | 0,600 | 1,000 | 0,579 |
| SE | MG | Leopoldina | 1144º | 0,671 | 0,726 | 0,580 | 0,864 | 0,443 | 0,642 | 0,969 | 0,690 |
| CO | GO | Leopoldo de Bulhões | 2348º | 0,429 | 0,680 | 0,685 | 0,716 | 0,326 | 0,571 | 0,868 | 0,610 |
| S | PR | Leópolis | 802º | 0,578 | 0,708 | 0,798 | 0,793 | 0,500 | 0,638 | 1,000 | 0,715 |
| S | RS | Liberato Salzano | 2604º | 0,182 | 0,750 | 0,716 | 0,755 | 0,201 | 0,639 | 0,910 | 0,591 |
| SE | MG | Liberdade | 2938º | 0,436 | 0,521 | 0,385 | 0,709 | 0,243 | 0,663 | 1,000 | 0,559 |
| NE | BA | Licínio de Almeida | 3195º | 0,278 | 0,415 | 0,675 | 0,546 | 0,296 | 0,556 | 0,958 | 0,535 |
| S | PR | Lidianópolis | 2100º | 0,292 | 0,696 | 0,767 | 0,648 | 0,271 | 0,655 | 1,000 | 0,627 |
| NE | MA | Lima Campos | 4598º | 0,153 | 0,372 | 0,474 | 0,310 | 0,230 | 0,469 | 0,954 | 0,437 |
| SE | MG | Lima Duarte | 2367º | 0,466 | 0,663 | 0,412 | 0,793 | 0,375 | 0,638 | 1,000 | 0,608 |
| SE | SP | Limeira | 391º | 0,706 | 0,868 | 0,596 | 0,926 | 0,615 | 0,652 | 0,959 | 0,746 |
| SE | MG | Limeira do Oeste | 1354º | 0,648 | 0,715 | 0,645 | 0,765 | 0,425 | 0,608 | 0,924 | 0,675 |
| NE | PE | Limoeiro | 3206º | 0,372 | 0,476 | 0,534 | 0,616 | 0,407 | 0,585 | 0,794 | 0,534 |
| NE | AL | Limoeiro de Anadia | 5196º | 0,224 | 0,227 | 0,466 | 0,251 | 0,189 | 0,428 | 0,827 | 0,388 |
| N | PA | Limoeiro do Ajuru | 5424º | 0,076 | 0,136 | 0,437 | 0,549 | 0,236 | 0,233 | 0,958 | 0,351 |
| NE | CE | Limoeiro do Norte | 3015º | 0,373 | 0,491 | 0,578 | 0,602 | 0,410 | 0,570 | 0,861 | 0,552 |
| S | PR | Lindoeste | 3020º | 0,418 | 0,555 | 0,533 | 0,744 | 0,219 | 0,548 | 0,903 | 0,552 |
| SE | SP | Lindóia | 193º | 0,658 | 0,898 | 0,768 | 0,890 | 0,540 | 0,653 | 1,000 | 0,768 |
| S | SC | Lindóia do Sul | 882º | 0,411 | 0,903 | 0,723 | 0,904 | 0,422 | 0,671 | 1,000 | 0,710 |
| S | RS | Lindolfo Collor | 113º | 0,877 | 0,922 | 0,822 | 0,926 | 0,277 | 0,596 | 1,000 | 0,781 |
| S | RS | Linha Nova | 367º | 0,435 | 0,969 | 0,849 | 0,937 | 0,286 | 0,757 | 1,000 | 0,748 |
| SE | ES | Linhares | 1988º | 0,682 | 0,740 | 0,542 | 0,786 | 0,523 | 0,536 | 0,709 | 0,635 |
| SE | SP | Lins | 90º | 0,786 | 0,899 | 0,664 | 0,900 | 0,711 | 0,678 | 0,927 | 0,785 |
| NE | PB | Livramento | 4733º | 0,124 | 0,278 | 0,568 | 0,517 | 0,230 | 0,467 | 0,855 | 0,428 |

*a partir da melhor situação social ou maior IES)

| Região | UF | Nome do Município 2010 | Posição* | Índice de Emprego | Índice de Pobreza | Índice de Desigualdade | Índice de Alfabetização | Índice de Escolaridade | Índice de Juventude | Índice de Violência | Índice de Exclusão |
|---|---|---|---|---|---|---|---|---|---|---|---|
| NE | BA | Livramento de Nossa Senhora | 3727º | 0,231 | 0,380 | 0,516 | 0,571 | 0,258 | 0,561 | 0,963 | 0,493 |
| N | TO | Lizarda | 5435º | 0,153 | 0,212 | 0,093 | 0,495 | 0,296 | 0,351 | 1,000 | 0,349 |
| S | PR | Loanda | 1206º | 0,562 | 0,840 | 0,641 | 0,847 | 0,479 | 0,613 | 0,877 | 0,686 |
| S | PR | Lobato | 117º | 0,716 | 0,893 | 0,810 | 0,776 | 0,596 | 0,633 | 1,000 | 0,780 |
| NE | PB | Logradouro | 3680º | 0,283 | 0,287 | 0,725 | 0,295 | 0,224 | 0,493 | 1,000 | 0,496 |
| S | PR | Londrina | 518º | 0,709 | 0,888 | 0,545 | 0,908 | 0,709 | 0,643 | 0,876 | 0,737 |
| SE | MG | Lontra | 3520º | 0,248 | 0,366 | 0,562 | 0,571 | 0,366 | 0,493 | 1,000 | 0,508 |
| S | SC | Lontras | 324º | 0,722 | 0,914 | 0,821 | 0,891 | 0,297 | 0,589 | 1,000 | 0,752 |
| SE | SP | Lorena | 805º | 0,653 | 0,796 | 0,529 | 0,923 | 0,733 | 0,617 | 0,918 | 0,714 |
| NE | MA | Loreto | 4547º | 0,277 | 0,213 | 0,512 | 0,522 | 0,229 | 0,379 | 1,000 | 0,440 |
| SE | SP | Lourdes | 190º | 0,680 | 0,855 | 0,817 | 0,797 | 0,487 | 0,691 | 1,000 | 0,768 |
| SE | SP | Louveira | 211º | 0,850 | 0,900 | 0,552 | 0,914 | 0,605 | 0,611 | 1,000 | 0,766 |
| CO | MT | Lucas do Rio Verde | 549º | 0,771 | 0,867 | 0,629 | 0,939 | 0,634 | 0,543 | 0,874 | 0,734 |
| SE | SP | Lucélia | 349º | 0,708 | 0,834 | 0,643 | 0,897 | 0,547 | 0,676 | 1,000 | 0,750 |
| NE | PB | Lucena | 4777º | 0,438 | 0,268 | 0,469 | 0,441 | 0,255 | 0,443 | 0,645 | 0,426 |
| SE | SP | Lucianópolis | 843º | 0,702 | 0,879 | 0,559 | 0,857 | 0,407 | 0,609 | 1,000 | 0,712 |
| CO | MT | Luciara | 2730º | 0,217 | 0,552 | 0,685 | 0,670 | 0,559 | 0,474 | 1,000 | 0,579 |
| NE | RN | Lucrécia | 4858º | 0,230 | 0,414 | 0,365 | 0,526 | 0,361 | 0,542 | 0,570 | 0,420 |
| SE | SP | Luís Antônio | 435º | 0,770 | 0,809 | 0,726 | 0,870 | 0,554 | 0,522 | 1,000 | 0,743 |
| NE | PI | Luís Correia | 5039º | 0,200 | 0,229 | 0,408 | 0,353 | 0,158 | 0,456 | 0,982 | 0,405 |
| NE | MA | Luís Domingues | 4942º | 0,167 | 0,250 | 0,381 | 0,555 | 0,300 | 0,370 | 1,000 | 0,414 |
| NE | BA | Luís Eduardo Magalhães | 2376º | 0,587 | 0,712 | 0,333 | 0,812 | 0,509 | 0,453 | 0,991 | 0,607 |
| NE | RN | Luís Gomes | 4657º | 0,166 | 0,213 | 0,482 | 0,371 | 0,281 | 0,496 | 1,000 | 0,434 |
| SE | MG | Luisburgo | 3838º | 0,131 | 0,488 | 0,550 | 0,707 | 0,169 | 0,527 | 0,917 | 0,485 |
| SE | MG | Luislândia | 4693º | 0,253 | 0,269 | 0,423 | 0,642 | 0,215 | 0,418 | 0,919 | 0,430 |
| S | SC | Luiz Alves | 543º | 0,678 | 0,945 | 0,687 | 0,926 | 0,375 | 0,566 | 1,000 | 0,734 |

*a partir da melhor situação social ou maior IES

| Região | UF | Nome do Município 2010 | Posição* | Índice de Emprego | Índice de Pobreza | Índice de Desigualdade | Índice de Alfabetização | Índice de Escolaridade | Índice de Juventude | Índice de Violência | Índice de Exclusão |
|---|---|---|---|---|---|---|---|---|---|---|---|
| S | PR | Luiziana | 2599º | 0,484 | 0,614 | 0,615 | 0,716 | 0,346 | 0,539 | 0,858 | 0,591 |
| SE | SP | Luiziânia | 473º | 0,756 | 0,844 | 0,854 | 0,747 | 0,315 | 0,649 | 0,897 | 0,740 |
| SE | MG | Luminárias | 1043º | 0,661 | 0,713 | 0,763 | 0,819 | 0,320 | 0,597 | 1,000 | 0,698 |
| S | PR | Lunardelli | 2447º | 0,300 | 0,610 | 0,665 | 0,706 | 0,350 | 0,616 | 1,000 | 0,602 |
| SE | SP | Lupércio | 459º | 0,761 | 0,765 | 0,764 | 0,798 | 0,509 | 0,581 | 1,000 | 0,741 |
| S | PR | Lupionópolis | 1074º | 0,627 | 0,791 | 0,610 | 0,793 | 0,439 | 0,624 | 1,000 | 0,696 |
| SE | SP | Lutécia | 914º | 0,628 | 0,706 | 0,719 | 0,827 | 0,480 | 0,628 | 1,000 | 0,707 |
| SE | MG | Luz | 1210º | 0,540 | 0,813 | 0,582 | 0,860 | 0,434 | 0,635 | 1,000 | 0,685 |
| S | SC | Luzerna | 36º | 0,700 | 0,960 | 0,723 | 0,979 | 0,576 | 0,711 | 1,000 | 0,797 |
| CO | GO | Luziânia | 2758º | 0,616 | 0,671 | 0,564 | 0,817 | 0,472 | 0,451 | 0,571 | 0,577 |
| NE | PI | Luzilândia | 4862º | 0,159 | 0,299 | 0,560 | 0,213 | 0,169 | 0,460 | 0,916 | 0,420 |
| N | TO | Luzinópolis | 3478º | 0,259 | 0,387 | 0,595 | 0,585 | 0,415 | 0,413 | 1,000 | 0,511 |
| SE | RJ | Macaé | 916º | 0,770 | 0,821 | 0,461 | 0,909 | 0,730 | 0,599 | 0,814 | 0,707 |
| NE | RN | Macaíba | 3188º | 0,515 | 0,439 | 0,569 | 0,499 | 0,350 | 0,488 | 0,843 | 0,536 |
| NE | BA | Macajuba | 5267º | 0,103 | 0,217 | 0,466 | 0,414 | 0,127 | 0,420 | 0,907 | 0,379 |
| S | RS | Maçambará | 2158º | 0,582 | 0,647 | 0,564 | 0,796 | 0,269 | 0,544 | 1,000 | 0,623 |
| NE | SE | Macambira | 3609º | 0,254 | 0,413 | 0,717 | 0,359 | 0,200 | 0,498 | 0,919 | 0,501 |
| N | AP | Macapá | 2725º | 0,541 | 0,631 | 0,390 | 0,820 | 0,757 | 0,394 | 0,764 | 0,579 |
| NE | PE | Macaparana | 4065º | 0,342 | 0,351 | 0,562 | 0,362 | 0,283 | 0,477 | 0,826 | 0,471 |
| NE | BA | Macarani | 2988º | 0,548 | 0,481 | 0,643 | 0,450 | 0,283 | 0,503 | 0,848 | 0,554 |
| SE | SP | Macatuba | 649º | 0,861 | 0,888 | 0,492 | 0,833 | 0,502 | 0,593 | 0,936 | 0,726 |
| NE | RN | Macau | 2558º | 0,522 | 0,581 | 0,573 | 0,583 | 0,396 | 0,579 | 0,892 | 0,595 |
| SE | SP | Macaubal | 517º | 0,560 | 0,856 | 0,720 | 0,861 | 0,449 | 0,729 | 1,000 | 0,737 |
| NE | BA | Macaúbas | 4401º | 0,167 | 0,324 | 0,473 | 0,451 | 0,245 | 0,496 | 0,989 | 0,450 |
| SE | SP | Macedônia | 796º | 0,515 | 0,830 | 0,728 | 0,823 | 0,407 | 0,703 | 1,000 | 0,715 |
| NE | AL | Maceió | 3148º | 0,592 | 0,617 | 0,325 | 0,725 | 0,631 | 0,547 | 0,488 | 0,539 |
| SE | MG | Machacalis | 3240º | 0,273 | 0,471 | 0,616 | 0,548 | 0,343 | 0,532 | 0,925 | 0,531 |
| S | RS | Machadinho | 2470º | 0,312 | 0,731 | 0,554 | 0,785 | 0,334 | 0,646 | 0,906 | 0,600 |
| N | RO | Machadinho D'Oeste | 4333º | 0,264 | 0,489 | 0,474 | 0,721 | 0,219 | 0,426 | 0,716 | 0,454 |

*a partir da melhor situação social ou maior IES)

| Região | UF | Nome do Município 2010 | Posição* | Índice de Emprego | Índice de Pobreza | Índice de Desigualdade | Índice de Alfabetização | Índice de Escolaridade | Índice de Juventude | Índice de Violência | Índice de Exclusão |
|---|---|---|---|---|---|---|---|---|---|---|---|
| SE | MG | Machado | 1611º | 0,623 | 0,764 | 0,546 | 0,847 | 0,411 | 0,581 | 0,906 | 0,658 |
| NE | PE | Machados | 4022º | 0,250 | 0,315 | 0,576 | 0,389 | 0,258 | 0,462 | 1,000 | 0,474 |
| S | SC | Macieira | 1540º | 0,529 | 0,729 | 0,772 | 0,836 | 0,229 | 0,558 | 1,000 | 0,664 |
| SE | RJ | Macuco | 1033º | 0,764 | 0,671 | 0,549 | 0,844 | 0,551 | 0,592 | 1,000 | 0,698 |
| NE | BA | Macururé | 4054º | 0,248 | 0,282 | 0,499 | 0,397 | 0,397 | 0,467 | 1,000 | 0,472 |
| NE | CE | Madalena | 4697º | 0,213 | 0,259 | 0,437 | 0,467 | 0,256 | 0,412 | 1,000 | 0,430 |
| NE | PI | Madeiro | 5055º | 0,272 | 0,083 | 0,511 | 0,275 | 0,249 | 0,364 | 1,000 | 0,403 |
| NE | BA | Madre de Deus | 2315º | 0,577 | 0,534 | 0,468 | 0,881 | 0,692 | 0,571 | 0,790 | 0,613 |
| SE | MG | Madre de Deus de Minas | 2299º | 0,391 | 0,584 | 0,548 | 0,872 | 0,420 | 0,631 | 1,000 | 0,613 |
| NE | PB | Mãe d'Água | 4586º | 0,116 | 0,232 | 0,584 | 0,343 | 0,198 | 0,513 | 1,000 | 0,438 |
| N | PA | Mãe do Rio | 4930º | 0,218 | 0,380 | 0,419 | 0,580 | 0,283 | 0,372 | 0,758 | 0,415 |
| NE | BA | Maetinga | 3903º | 0,142 | 0,394 | 0,663 | 0,321 | 0,134 | 0,548 | 1,000 | 0,480 |
| S | SC | Mafra | 1122º | 0,595 | 0,823 | 0,600 | 0,931 | 0,540 | 0,585 | 0,902 | 0,692 |
| N | PA | Magalhães Barata | 4947º | 0,131 | 0,262 | 0,497 | 0,678 | 0,291 | 0,351 | 0,872 | 0,413 |
| NE | MA | Magalhães de Almeida | 5243º | 0,110 | 0,156 | 0,412 | 0,332 | 0,279 | 0,392 | 1,000 | 0,382 |
| SE | SP | Magda | 584º | 0,536 | 0,855 | 0,696 | 0,818 | 0,504 | 0,726 | 1,000 | 0,732 |
| SE | RJ | Magé | 2071º | 0,543 | 0,685 | 0,572 | 0,878 | 0,490 | 0,548 | 0,831 | 0,629 |
| NE | BA | Maiquinique | 3552º | 0,339 | 0,399 | 0,645 | 0,430 | 0,238 | 0,505 | 0,882 | 0,504 |
| NE | BA | Mairi | 4288º | 0,151 | 0,396 | 0,570 | 0,516 | 0,210 | 0,494 | 0,865 | 0,457 |
| SE | SP | Mairinque | 920º | 0,719 | 0,786 | 0,625 | 0,885 | 0,584 | 0,576 | 0,868 | 0,707 |
| SE | SP | Mairiporã | 1332º | 0,639 | 0,778 | 0,434 | 0,908 | 0,602 | 0,593 | 0,942 | 0,676 |
| CO | GO | Mairipotaba | 2977º | 0,283 | 0,631 | 0,254 | 0,778 | 0,409 | 0,684 | 1,000 | 0,555 |
| S | SC | Major Gercino | 1836º | 0,478 | 0,819 | 0,531 | 0,852 | 0,276 | 0,613 | 1,000 | 0,645 |
| NE | AL | Major Isidoro | 5126º | 0,144 | 0,321 | 0,495 | 0,254 | 0,188 | 0,425 | 0,835 | 0,396 |
| NE | RN | Major Sales | 4125º | 0,138 | 0,334 | 0,562 | 0,400 | 0,268 | 0,522 | 1,000 | 0,468 |
| S | SC | Major Vieira | 2679º | 0,294 | 0,616 | 0,633 | 0,883 | 0,346 | 0,540 | 0,930 | 0,583 |

*a partir da melhor situação social ou maior IES

| Região | UF | Nome do Município 2010 | Posição* | Índice de Emprego | Índice de Pobreza | Índice de Desigualdade | Índice de Alfabetização | Índice de Escolaridade | Índice de Juventude | Índice de Violência | Índice de Exclusão |
|---|---|---|---|---|---|---|---|---|---|---|---|
| SE | MG | Malacacheta | 4020º | 0,219 | 0,449 | 0,512 | 0,517 | 0,257 | 0,478 | 0,889 | 0,474 |
| NE | BA | Malhada | 4422º | 0,204 | 0,258 | 0,605 | 0,486 | 0,237 | 0,369 | 1,000 | 0,448 |
| NE | BA | Malhada de Pedras | 3622º | 0,234 | 0,359 | 0,618 | 0,492 | 0,203 | 0,548 | 1,000 | 0,500 |
| NE | SE | Malhada dos Bois | 3468º | 0,341 | 0,333 | 0,648 | 0,502 | 0,294 | 0,444 | 1,000 | 0,512 |
| NE | SE | Malhador | 4014º | 0,157 | 0,425 | 0,671 | 0,492 | 0,193 | 0,475 | 0,870 | 0,474 |
| S | PR | Mallet | 1915º | 0,399 | 0,720 | 0,638 | 0,953 | 0,428 | 0,593 | 0,920 | 0,640 |
| NE | PB | Malta | 3978º | 0,177 | 0,451 | 0,431 | 0,418 | 0,291 | 0,523 | 1,000 | 0,476 |
| NE | PB | Mamanguape | 3970º | 0,417 | 0,357 | 0,510 | 0,397 | 0,236 | 0,465 | 0,865 | 0,476 |
| CO | GO | Mambaí | 3480º | 0,471 | 0,384 | 0,494 | 0,603 | 0,222 | 0,424 | 1,000 | 0,511 |
| S | PR | Mamborê | 2115º | 0,445 | 0,705 | 0,574 | 0,789 | 0,424 | 0,593 | 0,925 | 0,626 |
| SE | MG | Mamonas | 3525º | 0,151 | 0,445 | 0,664 | 0,430 | 0,208 | 0,632 | 0,918 | 0,507 |
| S | RS | Mampituba | 3023º | 0,124 | 0,601 | 0,647 | 0,798 | 0,166 | 0,612 | 1,000 | 0,551 |
| N | AM | Manacapuru | 4739º | 0,194 | 0,409 | 0,457 | 0,606 | 0,341 | 0,273 | 0,853 | 0,428 |
| NE | PB | Manaíra | 5194º | 0,167 | 0,275 | 0,522 | 0,202 | 0,166 | 0,432 | 0,807 | 0,389 |
| N | AM | Manaquiri | 5247º | 0,084 | 0,235 | 0,442 | 0,685 | 0,224 | 0,263 | 0,954 | 0,382 |
| NE | PE | Manari | 5528º | 0,033 | 0,180 | 0,504 | 0,092 | 0,069 | 0,281 | 0,799 | 0,303 |
| N | AM | Manaus | 2499º | 0,626 | 0,641 | 0,334 | 0,883 | 0,729 | 0,471 | 0,755 | 0,598 |
| N | AC | Mâncio Lima | 4903º | 0,279 | 0,290 | 0,378 | 0,432 | 0,398 | 0,246 | 0,966 | 0,417 |
| S | PR | Mandaguaçu | 388º | 0,752 | 0,885 | 0,761 | 0,833 | 0,447 | 0,601 | 0,921 | 0,746 |
| S | PR | Mandaguari | 577º | 0,650 | 0,862 | 0,681 | 0,877 | 0,516 | 0,651 | 0,936 | 0,732 |
| S | PR | Mandirituba | 2491º | 0,488 | 0,699 | 0,633 | 0,871 | 0,277 | 0,509 | 0,813 | 0,599 |
| SE | SP | Manduri | 704º | 0,653 | 0,875 | 0,624 | 0,910 | 0,495 | 0,630 | 0,942 | 0,722 |
| S | PR | Manfrinópolis | 3527º | 0,256 | 0,607 | 0,639 | 0,716 | 0,228 | 0,501 | 0,667 | 0,507 |
| SE | MG | Manga | 5148º | 0,279 | 0,308 | 0,232 | 0,520 | 0,284 | 0,395 | 0,842 | 0,394 |
| SE | RJ | Mangaratiba | 1342º | 0,578 | 0,770 | 0,527 | 0,923 | 0,631 | 0,615 | 0,857 | 0,676 |

*a partir da melhor situação social ou maior IES)

| Região | UF | Nome do Município 2010 | Posição* | Índice de Emprego | Índice de Pobreza | Índice de Desigualdade | Índice de Alfabetização | Índice de Escolaridade | Índice de Juventude | Índice de Violência | Índice de Exclusão |
|---|---|---|---|---|---|---|---|---|---|---|---|
| S | PR | Mangueirinha | 2895º | 0,449 | 0,651 | 0,438 | 0,816 | 0,378 | 0,474 | 0,878 | 0,563 |
| SE | MG | Manhuaçu | 2186º | 0,486 | 0,703 | 0,576 | 0,843 | 0,380 | 0,543 | 0,922 | 0,621 |
| SE | MG | Manhumirim | 2437º | 0,444 | 0,677 | 0,604 | 0,744 | 0,387 | 0,560 | 0,854 | 0,603 |
| N | AM | Manicoré | 5221º | 0,108 | 0,313 | 0,383 | 0,593 | 0,267 | 0,255 | 0,934 | 0,384 |
| NE | PI | Manoel Emídio | 4418º | 0,289 | 0,241 | 0,476 | 0,523 | 0,286 | 0,474 | 0,900 | 0,449 |
| S | PR | Manoel Ribas | 3205º | 0,261 | 0,679 | 0,397 | 0,749 | 0,426 | 0,530 | 0,842 | 0,534 |
| N | AC | Manoel Urbano | 4853º | 0,359 | 0,377 | 0,409 | 0,198 | 0,250 | 0,216 | 1,000 | 0,421 |
| S | RS | Manoel Viana | 2214º | 0,444 | 0,665 | 0,539 | 0,800 | 0,347 | 0,613 | 1,000 | 0,619 |
| NE | BA | Manoel Vitorino | 4675º | 0,149 | 0,273 | 0,561 | 0,422 | 0,146 | 0,471 | 0,964 | 0,432 |
| NE | BA | Mansidão | 4434º | 0,194 | 0,208 | 0,492 | 0,573 | 0,377 | 0,416 | 1,000 | 0,448 |
| SE | MG | Mantena | 3126º | 0,393 | 0,563 | 0,544 | 0,704 | 0,318 | 0,610 | 0,712 | 0,542 |
| SE | ES | Mantenópolis | 3755º | 0,199 | 0,514 | 0,534 | 0,636 | 0,281 | 0,563 | 0,771 | 0,491 |
| S | RS | Maquiné | 2199º | 0,348 | 0,811 | 0,721 | 0,841 | 0,271 | 0,626 | 0,774 | 0,621 |
| SE | MG | Mar de Espanha | 363º | 0,773 | 0,831 | 0,771 | 0,829 | 0,329 | 0,645 | 1,000 | 0,748 |
| NE | AL | Mar Vermelho | 3866º | 0,256 | 0,302 | 0,626 | 0,399 | 0,250 | 0,477 | 1,000 | 0,484 |
| CO | GO | Mara Rosa | 2255º | 0,367 | 0,688 | 0,614 | 0,707 | 0,386 | 0,584 | 1,000 | 0,617 |
| N | AM | Maraã | 5550º | 0,074 | 0,085 | 0,211 | 0,501 | 0,168 | 0,151 | 1,000 | 0,286 |
| N | PA | Marabá | 4100º | 0,473 | 0,542 | 0,401 | 0,701 | 0,448 | 0,399 | 0,466 | 0,469 |
| SE | SP | Marabá Paulista | 969º | 0,527 | 0,710 | 0,786 | 0,797 | 0,311 | 0,756 | 1,000 | 0,703 |
| NE | MA | Maracaçumé | 4798º | 0,169 | 0,278 | 0,620 | 0,389 | 0,245 | 0,302 | 0,946 | 0,425 |
| SE | SP | Maracaí | 322º | 0,718 | 0,864 | 0,730 | 0,847 | 0,566 | 0,639 | 0,922 | 0,752 |
| S | SC | Maracajá | 773º | 0,648 | 0,875 | 0,580 | 0,894 | 0,504 | 0,594 | 1,000 | 0,716 |
| CO | MS | Maracaju | 2034º | 0,679 | 0,760 | 0,460 | 0,856 | 0,472 | 0,517 | 0,791 | 0,632 |

*a partir da melhor situação social ou maior IES)

| Região | UF | Nome do Município 2010 | Posição* | Índice de Emprego | Índice de Pobreza | Índice de Desigualdade | Índice de Alfabetização | Índice de Escolaridade | Índice de Juventude | Índice de Violência | Índice de Exclusão |
|---|---|---|---|---|---|---|---|---|---|---|---|
| N | PA | Maracanã | 5274º | 0,089 | 0,217 | 0,392 | 0,650 | 0,185 | 0,334 | 0,963 | 0,378 |
| NE | CE | Maracanaú | 2332º | 0,612 | 0,515 | 0,698 | 0,790 | 0,555 | 0,514 | 0,706 | 0,611 |
| NE | BA | Maracás | 3867º | 0,170 | 0,385 | 0,554 | 0,503 | 0,291 | 0,510 | 0,979 | 0,483 |
| NE | AL | Maragogi | 4548º | 0,421 | 0,305 | 0,515 | 0,338 | 0,240 | 0,354 | 0,819 | 0,440 |
| NE | BA | Maragogipe | 4175º | 0,194 | 0,334 | 0,447 | 0,509 | 0,330 | 0,536 | 0,939 | 0,464 |
| NE | PE | Maraial | 5341º | 0,357 | 0,190 | 0,495 | 0,221 | 0,171 | 0,350 | 0,660 | 0,367 |
| NE | MA | Marajá do Sena | 5561º | 0,061 | 0,000 | 0,348 | 0,105 | 0,060 | 0,209 | 1,000 | 0,268 |
| NE | CE | Maranguape | 2794º | 0,536 | 0,396 | 0,652 | 0,685 | 0,465 | 0,482 | 0,867 | 0,573 |
| NE | MA | Maranhãozinho | 5142º | 0,093 | 0,165 | 0,551 | 0,382 | 0,221 | 0,391 | 0,963 | 0,395 |
| N | PA | Marapanim | 4514º | 0,127 | 0,347 | 0,495 | 0,728 | 0,287 | 0,385 | 0,922 | 0,442 |
| SE | SP | Marapoama | 302º | 0,623 | 0,904 | 0,735 | 0,897 | 0,448 | 0,695 | 1,000 | 0,754 |
| S | RS | Maratá | 507º | 0,388 | 0,934 | 0,883 | 0,946 | 0,297 | 0,737 | 1,000 | 0,738 |
| SE | ES | Marataízes | 2927º | 0,351 | 0,580 | 0,529 | 0,807 | 0,410 | 0,584 | 0,802 | 0,560 |
| S | RS | Marau | 151º | 0,713 | 0,954 | 0,705 | 0,947 | 0,559 | 0,658 | 0,943 | 0,774 |
| NE | BA | Maraú | 5314º | 0,215 | 0,351 | 0,182 | 0,385 | 0,222 | 0,403 | 0,864 | 0,372 |
| S | SC | Maravilha | 358º | 0,642 | 0,921 | 0,676 | 0,904 | 0,559 | 0,626 | 0,976 | 0,748 |
| NE | AL | Maravilha | 5364º | 0,132 | 0,236 | 0,436 | 0,346 | 0,205 | 0,380 | 0,798 | 0,364 |
| SE | MG | Maravilhas | 1955º | 0,468 | 0,665 | 0,786 | 0,848 | 0,355 | 0,557 | 0,855 | 0,638 |
| NE | PB | Marcação | 5071º | 0,124 | 0,237 | 0,551 | 0,258 | 0,175 | 0,363 | 1,000 | 0,401 |
| CO | MT | Marcelândia | 3051º | 0,410 | 0,663 | 0,476 | 0,760 | 0,307 | 0,455 | 0,870 | 0,549 |
| S | RS | Marcelino Ramos | 1352º | 0,352 | 0,853 | 0,642 | 0,888 | 0,379 | 0,692 | 1,000 | 0,675 |
| NE | RN | Marcelino Vieira | 4202º | 0,185 | 0,373 | 0,539 | 0,378 | 0,275 | 0,540 | 0,874 | 0,462 |
| NE | BA | Marcionílio Souza | 4893º | 0,181 | 0,260 | 0,566 | 0,350 | 0,205 | 0,403 | 0,901 | 0,418 |
| NE | CE | Marco | 4577º | 0,259 | 0,293 | 0,510 | 0,375 | 0,271 | 0,366 | 0,958 | 0,438 |
| NE | PI | Marcolândia | 4752º | 0,077 | 0,368 | 0,609 | 0,250 | 0,203 | 0,414 | 0,933 | 0,427 |
| NE | PI | Marcos Parente | 3319º | 0,345 | 0,403 | 0,598 | 0,470 | 0,268 | 0,514 | 1,000 | 0,523 |
| S | PR | Marechal Cândido Rondon | 1097º | 0,628 | 0,902 | 0,509 | 0,926 | 0,582 | 0,637 | 0,800 | 0,693 |

*a partir da melhor situação social ou maior IES)

| Região | UF | Nome do Município 2010 | Posição* | Índice de Emprego | Índice de Pobreza | Índice de Desigualdade | Índice de Alfabetização | Índice de Escolaridade | Índice de Juventude | Índice de Violência | Índice de Exclusão |
|---|---|---|---|---|---|---|---|---|---|---|---|
| NE | AL | Marechal Deodoro | 4617º | 0,430 | 0,421 | 0,376 | 0,498 | 0,391 | 0,437 | 0,536 | 0,436 |
| SE | ES | Marechal Floriano | 2135º | 0,485 | 0,772 | 0,592 | 0,800 | 0,347 | 0,604 | 0,818 | 0,624 |
| N | AC | Marechal Thaumaturgo | 5543º | 0,133 | 0,123 | 0,409 | 0,149 | 0,124 | 0,059 | 0,963 | 0,290 |
| S | SC | Marema | 1231º | 0,285 | 0,909 | 0,769 | 0,843 | 0,370 | 0,647 | 1,000 | 0,684 |
| NE | PB | Mari | 4267º | 0,218 | 0,316 | 0,633 | 0,308 | 0,208 | 0,533 | 0,853 | 0,458 |
| SE | MG | Maria da Fé | 2283º | 0,466 | 0,586 | 0,614 | 0,864 | 0,375 | 0,561 | 0,963 | 0,615 |
| S | PR | Maria Helena | 2202º | 0,488 | 0,775 | 0,746 | 0,718 | 0,278 | 0,640 | 0,651 | 0,620 |
| S | PR | Marialva | 734º | 0,555 | 0,881 | 0,703 | 0,881 | 0,493 | 0,646 | 0,935 | 0,720 |
| SE | MG | Mariana | 1141º | 0,707 | 0,727 | 0,566 | 0,883 | 0,594 | 0,563 | 0,914 | 0,690 |
| S | RS | Mariana Pimentel | 2598º | 0,182 | 0,771 | 0,642 | 0,854 | 0,218 | 0,693 | 0,862 | 0,592 |
| S | RS | Mariano Moro | 1702º | 0,290 | 0,875 | 0,648 | 0,854 | 0,226 | 0,711 | 1,000 | 0,653 |
| N | TO | Marianópolis do Tocantins | 3245º | 0,331 | 0,533 | 0,525 | 0,570 | 0,299 | 0,457 | 1,000 | 0,530 |
| SE | SP | Mariápolis | 204º | 0,772 | 0,815 | 0,808 | 0,846 | 0,429 | 0,662 | 1,000 | 0,766 |
| NE | AL | Maribondo | 3981º | 0,240 | 0,405 | 0,602 | 0,388 | 0,239 | 0,480 | 0,885 | 0,476 |
| SE | RJ | Maricá | 1007º | 0,530 | 0,818 | 0,569 | 0,910 | 0,710 | 0,657 | 0,873 | 0,701 |
| SE | MG | Marilac | 3402º | 0,316 | 0,466 | 0,650 | 0,620 | 0,230 | 0,476 | 0,877 | 0,517 |
| SE | ES | Marilândia | 1478º | 0,374 | 0,772 | 0,799 | 0,769 | 0,313 | 0,674 | 0,953 | 0,668 |
| S | PR | Marilândia do Sul | 2173º | 0,419 | 0,685 | 0,694 | 0,818 | 0,342 | 0,582 | 0,883 | 0,622 |
| S | PR | Marilena | 1608º | 0,518 | 0,738 | 0,853 | 0,766 | 0,283 | 0,570 | 0,848 | 0,658 |
| SE | SP | Marília | 250º | 0,703 | 0,871 | 0,566 | 0,931 | 0,763 | 0,667 | 0,964 | 0,761 |
| S | PR | Mariluz | 2370º | 0,543 | 0,668 | 0,661 | 0,662 | 0,302 | 0,531 | 0,847 | 0,608 |
| S | PR | Maringá | 86º | 0,709 | 0,943 | 0,600 | 0,946 | 0,799 | 0,686 | 0,949 | 0,786 |
| SE | SP | Marinópolis | 1072º | 0,473 | 0,769 | 0,723 | 0,818 | 0,482 | 0,650 | 1,000 | 0,696 |
| SE | MG | Mário Campos | 1851º | 0,644 | 0,695 | 0,637 | 0,835 | 0,365 | 0,510 | 0,882 | 0,644 |

*a partir da melhor situação social ou maior IES

| Região | UF | Nome do Município 2010 | Posição* | Índice de Emprego | Índice de Pobreza | Índice de Desigualdade | Índice de Alfabetização | Índice de Escolaridade | Índice de Juventude | Índice de Violência | Índice de Exclusão |
|---|---|---|---|---|---|---|---|---|---|---|---|
| S | PR | Mariópolis | 2105º | 0,447 | 0,760 | 0,615 | 0,866 | 0,368 | 0,593 | 0,834 | 0,627 |
| S | PR | Maripá | 740º | 0,387 | 0,893 | 0,730 | 0,951 | 0,508 | 0,680 | 1,000 | 0,719 |
| SE | MG | Maripá de Minas | 592º | 0,836 | 0,748 | 0,734 | 0,805 | 0,274 | 0,647 | 1,000 | 0,731 |
| N | PA | Marituba | 3170º | 0,535 | 0,503 | 0,688 | 0,858 | 0,504 | 0,466 | 0,394 | 0,538 |
| NE | PB | Marizópolis | 3690º | 0,233 | 0,388 | 0,555 | 0,450 | 0,245 | 0,542 | 1,000 | 0,495 |
| SE | MG | Marliéria | 1526º | 0,641 | 0,594 | 0,757 | 0,782 | 0,291 | 0,577 | 1,000 | 0,664 |
| S | PR | Marmeleiro | 2010º | 0,380 | 0,793 | 0,567 | 0,851 | 0,384 | 0,561 | 1,000 | 0,633 |
| SE | MG | Marmelópolis | 2823º | 0,349 | 0,464 | 0,667 | 0,814 | 0,175 | 0,601 | 1,000 | 0,570 |
| S | RS | Marques de Souza | 1081º | 0,443 | 0,921 | 0,743 | 0,868 | 0,241 | 0,760 | 0,872 | 0,695 |
| S | PR | Marquinho | 4308º | 0,135 | 0,462 | 0,570 | 0,732 | 0,164 | 0,464 | 0,791 | 0,456 |
| SE | MG | Martinho Campos | 1391º | 0,567 | 0,748 | 0,677 | 0,826 | 0,304 | 0,606 | 1,000 | 0,673 |
| NE | CE | Martinópole | 5101º | 0,171 | 0,211 | 0,397 | 0,437 | 0,307 | 0,377 | 0,949 | 0,398 |
| SE | SP | Martinópolis | 881º | 0,639 | 0,806 | 0,674 | 0,851 | 0,464 | 0,655 | 0,914 | 0,710 |
| NE | RN | Martins | 3290º | 0,246 | 0,442 | 0,596 | 0,567 | 0,331 | 0,572 | 0,937 | 0,526 |
| SE | MG | Martins Soares | 3088º | 0,195 | 0,583 | 0,770 | 0,697 | 0,227 | 0,521 | 0,855 | 0,545 |
| NE | SE | Maruim | 3523º | 0,540 | 0,392 | 0,589 | 0,611 | 0,321 | 0,444 | 0,682 | 0,507 |
| S | PR | Marumbi | 951º | 0,583 | 0,831 | 0,664 | 0,739 | 0,456 | 0,631 | 1,000 | 0,704 |
| CO | GO | Marzagão | 1546º | 0,539 | 0,745 | 0,641 | 0,787 | 0,383 | 0,574 | 1,000 | 0,663 |
| NE | BA | Mascote | 4800º | 0,303 | 0,292 | 0,392 | 0,351 | 0,228 | 0,421 | 0,929 | 0,424 |
| NE | CE | Massapê | 3553º | 0,427 | 0,300 | 0,639 | 0,438 | 0,279 | 0,424 | 0,956 | 0,504 |
| NE | PI | Massapê do Piauí | 5007º | 0,112 | 0,221 | 0,563 | 0,066 | 0,134 | 0,514 | 1,000 | 0,409 |
| S | SC | Massaranduba | 40º | 0,699 | 0,958 | 0,885 | 0,944 | 0,489 | 0,641 | 0,965 | 0,795 |
| NE | PB | Massaranduba | 3764º | 0,328 | 0,320 | 0,654 | 0,385 | 0,148 | 0,476 | 1,000 | 0,491 |
| S | RS | Mata | 2508º | 0,259 | 0,633 | 0,635 | 0,844 | 0,239 | 0,666 | 1,000 | 0,598 |

*a partir da melhor situação social ou maior IES)

| Região | UF | Nome do Município 2010 | Posição* | Índice de Emprego | Índice de Pobreza | Índice de Desigualdade | Índice de Alfabetização | Índice de Escolaridade | Índice de Juventude | Índice de Violência | Índice de Exclusão |
|---|---|---|---|---|---|---|---|---|---|---|---|
| NE | BA | Mata de São João | 3136º | 0,542 | 0,490 | 0,423 | 0,744 | 0,494 | 0,515 | 0,715 | 0,540 |
| NE | AL | Mata Grande | 5491º | 0,094 | 0,240 | 0,446 | 0,131 | 0,120 | 0,327 | 0,810 | 0,331 |
| NE | MA | Mata Roma | 5227º | 0,235 | 0,124 | 0,437 | 0,308 | 0,274 | 0,323 | 0,966 | 0,384 |
| SE | MG | Mata Verde | 3627º | 0,247 | 0,413 | 0,634 | 0,422 | 0,206 | 0,484 | 1,000 | 0,500 |
| SE | SP | Matão | 418º | 0,822 | 0,864 | 0,529 | 0,895 | 0,546 | 0,663 | 0,946 | 0,744 |
| NE | PB | Mataraca | 3985º | 0,508 | 0,208 | 0,586 | 0,467 | 0,199 | 0,386 | 0,930 | 0,475 |
| N | TO | Mateiros | 4190º | 0,293 | 0,419 | 0,535 | 0,364 | 0,306 | 0,267 | 1,000 | 0,463 |
| S | PR | Matelândia | 1845º | 0,524 | 0,803 | 0,656 | 0,888 | 0,475 | 0,566 | 0,709 | 0,644 |
| SE | MG | Materlândia | 3659º | 0,294 | 0,382 | 0,627 | 0,549 | 0,245 | 0,495 | 0,887 | 0,498 |
| SE | MG | Mateus Leme | 1831º | 0,692 | 0,648 | 0,562 | 0,854 | 0,413 | 0,564 | 0,869 | 0,645 |
| SE | MG | Mathias Lobato | 4751º | 0,240 | 0,324 | 0,440 | 0,598 | 0,206 | 0,423 | 0,846 | 0,427 |
| SE | MG | Matias Barbosa | 1131º | 0,680 | 0,728 | 0,594 | 0,873 | 0,429 | 0,637 | 0,961 | 0,691 |
| SE | MG | Matias Cardoso | 4166º | 0,399 | 0,319 | 0,453 | 0,519 | 0,219 | 0,360 | 1,000 | 0,465 |
| NE | PI | Matias Olímpio | 4957º | 0,185 | 0,220 | 0,549 | 0,226 | 0,196 | 0,382 | 1,000 | 0,412 |
| NE | BA | Matina | 3943º | 0,246 | 0,287 | 0,678 | 0,368 | 0,213 | 0,449 | 1,000 | 0,477 |
| NE | MA | Matinha | 4953º | 0,144 | 0,218 | 0,388 | 0,558 | 0,362 | 0,408 | 0,952 | 0,413 |
| NE | PB | Matinhas | 4296º | 0,191 | 0,268 | 0,700 | 0,374 | 0,122 | 0,437 | 1,000 | 0,457 |
| S | PR | Matinhos | 1491º | 0,526 | 0,837 | 0,603 | 0,907 | 0,545 | 0,579 | 0,806 | 0,667 |
| SE | MG | Matipó | 3135º | 0,368 | 0,526 | 0,609 | 0,712 | 0,238 | 0,475 | 0,912 | 0,540 |
| S | RS | Mato Castelhano | 2869º | 0,440 | 0,788 | 0,471 | 0,805 | 0,289 | 0,654 | 0,579 | 0,565 |
| NE | PB | Mato Grosso | 4116º | 0,232 | 0,318 | 0,647 | 0,189 | 0,140 | 0,515 | 1,000 | 0,468 |
| S | RS | Mato Leitão | 171º | 0,628 | 0,916 | 0,849 | 0,913 | 0,357 | 0,707 | 1,000 | 0,769 |
| S | RS | Mato Queimado | 1867º | 0,239 | 0,764 | 0,725 | 0,868 | 0,259 | 0,709 | 1,000 | 0,643 |
| S | PR | Mato Rico | 3565º | 0,207 | 0,422 | 0,662 | 0,635 | 0,242 | 0,538 | 0,864 | 0,504 |

*a partir da melhor situação social ou maior IES)

| Região | UF | Nome do Município 2010 | Posição* | Índice de Emprego | Índice de Pobreza | Índice de Desigualdade | Índice de Alfabetização | Índice de Escolaridade | Índice de Juventude | Índice de Violência | Índice de Exclusão |
|---|---|---|---|---|---|---|---|---|---|---|---|
| SE | MG | Mato Verde | 3070º | 0,208 | 0,467 | 0,663 | 0,581 | 0,339 | 0,577 | 1,000 | 0,547 |
| NE | MA | Matões | 5188º | 0,216 | 0,244 | 0,466 | 0,202 | 0,170 | 0,332 | 0,966 | 0,390 |
| NE | MA | Matões do Norte | 5470º | 0,088 | 0,040 | 0,444 | 0,207 | 0,197 | 0,363 | 0,962 | 0,337 |
| S | SC | Matos Costa | 3232º | 0,427 | 0,600 | 0,670 | 0,766 | 0,223 | 0,465 | 0,634 | 0,531 |
| SE | MG | Matozinhos | 899º | 0,738 | 0,771 | 0,700 | 0,891 | 0,485 | 0,577 | 0,862 | 0,708 |
| CO | GO | Matrinchã | 2228º | 0,328 | 0,680 | 0,737 | 0,655 | 0,309 | 0,587 | 1,000 | 0,618 |
| NE | AL | Matriz de Camaragibe | 4150º | 0,539 | 0,232 | 0,624 | 0,329 | 0,256 | 0,373 | 0,781 | 0,466 |
| CO | MT | Matupá | 2925º | 0,428 | 0,672 | 0,474 | 0,794 | 0,433 | 0,479 | 0,780 | 0,560 |
| NE | PB | Maturéia | 4823º | 0,173 | 0,305 | 0,545 | 0,440 | 0,238 | 0,431 | 0,825 | 0,423 |
| SE | MG | Matutina | 2472º | 0,416 | 0,740 | 0,401 | 0,787 | 0,218 | 0,679 | 1,000 | 0,600 |
| SE | SP | Mauá | 476º | 0,748 | 0,802 | 0,668 | 0,911 | 0,643 | 0,594 | 0,914 | 0,740 |
| S | PR | Mauá da Serra | 2593º | 0,583 | 0,618 | 0,616 | 0,745 | 0,262 | 0,467 | 0,878 | 0,592 |
| N | AM | Maués | 5436º | 0,149 | 0,225 | 0,311 | 0,675 | 0,260 | 0,213 | 0,851 | 0,348 |
| CO | GO | Maurilândia | 1175º | 0,737 | 0,785 | 0,733 | 0,689 | 0,315 | 0,508 | 0,955 | 0,688 |
| N | TO | Maurilândia do Tocantins | 4695º | 0,228 | 0,294 | 0,545 | 0,458 | 0,310 | 0,368 | 0,835 | 0,430 |
| NE | CE | Mauriti | 4770º | 0,207 | 0,268 | 0,470 | 0,421 | 0,281 | 0,443 | 0,894 | 0,426 |
| NE | RN | Maxaranguape | 4089º | 0,318 | 0,382 | 0,539 | 0,521 | 0,238 | 0,396 | 0,900 | 0,470 |
| S | RS | Maximiliano de Almeida | 1810º | 0,363 | 0,806 | 0,691 | 0,843 | 0,337 | 0,648 | 0,894 | 0,647 |
| N | AP | Mazagão | 5348º | 0,196 | 0,349 | 0,300 | 0,486 | 0,304 | 0,172 | 0,878 | 0,367 |
| SE | MG | Medeiros | 1662º | 0,381 | 0,850 | 0,650 | 0,896 | 0,302 | 0,589 | 1,000 | 0,655 |
| NE | BA | Medeiros Neto | 4012º | 0,322 | 0,466 | 0,505 | 0,507 | 0,249 | 0,534 | 0,710 | 0,474 |
| S | PR | Medianeira | 824º | 0,654 | 0,895 | 0,608 | 0,891 | 0,540 | 0,597 | 0,888 | 0,713 |
| N | PA | Medicilândia | 5143º | 0,119 | 0,346 | 0,371 | 0,557 | 0,135 | 0,381 | 0,943 | 0,395 |
| SE | MG | Medina | 3902º | 0,284 | 0,445 | 0,422 | 0,556 | 0,284 | 0,505 | 0,901 | 0,480 |

*a partir da melhor situação social ou maior IES

| Região | UF | Nome do Município 2010 | Posição* | Índice de Emprego | Índice de Pobreza | Índice de Desigualdade | Índice de Alfabetização | Índice de Escolaridade | Índice de Juventude | Índice de Violência | Índice de Exclusão |
|---|---|---|---|---|---|---|---|---|---|---|---|
| S | SC | Meleiro | 754º | 0,501 | 0,867 | 0,713 | 0,918 | 0,475 | 0,635 | 1,000 | 0,718 |
| N | PA | Melgaço | 5556º | 0,062 | 0,043 | 0,486 | 0,057 | 0,060 | 0,118 | 1,000 | 0,281 |
| SE | RJ | Mendes | 982º | 0,585 | 0,760 | 0,600 | 0,896 | 0,634 | 0,685 | 0,884 | 0,702 |
| SE | MG | Mendes Pimentel | 3166º | 0,313 | 0,484 | 0,617 | 0,522 | 0,239 | 0,607 | 0,918 | 0,538 |
| SE | SP | Mendonça | 122º | 0,688 | 0,896 | 0,838 | 0,881 | 0,432 | 0,700 | 1,000 | 0,780 |
| S | PR | Mercedes | 1071º | 0,425 | 0,821 | 0,737 | 0,941 | 0,435 | 0,623 | 1,000 | 0,696 |
| SE | MG | Mercês | 2970º | 0,326 | 0,586 | 0,418 | 0,722 | 0,286 | 0,625 | 1,000 | 0,556 |
| SE | SP | Meridiano | 420º | 0,600 | 0,874 | 0,769 | 0,845 | 0,399 | 0,701 | 1,000 | 0,744 |
| NE | CE | Meruoca | 3582º | 0,263 | 0,314 | 0,639 | 0,650 | 0,318 | 0,462 | 0,962 | 0,503 |
| SE | SP | Mesópolis | 634º | 0,603 | 0,786 | 0,825 | 0,756 | 0,440 | 0,636 | 1,000 | 0,727 |
| SE | RJ | Mesquita | 1366º | 0,632 | 0,721 | 0,604 | 0,923 | 0,649 | 0,602 | 0,756 | 0,674 |
| SE | MG | Mesquita | 2834º | 0,428 | 0,569 | 0,631 | 0,640 | 0,263 | 0,599 | 0,829 | 0,569 |
| NE | AL | Messias | 4309º | 0,561 | 0,317 | 0,584 | 0,340 | 0,224 | 0,368 | 0,668 | 0,456 |
| NE | RN | Messias Targino | 3209º | 0,205 | 0,471 | 0,692 | 0,280 | 0,438 | 0,505 | 1,000 | 0,534 |
| NE | PI | Miguel Alves | 5350º | 0,191 | 0,211 | 0,397 | 0,152 | 0,137 | 0,347 | 0,984 | 0,367 |
| NE | BA | Miguel Calmon | 4266º | 0,177 | 0,348 | 0,496 | 0,574 | 0,246 | 0,503 | 0,921 | 0,458 |
| NE | PI | Miguel Leão | 3979º | 0,253 | 0,369 | 0,545 | 0,355 | 0,284 | 0,441 | 1,000 | 0,476 |
| SE | RJ | Miguel Pereira | 1598º | 0,472 | 0,779 | 0,473 | 0,867 | 0,548 | 0,653 | 0,958 | 0,659 |
| SE | SP | Miguelópolis | 1134º | 0,626 | 0,789 | 0,668 | 0,801 | 0,462 | 0,590 | 0,924 | 0,691 |
| NE | BA | Milagres | 3645º | 0,263 | 0,423 | 0,540 | 0,582 | 0,336 | 0,493 | 0,899 | 0,498 |
| NE | CE | Milagres | 3662º | 0,283 | 0,317 | 0,639 | 0,410 | 0,337 | 0,509 | 0,927 | 0,498 |
| NE | MA | Milagres do Maranhão | 5448º | 0,065 | 0,132 | 0,520 | 0,163 | 0,134 | 0,286 | 1,000 | 0,345 |
| NE | CE | Milhã | 4459º | 0,186 | 0,351 | 0,509 | 0,421 | 0,295 | 0,534 | 0,801 | 0,446 |
| NE | PI | Milton Brandão | 5405º | 0,098 | 0,163 | 0,488 | 0,201 | 0,083 | 0,400 | 0,923 | 0,355 |
| CO | GO | Mimoso de Goiás | 3110º | 0,445 | 0,500 | 0,413 | 0,608 | 0,318 | 0,541 | 1,000 | 0,543 |

*a partir da melhor situação social ou maior IES)

| Região | UF | Nome do Município 2010 | Posição* | Índice de Emprego | Índice de Pobreza | Índice de Desigualdade | Índice de Alfabetização | Índice de Escolaridade | Índice de Juventude | Índice de Violência | Índice de Exclusão |
|---|---|---|---|---|---|---|---|---|---|---|---|
| SE | ES | Mimoso do Sul | 2528º | 0,367 | 0,647 | 0,591 | 0,727 | 0,355 | 0,634 | 0,900 | 0,597 |
| CO | GO | Minaçu | 2651º | 0,447 | 0,617 | 0,499 | 0,730 | 0,469 | 0,561 | 0,866 | 0,586 |
| NE | AL | Minador do Negrão | 5171º | 0,151 | 0,261 | 0,510 | 0,051 | 0,146 | 0,472 | 0,901 | 0,391 |
| S | RS | Minas do Leão | 2198º | 0,685 | 0,711 | 0,346 | 0,773 | 0,283 | 0,580 | 1,000 | 0,621 |
| SE | MG | Minas Novas | 3277º | 0,439 | 0,434 | 0,585 | 0,551 | 0,266 | 0,411 | 0,983 | 0,527 |
| SE | MG | Minduri | 2478º | 0,404 | 0,536 | 0,607 | 0,836 | 0,340 | 0,590 | 1,000 | 0,599 |
| CO | GO | Mineiros | 1645º | 0,660 | 0,797 | 0,465 | 0,843 | 0,430 | 0,573 | 0,902 | 0,656 |
| SE | SP | Mineiros do Tietê | 265º | 0,775 | 0,889 | 0,774 | 0,865 | 0,429 | 0,608 | 0,957 | 0,759 |
| N | RO | Ministro Andreazza | 3694º | 0,230 | 0,528 | 0,476 | 0,747 | 0,287 | 0,443 | 0,899 | 0,495 |
| SE | SP | Mira Estrela | 834º | 0,471 | 0,830 | 0,723 | 0,804 | 0,501 | 0,683 | 1,000 | 0,713 |
| SE | MG | Mirabela | 3365º | 0,288 | 0,426 | 0,614 | 0,651 | 0,344 | 0,505 | 0,880 | 0,520 |
| SE | SP | Miracatu | 2573º | 0,475 | 0,563 | 0,571 | 0,796 | 0,428 | 0,473 | 0,975 | 0,594 |
| SE | RJ | Miracema | 1791º | 0,480 | 0,716 | 0,572 | 0,772 | 0,567 | 0,610 | 0,903 | 0,648 |
| N | TO | Miracema do Tocantins | 2685º | 0,538 | 0,585 | 0,479 | 0,756 | 0,507 | 0,441 | 0,899 | 0,583 |
| S | PR | Mirador | 966º | 0,777 | 0,710 | 0,742 | 0,716 | 0,368 | 0,539 | 1,000 | 0,703 |
| NE | MA | Mirador | 5468º | 0,111 | 0,130 | 0,308 | 0,340 | 0,202 | 0,328 | 0,975 | 0,338 |
| SE | MG | Miradouro | 2804º | 0,359 | 0,575 | 0,547 | 0,720 | 0,307 | 0,598 | 0,949 | 0,572 |
| S | RS | Miraguaí | 3215º | 0,311 | 0,675 | 0,259 | 0,808 | 0,323 | 0,619 | 0,893 | 0,533 |
| SE | MG | Miraí | 1583º | 0,546 | 0,678 | 0,672 | 0,797 | 0,352 | 0,606 | 1,000 | 0,660 |
| NE | CE | Miraíma | 5455º | 0,163 | 0,141 | 0,312 | 0,353 | 0,247 | 0,375 | 0,837 | 0,342 |
| CO | MS | Miranda | 3161º | 0,488 | 0,518 | 0,488 | 0,727 | 0,273 | 0,456 | 0,898 | 0,538 |
| NE | MA | Miranda do Norte | 3778º | 0,268 | 0,273 | 0,635 | 0,569 | 0,384 | 0,450 | 0,915 | 0,490 |
| NE | PE | Mirandiba | 5094º | 0,229 | 0,162 | 0,399 | 0,438 | 0,326 | 0,408 | 0,891 | 0,399 |
| SE | SP | Mirandópolis | 557º | 0,604 | 0,830 | 0,651 | 0,861 | 0,510 | 0,752 | 0,962 | 0,733 |

*a partir da melhor situação social ou maior IES

| Região | UF | Nome do Município 2010 | Posição* | Índice de Emprego | Índice de Pobreza | Índice de Desigualdade | Índice de Alfabetização | Índice de Escolaridade | Índice de Juventude | Índice de Violência | Índice de Exclusão |
|---|---|---|---|---|---|---|---|---|---|---|---|
| NE | BA | Mirangaba | 4899º | 0,125 | 0,217 | 0,553 | 0,486 | 0,192 | 0,444 | 0,936 | 0,417 |
| N | TO | Miranorte | 3017º | 0,342 | 0,537 | 0,596 | 0,714 | 0,423 | 0,512 | 0,835 | 0,552 |
| NE | BA | Mirante | 4816º | 0,113 | 0,251 | 0,547 | 0,358 | 0,100 | 0,510 | 1,000 | 0,423 |
| N | RO | Mirante da Serra | 4108º | 0,245 | 0,524 | 0,378 | 0,728 | 0,204 | 0,463 | 0,869 | 0,469 |
| SE | SP | Mirante do Paranapanema | 2234º | 0,452 | 0,647 | 0,578 | 0,764 | 0,438 | 0,611 | 0,909 | 0,618 |
| S | PR | Miraselva | 153º | 0,698 | 0,842 | 0,797 | 0,840 | 0,555 | 0,679 | 1,000 | 0,773 |
| SE | SP | Mirassol | 326º | 0,703 | 0,851 | 0,653 | 0,921 | 0,593 | 0,688 | 0,932 | 0,752 |
| CO | MT | Mirassol d'Oeste | 2032º | 0,617 | 0,726 | 0,481 | 0,766 | 0,406 | 0,557 | 0,918 | 0,632 |
| SE | SP | Mirassolândia | 433º | 0,601 | 0,840 | 0,777 | 0,822 | 0,509 | 0,655 | 1,000 | 0,743 |
| SE | MG | Miravânia | 4393º | 0,313 | 0,317 | 0,609 | 0,458 | 0,229 | 0,425 | 0,771 | 0,451 |
| S | SC | Mirim Doce | 1474º | 0,492 | 0,731 | 0,737 | 0,854 | 0,346 | 0,570 | 1,000 | 0,668 |
| NE | MA | Mirinzal | 4320º | 0,124 | 0,301 | 0,558 | 0,635 | 0,363 | 0,391 | 0,963 | 0,455 |
| S | PR | Missal | 1609º | 0,429 | 0,807 | 0,649 | 0,890 | 0,389 | 0,635 | 0,901 | 0,658 |
| NE | CE | Missão Velha | 4684º | 0,180 | 0,314 | 0,443 | 0,424 | 0,295 | 0,446 | 0,924 | 0,431 |
| N | PA | Mocajuba | 5381º | 0,126 | 0,190 | 0,412 | 0,629 | 0,273 | 0,277 | 0,825 | 0,361 |
| SE | SP | Mococa | 585º | 0,739 | 0,846 | 0,513 | 0,885 | 0,580 | 0,656 | 0,984 | 0,732 |
| S | SC | Modelo | 1247º | 0,496 | 0,936 | 0,719 | 0,857 | 0,447 | 0,619 | 0,743 | 0,682 |
| SE | MG | Moeda | 1665º | 0,520 | 0,684 | 0,705 | 0,845 | 0,240 | 0,619 | 1,000 | 0,655 |
| SE | MG | Moema | 1052º | 0,321 | 0,854 | 0,806 | 0,880 | 0,486 | 0,620 | 1,000 | 0,697 |
| NE | PB | Mogeiro | 4131º | 0,292 | 0,306 | 0,580 | 0,340 | 0,284 | 0,458 | 0,917 | 0,467 |
| SE | SP | Mogi das Cruzes | 794º | 0,694 | 0,805 | 0,495 | 0,913 | 0,728 | 0,581 | 0,953 | 0,715 |
| SE | SP | Mogi Guaçu | 173º | 0,762 | 0,882 | 0,692 | 0,924 | 0,600 | 0,645 | 0,947 | 0,769 |
| CO | GO | Moiporá | 2012º | 0,304 | 0,650 | 0,724 | 0,699 | 0,418 | 0,651 | 1,000 | 0,633 |
| NE | SE | Moita Bonita | 3776º | 0,092 | 0,464 | 0,694 | 0,473 | 0,169 | 0,560 | 0,905 | 0,490 |
| SE | SP | Moji Mirim | 283º | 0,737 | 0,869 | 0,586 | 0,922 | 0,643 | 0,668 | 0,970 | 0,757 |
| N | PA | Moju | 5401º | 0,255 | 0,265 | 0,335 | 0,470 | 0,171 | 0,274 | 0,785 | 0,356 |

*a partir da melhor situação social ou maior IES)

… ATLAS DA EXCLUSÃO SOCIAL NO BRASIL

| Região | UF | Nome do Município 2010 | Posição* | Índice de Emprego | Índice de Pobreza | Índice de Desigualdade | Índice de Alfabetização | Índice de Escolaridade | Índice de Juventude | Índice de Violência | Índice de Exclusão |
|---|---|---|---|---|---|---|---|---|---|---|---|
| NE | CE | Mombaça | 5028º | 0,152 | 0,316 | 0,511 | 0,292 | 0,222 | 0,479 | 0,781 | 0,407 |
| SE | SP | Mombuca | 2415º | 0,681 | 0,673 | 0,299 | 0,829 | 0,259 | 0,568 | 1,000 | 0,604 |
| NE | MA | Monção | 5367º | 0,090 | 0,148 | 0,550 | 0,366 | 0,161 | 0,278 | 0,951 | 0,363 |
| SE | SP | Monções | 219º | 0,609 | 0,886 | 0,717 | 0,854 | 0,537 | 0,763 | 1,000 | 0,765 |
| S | SC | Mondaí | 428º | 0,567 | 0,889 | 0,778 | 0,927 | 0,492 | 0,662 | 0,949 | 0,743 |
| SE | SP | Mongaguá | 1827º | 0,453 | 0,735 | 0,544 | 0,892 | 0,576 | 0,597 | 0,888 | 0,645 |
| SE | MG | Monjolos | 2479º | 0,509 | 0,505 | 0,626 | 0,673 | 0,370 | 0,530 | 1,000 | 0,599 |
| NE | PI | Monsenhor Gil | 3672º | 0,332 | 0,348 | 0,585 | 0,504 | 0,243 | 0,531 | 0,899 | 0,497 |
| NE | PI | Monsenhor Hipólito | 4281º | 0,120 | 0,402 | 0,519 | 0,284 | 0,187 | 0,547 | 1,000 | 0,457 |
| SE | MG | Monsenhor Paulo | 999º | 0,580 | 0,802 | 0,769 | 0,787 | 0,429 | 0,599 | 0,936 | 0,701 |
| NE | CE | Monsenhor Tabosa | 4901º | 0,172 | 0,280 | 0,478 | 0,368 | 0,295 | 0,460 | 0,844 | 0,417 |
| NE | PB | Montadas | 3913º | 0,122 | 0,353 | 0,636 | 0,473 | 0,241 | 0,508 | 1,000 | 0,479 |
| SE | MG | Montalvânia | 3803º | 0,316 | 0,394 | 0,504 | 0,579 | 0,247 | 0,473 | 0,934 | 0,488 |
| SE | ES | Montanha | 2749º | 0,390 | 0,627 | 0,539 | 0,650 | 0,359 | 0,578 | 0,913 | 0,577 |
| NE | RN | Montanhas | 4659º | 0,281 | 0,310 | 0,499 | 0,378 | 0,199 | 0,438 | 0,863 | 0,433 |
| S | RS | Montauri | 462º | 0,259 | 0,983 | 0,868 | 0,882 | 0,408 | 0,798 | 1,000 | 0,741 |
| NE | RN | Monte Alegre | 4088º | 0,326 | 0,356 | 0,496 | 0,371 | 0,263 | 0,447 | 0,950 | 0,470 |
| N | PA | Monte Alegre | 5063º | 0,134 | 0,241 | 0,398 | 0,627 | 0,266 | 0,339 | 0,981 | 0,402 |
| CO | GO | Monte Alegre de Goiás | 4436º | 0,249 | 0,379 | 0,373 | 0,476 | 0,303 | 0,449 | 0,933 | 0,448 |
| SE | MG | Monte Alegre de Minas | 2138º | 0,475 | 0,737 | 0,606 | 0,781 | 0,285 | 0,638 | 0,867 | 0,624 |
| NE | SE | Monte Alegre de Sergipe | 5356º | 0,159 | 0,209 | 0,456 | 0,249 | 0,172 | 0,381 | 0,847 | 0,366 |
| NE | PI | Monte Alegre do Piauí | 5025º | 0,171 | 0,222 | 0,448 | 0,455 | 0,251 | 0,350 | 1,000 | 0,407 |

*a partir da melhor situação social ou maior IES

| Região | UF | Nome do Município 2010 | Posição* | Índice de Emprego | Índice de Pobreza | Índice de Desigualdade | Índice de Alfabetização | Índice de Escolaridade | Índice de Juventude | Índice de Violência | Índice de Exclusão |
|---|---|---|---|---|---|---|---|---|---|---|---|
| SE | SP | Monte Alegre do Sul | 409º | 0,625 | 0,911 | 0,631 | 0,887 | 0,517 | 0,687 | 1,000 | 0,744 |
| S | RS | Monte Alegre dos Campos | 3685º | 0,397 | 0,585 | 0,473 | 0,773 | 0,098 | 0,551 | 0,665 | 0,496 |
| SE | SP | Monte Alto | 62º | 0,744 | 0,909 | 0,740 | 0,915 | 0,570 | 0,696 | 0,989 | 0,790 |
| SE | SP | Monte Aprazível | 286º | 0,728 | 0,928 | 0,575 | 0,894 | 0,587 | 0,709 | 0,928 | 0,756 |
| SE | MG | Monte Azul | 3296º | 0,209 | 0,478 | 0,552 | 0,561 | 0,326 | 0,603 | 0,953 | 0,525 |
| SE | SP | Monte Azul Paulista | 681º | 0,678 | 0,871 | 0,655 | 0,836 | 0,496 | 0,659 | 0,890 | 0,724 |
| SE | MG | Monte Belo | 1951º | 0,397 | 0,706 | 0,669 | 0,803 | 0,283 | 0,639 | 1,000 | 0,638 |
| S | RS | Monte Belo do Sul | 278º | 0,334 | 0,947 | 0,905 | 0,972 | 0,365 | 0,818 | 1,000 | 0,757 |
| S | SC | Monte Carlo | 2067º | 0,716 | 0,606 | 0,667 | 0,743 | 0,217 | 0,438 | 1,000 | 0,630 |
| SE | MG | Monte Carmelo | 1447º | 0,603 | 0,775 | 0,592 | 0,865 | 0,377 | 0,607 | 0,932 | 0,670 |
| SE | SP | Monte Castelo | 638º | 0,576 | 0,870 | 0,793 | 0,775 | 0,470 | 0,696 | 0,872 | 0,727 |
| S | SC | Monte Castelo | 2369º | 0,432 | 0,613 | 0,678 | 0,845 | 0,276 | 0,503 | 1,000 | 0,608 |
| NE | RN | Monte das Gameleiras | 3566º | 0,315 | 0,373 | 0,611 | 0,360 | 0,276 | 0,478 | 1,000 | 0,504 |
| N | TO | Monte do Carmo | 4606º | 0,327 | 0,372 | 0,348 | 0,582 | 0,251 | 0,411 | 0,845 | 0,436 |
| SE | MG | Monte Formoso | 5183º | 0,229 | 0,222 | 0,415 | 0,434 | 0,094 | 0,340 | 1,000 | 0,390 |
| NE | PB | Monte Horebe | 3849º | 0,311 | 0,425 | 0,495 | 0,384 | 0,195 | 0,478 | 1,000 | 0,484 |
| SE | SP | Monte Mor | 1004º | 0,745 | 0,794 | 0,673 | 0,850 | 0,494 | 0,565 | 0,830 | 0,701 |
| N | RO | Monte Negro | 3616º | 0,308 | 0,579 | 0,624 | 0,680 | 0,235 | 0,427 | 0,705 | 0,500 |
| NE | BA | Monte Santo | 5178º | 0,109 | 0,240 | 0,489 | 0,238 | 0,103 | 0,447 | 0,980 | 0,391 |
| SE | MG | Monte Santo de Minas | 997º | 0,579 | 0,797 | 0,734 | 0,756 | 0,376 | 0,651 | 0,976 | 0,701 |

*a partir da melhor situação social ou maior IES)

# ATLAS DA EXCLUSÃO SOCIAL NO BRASIL

| Região | UF | Nome do Município 2010 | Posição* | Índice de Emprego | Índice de Pobreza | Índice de Desigualdade | Índice de Alfabetização | Índice de Escolaridade | Índice de Juventude | Índice de Violência | Índice de Exclusão |
|---|---|---|---|---|---|---|---|---|---|---|---|
| N | TO | Monte Santo do Tocantins | 3641º | 0,325 | 0,385 | 0,602 | 0,682 | 0,301 | 0,530 | 0,751 | 0,499 |
| SE | MG | Monte Sião | 1207º | 0,447 | 0,883 | 0,688 | 0,862 | 0,322 | 0,650 | 0,975 | 0,685 |
| NE | PB | Monteiro | 3954º | 0,193 | 0,439 | 0,438 | 0,458 | 0,331 | 0,553 | 0,916 | 0,477 |
| SE | SP | Monteiro Lobato | 1578º | 0,509 | 0,718 | 0,597 | 0,799 | 0,470 | 0,601 | 1,000 | 0,661 |
| NE | AL | Monteirópolis | 5167º | 0,177 | 0,210 | 0,601 | 0,192 | 0,173 | 0,324 | 0,925 | 0,392 |
| S | RS | Montenegro | 571º | 0,725 | 0,871 | 0,572 | 0,922 | 0,556 | 0,643 | 0,930 | 0,733 |
| NE | MA | Montes Altos | 4912º | 0,114 | 0,242 | 0,440 | 0,572 | 0,299 | 0,380 | 1,000 | 0,416 |
| SE | MG | Montes Claros | 1566º | 0,576 | 0,681 | 0,513 | 0,873 | 0,726 | 0,570 | 0,881 | 0,662 |
| CO | GO | Montes Claros de Goiás | 2273º | 0,404 | 0,729 | 0,595 | 0,778 | 0,385 | 0,607 | 0,870 | 0,615 |
| SE | MG | Montezuma | 3674º | 0,328 | 0,412 | 0,669 | 0,566 | 0,190 | 0,436 | 0,861 | 0,496 |
| CO | GO | Montividiu | 1512º | 0,597 | 0,829 | 0,624 | 0,804 | 0,421 | 0,561 | 0,852 | 0,665 |
| CO | GO | Montividiu do Norte | 3542º | 0,370 | 0,388 | 0,457 | 0,642 | 0,256 | 0,491 | 1,000 | 0,506 |
| NE | CE | Morada Nova | 4200º | 0,205 | 0,342 | 0,538 | 0,416 | 0,287 | 0,538 | 0,866 | 0,462 |
| SE | MG | Morada Nova de Minas | 1720º | 0,460 | 0,758 | 0,670 | 0,815 | 0,367 | 0,604 | 0,937 | 0,652 |
| NE | CE | Moraújo | 4762º | 0,217 | 0,185 | 0,548 | 0,337 | 0,287 | 0,428 | 0,936 | 0,426 |
| NE | PE | Moreilândia | 4797º | 0,243 | 0,220 | 0,508 | 0,464 | 0,295 | 0,457 | 0,813 | 0,425 |
| S | PR | Moreira Sales | 1454º | 0,568 | 0,738 | 0,686 | 0,698 | 0,322 | 0,614 | 1,000 | 0,669 |
| NE | PE | Moreno | 3168º | 0,498 | 0,397 | 0,539 | 0,637 | 0,386 | 0,547 | 0,807 | 0,538 |
| S | RS | Mormaço | 2580º | 0,332 | 0,725 | 0,432 | 0,815 | 0,327 | 0,626 | 1,000 | 0,593 |
| NE | BA | Morpará | 4806º | 0,091 | 0,293 | 0,482 | 0,409 | 0,190 | 0,483 | 1,000 | 0,424 |
| S | PR | Morretes | 2468º | 0,469 | 0,706 | 0,497 | 0,860 | 0,432 | 0,544 | 0,835 | 0,600 |
| CO | GO | Morrinhos | 1228º | 0,582 | 0,832 | 0,581 | 0,845 | 0,475 | 0,622 | 0,912 | 0,684 |

*a partir da melhor situação social ou maior IES

| Região | UF | Nome do Município 2010 | Posição* | Índice de Emprego | Índice de Pobreza | Índice de Desigualdade | Índice de Alfabetização | Índice de Escolaridade | Índice de Juventude | Índice de Violência | Índice de Exclusão |
|---|---|---|---|---|---|---|---|---|---|---|---|
| NE | CE | Morrinhos | 4779º | 0,178 | 0,270 | 0,501 | 0,407 | 0,251 | 0,391 | 0,975 | 0,425 |
| S | RS | Morrinhos do Sul | 2143º | 0,194 | 0,783 | 0,620 | 0,831 | 0,277 | 0,728 | 1,000 | 0,624 |
| SE | SP | Morro Agudo | 663º | 0,825 | 0,809 | 0,661 | 0,840 | 0,380 | 0,571 | 0,982 | 0,725 |
| CO | GO | Morro Agudo de Goiás | 2185º | 0,255 | 0,628 | 0,748 | 0,756 | 0,375 | 0,640 | 1,000 | 0,622 |
| NE | PI | Morro Cabeça no Tempo | 5324º | 0,197 | 0,128 | 0,405 | 0,411 | 0,143 | 0,339 | 1,000 | 0,371 |
| S | SC | Morro da Fumaça | 152º | 0,779 | 0,936 | 0,852 | 0,894 | 0,397 | 0,566 | 0,968 | 0,773 |
| SE | MG | Morro da Garça | 2371º | 0,624 | 0,461 | 0,639 | 0,806 | 0,213 | 0,556 | 1,000 | 0,608 |
| NE | BA | Morro do Chapéu | 4507º | 0,163 | 0,292 | 0,557 | 0,519 | 0,251 | 0,422 | 0,941 | 0,443 |
| NE | PI | Morro do Chapéu do Piauí | 5110º | 0,136 | 0,277 | 0,530 | 0,288 | 0,134 | 0,399 | 0,920 | 0,398 |
| SE | MG | Morro do Pilar | 3032º | 0,322 | 0,539 | 0,617 | 0,487 | 0,207 | 0,579 | 1,000 | 0,551 |
| S | SC | Morro Grande | 2217º | 0,436 | 0,775 | 0,494 | 0,888 | 0,209 | 0,618 | 1,000 | 0,619 |
| S | RS | Morro Redondo | 1933º | 0,347 | 0,770 | 0,555 | 0,821 | 0,301 | 0,732 | 1,000 | 0,639 |
| S | RS | Morro Reuter | 12º | 0,769 | 0,945 | 0,906 | 0,990 | 0,351 | 0,731 | 1,000 | 0,816 |
| NE | MA | Morros | 5438º | 0,085 | 0,173 | 0,423 | 0,280 | 0,290 | 0,247 | 0,941 | 0,348 |
| NE | BA | Mortugaba | 3438º | 0,146 | 0,471 | 0,628 | 0,474 | 0,245 | 0,576 | 1,000 | 0,514 |
| SE | SP | Morungaba | 777º | 0,720 | 0,849 | 0,683 | 0,888 | 0,431 | 0,612 | 0,867 | 0,716 |
| CO | GO | Mossâmedes | 2111º | 0,370 | 0,719 | 0,575 | 0,727 | 0,358 | 0,655 | 1,000 | 0,626 |
| NE | RN | Mossoró | 2165º | 0,626 | 0,650 | 0,523 | 0,703 | 0,594 | 0,578 | 0,746 | 0,623 |
| S | RS | Mostardas | 2529º | 0,462 | 0,691 | 0,475 | 0,751 | 0,267 | 0,609 | 0,957 | 0,597 |
| SE | SP | Motuca | 748º | 0,840 | 0,705 | 0,618 | 0,852 | 0,427 | 0,610 | 1,000 | 0,718 |

*a partir da melhor situação social ou maior IES

| Região | UF | Nome do Município 2010 | Posição* | Índice de Emprego | Índice de Pobreza | Índice de Desigualdade | Índice de Alfabetização | Índice de Escolaridade | Índice de Juventude | Índice de Violência | Índice de Exclusão |
|---|---|---|---|---|---|---|---|---|---|---|---|
| CO | GO | Mozarlândia | 1494º | 0,593 | 0,750 | 0,699 | 0,740 | 0,377 | 0,566 | 0,922 | 0,667 |
| N | PA | Muaná | 5323º | 0,096 | 0,199 | 0,460 | 0,606 | 0,147 | 0,286 | 0,954 | 0,371 |
| N | RR | Mucajaí | 4946º | 0,332 | 0,367 | 0,195 | 0,616 | 0,375 | 0,356 | 0,824 | 0,413 |
| NE | CE | Mucambo | 4688º | 0,166 | 0,310 | 0,404 | 0,424 | 0,225 | 0,481 | 1,000 | 0,431 |
| NE | BA | Mucugê | 3388º | 0,357 | 0,416 | 0,528 | 0,573 | 0,339 | 0,489 | 0,951 | 0,518 |
| S | RS | Muçum | 389º | 0,627 | 0,941 | 0,788 | 0,920 | 0,421 | 0,752 | 0,783 | 0,746 |
| NE | BA | Mucuri | 3427º | 0,487 | 0,542 | 0,403 | 0,611 | 0,441 | 0,434 | 0,755 | 0,515 |
| SE | ES | Mucurici | 3202º | 0,391 | 0,473 | 0,609 | 0,581 | 0,278 | 0,573 | 0,816 | 0,535 |
| S | RS | Muitos Capões | 1884º | 0,488 | 0,799 | 0,574 | 0,851 | 0,260 | 0,577 | 1,000 | 0,642 |
| S | RS | Muliterno | 2204º | 0,250 | 0,847 | 0,560 | 0,890 | 0,288 | 0,621 | 1,000 | 0,620 |
| NE | PB | Mulungu | 4486º | 0,308 | 0,301 | 0,591 | 0,250 | 0,176 | 0,523 | 0,780 | 0,444 |
| NE | CE | Mulungu | 4523º | 0,202 | 0,276 | 0,463 | 0,550 | 0,286 | 0,440 | 0,955 | 0,442 |
| NE | BA | Mulungu do Morro | 4801º | 0,072 | 0,270 | 0,597 | 0,539 | 0,213 | 0,389 | 0,958 | 0,424 |
| CO | MS | Mundo Novo | 2389º | 0,455 | 0,710 | 0,561 | 0,766 | 0,403 | 0,566 | 0,847 | 0,606 |
| CO | GO | Mundo Novo | 3049º | 0,342 | 0,559 | 0,625 | 0,597 | 0,202 | 0,562 | 0,919 | 0,550 |
| NE | BA | Mundo Novo | 4998º | 0,183 | 0,324 | 0,286 | 0,533 | 0,193 | 0,443 | 0,979 | 0,409 |
| SE | MG | Munhoz | 2917º | 0,255 | 0,529 | 0,607 | 0,811 | 0,264 | 0,579 | 1,000 | 0,561 |
| S | PR | Munhoz de Melo | 970º | 0,564 | 0,861 | 0,790 | 0,793 | 0,396 | 0,633 | 0,858 | 0,703 |
| NE | BA | Muniz Ferreira | 3661º | 0,168 | 0,388 | 0,549 | 0,556 | 0,351 | 0,583 | 0,929 | 0,498 |
| SE | ES | Muniz Freire | 3257º | 0,285 | 0,548 | 0,549 | 0,716 | 0,280 | 0,546 | 0,859 | 0,529 |
| NE | BA | Muquém de São Francisco | 5254º | 0,095 | 0,183 | 0,494 | 0,412 | 0,173 | 0,332 | 1,000 | 0,381 |
| SE | ES | Muqui | 2396º | 0,401 | 0,633 | 0,547 | 0,749 | 0,447 | 0,615 | 0,928 | 0,606 |
| SE | MG | Muriaé | 1162º | 0,652 | 0,789 | 0,556 | 0,848 | 0,446 | 0,648 | 0,938 | 0,689 |
| NE | SE | Muribeca | 3313º | 0,496 | 0,345 | 0,603 | 0,472 | 0,371 | 0,473 | 0,858 | 0,524 |

*a partir da melhor situação social ou maior IES

| Região | UF | Nome do Município 2010 | Posição* | Índice de Emprego | Índice de Pobreza | Índice de Desigualdade | Índice de Alfabetização | Índice de Escolaridade | Índice de Juventude | Índice de Violência | Índice de Exclusão |
|---|---|---|---|---|---|---|---|---|---|---|---|
| NE | AL | Murici | 4467º | 0,501 | 0,232 | 0,608 | 0,327 | 0,176 | 0,361 | 0,786 | 0,446 |
| NE | PI | Murici dos Portelas | 5423º | 0,177 | 0,115 | 0,403 | 0,158 | 0,097 | 0,373 | 1,000 | 0,352 |
| N | TO | Muricilândia | 3611º | 0,519 | 0,340 | 0,453 | 0,461 | 0,316 | 0,388 | 1,000 | 0,501 |
| NE | BA | Muritiba | 3199º | 0,394 | 0,452 | 0,470 | 0,642 | 0,372 | 0,549 | 0,928 | 0,535 |
| SE | SP | Murutinga do Sul | 940º | 0,504 | 0,809 | 0,711 | 0,847 | 0,534 | 0,712 | 0,876 | 0,705 |
| NE | BA | Mutuípe | 4863º | 0,143 | 0,346 | 0,317 | 0,511 | 0,219 | 0,551 | 0,903 | 0,420 |
| SE | MG | Mutum | 3264º | 0,215 | 0,562 | 0,596 | 0,647 | 0,255 | 0,588 | 0,863 | 0,528 |
| CO | GO | Mutunópolis | 3208º | 0,294 | 0,607 | 0,490 | 0,624 | 0,305 | 0,576 | 0,865 | 0,534 |
| SE | MG | Muzambinho | 1161º | 0,426 | 0,832 | 0,650 | 0,890 | 0,466 | 0,655 | 1,000 | 0,689 |
| SE | MG | Nacip Raydan | 4305º | 0,195 | 0,455 | 0,386 | 0,542 | 0,142 | 0,489 | 1,000 | 0,456 |
| SE | SP | Nantes | 915º | 0,893 | 0,751 | 0,869 | 0,772 | 0,462 | 0,538 | 0,616 | 0,707 |
| SE | MG | Nanuque | 2383º | 0,564 | 0,602 | 0,560 | 0,685 | 0,451 | 0,577 | 0,834 | 0,607 |
| S | RS | Não-Me-Toque | 270º | 0,735 | 0,928 | 0,574 | 0,926 | 0,552 | 0,692 | 0,967 | 0,758 |
| SE | MG | Naque | 2244º | 0,637 | 0,580 | 0,705 | 0,679 | 0,379 | 0,494 | 0,836 | 0,618 |
| SE | SP | Narandiba | 545º | 0,757 | 0,753 | 0,830 | 0,781 | 0,409 | 0,562 | 1,000 | 0,734 |
| NE | RN | Natal | 1735º | 0,678 | 0,712 | 0,356 | 0,808 | 0,730 | 0,613 | 0,810 | 0,651 |
| SE | MG | Natalândia | 1980º | 0,502 | 0,672 | 0,763 | 0,721 | 0,259 | 0,506 | 1,000 | 0,636 |
| SE | MG | Natércia | 1221º | 0,339 | 0,794 | 0,771 | 0,820 | 0,373 | 0,717 | 1,000 | 0,684 |
| SE | RJ | Natividade | 1394º | 0,557 | 0,706 | 0,544 | 0,777 | 0,556 | 0,639 | 1,000 | 0,673 |
| N | TO | Natividade | 3572º | 0,397 | 0,468 | 0,382 | 0,601 | 0,428 | 0,448 | 0,884 | 0,503 |
| SE | SP | Natividade da Serra | 2664º | 0,420 | 0,630 | 0,547 | 0,678 | 0,253 | 0,633 | 0,922 | 0,585 |
| NE | PB | Natuba | 5218º | 0,150 | 0,219 | 0,504 | 0,209 | 0,161 | 0,419 | 0,902 | 0,385 |
| S | SC | Navegantes | 928º | 0,719 | 0,856 | 0,691 | 0,911 | 0,471 | 0,547 | 0,820 | 0,706 |
| CO | MS | Naviraí | 1489º | 0,664 | 0,799 | 0,622 | 0,782 | 0,426 | 0,549 | 0,843 | 0,667 |
| N | TO | Nazaré | 3663º | 0,302 | 0,382 | 0,537 | 0,574 | 0,396 | 0,472 | 0,881 | 0,498 |
| NE | BA | Nazaré | 3858º | 0,344 | 0,435 | 0,377 | 0,620 | 0,387 | 0,544 | 0,771 | 0,484 |
| NE | PE | Nazaré da Mata | 2723º | 0,623 | 0,402 | 0,568 | 0,608 | 0,430 | 0,578 | 0,848 | 0,580 |

*a partir da melhor situação social ou maior IES

| Região | UF | Nome do Município 2010 | Posição* | Índice de Emprego | Índice de Pobreza | Índice de Desigualdade | Índice de Alfabetização | Índice de Escolaridade | Índice de Juventude | Índice de Violência | Índice de Exclusão |
|---|---|---|---|---|---|---|---|---|---|---|---|
| NE | PI | Nazaré do Piauí | 4448º | 0,224 | 0,322 | 0,461 | 0,336 | 0,217 | 0,484 | 1,000 | 0,447 |
| SE | SP | Nazaré Paulista | 2061º | 0,499 | 0,700 | 0,637 | 0,776 | 0,335 | 0,617 | 0,873 | 0,630 |
| SE | MG | Nazareno | 1930º | 0,574 | 0,609 | 0,627 | 0,837 | 0,395 | 0,584 | 0,935 | 0,640 |
| NE | PB | Nazarezinho | 4421º | 0,170 | 0,267 | 0,551 | 0,340 | 0,162 | 0,547 | 1,000 | 0,449 |
| NE | PI | Nazária | 4385º | 0,256 | 0,289 | 0,575 | 0,369 | 0,182 | 0,464 | 0,936 | 0,451 |
| CO | GO | Nazário | 1833º | 0,434 | 0,746 | 0,587 | 0,765 | 0,400 | 0,621 | 1,000 | 0,645 |
| NE | SE | Neópolis | 4313º | 0,396 | 0,336 | 0,456 | 0,504 | 0,352 | 0,456 | 0,719 | 0,456 |
| SE | MG | Nepomuceno | 1728º | 0,532 | 0,686 | 0,686 | 0,779 | 0,305 | 0,601 | 0,980 | 0,652 |
| CO | GO | Nerópolis | 1647º | 0,596 | 0,738 | 0,713 | 0,826 | 0,509 | 0,562 | 0,721 | 0,656 |
| SE | SP | Neves Paulista | 46º | 0,654 | 0,929 | 0,768 | 0,877 | 0,555 | 0,770 | 1,000 | 0,793 |
| N | AM | Nhamundá | 5388º | 0,068 | 0,172 | 0,285 | 0,757 | 0,278 | 0,262 | 1,000 | 0,358 |
| SE | SP | Nhandeara | 566º | 0,589 | 0,873 | 0,589 | 0,872 | 0,487 | 0,762 | 1,000 | 0,733 |
| S | RS | Nicolau Vergueiro | 1817º | 0,293 | 0,849 | 0,533 | 0,905 | 0,365 | 0,696 | 1,000 | 0,646 |
| NE | BA | Nilo Peçanha | 4956º | 0,106 | 0,228 | 0,487 | 0,436 | 0,188 | 0,450 | 1,000 | 0,412 |
| SE | RJ | Nilópolis | 619º | 0,686 | 0,785 | 0,625 | 0,960 | 0,759 | 0,656 | 0,802 | 0,729 |
| NE | MA | Nina Rodrigues | 5467º | 0,177 | 0,089 | 0,344 | 0,301 | 0,331 | 0,211 | 0,958 | 0,338 |
| SE | MG | Ninheira | 4561º | 0,246 | 0,241 | 0,536 | 0,327 | 0,118 | 0,491 | 1,000 | 0,439 |
| CO | MS | Nioaque | 3311º | 0,438 | 0,520 | 0,403 | 0,733 | 0,274 | 0,473 | 0,928 | 0,524 |
| SE | SP | Nipoã | 165º | 0,718 | 0,876 | 0,835 | 0,854 | 0,434 | 0,646 | 1,000 | 0,771 |
| CO | GO | Niquelândia | 2380º | 0,556 | 0,679 | 0,513 | 0,757 | 0,477 | 0,540 | 0,804 | 0,607 |
| NE | RN | Nísia Floresta | 3575º | 0,410 | 0,434 | 0,520 | 0,491 | 0,305 | 0,463 | 0,869 | 0,503 |
| SE | RJ | Niterói | 237º | 0,716 | 0,887 | 0,400 | 0,964 | 1,000 | 0,750 | 0,846 | 0,763 |
| CO | MT | Nobres | 2166º | 0,529 | 0,686 | 0,646 | 0,756 | 0,433 | 0,501 | 0,861 | 0,623 |
| S | RS | Nonoai | 2287º | 0,457 | 0,747 | 0,575 | 0,788 | 0,405 | 0,570 | 0,828 | 0,614 |
| NE | BA | Nordestina | 4981º | 0,142 | 0,244 | 0,509 | 0,413 | 0,209 | 0,435 | 0,916 | 0,411 |

*a partir da melhor situação social ou maior IES

| Região | UF | Nome do Município 2010 | Posição* | Índice de Emprego | Índice de Pobreza | Índice de Desigualdade | Índice de Alfabetização | Índice de Escolaridade | Índice de Juventude | Índice de Violência | Índice de Exclusão |
|---|---|---|---|---|---|---|---|---|---|---|---|
| N | RR | Normandia | 5432º | 0,225 | 0,224 | 0,184 | 0,729 | 0,339 | 0,076 | 1,000 | 0,350 |
| CO | MT | Nortelândia | 1924º | 0,479 | 0,640 | 0,695 | 0,759 | 0,523 | 0,535 | 0,919 | 0,640 |
| NE | SE | Nossa Senhora Aparecida | 4626º | 0,199 | 0,309 | 0,485 | 0,263 | 0,199 | 0,519 | 0,939 | 0,435 |
| NE | SE | Nossa Senhora da Glória | 3916º | 0,286 | 0,376 | 0,535 | 0,438 | 0,256 | 0,477 | 0,936 | 0,479 |
| NE | SE | Nossa Senhora das Dores | 4214º | 0,281 | 0,358 | 0,548 | 0,405 | 0,254 | 0,469 | 0,852 | 0,461 |
| S | PR | Nossa Senhora das Graças | 64º | 0,830 | 0,829 | 0,907 | 0,763 | 0,476 | 0,626 | 1,000 | 0,790 |
| NE | SE | Nossa Senhora de Lourdes | 4155º | 0,229 | 0,306 | 0,588 | 0,409 | 0,321 | 0,454 | 0,917 | 0,465 |
| NE | PI | Nossa Senhora de Nazaré | 3951º | 0,203 | 0,294 | 0,571 | 0,456 | 0,175 | 0,585 | 1,000 | 0,477 |
| CO | MT | Nossa Senhora do Livramento | 3452º | 0,291 | 0,457 | 0,598 | 0,518 | 0,213 | 0,555 | 0,910 | 0,513 |
| NE | SE | Nossa Senhora do Socorro | 2851º | 0,605 | 0,482 | 0,592 | 0,752 | 0,445 | 0,453 | 0,744 | 0,567 |
| NE | PI | Nossa Senhora dos Remédios | 4991º | 0,140 | 0,184 | 0,616 | 0,258 | 0,172 | 0,387 | 1,000 | 0,410 |
| SE | SP | Nova Aliança | 183º | 0,673 | 0,867 | 0,795 | 0,897 | 0,489 | 0,678 | 1,000 | 0,769 |
| S | PR | Nova Aliança do Ivaí | 350º | 0,699 | 0,811 | 0,889 | 0,781 | 0,489 | 0,540 | 1,000 | 0,749 |
| S | RS | Nova Alvorada | 1753º | 0,368 | 0,884 | 0,650 | 0,864 | 0,382 | 0,641 | 0,837 | 0,650 |
| CO | MS | Nova Alvorada do Sul | 2382º | 0,705 | 0,787 | 0,420 | 0,782 | 0,390 | 0,505 | 0,715 | 0,607 |

*a partir da melhor situação social ou maior IES)

| Região | UF | Nome do Município 2010 | Posição* | Índice de Emprego | Índice de Pobreza | Índice de Desigualdade | Índice de Alfabetização | Índice de Escolaridade | Índice de Juventude | Índice de Violência | Índice de Exclusão |
|---|---|---|---|---|---|---|---|---|---|---|---|
| CO | GO | Nova América | 1855º | 0,469 | 0,711 | 0,842 | 0,678 | 0,350 | 0,625 | 0,770 | 0,644 |
| S | PR | Nova América da Colina | 841º | 0,581 | 0,762 | 0,857 | 0,753 | 0,417 | 0,578 | 1,000 | 0,712 |
| CO | MS | Nova Andradina | 1338º | 0,653 | 0,783 | 0,613 | 0,822 | 0,469 | 0,560 | 0,886 | 0,676 |
| S | RS | Nova Araçá | 114º | 0,676 | 0,982 | 0,682 | 0,979 | 0,503 | 0,709 | 1,000 | 0,781 |
| CO | GO | Nova Aurora | 1006º | 0,416 | 0,828 | 0,705 | 0,825 | 0,505 | 0,677 | 1,000 | 0,701 |
| S | PR | Nova Aurora | 2456º | 0,466 | 0,718 | 0,458 | 0,929 | 0,449 | 0,635 | 0,737 | 0,601 |
| CO | MT | Nova Bandeirantes | 4445º | 0,305 | 0,553 | 0,313 | 0,839 | 0,155 | 0,510 | 0,643 | 0,447 |
| S | RS | Nova Bassano | 76º | 0,634 | 0,982 | 0,832 | 0,944 | 0,412 | 0,713 | 1,000 | 0,788 |
| SE | MG | Nova Belém | 4339º | 0,193 | 0,351 | 0,560 | 0,523 | 0,173 | 0,517 | 0,861 | 0,454 |
| S | RS | Nova Boa Vista | 582º | 0,339 | 0,947 | 0,771 | 0,969 | 0,380 | 0,788 | 1,000 | 0,732 |
| CO | MT | Nova Brasilândia | 3254º | 0,414 | 0,539 | 0,322 | 0,616 | 0,288 | 0,558 | 1,000 | 0,529 |
| N | RO | Nova Brasilândia D'Oeste | 3541º | 0,244 | 0,525 | 0,457 | 0,769 | 0,289 | 0,485 | 0,921 | 0,506 |
| S | RS | Nova Bréscia | 1669º | 0,312 | 0,899 | 0,439 | 0,924 | 0,413 | 0,736 | 1,000 | 0,655 |
| SE | SP | Nova Campina | 2512º | 0,615 | 0,450 | 0,649 | 0,805 | 0,345 | 0,420 | 1,000 | 0,598 |
| NE | BA | Nova Canaã | 4352º | 0,189 | 0,342 | 0,624 | 0,339 | 0,120 | 0,517 | 0,907 | 0,453 |
| CO | MT | Nova Canaã do Norte | 2893º | 0,361 | 0,656 | 0,463 | 0,740 | 0,312 | 0,534 | 0,957 | 0,563 |
| SE | SP | Nova Canaã Paulista | 733º | 0,385 | 0,797 | 0,888 | 0,789 | 0,387 | 0,758 | 1,000 | 0,720 |
| S | RS | Nova Candelária | 850º | 0,281 | 0,996 | 0,758 | 0,977 | 0,310 | 0,737 | 1,000 | 0,712 |
| S | PR | Nova Cantu | 3016º | 0,251 | 0,586 | 0,622 | 0,676 | 0,313 | 0,532 | 0,930 | 0,552 |
| SE | SP | Nova Castilho | 601º | 0,494 | 0,838 | 0,831 | 0,855 | 0,525 | 0,615 | 1,000 | 0,730 |

*a partir da melhor situação social ou maior IES

| Região | UF | Nome do Município 2010 | Posição* | Índice de Emprego | Índice de Pobreza | Índice de Desigualdade | Índice de Alfabetização | Índice de Escolaridade | Índice de Juventude | Índice de Violência | Índice de Exclusão |
|---|---|---|---|---|---|---|---|---|---|---|---|
| NE | MA | Nova Colinas | 4911º | 0,246 | 0,184 | 0,502 | 0,505 | 0,218 | 0,321 | 1,000 | 0,417 |
| CO | GO | Nova Crixás | 2731º | 0,437 | 0,665 | 0,597 | 0,609 | 0,210 | 0,558 | 0,913 | 0,579 |
| NE | RN | Nova Cruz | 3788º | 0,302 | 0,384 | 0,537 | 0,328 | 0,342 | 0,483 | 0,941 | 0,489 |
| SE | MG | Nova Era | 1272º | 0,671 | 0,676 | 0,638 | 0,872 | 0,494 | 0,592 | 0,911 | 0,680 |
| S | SC | Nova Erechim | 682º | 0,512 | 0,951 | 0,694 | 0,870 | 0,480 | 0,608 | 1,000 | 0,724 |
| S | PR | Nova Esperança | 1111º | 0,578 | 0,848 | 0,647 | 0,826 | 0,491 | 0,636 | 0,863 | 0,692 |
| N | PA | Nova Esperança do Piriá | 5545º | 0,047 | 0,098 | 0,320 | 0,338 | 0,112 | 0,236 | 0,923 | 0,290 |
| S | PR | Nova Esperança do Sudoeste | 2267º | 0,399 | 0,747 | 0,580 | 0,828 | 0,320 | 0,526 | 1,000 | 0,616 |
| S | RS | Nova Esperança do Sul | 639º | 0,611 | 0,876 | 0,666 | 0,899 | 0,407 | 0,669 | 1,000 | 0,727 |
| SE | SP | Nova Europa | 78º | 0,845 | 0,898 | 0,793 | 0,862 | 0,497 | 0,595 | 1,000 | 0,788 |
| S | PR | Nova Fátima | 1861º | 0,469 | 0,728 | 0,676 | 0,746 | 0,368 | 0,590 | 0,936 | 0,643 |
| NE | BA | Nova Fátima | 3272º | 0,238 | 0,404 | 0,696 | 0,554 | 0,282 | 0,572 | 0,932 | 0,528 |
| NE | PB | Nova Floresta | 4437º | 0,182 | 0,382 | 0,548 | 0,412 | 0,265 | 0,500 | 0,802 | 0,448 |
| SE | RJ | Nova Friburgo | 757º | 0,654 | 0,869 | 0,559 | 0,908 | 0,529 | 0,678 | 0,911 | 0,717 |
| CO | GO | Nova Glória | 2372º | 0,430 | 0,581 | 0,608 | 0,705 | 0,307 | 0,632 | 1,000 | 0,608 |
| SE | SP | Nova Granada | 370º | 0,738 | 0,851 | 0,686 | 0,877 | 0,510 | 0,653 | 0,946 | 0,747 |
| CO | MT | Nova Guarita | 2985º | 0,184 | 0,632 | 0,558 | 0,770 | 0,337 | 0,524 | 1,000 | 0,555 |
| SE | SP | Nova Guataporanga | 339º | 0,690 | 0,846 | 0,752 | 0,743 | 0,450 | 0,695 | 1,000 | 0,750 |
| S | RS | Nova Hartz | 115º | 0,937 | 0,884 | 0,871 | 0,924 | 0,260 | 0,562 | 0,972 | 0,781 |
| NE | BA | Nova Ibiá | 4408º | 0,166 | 0,428 | 0,467 | 0,436 | 0,196 | 0,494 | 0,922 | 0,449 |

*a partir da melhor situação social ou maior IES)

ATLAS DA EXCLUSÃO SOCIAL NO BRASIL

| Região | UF | Nome do Município 2010 | Posição* | Índice de Emprego | Índice de Pobreza | Índice de Desigualdade | Índice de Alfabetização | Índice de Escolaridade | Índice de Juventude | Índice de Violência | Índice de Exclusão |
|---|---|---|---|---|---|---|---|---|---|---|---|
| SE | RJ | Nova Iguaçu | 1911º | 0,611 | 0,670 | 0,561 | 0,895 | 0,549 | 0,569 | 0,786 | 0,641 |
| CO | GO | Nova Iguaçu de Goiás | 2452º | 0,362 | 0,640 | 0,774 | 0,815 | 0,274 | 0,588 | 0,816 | 0,601 |
| SE | SP | Nova Independência | 127º | 0,834 | 0,810 | 0,853 | 0,829 | 0,533 | 0,570 | 1,000 | 0,779 |
| NE | MA | Nova Iorque | 4360º | 0,207 | 0,344 | 0,530 | 0,317 | 0,243 | 0,431 | 1,000 | 0,453 |
| N | PA | Nova Ipixuna | 5302º | 0,151 | 0,327 | 0,401 | 0,485 | 0,157 | 0,359 | 0,787 | 0,374 |
| S | SC | Nova Itaberaba | 2762º | 0,281 | 0,781 | 0,503 | 0,824 | 0,313 | 0,568 | 0,878 | 0,577 |
| NE | BA | Nova Itarana | 5285º | 0,198 | 0,217 | 0,473 | 0,371 | 0,158 | 0,400 | 0,790 | 0,376 |
| CO | MT | Nova Lacerda | 3604º | 0,400 | 0,560 | 0,530 | 0,711 | 0,201 | 0,459 | 0,713 | 0,501 |
| S | PR | Nova Laranjeiras | 4356º | 0,182 | 0,455 | 0,457 | 0,761 | 0,252 | 0,429 | 0,815 | 0,453 |
| SE | MG | Nova Lima | 905º | 0,800 | 0,871 | 0,223 | 0,955 | 0,678 | 0,661 | 0,949 | 0,708 |
| S | PR | Nova Londrina | 1073º | 0,582 | 0,857 | 0,591 | 0,846 | 0,522 | 0,585 | 0,960 | 0,696 |
| SE | SP | Nova Luzitânia | 49º | 0,809 | 0,863 | 0,845 | 0,756 | 0,537 | 0,655 | 1,000 | 0,793 |
| N | RO | Nova Mamoré | 4571º | 0,270 | 0,469 | 0,520 | 0,687 | 0,189 | 0,388 | 0,654 | 0,439 |
| CO | MT | Nova Marilândia | 1640º | 0,512 | 0,727 | 0,706 | 0,791 | 0,427 | 0,485 | 1,000 | 0,657 |
| CO | MT | Nova Maringá | 2640º | 0,525 | 0,777 | 0,595 | 0,817 | 0,271 | 0,428 | 0,763 | 0,587 |
| SE | MG | Nova Módica | 3352º | 0,258 | 0,458 | 0,573 | 0,536 | 0,258 | 0,537 | 1,000 | 0,520 |
| CO | MT | Nova Monte Verde | 2805º | 0,401 | 0,700 | 0,571 | 0,837 | 0,294 | 0,502 | 0,807 | 0,571 |
| CO | MT | Nova Mutum | 797º | 0,786 | 0,866 | 0,546 | 0,904 | 0,555 | 0,526 | 0,918 | 0,715 |
| CO | MT | Nova Nazaré | 3448º | 0,429 | 0,605 | 0,477 | 0,325 | 0,306 | 0,316 | 1,000 | 0,514 |
| SE | SP | Nova Odessa | 48º | 0,773 | 0,894 | 0,734 | 0,935 | 0,657 | 0,658 | 0,970 | 0,793 |

*a partir da melhor situação social ou maior IES

| Região | UF | Nome do Município 2010 | Posição* | Índice de Emprego | Índice de Pobreza | Índice de Desigualdade | Índice de Alfabetização | Índice de Escolaridade | Índice de Juventude | Índice de Violência | Índice de Exclusão |
|---|---|---|---|---|---|---|---|---|---|---|---|
| S | PR | Nova Olímpia | 615º | 0,570 | 0,857 | 0,781 | 0,767 | 0,429 | 0,655 | 1,000 | 0,729 |
| CO | MT | Nova Olímpia | 2701º | 0,693 | 0,606 | 0,408 | 0,725 | 0,362 | 0,425 | 0,911 | 0,581 |
| N | TO | Nova Olinda | 3647º | 0,446 | 0,425 | 0,525 | 0,598 | 0,299 | 0,425 | 0,805 | 0,498 |
| NE | PB | Nova Olinda | 4442º | 0,259 | 0,339 | 0,536 | 0,314 | 0,210 | 0,446 | 0,914 | 0,447 |
| NE | CE | Nova Olinda | 4637º | 0,251 | 0,277 | 0,438 | 0,548 | 0,313 | 0,444 | 0,854 | 0,435 |
| NE | MA | Nova Olinda do Maranhão | 4723º | 0,145 | 0,227 | 0,634 | 0,432 | 0,234 | 0,358 | 0,973 | 0,429 |
| N | AM | Nova Olinda do Norte | 5363º | 0,120 | 0,232 | 0,333 | 0,631 | 0,216 | 0,248 | 0,966 | 0,364 |
| S | RS | Nova Pádua | 576º | 0,204 | 0,987 | 0,933 | 0,947 | 0,326 | 0,767 | 1,000 | 0,732 |
| S | RS | Nova Palma | 1693º | 0,374 | 0,823 | 0,514 | 0,936 | 0,434 | 0,651 | 1,000 | 0,654 |
| NE | PB | Nova Palmeira | 3587º | 0,152 | 0,375 | 0,667 | 0,521 | 0,198 | 0,573 | 1,000 | 0,502 |
| S | RS | Nova Petrópolis | 133º | 0,673 | 0,949 | 0,697 | 0,965 | 0,466 | 0,737 | 1,000 | 0,777 |
| SE | MG | Nova Ponte | 1589º | 0,720 | 0,795 | 0,528 | 0,829 | 0,357 | 0,550 | 0,878 | 0,660 |
| SE | MG | Nova Porteirinha | 3113º | 0,344 | 0,426 | 0,764 | 0,643 | 0,295 | 0,489 | 0,859 | 0,543 |
| S | RS | Nova Prata | 109º | 0,716 | 0,937 | 0,688 | 0,956 | 0,544 | 0,694 | 1,000 | 0,782 |
| S | PR | Nova Prata do Iguaçu | 2207º | 0,327 | 0,760 | 0,658 | 0,805 | 0,398 | 0,573 | 0,900 | 0,620 |
| S | RS | Nova Ramada | 2041º | 0,218 | 0,824 | 0,591 | 0,883 | 0,298 | 0,704 | 1,000 | 0,631 |
| NE | BA | Nova Redenção | 4353º | 0,164 | 0,315 | 0,570 | 0,427 | 0,228 | 0,496 | 0,935 | 0,453 |
| SE | MG | Nova Resende | 2562º | 0,208 | 0,744 | 0,654 | 0,845 | 0,257 | 0,586 | 0,966 | 0,595 |
| CO | GO | Nova Roma | 2996º | 0,247 | 0,526 | 0,672 | 0,604 | 0,301 | 0,527 | 1,000 | 0,554 |
| S | RS | Nova Roma do Sul | 1129º | 0,279 | 0,968 | 0,694 | 0,909 | 0,331 | 0,718 | 1,000 | 0,691 |
| N | TO | Nova Rosalândia | 3332º | 0,321 | 0,345 | 0,505 | 0,671 | 0,446 | 0,495 | 1,000 | 0,522 |

*a partir da melhor situação social ou maior IES

| Região | UF | Nome do Município 2010 | Posição* | Índice de Emprego | Índice de Pobreza | Índice de Desigualdade | Índice de Alfabetização | Índice de Escolaridade | Índice de Juventude | Índice de Violência | Índice de Exclusão |
|---|---|---|---|---|---|---|---|---|---|---|---|
| NE | CE | Nova Russas | 3952º | 0,216 | 0,396 | 0,570 | 0,403 | 0,281 | 0,508 | 0,899 | 0,477 |
| S | PR | Nova Santa Bárbara | 2780º | 0,337 | 0,639 | 0,576 | 0,691 | 0,409 | 0,557 | 0,867 | 0,574 |
| CO | MT | Nova Santa Helena | 3065º | 0,370 | 0,677 | 0,317 | 0,768 | 0,310 | 0,513 | 1,000 | 0,548 |
| S | RS | Nova Santa Rita | 923º | 0,644 | 0,838 | 0,700 | 0,884 | 0,417 | 0,538 | 0,977 | 0,706 |
| NE | PI | Nova Santa Rita | 5315º | 0,170 | 0,198 | 0,338 | 0,294 | 0,137 | 0,410 | 1,000 | 0,372 |
| S | PR | Nova Santa Rosa | 1178º | 0,377 | 0,902 | 0,751 | 0,947 | 0,432 | 0,648 | 0,864 | 0,687 |
| SE | MG | Nova Serrana | 573º | 0,713 | 0,894 | 0,854 | 0,890 | 0,363 | 0,531 | 0,880 | 0,732 |
| NE | BA | Nova Soure | 4982º | 0,185 | 0,292 | 0,438 | 0,363 | 0,227 | 0,440 | 0,892 | 0,411 |
| S | PR | Nova Tebas | 3407º | 0,220 | 0,538 | 0,585 | 0,650 | 0,274 | 0,539 | 0,859 | 0,517 |
| N | PA | Nova Timboteua | 4035º | 0,199 | 0,339 | 0,551 | 0,523 | 0,281 | 0,482 | 0,962 | 0,473 |
| S | SC | Nova Trento | 108º | 0,743 | 0,922 | 0,849 | 0,930 | 0,416 | 0,652 | 0,957 | 0,782 |
| CO | MT | Nova Ubiratã | 2645º | 0,625 | 0,686 | 0,547 | 0,784 | 0,261 | 0,472 | 0,774 | 0,586 |
| SE | MG | Nova União | 2419º | 0,414 | 0,575 | 0,736 | 0,769 | 0,293 | 0,576 | 0,906 | 0,604 |
| N | RO | Nova União | 3657º | 0,134 | 0,472 | 0,652 | 0,695 | 0,181 | 0,435 | 1,000 | 0,498 |
| SE | ES | Nova Venécia | 2086º | 0,443 | 0,721 | 0,614 | 0,772 | 0,452 | 0,575 | 0,887 | 0,628 |
| S | SC | Nova Veneza | 104º | 0,747 | 0,932 | 0,775 | 0,950 | 0,501 | 0,613 | 1,000 | 0,782 |
| CO | GO | Nova Veneza | 1335º | 0,445 | 0,724 | 0,713 | 0,841 | 0,492 | 0,605 | 1,000 | 0,676 |
| NE | BA | Nova Viçosa | 4311º | 0,403 | 0,476 | 0,353 | 0,615 | 0,315 | 0,426 | 0,690 | 0,456 |
| CO | MT | Nova Xavantina | 2330º | 0,417 | 0,704 | 0,523 | 0,788 | 0,433 | 0,566 | 0,947 | 0,611 |
| SE | SP | Novais | 696º | 0,835 | 0,832 | 0,679 | 0,776 | 0,316 | 0,553 | 1,000 | 0,723 |
| N | TO | Novo Acordo | 4195º | 0,327 | 0,454 | 0,491 | 0,652 | 0,343 | 0,363 | 0,723 | 0,462 |
| N | AM | Novo Airão | 4992º | 0,245 | 0,292 | 0,390 | 0,609 | 0,301 | 0,290 | 0,894 | 0,410 |

*a partir da melhor situação social ou maior IES

| Região | UF | Nome do Município 2010 | Posição* | Índice de Emprego | Índice de Pobreza | Índice de Desigualdade | Índice de Alfabetização | Índice de Escolaridade | Índice de Juventude | Índice de Violência | Índice de Exclusão |
|---|---|---|---|---|---|---|---|---|---|---|---|
| N | TO | Novo Alegre | 3162º | 0,293 | 0,487 | 0,533 | 0,776 | 0,592 | 0,519 | 0,772 | 0,538 |
| N | AM | Novo Aripuanã | 5034º | 0,178 | 0,256 | 0,445 | 0,488 | 0,295 | 0,284 | 0,976 | 0,405 |
| S | RS | Novo Barreiro | 3125º | 0,248 | 0,710 | 0,354 | 0,789 | 0,261 | 0,672 | 0,869 | 0,542 |
| CO | GO | Novo Brasil | 1966º | 0,331 | 0,783 | 0,710 | 0,747 | 0,364 | 0,679 | 0,852 | 0,637 |
| S | RS | Novo Cabrais | 3008º | 0,151 | 0,769 | 0,718 | 0,825 | 0,213 | 0,672 | 0,595 | 0,553 |
| SE | MG | Novo Cruzeiro | 4629º | 0,244 | 0,352 | 0,515 | 0,447 | 0,157 | 0,386 | 0,915 | 0,435 |
| CO | GO | Novo Gama | 2667º | 0,683 | 0,616 | 0,599 | 0,819 | 0,435 | 0,428 | 0,622 | 0,584 |
| S | RS | Novo Hamburgo | 908º | 0,714 | 0,873 | 0,514 | 0,913 | 0,542 | 0,628 | 0,867 | 0,707 |
| SE | SP | Novo Horizonte | 457º | 0,711 | 0,884 | 0,677 | 0,874 | 0,474 | 0,661 | 0,929 | 0,741 |
| S | SC | Novo Horizonte | 1725º | 0,274 | 0,836 | 0,789 | 0,765 | 0,320 | 0,584 | 1,000 | 0,652 |
| NE | BA | Novo Horizonte | 4237º | 0,137 | 0,326 | 0,443 | 0,558 | 0,264 | 0,552 | 1,000 | 0,459 |
| CO | MT | Novo Horizonte do Norte | 3073º | 0,341 | 0,617 | 0,602 | 0,714 | 0,292 | 0,584 | 0,722 | 0,547 |
| N | RO | Novo Horizonte do Oeste | 3601º | 0,218 | 0,435 | 0,547 | 0,709 | 0,261 | 0,501 | 0,949 | 0,501 |
| CO | MS | Novo Horizonte do Sul | 2191º | 0,411 | 0,720 | 0,767 | 0,742 | 0,285 | 0,529 | 0,895 | 0,621 |
| S | PR | Novo Itacolomi | 1222º | 0,300 | 0,781 | 0,813 | 0,820 | 0,485 | 0,651 | 1,000 | 0,684 |
| N | TO | Novo Jardim | 4535º | 0,316 | 0,392 | 0,684 | 0,590 | 0,255 | 0,327 | 0,577 | 0,441 |
| NE | AL | Novo Lino | 4745º | 0,451 | 0,214 | 0,488 | 0,207 | 0,178 | 0,367 | 0,914 | 0,427 |
| S | RS | Novo Machado | 2507º | 0,133 | 0,705 | 0,753 | 0,866 | 0,205 | 0,734 | 0,867 | 0,598 |
| CO | MT | Novo Mundo | 3512º | 0,225 | 0,586 | 0,529 | 0,770 | 0,274 | 0,456 | 0,858 | 0,509 |

*a partir da melhor situação social ou maior IES

ATLAS DA EXCLUSÃO SOCIAL NO BRASIL                                                                                         251

| Região | UF | Nome do Município 2010 | Posição* | Índice de Emprego | Índice de Pobreza | Índice de Desigualdade | Índice de Alfabetização | Índice de Escolaridade | Índice de Juventude | Índice de Violência | Índice de Exclusão |
|---|---|---|---|---|---|---|---|---|---|---|---|
| NE | CE | Novo Oriente | 5158º | 0,167 | 0,257 | 0,377 | 0,332 | 0,185 | 0,482 | 0,905 | 0,394 |
| SE | MG | Novo Oriente de Minas | 5024º | 0,243 | 0,362 | 0,470 | 0,366 | 0,166 | 0,469 | 0,698 | 0,407 |
| NE | PI | Novo Oriente do Piauí | 4340º | 0,201 | 0,312 | 0,550 | 0,300 | 0,123 | 0,543 | 1,000 | 0,454 |
| CO | GO | Novo Planalto | 2826º | 0,380 | 0,528 | 0,577 | 0,610 | 0,321 | 0,565 | 1,000 | 0,569 |
| N | PA | Novo Progresso | 4209º | 0,247 | 0,700 | 0,481 | 0,781 | 0,287 | 0,425 | 0,462 | 0,461 |
| N | PA | Novo Repartimento | 5426º | 0,163 | 0,264 | 0,405 | 0,497 | 0,148 | 0,307 | 0,748 | 0,351 |
| CO | MT | Novo Santo Antônio | 3284º | 0,239 | 0,528 | 0,524 | 0,772 | 0,302 | 0,462 | 1,000 | 0,526 |
| NE | PI | Novo Santo Antônio | 5001º | 0,257 | 0,251 | 0,468 | 0,271 | 0,130 | 0,512 | 0,840 | 0,409 |
| CO | MT | Novo São Joaquim | 2752º | 0,379 | 0,589 | 0,594 | 0,703 | 0,237 | 0,557 | 1,000 | 0,577 |
| S | RS | Novo Tiradentes | 2880º | 0,160 | 0,702 | 0,745 | 0,704 | 0,234 | 0,643 | 0,772 | 0,565 |
| NE | BA | Novo Triunfo | 4842º | 0,162 | 0,181 | 0,550 | 0,518 | 0,205 | 0,484 | 0,896 | 0,421 |
| S | RS | Novo Xingu | 1317º | 0,248 | 0,874 | 0,752 | 0,902 | 0,330 | 0,707 | 1,000 | 0,678 |
| SE | MG | Novorizonte | 3105º | 0,338 | 0,453 | 0,705 | 0,589 | 0,196 | 0,493 | 1,000 | 0,544 |
| SE | SP | Nuporanga | 245º | 0,741 | 0,879 | 0,686 | 0,900 | 0,513 | 0,651 | 1,000 | 0,762 |
| N | PA | Óbidos | 5061º | 0,143 | 0,268 | 0,414 | 0,617 | 0,256 | 0,321 | 0,958 | 0,402 |
| NE | CE | Ocara | 4690º | 0,153 | 0,235 | 0,526 | 0,403 | 0,236 | 0,483 | 0,957 | 0,431 |
| SE | SP | Ocauçu | 770º | 0,571 | 0,788 | 0,787 | 0,831 | 0,426 | 0,624 | 1,000 | 0,716 |
| NE | PI | Oeiras | 3938º | 0,239 | 0,421 | 0,421 | 0,448 | 0,331 | 0,488 | 0,985 | 0,478 |
| N | PA | Oeiras do Pará | 5484º | 0,116 | 0,156 | 0,451 | 0,420 | 0,135 | 0,174 | 0,945 | 0,334 |
| N | AP | Oiapoque | 4540º | 0,270 | 0,533 | 0,218 | 0,768 | 0,319 | 0,287 | 0,924 | 0,441 |
| SE | MG | Olaria | 1858º | 0,498 | 0,618 | 0,737 | 0,668 | 0,228 | 0,674 | 1,000 | 0,643 |
| SE | SP | Óleo | 723º | 0,538 | 0,838 | 0,732 | 0,870 | 0,466 | 0,645 | 1,000 | 0,720 |

*a partir da melhor situação social ou maior IES

| Região | UF | Nome do Município 2010 | Posição* | Índice de Emprego | Índice de Pobreza | Índice de Desigualdade | Índice de Alfabetização | Índice de Escolaridade | Índice de Juventude | Índice de Violência | Índice de Exclusão |
|---|---|---|---|---|---|---|---|---|---|---|---|
| NE | PB | Olho d'Água | 5073º | 0,213 | 0,255 | 0,482 | 0,325 | 0,193 | 0,489 | 0,775 | 0,401 |
| NE | MA | Olho d'Água das Cunhãs | 4999º | 0,174 | 0,260 | 0,507 | 0,249 | 0,234 | 0,443 | 0,888 | 0,409 |
| NE | AL | Olho d'Água das Flores | 5146º | 0,185 | 0,272 | 0,478 | 0,349 | 0,223 | 0,399 | 0,821 | 0,395 |
| NE | AL | Olho d'Água do Casado | 5382º | 0,194 | 0,247 | 0,492 | 0,196 | 0,114 | 0,326 | 0,816 | 0,361 |
| NE | PI | Olho D'Água do Piauí | 4594º | 0,135 | 0,264 | 0,462 | 0,572 | 0,265 | 0,460 | 1,000 | 0,437 |
| NE | AL | Olho d'Água Grande | 5431º | 0,153 | 0,147 | 0,413 | 0,095 | 0,126 | 0,350 | 1,000 | 0,350 |
| NE | RN | Olho--d'Água do Borges | 3464º | 0,280 | 0,373 | 0,604 | 0,257 | 0,265 | 0,611 | 1,000 | 0,512 |
| SE | MG | Olhos--d'Água | 2897º | 0,462 | 0,523 | 0,661 | 0,632 | 0,189 | 0,446 | 1,000 | 0,563 |
| SE | SP | Olímpia | 163º | 0,735 | 0,878 | 0,697 | 0,895 | 0,607 | 0,678 | 0,958 | 0,771 |
| SE | MG | Olímpio Noronha | 1076º | 0,718 | 0,647 | 0,766 | 0,749 | 0,304 | 0,624 | 1,000 | 0,695 |
| NE | PE | Olinda | 2129º | 0,612 | 0,625 | 0,459 | 0,848 | 0,686 | 0,620 | 0,703 | 0,625 |
| NE | MA | Olinda Nova do Maranhão | 5223º | 0,154 | 0,147 | 0,393 | 0,395 | 0,270 | 0,369 | 1,000 | 0,384 |
| NE | BA | Olindina | 5155º | 0,207 | 0,266 | 0,404 | 0,353 | 0,198 | 0,454 | 0,833 | 0,394 |
| NE | PB | Olivedos | 3708º | 0,303 | 0,294 | 0,571 | 0,617 | 0,333 | 0,554 | 0,857 | 0,494 |
| SE | MG | Oliveira | 912º | 0,660 | 0,758 | 0,668 | 0,897 | 0,394 | 0,641 | 0,987 | 0,707 |
| N | TO | Oliveira de Fátima | 2999º | 0,461 | 0,470 | 0,451 | 0,629 | 0,482 | 0,461 | 1,000 | 0,553 |
| NE | BA | Oliveira dos Brejinhos | 4925º | 0,121 | 0,259 | 0,450 | 0,525 | 0,170 | 0,463 | 0,976 | 0,415 |
| SE | MG | Oliveira Fortes | 2424º | 0,428 | 0,553 | 0,699 | 0,657 | 0,221 | 0,620 | 1,000 | 0,603 |

*a partir da melhor situação social ou maior IES)

| Região | UF | Nome do Município 2010 | Posição* | Índice de Emprego | Índice de Pobreza | Índice de Desigualdade | Índice de Alfabetização | Índice de Escolaridade | Índice de Juventude | Índice de Violência | Índice de Exclusão |
|---|---|---|---|---|---|---|---|---|---|---|---|
| NE | AL | Olivença | 5403º | 0,128 | 0,243 | 0,471 | 0,244 | 0,108 | 0,375 | 0,812 | 0,355 |
| SE | MG | Onça de Pitangui | 1931º | 0,537 | 0,665 | 0,707 | 0,798 | 0,262 | 0,529 | 1,000 | 0,639 |
| SE | SP | Onda Verde | 59º | 0,773 | 0,880 | 0,872 | 0,824 | 0,547 | 0,605 | 1,000 | 0,791 |
| SE | MG | Oratórios | 1361º | 0,716 | 0,590 | 0,788 | 0,696 | 0,277 | 0,573 | 1,000 | 0,675 |
| SE | SP | Oriente | 207º | 0,772 | 0,816 | 0,680 | 0,895 | 0,683 | 0,678 | 0,915 | 0,766 |
| SE | SP | Orindiúva | 33º | 0,792 | 0,895 | 0,814 | 0,864 | 0,659 | 0,590 | 1,000 | 0,799 |
| N | PA | Oriximiná | 4747º | 0,293 | 0,329 | 0,295 | 0,674 | 0,341 | 0,283 | 0,975 | 0,427 |
| SE | MG | Orizânia | 4658º | 0,153 | 0,287 | 0,481 | 0,676 | 0,142 | 0,489 | 0,929 | 0,433 |
| CO | GO | Orizona | 2114º | 0,352 | 0,736 | 0,564 | 0,859 | 0,385 | 0,636 | 0,964 | 0,626 |
| SE | SP | Orlândia | 327º | 0,776 | 0,891 | 0,582 | 0,898 | 0,596 | 0,639 | 0,948 | 0,751 |
| S | SC | Orleans | 654º | 0,699 | 0,862 | 0,642 | 0,904 | 0,460 | 0,619 | 0,951 | 0,726 |
| NE | PE | Orobó | 4683º | 0,175 | 0,313 | 0,528 | 0,408 | 0,268 | 0,484 | 0,818 | 0,431 |
| NE | PE | Orocó | 5038º | 0,089 | 0,233 | 0,551 | 0,460 | 0,327 | 0,397 | 0,842 | 0,405 |
| NE | CE | Orós | 3813º | 0,159 | 0,407 | 0,600 | 0,403 | 0,287 | 0,577 | 0,903 | 0,487 |
| S | PR | Ortigueira | 3633º | 0,303 | 0,520 | 0,565 | 0,655 | 0,156 | 0,500 | 0,822 | 0,499 |
| SE | SP | Osasco | 721º | 0,773 | 0,808 | 0,500 | 0,914 | 0,660 | 0,620 | 0,896 | 0,720 |
| SE | SP | Oscar Bressane | 667º | 0,541 | 0,809 | 0,684 | 0,821 | 0,526 | 0,723 | 1,000 | 0,725 |
| S | RS | Osório | 873º | 0,665 | 0,852 | 0,522 | 0,904 | 0,569 | 0,644 | 0,924 | 0,711 |
| SE | SP | Osvaldo Cruz | 310º | 0,670 | 0,842 | 0,640 | 0,884 | 0,594 | 0,721 | 0,983 | 0,754 |
| S | SC | Otacílio Costa | 474º | 0,728 | 0,841 | 0,748 | 0,845 | 0,496 | 0,540 | 1,000 | 0,740 |
| N | PA | Ourém | 5397º | 0,090 | 0,253 | 0,339 | 0,510 | 0,218 | 0,360 | 0,841 | 0,357 |
| NE | BA | Ouriçangas | 3203º | 0,341 | 0,401 | 0,674 | 0,450 | 0,257 | 0,526 | 1,000 | 0,535 |
| NE | PE | Ouricuri | 5136º | 0,238 | 0,304 | 0,357 | 0,338 | 0,222 | 0,398 | 0,871 | 0,396 |
| N | PA | Ourilândia do Norte | 4189º | 0,486 | 0,500 | 0,433 | 0,680 | 0,303 | 0,378 | 0,563 | 0,463 |
| SE | SP | Ourinhos | 547º | 0,701 | 0,854 | 0,566 | 0,908 | 0,628 | 0,633 | 0,955 | 0,734 |
| S | PR | Ourizona | 417º | 0,665 | 0,884 | 0,703 | 0,828 | 0,464 | 0,655 | 1,000 | 0,744 |
| S | SC | Ouro | 670º | 0,509 | 0,928 | 0,674 | 0,932 | 0,460 | 0,653 | 1,000 | 0,725 |

*a partir da melhor situação social ou maior IES)

| Região | UF | Nome do Município 2010 | Posição* | Índice de Emprego | Índice de Pobreza | Índice de Desigualdade | Índice de Alfabetização | Índice de Escolaridade | Índice de Juventude | Índice de Violência | Índice de Exclusão |
|---|---|---|---|---|---|---|---|---|---|---|---|
| SE | MG | Ouro Branco | 578º | 0,755 | 0,820 | 0,548 | 0,920 | 0,668 | 0,601 | 0,941 | 0,732 |
| NE | RN | Ouro Branco | 2441º | 0,335 | 0,542 | 0,719 | 0,538 | 0,388 | 0,627 | 1,000 | 0,602 |
| NE | AL | Ouro Branco | 4952º | 0,152 | 0,286 | 0,480 | 0,305 | 0,212 | 0,384 | 1,000 | 0,413 |
| SE | MG | Ouro Fino | 1146º | 0,518 | 0,788 | 0,660 | 0,826 | 0,452 | 0,662 | 0,967 | 0,690 |
| SE | MG | Ouro Preto | 898º | 0,664 | 0,777 | 0,567 | 0,918 | 0,597 | 0,604 | 0,963 | 0,708 |
| N | RO | Ouro Preto do Oeste | 2671º | 0,406 | 0,700 | 0,598 | 0,780 | 0,373 | 0,522 | 0,794 | 0,584 |
| NE | PB | Ouro Velho | 3281º | 0,176 | 0,413 | 0,620 | 0,550 | 0,378 | 0,570 | 1,000 | 0,526 |
| SE | SP | Ouro Verde | 933º | 0,711 | 0,765 | 0,778 | 0,750 | 0,338 | 0,596 | 0,933 | 0,705 |
| S | SC | Ouro Verde | 2235º | 0,507 | 0,667 | 0,514 | 0,769 | 0,359 | 0,569 | 1,000 | 0,618 |
| CO | GO | Ouro Verde de Goiás | 2859º | 0,296 | 0,667 | 0,601 | 0,796 | 0,376 | 0,596 | 0,742 | 0,567 |
| SE | MG | Ouro Verde de Minas | 4321º | 0,218 | 0,384 | 0,552 | 0,455 | 0,240 | 0,481 | 0,827 | 0,455 |
| S | PR | Ouro Verde do Oeste | 1620º | 0,654 | 0,797 | 0,750 | 0,833 | 0,363 | 0,589 | 0,634 | 0,658 |
| SE | SP | Ouroeste | 522º | 0,585 | 0,858 | 0,711 | 0,830 | 0,555 | 0,647 | 1,000 | 0,736 |
| NE | BA | Ourolândia | 4894º | 0,190 | 0,255 | 0,524 | 0,417 | 0,190 | 0,426 | 0,905 | 0,418 |
| CO | GO | Ouvidor | 714º | 0,602 | 0,830 | 0,681 | 0,884 | 0,592 | 0,640 | 0,905 | 0,721 |
| SE | SP | Pacaembu | 782º | 0,567 | 0,802 | 0,668 | 0,835 | 0,393 | 0,784 | 0,961 | 0,716 |
| N | PA | Pacajá | 5537º | 0,140 | 0,211 | 0,277 | 0,454 | 0,145 | 0,313 | 0,623 | 0,296 |
| NE | CE | Pacajus | 2916º | 0,497 | 0,470 | 0,629 | 0,630 | 0,388 | 0,488 | 0,849 | 0,561 |
| N | RR | Pacaraima | 5121º | 0,286 | 0,368 | 0,125 | 0,722 | 0,441 | 0,180 | 0,950 | 0,396 |
| NE | CE | Pacatuba | 2157º | 0,650 | 0,445 | 0,654 | 0,808 | 0,541 | 0,480 | 0,914 | 0,623 |
| NE | SE | Pacatuba | 5258º | 0,144 | 0,180 | 0,424 | 0,345 | 0,214 | 0,386 | 0,960 | 0,380 |
| NE | MA | Paço do Lumiar | 1942º | 0,524 | 0,525 | 0,575 | 0,856 | 0,816 | 0,502 | 0,906 | 0,639 |
| NE | CE | Pacoti | 4018º | 0,215 | 0,353 | 0,568 | 0,621 | 0,340 | 0,455 | 0,866 | 0,474 |
| NE | CE | Pacujá | 4343º | 0,100 | 0,317 | 0,585 | 0,452 | 0,346 | 0,481 | 0,913 | 0,454 |
| CO | GO | Padre Bernardo | 3728º | 0,425 | 0,555 | 0,451 | 0,685 | 0,303 | 0,438 | 0,680 | 0,493 |

*a partir da melhor situação social ou maior IES)

| Região | UF | Nome do Município 2010 | Posição* | Índice de Emprego | Índice de Pobreza | Índice de Desigualdade | Índice de Alfabetização | Índice de Escolaridade | Índice de Juventude | Índice de Violência | Índice de Exclusão |
|---|---|---|---|---|---|---|---|---|---|---|---|
| SE | MG | Padre Carvalho | 3443º | 0,567 | 0,410 | 0,692 | 0,441 | 0,170 | 0,369 | 0,822 | 0,514 |
| NE | PI | Padre Marcos | 4781º | 0,142 | 0,260 | 0,530 | 0,180 | 0,145 | 0,530 | 1,000 | 0,425 |
| SE | MG | Padre Paraíso | 4487º | 0,212 | 0,328 | 0,491 | 0,546 | 0,229 | 0,462 | 0,890 | 0,444 |
| NE | PI | Paes Landim | 4223º | 0,208 | 0,257 | 0,572 | 0,455 | 0,289 | 0,445 | 1,000 | 0,460 |
| SE | MG | Pai Pedro | 3889º | 0,289 | 0,270 | 0,649 | 0,398 | 0,236 | 0,453 | 1,000 | 0,482 |
| S | SC | Paial | 1764º | 0,311 | 0,817 | 0,709 | 0,823 | 0,348 | 0,596 | 1,000 | 0,650 |
| S | PR | Paiçandu | 407º | 0,785 | 0,861 | 0,838 | 0,850 | 0,386 | 0,587 | 0,870 | 0,744 |
| S | RS | Paim Filho | 1765º | 0,285 | 0,829 | 0,654 | 0,848 | 0,325 | 0,670 | 1,000 | 0,650 |
| SE | MG | Paineiras | 2190º | 0,367 | 0,715 | 0,659 | 0,794 | 0,274 | 0,682 | 0,888 | 0,621 |
| S | SC | Painel | 2445º | 0,429 | 0,628 | 0,590 | 0,765 | 0,259 | 0,583 | 1,000 | 0,602 |
| SE | MG | Pains | 1101º | 0,598 | 0,809 | 0,650 | 0,876 | 0,365 | 0,658 | 0,935 | 0,693 |
| SE | MG | Paiva | 1554º | 0,431 | 0,659 | 0,688 | 0,756 | 0,408 | 0,713 | 1,000 | 0,663 |
| NE | PI | Pajeú do Piauí | 4916º | 0,108 | 0,330 | 0,398 | 0,321 | 0,126 | 0,539 | 1,000 | 0,416 |
| SE | SP | Palestina | 463º | 0,632 | 0,863 | 0,766 | 0,845 | 0,413 | 0,697 | 0,953 | 0,741 |
| NE | AL | Palestina | 5241º | 0,234 | 0,201 | 0,390 | 0,267 | 0,212 | 0,313 | 1,000 | 0,382 |
| CO | GO | Palestina de Goiás | 1404º | 0,342 | 0,746 | 0,807 | 0,839 | 0,383 | 0,641 | 1,000 | 0,672 |
| N | PA | Palestina do Pará | 4669º | 0,266 | 0,301 | 0,471 | 0,445 | 0,250 | 0,369 | 0,930 | 0,432 |
| NE | CE | Palhano | 3274º | 0,273 | 0,356 | 0,645 | 0,429 | 0,388 | 0,597 | 0,941 | 0,528 |
| S | SC | Palhoça | 139º | 0,783 | 0,922 | 0,773 | 0,913 | 0,579 | 0,581 | 0,924 | 0,776 |
| SE | MG | Palma | 2076º | 0,412 | 0,570 | 0,571 | 0,773 | 0,465 | 0,696 | 1,000 | 0,629 |
| S | SC | Palma Sola | 2265º | 0,462 | 0,755 | 0,579 | 0,841 | 0,332 | 0,503 | 0,933 | 0,616 |
| NE | CE | Palmácia | 5015º | 0,318 | 0,295 | 0,328 | 0,534 | 0,264 | 0,488 | 0,697 | 0,408 |
| NE | PE | Palmares | 3502º | 0,441 | 0,364 | 0,555 | 0,537 | 0,407 | 0,474 | 0,808 | 0,510 |
| S | RS | Palmares do Sul | 2262º | 0,520 | 0,739 | 0,474 | 0,828 | 0,361 | 0,660 | 0,810 | 0,616 |
| SE | SP | Palmares Paulista | 32º | 0,971 | 0,886 | 0,891 | 0,783 | 0,409 | 0,581 | 0,952 | 0,800 |

*a partir da melhor situação social ou maior IES)

| Região | UF | Nome do Município 2010 | Posição* | Índice de Emprego | Índice de Pobreza | Índice de Desigualdade | Índice de Alfabetização | Índice de Escolaridade | Índice de Juventude | Índice de Violência | Índice de Exclusão |
|---|---|---|---|---|---|---|---|---|---|---|---|
| N | TO | Palmas | 1185º | 0,666 | 0,798 | 0,414 | 0,895 | 0,874 | 0,491 | 0,895 | 0,687 |
| S | PR | Palmas | 2535º | 0,680 | 0,662 | 0,487 | 0,800 | 0,339 | 0,421 | 0,867 | 0,596 |
| NE | BA | Palmas de Monte Alto | 3918º | 0,243 | 0,369 | 0,600 | 0,423 | 0,237 | 0,511 | 0,900 | 0,479 |
| S | SC | Palmeira | 2028º | 0,466 | 0,657 | 0,706 | 0,749 | 0,274 | 0,573 | 1,000 | 0,632 |
| S | PR | Palmeira | 2359º | 0,495 | 0,693 | 0,423 | 0,917 | 0,432 | 0,550 | 0,935 | 0,609 |
| S | RS | Palmeira das Missões | 1920º | 0,480 | 0,758 | 0,530 | 0,820 | 0,536 | 0,589 | 0,879 | 0,640 |
| NE | PI | Palmeira do Piauí | 5017º | 0,141 | 0,302 | 0,404 | 0,447 | 0,171 | 0,405 | 1,000 | 0,408 |
| SE | SP | Palmeira d'Oeste | 1046º | 0,361 | 0,866 | 0,725 | 0,850 | 0,476 | 0,717 | 0,946 | 0,698 |
| NE | AL | Palmeira dos Índios | 4258º | 0,311 | 0,438 | 0,446 | 0,470 | 0,331 | 0,510 | 0,697 | 0,458 |
| NE | PI | Palmeirais | 5237º | 0,116 | 0,218 | 0,420 | 0,293 | 0,178 | 0,432 | 0,962 | 0,383 |
| NE | MA | Palmeirândia | 5344º | 0,078 | 0,124 | 0,444 | 0,419 | 0,187 | 0,414 | 0,945 | 0,367 |
| N | TO | Palmeirante | 5162º | 0,133 | 0,330 | 0,444 | 0,510 | 0,231 | 0,382 | 0,790 | 0,393 |
| NE | BA | Palmeiras | 4005º | 0,199 | 0,391 | 0,429 | 0,646 | 0,309 | 0,467 | 1,000 | 0,474 |
| CO | GO | Palmeiras de Goiás | 1571º | 0,467 | 0,804 | 0,690 | 0,819 | 0,411 | 0,616 | 0,866 | 0,661 |
| N | TO | Palmeiras do Tocantins | 3434º | 0,424 | 0,408 | 0,570 | 0,605 | 0,330 | 0,401 | 0,909 | 0,515 |
| NE | PE | Palmeirina | 5027º | 0,190 | 0,319 | 0,524 | 0,296 | 0,241 | 0,441 | 0,746 | 0,407 |
| N | TO | Palmeirópolis | 2971º | 0,294 | 0,527 | 0,538 | 0,742 | 0,361 | 0,540 | 1,000 | 0,556 |
| CO | GO | Palmelo | 1798º | 0,516 | 0,768 | 0,439 | 0,820 | 0,463 | 0,620 | 1,000 | 0,647 |
| CO | GO | Palminópolis | 2302º | 0,310 | 0,744 | 0,532 | 0,759 | 0,321 | 0,671 | 1,000 | 0,613 |
| SE | SP | Palmital | 783º | 0,613 | 0,797 | 0,655 | 0,904 | 0,526 | 0,675 | 0,926 | 0,716 |
| S | PR | Palmital | 3351º | 0,254 | 0,574 | 0,543 | 0,708 | 0,296 | 0,466 | 0,895 | 0,520 |
| S | RS | Palmitinho | 1641º | 0,343 | 0,806 | 0,712 | 0,823 | 0,416 | 0,632 | 0,925 | 0,657 |
| S | SC | Palmitos | 1392º | 0,398 | 0,880 | 0,649 | 0,861 | 0,397 | 0,654 | 0,935 | 0,673 |

*a partir da melhor situação social ou maior IES

| Região | UF | Nome do Município 2010 | Posição* | Índice de Emprego | Índice de Pobreza | Índice de Desigualdade | Índice de Alfabetização | Índice de Escolaridade | Índice de Juventude | Índice de Violência | Índice de Exclusão |
|---|---|---|---|---|---|---|---|---|---|---|---|
| SE | MG | Palmópolis | 3894º | 0,170 | 0,353 | 0,659 | 0,414 | 0,180 | 0,507 | 1,000 | 0,481 |
| S | PR | Palotina | 860º | 0,616 | 0,869 | 0,622 | 0,883 | 0,619 | 0,616 | 0,855 | 0,711 |
| CO | GO | Panamá | 1155º | 0,592 | 0,781 | 0,700 | 0,692 | 0,335 | 0,647 | 1,000 | 0,690 |
| S | RS | Panambi | 167º | 0,751 | 0,902 | 0,675 | 0,934 | 0,557 | 0,649 | 0,986 | 0,770 |
| SE | ES | Pancas | 3190º | 0,251 | 0,564 | 0,580 | 0,658 | 0,314 | 0,552 | 0,879 | 0,536 |
| NE | PE | Panelas | 5239º | 0,114 | 0,303 | 0,450 | 0,236 | 0,170 | 0,417 | 0,878 | 0,383 |
| SE | SP | Panorama | 1535º | 0,548 | 0,797 | 0,656 | 0,813 | 0,421 | 0,563 | 0,893 | 0,664 |
| S | RS | Pantano Grande | 2001º | 0,530 | 0,674 | 0,600 | 0,788 | 0,293 | 0,582 | 1,000 | 0,634 |
| NE | AL | Pão de Açúcar | 5074º | 0,223 | 0,253 | 0,452 | 0,322 | 0,261 | 0,384 | 0,869 | 0,401 |
| SE | MG | Papagaios | 2711º | 0,496 | 0,576 | 0,585 | 0,828 | 0,336 | 0,503 | 0,853 | 0,580 |
| S | SC | Papanduva | 2304º | 0,386 | 0,724 | 0,628 | 0,850 | 0,350 | 0,519 | 0,942 | 0,613 |
| NE | PI | Paquetá | 5249º | 0,120 | 0,241 | 0,589 | 0,121 | 0,082 | 0,540 | 0,749 | 0,382 |
| SE | MG | Pará de Minas | 452º | 0,751 | 0,830 | 0,712 | 0,929 | 0,452 | 0,611 | 0,957 | 0,741 |
| SE | RJ | Paracambi | 974º | 0,590 | 0,712 | 0,642 | 0,901 | 0,556 | 0,665 | 0,967 | 0,703 |
| SE | MG | Paracatu | 1785º | 0,632 | 0,722 | 0,559 | 0,850 | 0,546 | 0,506 | 0,846 | 0,648 |
| NE | CE | Paracuru | 3719º | 0,302 | 0,355 | 0,488 | 0,586 | 0,389 | 0,479 | 0,934 | 0,494 |
| N | PA | Paragominas | 4564º | 0,505 | 0,483 | 0,368 | 0,689 | 0,346 | 0,362 | 0,458 | 0,439 |
| SE | MG | Paraguaçu | 791º | 0,627 | 0,769 | 0,741 | 0,860 | 0,406 | 0,630 | 1,000 | 0,715 |
| SE | SP | Paraguaçu Paulista | 606º | 0,715 | 0,821 | 0,657 | 0,872 | 0,581 | 0,628 | 0,902 | 0,730 |
| S | RS | Paraí | 264º | 0,657 | 0,952 | 0,632 | 0,965 | 0,462 | 0,711 | 1,000 | 0,759 |
| SE | RJ | Paraíba do Sul | 1713º | 0,604 | 0,696 | 0,573 | 0,895 | 0,482 | 0,621 | 0,823 | 0,653 |
| NE | MA | Paraibano | 4700º | 0,252 | 0,308 | 0,453 | 0,400 | 0,208 | 0,430 | 0,922 | 0,430 |
| SE | SP | Paraibuna | 1579º | 0,581 | 0,742 | 0,548 | 0,839 | 0,435 | 0,590 | 0,970 | 0,661 |
| NE | CE | Paraipaba | 4096º | 0,218 | 0,335 | 0,566 | 0,601 | 0,336 | 0,457 | 0,861 | 0,469 |
| SE | SP | Paraíso | 177º | 0,785 | 0,903 | 0,675 | 0,832 | 0,500 | 0,667 | 1,000 | 0,769 |
| S | SC | Paraíso | 2522º | 0,215 | 0,806 | 0,573 | 0,797 | 0,266 | 0,594 | 1,000 | 0,597 |
| S | PR | Paraíso do Norte | 499º | 0,774 | 0,923 | 0,631 | 0,829 | 0,500 | 0,600 | 0,912 | 0,738 |

*a partir da melhor situação social ou maior IES)

| Região | UF | Nome do Município 2010 | Posição* | Índice de Emprego | Índice de Pobreza | Índice de Desigualdade | Índice de Alfabetização | Índice de Escolaridade | Índice de Juventude | Índice de Violência | Índice de Exclusão |
|---|---|---|---|---|---|---|---|---|---|---|---|
| S | RS | Paraíso do Sul | 1758º | 0,168 | 0,823 | 0,828 | 0,839 | 0,210 | 0,701 | 1,000 | 0,650 |
| N | TO | Paraíso do Tocantins | 2254º | 0,512 | 0,754 | 0,342 | 0,871 | 0,638 | 0,516 | 0,895 | 0,617 |
| SE | MG | Paraisópolis | 921º | 0,656 | 0,739 | 0,640 | 0,849 | 0,488 | 0,629 | 1,000 | 0,707 |
| NE | CE | Parambu | 5280º | 0,075 | 0,264 | 0,521 | 0,284 | 0,129 | 0,456 | 0,817 | 0,377 |
| NE | BA | Paramirim | 3325º | 0,220 | 0,428 | 0,562 | 0,595 | 0,299 | 0,604 | 0,975 | 0,522 |
| NE | CE | Paramoti | 4909º | 0,266 | 0,233 | 0,533 | 0,398 | 0,227 | 0,414 | 0,816 | 0,417 |
| NE | RN | Paraná | 4589º | 0,170 | 0,275 | 0,590 | 0,251 | 0,232 | 0,535 | 0,868 | 0,438 |
| N | TO | Paranã | 4753º | 0,302 | 0,306 | 0,294 | 0,447 | 0,267 | 0,398 | 1,000 | 0,427 |
| S | PR | Paranacity | 739º | 0,781 | 0,823 | 0,774 | 0,790 | 0,423 | 0,559 | 0,848 | 0,719 |
| S | PR | Paranaguá | 1430º | 0,663 | 0,778 | 0,543 | 0,914 | 0,576 | 0,517 | 0,856 | 0,671 |
| CO | MS | Paranaíba | 1241º | 0,592 | 0,792 | 0,587 | 0,789 | 0,463 | 0,622 | 0,961 | 0,682 |
| CO | GO | Paranaiguara | 1120º | 0,547 | 0,795 | 0,704 | 0,724 | 0,404 | 0,631 | 1,000 | 0,692 |
| CO | MT | Paranaíta | 2922º | 0,328 | 0,613 | 0,512 | 0,786 | 0,296 | 0,542 | 0,951 | 0,560 |
| SE | SP | Paranapanema | 1408º | 0,643 | 0,746 | 0,597 | 0,818 | 0,438 | 0,545 | 0,971 | 0,672 |
| S | PR | Paranapoema | 735º | 0,768 | 0,756 | 0,717 | 0,738 | 0,483 | 0,541 | 1,000 | 0,720 |
| SE | SP | Paranapuã | 1126º | 0,454 | 0,853 | 0,684 | 0,783 | 0,418 | 0,654 | 1,000 | 0,691 |
| NE | PE | Paranatama | 4968º | 0,175 | 0,275 | 0,492 | 0,228 | 0,178 | 0,444 | 0,953 | 0,412 |
| CO | MT | Paranatinga | 2796º | 0,550 | 0,634 | 0,508 | 0,749 | 0,312 | 0,504 | 0,811 | 0,573 |
| S | PR | Paranavaí | 885º | 0,583 | 0,886 | 0,625 | 0,864 | 0,605 | 0,629 | 0,860 | 0,710 |
| CO | MS | Paranhos | 5157º | 0,377 | 0,351 | 0,291 | 0,671 | 0,197 | 0,244 | 0,789 | 0,394 |
| SE | MG | Paraopeba | 1638º | 0,587 | 0,718 | 0,670 | 0,878 | 0,401 | 0,547 | 0,885 | 0,657 |
| SE | SP | Parapuã | 624º | 0,589 | 0,793 | 0,740 | 0,834 | 0,480 | 0,680 | 1,000 | 0,728 |
| NE | PB | Parari | 3223º | 0,291 | 0,453 | 0,590 | 0,563 | 0,265 | 0,552 | 1,000 | 0,532 |
| NE | BA | Paratinga | 4931º | 0,143 | 0,212 | 0,484 | 0,454 | 0,282 | 0,410 | 0,965 | 0,415 |
| SE | RJ | Paraty | 2189º | 0,494 | 0,764 | 0,517 | 0,818 | 0,464 | 0,549 | 0,848 | 0,621 |
| NE | RN | Paraú | 3067º | 0,329 | 0,425 | 0,650 | 0,398 | 0,365 | 0,557 | 1,000 | 0,547 |
| N | PA | Parauapebas | 2570º | 0,634 | 0,661 | 0,502 | 0,793 | 0,555 | 0,414 | 0,736 | 0,594 |
| CO | GO | Paraúna | 1977º | 0,477 | 0,717 | 0,633 | 0,781 | 0,256 | 0,600 | 1,000 | 0,636 |

*a partir da melhor situação social ou maior IES

ATLAS DA EXCLUSÃO SOCIAL NO BRASIL

| Região | UF | Nome do Município 2010 | Posição* | Índice de Emprego | Índice de Pobreza | Índice de Desigualdade | Índice de Alfabetização | Índice de Escolaridade | Índice de Juventude | Índice de Violência | Índice de Exclusão |
|---|---|---|---|---|---|---|---|---|---|---|---|
| NE | RN | Parazinho | 4652º | 0,199 | 0,305 | 0,543 | 0,287 | 0,200 | 0,393 | 1,000 | 0,434 |
| SE | SP | Pardinho | 901º | 0,710 | 0,841 | 0,659 | 0,853 | 0,478 | 0,552 | 0,907 | 0,708 |
| S | RS | Pareci Novo | 564º | 0,436 | 0,928 | 0,782 | 0,967 | 0,373 | 0,711 | 1,000 | 0,733 |
| N | RO | Parecis | 3681º | 0,355 | 0,421 | 0,528 | 0,694 | 0,236 | 0,437 | 0,892 | 0,496 |
| NE | RN | Parelhas | 2518º | 0,398 | 0,531 | 0,677 | 0,650 | 0,426 | 0,571 | 0,949 | 0,598 |
| NE | AL | Pariconha | 4500º | 0,223 | 0,330 | 0,580 | 0,325 | 0,149 | 0,385 | 1,000 | 0,443 |
| N | AM | Parintins | 4415º | 0,203 | 0,345 | 0,407 | 0,814 | 0,472 | 0,262 | 0,949 | 0,449 |
| NE | BA | Paripiranga | 5014º | 0,129 | 0,323 | 0,414 | 0,425 | 0,237 | 0,499 | 0,831 | 0,408 |
| NE | AL | Paripueira | 4264º | 0,384 | 0,368 | 0,512 | 0,438 | 0,290 | 0,411 | 0,771 | 0,458 |
| SE | SP | Pariquera--Açu | 1329º | 0,605 | 0,726 | 0,635 | 0,867 | 0,515 | 0,549 | 0,944 | 0,677 |
| SE | SP | Parisi | 514º | 0,624 | 0,927 | 0,775 | 0,798 | 0,208 | 0,721 | 1,000 | 0,737 |
| NE | PI | Parnaguá | 5191º | 0,169 | 0,252 | 0,462 | 0,394 | 0,212 | 0,339 | 0,899 | 0,389 |
| NE | PI | Parnaíba | 3157º | 0,384 | 0,501 | 0,441 | 0,627 | 0,481 | 0,535 | 0,882 | 0,539 |
| NE | RN | Parnamirim | 1217º | 0,662 | 0,725 | 0,473 | 0,821 | 0,802 | 0,572 | 0,892 | 0,685 |
| NE | PE | Parnamirim | 4859º | 0,227 | 0,282 | 0,411 | 0,457 | 0,320 | 0,439 | 0,846 | 0,420 |
| NE | MA | Parnarama | 5185º | 0,271 | 0,192 | 0,474 | 0,189 | 0,174 | 0,360 | 0,925 | 0,390 |
| S | RS | Parobé | 438º | 0,786 | 0,858 | 0,819 | 0,883 | 0,302 | 0,544 | 0,980 | 0,743 |
| NE | RN | Passa e Fica | 4322º | 0,161 | 0,337 | 0,558 | 0,302 | 0,243 | 0,517 | 0,953 | 0,455 |
| SE | MG | Passa Quatro | 1267º | 0,604 | 0,699 | 0,602 | 0,897 | 0,452 | 0,615 | 1,000 | 0,681 |
| S | RS | Passa Sete | 3153º | 0,074 | 0,636 | 0,679 | 0,724 | 0,145 | 0,561 | 1,000 | 0,539 |
| SE | MG | Passa Tempo | 1823º | 0,470 | 0,683 | 0,592 | 0,866 | 0,383 | 0,678 | 0,937 | 0,645 |
| SE | MG | Passabém | 2128º | 0,390 | 0,607 | 0,744 | 0,646 | 0,287 | 0,646 | 1,000 | 0,625 |
| NE | PB | Passagem | 3133º | 0,501 | 0,351 | 0,565 | 0,407 | 0,336 | 0,521 | 1,000 | 0,541 |
| NE | RN | Passagem | 3467º | 0,275 | 0,290 | 0,761 | 0,388 | 0,293 | 0,480 | 1,000 | 0,512 |
| NE | MA | Passagem Franca | 5319º | 0,137 | 0,241 | 0,483 | 0,242 | 0,162 | 0,383 | 0,852 | 0,371 |
| NE | PI | Passagem Franca do Piauí | 4363º | 0,252 | 0,413 | 0,513 | 0,118 | 0,163 | 0,454 | 1,000 | 0,453 |
| SE | MG | Passa-Vinte | 2047º | 0,409 | 0,686 | 0,666 | 0,743 | 0,302 | 0,615 | 1,000 | 0,631 |

*a partir da melhor situação social ou maior IES)

| Região | UF | Nome do Município 2010 | Posição* | Índice de Emprego | Índice de Pobreza | Índice de Desigualdade | Índice de Alfabetização | Índice de Escolaridade | Índice de Juventude | Índice de Violência | Índice de Exclusão |
|---|---|---|---|---|---|---|---|---|---|---|---|
| NE | PE | Passira | 4319º | 0,198 | 0,324 | 0,562 | 0,369 | 0,206 | 0,532 | 0,909 | 0,455 |
| NE | AL | Passo de Camaragibe | 4501º | 0,606 | 0,197 | 0,600 | 0,285 | 0,163 | 0,336 | 0,753 | 0,443 |
| S | SC | Passo de Torres | 1277º | 0,472 | 0,774 | 0,728 | 0,815 | 0,468 | 0,560 | 1,000 | 0,680 |
| S | RS | Passo do Sobrado | 2206º | 0,227 | 0,787 | 0,596 | 0,884 | 0,258 | 0,686 | 1,000 | 0,620 |
| S | RS | Passo Fundo | 541º | 0,758 | 0,878 | 0,529 | 0,924 | 0,721 | 0,627 | 0,837 | 0,735 |
| SE | MG | Passos | 675º | 0,720 | 0,835 | 0,592 | 0,907 | 0,481 | 0,630 | 0,976 | 0,724 |
| S | SC | Passos Maia | 2346º | 0,446 | 0,668 | 0,643 | 0,814 | 0,314 | 0,467 | 1,000 | 0,610 |
| NE | MA | Pastos Bons | 4939º | 0,112 | 0,270 | 0,467 | 0,477 | 0,269 | 0,391 | 0,971 | 0,414 |
| SE | MG | Patis | 3741º | 0,279 | 0,335 | 0,641 | 0,552 | 0,194 | 0,444 | 1,000 | 0,492 |
| S | PR | Pato Bragado | 521º | 0,633 | 0,926 | 0,713 | 0,941 | 0,501 | 0,623 | 0,892 | 0,736 |
| S | PR | Pato Branco | 565º | 0,722 | 0,862 | 0,547 | 0,930 | 0,656 | 0,588 | 0,957 | 0,733 |
| NE | PB | Patos | 3340º | 0,359 | 0,529 | 0,468 | 0,604 | 0,504 | 0,551 | 0,705 | 0,521 |
| SE | MG | Patos de Minas | 766º | 0,658 | 0,847 | 0,573 | 0,902 | 0,589 | 0,641 | 0,910 | 0,717 |
| NE | PI | Patos do Piauí | 4515º | 0,146 | 0,278 | 0,573 | 0,191 | 0,180 | 0,539 | 1,000 | 0,442 |
| SE | MG | Patrocínio | 1532º | 0,608 | 0,800 | 0,590 | 0,877 | 0,459 | 0,582 | 0,823 | 0,664 |
| SE | MG | Patrocínio do Muriaé | 1561º | 0,487 | 0,737 | 0,600 | 0,804 | 0,362 | 0,680 | 1,000 | 0,662 |
| SE | SP | Patrocínio Paulista | 542º | 0,709 | 0,802 | 0,730 | 0,866 | 0,486 | 0,582 | 1,000 | 0,734 |
| NE | RN | Patu | 3791º | 0,234 | 0,416 | 0,540 | 0,397 | 0,348 | 0,551 | 0,870 | 0,488 |
| SE | RJ | Paty do Alferes | 2967º | 0,382 | 0,611 | 0,454 | 0,754 | 0,320 | 0,581 | 0,882 | 0,556 |
| NE | BA | Pau Brasil | 5245º | 0,333 | 0,361 | 0,459 | 0,371 | 0,227 | 0,402 | 0,473 | 0,382 |
| N | PA | Pau D'Arco | 3751º | 0,407 | 0,371 | 0,568 | 0,509 | 0,249 | 0,403 | 0,914 | 0,492 |
| N | TO | Pau D'Arco | 3960º | 0,279 | 0,484 | 0,525 | 0,574 | 0,326 | 0,423 | 0,773 | 0,476 |
| NE | PI | Pau D'Arco do Piauí | 5361º | 0,078 | 0,201 | 0,380 | 0,278 | 0,102 | 0,441 | 1,000 | 0,364 |

*a partir da melhor situação social ou maior IES)

ATLAS DA EXCLUSÃO SOCIAL NO BRASIL

| Região | UF | Nome do Município 2010 | Posição* | Índice de Emprego | Índice de Pobreza | Índice de Desigualdade | Índice de Alfabetização | Índice de Escolaridade | Índice de Juventude | Índice de Violência | Índice de Exclusão |
|---|---|---|---|---|---|---|---|---|---|---|---|
| NE | RN | Pau dos Ferros | 2937º | 0,399 | 0,555 | 0,484 | 0,610 | 0,449 | 0,579 | 0,869 | 0,559 |
| NE | PE | Paudalho | 3466º | 0,564 | 0,331 | 0,444 | 0,556 | 0,353 | 0,478 | 0,878 | 0,512 |
| N | AM | Pauini | 5558º | 0,048 | 0,148 | 0,155 | 0,258 | 0,256 | 0,188 | 0,943 | 0,277 |
| SE | MG | Paula Cândido | 2739º | 0,497 | 0,539 | 0,621 | 0,817 | 0,230 | 0,584 | 0,832 | 0,578 |
| S | PR | Paula Freitas | 2737º | 0,406 | 0,643 | 0,379 | 0,900 | 0,323 | 0,576 | 1,000 | 0,578 |
| SE | SP | Paulicéia | 1025º | 0,681 | 0,787 | 0,699 | 0,807 | 0,439 | 0,573 | 0,918 | 0,699 |
| SE | SP | Paulínia | 102º | 0,802 | 0,916 | 0,611 | 0,925 | 0,767 | 0,610 | 0,956 | 0,782 |
| NE | MA | Paulino Neves | 5517º | 0,027 | 0,149 | 0,359 | 0,290 | 0,201 | 0,232 | 1,000 | 0,320 |
| NE | PE | Paulista | 1543º | 0,626 | 0,618 | 0,579 | 0,872 | 0,708 | 0,609 | 0,801 | 0,663 |
| NE | PB | Paulista | 4224º | 0,124 | 0,399 | 0,594 | 0,374 | 0,203 | 0,566 | 0,868 | 0,460 |
| NE | PI | Paulistana | 4827º | 0,194 | 0,336 | 0,381 | 0,353 | 0,273 | 0,464 | 0,921 | 0,423 |
| SE | SP | Paulistânia | 447º | 0,798 | 0,798 | 0,723 | 0,792 | 0,415 | 0,623 | 1,000 | 0,742 |
| SE | MG | Paulistas | 3704º | 0,189 | 0,460 | 0,548 | 0,610 | 0,258 | 0,453 | 1,000 | 0,494 |
| NE | BA | Paulo Afonso | 3230º | 0,481 | 0,557 | 0,419 | 0,626 | 0,487 | 0,531 | 0,688 | 0,532 |
| S | RS | Paulo Bento | 1005º | 0,329 | 0,926 | 0,794 | 0,936 | 0,228 | 0,725 | 1,000 | 0,701 |
| SE | SP | Paulo de Faria | 1397º | 0,624 | 0,777 | 0,530 | 0,807 | 0,373 | 0,624 | 1,000 | 0,673 |
| S | PR | Paulo Frontin | 2487º | 0,235 | 0,703 | 0,537 | 0,937 | 0,379 | 0,599 | 1,000 | 0,599 |
| NE | AL | Paulo Jacinto | 4755º | 0,250 | 0,271 | 0,533 | 0,332 | 0,285 | 0,459 | 0,790 | 0,427 |
| S | SC | Paulo Lopes | 922º | 0,685 | 0,828 | 0,764 | 0,766 | 0,336 | 0,585 | 0,922 | 0,706 |
| NE | MA | Paulo Ramos | 5358º | 0,159 | 0,218 | 0,454 | 0,179 | 0,184 | 0,341 | 0,896 | 0,365 |
| SE | MG | Pavão | 3935º | 0,322 | 0,421 | 0,532 | 0,529 | 0,216 | 0,545 | 0,758 | 0,478 |
| S | RS | Paverama | 731º | 0,522 | 0,897 | 0,885 | 0,868 | 0,206 | 0,677 | 0,935 | 0,720 |
| NE | PI | Pavussu | 5147º | 0,111 | 0,264 | 0,535 | 0,228 | 0,118 | 0,502 | 0,858 | 0,395 |
| NE | BA | Pé de Serra | 3688º | 0,166 | 0,379 | 0,660 | 0,519 | 0,231 | 0,499 | 1,000 | 0,495 |
| S | PR | Peabiru | 2212º | 0,571 | 0,738 | 0,486 | 0,793 | 0,468 | 0,591 | 0,771 | 0,619 |

*a partir da melhor situação social ou maior IES

| Região | UF | Nome do Município 2010 | Posição* | Índice de Emprego | Índice de Pobreza | Índice de Desigualdade | Índice de Alfabetização | Índice de Escolaridade | Índice de Juventude | Índice de Violência | Índice de Exclusão |
|---|---|---|---|---|---|---|---|---|---|---|---|
| SE | MG | Peçanha | 3695º | 0,266 | 0,507 | 0,530 | 0,611 | 0,267 | 0,478 | 0,849 | 0,495 |
| SE | SP | Pederneiras | 666º | 0,757 | 0,839 | 0,584 | 0,877 | 0,489 | 0,585 | 1,000 | 0,725 |
| NE | PE | Pedra | 5184º | 0,159 | 0,281 | 0,500 | 0,297 | 0,253 | 0,445 | 0,727 | 0,390 |
| SE | MG | Pedra Azul | 3805º | 0,359 | 0,393 | 0,498 | 0,612 | 0,271 | 0,466 | 0,869 | 0,488 |
| SE | SP | Pedra Bela | 1587º | 0,351 | 0,758 | 0,766 | 0,771 | 0,338 | 0,643 | 1,000 | 0,660 |
| SE | MG | Pedra Bonita | 4702º | 0,103 | 0,312 | 0,572 | 0,715 | 0,155 | 0,454 | 0,844 | 0,430 |
| NE | PB | Pedra Branca | 3747º | 0,298 | 0,283 | 0,573 | 0,506 | 0,324 | 0,471 | 1,000 | 0,492 |
| NE | CE | Pedra Branca | 4788º | 0,217 | 0,281 | 0,559 | 0,306 | 0,216 | 0,479 | 0,814 | 0,425 |
| N | AP | Pedra Branca do Amapari | 4051º | 0,381 | 0,437 | 0,366 | 0,526 | 0,353 | 0,298 | 1,000 | 0,472 |
| SE | MG | Pedra do Anta | 3550º | 0,250 | 0,496 | 0,495 | 0,628 | 0,197 | 0,639 | 0,845 | 0,504 |
| SE | MG | Pedra do Indaiá | 1419º | 0,402 | 0,763 | 0,746 | 0,775 | 0,320 | 0,683 | 1,000 | 0,671 |
| SE | MG | Pedra Dourada | 4040º | 0,194 | 0,465 | 0,501 | 0,741 | 0,242 | 0,537 | 0,763 | 0,473 |
| NE | RN | Pedra Grande | 4536º | 0,252 | 0,261 | 0,624 | 0,452 | 0,213 | 0,412 | 0,852 | 0,441 |
| NE | PB | Pedra Lavrada | 4128º | 0,192 | 0,336 | 0,599 | 0,427 | 0,176 | 0,543 | 0,930 | 0,467 |
| NE | SE | Pedra Mole | 3305º | 0,394 | 0,404 | 0,517 | 0,448 | 0,290 | 0,544 | 1,000 | 0,524 |
| CO | MT | Pedra Preta | 1684º | 0,616 | 0,689 | 0,679 | 0,743 | 0,356 | 0,555 | 0,934 | 0,654 |
| NE | RN | Pedra Preta | 5080º | 0,217 | 0,224 | 0,467 | 0,434 | 0,229 | 0,444 | 0,799 | 0,400 |
| SE | MG | Pedralva | 2691º | 0,405 | 0,575 | 0,475 | 0,844 | 0,337 | 0,580 | 1,000 | 0,582 |
| SE | SP | Pedranópolis | 374º | 0,534 | 0,867 | 0,822 | 0,818 | 0,441 | 0,722 | 1,000 | 0,747 |
| NE | BA | Pedrão | 4073º | 0,136 | 0,291 | 0,635 | 0,509 | 0,239 | 0,493 | 1,000 | 0,470 |
| S | RS | Pedras Altas | 3222º | 0,361 | 0,550 | 0,534 | 0,799 | 0,254 | 0,577 | 0,765 | 0,533 |
| NE | PB | Pedras de Fogo | 4496º | 0,349 | 0,327 | 0,512 | 0,364 | 0,209 | 0,481 | 0,769 | 0,444 |

*a partir da melhor situação social ou maior IES

| Região | UF | Nome do Município 2010 | Posição* | Índice de Emprego | Índice de Pobreza | Índice de Desigualdade | Índice de Alfabetização | Índice de Escolaridade | Índice de Juventude | Índice de Violência | Índice de Exclusão |
|---|---|---|---|---|---|---|---|---|---|---|---|
| SE | MG | Pedras de Maria da Cruz | 3736º | 0,302 | 0,355 | 0,649 | 0,540 | 0,225 | 0,422 | 0,950 | 0,492 |
| S | SC | Pedras Grandes | 272º | 0,559 | 0,890 | 0,903 | 0,902 | 0,333 | 0,701 | 1,000 | 0,758 |
| SE | SP | Pedregulho | 772º | 0,808 | 0,809 | 0,593 | 0,851 | 0,411 | 0,593 | 0,967 | 0,716 |
| SE | SP | Pedreira | 116º | 0,790 | 0,932 | 0,729 | 0,919 | 0,505 | 0,671 | 0,937 | 0,781 |
| NE | MA | Pedreiras | 3963º | 0,260 | 0,458 | 0,387 | 0,582 | 0,451 | 0,484 | 0,815 | 0,476 |
| NE | SE | Pedrinhas | 4662º | 0,189 | 0,298 | 0,546 | 0,419 | 0,272 | 0,415 | 0,882 | 0,433 |
| SE | SP | Pedrinhas Paulista | 1341º | 0,653 | 0,819 | 0,470 | 0,859 | 0,556 | 0,651 | 0,823 | 0,676 |
| SE | MG | Pedrinópolis | 1268º | 0,512 | 0,815 | 0,615 | 0,811 | 0,457 | 0,604 | 1,000 | 0,681 |
| N | TO | Pedro Afonso | 1849º | 0,592 | 0,703 | 0,553 | 0,785 | 0,636 | 0,490 | 0,865 | 0,644 |
| NE | BA | Pedro Alexandre | 5396º | 0,102 | 0,165 | 0,564 | 0,068 | 0,107 | 0,374 | 0,908 | 0,357 |
| NE | RN | Pedro Avelino | 4053º | 0,296 | 0,342 | 0,551 | 0,406 | 0,223 | 0,483 | 0,927 | 0,472 |
| SE | ES | Pedro Canário | 3295º | 0,574 | 0,596 | 0,645 | 0,612 | 0,312 | 0,480 | 0,432 | 0,525 |
| SE | SP | Pedro de Toledo | 2112º | 0,451 | 0,649 | 0,627 | 0,797 | 0,430 | 0,520 | 1,000 | 0,626 |
| NE | MA | Pedro do Rosário | 5480º | 0,089 | 0,112 | 0,442 | 0,300 | 0,141 | 0,270 | 0,977 | 0,335 |
| CO | MS | Pedro Gomes | 2530º | 0,446 | 0,643 | 0,610 | 0,677 | 0,288 | 0,567 | 0,935 | 0,597 |
| NE | PI | Pedro II | 4941º | 0,194 | 0,282 | 0,419 | 0,334 | 0,193 | 0,430 | 0,986 | 0,414 |
| NE | PI | Pedro Laurentino | 4785º | 0,226 | 0,133 | 0,471 | 0,554 | 0,234 | 0,449 | 1,000 | 0,425 |
| SE | MG | Pedro Leopoldo | 604º | 0,726 | 0,806 | 0,634 | 0,890 | 0,617 | 0,617 | 0,911 | 0,730 |
| S | RS | Pedro Osório | 1754º | 0,466 | 0,693 | 0,587 | 0,833 | 0,403 | 0,649 | 1,000 | 0,650 |
| NE | PB | Pedro Régis | 4794º | 0,194 | 0,283 | 0,537 | 0,129 | 0,129 | 0,474 | 1,000 | 0,425 |
| SE | MG | Pedro Teixeira | 2440º | 0,436 | 0,431 | 0,744 | 0,782 | 0,265 | 0,614 | 1,000 | 0,603 |

*a partir da melhor situação social ou maior IES)

| Região | UF | Nome do Município 2010 | Posição* | Índice de Emprego | Índice de Pobreza | Índice de Desigualdade | Índice de Alfabetização | Índice de Escolaridade | Índice de Juventude | Índice de Violência | Índice de Exclusão |
|---|---|---|---|---|---|---|---|---|---|---|---|
| NE | RN | Pedro Velho | 4429º | 0,300 | 0,338 | 0,532 | 0,310 | 0,194 | 0,450 | 0,889 | 0,448 |
| N | TO | Peixe | 3744º | 0,425 | 0,522 | 0,329 | 0,664 | 0,304 | 0,488 | 0,800 | 0,492 |
| N | PA | Peixe-Boi | 5045º | 0,160 | 0,269 | 0,461 | 0,486 | 0,254 | 0,449 | 0,801 | 0,404 |
| CO | MT | Peixoto de Azevedo | 4610º | 0,280 | 0,533 | 0,244 | 0,656 | 0,285 | 0,424 | 0,764 | 0,436 |
| S | RS | Pejuçara | 1002º | 0,496 | 0,814 | 0,658 | 0,921 | 0,449 | 0,667 | 1,000 | 0,701 |
| S | RS | Pelotas | 1125º | 0,598 | 0,795 | 0,474 | 0,908 | 0,602 | 0,663 | 0,943 | 0,692 |
| NE | CE | Penaforte | 3489º | 0,254 | 0,356 | 0,669 | 0,515 | 0,501 | 0,448 | 0,874 | 0,510 |
| NE | MA | Penalva | 5246º | 0,125 | 0,217 | 0,566 | 0,509 | 0,238 | 0,299 | 0,803 | 0,382 |
| SE | SP | Penápolis | 359º | 0,723 | 0,881 | 0,637 | 0,893 | 0,581 | 0,669 | 0,911 | 0,748 |
| NE | RN | Pendências | 3395º | 0,481 | 0,434 | 0,446 | 0,500 | 0,290 | 0,544 | 0,884 | 0,518 |
| NE | AL | Penedo | 4341º | 0,398 | 0,366 | 0,463 | 0,508 | 0,353 | 0,460 | 0,655 | 0,454 |
| S | SC | Penha | 690º | 0,630 | 0,902 | 0,733 | 0,928 | 0,391 | 0,609 | 0,917 | 0,723 |
| NE | CE | Pentecoste | 4426º | 0,262 | 0,251 | 0,447 | 0,469 | 0,374 | 0,467 | 0,912 | 0,448 |
| SE | MG | Pequeri | 732º | 0,689 | 0,794 | 0,697 | 0,835 | 0,407 | 0,621 | 1,000 | 0,720 |
| SE | MG | Pequi | 1473º | 0,480 | 0,714 | 0,716 | 0,848 | 0,381 | 0,599 | 1,000 | 0,668 |
| N | TO | Pequizeiro | 3544º | 0,237 | 0,393 | 0,635 | 0,583 | 0,268 | 0,453 | 1,000 | 0,506 |
| SE | MG | Perdigão | 490º | 0,601 | 0,908 | 0,870 | 0,862 | 0,414 | 0,572 | 0,942 | 0,739 |
| SE | MG | Perdizes | 1678º | 0,627 | 0,833 | 0,485 | 0,848 | 0,337 | 0,547 | 0,964 | 0,654 |
| SE | MG | Perdões | 1567º | 0,587 | 0,708 | 0,508 | 0,866 | 0,462 | 0,633 | 0,974 | 0,662 |
| SE | SP | Pereira Barreto | 1039º | 0,595 | 0,783 | 0,601 | 0,829 | 0,606 | 0,638 | 0,917 | 0,698 |
| SE | SP | Pereiras | 750º | 0,606 | 0,860 | 0,696 | 0,881 | 0,412 | 0,610 | 1,000 | 0,718 |
| NE | CE | Pereiro | 4552º | 0,176 | 0,244 | 0,498 | 0,398 | 0,297 | 0,487 | 0,967 | 0,440 |
| NE | MA | Peri Mirim | 4744º | 0,177 | 0,155 | 0,513 | 0,506 | 0,297 | 0,486 | 0,925 | 0,427 |
| SE | MG | Periquito | 2717º | 0,606 | 0,413 | 0,701 | 0,662 | 0,288 | 0,461 | 0,926 | 0,580 |
| S | SC | Peritiba | 1130º | 0,354 | 0,881 | 0,635 | 0,978 | 0,433 | 0,698 | 1,000 | 0,691 |
| NE | MA | Peritoró | 5412º | 0,174 | 0,134 | 0,371 | 0,189 | 0,183 | 0,375 | 0,951 | 0,353 |
| S | PR | Perobal | 1456º | 0,638 | 0,775 | 0,762 | 0,776 | 0,351 | 0,627 | 0,724 | 0,669 |
| S | PR | Pérola | 471º | 0,588 | 0,893 | 0,834 | 0,845 | 0,353 | 0,684 | 0,949 | 0,740 |
| S | PR | Pérola d'Oeste | 1870º | 0,259 | 0,787 | 0,695 | 0,812 | 0,421 | 0,607 | 1,000 | 0,643 |

*a partir da melhor situação social ou maior IES)

# ATLAS DA EXCLUSÃO SOCIAL NO BRASIL

| Região | UF | Nome do Município 2010 | Posição* | Índice de Emprego | Índice de Pobreza | Índice de Desigualdade | Índice de Alfabetização | Índice de Escolaridade | Índice de Juventude | Índice de Violência | Índice de Exclusão |
|---|---|---|---|---|---|---|---|---|---|---|---|
| CO | GO | Perolândia | 2473º | 0,481 | 0,658 | 0,586 | 0,729 | 0,233 | 0,520 | 1,000 | 0,600 |
| SE | SP | Peruíbe | 2252º | 0,417 | 0,750 | 0,498 | 0,866 | 0,525 | 0,573 | 0,852 | 0,617 |
| SE | MG | Pescador | 3537º | 0,310 | 0,470 | 0,525 | 0,621 | 0,295 | 0,496 | 0,874 | 0,506 |
| NE | PE | Pesqueira | 4718º | 0,242 | 0,384 | 0,448 | 0,461 | 0,313 | 0,496 | 0,669 | 0,429 |
| S | SC | Petrolândia | 2106º | 0,328 | 0,829 | 0,629 | 0,848 | 0,293 | 0,613 | 0,915 | 0,627 |
| NE | PE | Petrolândia | 4079º | 0,294 | 0,385 | 0,457 | 0,579 | 0,370 | 0,433 | 0,856 | 0,470 |
| NE | PE | Petrolina | 3009º | 0,536 | 0,546 | 0,349 | 0,731 | 0,548 | 0,464 | 0,848 | 0,553 |
| CO | GO | Petrolina de Goiás | 1365º | 0,431 | 0,730 | 0,741 | 0,808 | 0,369 | 0,666 | 1,000 | 0,674 |
| SE | RJ | Petrópolis | 1066º | 0,659 | 0,805 | 0,459 | 0,933 | 0,547 | 0,652 | 0,956 | 0,696 |
| NE | AL | Piaçabuçu | 5264º | 0,214 | 0,234 | 0,524 | 0,307 | 0,220 | 0,422 | 0,667 | 0,380 |
| SE | SP | Piacatu | 443º | 0,678 | 0,793 | 0,767 | 0,802 | 0,499 | 0,647 | 1,000 | 0,743 |
| NE | PB | Piancó | 3725º | 0,225 | 0,391 | 0,507 | 0,406 | 0,339 | 0,565 | 0,966 | 0,493 |
| NE | BA | Piatã | 4537º | 0,159 | 0,311 | 0,479 | 0,524 | 0,182 | 0,492 | 0,971 | 0,441 |
| SE | MG | Piau | 2014º | 0,348 | 0,663 | 0,735 | 0,730 | 0,251 | 0,682 | 1,000 | 0,633 |
| S | RS | Picada Café | 3º | 0,816 | 0,958 | 0,924 | 0,962 | 0,424 | 0,712 | 1,000 | 0,832 |
| N | PA | Piçarra | 4653º | 0,289 | 0,342 | 0,538 | 0,495 | 0,167 | 0,367 | 0,836 | 0,434 |
| NE | PI | Picos | 2862º | 0,395 | 0,588 | 0,468 | 0,647 | 0,490 | 0,561 | 0,880 | 0,566 |
| NE | PB | Picuí | 3775º | 0,229 | 0,390 | 0,534 | 0,516 | 0,242 | 0,511 | 1,000 | 0,490 |
| SE | SP | Piedade | 1896º | 0,443 | 0,738 | 0,605 | 0,840 | 0,400 | 0,596 | 0,960 | 0,642 |
| SE | MG | Piedade de Caratinga | 3451º | 0,238 | 0,532 | 0,650 | 0,636 | 0,126 | 0,486 | 0,927 | 0,514 |
| SE | MG | Piedade de Ponte Nova | 1815º | 0,727 | 0,548 | 0,803 | 0,690 | 0,272 | 0,540 | 0,872 | 0,646 |
| SE | MG | Piedade do Rio Grande | 2568º | 0,389 | 0,575 | 0,652 | 0,746 | 0,270 | 0,664 | 0,890 | 0,594 |
| SE | MG | Piedade dos Gerais | 2960º | 0,191 | 0,593 | 0,616 | 0,723 | 0,168 | 0,638 | 1,000 | 0,557 |
| S | PR | Piên | 1862º | 0,466 | 0,728 | 0,717 | 0,908 | 0,349 | 0,535 | 0,907 | 0,643 |
| NE | BA | Pilão Arcado | 5374º | 0,118 | 0,210 | 0,394 | 0,286 | 0,132 | 0,369 | 0,968 | 0,362 |
| NE | PB | Pilar | 4332º | 0,326 | 0,245 | 0,589 | 0,339 | 0,235 | 0,484 | 0,861 | 0,454 |
| NE | AL | Pilar | 4829º | 0,563 | 0,303 | 0,521 | 0,453 | 0,314 | 0,435 | 0,344 | 0,423 |

*a partir da melhor situação social ou maior IES

| Região | UF | Nome do Município 2010 | Posição* | Índice de Emprego | Índice de Pobreza | Índice de Desigualdade | Índice de Alfabetização | Índice de Escolaridade | Índice de Juventude | Índice de Violência | Índice de Exclusão |
|---|---|---|---|---|---|---|---|---|---|---|---|
| CO | GO | Pilar de Goiás | 2817º | 0,316 | 0,513 | 0,510 | 0,752 | 0,320 | 0,667 | 1,000 | 0,570 |
| SE | SP | Pilar do Sul | 1987º | 0,509 | 0,670 | 0,646 | 0,851 | 0,354 | 0,561 | 0,941 | 0,635 |
| NE | RN | Pilões | 3800º | 0,321 | 0,289 | 0,587 | 0,340 | 0,329 | 0,591 | 0,849 | 0,488 |
| NE | PB | Pilões | 5095º | 0,206 | 0,270 | 0,417 | 0,224 | 0,205 | 0,426 | 0,925 | 0,399 |
| NE | PB | Pilõezinhos | 4140º | 0,174 | 0,285 | 0,699 | 0,353 | 0,197 | 0,454 | 1,000 | 0,466 |
| SE | MG | Pimenta | 1724º | 0,386 | 0,797 | 0,674 | 0,836 | 0,265 | 0,639 | 1,000 | 0,652 |
| N | RO | Pimenta Bueno | 1910º | 0,666 | 0,743 | 0,493 | 0,831 | 0,461 | 0,510 | 0,877 | 0,641 |
| NE | PI | Pimenteiras | 5097º | 0,203 | 0,283 | 0,448 | 0,256 | 0,194 | 0,470 | 0,823 | 0,399 |
| N | RO | Pimenteiras do Oeste | 2669º | 0,374 | 0,645 | 0,595 | 0,786 | 0,374 | 0,428 | 1,000 | 0,584 |
| NE | BA | Pindaí | 3261º | 0,281 | 0,373 | 0,681 | 0,523 | 0,254 | 0,549 | 1,000 | 0,529 |
| SE | SP | Pindamonhangaba | 720º | 0,652 | 0,820 | 0,545 | 0,925 | 0,739 | 0,593 | 0,936 | 0,720 |
| NE | MA | Pindaré-Mirim | 4225º | 0,185 | 0,332 | 0,554 | 0,540 | 0,380 | 0,380 | 0,933 | 0,460 |
| NE | AL | Pindoba | 4398º | 0,361 | 0,354 | 0,422 | 0,217 | 0,168 | 0,443 | 1,000 | 0,450 |
| NE | BA | Pindobaçu | 4832º | 0,162 | 0,269 | 0,560 | 0,455 | 0,235 | 0,464 | 0,819 | 0,423 |
| SE | SP | Pindorama | 174º | 0,803 | 0,897 | 0,771 | 0,842 | 0,430 | 0,696 | 0,896 | 0,769 |
| N | TO | Pindorama do Tocantins | 4425º | 0,206 | 0,340 | 0,446 | 0,639 | 0,333 | 0,429 | 0,885 | 0,448 |
| NE | CE | Pindoretama | 3294º | 0,250 | 0,406 | 0,667 | 0,562 | 0,319 | 0,532 | 0,944 | 0,525 |
| SE | MG | Pingo-d'Água | 2460º | 0,596 | 0,434 | 0,700 | 0,666 | 0,245 | 0,536 | 1,000 | 0,601 |
| S | PR | Pinhais | 1516º | 0,795 | 0,846 | 0,572 | 0,935 | 0,566 | 0,568 | 0,498 | 0,665 |
| S | RS | Pinhal | 2296º | 0,357 | 0,774 | 0,670 | 0,799 | 0,315 | 0,632 | 0,793 | 0,614 |
| S | RS | Pinhal da Serra | 2867º | 0,353 | 0,526 | 0,513 | 0,837 | 0,247 | 0,609 | 1,000 | 0,566 |
| S | PR | Pinhal de São Bento | 1903º | 0,268 | 0,790 | 0,837 | 0,850 | 0,315 | 0,503 | 1,000 | 0,642 |
| S | RS | Pinhal Grande | 2981º | 0,258 | 0,608 | 0,528 | 0,848 | 0,303 | 0,606 | 0,884 | 0,555 |
| S | PR | Pinhalão | 2569º | 0,253 | 0,702 | 0,603 | 0,770 | 0,395 | 0,608 | 0,916 | 0,594 |

*a partir da melhor situação social ou maior IES)

| Região | UF | Nome do Município 2010 | Posição* | Índice de Emprego | Índice de Pobreza | Índice de Desigualdade | Índice de Alfabetização | Índice de Escolaridade | Índice de Juventude | Índice de Violência | Índice de Exclusão |
|---|---|---|---|---|---|---|---|---|---|---|---|
| S | SC | Pinhalzinho | 274º | 0,674 | 0,922 | 0,713 | 0,902 | 0,582 | 0,605 | 0,968 | 0,758 |
| SE | SP | Pinhalzinho | 877º | 0,510 | 0,837 | 0,738 | 0,866 | 0,461 | 0,649 | 0,960 | 0,710 |
| NE | SE | Pinhão | 3247º | 0,287 | 0,416 | 0,728 | 0,369 | 0,254 | 0,512 | 1,000 | 0,530 |
| S | PR | Pinhão | 3248º | 0,388 | 0,562 | 0,520 | 0,757 | 0,302 | 0,413 | 0,879 | 0,529 |
| SE | RJ | Pinheiral | 1407º | 0,676 | 0,696 | 0,516 | 0,904 | 0,554 | 0,612 | 0,886 | 0,672 |
| S | RS | Pinheirinho do Vale | 2630º | 0,394 | 0,707 | 0,446 | 0,775 | 0,269 | 0,588 | 1,000 | 0,588 |
| NE | MA | Pinheiro | 3955º | 0,225 | 0,365 | 0,545 | 0,610 | 0,356 | 0,434 | 0,900 | 0,477 |
| S | RS | Pinheiro Machado | 1749º | 0,515 | 0,708 | 0,602 | 0,801 | 0,322 | 0,673 | 0,959 | 0,650 |
| S | SC | Pinheiro Preto | 678º | 0,651 | 0,949 | 0,689 | 0,909 | 0,499 | 0,598 | 0,835 | 0,724 |
| SE | ES | Pinheiros | 2764º | 0,453 | 0,642 | 0,590 | 0,644 | 0,342 | 0,535 | 0,826 | 0,577 |
| NE | BA | Pintadas | 3580º | 0,273 | 0,410 | 0,639 | 0,539 | 0,246 | 0,499 | 0,899 | 0,503 |
| SE | MG | Pintópolis | 4117º | 0,283 | 0,382 | 0,497 | 0,659 | 0,167 | 0,376 | 1,000 | 0,468 |
| NE | PI | Pio IX | 4971º | 0,150 | 0,247 | 0,445 | 0,366 | 0,160 | 0,465 | 1,000 | 0,411 |
| NE | MA | Pio XII | 5113º | 0,157 | 0,231 | 0,513 | 0,312 | 0,174 | 0,354 | 0,976 | 0,397 |
| SE | SP | Piquerobi | 864º | 0,631 | 0,720 | 0,745 | 0,783 | 0,437 | 0,651 | 1,000 | 0,711 |
| NE | CE | Piquet Carneiro | 4149º | 0,161 | 0,311 | 0,539 | 0,470 | 0,243 | 0,585 | 0,933 | 0,466 |
| SE | SP | Piquete | 1048º | 0,558 | 0,744 | 0,592 | 0,913 | 0,658 | 0,649 | 0,926 | 0,698 |
| SE | SP | Piracaia | 1607º | 0,566 | 0,810 | 0,425 | 0,850 | 0,478 | 0,623 | 0,959 | 0,658 |
| CO | GO | Piracanjuba | 1918º | 0,355 | 0,795 | 0,626 | 0,811 | 0,391 | 0,651 | 0,913 | 0,640 |
| SE | MG | Piracema | 2079º | 0,403 | 0,647 | 0,698 | 0,767 | 0,249 | 0,644 | 1,000 | 0,629 |
| SE | SP | Piracicaba | 393º | 0,773 | 0,883 | 0,512 | 0,937 | 0,663 | 0,658 | 0,913 | 0,746 |
| NE | PI | Piracuruca | 4268º | 0,212 | 0,346 | 0,506 | 0,416 | 0,239 | 0,481 | 0,962 | 0,458 |
| SE | RJ | Piraí | 1062º | 0,769 | 0,691 | 0,521 | 0,862 | 0,526 | 0,631 | 0,960 | 0,697 |
| NE | BA | Piraí do Norte | 4771º | 0,123 | 0,342 | 0,599 | 0,423 | 0,132 | 0,422 | 0,894 | 0,426 |
| S | PR | Piraí do Sul | 2317º | 0,541 | 0,672 | 0,472 | 0,882 | 0,439 | 0,526 | 0,911 | 0,612 |
| SE | SP | Piraju | 595º | 0,645 | 0,856 | 0,615 | 0,890 | 0,577 | 0,634 | 0,982 | 0,731 |
| SE | MG | Pirajuba | 1703º | 0,743 | 0,778 | 0,526 | 0,832 | 0,370 | 0,584 | 0,777 | 0,653 |
| SE | SP | Pirajuí | 340º | 0,718 | 0,837 | 0,627 | 0,856 | 0,513 | 0,720 | 1,000 | 0,750 |

*a partir da melhor situação social ou maior IES)

| Região | UF | Nome do Município 2010 | Posição* | Índice de Emprego | Índice de Pobreza | Índice de Desigualdade | Índice de Alfabetização | Índice de Escolaridade | Índice de Juventude | Índice de Violência | Índice de Exclusão |
|---|---|---|---|---|---|---|---|---|---|---|---|
| NE | SE | Pirambu | 4454º | 0,232 | 0,261 | 0,506 | 0,578 | 0,311 | 0,399 | 0,938 | 0,447 |
| SE | MG | Piranga | 3560º | 0,288 | 0,428 | 0,547 | 0,786 | 0,169 | 0,523 | 0,909 | 0,504 |
| SE | SP | Pirangi | 162º | 0,650 | 0,911 | 0,815 | 0,854 | 0,495 | 0,706 | 0,951 | 0,771 |
| SE | MG | Piranguçu | 1848º | 0,471 | 0,665 | 0,651 | 0,799 | 0,341 | 0,623 | 1,000 | 0,644 |
| SE | MG | Piranguinho | 986º | 0,622 | 0,740 | 0,715 | 0,862 | 0,450 | 0,582 | 1,000 | 0,702 |
| CO | GO | Piranhas | 2361º | 0,320 | 0,720 | 0,586 | 0,721 | 0,443 | 0,656 | 0,861 | 0,608 |
| NE | AL | Piranhas | 5496º | 0,233 | 0,267 | 0,373 | 0,326 | 0,237 | 0,312 | 0,549 | 0,329 |
| NE | MA | Pirapemas | 5359º | 0,158 | 0,170 | 0,394 | 0,301 | 0,263 | 0,316 | 0,940 | 0,365 |
| SE | MG | Pirapetinga | 1167º | 0,597 | 0,692 | 0,631 | 0,835 | 0,501 | 0,635 | 1,000 | 0,688 |
| S | RS | Pirapó | 2467º | 0,252 | 0,645 | 0,666 | 0,729 | 0,211 | 0,699 | 1,000 | 0,600 |
| SE | MG | Pirapora | 1716º | 0,633 | 0,641 | 0,490 | 0,857 | 0,591 | 0,530 | 0,981 | 0,652 |
| SE | SP | Pirapora do Bom Jesus | 1519º | 0,720 | 0,684 | 0,610 | 0,871 | 0,518 | 0,464 | 0,901 | 0,665 |
| SE | SP | Pirapozinho | 919º | 0,699 | 0,805 | 0,533 | 0,865 | 0,588 | 0,631 | 0,916 | 0,707 |
| S | PR | Piraquara | 2149º | 0,754 | 0,765 | 0,720 | 0,878 | 0,394 | 0,497 | 0,425 | 0,624 |
| N | TO | Piraquê | 3455º | 0,330 | 0,412 | 0,539 | 0,543 | 0,290 | 0,480 | 1,000 | 0,513 |
| SE | SP | Pirassununga | 158º | 0,779 | 0,902 | 0,548 | 0,918 | 0,720 | 0,664 | 0,978 | 0,772 |
| S | RS | Piratini | 2444º | 0,354 | 0,649 | 0,552 | 0,793 | 0,263 | 0,664 | 1,000 | 0,602 |
| SE | SP | Piratininga | 214º | 0,707 | 0,897 | 0,629 | 0,892 | 0,641 | 0,662 | 1,000 | 0,765 |
| S | SC | Piratuba | 369º | 0,597 | 0,885 | 0,707 | 0,898 | 0,529 | 0,673 | 1,000 | 0,747 |
| SE | MG | Piraúba | 658º | 0,580 | 0,810 | 0,833 | 0,824 | 0,328 | 0,669 | 1,000 | 0,726 |
| CO | GO | Pirenópolis | 2595º | 0,308 | 0,680 | 0,595 | 0,780 | 0,435 | 0,567 | 0,887 | 0,592 |
| CO | GO | Pires do Rio | 890º | 0,595 | 0,818 | 0,650 | 0,856 | 0,512 | 0,630 | 0,964 | 0,709 |
| NE | CE | Pires Ferreira | 4807º | 0,128 | 0,197 | 0,550 | 0,449 | 0,212 | 0,445 | 1,000 | 0,424 |
| NE | BA | Piripá | 3929º | 0,154 | 0,306 | 0,596 | 0,478 | 0,190 | 0,586 | 1,000 | 0,478 |
| NE | PI | Piripiri | 3482º | 0,374 | 0,438 | 0,467 | 0,465 | 0,298 | 0,519 | 0,966 | 0,511 |
| NE | BA | Piritiba | 4101º | 0,186 | 0,351 | 0,538 | 0,565 | 0,221 | 0,487 | 0,977 | 0,469 |
| NE | PB | Pirpirituba | 4132º | 0,267 | 0,333 | 0,530 | 0,379 | 0,314 | 0,488 | 0,899 | 0,467 |
| S | PR | Pitanga | 2710º | 0,325 | 0,667 | 0,535 | 0,796 | 0,429 | 0,539 | 0,904 | 0,581 |
| S | PR | Pitangueiras | 451º | 0,593 | 0,849 | 0,917 | 0,777 | 0,420 | 0,583 | 1,000 | 0,742 |

*a partir da melhor situação social ou maior IES)

| Região | UF | Nome do Município 2010 | Posição* | Índice de Emprego | Índice de Pobreza | Índice de Desigualdade | Índice de Alfabetização | Índice de Escolaridade | Índice de Juventude | Índice de Violência | Índice de Exclusão |
|---|---|---|---|---|---|---|---|---|---|---|---|
| SE | SP | Pitangueiras | 657º | 0,777 | 0,822 | 0,734 | 0,829 | 0,424 | 0,546 | 0,941 | 0,726 |
| SE | MG | Pitangui | 1032º | 0,635 | 0,772 | 0,627 | 0,892 | 0,504 | 0,576 | 0,979 | 0,698 |
| NE | PB | Pitimbu | 4961º | 0,188 | 0,228 | 0,568 | 0,370 | 0,221 | 0,394 | 0,878 | 0,412 |
| N | TO | Pium | 3056º | 0,381 | 0,543 | 0,542 | 0,569 | 0,345 | 0,459 | 1,000 | 0,549 |
| SE | ES | Piúma | 2108º | 0,426 | 0,718 | 0,571 | 0,834 | 0,506 | 0,571 | 0,885 | 0,626 |
| SE | MG | Piumhi | 1136º | 0,542 | 0,839 | 0,637 | 0,862 | 0,405 | 0,661 | 0,935 | 0,691 |
| N | PA | Placas | 5322º | 0,087 | 0,187 | 0,413 | 0,570 | 0,167 | 0,333 | 0,978 | 0,371 |
| N | AC | Plácido de Castro | 4004º | 0,403 | 0,396 | 0,445 | 0,591 | 0,321 | 0,334 | 0,909 | 0,474 |
| CO | GO | Planaltina | 2433º | 0,599 | 0,638 | 0,691 | 0,760 | 0,431 | 0,420 | 0,745 | 0,603 |
| S | PR | Planaltina do Paraná | 1726º | 0,469 | 0,773 | 0,719 | 0,760 | 0,395 | 0,586 | 0,873 | 0,652 |
| NE | BA | Planaltino | 4600º | 0,179 | 0,332 | 0,468 | 0,328 | 0,177 | 0,531 | 0,941 | 0,437 |
| SE | SP | Planalto | 429º | 0,746 | 0,808 | 0,806 | 0,807 | 0,384 | 0,603 | 1,000 | 0,743 |
| S | PR | Planalto | 2285º | 0,285 | 0,762 | 0,638 | 0,818 | 0,313 | 0,629 | 0,924 | 0,614 |
| S | RS | Planalto | 2587º | 0,326 | 0,730 | 0,692 | 0,785 | 0,351 | 0,620 | 0,703 | 0,593 |
| NE | BA | Planalto | 3907º | 0,249 | 0,353 | 0,658 | 0,377 | 0,134 | 0,486 | 0,979 | 0,480 |
| S | SC | Planalto Alegre | 1152º | 0,383 | 0,881 | 0,741 | 0,778 | 0,402 | 0,641 | 1,000 | 0,690 |
| CO | MT | Planalto da Serra | 2807º | 0,338 | 0,528 | 0,680 | 0,725 | 0,284 | 0,500 | 1,000 | 0,571 |
| SE | MG | Planura | 816º | 0,713 | 0,830 | 0,701 | 0,841 | 0,363 | 0,593 | 0,950 | 0,714 |
| SE | SP | Platina | 1437º | 0,576 | 0,718 | 0,596 | 0,798 | 0,479 | 0,585 | 1,000 | 0,670 |
| SE | SP | Poá | 355º | 0,719 | 0,783 | 0,691 | 0,932 | 0,762 | 0,568 | 0,931 | 0,748 |
| NE | PE | Poção | 5052º | 0,140 | 0,298 | 0,494 | 0,288 | 0,204 | 0,450 | 0,861 | 0,404 |
| NE | MA | Poção de Pedras | 4973º | 0,140 | 0,256 | 0,499 | 0,326 | 0,186 | 0,454 | 0,947 | 0,411 |
| NE | PB | Pocinhos | 4001º | 0,192 | 0,363 | 0,655 | 0,503 | 0,235 | 0,482 | 0,878 | 0,475 |
| NE | RN | Poço Branco | 4482º | 0,414 | 0,287 | 0,450 | 0,317 | 0,260 | 0,435 | 0,851 | 0,445 |
| NE | PB | Poço Dantas | 4805º | 0,187 | 0,217 | 0,603 | 0,200 | 0,159 | 0,433 | 1,000 | 0,424 |
| S | RS | Poço das Antas | 439º | 0,460 | 0,926 | 0,809 | 0,956 | 0,356 | 0,734 | 1,000 | 0,743 |

*a partir da melhor situação social ou maior IES)

| Região | UF | Nome do Município 2010 | Posição* | Índice de Emprego | Índice de Pobreza | Índice de Desigualdade | Índice de Alfabetização | Índice de Escolaridade | Índice de Juventude | Índice de Violência | Índice de Exclusão |
|---|---|---|---|---|---|---|---|---|---|---|---|
| NE | AL | Poço das Trincheiras | 5540º | 0,096 | 0,137 | 0,322 | 0,268 | 0,086 | 0,315 | 0,813 | 0,295 |
| NE | PB | Poço de José de Moura | 3231º | 0,250 | 0,427 | 0,663 | 0,473 | 0,272 | 0,566 | 1,000 | 0,532 |
| SE | MG | Poço Fundo | 1925º | 0,285 | 0,781 | 0,683 | 0,877 | 0,285 | 0,676 | 0,967 | 0,640 |
| NE | SE | Poço Redondo | 5427º | 0,168 | 0,186 | 0,394 | 0,236 | 0,139 | 0,323 | 0,933 | 0,351 |
| NE | SE | Poço Verde | 4491º | 0,135 | 0,357 | 0,555 | 0,394 | 0,181 | 0,492 | 0,929 | 0,444 |
| NE | BA | Poções | 4494º | 0,189 | 0,344 | 0,488 | 0,422 | 0,232 | 0,483 | 0,919 | 0,444 |
| CO | MT | Poconé | 3249º | 0,391 | 0,502 | 0,474 | 0,622 | 0,327 | 0,496 | 0,935 | 0,529 |
| SE | MG | Poços de Caldas | 253º | 0,753 | 0,883 | 0,577 | 0,937 | 0,635 | 0,672 | 0,966 | 0,761 |
| SE | MG | Pocrane | 3391º | 0,180 | 0,497 | 0,652 | 0,626 | 0,206 | 0,641 | 0,826 | 0,518 |
| NE | BA | Pojuca | 2631º | 0,545 | 0,500 | 0,540 | 0,816 | 0,484 | 0,544 | 0,827 | 0,587 |
| SE | SP | Poloni | 148º | 0,573 | 0,947 | 0,792 | 0,830 | 0,550 | 0,714 | 1,000 | 0,774 |
| NE | PB | Pombal | 3626º | 0,211 | 0,446 | 0,517 | 0,470 | 0,325 | 0,595 | 0,903 | 0,500 |
| NE | PE | Pombos | 4312º | 0,260 | 0,384 | 0,599 | 0,411 | 0,195 | 0,537 | 0,719 | 0,456 |
| S | SC | Pomerode | 1º | 0,923 | 0,977 | 0,824 | 0,978 | 0,499 | 0,689 | 1,000 | 0,842 |
| SE | SP | Pompéia | 192º | 0,763 | 0,841 | 0,605 | 0,906 | 0,671 | 0,676 | 1,000 | 0,768 |
| SE | MG | Pompéu | 2480º | 0,532 | 0,675 | 0,521 | 0,824 | 0,348 | 0,533 | 0,857 | 0,599 |
| SE | SP | Pongaí | 742º | 0,613 | 0,838 | 0,671 | 0,853 | 0,502 | 0,735 | 0,851 | 0,719 |
| N | PA | Ponta de Pedras | 5075º | 0,178 | 0,268 | 0,377 | 0,596 | 0,186 | 0,331 | 1,000 | 0,401 |
| S | PR | Ponta Grossa | 1063º | 0,718 | 0,811 | 0,505 | 0,931 | 0,630 | 0,551 | 0,885 | 0,696 |
| CO | MS | Ponta Porã | 3382º | 0,399 | 0,632 | 0,389 | 0,796 | 0,443 | 0,456 | 0,693 | 0,518 |
| SE | SP | Pontal | 677º | 0,906 | 0,813 | 0,665 | 0,812 | 0,374 | 0,554 | 0,910 | 0,724 |
| CO | MT | Pontal do Araguaia | 1522º | 0,540 | 0,695 | 0,606 | 0,815 | 0,503 | 0,578 | 1,000 | 0,664 |
| S | PR | Pontal do Paraná | 2351º | 0,415 | 0,807 | 0,564 | 0,902 | 0,504 | 0,586 | 0,652 | 0,609 |
| CO | GO | Pontalina | 2686º | 0,359 | 0,707 | 0,494 | 0,726 | 0,350 | 0,642 | 0,848 | 0,583 |
| SE | SP | Pontalinda | 686º | 0,638 | 0,836 | 0,816 | 0,726 | 0,330 | 0,622 | 1,000 | 0,724 |

*a partir da melhor situação social ou maior IES)

ATLAS DA EXCLUSÃO SOCIAL NO BRASIL                                                                                         271

| Região | UF | Nome do Município 2010 | Posição* | Índice de Emprego | Índice de Pobreza | Índice de Desigualdade | Índice de Alfabetização | Índice de Escolaridade | Índice de Juventude | Índice de Violência | Índice de Exclusão |
|---|---|---|---|---|---|---|---|---|---|---|---|
| S | RS | Pontão | 2726º | 0,354 | 0,685 | 0,494 | 0,908 | 0,310 | 0,601 | 0,865 | 0,579 |
| S | SC | Ponte Alta | 1959º | 0,561 | 0,665 | 0,669 | 0,750 | 0,312 | 0,513 | 1,000 | 0,637 |
| N | TO | Ponte Alta do Bom Jesus | 4763º | 0,184 | 0,335 | 0,317 | 0,500 | 0,264 | 0,445 | 1,000 | 0,426 |
| S | SC | Ponte Alta do Norte | 1821º | 0,729 | 0,617 | 0,607 | 0,825 | 0,350 | 0,452 | 1,000 | 0,645 |
| N | TO | Ponte Alta do Tocantins | 4297º | 0,223 | 0,361 | 0,475 | 0,627 | 0,364 | 0,418 | 0,855 | 0,456 |
| CO | MT | Ponte Branca | 2142º | 0,397 | 0,690 | 0,593 | 0,773 | 0,376 | 0,598 | 1,000 | 0,624 |
| SE | MG | Ponte Nova | 1127º | 0,696 | 0,742 | 0,555 | 0,880 | 0,487 | 0,637 | 0,927 | 0,691 |
| S | RS | Ponte Preta | 1208º | 0,205 | 0,909 | 0,789 | 0,901 | 0,295 | 0,748 | 1,000 | 0,685 |
| S | SC | Ponte Serrada | 1109º | 0,740 | 0,776 | 0,697 | 0,803 | 0,386 | 0,494 | 0,953 | 0,693 |
| CO | MT | Pontes e Lacerda | 2286º | 0,514 | 0,751 | 0,612 | 0,777 | 0,444 | 0,507 | 0,761 | 0,614 |
| SE | SP | Pontes Gestal | 84º | 0,787 | 0,880 | 0,810 | 0,815 | 0,488 | 0,666 | 1,000 | 0,786 |
| SE | ES | Ponto Belo | 3047º | 0,406 | 0,478 | 0,535 | 0,554 | 0,396 | 0,549 | 0,925 | 0,550 |
| SE | MG | Ponto Chique | 3328º | 0,248 | 0,394 | 0,666 | 0,676 | 0,310 | 0,449 | 1,000 | 0,522 |
| SE | MG | Ponto dos Volantes | 4632º | 0,201 | 0,347 | 0,517 | 0,419 | 0,200 | 0,418 | 0,908 | 0,435 |
| NE | BA | Ponto Novo | 4433º | 0,265 | 0,274 | 0,573 | 0,459 | 0,177 | 0,427 | 0,934 | 0,448 |
| SE | SP | Populina | 967º | 0,594 | 0,834 | 0,750 | 0,751 | 0,374 | 0,684 | 0,877 | 0,703 |
| NE | CE | Poranga | 4813º | 0,225 | 0,248 | 0,493 | 0,323 | 0,209 | 0,434 | 0,957 | 0,423 |
| SE | SP | Porangaba | 1675º | 0,520 | 0,748 | 0,576 | 0,861 | 0,374 | 0,641 | 0,938 | 0,655 |
| CO | GO | Porangatu | 2520º | 0,459 | 0,654 | 0,446 | 0,788 | 0,457 | 0,549 | 0,951 | 0,598 |
| SE | RJ | Porciúncula | 2378º | 0,501 | 0,631 | 0,451 | 0,765 | 0,461 | 0,594 | 0,941 | 0,607 |
| S | PR | Porecatu | 285º | 0,839 | 0,876 | 0,720 | 0,837 | 0,523 | 0,633 | 0,853 | 0,756 |
| NE | RN | Portalegre | 3740º | 0,251 | 0,356 | 0,537 | 0,488 | 0,328 | 0,552 | 0,929 | 0,492 |
| S | RS | Portão | 763º | 0,750 | 0,834 | 0,708 | 0,895 | 0,345 | 0,603 | 0,899 | 0,717 |
| CO | GO | Porteirão | 498º | 0,841 | 0,862 | 0,757 | 0,763 | 0,326 | 0,527 | 1,000 | 0,738 |

*a partir da melhor situação social ou maior IES

| Região | UF | Nome do Município 2010 | Posição* | Índice de Emprego | Índice de Pobreza | Índice de Desigualdade | Índice de Alfabetização | Índice de Escolaridade | Índice de Juventude | Índice de Violência | Índice de Exclusão |
|---|---|---|---|---|---|---|---|---|---|---|---|
| NE | CE | Porteiras | 4655º | 0,115 | 0,261 | 0,589 | 0,427 | 0,350 | 0,480 | 0,827 | 0,434 |
| SE | MG | Porteirinha | 3394º | 0,240 | 0,397 | 0,568 | 0,583 | 0,322 | 0,561 | 0,986 | 0,518 |
| N | PA | Portel | 5551º | 0,177 | 0,154 | 0,297 | 0,194 | 0,117 | 0,133 | 0,880 | 0,286 |
| CO | GO | Portelândia | 1825º | 0,540 | 0,770 | 0,779 | 0,726 | 0,217 | 0,555 | 0,864 | 0,645 |
| NE | PI | Porto | 5300º | 0,177 | 0,224 | 0,460 | 0,223 | 0,169 | 0,309 | 0,956 | 0,374 |
| N | AC | Porto Acre | 4913º | 0,305 | 0,337 | 0,374 | 0,481 | 0,225 | 0,333 | 0,895 | 0,416 |
| S | RS | Porto Alegre | 602º | 0,708 | 0,893 | 0,370 | 0,947 | 0,864 | 0,700 | 0,831 | 0,730 |
| CO | MT | Porto Alegre do Norte | 3124º | 0,324 | 0,563 | 0,511 | 0,763 | 0,356 | 0,457 | 0,952 | 0,542 |
| NE | PI | Porto Alegre do Piauí | 3705º | 0,375 | 0,288 | 0,613 | 0,398 | 0,241 | 0,455 | 1,000 | 0,494 |
| N | TO | Porto Alegre do Tocantins | 3276º | 0,364 | 0,460 | 0,552 | 0,592 | 0,414 | 0,371 | 1,000 | 0,527 |
| S | PR | Porto Amazonas | 1860º | 0,680 | 0,744 | 0,566 | 0,854 | 0,445 | 0,534 | 0,770 | 0,643 |
| S | PR | Porto Barreiro | 3134º | 0,153 | 0,630 | 0,542 | 0,802 | 0,266 | 0,526 | 1,000 | 0,541 |
| S | SC | Porto Belo | 533º | 0,612 | 0,909 | 0,719 | 0,907 | 0,534 | 0,599 | 0,935 | 0,735 |
| NE | AL | Porto Calvo | 3795º | 0,490 | 0,297 | 0,612 | 0,360 | 0,302 | 0,357 | 0,899 | 0,488 |
| NE | SE | Porto da Folha | 5238º | 0,190 | 0,225 | 0,449 | 0,324 | 0,211 | 0,408 | 0,828 | 0,383 |
| N | PA | Porto de Moz | 5526º | 0,062 | 0,164 | 0,399 | 0,340 | 0,138 | 0,156 | 0,923 | 0,306 |
| NE | AL | Porto de Pedras | 4556º | 0,386 | 0,227 | 0,517 | 0,295 | 0,184 | 0,409 | 0,938 | 0,440 |
| NE | RN | Porto do Mangue | 4924º | 0,280 | 0,271 | 0,482 | 0,352 | 0,200 | 0,453 | 0,801 | 0,415 |
| CO | MT | Porto dos Gaúchos | 2626º | 0,599 | 0,754 | 0,546 | 0,752 | 0,390 | 0,504 | 0,618 | 0,588 |
| CO | MT | Porto Esperidião | 3362º | 0,377 | 0,538 | 0,397 | 0,721 | 0,304 | 0,462 | 0,953 | 0,520 |
| CO | MT | Porto Estrela | 3734º | 0,293 | 0,398 | 0,540 | 0,494 | 0,226 | 0,468 | 1,000 | 0,493 |
| SE | SP | Porto Feliz | 321º | 0,738 | 0,874 | 0,667 | 0,898 | 0,559 | 0,620 | 0,968 | 0,752 |

*a partir da melhor situação social ou maior IES

| Região | UF | Nome do Município 2010 | Posição* | Índice de Emprego | Índice de Pobreza | Índice de Desigualdade | Índice de Alfabetização | Índice de Escolaridade | Índice de Juventude | Índice de Violência | Índice de Exclusão |
|---|---|---|---|---|---|---|---|---|---|---|---|
| SE | SP | Porto Ferreira | 224º | 0,791 | 0,862 | 0,666 | 0,891 | 0,581 | 0,646 | 0,960 | 0,764 |
| SE | MG | Porto Firme | 2705º | 0,348 | 0,523 | 0,652 | 0,743 | 0,244 | 0,645 | 0,950 | 0,581 |
| NE | MA | Porto Franco | 3345º | 0,396 | 0,517 | 0,441 | 0,645 | 0,440 | 0,426 | 0,879 | 0,521 |
| N | AP | Porto Grande | 4170º | 0,325 | 0,458 | 0,449 | 0,676 | 0,397 | 0,291 | 0,814 | 0,464 |
| S | RS | Porto Lucena | 2039º | 0,224 | 0,780 | 0,703 | 0,829 | 0,288 | 0,739 | 0,904 | 0,631 |
| S | RS | Porto Mauá | 1964º | 0,213 | 0,737 | 0,738 | 0,872 | 0,284 | 0,696 | 1,000 | 0,637 |
| CO | MS | Porto Murtinho | 3024º | 0,613 | 0,592 | 0,352 | 0,771 | 0,304 | 0,432 | 0,898 | 0,551 |
| N | TO | Porto Nacional | 2565º | 0,475 | 0,659 | 0,496 | 0,802 | 0,652 | 0,468 | 0,788 | 0,595 |
| SE | RJ | Porto Real | 995º | 0,771 | 0,762 | 0,734 | 0,858 | 0,536 | 0,553 | 0,749 | 0,701 |
| NE | AL | Porto Real do Colégio | 5422º | 0,219 | 0,180 | 0,358 | 0,250 | 0,182 | 0,414 | 0,785 | 0,352 |
| S | PR | Porto Rico | 2659º | 0,443 | 0,748 | 0,612 | 0,763 | 0,427 | 0,578 | 0,589 | 0,585 |
| NE | MA | Porto Rico do Maranhão | 4359º | 0,126 | 0,243 | 0,535 | 0,667 | 0,294 | 0,458 | 1,000 | 0,453 |
| NE | BA | Porto Seguro | 3808º | 0,472 | 0,581 | 0,456 | 0,706 | 0,447 | 0,438 | 0,439 | 0,488 |
| S | SC | Porto União | 1114º | 0,584 | 0,839 | 0,508 | 0,936 | 0,633 | 0,581 | 0,938 | 0,692 |
| N | RO | Porto Velho | 1793º | 0,699 | 0,771 | 0,446 | 0,868 | 0,650 | 0,506 | 0,754 | 0,648 |
| S | RS | Porto Vera Cruz | 2229º | 0,190 | 0,711 | 0,740 | 0,850 | 0,179 | 0,710 | 1,000 | 0,618 |
| S | PR | Porto Vitória | 1917º | 0,466 | 0,680 | 0,685 | 0,890 | 0,322 | 0,539 | 1,000 | 0,640 |
| N | AC | Porto Walter | 5522º | 0,148 | 0,204 | 0,379 | 0,110 | 0,211 | 0,064 | 1,000 | 0,315 |
| S | RS | Porto Xavier | 1979º | 0,360 | 0,736 | 0,628 | 0,780 | 0,367 | 0,628 | 1,000 | 0,636 |
| CO | GO | Posse | 3120º | 0,440 | 0,521 | 0,494 | 0,679 | 0,400 | 0,462 | 0,884 | 0,542 |
| SE | MG | Poté | 4139º | 0,201 | 0,414 | 0,620 | 0,473 | 0,274 | 0,492 | 0,768 | 0,467 |
| NE | CE | Potengi | 5202º | 0,079 | 0,212 | 0,427 | 0,297 | 0,210 | 0,441 | 1,000 | 0,388 |
| SE | SP | Potim | 1333º | 0,471 | 0,721 | 0,835 | 0,903 | 0,426 | 0,602 | 0,866 | 0,676 |

*a partir da melhor situação social ou maior IES

| Região | UF | Nome do Município 2010 | Posição* | Índice de Emprego | Índice de Pobreza | Índice de Desigualdade | Índice de Alfabetização | Índice de Escolaridade | Índice de Juventude | Índice de Violência | Índice de Exclusão |
|---|---|---|---|---|---|---|---|---|---|---|---|
| NE | BA | Potiraguá | 3457º | 0,354 | 0,424 | 0,598 | 0,531 | 0,304 | 0,470 | 0,894 | 0,513 |
| SE | SP | Potirendaba | 212º | 0,653 | 0,918 | 0,773 | 0,878 | 0,462 | 0,705 | 0,966 | 0,766 |
| NE | CE | Potiretama | 4152º | 0,123 | 0,319 | 0,593 | 0,362 | 0,282 | 0,511 | 1,000 | 0,465 |
| SE | MG | Pouso Alegre | 277º | 0,737 | 0,875 | 0,604 | 0,926 | 0,644 | 0,634 | 0,984 | 0,758 |
| SE | MG | Pouso Alto | 2421º | 0,503 | 0,686 | 0,333 | 0,846 | 0,295 | 0,667 | 1,000 | 0,604 |
| S | RS | Pouso Novo | 2125º | 0,287 | 0,838 | 0,523 | 0,833 | 0,278 | 0,683 | 1,000 | 0,625 |
| S | SC | Pouso Redondo | 868º | 0,633 | 0,862 | 0,724 | 0,876 | 0,334 | 0,565 | 1,000 | 0,711 |
| CO | MT | Poxoréo | 2740º | 0,475 | 0,565 | 0,558 | 0,665 | 0,342 | 0,549 | 0,911 | 0,578 |
| SE | SP | Pracinha | 672º | 0,594 | 0,688 | 0,796 | 0,890 | 0,271 | 0,825 | 1,000 | 0,725 |
| N | AP | Pracuúba | 5116º | 0,287 | 0,238 | 0,292 | 0,661 | 0,345 | 0,186 | 1,000 | 0,397 |
| NE | BA | Prado | 4029º | 0,324 | 0,475 | 0,472 | 0,579 | 0,306 | 0,415 | 0,793 | 0,473 |
| S | PR | Prado Ferreira | 1590º | 0,730 | 0,769 | 0,569 | 0,752 | 0,313 | 0,606 | 0,849 | 0,660 |
| SE | SP | Pradópolis | 527º | 0,807 | 0,855 | 0,657 | 0,815 | 0,482 | 0,612 | 0,910 | 0,736 |
| SE | MG | Prados | 1929º | 0,512 | 0,622 | 0,620 | 0,882 | 0,308 | 0,626 | 1,000 | 0,640 |
| SE | SP | Praia Grande | 1082º | 0,598 | 0,808 | 0,567 | 0,904 | 0,604 | 0,593 | 0,925 | 0,695 |
| S | SC | Praia Grande | 1351º | 0,454 | 0,778 | 0,726 | 0,810 | 0,392 | 0,599 | 1,000 | 0,675 |
| N | TO | Praia Norte | 5036º | 0,226 | 0,233 | 0,523 | 0,318 | 0,277 | 0,288 | 0,932 | 0,405 |
| N | PA | Prainha | 5534º | 0,099 | 0,111 | 0,241 | 0,461 | 0,150 | 0,211 | 0,947 | 0,298 |
| S | PR | Pranchita | 1636º | 0,403 | 0,806 | 0,552 | 0,822 | 0,457 | 0,643 | 1,000 | 0,657 |
| SE | MG | Prata | 1626º | 0,612 | 0,817 | 0,558 | 0,804 | 0,289 | 0,607 | 0,919 | 0,657 |
| NE | PB | Prata | 3293º | 0,187 | 0,420 | 0,705 | 0,531 | 0,267 | 0,543 | 1,000 | 0,526 |
| NE | PI | Prata do Piauí | 4888º | 0,190 | 0,255 | 0,471 | 0,247 | 0,159 | 0,473 | 1,000 | 0,418 |
| SE | SP | Pratânia | 703º | 0,814 | 0,796 | 0,784 | 0,858 | 0,362 | 0,544 | 0,887 | 0,722 |
| SE | MG | Pratápolis | 871º | 0,600 | 0,809 | 0,683 | 0,852 | 0,426 | 0,689 | 0,941 | 0,711 |
| SE | MG | Pratinha | 2349º | 0,373 | 0,651 | 0,479 | 0,785 | 0,342 | 0,709 | 1,000 | 0,610 |
| SE | SP | Presidente Alves | 546º | 0,729 | 0,801 | 0,622 | 0,802 | 0,531 | 0,661 | 1,000 | 0,734 |
| SE | SP | Presidente Bernardes | 623º | 0,621 | 0,781 | 0,633 | 0,863 | 0,610 | 0,705 | 0,962 | 0,728 |

*a partir da melhor situação social ou maior IES

ATLAS DA EXCLUSÃO SOCIAL NO BRASIL 275

| Região | UF | Nome do Município 2010 | Posição* | Índice de Emprego | Índice de Pobreza | Índice de Desigualdade | Índice de Alfabetização | Índice de Escolaridade | Índice de Juventude | Índice de Violência | Índice de Exclusão |
|---|---|---|---|---|---|---|---|---|---|---|---|
| SE | MG | Presidente Bernardes | 2912º | 0,269 | 0,538 | 0,654 | 0,747 | 0,228 | 0,557 | 1,000 | 0,561 |
| S | SC | Presidente Castello Branco | 1597º | 0,222 | 0,927 | 0,637 | 0,941 | 0,314 | 0,685 | 1,000 | 0,659 |
| S | PR | Presidente Castelo Branco | 479º | 0,815 | 0,855 | 0,806 | 0,728 | 0,413 | 0,570 | 0,891 | 0,740 |
| NE | MA | Presidente Dutra | 4338º | 0,266 | 0,415 | 0,466 | 0,522 | 0,368 | 0,448 | 0,744 | 0,454 |
| NE | BA | Presidente Dutra | 4705º | 0,067 | 0,284 | 0,488 | 0,688 | 0,322 | 0,529 | 0,811 | 0,430 |
| SE | SP | Presidente Epitácio | 1001º | 0,623 | 0,775 | 0,616 | 0,874 | 0,566 | 0,614 | 0,937 | 0,701 |
| N | AM | Presidente Figueiredo | 3237º | 0,435 | 0,526 | 0,515 | 0,787 | 0,427 | 0,335 | 0,866 | 0,531 |
| S | SC | Presidente Getúlio | 236º | 0,696 | 0,961 | 0,748 | 0,946 | 0,400 | 0,618 | 1,000 | 0,763 |
| NE | BA | Presidente Jânio Quadros | 5049º | 0,060 | 0,270 | 0,483 | 0,308 | 0,113 | 0,535 | 0,962 | 0,404 |
| SE | MG | Presidente Juscelino | 2729º | 0,356 | 0,513 | 0,753 | 0,621 | 0,226 | 0,544 | 1,000 | 0,579 |
| NE | RN | Presidente Juscelino | 5065º | 0,236 | 0,305 | 0,450 | 0,289 | 0,229 | 0,399 | 0,822 | 0,402 |
| NE | MA | Presidente Juscelino | 5486º | 0,076 | 0,094 | 0,375 | 0,363 | 0,331 | 0,229 | 0,955 | 0,333 |
| SE | ES | Presidente Kennedy | 2827º | 0,484 | 0,529 | 0,596 | 0,655 | 0,313 | 0,563 | 0,849 | 0,569 |
| N | TO | Presidente Kennedy | 3360º | 0,397 | 0,438 | 0,541 | 0,682 | 0,389 | 0,438 | 0,859 | 0,520 |
| SE | MG | Presidente Kubitschek | 2790º | 0,583 | 0,399 | 0,652 | 0,734 | 0,221 | 0,465 | 1,000 | 0,574 |
| S | RS | Presidente Lucena | 80º | 0,646 | 0,944 | 0,907 | 0,962 | 0,321 | 0,716 | 1,000 | 0,787 |
| N | RO | Presidente Médici | 2874º | 0,337 | 0,603 | 0,534 | 0,755 | 0,308 | 0,529 | 0,977 | 0,565 |
| NE | MA | Presidente Médici | 5090º | 0,195 | 0,168 | 0,530 | 0,467 | 0,286 | 0,372 | 0,837 | 0,400 |

*a partir da melhor situação social ou maior IES

| Região | UF | Nome do Município 2010 | Posição* | Índice de Emprego | Índice de Pobreza | Índice de Desigualdade | Índice de Alfabetização | Índice de Escolaridade | Índice de Juventude | Índice de Violência | Índice de Exclusão |
|---|---|---|---|---|---|---|---|---|---|---|---|
| S | SC | Presidente Nereu | 2121º | 0,255 | 0,884 | 0,574 | 0,788 | 0,317 | 0,609 | 1,000 | 0,625 |
| SE | MG | Presidente Olegário | 1509º | 0,543 | 0,721 | 0,669 | 0,800 | 0,336 | 0,608 | 1,000 | 0,665 |
| SE | SP | Presidente Prudente | 446º | 0,712 | 0,886 | 0,503 | 0,933 | 0,749 | 0,671 | 0,887 | 0,742 |
| NE | MA | Presidente Sarney | 5284º | 0,108 | 0,156 | 0,565 | 0,326 | 0,142 | 0,299 | 1,000 | 0,377 |
| NE | BA | Presidente Tancredo Neves | 4985º | 0,168 | 0,309 | 0,489 | 0,392 | 0,218 | 0,422 | 0,847 | 0,410 |
| NE | MA | Presidente Vargas | 5471º | 0,068 | 0,138 | 0,375 | 0,309 | 0,350 | 0,269 | 0,903 | 0,337 |
| SE | SP | Presidente Venceslau | 629º | 0,655 | 0,835 | 0,570 | 0,879 | 0,596 | 0,707 | 0,931 | 0,728 |
| NE | PE | Primavera | 3710º | 0,432 | 0,381 | 0,683 | 0,378 | 0,239 | 0,448 | 0,768 | 0,494 |
| N | PA | Primavera | 5433º | 0,094 | 0,252 | 0,292 | 0,492 | 0,226 | 0,399 | 0,797 | 0,350 |
| N | RO | Primavera de Rondônia | 3289º | 0,327 | 0,568 | 0,552 | 0,727 | 0,218 | 0,505 | 0,852 | 0,526 |
| CO | MT | Primavera do Leste | 1502º | 0,649 | 0,851 | 0,505 | 0,899 | 0,578 | 0,531 | 0,790 | 0,666 |
| NE | MA | Primeira Cruz | 5511º | 0,099 | 0,083 | 0,380 | 0,365 | 0,173 | 0,248 | 0,963 | 0,322 |
| S | PR | Primeiro de Maio | 1482º | 0,503 | 0,723 | 0,629 | 0,808 | 0,381 | 0,664 | 1,000 | 0,667 |
| S | SC | Princesa | 1891º | 0,286 | 0,803 | 0,742 | 0,816 | 0,319 | 0,578 | 1,000 | 0,642 |
| NE | PB | Princesa Isabel | 3336º | 0,275 | 0,494 | 0,626 | 0,486 | 0,256 | 0,501 | 0,951 | 0,522 |
| CO | GO | Professor Jamil | 2457º | 0,326 | 0,713 | 0,700 | 0,720 | 0,336 | 0,592 | 0,839 | 0,601 |
| S | RS | Progresso | 2054º | 0,179 | 0,830 | 0,775 | 0,835 | 0,197 | 0,630 | 1,000 | 0,630 |
| SE | SP | Promissão | 434º | 0,740 | 0,854 | 0,703 | 0,887 | 0,490 | 0,618 | 0,942 | 0,743 |
| NE | SE | Propriá | 3709º | 0,440 | 0,469 | 0,487 | 0,604 | 0,459 | 0,491 | 0,579 | 0,494 |
| S | RS | Protásio Alves | 1347º | 0,398 | 0,875 | 0,541 | 0,875 | 0,327 | 0,765 | 1,000 | 0,675 |

*a partir da melhor situação social ou maior IES)

| Região | UF | Nome do Município 2010 | Posição* | Índice de Emprego | Índice de Pobreza | Índice de Desigualdade | Índice de Alfabetização | Índice de Escolaridade | Índice de Juventude | Índice de Violência | Índice de Exclusão |
|---|---|---|---|---|---|---|---|---|---|---|---|
| SE | MG | Prudente de Morais | 932º | 0,728 | 0,680 | 0,724 | 0,849 | 0,455 | 0,547 | 1,000 | 0,705 |
| S | PR | Prudentópolis | 2533º | 0,297 | 0,660 | 0,631 | 0,848 | 0,353 | 0,548 | 0,968 | 0,596 |
| N | TO | Pugmil | 2801º | 0,581 | 0,549 | 0,702 | 0,695 | 0,320 | 0,398 | 0,780 | 0,572 |
| NE | RN | Pureza | 4843º | 0,253 | 0,218 | 0,509 | 0,399 | 0,220 | 0,391 | 0,938 | 0,421 |
| S | RS | Putinga | 1948º | 0,247 | 0,851 | 0,708 | 0,833 | 0,274 | 0,714 | 0,874 | 0,638 |
| NE | PB | Puxinanã | 3807º | 0,285 | 0,405 | 0,669 | 0,560 | 0,286 | 0,498 | 0,718 | 0,488 |
| SE | SP | Quadra | 1595º | 0,576 | 0,735 | 0,606 | 0,811 | 0,293 | 0,614 | 1,000 | 0,660 |
| S | RS | Quaraí | 2303º | 0,442 | 0,662 | 0,552 | 0,885 | 0,421 | 0,571 | 0,910 | 0,613 |
| SE | MG | Quartel Geral | 1612º | 0,665 | 0,678 | 0,638 | 0,771 | 0,285 | 0,560 | 1,000 | 0,658 |
| S | PR | Quarto Centenário | 2321º | 0,558 | 0,711 | 0,377 | 0,767 | 0,326 | 0,598 | 1,000 | 0,612 |
| SE | SP | Quatá | 267º | 0,786 | 0,822 | 0,745 | 0,849 | 0,582 | 0,594 | 0,959 | 0,759 |
| S | PR | Quatiguá | 810º | 0,561 | 0,791 | 0,724 | 0,843 | 0,448 | 0,661 | 1,000 | 0,714 |
| N | PA | Quatipuru | 5291º | 0,135 | 0,221 | 0,384 | 0,432 | 0,137 | 0,352 | 1,000 | 0,376 |
| SE | RJ | Quatis | 535º | 0,742 | 0,746 | 0,730 | 0,871 | 0,497 | 0,601 | 1,000 | 0,735 |
| S | PR | Quatro Barras | 891º | 0,787 | 0,853 | 0,604 | 0,895 | 0,622 | 0,539 | 0,764 | 0,709 |
| S | RS | Quatro Irmãos | 1899º | 0,461 | 0,765 | 0,645 | 0,789 | 0,218 | 0,612 | 1,000 | 0,642 |
| S | PR | Quatro Pontes | 831º | 0,521 | 0,971 | 0,645 | 0,997 | 0,446 | 0,662 | 0,863 | 0,713 |
| NE | AL | Quebrangulo | 5153º | 0,225 | 0,253 | 0,520 | 0,354 | 0,181 | 0,439 | 0,728 | 0,394 |
| S | PR | Quedas do Iguaçu | 3003º | 0,443 | 0,632 | 0,431 | 0,765 | 0,355 | 0,477 | 0,881 | 0,553 |
| NE | PI | Queimada Nova | 4949º | 0,177 | 0,201 | 0,537 | 0,329 | 0,133 | 0,487 | 0,939 | 0,413 |
| NE | PB | Queimadas | 3410º | 0,392 | 0,400 | 0,648 | 0,539 | 0,256 | 0,490 | 0,861 | 0,517 |
| NE | BA | Queimadas | 4370º | 0,169 | 0,307 | 0,550 | 0,510 | 0,285 | 0,467 | 0,915 | 0,452 |
| SE | RJ | Queimados | 1772º | 0,636 | 0,650 | 0,667 | 0,861 | 0,463 | 0,534 | 0,834 | 0,649 |
| SE | SP | Queiroz | 861º | 0,820 | 0,727 | 0,722 | 0,748 | 0,374 | 0,535 | 1,000 | 0,711 |
| SE | SP | Queluz | 842º | 0,748 | 0,698 | 0,643 | 0,874 | 0,566 | 0,590 | 0,954 | 0,712 |

*a partir da melhor situação social ou maior IES)

| Região | UF | Nome do Município 2010 | Posição* | Índice de Emprego | Índice de Pobreza | Índice de Desigualdade | Índice de Alfabetização | Índice de Escolaridade | Índice de Juventude | Índice de Violência | Índice de Exclusão |
|---|---|---|---|---|---|---|---|---|---|---|---|
| SE | MG | Queluzito | 1796º | 0,419 | 0,675 | 0,654 | 0,891 | 0,266 | 0,703 | 1,000 | 0,647 |
| CO | MT | Querência | 2269º | 0,431 | 0,776 | 0,588 | 0,789 | 0,382 | 0,462 | 0,960 | 0,616 |
| S | PR | Querência do Norte | 3140º | 0,311 | 0,634 | 0,574 | 0,702 | 0,350 | 0,542 | 0,734 | 0,540 |
| S | RS | Quevedos | 3061º | 0,220 | 0,593 | 0,482 | 0,836 | 0,199 | 0,635 | 1,000 | 0,548 |
| NE | BA | Quijingue | 5144º | 0,108 | 0,243 | 0,429 | 0,310 | 0,169 | 0,445 | 1,000 | 0,395 |
| S | SC | Quilombo | 1040º | 0,458 | 0,841 | 0,775 | 0,839 | 0,460 | 0,607 | 0,949 | 0,698 |
| S | PR | Quinta do Sol | 1295º | 0,584 | 0,788 | 0,697 | 0,679 | 0,347 | 0,583 | 1,000 | 0,679 |
| SE | SP | Quintana | 562º | 0,708 | 0,765 | 0,717 | 0,820 | 0,478 | 0,647 | 1,000 | 0,733 |
| S | RS | Quinze de Novembro | 1069º | 0,308 | 0,936 | 0,639 | 0,934 | 0,431 | 0,728 | 1,000 | 0,696 |
| NE | PE | Quipapá | 5234º | 0,342 | 0,242 | 0,612 | 0,274 | 0,153 | 0,398 | 0,527 | 0,383 |
| CO | GO | Quirinópolis | 1116º | 0,574 | 0,822 | 0,635 | 0,804 | 0,468 | 0,621 | 0,952 | 0,692 |
| SE | RJ | Quissamã | 1729º | 0,606 | 0,688 | 0,511 | 0,831 | 0,490 | 0,564 | 0,974 | 0,652 |
| S | PR | Quitandinha | 2788º | 0,337 | 0,583 | 0,616 | 0,862 | 0,297 | 0,549 | 0,909 | 0,574 |
| NE | CE | Quiterianópolis | 5120º | 0,114 | 0,242 | 0,479 | 0,327 | 0,200 | 0,488 | 0,869 | 0,397 |
| NE | PE | Quixaba | 4151º | 0,238 | 0,307 | 0,603 | 0,447 | 0,174 | 0,443 | 1,000 | 0,466 |
| NE | PB | Quixabá | 3648º | 0,178 | 0,390 | 0,657 | 0,460 | 0,275 | 0,487 | 1,000 | 0,498 |
| NE | BA | Quixabeira | 4431º | 0,157 | 0,337 | 0,578 | 0,358 | 0,209 | 0,519 | 0,891 | 0,448 |
| NE | CE | Quixadá | 4026º | 0,308 | 0,376 | 0,505 | 0,505 | 0,402 | 0,472 | 0,781 | 0,474 |
| NE | CE | Quixelô | 4381º | 0,104 | 0,322 | 0,561 | 0,273 | 0,197 | 0,564 | 1,000 | 0,452 |
| NE | CE | Quixeramobim | 4724º | 0,139 | 0,374 | 0,462 | 0,511 | 0,316 | 0,482 | 0,776 | 0,429 |
| NE | CE | Quixeré | 3785º | 0,292 | 0,349 | 0,686 | 0,458 | 0,268 | 0,499 | 0,812 | 0,489 |
| NE | RN | Rafael Fernandes | 3085º | 0,327 | 0,452 | 0,670 | 0,477 | 0,366 | 0,575 | 0,889 | 0,546 |
| NE | RN | Rafael Godeiro | 4689º | 0,153 | 0,385 | 0,591 | 0,499 | 0,363 | 0,563 | 0,490 | 0,431 |
| NE | BA | Rafael Jambeiro | 4572º | 0,152 | 0,310 | 0,582 | 0,385 | 0,171 | 0,450 | 0,955 | 0,439 |
| SE | SP | Rafard | 65º | 0,897 | 0,894 | 0,776 | 0,913 | 0,479 | 0,626 | 0,940 | 0,790 |

*a partir da melhor situação social ou maior IES

| Região | UF | Nome do Município 2010 | Posição* | Índice de Emprego | Índice de Pobreza | Índice de Desigualdade | Índice de Alfabetização | Índice de Escolaridade | Índice de Juventude | Índice de Violência | Índice de Exclusão |
|---|---|---|---|---|---|---|---|---|---|---|---|
| S | PR | Ramilândia | 3992º | 0,468 | 0,586 | 0,631 | 0,701 | 0,251 | 0,492 | 0,245 | 0,475 |
| SE | SP | Rancharia | 853º | 0,641 | 0,834 | 0,646 | 0,864 | 0,487 | 0,633 | 0,928 | 0,712 |
| S | PR | Rancho Alegre | 1695º | 0,495 | 0,744 | 0,574 | 0,790 | 0,359 | 0,645 | 1,000 | 0,654 |
| S | PR | Rancho Alegre D'Oeste | 1800º | 0,488 | 0,697 | 0,681 | 0,723 | 0,343 | 0,588 | 1,000 | 0,647 |
| S | SC | Rancho Queimado | 963º | 0,374 | 0,941 | 0,737 | 0,863 | 0,390 | 0,655 | 1,000 | 0,703 |
| NE | MA | Raposa | 4157º | 0,237 | 0,335 | 0,617 | 0,637 | 0,368 | 0,398 | 0,783 | 0,465 |
| SE | MG | Raposos | 875º | 0,842 | 0,739 | 0,543 | 0,915 | 0,487 | 0,602 | 0,932 | 0,711 |
| SE | MG | Raul Soares | 2868º | 0,307 | 0,589 | 0,559 | 0,725 | 0,283 | 0,634 | 0,913 | 0,565 |
| S | PR | Realeza | 1147º | 0,464 | 0,844 | 0,705 | 0,853 | 0,417 | 0,600 | 1,000 | 0,690 |
| S | PR | Rebouças | 2995º | 0,347 | 0,555 | 0,545 | 0,880 | 0,336 | 0,540 | 0,853 | 0,554 |
| NE | PE | Recife | 2231º | 0,630 | 0,675 | 0,227 | 0,848 | 0,747 | 0,642 | 0,774 | 0,618 |
| SE | MG | Recreio | 1538º | 0,523 | 0,656 | 0,630 | 0,782 | 0,413 | 0,676 | 1,000 | 0,664 |
| N | TO | Recursolândia | 5417º | 0,282 | 0,162 | 0,313 | 0,328 | 0,220 | 0,298 | 0,862 | 0,352 |
| N | PA | Redenção | 3508º | 0,382 | 0,600 | 0,517 | 0,725 | 0,362 | 0,427 | 0,663 | 0,509 |
| NE | CE | Redenção | 4013º | 0,269 | 0,375 | 0,570 | 0,507 | 0,324 | 0,482 | 0,803 | 0,474 |
| SE | SP | Redenção da Serra | 2074º | 0,558 | 0,559 | 0,641 | 0,807 | 0,293 | 0,594 | 1,000 | 0,629 |
| NE | PI | Redenção do Gurguéia | 4898º | 0,139 | 0,287 | 0,437 | 0,514 | 0,282 | 0,351 | 1,000 | 0,418 |
| S | RS | Redentora | 4456º | 0,254 | 0,430 | 0,345 | 0,649 | 0,276 | 0,359 | 0,949 | 0,446 |
| SE | MG | Reduto | 3146º | 0,330 | 0,533 | 0,538 | 0,733 | 0,222 | 0,498 | 1,000 | 0,540 |
| NE | PI | Regeneração | 4229º | 0,280 | 0,355 | 0,471 | 0,325 | 0,230 | 0,482 | 0,970 | 0,460 |
| SE | SP | Regente Feijó | 492º | 0,673 | 0,862 | 0,651 | 0,865 | 0,611 | 0,656 | 0,916 | 0,739 |
| SE | SP | Reginópolis | 382º | 0,634 | 0,849 | 0,763 | 0,890 | 0,470 | 0,716 | 0,929 | 0,747 |
| SE | SP | Registro | 1355º | 0,652 | 0,724 | 0,524 | 0,891 | 0,583 | 0,560 | 0,933 | 0,675 |
| S | RS | Relvado | 1420º | 0,237 | 0,901 | 0,685 | 0,928 | 0,221 | 0,784 | 1,000 | 0,671 |
| NE | BA | Remanso | 4543º | 0,178 | 0,352 | 0,499 | 0,398 | 0,232 | 0,475 | 0,907 | 0,441 |

*a partir da melhor situação social ou maior IES)

| Região | UF | Nome do Município 2010 | Posição* | Índice de Emprego | Índice de Pobreza | Índice de Desigualdade | Índice de Alfabetização | Índice de Escolaridade | Índice de Juventude | Índice de Violência | Índice de Exclusão |
|---|---|---|---|---|---|---|---|---|---|---|---|
| NE | PB | Remígio | 4217º | 0,226 | 0,387 | 0,476 | 0,362 | 0,269 | 0,491 | 0,941 | 0,461 |
| S | PR | Renascença | 2881º | 0,298 | 0,752 | 0,438 | 0,814 | 0,398 | 0,548 | 0,847 | 0,565 |
| NE | CE | Reriutaba | 4734º | 0,213 | 0,291 | 0,392 | 0,432 | 0,258 | 0,469 | 0,947 | 0,428 |
| SE | RJ | Resende | 705º | 0,769 | 0,825 | 0,527 | 0,920 | 0,708 | 0,625 | 0,818 | 0,722 |
| SE | MG | Resende Costa | 2050º | 0,319 | 0,723 | 0,616 | 0,894 | 0,337 | 0,645 | 1,000 | 0,631 |
| S | PR | Reserva | 3211º | 0,384 | 0,569 | 0,571 | 0,699 | 0,215 | 0,467 | 0,876 | 0,534 |
| CO | MT | Reserva do Cabaçal | 2288º | 0,343 | 0,676 | 0,760 | 0,643 | 0,310 | 0,530 | 1,000 | 0,614 |
| S | PR | Reserva do Iguaçu | 3654º | 0,467 | 0,499 | 0,449 | 0,750 | 0,212 | 0,365 | 0,858 | 0,498 |
| SE | MG | Resplendor | 2935º | 0,437 | 0,548 | 0,487 | 0,716 | 0,306 | 0,599 | 0,878 | 0,559 |
| SE | MG | Ressaquinha | 2027º | 0,407 | 0,612 | 0,724 | 0,801 | 0,332 | 0,604 | 1,000 | 0,632 |
| SE | SP | Restinga | 790º | 0,758 | 0,728 | 0,794 | 0,797 | 0,391 | 0,518 | 1,000 | 0,715 |
| S | RS | Restinga Seca | 2094º | 0,415 | 0,705 | 0,515 | 0,868 | 0,335 | 0,662 | 1,000 | 0,628 |
| NE | BA | Retirolândia | 3106º | 0,278 | 0,380 | 0,635 | 0,593 | 0,390 | 0,565 | 1,000 | 0,544 |
| NE | PB | Riachão | 4970º | 0,170 | 0,224 | 0,553 | 0,400 | 0,207 | 0,458 | 0,841 | 0,411 |
| NE | MA | Riachão | 5269º | 0,125 | 0,291 | 0,353 | 0,558 | 0,136 | 0,388 | 0,897 | 0,378 |
| NE | BA | Riachão das Neves | 4567º | 0,214 | 0,277 | 0,505 | 0,361 | 0,194 | 0,454 | 1,000 | 0,439 |
| NE | PB | Riachão do Bacamarte | 3949º | 0,362 | 0,317 | 0,585 | 0,221 | 0,155 | 0,482 | 1,000 | 0,477 |
| NE | SE | Riachão do Dantas | 4906º | 0,169 | 0,237 | 0,614 | 0,374 | 0,133 | 0,431 | 0,893 | 0,417 |
| NE | BA | Riachão do Jacuípe | 3303º | 0,219 | 0,399 | 0,625 | 0,634 | 0,379 | 0,565 | 0,922 | 0,525 |
| NE | PB | Riachão do Poço | 4519º | 0,128 | 0,274 | 0,593 | 0,323 | 0,171 | 0,503 | 1,000 | 0,442 |
| SE | MG | Riachinho | 3615º | 0,234 | 0,382 | 0,606 | 0,743 | 0,311 | 0,441 | 0,935 | 0,500 |
| N | TO | Riachinho | 4608º | 0,216 | 0,204 | 0,494 | 0,517 | 0,303 | 0,394 | 1,000 | 0,436 |
| NE | RN | Riacho da Cruz | 4042º | 0,197 | 0,276 | 0,609 | 0,431 | 0,239 | 0,512 | 1,000 | 0,473 |
| NE | PE | Riacho das Almas | 4303º | 0,135 | 0,391 | 0,558 | 0,312 | 0,154 | 0,535 | 0,973 | 0,456 |

*a partir da melhor situação social ou maior IES)

ATLAS DA EXCLUSÃO SOCIAL NO BRASIL

| Região | UF | Nome do Município 2010 | Posição* | Índice de Emprego | Índice de Pobreza | Índice de Desigualdade | Índice de Alfabetização | Índice de Escolaridade | Índice de Juventude | Índice de Violência | Índice de Exclusão |
|---|---|---|---|---|---|---|---|---|---|---|---|
| NE | RN | Riacho de Santana | 3743º | 0,201 | 0,367 | 0,593 | 0,402 | 0,255 | 0,548 | 1,000 | 0,492 |
| NE | BA | Riacho de Santana | 4259º | 0,187 | 0,316 | 0,469 | 0,452 | 0,342 | 0,508 | 0,949 | 0,458 |
| NE | PB | Riacho de Santo Antônio | 3514º | 0,205 | 0,366 | 0,707 | 0,532 | 0,289 | 0,463 | 1,000 | 0,509 |
| NE | PB | Riacho dos Cavalos | 4304º | 0,127 | 0,286 | 0,697 | 0,338 | 0,157 | 0,529 | 0,937 | 0,456 |
| SE | MG | Riacho dos Machados | 3348º | 0,334 | 0,344 | 0,691 | 0,550 | 0,287 | 0,436 | 1,000 | 0,521 |
| NE | PI | Riacho Frio | 5286º | 0,136 | 0,129 | 0,386 | 0,549 | 0,184 | 0,374 | 1,000 | 0,376 |
| NE | SE | Riachuelo | 3349º | 0,624 | 0,380 | 0,575 | 0,620 | 0,397 | 0,424 | 0,666 | 0,521 |
| NE | RN | Riachuelo | 4215º | 0,273 | 0,315 | 0,510 | 0,347 | 0,291 | 0,421 | 1,000 | 0,461 |
| CO | GO | Rialma | 1501º | 0,474 | 0,749 | 0,674 | 0,857 | 0,491 | 0,612 | 0,901 | 0,666 |
| CO | GO | Rianápolis | 2219º | 0,559 | 0,732 | 0,743 | 0,700 | 0,365 | 0,550 | 0,658 | 0,619 |
| NE | MA | Ribamar Fiquene | 4717º | 0,339 | 0,322 | 0,414 | 0,495 | 0,237 | 0,369 | 0,858 | 0,429 |
| CO | MS | Ribas do Rio Pardo | 2003º | 0,629 | 0,718 | 0,631 | 0,752 | 0,325 | 0,486 | 0,901 | 0,634 |
| SE | SP | Ribeira | 2264º | 0,464 | 0,562 | 0,633 | 0,764 | 0,443 | 0,534 | 1,000 | 0,616 |
| NE | BA | Ribeira do Amparo | 5197º | 0,084 | 0,206 | 0,520 | 0,268 | 0,136 | 0,411 | 1,000 | 0,388 |
| NE | PI | Ribeira do Piauí | 5214º | 0,104 | 0,205 | 0,430 | 0,392 | 0,122 | 0,434 | 1,000 | 0,386 |
| NE | BA | Ribeira do Pombal | 3994º | 0,224 | 0,400 | 0,504 | 0,456 | 0,316 | 0,489 | 0,923 | 0,475 |
| NE | PE | Ribeirão | 3495º | 0,511 | 0,380 | 0,549 | 0,518 | 0,343 | 0,484 | 0,766 | 0,510 |
| SE | SP | Ribeirão Bonito | 504º | 0,835 | 0,814 | 0,659 | 0,820 | 0,445 | 0,578 | 1,000 | 0,738 |
| SE | SP | Ribeirão Branco | 3160º | 0,440 | 0,415 | 0,624 | 0,764 | 0,258 | 0,429 | 0,943 | 0,538 |
| CO | MT | Ribeirão Cascalheira | 3143º | 0,359 | 0,611 | 0,463 | 0,765 | 0,322 | 0,495 | 0,883 | 0,540 |
| S | PR | Ribeirão Claro | 1671º | 0,602 | 0,712 | 0,496 | 0,870 | 0,424 | 0,630 | 0,951 | 0,655 |

*a partir da melhor situação social ou maior IES

| Região | UF | Nome do Município 2010 | Posição* | Índice de Emprego | Índice de Pobreza | Índice de Desigualdade | Índice de Alfabetização | Índice de Escolaridade | Índice de Juventude | Índice de Violência | Índice de Exclusão |
|---|---|---|---|---|---|---|---|---|---|---|---|
| SE | SP | Ribeirão Corrente | 1244º | 0,517 | 0,810 | 0,737 | 0,797 | 0,387 | 0,540 | 1,000 | 0,682 |
| SE | MG | Ribeirão das Neves | 1325º | 0,756 | 0,703 | 0,764 | 0,862 | 0,375 | 0,524 | 0,789 | 0,677 |
| NE | BA | Ribeirão do Largo | 4242º | 0,220 | 0,386 | 0,642 | 0,336 | 0,129 | 0,426 | 0,940 | 0,459 |
| S | PR | Ribeirão do Pinhal | 2272º | 0,432 | 0,700 | 0,576 | 0,717 | 0,394 | 0,562 | 0,962 | 0,616 |
| SE | SP | Ribeirão do Sul | 1358º | 0,572 | 0,817 | 0,409 | 0,878 | 0,515 | 0,652 | 1,000 | 0,675 |
| SE | SP | Ribeirão dos Índios | 865º | 0,493 | 0,740 | 0,818 | 0,730 | 0,459 | 0,700 | 1,000 | 0,711 |
| SE | SP | Ribeirão Grande | 1409º | 0,592 | 0,640 | 0,735 | 0,720 | 0,444 | 0,566 | 1,000 | 0,672 |
| SE | SP | Ribeirão Pires | 280º | 0,739 | 0,827 | 0,636 | 0,936 | 0,738 | 0,652 | 0,903 | 0,757 |
| SE | SP | Ribeirão Preto | 249º | 0,741 | 0,913 | 0,501 | 0,937 | 0,756 | 0,674 | 0,944 | 0,761 |
| SE | MG | Ribeirão Vermelho | 556º | 0,695 | 0,792 | 0,708 | 0,901 | 0,559 | 0,682 | 0,864 | 0,733 |
| CO | MT | Ribeirãozinho | 2008º | 0,409 | 0,709 | 0,634 | 0,779 | 0,439 | 0,538 | 1,000 | 0,633 |
| NE | PI | Ribeiro Gonçalves | 4673º | 0,256 | 0,304 | 0,402 | 0,479 | 0,251 | 0,371 | 1,000 | 0,432 |
| NE | SE | Ribeirópolis | 3176º | 0,298 | 0,500 | 0,666 | 0,423 | 0,271 | 0,544 | 0,939 | 0,537 |
| SE | SP | Rifaina | 1044º | 0,587 | 0,785 | 0,681 | 0,885 | 0,525 | 0,657 | 0,849 | 0,698 |
| SE | SP | Rincão | 480º | 0,826 | 0,801 | 0,689 | 0,853 | 0,431 | 0,581 | 1,000 | 0,740 |
| SE | SP | Rinópolis | 694º | 0,642 | 0,802 | 0,706 | 0,820 | 0,392 | 0,685 | 1,000 | 0,723 |
| SE | MG | Rio Acima | 1308º | 0,679 | 0,719 | 0,636 | 0,855 | 0,345 | 0,606 | 0,943 | 0,678 |
| S | PR | Rio Azul | 3306º | 0,232 | 0,663 | 0,324 | 0,909 | 0,264 | 0,534 | 0,963 | 0,524 |
| SE | ES | Rio Bananal | 2715º | 0,251 | 0,663 | 0,590 | 0,722 | 0,321 | 0,596 | 0,970 | 0,580 |
| S | PR | Rio Bom | 1276º | 0,484 | 0,693 | 0,707 | 0,863 | 0,428 | 0,660 | 1,000 | 0,680 |
| SE | RJ | Rio Bonito | 1371º | 0,594 | 0,714 | 0,584 | 0,849 | 0,478 | 0,623 | 0,963 | 0,674 |
| S | PR | Rio Bonito do Iguaçu | 4112º | 0,153 | 0,538 | 0,565 | 0,795 | 0,185 | 0,430 | 0,772 | 0,468 |

*a partir da melhor situação social ou maior IES

# ATLAS DA EXCLUSÃO SOCIAL NO BRASIL 283

| Região | UF | Nome do Município 2010 | Posição* | Índice de Emprego | Índice de Pobreza | Índice de Desigualdade | Índice de Alfabetização | Índice de Escolaridade | Índice de Juventude | Índice de Violência | Índice de Exclusão |
|---|---|---|---|---|---|---|---|---|---|---|---|
| CO | MT | Rio Branco | 2391º | 0,460 | 0,736 | 0,565 | 0,707 | 0,391 | 0,606 | 0,795 | 0,606 |
| N | AC | Rio Branco | 2552º | 0,611 | 0,638 | 0,374 | 0,797 | 0,631 | 0,446 | 0,847 | 0,595 |
| S | PR | Rio Branco do Ivaí | 2966º | 0,403 | 0,494 | 0,588 | 0,696 | 0,306 | 0,468 | 1,000 | 0,556 |
| S | PR | Rio Branco do Sul | 2314º | 0,653 | 0,716 | 0,634 | 0,793 | 0,334 | 0,485 | 0,711 | 0,613 |
| CO | MS | Rio Brilhante | 2169º | 0,651 | 0,768 | 0,529 | 0,847 | 0,386 | 0,501 | 0,762 | 0,623 |
| SE | MG | Rio Casca | 2044º | 0,606 | 0,599 | 0,637 | 0,788 | 0,308 | 0,582 | 0,927 | 0,631 |
| SE | SP | Rio Claro | 140º | 0,781 | 0,910 | 0,573 | 0,927 | 0,735 | 0,676 | 0,933 | 0,776 |
| SE | RJ | Rio Claro | 1859º | 0,669 | 0,695 | 0,545 | 0,811 | 0,347 | 0,596 | 0,881 | 0,643 |
| N | RO | Rio Crespo | 4869º | 0,420 | 0,490 | 0,439 | 0,710 | 0,306 | 0,488 | 0,216 | 0,419 |
| N | TO | Rio da Conceição | 4091º | 0,288 | 0,321 | 0,440 | 0,675 | 0,419 | 0,326 | 1,000 | 0,470 |
| S | SC | Rio das Antas | 1159º | 0,544 | 0,874 | 0,698 | 0,891 | 0,269 | 0,579 | 1,000 | 0,689 |
| SE | RJ | Rio das Flores | 1555º | 0,613 | 0,686 | 0,653 | 0,844 | 0,390 | 0,575 | 0,939 | 0,663 |
| SE | RJ | Rio das Ostras | 1054º | 0,607 | 0,846 | 0,518 | 0,922 | 0,721 | 0,597 | 0,842 | 0,697 |
| SE | SP | Rio das Pedras | 210º | 0,826 | 0,880 | 0,667 | 0,876 | 0,612 | 0,597 | 0,947 | 0,766 |
| NE | BA | Rio de Contas | 3409º | 0,184 | 0,387 | 0,601 | 0,618 | 0,268 | 0,635 | 0,960 | 0,517 |
| SE | RJ | Rio de Janeiro | 874º | 0,726 | 0,826 | 0,323 | 0,943 | 0,805 | 0,686 | 0,871 | 0,711 |
| NE | BA | Rio do Antônio | 3810º | 0,206 | 0,348 | 0,598 | 0,436 | 0,230 | 0,534 | 1,000 | 0,487 |
| S | SC | Rio do Campo | 2239º | 0,309 | 0,813 | 0,562 | 0,887 | 0,384 | 0,589 | 0,916 | 0,618 |
| NE | RN | Rio do Fogo | 4560º | 0,246 | 0,310 | 0,544 | 0,403 | 0,177 | 0,395 | 0,948 | 0,439 |
| S | SC | Rio do Oeste | 1574º | 0,450 | 0,888 | 0,630 | 0,902 | 0,343 | 0,637 | 0,853 | 0,661 |
| NE | BA | Rio do Pires | 3476º | 0,229 | 0,398 | 0,611 | 0,426 | 0,268 | 0,567 | 1,000 | 0,511 |
| SE | MG | Rio do Prado | 3652º | 0,253 | 0,362 | 0,583 | 0,541 | 0,221 | 0,521 | 1,000 | 0,498 |

*a partir da melhor situação social ou maior IES

| Região | UF | Nome do Município 2010 | Posição* | Índice de Emprego | Índice de Pobreza | Índice de Desigualdade | Índice de Alfabetização | Índice de Escolaridade | Índice de Juventude | Índice de Violência | Índice de Exclusão |
|---|---|---|---|---|---|---|---|---|---|---|---|
| S | SC | Rio do Sul | 54º | 0,817 | 0,936 | 0,656 | 0,943 | 0,643 | 0,643 | 0,974 | 0,791 |
| SE | MG | Rio Doce | 2196º | 0,428 | 0,548 | 0,676 | 0,742 | 0,343 | 0,640 | 1,000 | 0,621 |
| N | TO | Rio dos Bois | 3172º | 0,374 | 0,420 | 0,612 | 0,573 | 0,302 | 0,480 | 1,000 | 0,538 |
| S | SC | Rio dos Cedros | 28º | 0,833 | 0,963 | 0,824 | 0,940 | 0,330 | 0,679 | 1,000 | 0,802 |
| S | RS | Rio dos Índios | 2896º | 0,205 | 0,592 | 0,578 | 0,722 | 0,278 | 0,628 | 1,000 | 0,563 |
| SE | MG | Rio Espera | 3314º | 0,179 | 0,432 | 0,615 | 0,753 | 0,198 | 0,586 | 1,000 | 0,523 |
| NE | PE | Rio Formoso | 3005º | 0,632 | 0,348 | 0,681 | 0,518 | 0,344 | 0,431 | 0,859 | 0,553 |
| S | SC | Rio Fortuna | 1630º | 0,396 | 0,985 | 0,466 | 0,963 | 0,503 | 0,685 | 0,766 | 0,657 |
| S | RS | Rio Grande | 948º | 0,643 | 0,812 | 0,541 | 0,892 | 0,591 | 0,635 | 0,931 | 0,705 |
| SE | SP | Rio Grande da Serra | 437º | 0,709 | 0,786 | 0,770 | 0,878 | 0,636 | 0,547 | 0,953 | 0,743 |
| NE | PI | Rio Grande do Piauí | 4825º | 0,149 | 0,317 | 0,498 | 0,372 | 0,217 | 0,519 | 0,834 | 0,423 |
| NE | AL | Rio Largo | 3301º | 0,582 | 0,448 | 0,590 | 0,581 | 0,355 | 0,461 | 0,651 | 0,525 |
| SE | MG | Rio Manso | 1956º | 0,343 | 0,744 | 0,708 | 0,784 | 0,222 | 0,662 | 1,000 | 0,637 |
| N | PA | Rio Maria | 3244º | 0,362 | 0,567 | 0,518 | 0,639 | 0,257 | 0,481 | 0,912 | 0,530 |
| S | SC | Rio Negrinho | 613º | 0,765 | 0,831 | 0,692 | 0,918 | 0,472 | 0,533 | 0,961 | 0,729 |
| S | PR | Rio Negro | 962º | 0,629 | 0,801 | 0,621 | 0,927 | 0,562 | 0,564 | 0,950 | 0,704 |
| CO | MS | Rio Negro | 2358º | 0,422 | 0,666 | 0,491 | 0,748 | 0,413 | 0,594 | 1,000 | 0,609 |
| SE | MG | Rio Novo | 1708º | 0,550 | 0,698 | 0,630 | 0,812 | 0,489 | 0,641 | 0,821 | 0,653 |
| SE | ES | Rio Novo do Sul | 1880º | 0,492 | 0,706 | 0,609 | 0,804 | 0,396 | 0,639 | 0,908 | 0,642 |
| SE | MG | Rio Paranaíba | 1885º | 0,509 | 0,790 | 0,568 | 0,845 | 0,300 | 0,624 | 0,912 | 0,642 |
| S | RS | Rio Pardo | 1621º | 0,567 | 0,707 | 0,566 | 0,833 | 0,406 | 0,634 | 0,958 | 0,658 |
| SE | MG | Rio Pardo de Minas | 3839º | 0,298 | 0,386 | 0,527 | 0,537 | 0,256 | 0,441 | 0,964 | 0,485 |
| SE | MG | Rio Piracicaba | 1759º | 0,544 | 0,676 | 0,653 | 0,844 | 0,347 | 0,620 | 0,926 | 0,650 |
| SE | MG | Rio Pomba | 1414º | 0,547 | 0,752 | 0,638 | 0,825 | 0,472 | 0,647 | 0,878 | 0,671 |

*a partir da melhor situação social ou maior IES)

| Região | UF | Nome do Município 2010 | Posição* | Índice de Emprego | Índice de Pobreza | Índice de Desigualdade | Índice de Alfabetização | Índice de Escolaridade | Índice de Juventude | Índice de Violência | Índice de Exclusão |
|---|---|---|---|---|---|---|---|---|---|---|---|
| SE | MG | Rio Preto | 2407º | 0,483 | 0,591 | 0,532 | 0,758 | 0,386 | 0,646 | 0,902 | 0,605 |
| N | AM | Rio Preto da Eva | 4275º | 0,197 | 0,401 | 0,480 | 0,687 | 0,341 | 0,363 | 0,899 | 0,458 |
| CO | GO | Rio Quente | 930º | 0,651 | 0,772 | 0,647 | 0,913 | 0,507 | 0,558 | 1,000 | 0,706 |
| NE | BA | Rio Real | 4967º | 0,185 | 0,319 | 0,516 | 0,517 | 0,205 | 0,432 | 0,748 | 0,412 |
| S | SC | Rio Rufino | 2416º | 0,337 | 0,655 | 0,705 | 0,777 | 0,270 | 0,535 | 1,000 | 0,604 |
| N | TO | Rio Sono | 4638º | 0,235 | 0,307 | 0,400 | 0,557 | 0,303 | 0,415 | 0,917 | 0,434 |
| NE | PB | Rio Tinto | 3664º | 0,389 | 0,327 | 0,571 | 0,417 | 0,338 | 0,530 | 0,842 | 0,497 |
| CO | GO | Rio Verde | 1795º | 0,655 | 0,799 | 0,473 | 0,870 | 0,546 | 0,583 | 0,732 | 0,648 |
| CO | MS | Rio Verde de Mato Grosso | 2181º | 0,479 | 0,752 | 0,658 | 0,755 | 0,334 | 0,556 | 0,835 | 0,622 |
| SE | MG | Rio Vermelho | 4969º | 0,193 | 0,304 | 0,466 | 0,453 | 0,166 | 0,414 | 0,886 | 0,411 |
| SE | SP | Riolândia | 687º | 0,663 | 0,776 | 0,776 | 0,777 | 0,361 | 0,658 | 1,000 | 0,724 |
| S | RS | Riozinho | 855º | 0,750 | 0,854 | 0,799 | 0,842 | 0,165 | 0,614 | 0,880 | 0,712 |
| S | SC | Riqueza | 2152º | 0,268 | 0,780 | 0,689 | 0,844 | 0,296 | 0,568 | 1,000 | 0,623 |
| SE | MG | Ritápolis | 1689º | 0,546 | 0,605 | 0,702 | 0,824 | 0,272 | 0,656 | 1,000 | 0,654 |
| SE | SP | Riversul | 3253º | 0,348 | 0,516 | 0,559 | 0,737 | 0,327 | 0,568 | 0,747 | 0,529 |
| S | RS | Roca Sales | 258º | 0,695 | 0,926 | 0,707 | 0,945 | 0,345 | 0,716 | 1,000 | 0,760 |
| CO | MS | Rochedo | 2253º | 0,519 | 0,670 | 0,617 | 0,849 | 0,278 | 0,565 | 0,894 | 0,617 |
| SE | MG | Rochedo de Minas | 1334º | 0,426 | 0,767 | 0,803 | 0,825 | 0,339 | 0,598 | 1,000 | 0,676 |
| S | SC | Rodeio | 73º | 0,907 | 0,964 | 0,721 | 0,929 | 0,340 | 0,712 | 0,905 | 0,789 |
| S | RS | Rodeio Bonito | 1411º | 0,429 | 0,852 | 0,660 | 0,829 | 0,406 | 0,659 | 0,909 | 0,672 |
| SE | MG | Rodeiro | 918º | 0,808 | 0,842 | 0,660 | 0,856 | 0,206 | 0,607 | 0,924 | 0,707 |
| NE | BA | Rodelas | 4164º | 0,229 | 0,306 | 0,482 | 0,466 | 0,481 | 0,417 | 0,933 | 0,465 |
| NE | RN | Rodolfo Fernandes | 3924º | 0,178 | 0,362 | 0,641 | 0,356 | 0,311 | 0,528 | 0,882 | 0,478 |
| N | AC | Rodrigues Alves | 5524º | 0,165 | 0,149 | 0,309 | 0,270 | 0,262 | 0,165 | 0,892 | 0,313 |
| S | RS | Rolador | 2559º | 0,143 | 0,709 | 0,676 | 0,860 | 0,179 | 0,682 | 1,000 | 0,595 |
| S | PR | Rolândia | 736º | 0,770 | 0,867 | 0,660 | 0,888 | 0,514 | 0,636 | 0,748 | 0,719 |

*a partir da melhor situação social ou maior IES

| Região | UF | Nome do Município 2010 | Posição* | Índice de Emprego | Índice de Pobreza | Índice de Desigualdade | Índice de Alfabetização | Índice de Escolaridade | Índice de Juventude | Índice de Violência | Índice de Exclusão |
|---|---|---|---|---|---|---|---|---|---|---|---|
| S | RS | Rolante | 269º | 0,731 | 0,896 | 0,871 | 0,871 | 0,277 | 0,629 | 0,973 | 0,758 |
| N | RO | Rolim de Moura | 2230º | 0,529 | 0,699 | 0,512 | 0,802 | 0,454 | 0,526 | 0,908 | 0,618 |
| SE | MG | Romaria | 1323º | 0,681 | 0,780 | 0,498 | 0,844 | 0,372 | 0,611 | 1,000 | 0,677 |
| S | SC | Romelândia | 2549º | 0,224 | 0,809 | 0,637 | 0,759 | 0,242 | 0,619 | 0,906 | 0,596 |
| S | PR | Roncador | 3094º | 0,322 | 0,592 | 0,519 | 0,705 | 0,289 | 0,580 | 0,865 | 0,545 |
| S | RS | Ronda Alta | 2031º | 0,366 | 0,778 | 0,508 | 0,857 | 0,387 | 0,639 | 1,000 | 0,632 |
| S | RS | Rondinha | 2325º | 0,255 | 0,880 | 0,644 | 0,938 | 0,335 | 0,733 | 0,623 | 0,612 |
| CO | MT | Rondolândia | 3689º | 0,241 | 0,485 | 0,523 | 0,655 | 0,282 | 0,376 | 1,000 | 0,495 |
| S | PR | Rondon | 424º | 0,703 | 0,907 | 0,753 | 0,793 | 0,408 | 0,590 | 1,000 | 0,743 |
| N | PA | Rondon do Pará | 5067º | 0,286 | 0,374 | 0,465 | 0,544 | 0,216 | 0,432 | 0,546 | 0,402 |
| CO | MT | Rondonópolis | 1433º | 0,645 | 0,807 | 0,528 | 0,848 | 0,614 | 0,568 | 0,798 | 0,671 |
| S | RS | Roque Gonzales | 2318º | 0,305 | 0,679 | 0,578 | 0,861 | 0,302 | 0,669 | 1,000 | 0,612 |
| N | RR | Rorainópolis | 4710º | 0,246 | 0,362 | 0,449 | 0,653 | 0,321 | 0,307 | 0,829 | 0,430 |
| SE | SP | Rosana | 2104º | 0,582 | 0,712 | 0,380 | 0,867 | 0,612 | 0,550 | 0,868 | 0,627 |
| NE | MA | Rosário | 3819º | 0,295 | 0,337 | 0,560 | 0,581 | 0,439 | 0,407 | 0,882 | 0,487 |
| SE | MG | Rosário da Limeira | 2417º | 0,446 | 0,607 | 0,610 | 0,721 | 0,271 | 0,587 | 1,000 | 0,604 |
| NE | SE | Rosário do Catete | 2839º | 0,627 | 0,407 | 0,560 | 0,684 | 0,448 | 0,439 | 0,887 | 0,568 |
| S | PR | Rosário do Ivaí | 2836º | 0,286 | 0,578 | 0,624 | 0,630 | 0,321 | 0,550 | 1,000 | 0,569 |
| S | RS | Rosário do Sul | 1739º | 0,554 | 0,733 | 0,551 | 0,838 | 0,413 | 0,623 | 0,921 | 0,651 |
| CO | MT | Rosário Oeste | 2829º | 0,388 | 0,590 | 0,573 | 0,650 | 0,331 | 0,530 | 0,941 | 0,569 |
| SE | SP | Roseira | 612º | 0,683 | 0,772 | 0,711 | 0,898 | 0,613 | 0,583 | 0,946 | 0,730 |
| NE | AL | Roteiro | 5293º | 0,336 | 0,190 | 0,645 | 0,180 | 0,104 | 0,302 | 0,687 | 0,375 |
| SE | MG | Rubelita | 3802º | 0,317 | 0,367 | 0,584 | 0,534 | 0,177 | 0,481 | 0,933 | 0,488 |
| SE | SP | Rubiácea | 230º | 0,785 | 0,847 | 0,842 | 0,806 | 0,404 | 0,598 | 1,000 | 0,764 |
| CO | GO | Rubiataba | 1379º | 0,496 | 0,737 | 0,680 | 0,822 | 0,446 | 0,596 | 1,000 | 0,674 |

*a partir da melhor situação social ou maior IES)

| Região | UF | Nome do Município 2010 | Posição* | Índice de Emprego | Índice de Pobreza | Índice de Desigualdade | Índice de Alfabetização | Índice de Escolaridade | Índice de Juventude | Índice de Violência | Índice de Exclusão |
|---|---|---|---|---|---|---|---|---|---|---|---|
| SE | MG | Rubim | 3640º | 0,243 | 0,441 | 0,606 | 0,454 | 0,210 | 0,563 | 0,895 | 0,499 |
| SE | SP | Rubinéia | 266º | 0,592 | 0,851 | 0,772 | 0,869 | 0,544 | 0,715 | 1,000 | 0,759 |
| N | PA | Rurópolis | 5060º | 0,165 | 0,240 | 0,464 | 0,566 | 0,171 | 0,336 | 0,974 | 0,403 |
| NE | CE | Russas | 2777º | 0,415 | 0,504 | 0,646 | 0,612 | 0,415 | 0,536 | 0,903 | 0,575 |
| NE | RN | Ruy Barbosa | 3971º | 0,303 | 0,313 | 0,564 | 0,314 | 0,270 | 0,454 | 1,000 | 0,476 |
| NE | BA | Ruy Barbosa | 4008º | 0,250 | 0,374 | 0,467 | 0,506 | 0,324 | 0,478 | 0,948 | 0,474 |
| SE | MG | Sabará | 829º | 0,793 | 0,740 | 0,647 | 0,908 | 0,557 | 0,569 | 0,872 | 0,713 |
| S | PR | Sabáudia | 697º | 0,580 | 0,831 | 0,747 | 0,806 | 0,477 | 0,624 | 1,000 | 0,723 |
| SE | SP | Sabino | 700º | 0,708 | 0,850 | 0,754 | 0,830 | 0,467 | 0,643 | 0,801 | 0,723 |
| SE | MG | Sabinópolis | 3252º | 0,309 | 0,531 | 0,544 | 0,657 | 0,265 | 0,509 | 0,934 | 0,529 |
| NE | CE | Saboeiro | 5160º | 0,089 | 0,258 | 0,492 | 0,350 | 0,209 | 0,450 | 0,868 | 0,393 |
| SE | MG | Sacramento | 926º | 0,634 | 0,865 | 0,687 | 0,884 | 0,393 | 0,623 | 0,891 | 0,706 |
| S | RS | Sagrada Família | 3142º | 0,357 | 0,573 | 0,494 | 0,745 | 0,255 | 0,628 | 0,800 | 0,540 |
| SE | SP | Sagres | 544º | 0,838 | 0,784 | 0,632 | 0,753 | 0,466 | 0,620 | 1,000 | 0,734 |
| NE | PE | Sairé | 4103º | 0,241 | 0,430 | 0,659 | 0,344 | 0,155 | 0,532 | 0,769 | 0,469 |
| S | RS | Saldanha Marinho | 955º | 0,338 | 0,870 | 0,704 | 0,915 | 0,454 | 0,738 | 1,000 | 0,704 |
| SE | SP | Sales | 1149º | 0,610 | 0,837 | 0,744 | 0,804 | 0,463 | 0,661 | 0,714 | 0,690 |
| SE | SP | Sales Oliveira | 220º | 0,664 | 0,900 | 0,702 | 0,911 | 0,588 | 0,656 | 1,000 | 0,765 |
| SE | SP | Salesópolis | 1346º | 0,482 | 0,775 | 0,731 | 0,815 | 0,534 | 0,562 | 0,900 | 0,675 |
| S | SC | Salete | 752º | 0,541 | 0,890 | 0,722 | 0,913 | 0,456 | 0,578 | 1,000 | 0,718 |
| NE | PB | Salgadinho | 4158º | 0,208 | 0,290 | 0,653 | 0,319 | 0,198 | 0,463 | 1,000 | 0,465 |
| NE | PE | Salgadinho | 4274º | 0,284 | 0,244 | 0,537 | 0,135 | 0,197 | 0,567 | 1,000 | 0,458 |
| NE | SE | Salgado | 3988º | 0,269 | 0,398 | 0,566 | 0,420 | 0,273 | 0,452 | 0,893 | 0,475 |
| NE | PB | Salgado de São Félix | 4773º | 0,145 | 0,274 | 0,565 | 0,217 | 0,200 | 0,509 | 0,913 | 0,426 |
| S | PR | Salgado Filho | 2274º | 0,281 | 0,736 | 0,667 | 0,803 | 0,355 | 0,548 | 1,000 | 0,615 |
| NE | PE | Salgueiro | 3228º | 0,446 | 0,463 | 0,396 | 0,644 | 0,435 | 0,486 | 0,945 | 0,532 |

*a partir da melhor situação social ou maior IES)

| Região | UF | Nome do Município 2010 | Posição* | Índice de Emprego | Índice de Pobreza | Índice de Desigualdade | Índice de Alfabetização | Índice de Escolaridade | Índice de Juventude | Índice de Violência | Índice de Exclusão |
|---|---|---|---|---|---|---|---|---|---|---|---|
| SE | MG | Salinas | 3405º | 0,422 | 0,530 | 0,276 | 0,666 | 0,314 | 0,569 | 0,920 | 0,517 |
| NE | BA | Salinas da Margarida | 3919º | 0,173 | 0,355 | 0,499 | 0,706 | 0,421 | 0,493 | 0,884 | 0,479 |
| N | PA | Salinópolis | 4147º | 0,184 | 0,465 | 0,535 | 0,711 | 0,306 | 0,390 | 0,819 | 0,466 |
| NE | CE | Salitre | 5295º | 0,053 | 0,199 | 0,608 | 0,199 | 0,142 | 0,361 | 0,933 | 0,375 |
| SE | SP | Salmourão | 346º | 0,796 | 0,803 | 0,794 | 0,745 | 0,413 | 0,612 | 1,000 | 0,750 |
| NE | PE | Saloá | 5096º | 0,133 | 0,342 | 0,471 | 0,260 | 0,162 | 0,473 | 0,830 | 0,399 |
| SE | SP | Saltinho | 37º | 0,685 | 0,967 | 0,789 | 0,963 | 0,612 | 0,699 | 0,926 | 0,797 |
| S | SC | Saltinho | 3722º | 0,174 | 0,586 | 0,573 | 0,769 | 0,236 | 0,504 | 0,737 | 0,493 |
| SE | SP | Salto | 144º | 0,768 | 0,899 | 0,675 | 0,916 | 0,676 | 0,627 | 0,941 | 0,775 |
| SE | MG | Salto da Divisa | 3658º | 0,336 | 0,386 | 0,526 | 0,434 | 0,242 | 0,491 | 1,000 | 0,498 |
| SE | SP | Salto de Pirapora | 993º | 0,671 | 0,771 | 0,675 | 0,846 | 0,476 | 0,586 | 0,935 | 0,702 |
| CO | MT | Salto do Céu | 2534º | 0,370 | 0,642 | 0,624 | 0,683 | 0,337 | 0,538 | 1,000 | 0,596 |
| S | PR | Salto do Itararé | 1843º | 0,347 | 0,688 | 0,735 | 0,719 | 0,398 | 0,631 | 1,000 | 0,644 |
| S | RS | Salto do Jacuí | 2110º | 0,471 | 0,706 | 0,597 | 0,825 | 0,351 | 0,554 | 0,956 | 0,626 |
| S | PR | Salto do Lontra | 1682º | 0,443 | 0,778 | 0,659 | 0,819 | 0,382 | 0,558 | 1,000 | 0,654 |
| SE | SP | Salto Grande | 1550º | 0,608 | 0,707 | 0,707 | 0,825 | 0,409 | 0,603 | 0,822 | 0,663 |
| S | SC | Salto Veloso | 795º | 0,721 | 0,882 | 0,494 | 0,863 | 0,517 | 0,594 | 1,000 | 0,715 |
| NE | BA | Salvador | 2092º | 0,657 | 0,689 | 0,312 | 0,911 | 0,779 | 0,648 | 0,640 | 0,628 |
| S | RS | Salvador das Missões | 303º | 0,418 | 0,897 | 0,855 | 0,973 | 0,446 | 0,761 | 1,000 | 0,754 |
| S | RS | Salvador do Sul | 39º | 0,710 | 0,960 | 0,825 | 0,959 | 0,444 | 0,686 | 1,000 | 0,796 |
| N | PA | Salvaterra | 4795º | 0,113 | 0,313 | 0,449 | 0,748 | 0,279 | 0,374 | 0,923 | 0,425 |
| NE | MA | Sambaíba | 4944º | 0,153 | 0,260 | 0,482 | 0,542 | 0,200 | 0,342 | 1,000 | 0,414 |
| N | TO | Sampaio | 4811º | 0,291 | 0,311 | 0,573 | 0,455 | 0,375 | 0,271 | 0,731 | 0,424 |
| S | RS | Sananduva | 600º | 0,468 | 0,912 | 0,703 | 0,897 | 0,465 | 0,722 | 1,000 | 0,730 |

*a partir da melhor situação social ou maior IES

| Região | UF | Nome do Município 2010 | Posição* | Índice de Emprego | Índice de Pobreza | Índice de Desigualdade | Índice de Alfabetização | Índice de Escolaridade | Índice de Juventude | Índice de Violência | Índice de Exclusão |
|---|---|---|---|---|---|---|---|---|---|---|---|
| CO | GO | Sanclerlândia | 1487º | 0,474 | 0,782 | 0,622 | 0,771 | 0,421 | 0,626 | 1,000 | 0,667 |
| N | TO | Sandolândia | 2798º | 0,345 | 0,508 | 0,615 | 0,670 | 0,394 | 0,532 | 1,000 | 0,573 |
| SE | SP | Sandovalina | 1563º | 0,594 | 0,682 | 0,715 | 0,747 | 0,528 | 0,545 | 0,859 | 0,662 |
| S | SC | Sangão | 949º | 0,733 | 0,915 | 0,769 | 0,804 | 0,219 | 0,473 | 0,950 | 0,705 |
| NE | PE | Sanharó | 4450º | 0,186 | 0,338 | 0,556 | 0,493 | 0,249 | 0,439 | 0,882 | 0,447 |
| SE | SP | Santa Adélia | 197º | 0,762 | 0,917 | 0,708 | 0,861 | 0,519 | 0,644 | 0,964 | 0,767 |
| SE | SP | Santa Albertina | 431º | 0,635 | 0,850 | 0,734 | 0,806 | 0,410 | 0,726 | 1,000 | 0,743 |
| S | PR | Santa Amélia | 2072º | 0,498 | 0,748 | 0,752 | 0,797 | 0,165 | 0,563 | 0,863 | 0,629 |
| SE | MG | Santa Bárbara | 1384º | 0,614 | 0,704 | 0,619 | 0,898 | 0,513 | 0,565 | 0,925 | 0,673 |
| NE | BA | Santa Bárbara | 4533º | 0,157 | 0,275 | 0,522 | 0,519 | 0,248 | 0,493 | 0,918 | 0,441 |
| CO | GO | Santa Bárbara de Goiás | 1028º | 0,621 | 0,763 | 0,793 | 0,745 | 0,350 | 0,569 | 1,000 | 0,699 |
| SE | MG | Santa Bárbara do Leste | 3411º | 0,170 | 0,519 | 0,702 | 0,728 | 0,204 | 0,566 | 0,797 | 0,517 |
| SE | MG | Santa Bárbara do Monte Verde | 2919º | 0,606 | 0,493 | 0,546 | 0,694 | 0,140 | 0,609 | 0,813 | 0,561 |
| N | PA | Santa Bárbara do Pará | 3899º | 0,352 | 0,307 | 0,522 | 0,753 | 0,363 | 0,404 | 0,848 | 0,481 |
| S | RS | Santa Bárbara do Sul | 1500º | 0,597 | 0,795 | 0,594 | 0,878 | 0,402 | 0,644 | 0,823 | 0,666 |
| SE | MG | Santa Bárbara do Tugúrio | 2647º | 0,265 | 0,547 | 0,739 | 0,737 | 0,238 | 0,608 | 1,000 | 0,586 |
| SE | SP | Santa Bárbara d'Oeste | 42º | 0,817 | 0,920 | 0,743 | 0,933 | 0,582 | 0,666 | 0,942 | 0,795 |

*a partir da melhor situação social ou maior IES)

| Região | UF | Nome do Município 2010 | Posição* | Índice de Emprego | Índice de Pobreza | Índice de Desigualdade | Índice de Alfabetização | Índice de Escolaridade | Índice de Juventude | Índice de Violência | Índice de Exclusão |
|---|---|---|---|---|---|---|---|---|---|---|---|
| SE | SP | Santa Branca | 749º | 0,682 | 0,785 | 0,630 | 0,857 | 0,513 | 0,616 | 1,000 | 0,718 |
| NE | BA | Santa Brígida | 5226º | 0,128 | 0,267 | 0,484 | 0,273 | 0,162 | 0,418 | 0,862 | 0,384 |
| CO | MT | Santa Carmem | 2305º | 0,449 | 0,792 | 0,620 | 0,829 | 0,370 | 0,452 | 0,873 | 0,613 |
| S | SC | Santa Cecília | 2309º | 0,716 | 0,660 | 0,524 | 0,810 | 0,349 | 0,466 | 0,835 | 0,613 |
| NE | PB | Santa Cecília | 5141º | 0,100 | 0,271 | 0,617 | 0,285 | 0,135 | 0,407 | 0,844 | 0,395 |
| S | PR | Santa Cecília do Pavão | 1958º | 0,419 | 0,703 | 0,626 | 0,656 | 0,463 | 0,591 | 1,000 | 0,637 |
| S | RS | Santa Cecília do Sul | 2022º | 0,207 | 0,871 | 0,613 | 0,926 | 0,257 | 0,665 | 1,000 | 0,632 |
| S | RS | Santa Clara do Sul | 137º | 0,582 | 0,951 | 0,851 | 0,916 | 0,386 | 0,737 | 1,000 | 0,776 |
| SE | SP | Santa Clara d'Oeste | 478º | 0,675 | 0,857 | 0,673 | 0,817 | 0,459 | 0,686 | 1,000 | 0,740 |
| NE | PB | Santa Cruz | 3089º | 0,309 | 0,455 | 0,666 | 0,425 | 0,267 | 0,647 | 0,920 | 0,545 |
| NE | RN | Santa Cruz | 3716º | 0,348 | 0,401 | 0,530 | 0,482 | 0,400 | 0,494 | 0,797 | 0,494 |
| NE | PE | Santa Cruz | 5387º | 0,120 | 0,258 | 0,457 | 0,277 | 0,181 | 0,414 | 0,732 | 0,359 |
| NE | BA | Santa Cruz Cabrália | 3956º | 0,323 | 0,449 | 0,421 | 0,643 | 0,399 | 0,404 | 0,822 | 0,477 |
| NE | PE | Santa Cruz da Baixa Verde | 4595º | 0,177 | 0,330 | 0,573 | 0,485 | 0,261 | 0,506 | 0,735 | 0,437 |
| SE | SP | Santa Cruz da Conceição | 1599º | 0,645 | 0,877 | 0,253 | 0,906 | 0,550 | 0,665 | 0,870 | 0,659 |
| SE | SP | Santa Cruz da Esperança | 1947º | 0,675 | 0,768 | 0,529 | 0,902 | 0,406 | 0,562 | 0,734 | 0,638 |
| NE | BA | Santa Cruz da Vitória | 3353º | 0,494 | 0,287 | 0,432 | 0,487 | 0,369 | 0,557 | 1,000 | 0,520 |
| SE | SP | Santa Cruz das Palmeiras | 738º | 0,860 | 0,855 | 0,549 | 0,842 | 0,446 | 0,598 | 0,896 | 0,719 |

*a partir da melhor situação social ou maior IES)

| Região | UF | Nome do Município 2010 | Posição* | Índice de Emprego | Índice de Pobreza | Índice de Desigualdade | Índice de Alfabetização | Índice de Escolaridade | Índice de Juventude | Índice de Violência | Índice de Exclusão |
|---|---|---|---|---|---|---|---|---|---|---|---|
| CO | GO | Santa Cruz de Goiás | 2095º | 0,365 | 0,737 | 0,612 | 0,716 | 0,304 | 0,654 | 1,000 | 0,628 |
| SE | MG | Santa Cruz de Minas | 1224º | 0,556 | 0,742 | 0,791 | 0,910 | 0,409 | 0,592 | 0,868 | 0,684 |
| S | PR | Santa Cruz de Monte Castelo | 1395º | 0,408 | 0,800 | 0,813 | 0,749 | 0,461 | 0,610 | 0,871 | 0,673 |
| SE | MG | Santa Cruz de Salinas | 4180º | 0,187 | 0,392 | 0,595 | 0,491 | 0,178 | 0,491 | 0,882 | 0,464 |
| N | PA | Santa Cruz do Arari | 5054º | 0,105 | 0,071 | 0,537 | 0,702 | 0,199 | 0,408 | 1,000 | 0,403 |
| NE | PE | Santa Cruz do Capibaribe | 3377º | 0,189 | 0,681 | 0,653 | 0,650 | 0,244 | 0,488 | 0,751 | 0,519 |
| SE | MG | Santa Cruz do Escalvado | 2751º | 0,380 | 0,524 | 0,665 | 0,709 | 0,151 | 0,607 | 1,000 | 0,577 |
| NE | PI | Santa Cruz do Piauí | 3991º | 0,188 | 0,360 | 0,603 | 0,219 | 0,296 | 0,567 | 0,914 | 0,475 |
| SE | SP | Santa Cruz do Rio Pardo | 486º | 0,660 | 0,887 | 0,657 | 0,902 | 0,561 | 0,629 | 0,953 | 0,739 |
| S | RS | Santa Cruz do Sul | 203º | 0,726 | 0,898 | 0,602 | 0,933 | 0,661 | 0,687 | 0,956 | 0,767 |
| CO | MT | Santa Cruz do Xingu | 2713º | 0,480 | 0,622 | 0,468 | 0,793 | 0,348 | 0,464 | 1,000 | 0,580 |
| NE | PI | Santa Cruz dos Milagres | 4121º | 0,301 | 0,268 | 0,692 | 0,273 | 0,220 | 0,491 | 0,863 | 0,468 |
| SE | MG | Santa Efigênia de Minas | 3817º | 0,266 | 0,417 | 0,614 | 0,605 | 0,204 | 0,446 | 0,887 | 0,487 |
| SE | SP | Santa Ernestina | 319º | 0,864 | 0,855 | 0,722 | 0,850 | 0,471 | 0,588 | 0,907 | 0,752 |
| S | PR | Santa Fé | 588º | 0,620 | 0,887 | 0,744 | 0,842 | 0,416 | 0,653 | 0,950 | 0,731 |
| CO | GO | Santa Fé de Goiás | 1183º | 0,675 | 0,803 | 0,605 | 0,748 | 0,398 | 0,560 | 1,000 | 0,687 |
| SE | MG | Santa Fé de Minas | 3928º | 0,269 | 0,347 | 0,516 | 0,616 | 0,259 | 0,420 | 1,000 | 0,478 |

*a partir da melhor situação social ou maior IES)

| Região | UF | Nome do Município 2010 | Posição* | Índice de Emprego | Índice de Pobreza | Índice de Desigualdade | Índice de Alfabetização | Índice de Escolaridade | Índice de Juventude | Índice de Violência | Índice de Exclusão |
|---|---|---|---|---|---|---|---|---|---|---|---|
| N | TO | Santa Fé do Araguaia | 3809º | 0,484 | 0,387 | 0,469 | 0,522 | 0,266 | 0,363 | 0,921 | 0,488 |
| SE | SP | Santa Fé do Sul | 365º | 0,615 | 0,903 | 0,591 | 0,890 | 0,623 | 0,710 | 0,982 | 0,748 |
| NE | PI | Santa Filomena | 5260º | 0,131 | 0,221 | 0,411 | 0,451 | 0,179 | 0,322 | 1,000 | 0,380 |
| NE | PE | Santa Filomena | 5330º | 0,153 | 0,181 | 0,494 | 0,310 | 0,169 | 0,420 | 0,805 | 0,370 |
| NE | MA | Santa Filomena do Maranhão | 5483º | 0,105 | 0,074 | 0,412 | 0,291 | 0,111 | 0,318 | 1,000 | 0,334 |
| SE | SP | Santa Gertrudes | 186º | 0,840 | 0,912 | 0,806 | 0,901 | 0,433 | 0,595 | 0,880 | 0,768 |
| S | SC | Santa Helena | 1466º | 0,247 | 0,830 | 0,801 | 0,815 | 0,381 | 0,645 | 1,000 | 0,668 |
| S | PR | Santa Helena | 2150º | 0,476 | 0,808 | 0,532 | 0,849 | 0,481 | 0,600 | 0,733 | 0,624 |
| NE | PB | Santa Helena | 3827º | 0,154 | 0,400 | 0,579 | 0,492 | 0,278 | 0,579 | 0,903 | 0,486 |
| NE | MA | Santa Helena | 4835º | 0,132 | 0,264 | 0,584 | 0,461 | 0,253 | 0,370 | 0,920 | 0,422 |
| CO | GO | Santa Helena de Goiás | 1834º | 0,622 | 0,795 | 0,530 | 0,752 | 0,463 | 0,605 | 0,772 | 0,645 |
| SE | MG | Santa Helena de Minas | 4741º | 0,231 | 0,280 | 0,591 | 0,314 | 0,280 | 0,391 | 0,828 | 0,428 |
| S | PR | Santa Inês | 605º | 0,658 | 0,798 | 0,796 | 0,707 | 0,444 | 0,629 | 1,000 | 0,730 |
| NE | MA | Santa Inês | 3471º | 0,363 | 0,461 | 0,516 | 0,609 | 0,452 | 0,433 | 0,832 | 0,512 |
| NE | BA | Santa Inês | 3745º | 0,270 | 0,344 | 0,603 | 0,412 | 0,260 | 0,528 | 0,950 | 0,492 |
| NE | PB | Santa Inês | 5177º | 0,214 | 0,193 | 0,525 | 0,374 | 0,235 | 0,463 | 0,706 | 0,391 |
| SE | SP | Santa Isabel | 1289º | 0,573 | 0,731 | 0,640 | 0,851 | 0,511 | 0,589 | 0,948 | 0,679 |
| CO | GO | Santa Isabel | 1388º | 0,443 | 0,703 | 0,783 | 0,734 | 0,381 | 0,649 | 1,000 | 0,673 |
| S | PR | Santa Isabel do Ivaí | 1132º | 0,494 | 0,810 | 0,752 | 0,766 | 0,469 | 0,663 | 0,881 | 0,691 |

*a partir da melhor situação social ou maior IES

| Região | UF | Nome do Município 2010 | Posição* | Índice de Emprego | Índice de Pobreza | Índice de Desigualdade | Índice de Alfabetização | Índice de Escolaridade | Índice de Juventude | Índice de Violência | Índice de Exclusão |
|---|---|---|---|---|---|---|---|---|---|---|---|
| N | PA | Santa Isabel do Pará | 3285º | 0,420 | 0,449 | 0,545 | 0,749 | 0,399 | 0,467 | 0,790 | 0,526 |
| N | AM | Santa Isabel do Rio Negro | 5560º | 0,114 | 0,103 | 0,153 | 0,215 | 0,226 | 0,146 | 0,971 | 0,271 |
| S | PR | Santa Izabel do Oeste | 1877º | 0,399 | 0,697 | 0,682 | 0,812 | 0,411 | 0,574 | 1,000 | 0,643 |
| SE | MG | Santa Juliana | 1096º | 0,668 | 0,832 | 0,691 | 0,863 | 0,357 | 0,600 | 0,862 | 0,693 |
| SE | ES | Santa Leopoldina | 3526º | 0,246 | 0,474 | 0,460 | 0,735 | 0,240 | 0,591 | 0,915 | 0,507 |
| SE | SP | Santa Lúcia | 93º | 0,890 | 0,853 | 0,796 | 0,862 | 0,504 | 0,570 | 1,000 | 0,785 |
| S | PR | Santa Lúcia | 2161º | 0,409 | 0,744 | 0,692 | 0,751 | 0,332 | 0,582 | 0,867 | 0,623 |
| NE | PI | Santa Luz | 4582º | 0,197 | 0,261 | 0,557 | 0,405 | 0,256 | 0,456 | 0,906 | 0,438 |
| SE | MG | Santa Luzia | 1102º | 0,779 | 0,735 | 0,684 | 0,903 | 0,489 | 0,554 | 0,790 | 0,693 |
| NE | PB | Santa Luzia | 2870º | 0,330 | 0,476 | 0,553 | 0,580 | 0,494 | 0,561 | 1,000 | 0,565 |
| NE | BA | Santa Luzia | 4854º | 0,266 | 0,354 | 0,657 | 0,342 | 0,193 | 0,450 | 0,571 | 0,421 |
| NE | MA | Santa Luzia | 5416º | 0,149 | 0,181 | 0,430 | 0,263 | 0,191 | 0,309 | 0,895 | 0,352 |
| NE | SE | Santa Luzia do Itanhy | 5326º | 0,187 | 0,196 | 0,521 | 0,299 | 0,136 | 0,314 | 0,880 | 0,371 |
| NE | AL | Santa Luzia do Norte | 3538º | 0,608 | 0,369 | 0,602 | 0,484 | 0,280 | 0,433 | 0,698 | 0,506 |
| N | PA | Santa Luzia do Pará | 5276º | 0,121 | 0,198 | 0,456 | 0,388 | 0,227 | 0,329 | 0,946 | 0,377 |
| NE | MA | Santa Luzia do Paruá | 4578º | 0,170 | 0,346 | 0,541 | 0,474 | 0,253 | 0,372 | 0,931 | 0,438 |
| N | RO | Santa Luzia D'Oeste | 2654º | 0,350 | 0,607 | 0,593 | 0,731 | 0,347 | 0,535 | 1,000 | 0,585 |
| SE | MG | Santa Margarida | 4424º | 0,156 | 0,426 | 0,360 | 0,760 | 0,209 | 0,510 | 0,896 | 0,448 |
| S | RS | Santa Margarida do Sul | 2387º | 0,421 | 0,707 | 0,510 | 0,760 | 0,212 | 0,649 | 1,000 | 0,606 |
| S | RS | Santa Maria | 519º | 0,695 | 0,860 | 0,479 | 0,936 | 0,754 | 0,661 | 0,932 | 0,736 |

*a partir da melhor situação social ou maior IES

| Região | UF | Nome do Município 2010 | Posição* | Índice de Emprego | Índice de Pobreza | Índice de Desigualdade | Índice de Alfabetização | Índice de Escolaridade | Índice de Juventude | Índice de Violência | Índice de Exclusão |
|---|---|---|---|---|---|---|---|---|---|---|---|
| NE | RN | Santa Maria | 3635º | 0,305 | 0,332 | 0,679 | 0,360 | 0,258 | 0,445 | 1,000 | 0,499 |
| NE | PE | Santa Maria da Boa Vista | 4840º | 0,168 | 0,300 | 0,485 | 0,486 | 0,275 | 0,370 | 0,921 | 0,422 |
| SE | SP | Santa Maria da Serra | 1339º | 0,723 | 0,748 | 0,636 | 0,812 | 0,362 | 0,560 | 0,904 | 0,676 |
| NE | BA | Santa Maria da Vitória | 4176º | 0,222 | 0,382 | 0,497 | 0,495 | 0,306 | 0,479 | 0,884 | 0,464 |
| N | PA | Santa Maria das Barreiras | 4749º | 0,196 | 0,303 | 0,458 | 0,539 | 0,132 | 0,431 | 0,970 | 0,427 |
| SE | MG | Santa Maria de Itabira | 2085º | 0,676 | 0,526 | 0,671 | 0,740 | 0,262 | 0,518 | 1,000 | 0,628 |
| SE | ES | Santa Maria de Jetibá | 2784º | 0,268 | 0,704 | 0,580 | 0,788 | 0,257 | 0,561 | 0,939 | 0,574 |
| NE | PE | Santa Maria do Cambucá | 5043º | 0,127 | 0,422 | 0,651 | 0,303 | 0,122 | 0,467 | 0,600 | 0,404 |
| S | RS | Santa Maria do Herval | 30º | 0,676 | 0,967 | 0,960 | 0,980 | 0,228 | 0,746 | 1,000 | 0,801 |
| S | PR | Santa Maria do Oeste | 3573º | 0,204 | 0,459 | 0,616 | 0,705 | 0,260 | 0,470 | 0,910 | 0,503 |
| N | PA | Santa Maria do Pará | 4940º | 0,158 | 0,344 | 0,528 | 0,520 | 0,230 | 0,454 | 0,706 | 0,414 |
| SE | MG | Santa Maria do Salto | 3621º | 0,255 | 0,441 | 0,688 | 0,423 | 0,222 | 0,559 | 0,803 | 0,500 |
| SE | MG | Santa Maria do Suaçuí | 3629º | 0,226 | 0,501 | 0,500 | 0,533 | 0,262 | 0,474 | 1,000 | 0,499 |
| N | TO | Santa Maria do Tocantins | 3668º | 0,233 | 0,407 | 0,519 | 0,612 | 0,364 | 0,435 | 1,000 | 0,497 |
| SE | RJ | Santa Maria Madalena | 2294º | 0,584 | 0,656 | 0,601 | 0,752 | 0,373 | 0,610 | 0,748 | 0,614 |
| S | PR | Santa Mariana | 1083º | 0,579 | 0,755 | 0,707 | 0,726 | 0,463 | 0,648 | 0,958 | 0,694 |
| SE | SP | Santa Mercedes | 386º | 0,726 | 0,799 | 0,773 | 0,761 | 0,520 | 0,610 | 1,000 | 0,746 |
| S | PR | Santa Mônica | 1750º | 0,506 | 0,772 | 0,616 | 0,778 | 0,364 | 0,547 | 1,000 | 0,650 |

*a partir da melhor situação social ou maior IES

ATLAS DA EXCLUSÃO SOCIAL NO BRASIL

| Região | UF | Nome do Município 2010 | Posição* | Índice de Emprego | Índice de Pobreza | Índice de Desigualdade | Índice de Alfabetização | Índice de Escolaridade | Índice de Juventude | Índice de Violência | Índice de Exclusão |
|---|---|---|---|---|---|---|---|---|---|---|---|
| NE | CE | Santa Quitéria | 4566º | 0,215 | 0,268 | 0,459 | 0,443 | 0,290 | 0,459 | 0,951 | 0,439 |
| NE | MA | Santa Quitéria do Maranhão | 5371º | 0,089 | 0,172 | 0,567 | 0,228 | 0,241 | 0,296 | 0,875 | 0,362 |
| NE | PB | Santa Rita | 3397º | 0,546 | 0,425 | 0,634 | 0,558 | 0,357 | 0,510 | 0,572 | 0,517 |
| NE | MA | Santa Rita | 4317º | 0,225 | 0,300 | 0,514 | 0,510 | 0,300 | 0,401 | 0,984 | 0,455 |
| SE | MG | Santa Rita de Caldas | 1742º | 0,284 | 0,767 | 0,717 | 0,850 | 0,264 | 0,717 | 1,000 | 0,651 |
| NE | BA | Santa Rita de Cássia | 4787º | 0,155 | 0,266 | 0,386 | 0,544 | 0,282 | 0,442 | 1,000 | 0,425 |
| SE | MG | Santa Rita de Ibitipoca | 3028º | 0,329 | 0,498 | 0,560 | 0,664 | 0,245 | 0,586 | 1,000 | 0,551 |
| SE | MG | Santa Rita de Jacutinga | 1995º | 0,369 | 0,691 | 0,633 | 0,735 | 0,336 | 0,687 | 1,000 | 0,634 |
| SE | MG | Santa Rita de Minas | 2694º | 0,472 | 0,550 | 0,686 | 0,665 | 0,183 | 0,559 | 0,921 | 0,582 |
| CO | GO | Santa Rita do Araguaia | 1718º | 0,587 | 0,737 | 0,605 | 0,801 | 0,501 | 0,557 | 0,850 | 0,652 |
| SE | MG | Santa Rita do Itueto | 3524º | 0,146 | 0,484 | 0,683 | 0,645 | 0,150 | 0,554 | 0,909 | 0,507 |
| CO | GO | Santa Rita do Novo Destino | 2761º | 0,470 | 0,586 | 0,688 | 0,549 | 0,210 | 0,588 | 0,836 | 0,577 |
| CO | MS | Santa Rita do Pardo | 1901º | 0,587 | 0,665 | 0,693 | 0,746 | 0,269 | 0,517 | 1,000 | 0,642 |
| SE | SP | Santa Rita do Passa Quatro | 222º | 0,707 | 0,887 | 0,610 | 0,901 | 0,607 | 0,723 | 0,980 | 0,765 |
| SE | MG | Santa Rita do Sapucaí | 632º | 0,782 | 0,793 | 0,599 | 0,829 | 0,533 | 0,602 | 0,986 | 0,728 |
| N | TO | Santa Rita do Tocantins | 3043º | 0,471 | 0,441 | 0,513 | 0,651 | 0,348 | 0,476 | 1,000 | 0,550 |
| CO | MT | Santa Rita do Trivelato | 1117º | 0,711 | 0,775 | 0,600 | 0,912 | 0,471 | 0,485 | 1,000 | 0,692 |

*a partir da melhor situação social ou maior IES

| Região | UF | Nome do Município 2010 | Posição* | Índice de Emprego | Índice de Pobreza | Índice de Desigualdade | Índice de Alfabetização | Índice de Escolaridade | Índice de Juventude | Índice de Violência | Índice de Exclusão |
|---|---|---|---|---|---|---|---|---|---|---|---|
| SE | SP | Santa Rita d'Oeste | 279º | 0,492 | 0,903 | 0,799 | 0,798 | 0,522 | 0,764 | 1,000 | 0,757 |
| S | RS | Santa Rosa | 344º | 0,696 | 0,871 | 0,642 | 0,928 | 0,581 | 0,656 | 0,962 | 0,750 |
| SE | MG | Santa Rosa da Serra | 2000º | 0,373 | 0,776 | 0,645 | 0,755 | 0,339 | 0,573 | 1,000 | 0,634 |
| CO | GO | Santa Rosa de Goiás | 2436º | 0,245 | 0,578 | 0,717 | 0,721 | 0,329 | 0,663 | 1,000 | 0,603 |
| S | SC | Santa Rosa de Lima | 502º | 0,264 | 0,978 | 0,936 | 0,925 | 0,473 | 0,656 | 1,000 | 0,738 |
| NE | SE | Santa Rosa de Lima | 4066º | 0,505 | 0,223 | 0,646 | 0,427 | 0,277 | 0,430 | 0,722 | 0,471 |
| SE | SP | Santa Rosa de Viterbo | 551º | 0,743 | 0,829 | 0,566 | 0,917 | 0,579 | 0,643 | 0,956 | 0,734 |
| NE | PI | Santa Rosa do Piauí | 4495º | 0,259 | 0,289 | 0,538 | 0,317 | 0,215 | 0,482 | 0,899 | 0,444 |
| N | AC | Santa Rosa do Purus | 5501º | 0,345 | 0,290 | 0,062 | 0,230 | 0,244 | 0,098 | 1,000 | 0,326 |
| S | SC | Santa Rosa do Sul | 1353º | 0,364 | 0,855 | 0,784 | 0,862 | 0,323 | 0,582 | 1,000 | 0,675 |
| N | TO | Santa Rosa do Tocantins | 4583º | 0,261 | 0,375 | 0,493 | 0,631 | 0,266 | 0,377 | 0,772 | 0,438 |
| SE | SP | Santa Salete | 260º | 0,363 | 0,930 | 0,881 | 0,888 | 0,549 | 0,748 | 1,000 | 0,759 |
| SE | ES | Santa Teresa | 1876º | 0,409 | 0,780 | 0,595 | 0,802 | 0,409 | 0,656 | 0,905 | 0,643 |
| NE | BA | Santa Teresinha | 4558º | 0,132 | 0,330 | 0,507 | 0,479 | 0,172 | 0,508 | 0,946 | 0,440 |
| NE | PB | Santa Teresinha | 4585º | 0,299 | 0,338 | 0,402 | 0,462 | 0,260 | 0,525 | 0,773 | 0,438 |
| S | RS | Santa Tereza | 862º | 0,280 | 0,912 | 0,786 | 0,943 | 0,282 | 0,821 | 1,000 | 0,711 |
| CO | GO | Santa Tereza de Goiás | 2785º | 0,424 | 0,477 | 0,535 | 0,716 | 0,333 | 0,596 | 1,000 | 0,574 |
| S | PR | Santa Tereza do Oeste | 1274º | 0,664 | 0,754 | 0,681 | 0,875 | 0,388 | 0,513 | 0,950 | 0,680 |

*a partir da melhor situação social ou maior IES

| Região | UF | Nome do Município 2010 | Posição* | Índice de Emprego | Índice de Pobreza | Índice de Desigualdade | Índice de Alfabetização | Índice de Escolaridade | Índice de Juventude | Índice de Violência | Índice de Exclusão |
|---|---|---|---|---|---|---|---|---|---|---|---|
| N | TO | Santa Tereza do Tocantins | 3121º | 0,468 | 0,494 | 0,647 | 0,658 | 0,410 | 0,386 | 0,794 | 0,542 |
| S | SC | Santa Terezinha | 3528º | 0,153 | 0,555 | 0,521 | 0,901 | 0,245 | 0,511 | 0,881 | 0,507 |
| NE | PE | Santa Terezinha | 4318º | 0,201 | 0,312 | 0,549 | 0,478 | 0,291 | 0,464 | 0,905 | 0,455 |
| CO | MT | Santa Terezinha | 4871º | 0,286 | 0,348 | 0,426 | 0,643 | 0,261 | 0,382 | 0,719 | 0,419 |
| CO | GO | Santa Terezinha de Goiás | 2983º | 0,293 | 0,557 | 0,542 | 0,733 | 0,358 | 0,595 | 0,899 | 0,555 |
| S | PR | Santa Terezinha de Itaipu | 2084º | 0,534 | 0,785 | 0,659 | 0,858 | 0,483 | 0,557 | 0,626 | 0,628 |
| S | SC | Santa Terezinha do Progresso | 3335º | 0,130 | 0,631 | 0,462 | 0,766 | 0,231 | 0,552 | 1,000 | 0,522 |
| N | TO | Santa Terezinha do Tocantins | 4146º | 0,365 | 0,337 | 0,508 | 0,512 | 0,400 | 0,396 | 0,790 | 0,466 |
| SE | MG | Santa Vitória | 1139º | 0,602 | 0,812 | 0,643 | 0,760 | 0,367 | 0,648 | 0,971 | 0,691 |
| S | RS | Santa Vitória do Palmar | 2188º | 0,518 | 0,706 | 0,492 | 0,864 | 0,391 | 0,609 | 0,882 | 0,621 |
| NE | BA | Santaluz | 4159º | 0,171 | 0,312 | 0,588 | 0,514 | 0,270 | 0,483 | 0,939 | 0,465 |
| N | AP | Santana | 3246º | 0,467 | 0,499 | 0,453 | 0,751 | 0,609 | 0,345 | 0,789 | 0,530 |
| NE | BA | Santana | 4251º | 0,158 | 0,383 | 0,489 | 0,461 | 0,280 | 0,500 | 0,937 | 0,459 |
| S | RS | Santana da Boa Vista | 3430º | 0,245 | 0,531 | 0,529 | 0,720 | 0,228 | 0,672 | 0,748 | 0,515 |
| SE | SP | Santana da Ponte Pensa | 330º | 0,429 | 0,926 | 0,737 | 0,845 | 0,535 | 0,806 | 1,000 | 0,751 |
| SE | MG | Santana da Vargem | 581º | 0,712 | 0,804 | 0,775 | 0,847 | 0,399 | 0,583 | 1,000 | 0,732 |
| SE | MG | Santana de Cataguases | 1575º | 0,423 | 0,632 | 0,756 | 0,794 | 0,380 | 0,677 | 1,000 | 0,661 |

*a partir da melhor situação social ou maior IES)

| Região | UF | Nome do Município 2010 | Posição* | Índice de Emprego | Índice de Pobreza | Índice de Desigualdade | Índice de Alfabetização | Índice de Escolaridade | Índice de Juventude | Índice de Violência | Índice de Exclusão |
|---|---|---|---|---|---|---|---|---|---|---|---|
| NE | PB | Santana de Mangueira | 5329º | 0,215 | 0,183 | 0,496 | 0,230 | 0,179 | 0,465 | 0,707 | 0,370 |
| SE | SP | Santana de Parnaíba | 1517º | 0,703 | 0,809 | 0,234 | 0,903 | 0,732 | 0,551 | 0,933 | 0,665 |
| SE | MG | Santana de Pirapama | 2768º | 0,234 | 0,584 | 0,730 | 0,647 | 0,205 | 0,605 | 1,000 | 0,576 |
| NE | CE | Santana do Acaraú | 5384º | 0,198 | 0,167 | 0,228 | 0,399 | 0,257 | 0,410 | 0,913 | 0,359 |
| N | PA | Santana do Araguaia | 3774º | 0,374 | 0,397 | 0,641 | 0,660 | 0,244 | 0,408 | 0,768 | 0,490 |
| NE | CE | Santana do Cariri | 5115º | 0,123 | 0,259 | 0,460 | 0,431 | 0,243 | 0,387 | 0,909 | 0,397 |
| SE | MG | Santana do Deserto | 1093º | 0,762 | 0,653 | 0,651 | 0,829 | 0,371 | 0,608 | 1,000 | 0,694 |
| SE | MG | Santana do Garambéu | 2918º | 0,354 | 0,487 | 0,504 | 0,662 | 0,328 | 0,632 | 1,000 | 0,561 |
| NE | AL | Santana do Ipanema | 5235º | 0,225 | 0,323 | 0,351 | 0,359 | 0,272 | 0,383 | 0,757 | 0,383 |
| S | PR | Santana do Itararé | 2718º | 0,324 | 0,606 | 0,566 | 0,705 | 0,320 | 0,584 | 1,000 | 0,580 |
| SE | MG | Santana do Jacaré | 1508º | 0,491 | 0,709 | 0,745 | 0,724 | 0,329 | 0,626 | 1,000 | 0,665 |
| S | RS | Sant'Ana do Livramento | 1952º | 0,476 | 0,719 | 0,485 | 0,913 | 0,524 | 0,596 | 0,931 | 0,638 |
| SE | MG | Santana do Manhuaçu | 3428º | 0,207 | 0,491 | 0,620 | 0,676 | 0,203 | 0,521 | 0,939 | 0,515 |
| NE | MA | Santana do Maranhão | 5466º | 0,153 | 0,077 | 0,446 | 0,267 | 0,092 | 0,326 | 0,955 | 0,339 |
| NE | RN | Santana do Matos | 4336º | 0,185 | 0,273 | 0,471 | 0,393 | 0,251 | 0,595 | 0,962 | 0,454 |
| NE | AL | Santana do Mundaú | 5192º | 0,149 | 0,207 | 0,580 | 0,185 | 0,153 | 0,388 | 0,905 | 0,389 |
| SE | MG | Santana do Paraíso | 1592º | 0,639 | 0,698 | 0,719 | 0,804 | 0,363 | 0,516 | 0,905 | 0,660 |
| NE | PI | Santana do Piauí | 3937º | 0,145 | 0,308 | 0,648 | 0,422 | 0,189 | 0,559 | 1,000 | 0,478 |
| SE | MG | Santana do Riacho | 2648º | 0,458 | 0,519 | 0,532 | 0,698 | 0,321 | 0,606 | 1,000 | 0,586 |

*a partir da melhor situação social ou maior IES

| Região | UF | Nome do Município 2010 | Posição* | Índice de Emprego | Índice de Pobreza | Índice de Desigualdade | Índice de Alfabetização | Índice de Escolaridade | Índice de Juventude | Índice de Violência | Índice de Exclusão |
|---|---|---|---|---|---|---|---|---|---|---|---|
| NE | SE | Santana do São Francisco | 4231º | 0,325 | 0,274 | 0,617 | 0,516 | 0,313 | 0,421 | 0,778 | 0,460 |
| NE | RN | Santana do Seridó | 2799º | 0,227 | 0,499 | 0,766 | 0,580 | 0,306 | 0,595 | 1,000 | 0,572 |
| NE | PB | Santana dos Garrotes | 3870º | 0,224 | 0,397 | 0,608 | 0,266 | 0,256 | 0,535 | 0,928 | 0,483 |
| SE | MG | Santana dos Montes | 2554º | 0,281 | 0,540 | 0,769 | 0,790 | 0,278 | 0,580 | 1,000 | 0,595 |
| NE | BA | Santanópolis | 4246º | 0,154 | 0,335 | 0,539 | 0,483 | 0,283 | 0,490 | 0,941 | 0,459 |
| N | PA | Santarém | 3309º | 0,327 | 0,459 | 0,425 | 0,804 | 0,529 | 0,383 | 0,982 | 0,524 |
| N | PA | Santarém Novo | 5102º | 0,196 | 0,160 | 0,442 | 0,584 | 0,223 | 0,319 | 1,000 | 0,398 |
| S | RS | Santiago | 1014º | 0,543 | 0,805 | 0,565 | 0,910 | 0,581 | 0,659 | 0,968 | 0,700 |
| S | SC | Santiago do Sul | 1943º | 0,319 | 0,814 | 0,660 | 0,780 | 0,329 | 0,598 | 1,000 | 0,638 |
| CO | MT | Santo Afonso | 2338º | 0,454 | 0,684 | 0,683 | 0,660 | 0,421 | 0,542 | 0,826 | 0,611 |
| NE | BA | Santo Amaro | 3201º | 0,390 | 0,424 | 0,456 | 0,723 | 0,483 | 0,566 | 0,847 | 0,535 |
| S | SC | Santo Amaro da Imperatriz | 68º | 0,699 | 0,936 | 0,814 | 0,908 | 0,577 | 0,626 | 1,000 | 0,790 |
| NE | SE | Santo Amaro das Brotas | 3973º | 0,436 | 0,403 | 0,429 | 0,598 | 0,403 | 0,463 | 0,681 | 0,476 |
| NE | MA | Santo Amaro do Maranhão | 5502º | 0,082 | 0,102 | 0,364 | 0,522 | 0,153 | 0,242 | 0,962 | 0,326 |
| SE | SP | Santo Anastácio | 1070º | 0,662 | 0,765 | 0,523 | 0,876 | 0,548 | 0,647 | 0,949 | 0,696 |
| SE | SP | Santo André | 227º | 0,736 | 0,887 | 0,506 | 0,947 | 0,811 | 0,693 | 0,924 | 0,764 |
| NE | PB | Santo André | 3780º | 0,073 | 0,378 | 0,649 | 0,438 | 0,228 | 0,598 | 1,000 | 0,489 |
| S | RS | Santo Ângelo | 952º | 0,641 | 0,841 | 0,500 | 0,914 | 0,583 | 0,632 | 0,945 | 0,704 |
| NE | RN | Santo Antônio | 4706º | 0,275 | 0,358 | 0,428 | 0,359 | 0,286 | 0,481 | 0,766 | 0,430 |

*a partir da melhor situação social ou maior IES

| Região | UF | Nome do Município 2010 | Posição* | Índice de Emprego | Índice de Pobreza | Índice de Desigualdade | Índice de Alfabetização | Índice de Escolaridade | Índice de Juventude | Índice de Violência | Índice de Exclusão |
|---|---|---|---|---|---|---|---|---|---|---|---|
| SE | SP | Santo Antônio da Alegria | 1078º | 0,528 | 0,795 | 0,745 | 0,902 | 0,385 | 0,654 | 0,917 | 0,695 |
| CO | GO | Santo Antônio da Barra | 1789º | 0,661 | 0,695 | 0,698 | 0,642 | 0,327 | 0,547 | 0,882 | 0,648 |
| S | RS | Santo Antônio da Patrulha | 1011º | 0,591 | 0,817 | 0,672 | 0,814 | 0,372 | 0,648 | 0,987 | 0,700 |
| S | PR | Santo Antônio da Platina | 1380º | 0,634 | 0,787 | 0,496 | 0,792 | 0,539 | 0,582 | 0,951 | 0,674 |
| S | RS | Santo Antônio das Missões | 2865º | 0,273 | 0,711 | 0,672 | 0,823 | 0,267 | 0,623 | 0,675 | 0,566 |
| CO | GO | Santo Antônio de Goiás | 1250º | 0,556 | 0,728 | 0,701 | 0,823 | 0,501 | 0,534 | 1,000 | 0,682 |
| NE | BA | Santo Antônio de Jesus | 2772º | 0,464 | 0,592 | 0,493 | 0,742 | 0,510 | 0,583 | 0,754 | 0,575 |
| NE | PI | Santo Antônio de Lisboa | 3891º | 0,092 | 0,462 | 0,651 | 0,385 | 0,233 | 0,535 | 0,913 | 0,481 |
| SE | RJ | Santo Antônio de Pádua | 1569º | 0,516 | 0,711 | 0,545 | 0,826 | 0,496 | 0,653 | 0,974 | 0,661 |
| SE | SP | Santo Antônio de Posse | 1016º | 0,771 | 0,825 | 0,667 | 0,841 | 0,345 | 0,594 | 0,849 | 0,700 |
| SE | MG | Santo Antônio do Amparo | 1558º | 0,706 | 0,605 | 0,709 | 0,775 | 0,310 | 0,556 | 0,970 | 0,663 |
| SE | SP | Santo Antônio do Aracanguá | 175º | 0,807 | 0,852 | 0,755 | 0,828 | 0,478 | 0,633 | 1,000 | 0,769 |
| SE | MG | Santo Antônio do Aventureiro | 1752º | 0,411 | 0,715 | 0,730 | 0,745 | 0,282 | 0,649 | 1,000 | 0,650 |

*a partir da melhor situação social ou maior IES)

| Região | UF | Nome do Município 2010 | Posição* | Índice de Emprego | Índice de Pobreza | Índice de Desigualdade | Índice de Alfabetização | Índice de Escolaridade | Índice de Juventude | Índice de Violência | Índice de Exclusão |
|---|---|---|---|---|---|---|---|---|---|---|---|
| S | PR | Santo Antônio do Caiuá | 354º | 0,810 | 0,730 | 0,854 | 0,763 | 0,394 | 0,609 | 1,000 | 0,749 |
| CO | GO | Santo Antônio do Descoberto | 2697º | 0,620 | 0,604 | 0,645 | 0,787 | 0,399 | 0,418 | 0,687 | 0,582 |
| SE | MG | Santo Antônio do Grama | 2118º | 0,475 | 0,564 | 0,733 | 0,728 | 0,280 | 0,595 | 1,000 | 0,626 |
| N | AM | Santo Antônio do Içá | 5548º | 0,082 | 0,056 | 0,256 | 0,420 | 0,187 | 0,165 | 0,979 | 0,287 |
| SE | MG | Santo Antônio do Itambé | 4457º | 0,280 | 0,285 | 0,627 | 0,546 | 0,159 | 0,374 | 0,874 | 0,446 |
| SE | MG | Santo Antônio do Jacinto | 4282º | 0,157 | 0,365 | 0,526 | 0,394 | 0,172 | 0,512 | 1,000 | 0,457 |
| SE | SP | Santo Antônio do Jardim | 837º | 0,571 | 0,843 | 0,722 | 0,833 | 0,339 | 0,668 | 1,000 | 0,713 |
| CO | MT | Santo Antônio do Leste | 2392º | 0,722 | 0,685 | 0,601 | 0,757 | 0,322 | 0,451 | 0,723 | 0,606 |
| CO | MT | Santo Antônio do Leverger | 2968º | 0,468 | 0,556 | 0,528 | 0,636 | 0,344 | 0,544 | 0,831 | 0,556 |
| SE | MG | Santo Antônio do Monte | 1493º | 0,492 | 0,837 | 0,599 | 0,891 | 0,346 | 0,600 | 0,980 | 0,667 |
| S | RS | Santo Antônio do Palma | 1727º | 0,281 | 0,855 | 0,574 | 0,908 | 0,351 | 0,704 | 1,000 | 0,652 |
| S | PR | Santo Antônio do Paraíso | 1529º | 0,529 | 0,705 | 0,611 | 0,736 | 0,497 | 0,603 | 1,000 | 0,664 |
| SE | SP | Santo Antônio do Pinhal | 1770º | 0,461 | 0,725 | 0,634 | 0,860 | 0,381 | 0,575 | 1,000 | 0,649 |

*a partir da melhor situação social ou maior IES)

| Região | UF | Nome do Município 2010 | Posição* | Índice de Emprego | Índice de Pobreza | Índice de Desigualdade | Índice de Alfabetização | Índice de Escolaridade | Índice de Juventude | Índice de Violência | Índice de Exclusão |
|---|---|---|---|---|---|---|---|---|---|---|---|
| S | RS | Santo Antônio do Planalto | 1085º | 0,413 | 0,805 | 0,715 | 0,888 | 0,423 | 0,690 | 1,000 | 0,694 |
| SE | MG | Santo Antônio do Retiro | 5378º | 0,096 | 0,181 | 0,407 | 0,406 | 0,209 | 0,418 | 0,850 | 0,362 |
| SE | MG | Santo Antônio do Rio Abaixo | 3291º | 0,237 | 0,462 | 0,533 | 0,669 | 0,307 | 0,548 | 1,000 | 0,526 |
| S | PR | Santo Antônio do Sudoeste | 2689º | 0,426 | 0,699 | 0,541 | 0,759 | 0,279 | 0,511 | 0,917 | 0,582 |
| N | PA | Santo Antônio do Tauá | 4129º | 0,249 | 0,351 | 0,529 | 0,679 | 0,360 | 0,391 | 0,863 | 0,467 |
| NE | MA | Santo Antônio dos Lopes | 5005º | 0,150 | 0,247 | 0,430 | 0,350 | 0,226 | 0,427 | 1,000 | 0,409 |
| NE | PI | Santo Antônio dos Milagres | 4256º | 0,161 | 0,226 | 0,598 | 0,393 | 0,420 | 0,419 | 1,000 | 0,459 |
| S | RS | Santo Augusto | 1949º | 0,447 | 0,770 | 0,437 | 0,830 | 0,433 | 0,650 | 1,000 | 0,638 |
| S | RS | Santo Cristo | 954º | 0,373 | 0,903 | 0,692 | 0,953 | 0,427 | 0,719 | 0,964 | 0,704 |
| NE | BA | Santo Estêvão | 4028º | 0,298 | 0,412 | 0,444 | 0,542 | 0,317 | 0,472 | 0,870 | 0,473 |
| SE | SP | Santo Expedito | 472º | 0,756 | 0,729 | 0,746 | 0,774 | 0,492 | 0,655 | 1,000 | 0,740 |
| S | RS | Santo Expedito do Sul | 2276º | 0,170 | 0,671 | 0,638 | 0,868 | 0,367 | 0,723 | 1,000 | 0,615 |
| SE | MG | Santo Hipólito | 2750º | 0,566 | 0,511 | 0,500 | 0,688 | 0,257 | 0,536 | 1,000 | 0,577 |
| S | PR | Santo Inácio | 1177º | 0,612 | 0,836 | 0,530 | 0,820 | 0,549 | 0,631 | 0,901 | 0,687 |
| NE | PI | Santo Inácio do Piauí | 4063º | 0,173 | 0,327 | 0,534 | 0,370 | 0,266 | 0,556 | 1,000 | 0,471 |
| SE | SP | Santópolis do Aguapeí | 228º | 0,751 | 0,840 | 0,871 | 0,855 | 0,545 | 0,607 | 0,878 | 0,764 |

*a partir da melhor situação social ou maior (IES)

| Região | UF | Nome do Município 2010 | Posição* | Índice de Emprego | Índice de Pobreza | Índice de Desigualdade | Índice de Alfabetização | Índice de Escolaridade | Índice de Juventude | Índice de Violência | Índice de Exclusão |
|---|---|---|---|---|---|---|---|---|---|---|---|
| SE | SP | Santos | 88º | 0,710 | 0,928 | 0,469 | 0,963 | 0,921 | 0,753 | 0,937 | 0,786 |
| SE | MG | Santos Dumont | 1030º | 0,671 | 0,681 | 0,569 | 0,870 | 0,572 | 0,643 | 0,989 | 0,699 |
| NE | CE | São Benedito | 4646º | 0,133 | 0,307 | 0,553 | 0,484 | 0,259 | 0,416 | 0,918 | 0,434 |
| NE | MA | São Benedito do Rio Preto | 5495º | 0,104 | 0,104 | 0,344 | 0,266 | 0,247 | 0,249 | 1,000 | 0,329 |
| NE | PE | São Benedito do Sul | 4622º | 0,335 | 0,147 | 0,534 | 0,290 | 0,207 | 0,494 | 0,925 | 0,436 |
| NE | PB | São Bentinho | 3770º | 0,149 | 0,410 | 0,654 | 0,340 | 0,181 | 0,555 | 1,000 | 0,490 |
| NE | MA | São Bento | 4678º | 0,114 | 0,214 | 0,464 | 0,580 | 0,326 | 0,478 | 0,974 | 0,432 |
| NE | PB | São Bento | 4746º | 0,116 | 0,412 | 0,626 | 0,291 | 0,168 | 0,521 | 0,714 | 0,427 |
| SE | MG | São Bento Abade | 1444º | 0,711 | 0,719 | 0,726 | 0,778 | 0,255 | 0,471 | 1,000 | 0,670 |
| NE | RN | São Bento do Norte | 4754º | 0,236 | 0,240 | 0,500 | 0,246 | 0,166 | 0,458 | 1,000 | 0,427 |
| SE | SP | São Bento do Sapucaí | 1994º | 0,431 | 0,732 | 0,480 | 0,844 | 0,437 | 0,634 | 1,000 | 0,635 |
| S | SC | São Bento do Sul | 329º | 0,823 | 0,874 | 0,576 | 0,954 | 0,629 | 0,594 | 0,924 | 0,751 |
| N | TO | São Bento do Tocantins | 4605º | 0,352 | 0,349 | 0,465 | 0,538 | 0,290 | 0,344 | 0,774 | 0,436 |
| NE | RN | São Bento do Trairí | 3754º | 0,379 | 0,260 | 0,597 | 0,384 | 0,307 | 0,439 | 1,000 | 0,491 |
| NE | PE | São Bento do Una | 5032º | 0,198 | 0,327 | 0,379 | 0,360 | 0,198 | 0,426 | 0,912 | 0,406 |
| S | SC | São Bernardino | 3071º | 0,219 | 0,652 | 0,666 | 0,805 | 0,291 | 0,507 | 0,806 | 0,547 |
| NE | MA | São Bernardo | 5299º | 0,101 | 0,202 | 0,409 | 0,358 | 0,207 | 0,350 | 1,000 | 0,374 |
| SE | SP | São Bernardo do Campo | 318º | 0,756 | 0,862 | 0,488 | 0,939 | 0,776 | 0,652 | 0,952 | 0,753 |
| S | SC | São Bonifácio | 1581º | 0,296 | 0,847 | 0,627 | 0,935 | 0,300 | 0,721 | 1,000 | 0,661 |

*a partir da melhor situação social ou maior IES

| Região | UF | Nome do Município 2010 | Posição* | Índice de Emprego | Índice de Pobreza | Índice de Desigualdade | Índice de Alfabetização | Índice de Escolaridade | Índice de Juventude | Índice de Violência | Índice de Exclusão |
|---|---|---|---|---|---|---|---|---|---|---|---|
| S | RS | São Borja | 1790º | 0,550 | 0,710 | 0,497 | 0,864 | 0,490 | 0,601 | 0,949 | 0,648 |
| NE | AL | São Brás | 5256º | 0,258 | 0,208 | 0,349 | 0,298 | 0,257 | 0,407 | 0,845 | 0,381 |
| SE | MG | São Brás do Suaçuí | 2043º | 0,560 | 0,519 | 0,511 | 0,922 | 0,353 | 0,696 | 1,000 | 0,631 |
| NE | PI | São Braz do Piauí | 4397º | 0,133 | 0,318 | 0,538 | 0,357 | 0,229 | 0,504 | 1,000 | 0,450 |
| N | PA | São Caetano de Odivelas | 4581º | 0,142 | 0,290 | 0,609 | 0,670 | 0,250 | 0,398 | 0,846 | 0,438 |
| SE | SP | São Caetano do Sul | 20º | 0,702 | 0,960 | 0,496 | 0,985 | 0,941 | 0,785 | 0,965 | 0,808 |
| NE | PE | São Caitano | 3874º | 0,299 | 0,418 | 0,574 | 0,417 | 0,178 | 0,474 | 0,926 | 0,483 |
| SE | SP | São Carlos | 55º | 0,771 | 0,917 | 0,591 | 0,927 | 0,790 | 0,681 | 0,974 | 0,791 |
| S | SC | São Carlos | 753º | 0,514 | 0,899 | 0,651 | 0,910 | 0,516 | 0,671 | 0,949 | 0,718 |
| S | PR | São Carlos do Ivaí | 929º | 0,688 | 0,850 | 0,779 | 0,806 | 0,259 | 0,585 | 0,918 | 0,706 |
| NE | SE | São Cristóvão | 2646º | 0,575 | 0,524 | 0,623 | 0,709 | 0,476 | 0,483 | 0,782 | 0,586 |
| S | SC | São Cristovão do Sul | 1617º | 0,708 | 0,695 | 0,691 | 0,746 | 0,247 | 0,571 | 0,896 | 0,658 |
| NE | BA | São Desidério | 3877º | 0,435 | 0,367 | 0,444 | 0,463 | 0,220 | 0,408 | 1,000 | 0,482 |
| S | SC | São Domingos | 1982º | 0,464 | 0,815 | 0,423 | 0,826 | 0,419 | 0,599 | 1,000 | 0,636 |
| NE | BA | São Domingos | 2949º | 0,233 | 0,486 | 0,640 | 0,543 | 0,394 | 0,595 | 1,000 | 0,558 |
| NE | SE | São Domingos | 3715º | 0,228 | 0,411 | 0,752 | 0,325 | 0,220 | 0,464 | 0,899 | 0,494 |
| NE | PB | São Domingos | 4263º | 0,084 | 0,321 | 0,670 | 0,199 | 0,111 | 0,598 | 1,000 | 0,458 |
| CO | GO | São Domingos | 4475º | 0,358 | 0,321 | 0,356 | 0,530 | 0,218 | 0,500 | 0,862 | 0,445 |
| SE | MG | São Domingos das Dores | 3250º | 0,335 | 0,396 | 0,621 | 0,782 | 0,199 | 0,485 | 1,000 | 0,529 |

*a partir da melhor situação social ou maior IES)

| Região | UF | Nome do Município 2010 | Posição* | Índice de Emprego | Índice de Pobreza | Índice de Desigualdade | Índice de Alfabetização | Índice de Escolaridade | Índice de Juventude | Índice de Violência | Índice de Exclusão |
|---|---|---|---|---|---|---|---|---|---|---|---|
| N | PA | São Domingos do Araguaia | 5447º | 0,170 | 0,379 | 0,413 | 0,517 | 0,248 | 0,343 | 0,438 | 0,345 |
| NE | MA | São Domingos do Azeitão | 5347º | 0,241 | 0,206 | 0,214 | 0,293 | 0,264 | 0,340 | 1,000 | 0,367 |
| N | PA | São Domingos do Capim | 5510º | 0,117 | 0,150 | 0,385 | 0,389 | 0,194 | 0,228 | 0,861 | 0,323 |
| NE | PB | São Domingos do Cariri | 3649º | 0,114 | 0,480 | 0,626 | 0,519 | 0,168 | 0,544 | 1,000 | 0,498 |
| NE | MA | São Domingos do Maranhão | 5224º | 0,127 | 0,233 | 0,408 | 0,429 | 0,223 | 0,383 | 0,923 | 0,384 |
| SE | ES | São Domingos do Norte | 2328º | 0,376 | 0,682 | 0,603 | 0,751 | 0,375 | 0,611 | 0,935 | 0,612 |
| SE | MG | São Domingos do Prata | 2069º | 0,462 | 0,668 | 0,598 | 0,834 | 0,334 | 0,642 | 0,940 | 0,629 |
| S | RS | São Domingos do Sul | 640º | 0,437 | 0,966 | 0,697 | 0,927 | 0,419 | 0,705 | 1,000 | 0,727 |
| NE | BA | São Felipe | 4041º | 0,159 | 0,315 | 0,569 | 0,539 | 0,258 | 0,571 | 0,923 | 0,473 |
| N | RO | São Felipe D'Oeste | 3145º | 0,320 | 0,510 | 0,646 | 0,685 | 0,295 | 0,544 | 0,827 | 0,540 |
| NE | BA | São Félix | 3048º | 0,340 | 0,376 | 0,603 | 0,682 | 0,436 | 0,578 | 0,926 | 0,550 |
| NE | MA | São Félix de Balsas | 4855º | 0,198 | 0,254 | 0,450 | 0,378 | 0,204 | 0,427 | 1,000 | 0,420 |
| SE | MG | São Félix de Minas | 3792º | 0,215 | 0,416 | 0,649 | 0,577 | 0,193 | 0,524 | 0,846 | 0,488 |
| CO | MT | São Félix do Araguaia | 3299º | 0,379 | 0,497 | 0,353 | 0,706 | 0,366 | 0,495 | 1,000 | 0,525 |
| NE | BA | São Félix do Coribe | 3675º | 0,221 | 0,457 | 0,577 | 0,655 | 0,369 | 0,458 | 0,841 | 0,496 |
| NE | PI | São Félix do Piauí | 3766º | 0,199 | 0,385 | 0,542 | 0,327 | 0,236 | 0,611 | 1,000 | 0,491 |

*a partir da melhor situação social ou maior IES)

| Região | UF | Nome do Município 2010 | Posição* | Índice de Emprego | Índice de Pobreza | Índice de Desigualdade | Índice de Alfabetização | Índice de Escolaridade | Índice de Juventude | Índice de Violência | Índice de Exclusão |
|---|---|---|---|---|---|---|---|---|---|---|---|
| N | TO | São Félix do Tocantins | 4544º | 0,457 | 0,244 | 0,331 | 0,539 | 0,336 | 0,272 | 1,000 | 0,441 |
| N | PA | São Félix do Xingu | 4726º | 0,269 | 0,397 | 0,317 | 0,688 | 0,175 | 0,446 | 0,846 | 0,429 |
| NE | RN | São Fernando | 2891º | 0,404 | 0,407 | 0,685 | 0,433 | 0,285 | 0,602 | 1,000 | 0,563 |
| SE | RJ | São Fidélis | 1492º | 0,504 | 0,714 | 0,631 | 0,807 | 0,458 | 0,651 | 0,958 | 0,667 |
| SE | SP | São Francisco | 1368º | 0,409 | 0,819 | 0,665 | 0,789 | 0,380 | 0,674 | 1,000 | 0,674 |
| NE | SE | São Francisco | 3429º | 0,383 | 0,324 | 0,607 | 0,473 | 0,286 | 0,486 | 1,000 | 0,515 |
| NE | PB | São Francisco | 3479º | 0,192 | 0,364 | 0,679 | 0,347 | 0,204 | 0,637 | 1,000 | 0,511 |
| SE | MG | São Francisco | 3957º | 0,259 | 0,401 | 0,478 | 0,642 | 0,323 | 0,387 | 0,961 | 0,477 |
| S | RS | São Francisco de Assis | 2615º | 0,333 | 0,642 | 0,500 | 0,829 | 0,291 | 0,661 | 0,973 | 0,589 |
| NE | PI | São Francisco de Assis do Piauí | 5444º | 0,094 | 0,134 | 0,390 | 0,171 | 0,070 | 0,429 | 1,000 | 0,346 |
| CO | GO | São Francisco de Goiás | 2766º | 0,304 | 0,644 | 0,642 | 0,697 | 0,274 | 0,576 | 0,915 | 0,576 |
| SE | RJ | São Francisco de Itabapoana | 3519º | 0,289 | 0,460 | 0,548 | 0,616 | 0,302 | 0,568 | 0,811 | 0,508 |
| SE | MG | São Francisco de Paula | 1216º | 0,601 | 0,722 | 0,800 | 0,755 | 0,320 | 0,626 | 0,920 | 0,685 |
| S | RS | São Francisco de Paula | 1672º | 0,555 | 0,762 | 0,657 | 0,836 | 0,331 | 0,584 | 0,899 | 0,655 |
| SE | MG | São Francisco de Sales | 1435º | 0,707 | 0,729 | 0,529 | 0,794 | 0,292 | 0,636 | 1,000 | 0,670 |
| NE | MA | São Francisco do Brejão | 4774º | 0,270 | 0,269 | 0,540 | 0,415 | 0,199 | 0,361 | 0,899 | 0,426 |

*a partir da melhor situação social ou maior IES)

| Região | UF | Nome do Município 2010 | Posição* | Índice de Emprego | Índice de Pobreza | Índice de Desigualdade | Índice de Alfabetização | Índice de Escolaridade | Índice de Juventude | Índice de Violência | Índice de Exclusão |
|---|---|---|---|---|---|---|---|---|---|---|---|
| NE | BA | São Francisco do Conde | 2860º | 0,477 | 0,495 | 0,550 | 0,755 | 0,439 | 0,492 | 0,875 | 0,566 |
| SE | MG | São Francisco do Glória | 2682º | 0,256 | 0,609 | 0,637 | 0,701 | 0,300 | 0,610 | 1,000 | 0,583 |
| N | RO | São Francisco do Guaporé | 3941º | 0,229 | 0,536 | 0,458 | 0,791 | 0,249 | 0,415 | 0,838 | 0,477 |
| NE | MA | São Francisco do Maranhão | 5252º | 0,111 | 0,211 | 0,446 | 0,203 | 0,146 | 0,425 | 1,000 | 0,381 |
| NE | RN | São Francisco do Oeste | 2840º | 0,308 | 0,454 | 0,753 | 0,415 | 0,346 | 0,575 | 1,000 | 0,568 |
| N | PA | São Francisco do Pará | 3829º | 0,185 | 0,358 | 0,616 | 0,619 | 0,288 | 0,447 | 0,965 | 0,486 |
| NE | PI | São Francisco do Piauí | 4440º | 0,228 | 0,318 | 0,507 | 0,312 | 0,183 | 0,471 | 1,000 | 0,448 |
| S | SC | São Francisco do Sul | 729º | 0,633 | 0,849 | 0,660 | 0,919 | 0,619 | 0,578 | 0,902 | 0,720 |
| S | RS | São Gabriel | 2024º | 0,527 | 0,697 | 0,488 | 0,833 | 0,425 | 0,616 | 0,940 | 0,632 |
| NE | BA | São Gabriel | 4272º | 0,152 | 0,308 | 0,554 | 0,613 | 0,305 | 0,462 | 0,915 | 0,458 |
| N | AM | São Gabriel da Cachoeira | 5411º | 0,294 | 0,218 | 0,000 | 0,708 | 0,328 | 0,265 | 0,959 | 0,353 |
| SE | ES | São Gabriel da Palha | 2335º | 0,589 | 0,748 | 0,384 | 0,783 | 0,375 | 0,610 | 0,853 | 0,611 |
| CO | MS | São Gabriel do Oeste | 1255º | 0,664 | 0,817 | 0,511 | 0,864 | 0,484 | 0,544 | 0,977 | 0,682 |
| SE | MG | São Geraldo | 1232º | 0,684 | 0,710 | 0,747 | 0,814 | 0,279 | 0,628 | 0,899 | 0,683 |
| SE | MG | São Geraldo da Piedade | 4376º | 0,236 | 0,473 | 0,481 | 0,597 | 0,180 | 0,476 | 0,763 | 0,452 |
| N | PA | São Geraldo do Araguaia | 4758º | 0,235 | 0,383 | 0,527 | 0,554 | 0,263 | 0,389 | 0,695 | 0,426 |

*a partir da melhor situação social ou maior IES

| Região | UF | Nome do Município 2010 | Posição* | Índice de Emprego | Índice de Pobreza | Índice de Desigualdade | Índice de Alfabetização | Índice de Escolaridade | Índice de Juventude | Índice de Violência | Índice de Exclusão |
|---|---|---|---|---|---|---|---|---|---|---|---|
| SE | MG | São Geraldo do Baixio | 3878º | 0,360 | 0,537 | 0,592 | 0,581 | 0,195 | 0,538 | 0,552 | 0,482 |
| SE | RJ | São Gonçalo | 743º | 0,692 | 0,770 | 0,662 | 0,933 | 0,640 | 0,653 | 0,808 | 0,719 |
| SE | MG | São Gonçalo do Abaeté | 2411º | 0,529 | 0,668 | 0,638 | 0,762 | 0,322 | 0,516 | 0,834 | 0,605 |
| NE | RN | São Gonçalo do Amarante | 2443º | 0,666 | 0,515 | 0,664 | 0,670 | 0,419 | 0,494 | 0,792 | 0,602 |
| NE | CE | São Gonçalo do Amarante | 3275º | 0,429 | 0,378 | 0,549 | 0,596 | 0,458 | 0,475 | 0,870 | 0,527 |
| NE | PI | São Gonçalo do Gurguéia | 5174º | 0,245 | 0,225 | 0,307 | 0,420 | 0,196 | 0,370 | 1,000 | 0,391 |
| SE | MG | São Gonçalo do Pará | 1042º | 0,634 | 0,784 | 0,764 | 0,889 | 0,317 | 0,620 | 0,900 | 0,698 |
| NE | PI | São Gonçalo do Piauí | 4034º | 0,283 | 0,302 | 0,463 | 0,456 | 0,365 | 0,457 | 1,000 | 0,473 |
| SE | MG | São Gonçalo do Rio Abaixo | 2293º | 0,585 | 0,555 | 0,629 | 0,775 | 0,339 | 0,570 | 0,894 | 0,614 |
| SE | MG | São Gonçalo do Rio Preto | 2844º | 0,389 | 0,486 | 0,709 | 0,642 | 0,244 | 0,497 | 1,000 | 0,568 |
| SE | MG | São Gonçalo do Sapucaí | 1637º | 0,630 | 0,731 | 0,535 | 0,845 | 0,420 | 0,582 | 0,935 | 0,657 |
| NE | BA | São Gonçalo dos Campos | 3165º | 0,461 | 0,461 | 0,458 | 0,697 | 0,352 | 0,531 | 0,891 | 0,538 |
| SE | MG | São Gotardo | 1269º | 0,657 | 0,834 | 0,555 | 0,842 | 0,393 | 0,575 | 0,951 | 0,681 |
| S | RS | São Jerônimo | 1737º | 0,538 | 0,759 | 0,483 | 0,819 | 0,445 | 0,618 | 0,976 | 0,651 |
| S | PR | São Jerônimo da Serra | 3518º | 0,255 | 0,531 | 0,488 | 0,662 | 0,253 | 0,525 | 0,908 | 0,508 |
| S | PR | São João | 1303º | 0,453 | 0,782 | 0,709 | 0,877 | 0,443 | 0,619 | 0,951 | 0,678 |
| NE | PE | São João | 5297º | 0,083 | 0,304 | 0,448 | 0,334 | 0,164 | 0,438 | 0,805 | 0,375 |
| S | SC | São João Batista | 130º | 0,746 | 0,946 | 0,885 | 0,933 | 0,411 | 0,568 | 0,960 | 0,778 |
| NE | MA | São João Batista | 5259º | 0,101 | 0,096 | 0,336 | 0,547 | 0,347 | 0,432 | 0,974 | 0,380 |

*a partir da melhor situação social ou maior IES)

| Região | UF | Nome do Município 2010 | Posição* | Índice de Emprego | Índice de Pobreza | Índice de Desigualdade | Índice de Alfabetização | Índice de Escolaridade | Índice de Juventude | Índice de Violência | Índice de Exclusão |
|---|---|---|---|---|---|---|---|---|---|---|---|
| SE | MG | São João Batista do Glória | 983º | 0,603 | 0,829 | 0,676 | 0,836 | 0,349 | 0,628 | 1,000 | 0,702 |
| N | RR | São João da Baliza | 3726º | 0,275 | 0,420 | 0,493 | 0,731 | 0,453 | 0,352 | 0,923 | 0,493 |
| SE | RJ | São João da Barra | 2495º | 0,483 | 0,656 | 0,569 | 0,804 | 0,372 | 0,624 | 0,762 | 0,599 |
| SE | SP | São João da Boa Vista | 262º | 0,697 | 0,890 | 0,559 | 0,939 | 0,665 | 0,696 | 0,981 | 0,759 |
| NE | PI | São João da Canabrava | 4665º | 0,094 | 0,332 | 0,541 | 0,205 | 0,186 | 0,504 | 1,000 | 0,433 |
| NE | PI | São João da Fronteira | 5040º | 0,263 | 0,216 | 0,499 | 0,196 | 0,133 | 0,367 | 1,000 | 0,405 |
| SE | MG | São João da Lagoa | 3539º | 0,172 | 0,370 | 0,612 | 0,700 | 0,274 | 0,523 | 1,000 | 0,506 |
| SE | MG | São João da Mata | 1852º | 0,295 | 0,736 | 0,776 | 0,805 | 0,216 | 0,684 | 1,000 | 0,644 |
| CO | GO | São João da Paraúna | 2481º | 0,400 | 0,703 | 0,582 | 0,770 | 0,488 | 0,646 | 0,692 | 0,599 |
| N | PA | São João da Ponta | 4819º | 0,166 | 0,225 | 0,516 | 0,745 | 0,255 | 0,367 | 0,901 | 0,423 |
| SE | MG | São João da Ponte | 4000º | 0,236 | 0,358 | 0,621 | 0,434 | 0,150 | 0,467 | 0,979 | 0,475 |
| NE | PI | São João da Serra | 4972º | 0,216 | 0,301 | 0,446 | 0,201 | 0,214 | 0,512 | 0,831 | 0,411 |
| S | RS | São João da Urtiga | 1423º | 0,257 | 0,832 | 0,780 | 0,834 | 0,284 | 0,728 | 1,000 | 0,671 |
| NE | PI | São João da Varjota | 4889º | 0,180 | 0,285 | 0,456 | 0,249 | 0,195 | 0,443 | 1,000 | 0,418 |
| CO | GO | São João d'Aliança | 3129º | 0,341 | 0,566 | 0,515 | 0,702 | 0,438 | 0,443 | 0,899 | 0,541 |
| SE | SP | São João das Duas Pontes | 235º | 0,696 | 0,821 | 0,848 | 0,826 | 0,477 | 0,649 | 1,000 | 0,763 |
| SE | MG | São João das Missões | 5262º | 0,236 | 0,219 | 0,545 | 0,331 | 0,201 | 0,265 | 0,822 | 0,380 |
| SE | SP | São João de Iracema | 371º | 0,581 | 0,835 | 0,838 | 0,803 | 0,512 | 0,651 | 1,000 | 0,747 |

*a partir da melhor situação social ou maior IES

| Região | UF | Nome do Município 2010 | Posição* | Índice de Emprego | Índice de Pobreza | Índice de Desigualdade | Índice de Alfabetização | Índice de Escolaridade | Índice de Juventude | Índice de Violência | Índice de Exclusão |
|---|---|---|---|---|---|---|---|---|---|---|---|
| SE | RJ | São João de Meriti | 1119º | 0,676 | 0,736 | 0,661 | 0,925 | 0,562 | 0,600 | 0,809 | 0,692 |
| N | PA | São João de Pirabas | 5402º | 0,131 | 0,222 | 0,421 | 0,491 | 0,128 | 0,363 | 0,798 | 0,355 |
| SE | MG | São João del Rei | 813º | 0,672 | 0,781 | 0,539 | 0,939 | 0,586 | 0,681 | 0,932 | 0,714 |
| N | PA | São João do Araguaia | 5369º | 0,162 | 0,239 | 0,479 | 0,420 | 0,166 | 0,328 | 0,763 | 0,362 |
| NE | PI | São João do Arraial | 5340º | 0,141 | 0,166 | 0,496 | 0,246 | 0,098 | 0,392 | 0,929 | 0,368 |
| S | PR | São João do Caiuá | 1654º | 0,651 | 0,697 | 0,652 | 0,754 | 0,350 | 0,568 | 0,912 | 0,656 |
| NE | PB | São João do Cariri | 3459º | 0,194 | 0,445 | 0,524 | 0,606 | 0,288 | 0,574 | 1,000 | 0,512 |
| NE | MA | São João do Carú | 5393º | 0,125 | 0,148 | 0,533 | 0,236 | 0,129 | 0,247 | 1,000 | 0,357 |
| S | SC | São João do Itaperiú | 661º | 0,611 | 0,930 | 0,884 | 0,845 | 0,384 | 0,555 | 0,849 | 0,725 |
| S | PR | São João do Ivaí | 2102º | 0,500 | 0,713 | 0,709 | 0,700 | 0,371 | 0,643 | 0,729 | 0,627 |
| NE | CE | São João do Jaguaribe | 3717º | 0,212 | 0,493 | 0,567 | 0,478 | 0,316 | 0,669 | 0,671 | 0,494 |
| SE | MG | São João do Manhuaçu | 3665º | 0,260 | 0,508 | 0,421 | 0,720 | 0,293 | 0,507 | 0,898 | 0,497 |
| SE | MG | São João do Manteninha | 2929º | 0,381 | 0,538 | 0,697 | 0,586 | 0,225 | 0,626 | 0,799 | 0,560 |
| S | SC | São João do Oeste | 712º | 0,347 | 0,952 | 0,769 | 1,000 | 0,394 | 0,695 | 1,000 | 0,721 |
| SE | MG | São João do Oriente | 2650º | 0,357 | 0,545 | 0,684 | 0,705 | 0,250 | 0,575 | 1,000 | 0,586 |
| SE | MG | São João do Pacuí | 4851º | 0,122 | 0,344 | 0,309 | 0,578 | 0,212 | 0,485 | 1,000 | 0,421 |
| SE | MG | São João do Paraíso | 3167º | 0,351 | 0,449 | 0,670 | 0,457 | 0,275 | 0,497 | 0,977 | 0,538 |
| NE | MA | São João do Paraíso | 4334º | 0,228 | 0,301 | 0,524 | 0,477 | 0,288 | 0,385 | 1,000 | 0,454 |
| SE | SP | São João do Pau d'Alho | 69º | 0,601 | 0,938 | 0,905 | 0,802 | 0,485 | 0,728 | 1,000 | 0,790 |

*a partir da melhor situação social ou maior IES)

ATLAS DA EXCLUSÃO SOCIAL NO BRASIL  311

| Região | UF | Nome do Município 2010 | Posição* | Índice de Emprego | Índice de Pobreza | Índice de Desigualdade | Índice de Alfabetização | Índice de Escolaridade | Índice de Juventude | Índice de Violência | Índice de Exclusão |
|---|---|---|---|---|---|---|---|---|---|---|---|
| NE | PI | São João do Piauí | 3880º | 0,265 | 0,404 | 0,440 | 0,483 | 0,354 | 0,472 | 0,973 | 0,482 |
| S | RS | São João do Polêsine | 1197º | 0,400 | 0,852 | 0,519 | 0,928 | 0,502 | 0,737 | 1,000 | 0,686 |
| NE | PB | São João do Rio do Peixe | 3879º | 0,180 | 0,403 | 0,526 | 0,436 | 0,264 | 0,601 | 0,914 | 0,482 |
| NE | RN | São João do Sabugi | 2629º | 0,298 | 0,541 | 0,644 | 0,571 | 0,430 | 0,615 | 1,000 | 0,588 |
| NE | MA | São João do Soter | 5366º | 0,101 | 0,185 | 0,540 | 0,116 | 0,102 | 0,318 | 1,000 | 0,363 |
| S | SC | São João do Sul | 2080º | 0,229 | 0,760 | 0,739 | 0,849 | 0,319 | 0,591 | 1,000 | 0,629 |
| NE | PB | São João do Tigre | 5008º | 0,120 | 0,285 | 0,556 | 0,256 | 0,150 | 0,478 | 0,882 | 0,408 |
| S | PR | São João do Triunfo | 3234º | 0,208 | 0,609 | 0,588 | 0,827 | 0,196 | 0,496 | 0,924 | 0,531 |
| NE | MA | São João dos Patos | 4206º | 0,221 | 0,405 | 0,473 | 0,492 | 0,224 | 0,475 | 0,937 | 0,461 |
| SE | MG | São João Evangelista | 3241º | 0,338 | 0,471 | 0,531 | 0,681 | 0,300 | 0,499 | 0,967 | 0,530 |
| SE | MG | São João Nepomuceno | 515º | 0,659 | 0,824 | 0,736 | 0,894 | 0,416 | 0,658 | 1,000 | 0,737 |
| S | SC | São Joaquim | 1488º | 0,630 | 0,709 | 0,595 | 0,879 | 0,407 | 0,597 | 0,937 | 0,667 |
| SE | SP | São Joaquim da Barra | 120º | 0,758 | 0,907 | 0,743 | 0,907 | 0,594 | 0,649 | 0,944 | 0,780 |
| SE | MG | São Joaquim de Bicas | 1696º | 0,636 | 0,661 | 0,676 | 0,826 | 0,334 | 0,562 | 0,919 | 0,654 |
| NE | PE | São Joaquim do Monte | 5108º | 0,137 | 0,323 | 0,500 | 0,284 | 0,134 | 0,471 | 0,822 | 0,398 |
| S | RS | São Jorge | 1135º | 0,353 | 0,921 | 0,782 | 0,936 | 0,380 | 0,725 | 0,812 | 0,691 |
| S | PR | São Jorge do Ivaí | 489º | 0,574 | 0,887 | 0,716 | 0,829 | 0,495 | 0,681 | 1,000 | 0,739 |
| S | PR | São Jorge do Patrocínio | 1406º | 0,402 | 0,868 | 0,775 | 0,733 | 0,178 | 0,661 | 1,000 | 0,672 |

*a partir da melhor situação social ou maior IES

| Região | UF | Nome do Município 2010 | Posição* | Índice de Emprego | Índice de Pobreza | Índice de Desigualdade | Índice de Alfabetização | Índice de Escolaridade | Índice de Juventude | Índice de Violência | Índice de Exclusão |
|---|---|---|---|---|---|---|---|---|---|---|---|
| S | PR | São Jorge d'Oeste | 1732º | 0,450 | 0,734 | 0,634 | 0,857 | 0,396 | 0,632 | 0,943 | 0,652 |
| S | SC | São José | 15º | 0,832 | 0,940 | 0,682 | 0,946 | 0,809 | 0,655 | 0,921 | 0,812 |
| SE | MG | São José da Barra | 1086º | 0,652 | 0,804 | 0,579 | 0,890 | 0,442 | 0,575 | 1,000 | 0,694 |
| SE | SP | São José da Bela Vista | 1238º | 0,782 | 0,762 | 0,656 | 0,770 | 0,316 | 0,521 | 0,938 | 0,683 |
| S | PR | São José da Boa Vista | 2412º | 0,317 | 0,662 | 0,707 | 0,789 | 0,322 | 0,578 | 0,920 | 0,604 |
| NE | PE | São José da Coroa Grande | 4639º | 0,401 | 0,324 | 0,427 | 0,449 | 0,373 | 0,400 | 0,685 | 0,434 |
| NE | PB | São José da Lagoa Tapada | 4613º | 0,141 | 0,286 | 0,598 | 0,109 | 0,183 | 0,559 | 0,931 | 0,436 |
| NE | AL | São José da Laje | 4178º | 0,574 | 0,334 | 0,604 | 0,358 | 0,225 | 0,368 | 0,656 | 0,464 |
| SE | MG | São José da Lapa | 938º | 0,790 | 0,721 | 0,687 | 0,902 | 0,489 | 0,557 | 0,869 | 0,705 |
| SE | MG | São José da Safira | 3920º | 0,184 | 0,419 | 0,629 | 0,498 | 0,157 | 0,431 | 1,000 | 0,479 |
| NE | AL | São José da Tapera | 5515º | 0,163 | 0,212 | 0,434 | 0,206 | 0,152 | 0,269 | 0,723 | 0,321 |
| SE | MG | São José da Varginha | 1762º | 0,561 | 0,721 | 0,605 | 0,880 | 0,292 | 0,564 | 1,000 | 0,650 |
| NE | BA | São José da Vitória | 5018º | 0,318 | 0,314 | 0,663 | 0,357 | 0,224 | 0,434 | 0,454 | 0,408 |
| S | RS | São José das Missões | 2504º | 0,182 | 0,677 | 0,715 | 0,808 | 0,237 | 0,632 | 1,000 | 0,598 |
| S | PR | São José das Palmeiras | 2282º | 0,466 | 0,732 | 0,674 | 0,737 | 0,401 | 0,588 | 0,728 | 0,615 |
| NE | PB | São José de Caiana | 3772º | 0,347 | 0,364 | 0,689 | 0,271 | 0,180 | 0,390 | 1,000 | 0,490 |
| NE | PB | São José de Espinharas | 4047º | 0,215 | 0,334 | 0,683 | 0,299 | 0,201 | 0,526 | 0,891 | 0,472 |
| NE | RN | São José de Mipibu | 3921º | 0,395 | 0,371 | 0,443 | 0,445 | 0,284 | 0,456 | 0,922 | 0,479 |

*a partir da melhor situação social ou maior IES

| Região | UF | Nome do Município 2010 | Posição* | Índice de Emprego | Índice de Pobreza | Índice de Desigualdade | Índice de Alfabetização | Índice de Escolaridade | Índice de Juventude | Índice de Violência | Índice de Exclusão |
|---|---|---|---|---|---|---|---|---|---|---|---|
| NE | PB | São José de Piranhas | 3359º | 0,280 | 0,462 | 0,584 | 0,499 | 0,226 | 0,532 | 1,000 | 0,520 |
| NE | PB | São José de Princesa | 4428º | 0,198 | 0,313 | 0,674 | 0,359 | 0,142 | 0,463 | 0,877 | 0,448 |
| NE | MA | São José de Ribamar | 2532º | 0,489 | 0,513 | 0,537 | 0,850 | 0,699 | 0,473 | 0,847 | 0,596 |
| SE | RJ | São José de Ubá | 2622º | 0,303 | 0,520 | 0,654 | 0,711 | 0,320 | 0,650 | 1,000 | 0,588 |
| SE | MG | São José do Alegre | 1635º | 0,499 | 0,694 | 0,631 | 0,840 | 0,397 | 0,612 | 1,000 | 0,657 |
| SE | SP | São José do Barreiro | 2786º | 0,460 | 0,607 | 0,496 | 0,772 | 0,344 | 0,555 | 0,872 | 0,574 |
| NE | PE | São José do Belmonte | 4348º | 0,278 | 0,335 | 0,492 | 0,381 | 0,319 | 0,466 | 0,856 | 0,453 |
| NE | PB | São José do Bonfim | 4090º | 0,273 | 0,331 | 0,617 | 0,431 | 0,243 | 0,494 | 0,839 | 0,470 |
| NE | PB | São José do Brejo do Cruz | 3738º | 0,264 | 0,271 | 0,655 | 0,421 | 0,249 | 0,518 | 1,000 | 0,492 |
| SE | ES | São José do Calçado | 2345º | 0,456 | 0,616 | 0,540 | 0,764 | 0,378 | 0,633 | 0,950 | 0,610 |
| NE | RN | São José do Campestre | 3861º | 0,259 | 0,338 | 0,549 | 0,416 | 0,299 | 0,479 | 1,000 | 0,484 |
| S | SC | São José do Cedro | 1331º | 0,484 | 0,857 | 0,622 | 0,889 | 0,402 | 0,635 | 0,924 | 0,677 |
| S | SC | São José do Cerrito | 2964º | 0,194 | 0,566 | 0,648 | 0,729 | 0,213 | 0,596 | 1,000 | 0,556 |
| SE | MG | São José do Divino | 3834º | 0,196 | 0,417 | 0,446 | 0,567 | 0,337 | 0,500 | 1,000 | 0,485 |
| NE | PI | São José do Divino | 4742º | 0,128 | 0,219 | 0,603 | 0,254 | 0,163 | 0,488 | 1,000 | 0,427 |
| NE | PE | São José do Egito | 3890º | 0,184 | 0,412 | 0,506 | 0,545 | 0,324 | 0,549 | 0,886 | 0,481 |
| SE | MG | São José do Goiabal | 2462º | 0,563 | 0,575 | 0,533 | 0,769 | 0,323 | 0,587 | 0,908 | 0,600 |
| S | RS | São José do Herval | 2854º | 0,407 | 0,665 | 0,404 | 0,665 | 0,288 | 0,562 | 1,000 | 0,567 |

*a partir da melhor situação social ou maior IES)

| Região | UF | Nome do Município 2010 | Posição* | Índice de Emprego | Índice de Pobreza | Índice de Desigualdade | Índice de Alfabetização | Índice de Escolaridade | Índice de Juventude | Índice de Violência | Índice de Exclusão |
|---|---|---|---|---|---|---|---|---|---|---|---|
| S | RS | São José do Hortêncio | 21º | 0,695 | 0,963 | 1,000 | 0,964 | 0,280 | 0,693 | 1,000 | 0,806 |
| S | RS | São José do Inhacorá | 611º | 0,339 | 0,903 | 0,863 | 0,970 | 0,330 | 0,760 | 1,000 | 0,730 |
| NE | BA | São José do Jacuípe | 4071º | 0,146 | 0,363 | 0,652 | 0,399 | 0,165 | 0,481 | 1,000 | 0,471 |
| SE | MG | São José do Jacuri | 3797º | 0,194 | 0,393 | 0,598 | 0,588 | 0,177 | 0,488 | 1,000 | 0,488 |
| SE | MG | São José do Mantimento | 3107º | 0,277 | 0,442 | 0,604 | 0,707 | 0,293 | 0,561 | 1,000 | 0,544 |
| S | RS | São José do Norte | 2547º | 0,310 | 0,682 | 0,698 | 0,633 | 0,197 | 0,624 | 0,959 | 0,596 |
| S | RS | São José do Ouro | 1946º | 0,386 | 0,793 | 0,483 | 0,885 | 0,442 | 0,685 | 0,925 | 0,638 |
| NE | PI | São José do Peixe | 4691º | 0,234 | 0,290 | 0,448 | 0,357 | 0,185 | 0,436 | 1,000 | 0,431 |
| NE | PI | São José do Piauí | 4171º | 0,081 | 0,416 | 0,719 | 0,199 | 0,173 | 0,519 | 0,921 | 0,464 |
| CO | MT | São José do Povo | 2174º | 0,390 | 0,571 | 0,695 | 0,698 | 0,378 | 0,636 | 1,000 | 0,622 |
| CO | MT | São José do Rio Claro | 2331º | 0,591 | 0,718 | 0,615 | 0,752 | 0,309 | 0,493 | 0,818 | 0,611 |
| SE | SP | São José do Rio Pardo | 455º | 0,700 | 0,833 | 0,600 | 0,919 | 0,573 | 0,673 | 0,980 | 0,741 |
| SE | SP | São José do Rio Preto | 182º | 0,703 | 0,912 | 0,573 | 0,944 | 0,711 | 0,713 | 0,943 | 0,769 |
| NE | PB | São José do Sabugi | 3103º | 0,227 | 0,446 | 0,712 | 0,435 | 0,330 | 0,566 | 1,000 | 0,544 |
| NE | RN | São José do Seridó | 2238º | 0,360 | 0,592 | 0,688 | 0,670 | 0,429 | 0,603 | 1,000 | 0,618 |
| S | RS | São José do Sul | 454º | 0,445 | 0,974 | 0,787 | 0,952 | 0,295 | 0,757 | 1,000 | 0,741 |
| SE | RJ | São José do Vale do Rio Preto | 2261º | 0,401 | 0,677 | 0,620 | 0,811 | 0,289 | 0,582 | 1,000 | 0,616 |
| CO | MT | São José do Xingu | 3900º | 0,489 | 0,610 | 0,330 | 0,646 | 0,214 | 0,420 | 0,702 | 0,481 |

*a partir da melhor situação social ou maior IES

| Região | UF | Nome do Município 2010 | Posição* | Índice de Emprego | Índice de Pobreza | Índice de Desigualdade | Índice de Alfabetização | Índice de Escolaridade | Índice de Juventude | Índice de Violência | Índice de Exclusão |
|---|---|---|---|---|---|---|---|---|---|---|---|
| S | RS | São José dos Ausentes | 2545º | 0,474 | 0,586 | 0,554 | 0,849 | 0,237 | 0,566 | 1,000 | 0,596 |
| NE | MA | São José dos Basílios | 5240º | 0,158 | 0,174 | 0,489 | 0,307 | 0,208 | 0,367 | 0,931 | 0,383 |
| SE | SP | São José dos Campos | 390º | 0,754 | 0,871 | 0,467 | 0,941 | 0,784 | 0,623 | 0,946 | 0,746 |
| NE | PB | São José dos Cordeiros | 4634º | 0,091 | 0,293 | 0,607 | 0,540 | 0,103 | 0,551 | 0,869 | 0,435 |
| S | PR | São José dos Pinhais | 845º | 0,783 | 0,886 | 0,665 | 0,925 | 0,610 | 0,548 | 0,671 | 0,712 |
| CO | MT | São José dos Quatro Marcos | 2210º | 0,490 | 0,714 | 0,500 | 0,773 | 0,456 | 0,592 | 0,890 | 0,619 |
| NE | PB | São José dos Ramos | 4601º | 0,221 | 0,267 | 0,562 | 0,215 | 0,155 | 0,460 | 1,000 | 0,437 |
| NE | PI | São Julião | 3828º | 0,269 | 0,418 | 0,545 | 0,171 | 0,224 | 0,537 | 1,000 | 0,486 |
| S | RS | São Leopoldo | 1075º | 0,737 | 0,842 | 0,520 | 0,913 | 0,590 | 0,606 | 0,781 | 0,696 |
| SE | MG | São Lourenço | 760º | 0,612 | 0,824 | 0,556 | 0,928 | 0,583 | 0,657 | 0,988 | 0,717 |
| NE | PE | São Lourenço da Mata | 2863º | 0,537 | 0,448 | 0,555 | 0,657 | 0,426 | 0,546 | 0,838 | 0,566 |
| SE | SP | São Lourenço da Serra | 1971º | 0,564 | 0,695 | 0,560 | 0,844 | 0,492 | 0,566 | 0,851 | 0,637 |
| S | SC | São Lourenço do Oeste | 799º | 0,606 | 0,881 | 0,644 | 0,872 | 0,534 | 0,585 | 0,952 | 0,715 |
| NE | PI | São Lourenço do Piauí | 3481º | 0,185 | 0,411 | 0,647 | 0,478 | 0,226 | 0,569 | 1,000 | 0,511 |
| S | RS | São Lourenço do Sul | 1957º | 0,275 | 0,784 | 0,659 | 0,896 | 0,294 | 0,685 | 0,964 | 0,637 |
| S | SC | São Ludgero | 233º | 0,733 | 0,950 | 0,707 | 0,906 | 0,527 | 0,565 | 1,000 | 0,763 |

*a partir da melhor situação social ou maior IES

| Região | UF | Nome do Município 2010 | Posição* | Índice de Emprego | Índice de Pobreza | Índice de Desigualdade | Índice de Alfabetização | Índice de Escolaridade | Índice de Juventude | Índice de Violência | Índice de Exclusão |
|---|---|---|---|---|---|---|---|---|---|---|---|
| NE | MA | São Luís | 2242º | 0,564 | 0,635 | 0,346 | 0,886 | 0,833 | 0,562 | 0,765 | 0,618 |
| CO | GO | São Luís de Montes Belos | 1442º | 0,456 | 0,802 | 0,616 | 0,821 | 0,512 | 0,630 | 0,931 | 0,670 |
| NE | CE | São Luís do Curu | 3911º | 0,219 | 0,317 | 0,544 | 0,511 | 0,379 | 0,511 | 0,916 | 0,480 |
| SE | SP | São Luís do Paraitinga | 1601º | 0,498 | 0,710 | 0,619 | 0,803 | 0,395 | 0,634 | 1,000 | 0,659 |
| NE | PI | São Luis do Piauí | 4043º | 0,250 | 0,311 | 0,577 | 0,307 | 0,231 | 0,503 | 1,000 | 0,473 |
| NE | AL | São Luís do Quitunde | 4248º | 0,584 | 0,271 | 0,577 | 0,257 | 0,187 | 0,316 | 0,840 | 0,459 |
| NE | MA | São Luís Gonzaga do Maranhão | 5229º | 0,144 | 0,176 | 0,477 | 0,229 | 0,172 | 0,385 | 1,000 | 0,383 |
| N | RR | São Luiz | 3905º | 0,343 | 0,340 | 0,417 | 0,735 | 0,433 | 0,444 | 0,846 | 0,480 |
| CO | GO | São Luíz do Norte | 2048º | 0,493 | 0,635 | 0,779 | 0,678 | 0,365 | 0,549 | 0,887 | 0,631 |
| S | RS | São Luiz Gonzaga | 1548º | 0,560 | 0,758 | 0,582 | 0,869 | 0,509 | 0,622 | 0,849 | 0,663 |
| NE | PB | São Mamede | 3602º | 0,235 | 0,451 | 0,537 | 0,482 | 0,370 | 0,613 | 0,799 | 0,501 |
| S | PR | São Manoel do Paraná | 722º | 0,593 | 0,905 | 0,701 | 0,719 | 0,385 | 0,657 | 1,000 | 0,720 |
| SE | SP | São Manuel | 309º | 0,811 | 0,872 | 0,663 | 0,872 | 0,541 | 0,613 | 0,932 | 0,754 |
| S | RS | São Marcos | 71º | 0,742 | 0,947 | 0,744 | 0,926 | 0,507 | 0,679 | 1,000 | 0,789 |
| S | SC | São Martinho | 804º | 0,316 | 0,955 | 0,805 | 0,929 | 0,366 | 0,690 | 1,000 | 0,714 |
| S | RS | São Martinho | 1291º | 0,348 | 0,838 | 0,645 | 0,886 | 0,407 | 0,714 | 1,000 | 0,679 |
| S | RS | São Martinho da Serra | 3004º | 0,205 | 0,593 | 0,571 | 0,811 | 0,261 | 0,699 | 0,837 | 0,553 |
| SE | ES | São Mateus | 2642º | 0,558 | 0,679 | 0,441 | 0,799 | 0,578 | 0,521 | 0,680 | 0,587 |
| NE | MA | São Mateus do Maranhão | 5307º | 0,240 | 0,325 | 0,264 | 0,284 | 0,248 | 0,374 | 0,827 | 0,373 |

*a partir da melhor situação social ou maior IES

ATLAS DA EXCLUSÃO SOCIAL NO BRASIL 317

| Região | UF | Nome do Município 2010 | Posição* | Índice de Emprego | Índice de Pobreza | Índice de Desigualdade | Índice de Alfabetização | Índice de Escolaridade | Índice de Juventude | Índice de Violência | Índice de Exclusão |
|---|---|---|---|---|---|---|---|---|---|---|---|
| S | PR | São Mateus do Sul | 1774º | 0,529 | 0,743 | 0,570 | 0,929 | 0,433 | 0,549 | 0,937 | 0,649 |
| NE | RN | São Miguel | 4383º | 0,185 | 0,347 | 0,512 | 0,373 | 0,281 | 0,480 | 0,930 | 0,451 |
| SE | SP | São Miguel Arcanjo | 2486º | 0,463 | 0,692 | 0,431 | 0,845 | 0,369 | 0,540 | 0,983 | 0,599 |
| NE | PI | São Miguel da Baixa Grande | 4327º | 0,237 | 0,309 | 0,510 | 0,154 | 0,208 | 0,547 | 1,000 | 0,455 |
| S | SC | São Miguel da Boa Vista | 2397º | 0,177 | 0,808 | 0,594 | 0,805 | 0,299 | 0,630 | 1,000 | 0,605 |
| NE | BA | São Miguel das Matas | 4285º | 0,134 | 0,367 | 0,547 | 0,532 | 0,239 | 0,508 | 0,900 | 0,457 |
| S | RS | São Miguel das Missões | 3046º | 0,299 | 0,626 | 0,483 | 0,794 | 0,270 | 0,620 | 0,860 | 0,550 |
| NE | PB | São Miguel de Taipu | 4775º | 0,217 | 0,204 | 0,608 | 0,118 | 0,162 | 0,446 | 1,000 | 0,426 |
| NE | SE | São Miguel do Aleixo | 4413º | 0,226 | 0,359 | 0,609 | 0,320 | 0,187 | 0,458 | 0,859 | 0,449 |
| SE | MG | São Miguel do Anta | 2907º | 0,281 | 0,504 | 0,689 | 0,677 | 0,260 | 0,617 | 0,923 | 0,562 |
| CO | GO | São Miguel do Araguaia | 2791º | 0,377 | 0,597 | 0,575 | 0,766 | 0,333 | 0,586 | 0,860 | 0,573 |
| NE | PI | São Miguel do Fidalgo | 5200º | 0,147 | 0,169 | 0,478 | 0,291 | 0,158 | 0,404 | 1,000 | 0,388 |
| NE | RN | São Miguel do Gostoso | 4154º | 0,210 | 0,351 | 0,568 | 0,384 | 0,298 | 0,399 | 1,000 | 0,465 |
| N | PA | São Miguel do Guamá | 4709º | 0,270 | 0,333 | 0,526 | 0,554 | 0,232 | 0,354 | 0,798 | 0,430 |
| N | RO | São Miguel do Guaporé | 3947º | 0,319 | 0,472 | 0,338 | 0,770 | 0,273 | 0,440 | 0,905 | 0,477 |
| S | PR | São Miguel do Iguaçu | 2657º | 0,493 | 0,731 | 0,499 | 0,852 | 0,352 | 0,566 | 0,717 | 0,585 |
| S | SC | São Miguel do Oeste | 368º | 0,659 | 0,925 | 0,580 | 0,910 | 0,680 | 0,656 | 0,928 | 0,747 |
| CO | GO | São Miguel do Passa Quatro | 1745º | 0,391 | 0,767 | 0,697 | 0,757 | 0,360 | 0,597 | 1,000 | 0,651 |

*a partir da melhor situação social ou maior IES

| Região | UF | Nome do Município 2010 | Posição* | Índice de Emprego | Índice de Pobreza | Índice de Desigualdade | Índice de Alfabetização | Índice de Escolaridade | Índice de Juventude | Índice de Violência | Índice de Exclusão |
|---|---|---|---|---|---|---|---|---|---|---|---|
| NE | PI | São Miguel do Tapuio | 5203º | 0,119 | 0,198 | 0,438 | 0,233 | 0,134 | 0,475 | 1,000 | 0,387 |
| N | TO | São Miguel do Tocantins | 4406º | 0,299 | 0,325 | 0,471 | 0,413 | 0,339 | 0,348 | 0,950 | 0,450 |
| NE | AL | São Miguel dos Campos | 4163º | 0,571 | 0,424 | 0,540 | 0,540 | 0,347 | 0,434 | 0,400 | 0,465 |
| NE | AL | São Miguel dos Milagres | 3794º | 0,335 | 0,269 | 0,608 | 0,396 | 0,297 | 0,446 | 1,000 | 0,488 |
| S | RS | São Nicolau | 2866º | 0,265 | 0,614 | 0,565 | 0,741 | 0,257 | 0,583 | 1,000 | 0,566 |
| CO | GO | São Patrício | 1705º | 0,480 | 0,672 | 0,675 | 0,772 | 0,328 | 0,655 | 1,000 | 0,653 |
| SE | SP | São Paulo | 989º | 0,720 | 0,824 | 0,311 | 0,928 | 0,733 | 0,658 | 0,928 | 0,702 |
| S | RS | São Paulo das Missões | 1766º | 0,226 | 0,804 | 0,747 | 0,883 | 0,264 | 0,689 | 1,000 | 0,649 |
| N | AM | São Paulo de Olivença | 5518º | 0,075 | 0,092 | 0,315 | 0,443 | 0,259 | 0,203 | 0,983 | 0,318 |
| NE | RN | São Paulo do Potengi | 3156º | 0,368 | 0,425 | 0,620 | 0,449 | 0,347 | 0,523 | 0,967 | 0,539 |
| SE | SP | São Pedro | 838º | 0,569 | 0,843 | 0,632 | 0,898 | 0,526 | 0,642 | 0,967 | 0,712 |
| NE | RN | São Pedro | 3869º | 0,339 | 0,377 | 0,540 | 0,353 | 0,248 | 0,495 | 0,917 | 0,483 |
| NE | MA | São Pedro da Água Branca | 4407º | 0,298 | 0,325 | 0,524 | 0,392 | 0,270 | 0,341 | 0,957 | 0,450 |
| SE | RJ | São Pedro da Aldeia | 1524º | 0,585 | 0,748 | 0,557 | 0,871 | 0,579 | 0,574 | 0,870 | 0,664 |
| CO | MT | São Pedro da Cipa | 1256º | 0,839 | 0,736 | 0,794 | 0,678 | 0,347 | 0,520 | 0,750 | 0,681 |
| S | RS | São Pedro da Serra | 208º | 0,741 | 0,927 | 0,743 | 0,965 | 0,404 | 0,620 | 1,000 | 0,766 |
| SE | MG | São Pedro da União | 2301º | 0,222 | 0,713 | 0,666 | 0,779 | 0,286 | 0,672 | 1,000 | 0,613 |
| S | RS | São Pedro das Missões | 2763º | 0,247 | 0,619 | 0,611 | 0,710 | 0,280 | 0,607 | 1,000 | 0,577 |
| S | SC | São Pedro de Alcântara | 247º | 0,552 | 0,942 | 0,749 | 0,901 | 0,309 | 0,847 | 1,000 | 0,762 |
| S | RS | São Pedro do Butiá | 800º | 0,423 | 0,908 | 0,662 | 0,967 | 0,437 | 0,714 | 1,000 | 0,715 |

*a partir da melhor situação social ou maior IES

# ATLAS DA EXCLUSÃO SOCIAL NO BRASIL

| Região | UF | Nome do Município 2010 | Posição* | Índice de Emprego | Índice de Pobreza | Índice de Desigualdade | Índice de Alfabetização | Índice de Escolaridade | Índice de Juventude | Índice de Violência | Índice de Exclusão |
|---|---|---|---|---|---|---|---|---|---|---|---|
| S | PR | São Pedro do Iguaçu | 2365º | 0,457 | 0,727 | 0,647 | 0,784 | 0,337 | 0,589 | 0,760 | 0,608 |
| S | PR | São Pedro do Ivaí | 444º | 0,696 | 0,847 | 0,763 | 0,807 | 0,450 | 0,608 | 1,000 | 0,742 |
| S | PR | São Pedro do Paraná | 988º | 0,570 | 0,791 | 0,772 | 0,782 | 0,367 | 0,608 | 1,000 | 0,702 |
| NE | PI | São Pedro do Piauí | 4473º | 0,244 | 0,301 | 0,458 | 0,332 | 0,270 | 0,444 | 1,000 | 0,445 |
| SE | MG | São Pedro do Suaçuí | 3132º | 0,254 | 0,499 | 0,617 | 0,629 | 0,250 | 0,552 | 1,000 | 0,541 |
| S | RS | São Pedro do Sul | 1694º | 0,397 | 0,736 | 0,605 | 0,885 | 0,397 | 0,693 | 0,968 | 0,654 |
| SE | SP | São Pedro do Turvo | 892º | 0,613 | 0,749 | 0,798 | 0,867 | 0,396 | 0,575 | 1,000 | 0,709 |
| NE | MA | São Pedro dos Crentes | 4050º | 0,271 | 0,325 | 0,577 | 0,554 | 0,264 | 0,360 | 1,000 | 0,472 |
| SE | MG | São Pedro dos Ferros | 1960º | 0,583 | 0,582 | 0,719 | 0,699 | 0,349 | 0,571 | 0,938 | 0,637 |
| NE | RN | São Rafael | 4232º | 0,166 | 0,380 | 0,544 | 0,331 | 0,267 | 0,615 | 0,808 | 0,460 |
| NE | MA | São Raimundo das Mangabeiras | 4378º | 0,270 | 0,327 | 0,473 | 0,609 | 0,272 | 0,372 | 0,940 | 0,452 |
| NE | MA | São Raimundo do Doca Bezerra | 5395º | 0,118 | 0,147 | 0,485 | 0,170 | 0,148 | 0,313 | 1,000 | 0,357 |
| NE | PI | São Raimundo Nonato | 3613º | 0,272 | 0,443 | 0,492 | 0,530 | 0,388 | 0,491 | 0,920 | 0,501 |
| NE | MA | São Roberto | 5418º | 0,151 | 0,102 | 0,500 | 0,212 | 0,161 | 0,336 | 0,913 | 0,352 |
| SE | MG | São Romão | 3418º | 0,322 | 0,373 | 0,531 | 0,708 | 0,394 | 0,428 | 1,000 | 0,516 |
| SE | SP | São Roque | 524º | 0,714 | 0,868 | 0,567 | 0,912 | 0,585 | 0,642 | 0,954 | 0,736 |
| SE | MG | São Roque de Minas | 1962º | 0,334 | 0,779 | 0,677 | 0,819 | 0,222 | 0,653 | 1,000 | 0,637 |
| SE | ES | São Roque do Canaã | 1544º | 0,470 | 0,764 | 0,740 | 0,818 | 0,320 | 0,640 | 0,908 | 0,663 |

*a partir da melhor situação social ou maior IES)

| Região | UF | Nome do Município 2010 | Posição* | Índice de Emprego | Índice de Pobreza | Índice de Desigualdade | Índice de Alfabetização | Índice de Escolaridade | Índice de Juventude | Índice de Violência | Índice de Exclusão |
|---|---|---|---|---|---|---|---|---|---|---|---|
| N | TO | São Salvador do Tocantins | 3333º | 0,575 | 0,392 | 0,359 | 0,591 | 0,338 | 0,439 | 1,000 | 0,522 |
| SE | SP | São Sebastião | 1059º | 0,657 | 0,853 | 0,584 | 0,873 | 0,582 | 0,560 | 0,866 | 0,697 |
| NE | AL | São Sebastião | 5383º | 0,259 | 0,238 | 0,488 | 0,201 | 0,186 | 0,386 | 0,626 | 0,360 |
| S | PR | São Sebastião da Amoreira | 1157º | 0,600 | 0,792 | 0,692 | 0,731 | 0,487 | 0,574 | 0,940 | 0,689 |
| SE | MG | São Sebastião da Bela Vista | 1212º | 0,704 | 0,794 | 0,714 | 0,705 | 0,297 | 0,594 | 0,895 | 0,685 |
| N | PA | São Sebastião da Boa Vista | 5306º | 0,059 | 0,182 | 0,500 | 0,531 | 0,218 | 0,270 | 0,977 | 0,373 |
| SE | SP | São Sebastião da Grama | 625º | 0,706 | 0,800 | 0,749 | 0,846 | 0,423 | 0,618 | 0,957 | 0,728 |
| SE | MG | São Sebastião da Vargem Alegre | 2258º | 0,348 | 0,585 | 0,737 | 0,768 | 0,301 | 0,617 | 1,000 | 0,617 |
| NE | PB | São Sebastião de Lagoa de Roça | 4743º | 0,178 | 0,368 | 0,612 | 0,477 | 0,215 | 0,503 | 0,623 | 0,427 |
| SE | RJ | São Sebastião do Alto | 2033º | 0,444 | 0,609 | 0,724 | 0,718 | 0,339 | 0,644 | 0,942 | 0,632 |
| SE | MG | São Sebastião do Anta | 3432º | 0,202 | 0,449 | 0,673 | 0,650 | 0,198 | 0,474 | 1,000 | 0,515 |
| S | RS | São Sebastião do Caí | 426º | 0,674 | 0,896 | 0,697 | 0,922 | 0,420 | 0,656 | 0,976 | 0,743 |
| SE | MG | São Sebastião do Maranhão | 4636º | 0,160 | 0,341 | 0,505 | 0,529 | 0,163 | 0,426 | 0,951 | 0,435 |

*a partir da melhor situação social ou maior IES)

| Região | UF | Nome do Município 2010 | Posição* | Índice de Emprego | Índice de Pobreza | Índice de Desigualdade | Índice de Alfabetização | Índice de Escolaridade | Índice de Juventude | Índice de Violência | Índice de Exclusão |
|---|---|---|---|---|---|---|---|---|---|---|---|
| SE | MG | São Sebastião do Oeste | 1211º | 0,609 | 0,802 | 0,759 | 0,821 | 0,096 | 0,638 | 1,000 | 0,685 |
| SE | MG | São Sebastião do Paraíso | 659º | 0,711 | 0,859 | 0,638 | 0,886 | 0,452 | 0,622 | 0,952 | 0,726 |
| NE | BA | São Sebastião do Passé | 2915º | 0,519 | 0,481 | 0,500 | 0,714 | 0,439 | 0,553 | 0,815 | 0,561 |
| SE | MG | São Sebastião do Rio Preto | 3050º | 0,424 | 0,618 | 0,578 | 0,708 | 0,245 | 0,613 | 0,677 | 0,549 |
| SE | MG | São Sebastião do Rio Verde | 1174º | 0,596 | 0,649 | 0,729 | 0,808 | 0,351 | 0,684 | 1,000 | 0,688 |
| N | TO | São Sebastião do Tocantins | 5216º | 0,295 | 0,152 | 0,445 | 0,428 | 0,163 | 0,347 | 0,879 | 0,385 |
| N | AM | São Sebastião do Uatumã | 5242º | 0,122 | 0,261 | 0,439 | 0,678 | 0,300 | 0,204 | 0,903 | 0,382 |
| NE | PB | São Sebastião do Umbuzeiro | 3735º | 0,104 | 0,391 | 0,649 | 0,540 | 0,242 | 0,530 | 1,000 | 0,493 |
| S | RS | São Sepé | 1928º | 0,429 | 0,707 | 0,549 | 0,844 | 0,367 | 0,667 | 1,000 | 0,640 |
| SE | SP | São Simão | 255º | 0,745 | 0,861 | 0,664 | 0,896 | 0,641 | 0,627 | 0,964 | 0,760 |
| CO | GO | São Simão | 1497º | 0,656 | 0,802 | 0,473 | 0,777 | 0,460 | 0,621 | 0,909 | 0,666 |
| SE | MG | São Thomé das Letras | 1972º | 0,476 | 0,671 | 0,776 | 0,747 | 0,322 | 0,544 | 0,922 | 0,636 |
| SE | MG | São Tiago | 1767º | 0,530 | 0,669 | 0,688 | 0,849 | 0,288 | 0,618 | 0,951 | 0,649 |
| SE | MG | São Tomás de Aquino | 1711º | 0,428 | 0,784 | 0,718 | 0,771 | 0,297 | 0,572 | 1,000 | 0,653 |
| S | PR | São Tomé | 273º | 0,808 | 0,860 | 0,805 | 0,843 | 0,445 | 0,611 | 0,903 | 0,758 |
| NE | RN | São Tomé | 3707º | 0,262 | 0,372 | 0,602 | 0,345 | 0,231 | 0,518 | 1,000 | 0,494 |
| S | RS | São Valentim | 2232º | 0,289 | 0,843 | 0,537 | 0,832 | 0,361 | 0,694 | 0,857 | 0,618 |

*a partir da melhor situação social ou maior IES

| Região | UF | Nome do Município 2010 | Posição* | Índice de Emprego | Índice de Pobreza | Índice de Desigualdade | Índice de Alfabetização | Índice de Escolaridade | Índice de Juventude | Índice de Violência | Índice de Exclusão |
|---|---|---|---|---|---|---|---|---|---|---|---|
| S | RS | São Valentim do Sul | 814º | 0,304 | 0,931 | 0,728 | 0,935 | 0,363 | 0,797 | 1,000 | 0,714 |
| N | TO | São Valério | 4328º | 0,251 | 0,379 | 0,454 | 0,611 | 0,230 | 0,455 | 0,881 | 0,455 |
| S | RS | São Valério do Sul | 3750º | 0,193 | 0,573 | 0,411 | 0,658 | 0,198 | 0,479 | 1,000 | 0,492 |
| S | RS | São Vendelino | 63º | 0,703 | 0,989 | 0,987 | 0,991 | 0,406 | 0,719 | 0,732 | 0,790 |
| SE | SP | São Vicente | 555º | 0,735 | 0,825 | 0,609 | 0,903 | 0,670 | 0,607 | 0,897 | 0,733 |
| NE | RN | São Vicente | 3282º | 0,282 | 0,402 | 0,486 | 0,524 | 0,387 | 0,610 | 1,000 | 0,526 |
| SE | MG | São Vicente de Minas | 1914º | 0,559 | 0,672 | 0,534 | 0,878 | 0,479 | 0,573 | 0,926 | 0,641 |
| S | RS | São Vicente do Sul | 2182º | 0,373 | 0,695 | 0,548 | 0,859 | 0,391 | 0,611 | 1,000 | 0,622 |
| NE | PE | São Vicente Ferrer | 4873º | 0,226 | 0,258 | 0,480 | 0,366 | 0,177 | 0,431 | 0,939 | 0,419 |
| NE | MA | São Vicente Ferrer | 5355º | 0,148 | 0,131 | 0,365 | 0,393 | 0,294 | 0,386 | 0,900 | 0,366 |
| NE | PB | Sapé | 4361º | 0,307 | 0,289 | 0,554 | 0,370 | 0,253 | 0,511 | 0,803 | 0,453 |
| NE | BA | Sapeaçu | 4173º | 0,227 | 0,364 | 0,415 | 0,686 | 0,274 | 0,540 | 0,875 | 0,464 |
| CO | MT | Sapezal | 1056º | 0,785 | 0,830 | 0,589 | 0,864 | 0,494 | 0,498 | 0,885 | 0,697 |
| S | RS | Sapiranga | 528º | 0,760 | 0,885 | 0,748 | 0,897 | 0,329 | 0,569 | 0,958 | 0,736 |
| S | PR | Sapopema | 3112º | 0,369 | 0,669 | 0,426 | 0,680 | 0,255 | 0,519 | 0,923 | 0,543 |
| SE | RJ | Sapucaia | 1528º | 0,650 | 0,676 | 0,567 | 0,801 | 0,407 | 0,619 | 0,970 | 0,664 |
| N | PA | Sapucaia | 3101º | 0,549 | 0,523 | 0,524 | 0,522 | 0,182 | 0,428 | 1,000 | 0,544 |
| S | RS | Sapucaia do Sul | 684º | 0,767 | 0,832 | 0,683 | 0,922 | 0,529 | 0,596 | 0,813 | 0,724 |
| SE | MG | Sapucaí-Mirim | 1809º | 0,510 | 0,698 | 0,690 | 0,824 | 0,306 | 0,544 | 1,000 | 0,647 |
| SE | RJ | Saquarema | 2051º | 0,408 | 0,710 | 0,515 | 0,884 | 0,557 | 0,613 | 0,902 | 0,630 |
| S | RS | Sarandi | 643º | 0,697 | 0,895 | 0,536 | 0,894 | 0,544 | 0,646 | 0,951 | 0,727 |
| S | PR | Sarandi | 1124º | 0,755 | 0,793 | 0,828 | 0,865 | 0,304 | 0,562 | 0,724 | 0,692 |
| SE | SP | Sarapuí | 1879º | 0,572 | 0,693 | 0,563 | 0,831 | 0,351 | 0,558 | 1,000 | 0,643 |
| SE | MG | Sardoá | 3589º | 0,247 | 0,426 | 0,591 | 0,618 | 0,263 | 0,425 | 1,000 | 0,502 |

*a partir da melhor situação social ou maior IES)

| Região | UF | Nome do Município 2010 | Posição* | Índice de Emprego | Índice de Pobreza | Índice de Desigualdade | Índice de Alfabetização | Índice de Escolaridade | Índice de Juventude | Índice de Violência | Índice de Exclusão |
|---|---|---|---|---|---|---|---|---|---|---|---|
| SE | SP | Sarutaiá | 2344º | 0,456 | 0,759 | 0,693 | 0,770 | 0,339 | 0,569 | 0,713 | 0,610 |
| SE | MG | Sarzedo | 1160º | 0,728 | 0,770 | 0,657 | 0,874 | 0,498 | 0,518 | 0,859 | 0,689 |
| NE | BA | Sátiro Dias | 5190º | 0,119 | 0,252 | 0,503 | 0,397 | 0,123 | 0,438 | 0,863 | 0,389 |
| NE | AL | Satuba | 2975º | 0,664 | 0,406 | 0,529 | 0,598 | 0,474 | 0,492 | 0,751 | 0,556 |
| NE | MA | Satubinha | 5505º | 0,092 | 0,017 | 0,430 | 0,409 | 0,103 | 0,285 | 1,000 | 0,325 |
| NE | BA | Saubara | 3605º | 0,158 | 0,328 | 0,587 | 0,699 | 0,338 | 0,576 | 0,954 | 0,501 |
| S | PR | Saudade do Iguaçu | 2427º | 0,379 | 0,737 | 0,645 | 0,860 | 0,335 | 0,486 | 0,897 | 0,603 |
| S | SC | Saudades | 172º | 0,605 | 0,944 | 0,901 | 0,920 | 0,465 | 0,626 | 0,942 | 0,769 |
| NE | BA | Saúde | 4310º | 0,180 | 0,305 | 0,488 | 0,529 | 0,248 | 0,523 | 0,956 | 0,456 |
| S | SC | Schroeder | 4º | 0,896 | 0,976 | 0,884 | 0,971 | 0,541 | 0,595 | 0,966 | 0,831 |
| NE | BA | Seabra | 4036º | 0,187 | 0,371 | 0,435 | 0,660 | 0,363 | 0,455 | 0,988 | 0,473 |
| S | SC | Seara | 548º | 0,644 | 0,960 | 0,563 | 0,905 | 0,506 | 0,655 | 0,969 | 0,734 |
| SE | SP | Sebastianópolis do Sul | 50º | 0,736 | 0,944 | 0,729 | 0,862 | 0,534 | 0,729 | 1,000 | 0,793 |
| NE | PI | Sebastião Barros | 5283º | 0,094 | 0,182 | 0,405 | 0,460 | 0,168 | 0,387 | 1,000 | 0,377 |
| NE | BA | Sebastião Laranjeiras | 3556º | 0,222 | 0,350 | 0,658 | 0,497 | 0,270 | 0,508 | 1,000 | 0,504 |
| NE | PI | Sebastião Leal | 5170º | 0,187 | 0,204 | 0,404 | 0,425 | 0,154 | 0,494 | 0,874 | 0,392 |
| S | RS | Seberi | 2624º | 0,314 | 0,698 | 0,537 | 0,842 | 0,357 | 0,636 | 0,857 | 0,588 |
| S | RS | Sede Nova | 2771º | 0,244 | 0,762 | 0,448 | 0,825 | 0,209 | 0,633 | 1,000 | 0,575 |
| S | RS | Segredo | 3216º | 0,095 | 0,654 | 0,600 | 0,809 | 0,194 | 0,571 | 0,927 | 0,533 |
| S | RS | Selbach | 769º | 0,408 | 0,930 | 0,635 | 0,936 | 0,518 | 0,702 | 1,000 | 0,717 |
| CO | MS | Selvíria | 1223º | 0,710 | 0,690 | 0,674 | 0,774 | 0,362 | 0,567 | 1,000 | 0,684 |
| SE | MG | Sem-Peixe | 2612º | 0,248 | 0,580 | 0,695 | 0,686 | 0,274 | 0,651 | 1,000 | 0,590 |
| N | AC | Sena Madureira | 4284º | 0,327 | 0,405 | 0,496 | 0,436 | 0,339 | 0,315 | 0,877 | 0,457 |
| NE | MA | Senador Alexandre Costa | 5085º | 0,244 | 0,221 | 0,551 | 0,229 | 0,203 | 0,331 | 0,899 | 0,400 |
| SE | MG | Senador Amaral | 2978º | 0,189 | 0,568 | 0,670 | 0,779 | 0,239 | 0,537 | 1,000 | 0,555 |

*a partir da melhor situação social ou maior IES)

| Região | UF | Nome do Município 2010 | Posição* | Índice de Emprego | Índice de Pobreza | Índice de Desigualdade | Índice de Alfabetização | Índice de Escolaridade | Índice de Juventude | Índice de Violência | Índice de Exclusão |
|---|---|---|---|---|---|---|---|---|---|---|---|
| CO | GO | Senador Canedo | 1309º | 0,657 | 0,732 | 0,707 | 0,838 | 0,472 | 0,486 | 0,920 | 0,678 |
| SE | MG | Senador Cortes | 2991º | 0,540 | 0,643 | 0,427 | 0,762 | 0,272 | 0,563 | 0,738 | 0,554 |
| NE | RN | Senador Elói de Souza | 4192º | 0,251 | 0,267 | 0,587 | 0,358 | 0,264 | 0,438 | 1,000 | 0,462 |
| SE | MG | Senador Firmino | 2089º | 0,405 | 0,618 | 0,705 | 0,826 | 0,284 | 0,618 | 1,000 | 0,628 |
| NE | RN | Senador Georgino Avelino | 3273º | 0,577 | 0,260 | 0,685 | 0,353 | 0,273 | 0,402 | 1,000 | 0,528 |
| N | AC | Senador Guiomard | 3316º | 0,476 | 0,539 | 0,475 | 0,598 | 0,328 | 0,377 | 0,897 | 0,523 |
| SE | MG | Senador José Bento | 1649º | 0,286 | 0,710 | 0,777 | 0,772 | 0,309 | 0,740 | 1,000 | 0,656 |
| N | PA | Senador José Porfírio | 5354º | 0,103 | 0,228 | 0,462 | 0,460 | 0,101 | 0,290 | 0,960 | 0,366 |
| NE | MA | Senador La Rocque | 4831º | 0,214 | 0,319 | 0,514 | 0,316 | 0,251 | 0,361 | 0,913 | 0,423 |
| SE | MG | Senador Modestino Gonçalves | 3437º | 0,199 | 0,407 | 0,714 | 0,521 | 0,264 | 0,473 | 1,000 | 0,514 |
| NE | CE | Senador Pompeu | 4109º | 0,277 | 0,386 | 0,554 | 0,450 | 0,299 | 0,533 | 0,745 | 0,469 |
| NE | AL | Senador Rui Palmeira | 5460º | 0,147 | 0,184 | 0,493 | 0,179 | 0,111 | 0,274 | 0,880 | 0,341 |
| NE | CE | Senador Sá | 4837º | 0,146 | 0,271 | 0,538 | 0,342 | 0,294 | 0,402 | 0,924 | 0,422 |
| S | RS | Senador Salgado Filho | 1875º | 0,226 | 0,777 | 0,724 | 0,892 | 0,287 | 0,682 | 1,000 | 0,643 |
| S | PR | Sengés | 2661º | 0,606 | 0,543 | 0,543 | 0,824 | 0,261 | 0,465 | 0,943 | 0,585 |
| NE | BA | Senhor do Bonfim | 3356º | 0,322 | 0,457 | 0,429 | 0,636 | 0,450 | 0,531 | 0,916 | 0,520 |
| SE | MG | Senhora de Oliveira | 2748º | 0,348 | 0,487 | 0,678 | 0,760 | 0,254 | 0,577 | 1,000 | 0,577 |
| SE | MG | Senhora do Porto | 3462º | 0,242 | 0,464 | 0,634 | 0,629 | 0,106 | 0,510 | 1,000 | 0,512 |

*a partir da melhor situação social ou maior IES

ATLAS DA EXCLUSÃO SOCIAL NO BRASIL 325

| Região | UF | Nome do Município 2010 | Posição* | Índice de Emprego | Índice de Pobreza | Índice de Desigualdade | Índice de Alfabetização | Índice de Escolaridade | Índice de Juventude | Índice de Violência | Índice de Exclusão |
|---|---|---|---|---|---|---|---|---|---|---|---|
| SE | MG | Senhora dos Remédios | 3078º | 0,197 | 0,418 | 0,690 | 0,732 | 0,238 | 0,622 | 1,000 | 0,546 |
| S | RS | Sentinela do Sul | 2566º | 0,232 | 0,674 | 0,621 | 0,844 | 0,254 | 0,637 | 1,000 | 0,595 |
| NE | BA | Sento Sé | 4927º | 0,151 | 0,238 | 0,523 | 0,430 | 0,235 | 0,384 | 0,958 | 0,415 |
| S | RS | Serafina Corrêa | 18º | 0,765 | 0,965 | 0,842 | 0,952 | 0,520 | 0,677 | 0,964 | 0,810 |
| SE | MG | Sericita | 3594º | 0,161 | 0,490 | 0,679 | 0,661 | 0,177 | 0,529 | 0,854 | 0,502 |
| NE | PB | Seridó | 4390º | 0,226 | 0,260 | 0,624 | 0,535 | 0,174 | 0,408 | 0,949 | 0,451 |
| N | RO | Seringueiras | 4846º | 0,184 | 0,386 | 0,324 | 0,766 | 0,148 | 0,426 | 0,911 | 0,421 |
| S | RS | Sério | 1953º | 0,159 | 0,822 | 0,832 | 0,773 | 0,162 | 0,689 | 1,000 | 0,638 |
| SE | MG | Seritinga | 1452º | 0,483 | 0,680 | 0,725 | 0,829 | 0,391 | 0,630 | 1,000 | 0,669 |
| SE | RJ | Seropédica | 1570º | 0,568 | 0,723 | 0,620 | 0,879 | 0,535 | 0,565 | 0,867 | 0,661 |
| SE | ES | Serra | 1687º | 0,752 | 0,771 | 0,605 | 0,869 | 0,611 | 0,548 | 0,539 | 0,654 |
| S | SC | Serra Alta | 832º | 0,404 | 0,946 | 0,766 | 0,886 | 0,430 | 0,611 | 1,000 | 0,713 |
| SE | SP | Serra Azul | 1191º | 0,648 | 0,797 | 0,670 | 0,816 | 0,333 | 0,667 | 0,861 | 0,686 |
| SE | MG | Serra Azul de Minas | 5513º | 0,097 | 0,347 | 0,496 | 0,429 | 0,196 | 0,344 | 0,384 | 0,322 |
| NE | PB | Serra Branca | 3308º | 0,168 | 0,461 | 0,614 | 0,615 | 0,346 | 0,591 | 0,920 | 0,524 |
| NE | PB | Serra da Raiz | 3617º | 0,319 | 0,328 | 0,589 | 0,374 | 0,313 | 0,491 | 1,000 | 0,500 |
| SE | MG | Serra da Saudade | 458º | 0,805 | 0,721 | 0,819 | 0,768 | 0,338 | 0,651 | 1,000 | 0,741 |
| NE | RN | Serra de São Bento | 4449º | 0,296 | 0,316 | 0,506 | 0,198 | 0,251 | 0,476 | 0,909 | 0,447 |
| NE | RN | Serra do Mel | 4148º | 0,182 | 0,289 | 0,572 | 0,440 | 0,290 | 0,473 | 1,000 | 0,466 |
| N | AP | Serra do Navio | 3198º | 0,461 | 0,506 | 0,361 | 0,730 | 0,586 | 0,303 | 1,000 | 0,535 |
| NE | BA | Serra do Ramalho | 4725º | 0,206 | 0,259 | 0,499 | 0,458 | 0,261 | 0,378 | 0,967 | 0,429 |
| SE | MG | Serra do Salitre | 2109º | 0,576 | 0,763 | 0,528 | 0,828 | 0,310 | 0,537 | 0,901 | 0,626 |

*a partir da melhor situação social ou maior IES

| Região | UF | Nome do Município 2010 | Posição* | Índice de Emprego | Índice de Pobreza | Índice de Desigualdade | Índice de Alfabetização | Índice de Escolaridade | Índice de Juventude | Índice de Violência | Índice de Exclusão |
|---|---|---|---|---|---|---|---|---|---|---|---|
| SE | MG | Serra dos Aimorés | 3108º | 0,529 | 0,529 | 0,450 | 0,592 | 0,286 | 0,527 | 0,876 | 0,544 |
| NE | BA | Serra Dourada | 4221º | 0,188 | 0,297 | 0,561 | 0,517 | 0,267 | 0,505 | 0,914 | 0,460 |
| NE | PB | Serra Grande | 4084º | 0,213 | 0,312 | 0,628 | 0,324 | 0,221 | 0,474 | 1,000 | 0,470 |
| SE | SP | Serra Negra | 466º | 0,635 | 0,898 | 0,619 | 0,876 | 0,516 | 0,703 | 0,980 | 0,741 |
| NE | RN | Serra Negra do Norte | 3036º | 0,351 | 0,418 | 0,727 | 0,485 | 0,264 | 0,581 | 0,933 | 0,550 |
| CO | MT | Serra Nova Dourada | 2688º | 0,282 | 0,586 | 0,655 | 0,735 | 0,347 | 0,543 | 1,000 | 0,583 |
| NE | BA | Serra Preta | 4052º | 0,202 | 0,342 | 0,610 | 0,402 | 0,234 | 0,508 | 0,932 | 0,472 |
| NE | PB | Serra Redonda | 3925º | 0,262 | 0,408 | 0,607 | 0,375 | 0,205 | 0,523 | 0,852 | 0,478 |
| NE | PE | Serra Talhada | 3643º | 0,351 | 0,468 | 0,452 | 0,533 | 0,410 | 0,507 | 0,796 | 0,498 |
| SE | SP | Serrana | 254º | 0,826 | 0,881 | 0,813 | 0,860 | 0,466 | 0,555 | 0,906 | 0,760 |
| SE | MG | Serrania | 1503º | 0,707 | 0,659 | 0,685 | 0,730 | 0,304 | 0,538 | 1,000 | 0,666 |
| NE | MA | Serrano do Maranhão | 5474º | 0,130 | 0,066 | 0,412 | 0,227 | 0,146 | 0,316 | 1,000 | 0,337 |
| CO | GO | Serranópolis | 1666º | 0,654 | 0,772 | 0,606 | 0,762 | 0,329 | 0,589 | 0,861 | 0,655 |
| SE | MG | Serranópolis de Minas | 3511º | 0,273 | 0,444 | 0,520 | 0,537 | 0,241 | 0,535 | 1,000 | 0,509 |
| S | PR | Serranópolis do Iguaçu | 1362º | 0,337 | 0,906 | 0,575 | 0,948 | 0,426 | 0,666 | 1,000 | 0,674 |
| SE | MG | Serranos | 2774º | 0,419 | 0,551 | 0,574 | 0,670 | 0,216 | 0,587 | 1,000 | 0,575 |
| NE | PB | Serraria | 4728º | 0,180 | 0,284 | 0,559 | 0,170 | 0,176 | 0,442 | 1,000 | 0,429 |
| NE | BA | Serrinha | 3375º | 0,356 | 0,428 | 0,471 | 0,602 | 0,428 | 0,509 | 0,912 | 0,519 |
| NE | RN | Serrinha | 4654º | 0,144 | 0,326 | 0,545 | 0,369 | 0,229 | 0,448 | 0,921 | 0,434 |
| NE | RN | Serrinha dos Pintos | 3934º | 0,222 | 0,322 | 0,579 | 0,431 | 0,255 | 0,592 | 0,885 | 0,478 |
| NE | PE | Serrita | 4674º | 0,174 | 0,256 | 0,461 | 0,438 | 0,331 | 0,428 | 0,972 | 0,432 |
| SE | MG | Serro | 4222º | 0,326 | 0,433 | 0,283 | 0,632 | 0,273 | 0,435 | 0,950 | 0,460 |

*a partir da melhor situação social ou maior IES)

| Região | UF | Nome do Município 2010 | Posição* | Índice de Emprego | Índice de Pobreza | Índice de Desigualdade | Índice de Alfabetização | Índice de Escolaridade | Índice de Juventude | Índice de Violência | Índice de Exclusão |
|---|---|---|---|---|---|---|---|---|---|---|---|
| NE | BA | Serrolândia | 4280º | 0,138 | 0,331 | 0,569 | 0,529 | 0,240 | 0,544 | 0,874 | 0,457 |
| S | PR | Sertaneja | 1393º | 0,567 | 0,786 | 0,527 | 0,842 | 0,490 | 0,667 | 0,911 | 0,673 |
| NE | PE | Sertânia | 4394º | 0,341 | 0,367 | 0,376 | 0,443 | 0,309 | 0,520 | 0,784 | 0,450 |
| S | PR | Sertanópolis | 718º | 0,643 | 0,856 | 0,719 | 0,881 | 0,476 | 0,645 | 0,867 | 0,721 |
| S | RS | Sertão | 1172º | 0,372 | 0,839 | 0,649 | 0,885 | 0,470 | 0,696 | 1,000 | 0,688 |
| S | RS | Sertão Santana | 3268º | 0,179 | 0,644 | 0,313 | 0,848 | 0,232 | 0,648 | 1,000 | 0,528 |
| SE | SP | Sertãozinho | 345º | 0,777 | 0,891 | 0,636 | 0,894 | 0,517 | 0,632 | 0,943 | 0,750 |
| NE | PB | Sertãozinho | 3498º | 0,240 | 0,360 | 0,637 | 0,437 | 0,317 | 0,522 | 1,000 | 0,510 |
| SE | SP | Sete Barras | 2676º | 0,444 | 0,565 | 0,558 | 0,784 | 0,332 | 0,501 | 1,000 | 0,584 |
| S | RS | Sete de Setembro | 2466º | 0,165 | 0,677 | 0,608 | 0,901 | 0,238 | 0,735 | 1,000 | 0,600 |
| SE | MG | Sete Lagoas | 1020º | 0,685 | 0,803 | 0,521 | 0,925 | 0,594 | 0,617 | 0,888 | 0,699 |
| CO | MS | Sete Quedas | 3737º | 0,291 | 0,554 | 0,498 | 0,636 | 0,258 | 0,499 | 0,759 | 0,492 |
| SE | MG | Setubinha | 5233º | 0,231 | 0,261 | 0,495 | 0,361 | 0,163 | 0,280 | 0,857 | 0,383 |
| S | RS | Severiano de Almeida | 1302º | 0,249 | 0,884 | 0,719 | 0,896 | 0,378 | 0,705 | 1,000 | 0,678 |
| NE | RN | Severiano Melo | 3677º | 0,216 | 0,357 | 0,533 | 0,417 | 0,309 | 0,585 | 1,000 | 0,496 |
| SE | SP | Severínia | 460º | 0,824 | 0,869 | 0,742 | 0,789 | 0,393 | 0,575 | 0,933 | 0,741 |
| S | SC | Siderópolis | 199º | 0,677 | 0,926 | 0,772 | 0,905 | 0,535 | 0,633 | 0,960 | 0,767 |
| CO | MS | Sidrolândia | 2898º | 0,526 | 0,626 | 0,426 | 0,808 | 0,322 | 0,496 | 0,852 | 0,563 |
| NE | PI | Sigefredo Pacheco | 4517º | 0,181 | 0,213 | 0,573 | 0,303 | 0,220 | 0,504 | 1,000 | 0,442 |
| SE | RJ | Silva Jardim | 2561º | 0,527 | 0,573 | 0,574 | 0,720 | 0,374 | 0,539 | 0,903 | 0,595 |
| CO | GO | Silvânia | 1907º | 0,405 | 0,781 | 0,562 | 0,842 | 0,406 | 0,588 | 1,000 | 0,641 |
| N | TO | Silvanópolis | 3435º | 0,312 | 0,501 | 0,461 | 0,662 | 0,435 | 0,450 | 0,897 | 0,515 |
| S | RS | Silveira Martins | 1719º | 0,313 | 0,814 | 0,541 | 0,890 | 0,389 | 0,730 | 1,000 | 0,652 |
| SE | MG | Silveirânia | 2432º | 0,402 | 0,645 | 0,758 | 0,788 | 0,265 | 0,629 | 0,763 | 0,603 |
| SE | SP | Silveiras | 1895º | 0,505 | 0,653 | 0,626 | 0,792 | 0,401 | 0,577 | 1,000 | 0,642 |
| N | AM | Silves | 5029º | 0,129 | 0,276 | 0,452 | 0,720 | 0,376 | 0,214 | 0,938 | 0,406 |

*a partir da melhor situação social ou maior IES)

| Região | UF | Nome do Município 2010 | Posição* | Índice de Emprego | Índice de Pobreza | Índice de Desigualdade | Índice de Alfabetização | Índice de Escolaridade | Índice de Juventude | Índice de Violência | Índice de Exclusão |
|---|---|---|---|---|---|---|---|---|---|---|---|
| SE | MG | Silvianópolis | 1664º | 0,485 | 0,789 | 0,641 | 0,773 | 0,325 | 0,657 | 0,914 | 0,655 |
| NE | SE | Simão Dias | 3982º | 0,280 | 0,411 | 0,586 | 0,455 | 0,241 | 0,492 | 0,812 | 0,476 |
| SE | MG | Simão Pereira | 1872º | 0,670 | 0,604 | 0,561 | 0,781 | 0,292 | 0,609 | 1,000 | 0,643 |
| NE | PI | Simões | 4910º | 0,115 | 0,321 | 0,560 | 0,366 | 0,187 | 0,391 | 0,927 | 0,417 |
| NE | BA | Simões Filho | 3128º | 0,567 | 0,513 | 0,539 | 0,798 | 0,555 | 0,497 | 0,489 | 0,541 |
| CO | GO | Simolândia | 3483º | 0,297 | 0,413 | 0,635 | 0,639 | 0,372 | 0,458 | 0,840 | 0,511 |
| SE | MG | Simonésia | 3500º | 0,155 | 0,513 | 0,570 | 0,661 | 0,208 | 0,519 | 1,000 | 0,510 |
| NE | PI | Simplício Mendes | 3915º | 0,187 | 0,401 | 0,453 | 0,468 | 0,327 | 0,518 | 1,000 | 0,479 |
| S | RS | Sinimbu | 2614º | 0,184 | 0,733 | 0,608 | 0,834 | 0,161 | 0,673 | 1,000 | 0,589 |
| CO | MT | Sinop | 1148º | 0,656 | 0,876 | 0,597 | 0,885 | 0,576 | 0,513 | 0,834 | 0,690 |
| S | PR | Siqueira Campos | 1266º | 0,641 | 0,769 | 0,594 | 0,829 | 0,371 | 0,617 | 0,972 | 0,681 |
| NE | PE | Sirinhaém | 3093º | 0,702 | 0,320 | 0,669 | 0,427 | 0,284 | 0,427 | 0,858 | 0,545 |
| NE | SE | Siriri | 3374º | 0,586 | 0,340 | 0,628 | 0,529 | 0,381 | 0,416 | 0,740 | 0,519 |
| CO | GO | Sítio d'Abadia | 4023º | 0,303 | 0,367 | 0,460 | 0,515 | 0,222 | 0,455 | 1,000 | 0,474 |
| NE | BA | Sítio do Mato | 5338º | 0,128 | 0,100 | 0,406 | 0,513 | 0,241 | 0,353 | 0,957 | 0,368 |
| NE | BA | Sítio do Quinto | 5019º | 0,145 | 0,308 | 0,480 | 0,286 | 0,138 | 0,466 | 0,917 | 0,407 |
| NE | RN | Sítio Novo | 3711º | 0,345 | 0,286 | 0,658 | 0,324 | 0,247 | 0,462 | 1,000 | 0,494 |
| NE | MA | Sítio Novo | 5244º | 0,165 | 0,159 | 0,400 | 0,521 | 0,196 | 0,363 | 0,969 | 0,382 |
| N | TO | Sítio Novo do Tocantins | 4596º | 0,186 | 0,291 | 0,455 | 0,425 | 0,310 | 0,408 | 1,000 | 0,437 |
| S | RS | Sobradinho | 1619º | 0,430 | 0,802 | 0,577 | 0,879 | 0,468 | 0,637 | 0,927 | 0,658 |
| NE | BA | Sobradinho | 3497º | 0,396 | 0,412 | 0,558 | 0,621 | 0,371 | 0,465 | 0,811 | 0,510 |
| NE | PB | Sobrado | 4240º | 0,196 | 0,274 | 0,603 | 0,332 | 0,196 | 0,504 | 1,000 | 0,459 |
| NE | CE | Sobral | 2809º | 0,555 | 0,474 | 0,454 | 0,698 | 0,511 | 0,500 | 0,909 | 0,571 |
| SE | MG | Sobrália | 3453º | 0,236 | 0,489 | 0,610 | 0,597 | 0,214 | 0,537 | 0,911 | 0,513 |

*a partir da melhor situação social ou maior IES)

| Região | UF | Nome do Município 2010 | Posição* | Índice de Emprego | Índice de Pobreza | Índice de Desigualdade | Índice de Alfabetização | Índice de Escolaridade | Índice de Juventude | Índice de Violência | Índice de Exclusão |
|---|---|---|---|---|---|---|---|---|---|---|---|
| SE | SP | Socorro | 765º | 0,510 | 0,873 | 0,679 | 0,874 | 0,416 | 0,702 | 1,000 | 0,717 |
| NE | PI | Socorro do Piauí | 4730º | 0,212 | 0,243 | 0,444 | 0,422 | 0,237 | 0,441 | 1,000 | 0,429 |
| NE | PB | Solânea | 4364º | 0,191 | 0,357 | 0,441 | 0,360 | 0,246 | 0,507 | 1,000 | 0,453 |
| S | RS | Soledade | 1768º | 0,536 | 0,748 | 0,531 | 0,816 | 0,461 | 0,603 | 0,931 | 0,649 |
| NE | PB | Soledade | 3614º | 0,255 | 0,413 | 0,547 | 0,579 | 0,298 | 0,521 | 0,924 | 0,501 |
| SE | MG | Soledade de Minas | 1525º | 0,525 | 0,680 | 0,675 | 0,825 | 0,378 | 0,618 | 1,000 | 0,664 |
| NE | PE | Solidão | 4698º | 0,176 | 0,274 | 0,459 | 0,447 | 0,228 | 0,436 | 1,000 | 0,430 |
| NE | CE | Solonópole | 4033º | 0,179 | 0,347 | 0,556 | 0,457 | 0,302 | 0,543 | 0,912 | 0,473 |
| S | SC | Sombrio | 651º | 0,605 | 0,888 | 0,757 | 0,897 | 0,412 | 0,563 | 1,000 | 0,726 |
| CO | MS | Sonora | 1431º | 0,768 | 0,753 | 0,560 | 0,736 | 0,373 | 0,487 | 1,000 | 0,671 |
| SE | ES | Sooretama | 3137º | 0,549 | 0,574 | 0,583 | 0,683 | 0,315 | 0,442 | 0,673 | 0,540 |
| SE | SP | Sorocaba | 360º | 0,720 | 0,879 | 0,533 | 0,934 | 0,755 | 0,640 | 0,920 | 0,748 |
| CO | MT | Sorriso | 1738º | 0,651 | 0,816 | 0,482 | 0,883 | 0,461 | 0,499 | 0,883 | 0,651 |
| NE | PB | Sossêgo | 4498º | 0,182 | 0,293 | 0,591 | 0,323 | 0,160 | 0,447 | 1,000 | 0,443 |
| N | PA | Soure | 3697º | 0,235 | 0,376 | 0,527 | 0,735 | 0,363 | 0,404 | 1,000 | 0,495 |
| NE | PB | Sousa | 3265º | 0,323 | 0,476 | 0,497 | 0,544 | 0,380 | 0,583 | 0,897 | 0,528 |
| NE | BA | Souto Soares | 4761º | 0,099 | 0,287 | 0,504 | 0,551 | 0,262 | 0,404 | 0,967 | 0,426 |
| N | TO | Sucupira | 2741º | 0,483 | 0,467 | 0,579 | 0,679 | 0,447 | 0,465 | 1,000 | 0,578 |
| NE | MA | Sucupira do Norte | 5106º | 0,157 | 0,251 | 0,404 | 0,410 | 0,250 | 0,388 | 0,950 | 0,398 |
| NE | MA | Sucupira do Riachão | 4820º | 0,178 | 0,266 | 0,547 | 0,288 | 0,177 | 0,402 | 1,000 | 0,423 |
| SE | SP | Sud Mennucci | 674º | 0,755 | 0,850 | 0,510 | 0,828 | 0,545 | 0,625 | 1,000 | 0,725 |
| S | SC | Sul Brasil | 2625º | 0,259 | 0,802 | 0,677 | 0,734 | 0,272 | 0,578 | 0,812 | 0,588 |
| S | PR | Sulina | 3334º | 0,279 | 0,709 | 0,637 | 0,840 | 0,273 | 0,639 | 0,387 | 0,522 |
| SE | SP | Sumaré | 475º | 0,783 | 0,842 | 0,638 | 0,891 | 0,596 | 0,596 | 0,905 | 0,740 |
| NE | PB | Sumé | 3343º | 0,195 | 0,440 | 0,578 | 0,460 | 0,341 | 0,592 | 1,000 | 0,521 |
| SE | RJ | Sumidouro | 2930º | 0,220 | 0,634 | 0,637 | 0,685 | 0,169 | 0,609 | 0,965 | 0,560 |
| NE | PE | Surubim | 3487º | 0,323 | 0,459 | 0,519 | 0,492 | 0,341 | 0,537 | 0,876 | 0,510 |

*a partir da melhor situação social ou maior IES

| Região | UF | Nome do Município 2010 | Posição* | Índice de Emprego | Índice de Pobreza | Índice de Desigualdade | Índice de Alfabetização | Índice de Escolaridade | Índice de Juventude | Índice de Violência | Índice de Exclusão |
|---|---|---|---|---|---|---|---|---|---|---|---|
| NE | PI | Sussuapara | 3871º | 0,212 | 0,332 | 0,656 | 0,371 | 0,193 | 0,580 | 0,916 | 0,483 |
| SE | SP | Suzanápolis | 1683º | 0,577 | 0,699 | 0,738 | 0,760 | 0,332 | 0,613 | 0,846 | 0,654 |
| SE | SP | Suzano | 1061º | 0,660 | 0,752 | 0,605 | 0,883 | 0,653 | 0,553 | 0,905 | 0,697 |
| S | RS | Tabaí | 1552º | 0,514 | 0,800 | 0,738 | 0,836 | 0,249 | 0,630 | 0,874 | 0,663 |
| CO | MT | Tabaporã | 2339º | 0,446 | 0,720 | 0,665 | 0,846 | 0,309 | 0,483 | 0,895 | 0,611 |
| SE | SP | Tabapuã | 77º | 0,816 | 0,910 | 0,784 | 0,870 | 0,439 | 0,698 | 0,954 | 0,788 |
| SE | SP | Tabatinga | 376º | 0,806 | 0,874 | 0,765 | 0,812 | 0,347 | 0,627 | 0,929 | 0,747 |
| N | AM | Tabatinga | 5087º | 0,265 | 0,328 | 0,279 | 0,606 | 0,424 | 0,244 | 0,851 | 0,400 |
| NE | PE | Tabira | 4472º | 0,176 | 0,351 | 0,547 | 0,504 | 0,252 | 0,500 | 0,803 | 0,445 |
| SE | SP | Taboão da Serra | 627º | 0,755 | 0,806 | 0,607 | 0,903 | 0,655 | 0,579 | 0,902 | 0,728 |
| NE | BA | Tabocas do Brejo Velho | 4430º | 0,172 | 0,291 | 0,510 | 0,401 | 0,260 | 0,474 | 1,000 | 0,448 |
| NE | RN | Taboleiro Grande | 3408º | 0,338 | 0,308 | 0,619 | 0,489 | 0,301 | 0,529 | 1,000 | 0,517 |
| SE | MG | Tabuleiro | 1890º | 0,435 | 0,696 | 0,672 | 0,736 | 0,296 | 0,649 | 1,000 | 0,642 |
| NE | CE | Tabuleiro do Norte | 3854º | 0,310 | 0,475 | 0,509 | 0,541 | 0,288 | 0,565 | 0,697 | 0,484 |
| NE | PE | Tacaimbó | 4492º | 0,230 | 0,301 | 0,559 | 0,240 | 0,162 | 0,485 | 0,959 | 0,444 |
| NE | PE | Tacaratu | 4614º | 0,135 | 0,279 | 0,592 | 0,454 | 0,232 | 0,431 | 0,929 | 0,436 |
| SE | SP | Taciba | 372º | 0,721 | 0,816 | 0,805 | 0,784 | 0,451 | 0,609 | 1,000 | 0,747 |
| NE | PB | Tacima | 4374º | 0,176 | 0,211 | 0,601 | 0,406 | 0,227 | 0,547 | 0,949 | 0,452 |
| CO | MS | Tacuru | 4776º | 0,395 | 0,455 | 0,405 | 0,625 | 0,231 | 0,317 | 0,644 | 0,426 |
| SE | SP | Taguaí | 520º | 0,749 | 0,866 | 0,832 | 0,874 | 0,410 | 0,564 | 0,856 | 0,736 |
| N | TO | Taguatinga | 4604º | 0,308 | 0,387 | 0,298 | 0,604 | 0,320 | 0,458 | 0,793 | 0,436 |
| SE | SP | Taiaçu | 788º | 0,646 | 0,829 | 0,737 | 0,781 | 0,360 | 0,613 | 1,000 | 0,715 |
| N | PA | Tailândia | 5209º | 0,328 | 0,270 | 0,491 | 0,642 | 0,215 | 0,326 | 0,567 | 0,386 |
| S | SC | Taió | 494º | 0,620 | 0,928 | 0,720 | 0,908 | 0,467 | 0,607 | 0,970 | 0,739 |
| SE | MG | Taiobeiras | 3163º | 0,327 | 0,522 | 0,556 | 0,657 | 0,344 | 0,519 | 0,899 | 0,538 |
| N | TO | Taipas do Tocantins | 4249º | 0,380 | 0,290 | 0,433 | 0,431 | 0,296 | 0,371 | 1,000 | 0,459 |
| NE | RN | Taipu | 4111º | 0,376 | 0,287 | 0,668 | 0,220 | 0,232 | 0,431 | 0,868 | 0,469 |
| SE | SP | Taiúva | 195º | 0,694 | 0,884 | 0,734 | 0,852 | 0,515 | 0,694 | 1,000 | 0,768 |

*a partir da melhor situação social ou maior IES

| Região | UF | Nome do Município 2010 | Posição* | Índice de Emprego | Índice de Pobreza | Índice de Desigualdade | Índice de Alfabetização | Índice de Escolaridade | Índice de Juventude | Índice de Violência | Índice de Exclusão |
|---|---|---|---|---|---|---|---|---|---|---|---|
| N | TO | Talismã | 2525º | 0,447 | 0,622 | 0,619 | 0,589 | 0,353 | 0,511 | 1,000 | 0,597 |
| NE | PE | Tamandaré | 4219º | 0,408 | 0,313 | 0,478 | 0,479 | 0,307 | 0,418 | 0,824 | 0,461 |
| S | PR | Tamarana | 3213º | 0,365 | 0,548 | 0,617 | 0,683 | 0,250 | 0,483 | 0,830 | 0,534 |
| SE | SP | Tambaú | 397º | 0,726 | 0,874 | 0,678 | 0,898 | 0,450 | 0,623 | 1,000 | 0,745 |
| S | PR | Tamboara | 1163º | 0,660 | 0,839 | 0,890 | 0,804 | 0,523 | 0,657 | 0,442 | 0,689 |
| NE | CE | Tamboril | 4976º | 0,139 | 0,268 | 0,533 | 0,324 | 0,204 | 0,459 | 0,877 | 0,411 |
| NE | PI | Tamboril do Piauí | 5248º | 0,045 | 0,203 | 0,500 | 0,206 | 0,177 | 0,428 | 1,000 | 0,382 |
| SE | SP | Tanabi | 296º | 0,641 | 0,874 | 0,739 | 0,878 | 0,500 | 0,718 | 0,957 | 0,755 |
| S | SC | Tangará | 1055º | 0,561 | 0,906 | 0,660 | 0,869 | 0,339 | 0,628 | 0,940 | 0,697 |
| NE | RN | Tangará | 3933º | 0,348 | 0,317 | 0,531 | 0,457 | 0,289 | 0,452 | 0,927 | 0,478 |
| CO | MT | Tangará da Serra | 1900º | 0,657 | 0,785 | 0,460 | 0,819 | 0,509 | 0,542 | 0,813 | 0,642 |
| SE | RJ | Tanguá | 2146º | 0,589 | 0,600 | 0,662 | 0,823 | 0,332 | 0,575 | 0,848 | 0,624 |
| NE | BA | Tanhaçu | 4058º | 0,180 | 0,330 | 0,572 | 0,472 | 0,208 | 0,557 | 0,948 | 0,471 |
| NE | AL | Tanque d'Arca | 4660º | 0,175 | 0,273 | 0,575 | 0,215 | 0,157 | 0,465 | 1,000 | 0,433 |
| NE | PI | Tanque do Piauí | 3939º | 0,180 | 0,338 | 0,636 | 0,381 | 0,244 | 0,484 | 1,000 | 0,478 |
| NE | BA | Tanque Novo | 4677º | 0,111 | 0,343 | 0,398 | 0,458 | 0,248 | 0,489 | 1,000 | 0,432 |
| NE | BA | Tanquinho | 3242º | 0,287 | 0,370 | 0,616 | 0,581 | 0,411 | 0,553 | 0,935 | 0,530 |
| SE | MG | Taparuba | 2693º | 0,158 | 0,568 | 0,780 | 0,646 | 0,255 | 0,650 | 1,000 | 0,582 |
| N | AM | Tapauá | 5476º | 0,120 | 0,197 | 0,393 | 0,243 | 0,188 | 0,200 | 0,973 | 0,336 |
| S | RS | Tapejara | 205º | 0,666 | 0,936 | 0,702 | 0,927 | 0,514 | 0,669 | 1,000 | 0,766 |
| S | PR | Tapejara | 561º | 0,794 | 0,814 | 0,760 | 0,784 | 0,379 | 0,579 | 0,964 | 0,733 |
| S | RS | Tapera | 653º | 0,560 | 0,877 | 0,681 | 0,910 | 0,476 | 0,648 | 1,000 | 0,726 |
| NE | PB | Taperoá | 4181º | 0,215 | 0,363 | 0,604 | 0,417 | 0,223 | 0,495 | 0,861 | 0,463 |
| NE | BA | Taperoá | 4792º | 0,167 | 0,311 | 0,521 | 0,375 | 0,214 | 0,399 | 0,945 | 0,425 |
| S | RS | Tapes | 1965º | 0,477 | 0,727 | 0,556 | 0,852 | 0,372 | 0,600 | 0,969 | 0,637 |
| S | PR | Tapira | 1403º | 0,441 | 0,789 | 0,723 | 0,746 | 0,346 | 0,640 | 1,000 | 0,672 |
| SE | MG | Tapira | 1961º | 0,425 | 0,784 | 0,487 | 0,890 | 0,367 | 0,628 | 1,000 | 0,637 |
| SE | MG | Tapiraí | 2018º | 0,391 | 0,706 | 0,674 | 0,745 | 0,246 | 0,654 | 1,000 | 0,632 |

*a partir da melhor situação social ou maior IES)

| Região | UF | Nome do Município 2010 | Posição* | Índice de Emprego | Índice de Pobreza | Índice de Desigualdade | Índice de Alfabetização | Índice de Escolaridade | Índice de Juventude | Índice de Violência | Índice de Exclusão |
|---|---|---|---|---|---|---|---|---|---|---|---|
| SE | SP | Tapiraí | 2501º | 0,443 | 0,649 | 0,695 | 0,787 | 0,292 | 0,505 | 0,870 | 0,598 |
| NE | BA | Tapiramutá | 5168º | 0,216 | 0,257 | 0,361 | 0,497 | 0,214 | 0,393 | 0,874 | 0,392 |
| SE | SP | Tapiratiba | 169º | 0,810 | 0,826 | 0,768 | 0,893 | 0,491 | 0,616 | 1,000 | 0,770 |
| CO | MT | Tapurah | 2081º | 0,698 | 0,747 | 0,476 | 0,893 | 0,362 | 0,532 | 0,800 | 0,629 |
| S | RS | Taquara | 1053º | 0,661 | 0,857 | 0,573 | 0,899 | 0,386 | 0,612 | 0,952 | 0,697 |
| SE | MG | Taquaraçu de Minas | 2435º | 0,356 | 0,641 | 0,674 | 0,735 | 0,246 | 0,582 | 1,000 | 0,603 |
| SE | SP | Taquaral | 900º | 0,735 | 0,856 | 0,551 | 0,752 | 0,398 | 0,625 | 1,000 | 0,708 |
| CO | GO | Taquaral de Goiás | 1603º | 0,260 | 0,820 | 0,708 | 0,789 | 0,387 | 0,683 | 1,000 | 0,659 |
| NE | AL | Taquarana | 5272º | 0,146 | 0,259 | 0,556 | 0,212 | 0,143 | 0,432 | 0,754 | 0,378 |
| S | RS | Taquari | 924º | 0,674 | 0,809 | 0,569 | 0,868 | 0,487 | 0,641 | 0,960 | 0,706 |
| SE | SP | Taquaritinga | 450º | 0,699 | 0,853 | 0,649 | 0,852 | 0,544 | 0,641 | 0,990 | 0,742 |
| NE | PE | Taquaritinga do Norte | 3072º | 0,185 | 0,662 | 0,738 | 0,552 | 0,274 | 0,510 | 0,854 | 0,547 |
| SE | SP | Taquarituba | 1606º | 0,512 | 0,740 | 0,598 | 0,843 | 0,404 | 0,589 | 1,000 | 0,658 |
| SE | SP | Taquarivaí | 1841º | 0,735 | 0,499 | 0,707 | 0,816 | 0,355 | 0,457 | 1,000 | 0,644 |
| S | RS | Taquaruçu do Sul | 2278º | 0,292 | 0,852 | 0,526 | 0,825 | 0,408 | 0,674 | 0,825 | 0,615 |
| CO | MS | Taquarussu | 1781º | 0,521 | 0,694 | 0,688 | 0,664 | 0,391 | 0,548 | 1,000 | 0,649 |
| SE | SP | Tarabai | 673º | 0,724 | 0,737 | 0,781 | 0,784 | 0,473 | 0,561 | 1,000 | 0,725 |
| N | AC | Tarauacá | 5389º | 0,284 | 0,259 | 0,305 | 0,256 | 0,211 | 0,176 | 0,971 | 0,358 |
| NE | CE | Tarrafas | 4576º | 0,195 | 0,294 | 0,500 | 0,311 | 0,192 | 0,475 | 1,000 | 0,438 |
| N | AP | Tartarugalzinho | 5408º | 0,140 | 0,277 | 0,272 | 0,566 | 0,242 | 0,195 | 0,959 | 0,354 |
| SE | SP | Tarumã | 1077º | 0,790 | 0,791 | 0,495 | 0,831 | 0,464 | 0,580 | 0,960 | 0,695 |
| SE | MG | Tarumirim | 3236º | 0,275 | 0,453 | 0,624 | 0,654 | 0,238 | 0,574 | 0,927 | 0,531 |
| NE | MA | Tasso Fragoso | 4841º | 0,287 | 0,314 | 0,425 | 0,587 | 0,205 | 0,299 | 0,933 | 0,422 |
| SE | SP | Tatuí | 552º | 0,750 | 0,844 | 0,631 | 0,916 | 0,558 | 0,595 | 0,927 | 0,734 |
| NE | CE | Tauá | 4765º | 0,160 | 0,336 | 0,440 | 0,436 | 0,284 | 0,509 | 0,823 | 0,426 |
| SE | SP | Taubaté | 335º | 0,735 | 0,868 | 0,554 | 0,946 | 0,777 | 0,635 | 0,894 | 0,750 |
| S | RS | Tavares | 2124º | 0,237 | 0,772 | 0,712 | 0,690 | 0,235 | 0,687 | 1,000 | 0,625 |

*a partir da melhor situação social ou maior IES)

| Região | UF | Nome do Município 2010 | Posição* | Índice de Emprego | Índice de Pobreza | Índice de Desigualdade | Índice de Alfabetização | Índice de Escolaridade | Índice de Juventude | Índice de Violência | Índice de Exclusão |
|---|---|---|---|---|---|---|---|---|---|---|---|
| NE | PB | Tavares | 4351º | 0,291 | 0,326 | 0,528 | 0,348 | 0,156 | 0,451 | 0,963 | 0,453 |
| N | AM | Tefé | 4565º | 0,305 | 0,411 | 0,341 | 0,636 | 0,395 | 0,235 | 0,924 | 0,439 |
| NE | PB | Teixeira | 4511º | 0,217 | 0,335 | 0,471 | 0,492 | 0,357 | 0,457 | 0,816 | 0,443 |
| NE | BA | Teixeira de Freitas | 3087º | 0,481 | 0,618 | 0,510 | 0,683 | 0,500 | 0,505 | 0,605 | 0,546 |
| S | PR | Teixeira Soares | 2719º | 0,397 | 0,645 | 0,558 | 0,896 | 0,329 | 0,497 | 0,899 | 0,580 |
| SE | MG | Teixeiras | 2409º | 0,488 | 0,593 | 0,472 | 0,813 | 0,318 | 0,639 | 1,000 | 0,605 |
| N | RO | Teixeirópolis | 2695º | 0,253 | 0,676 | 0,713 | 0,738 | 0,220 | 0,506 | 1,000 | 0,582 |
| NE | CE | Tejuçuoca | 4479º | 0,229 | 0,238 | 0,550 | 0,450 | 0,259 | 0,423 | 0,969 | 0,445 |
| SE | SP | Tejupá | 2551º | 0,472 | 0,688 | 0,625 | 0,719 | 0,269 | 0,511 | 0,892 | 0,596 |
| S | PR | Telêmaco Borba | 1154º | 0,772 | 0,781 | 0,596 | 0,850 | 0,535 | 0,555 | 0,806 | 0,690 |
| NE | SE | Telha | 3845º | 0,399 | 0,332 | 0,587 | 0,444 | 0,305 | 0,456 | 0,824 | 0,485 |
| NE | RN | Tenente Ananias | 4039º | 0,115 | 0,378 | 0,662 | 0,429 | 0,204 | 0,557 | 0,895 | 0,473 |
| NE | RN | Tenente Laurentino Cruz | 3739º | 0,193 | 0,317 | 0,619 | 0,545 | 0,356 | 0,466 | 1,000 | 0,492 |
| S | RS | Tenente Portela | 2514º | 0,455 | 0,697 | 0,483 | 0,834 | 0,430 | 0,566 | 0,848 | 0,598 |
| NE | PB | Tenório | 3384º | 0,333 | 0,390 | 0,724 | 0,343 | 0,215 | 0,460 | 1,000 | 0,518 |
| SE | SP | Teodoro Sampaio | 1477º | 0,642 | 0,758 | 0,637 | 0,813 | 0,512 | 0,566 | 0,805 | 0,668 |
| NE | BA | Teodoro Sampaio | 4247º | 0,271 | 0,283 | 0,466 | 0,482 | 0,319 | 0,540 | 0,868 | 0,459 |
| NE | BA | Teofilândia | 3927º | 0,348 | 0,389 | 0,497 | 0,481 | 0,220 | 0,409 | 0,976 | 0,478 |
| SE | MG | Teófilo Otoni | 2482º | 0,549 | 0,606 | 0,425 | 0,735 | 0,471 | 0,581 | 0,911 | 0,599 |
| NE | BA | Teolândia | 4757º | 0,150 | 0,276 | 0,615 | 0,362 | 0,220 | 0,411 | 0,895 | 0,427 |
| NE | AL | Teotônio Vilela | 5103º | 0,489 | 0,268 | 0,546 | 0,378 | 0,213 | 0,336 | 0,494 | 0,398 |
| CO | MS | Terenos | 2674º | 0,524 | 0,569 | 0,549 | 0,821 | 0,281 | 0,557 | 0,879 | 0,584 |
| NE | PI | Teresina | 2250º | 0,579 | 0,623 | 0,365 | 0,814 | 0,673 | 0,575 | 0,871 | 0,617 |

*a partir da melhor situação social ou maior IES

| Região | UF | Nome do Município 2010 | Posição* | Índice de Emprego | Índice de Pobreza | Índice de Desigualdade | Índice de Alfabetização | Índice de Escolaridade | Índice de Juventude | Índice de Violência | Índice de Exclusão |
|---|---|---|---|---|---|---|---|---|---|---|---|
| CO | GO | Teresina de Goiás | 3149º | 0,340 | 0,563 | 0,536 | 0,657 | 0,390 | 0,373 | 1,000 | 0,539 |
| SE | RJ | Teresópolis | 1616º | 0,559 | 0,773 | 0,455 | 0,872 | 0,512 | 0,619 | 0,943 | 0,658 |
| NE | PE | Terezinha | 5182º | 0,099 | 0,280 | 0,516 | 0,246 | 0,194 | 0,445 | 0,846 | 0,391 |
| CO | GO | Terezópolis de Goiás | 2681º | 0,393 | 0,653 | 0,699 | 0,738 | 0,397 | 0,501 | 0,762 | 0,583 |
| N | PA | Terra Alta | 4880º | 0,225 | 0,249 | 0,466 | 0,733 | 0,314 | 0,365 | 0,797 | 0,419 |
| S | PR | Terra Boa | 256º | 0,744 | 0,879 | 0,777 | 0,839 | 0,463 | 0,630 | 0,967 | 0,760 |
| S | RS | Terra de Areia | 1642º | 0,459 | 0,786 | 0,717 | 0,843 | 0,326 | 0,610 | 0,895 | 0,656 |
| NE | BA | Terra Nova | 2816º | 0,603 | 0,404 | 0,669 | 0,711 | 0,290 | 0,506 | 0,837 | 0,570 |
| NE | PE | Terra Nova | 3820º | 0,268 | 0,271 | 0,589 | 0,549 | 0,307 | 0,465 | 1,000 | 0,487 |
| CO | MT | Terra Nova do Norte | 2861º | 0,246 | 0,692 | 0,572 | 0,780 | 0,357 | 0,522 | 0,908 | 0,566 |
| S | PR | Terra Rica | 840º | 0,621 | 0,858 | 0,800 | 0,782 | 0,399 | 0,592 | 0,897 | 0,712 |
| SE | SP | Terra Roxa | 304º | 0,802 | 0,902 | 0,680 | 0,866 | 0,477 | 0,616 | 0,939 | 0,754 |
| S | PR | Terra Roxa | 1045º | 0,547 | 0,798 | 0,729 | 0,805 | 0,469 | 0,621 | 0,938 | 0,698 |
| N | PA | Terra Santa | 4463º | 0,215 | 0,340 | 0,410 | 0,778 | 0,347 | 0,311 | 0,969 | 0,446 |
| CO | MT | Tesouro | 2270º | 0,531 | 0,530 | 0,552 | 0,774 | 0,385 | 0,610 | 1,000 | 0,616 |
| S | RS | Teutônia | 19º | 0,756 | 0,980 | 0,863 | 0,970 | 0,465 | 0,676 | 0,962 | 0,809 |
| N | RO | Theobroma | 4329º | 0,199 | 0,474 | 0,442 | 0,667 | 0,121 | 0,458 | 0,902 | 0,454 |
| NE | CE | Tianguá | 4579º | 0,244 | 0,371 | 0,373 | 0,518 | 0,344 | 0,417 | 0,872 | 0,438 |
| S | PR | Tibagi | 2832º | 0,534 | 0,617 | 0,480 | 0,774 | 0,284 | 0,457 | 0,919 | 0,569 |
| NE | RN | Tibau | 3516º | 0,391 | 0,441 | 0,517 | 0,513 | 0,273 | 0,531 | 0,859 | 0,508 |
| NE | RN | Tibau do Sul | 3416º | 0,441 | 0,514 | 0,388 | 0,509 | 0,374 | 0,472 | 0,909 | 0,516 |
| SE | SP | Tietê | 311º | 0,764 | 0,885 | 0,600 | 0,928 | 0,550 | 0,648 | 0,972 | 0,753 |
| S | SC | Tigrinhos | 1916º | 0,255 | 0,764 | 0,757 | 0,819 | 0,299 | 0,633 | 1,000 | 0,640 |
| S | SC | Tijucas | 248º | 0,759 | 0,866 | 0,726 | 0,870 | 0,559 | 0,597 | 0,983 | 0,762 |
| S | PR | Tijucas do Sul | 2574º | 0,406 | 0,696 | 0,620 | 0,819 | 0,244 | 0,515 | 0,928 | 0,594 |
| NE | PE | Timbaúba | 3491º | 0,416 | 0,394 | 0,559 | 0,558 | 0,299 | 0,510 | 0,836 | 0,510 |
| NE | RN | Timbaúba dos Batistas | 2192º | 0,282 | 0,564 | 0,839 | 0,524 | 0,406 | 0,641 | 1,000 | 0,621 |

*a partir da melhor situação social ou maior IES)

| Região | UF | Nome do Município 2010 | Posição* | Índice de Emprego | Índice de Pobreza | Índice de Desigualdade | Índice de Alfabetização | Índice de Escolaridade | Índice de Juventude | Índice de Violência | Índice de Exclusão |
|---|---|---|---|---|---|---|---|---|---|---|---|
| S | SC | Timbé do Sul | 2020º | 0,412 | 0,809 | 0,593 | 0,825 | 0,336 | 0,610 | 0,902 | 0,632 |
| NE | MA | Timbiras | 5461º | 0,158 | 0,131 | 0,360 | 0,161 | 0,178 | 0,335 | 0,963 | 0,341 |
| S | SC | Timbó | 34º | 0,872 | 0,972 | 0,643 | 0,961 | 0,574 | 0,673 | 0,943 | 0,798 |
| S | SC | Timbó Grande | 2355º | 0,646 | 0,547 | 0,626 | 0,814 | 0,338 | 0,385 | 1,000 | 0,609 |
| SE | SP | Timburi | 1846º | 0,357 | 0,759 | 0,640 | 0,818 | 0,352 | 0,642 | 1,000 | 0,644 |
| NE | MA | Timon | 3227º | 0,422 | 0,436 | 0,568 | 0,606 | 0,404 | 0,456 | 0,880 | 0,532 |
| SE | MG | Timóteo | 568º | 0,732 | 0,812 | 0,608 | 0,927 | 0,687 | 0,615 | 0,878 | 0,733 |
| S | RS | Tio Hugo | 895º | 0,538 | 0,847 | 0,742 | 0,886 | 0,331 | 0,642 | 1,000 | 0,709 |
| SE | MG | Tiradentes | 1760º | 0,529 | 0,775 | 0,445 | 0,896 | 0,472 | 0,642 | 0,925 | 0,650 |
| S | RS | Tiradentes do Sul | 2611º | 0,140 | 0,775 | 0,621 | 0,785 | 0,190 | 0,662 | 1,000 | 0,590 |
| SE | MG | Tiros | 2575º | 0,322 | 0,675 | 0,507 | 0,811 | 0,242 | 0,670 | 1,000 | 0,593 |
| NE | SE | Tobias Barreto | 4872º | 0,188 | 0,421 | 0,488 | 0,388 | 0,202 | 0,481 | 0,708 | 0,419 |
| N | TO | Tocantínia | 4670º | 0,387 | 0,316 | 0,338 | 0,508 | 0,398 | 0,253 | 0,923 | 0,432 |
| N | TO | Tocantinópolis | 3116º | 0,405 | 0,521 | 0,536 | 0,634 | 0,506 | 0,419 | 0,862 | 0,542 |
| SE | MG | Tocantins | 1243º | 0,565 | 0,773 | 0,734 | 0,832 | 0,394 | 0,633 | 0,868 | 0,682 |
| SE | MG | Tocos do Moji | 2078º | 0,173 | 0,699 | 0,744 | 0,820 | 0,307 | 0,721 | 1,000 | 0,629 |
| S | PR | Toledo | 512º | 0,718 | 0,880 | 0,644 | 0,919 | 0,590 | 0,612 | 0,887 | 0,737 |
| SE | MG | Toledo | 2362º | 0,236 | 0,722 | 0,776 | 0,688 | 0,180 | 0,612 | 1,000 | 0,608 |
| NE | SE | Tomar do Geru | 4951º | 0,139 | 0,240 | 0,635 | 0,322 | 0,188 | 0,405 | 0,879 | 0,413 |
| S | PR | Tomazina | 2117º | 0,350 | 0,656 | 0,665 | 0,739 | 0,356 | 0,643 | 1,000 | 0,626 |
| SE | MG | Tombos | 2368º | 0,366 | 0,668 | 0,525 | 0,768 | 0,415 | 0,696 | 0,891 | 0,608 |
| N | PA | Tomé-Açu | 4978º | 0,295 | 0,381 | 0,501 | 0,575 | 0,211 | 0,317 | 0,669 | 0,411 |
| N | AM | Tonantins | 5296º | 0,180 | 0,171 | 0,503 | 0,457 | 0,230 | 0,162 | 1,000 | 0,375 |
| NE | PE | Toritama | 3886º | 0,144 | 0,652 | 0,690 | 0,550 | 0,206 | 0,453 | 0,649 | 0,482 |
| CO | MT | Torixoréu | 2477º | 0,378 | 0,610 | 0,445 | 0,758 | 0,458 | 0,651 | 1,000 | 0,599 |
| S | RS | Toropi | 2333º | 0,125 | 0,727 | 0,676 | 0,875 | 0,220 | 0,746 | 1,000 | 0,611 |

*a partir da melhor situação social ou maior IES)

| Região | UF | Nome do Município 2010 | Posição* | Índice de Emprego | Índice de Pobreza | Índice de Desigualdade | Índice de Alfabetização | Índice de Escolaridade | Índice de Juventude | Índice de Violência | Índice de Exclusão |
|---|---|---|---|---|---|---|---|---|---|---|---|
| SE | SP | Torre de Pedra | 609º | 0,643 | 0,760 | 0,790 | 0,925 | 0,426 | 0,624 | 1,000 | 0,730 |
| S | RS | Torres | 870º | 0,547 | 0,861 | 0,629 | 0,901 | 0,576 | 0,644 | 0,925 | 0,711 |
| SE | SP | Torrinha | 716º | 0,568 | 0,886 | 0,699 | 0,878 | 0,426 | 0,676 | 0,944 | 0,721 |
| NE | RN | Touros | 4620º | 0,197 | 0,314 | 0,552 | 0,358 | 0,197 | 0,411 | 0,950 | 0,436 |
| SE | SP | Trabiju | 242º | 0,905 | 0,788 | 0,783 | 0,818 | 0,437 | 0,561 | 1,000 | 0,762 |
| N | PA | Tracuateua | 5420º | 0,065 | 0,152 | 0,421 | 0,438 | 0,156 | 0,315 | 0,981 | 0,352 |
| NE | PE | Tracunhaém | 3068º | 0,576 | 0,287 | 0,675 | 0,480 | 0,257 | 0,501 | 0,960 | 0,547 |
| NE | AL | Traipu | 5531º | 0,099 | 0,178 | 0,311 | 0,053 | 0,153 | 0,336 | 0,818 | 0,300 |
| N | PA | Trairão | 4640º | 0,139 | 0,411 | 0,473 | 0,558 | 0,141 | 0,369 | 1,000 | 0,434 |
| NE | CE | Trairi | 4920º | 0,147 | 0,220 | 0,481 | 0,524 | 0,306 | 0,409 | 0,919 | 0,416 |
| SE | RJ | Trajano de Moraes | 2683º | 0,404 | 0,610 | 0,549 | 0,705 | 0,314 | 0,627 | 0,899 | 0,583 |
| S | RS | Tramandaí | 1990º | 0,490 | 0,764 | 0,552 | 0,894 | 0,473 | 0,565 | 0,850 | 0,635 |
| S | RS | Travesseiro | 553º | 0,393 | 0,939 | 0,871 | 0,921 | 0,202 | 0,785 | 1,000 | 0,734 |
| NE | BA | Tremedal | 4404º | 0,089 | 0,353 | 0,614 | 0,370 | 0,108 | 0,566 | 0,939 | 0,450 |
| SE | SP | Tremembé | 817º | 0,670 | 0,831 | 0,514 | 0,928 | 0,646 | 0,638 | 0,911 | 0,714 |
| S | RS | Três Arroios | 1818º | 0,302 | 0,942 | 0,352 | 0,946 | 0,298 | 0,804 | 1,000 | 0,646 |
| S | SC | Três Barras | 1656º | 0,697 | 0,681 | 0,632 | 0,859 | 0,530 | 0,477 | 0,828 | 0,656 |
| S | PR | Três Barras do Paraná | 3117º | 0,229 | 0,627 | 0,559 | 0,747 | 0,305 | 0,518 | 0,912 | 0,542 |
| S | RS | Três Cachoeiras | 852º | 0,450 | 0,869 | 0,789 | 0,879 | 0,365 | 0,660 | 1,000 | 0,712 |
| SE | MG | Três Corações | 1416º | 0,688 | 0,735 | 0,463 | 0,859 | 0,562 | 0,577 | 0,936 | 0,671 |
| S | RS | Três Coroas | 213º | 0,801 | 0,927 | 0,766 | 0,909 | 0,340 | 0,615 | 0,978 | 0,765 |
| S | RS | Três de Maio | 826º | 0,553 | 0,846 | 0,574 | 0,912 | 0,537 | 0,696 | 0,978 | 0,713 |
| S | RS | Três Forquilhas | 2886º | 0,252 | 0,708 | 0,738 | 0,754 | 0,214 | 0,656 | 0,643 | 0,564 |
| SE | SP | Três Fronteiras | 509º | 0,536 | 0,850 | 0,755 | 0,843 | 0,509 | 0,693 | 1,000 | 0,737 |
| CO | MS | Três Lagoas | 939º | 0,731 | 0,853 | 0,569 | 0,857 | 0,606 | 0,580 | 0,821 | 0,705 |
| SE | MG | Três Marias | 1511º | 0,635 | 0,697 | 0,531 | 0,874 | 0,573 | 0,558 | 0,927 | 0,665 |

*a partir da melhor situação social ou maior IES

ATLAS DA EXCLUSÃO SOCIAL NO BRASIL 337

| Região | UF | Nome do Município 2010 | Posição* | Índice de Emprego | Índice de Pobreza | Índice de Desigualdade | Índice de Alfabetização | Índice de Escolaridade | Índice de Juventude | Índice de Violência | Índice de Exclusão |
|---|---|---|---|---|---|---|---|---|---|---|---|
| S | RS | Três Palmeiras | 2924º | 0,349 | 0,741 | 0,361 | 0,786 | 0,273 | 0,621 | 0,881 | 0,560 |
| S | RS | Três Passos | 669º | 0,548 | 0,871 | 0,667 | 0,905 | 0,492 | 0,704 | 0,957 | 0,725 |
| SE | MG | Três Pontas | 1104º | 0,711 | 0,762 | 0,564 | 0,836 | 0,450 | 0,586 | 0,990 | 0,693 |
| CO | GO | Três Ranchos | 1140º | 0,507 | 0,791 | 0,645 | 0,889 | 0,440 | 0,645 | 1,000 | 0,690 |
| SE | RJ | Três Rios | 886º | 0,733 | 0,749 | 0,528 | 0,888 | 0,596 | 0,623 | 0,960 | 0,709 |
| S | SC | Treviso | 9º | 0,783 | 0,949 | 0,879 | 0,972 | 0,484 | 0,685 | 1,000 | 0,820 |
| S | SC | Treze de Maio | 404º | 0,552 | 0,948 | 0,850 | 0,881 | 0,330 | 0,634 | 1,000 | 0,745 |
| S | SC | Treze Tílias | 1092º | 0,669 | 0,908 | 0,340 | 0,932 | 0,559 | 0,597 | 1,000 | 0,694 |
| CO | GO | Trindade | 1312º | 0,574 | 0,739 | 0,713 | 0,825 | 0,439 | 0,549 | 0,955 | 0,678 |
| NE | PE | Trindade | 4908º | 0,294 | 0,353 | 0,438 | 0,463 | 0,236 | 0,382 | 0,761 | 0,417 |
| S | RS | Trindade do Sul | 3074º | 0,309 | 0,667 | 0,592 | 0,790 | 0,326 | 0,600 | 0,640 | 0,547 |
| S | RS | Triunfo | 1099º | 0,575 | 0,830 | 0,695 | 0,868 | 0,415 | 0,583 | 0,939 | 0,693 |
| NE | PE | Triunfo | 3219º | 0,254 | 0,486 | 0,465 | 0,664 | 0,409 | 0,552 | 1,000 | 0,533 |
| NE | PB | Triunfo | 3577º | 0,221 | 0,438 | 0,613 | 0,409 | 0,246 | 0,504 | 1,000 | 0,503 |
| NE | RN | Triunfo Potiguar | 3893º | 0,261 | 0,425 | 0,654 | 0,325 | 0,261 | 0,460 | 0,846 | 0,481 |
| NE | MA | Trizidela do Vale | 4064º | 0,186 | 0,321 | 0,627 | 0,477 | 0,303 | 0,465 | 0,918 | 0,471 |
| CO | GO | Trombas | 3310º | 0,252 | 0,518 | 0,532 | 0,670 | 0,330 | 0,586 | 0,849 | 0,524 |
| S | SC | Trombudo Central | 234º | 0,718 | 0,926 | 0,688 | 0,909 | 0,512 | 0,631 | 1,000 | 0,763 |
| S | SC | Tubarão | 129º | 0,775 | 0,927 | 0,633 | 0,941 | 0,662 | 0,686 | 0,909 | 0,778 |
| NE | BA | Tucano | 5122º | 0,138 | 0,296 | 0,280 | 0,400 | 0,229 | 0,476 | 0,970 | 0,396 |
| N | PA | Tucumã | 4506º | 0,315 | 0,600 | 0,503 | 0,705 | 0,283 | 0,426 | 0,382 | 0,443 |
| S | RS | Tucunduva | 985º | 0,427 | 0,864 | 0,631 | 0,909 | 0,426 | 0,737 | 1,000 | 0,702 |
| N | PA | Tucuruí | 3450º | 0,473 | 0,572 | 0,429 | 0,749 | 0,472 | 0,378 | 0,684 | 0,514 |
| NE | MA | Tufilândia | 4983º | 0,218 | 0,209 | 0,616 | 0,247 | 0,187 | 0,282 | 1,000 | 0,411 |
| SE | SP | Tuiuti | 569º | 0,530 | 0,840 | 0,797 | 0,827 | 0,431 | 0,698 | 1,000 | 0,733 |
| SE | MG | Tumiritinga | 4062º | 0,250 | 0,530 | 0,658 | 0,650 | 0,190 | 0,472 | 0,587 | 0,471 |

*a partir da melhor situação social ou maior IES

| Região | UF | Nome do Município 2010 | Posição* | Índice de Emprego | Índice de Pobreza | Índice de Desigualdade | Índice de Alfabetização | Índice de Escolaridade | Índice de Juventude | Índice de Violência | Índice de Exclusão |
|---|---|---|---|---|---|---|---|---|---|---|---|
| S | SC | Tunápolis | 1205º | 0,279 | 0,877 | 0,757 | 0,923 | 0,428 | 0,643 | 1,000 | 0,686 |
| S | RS | Tunas | 2946º | 0,133 | 0,651 | 0,647 | 0,766 | 0,222 | 0,564 | 1,000 | 0,558 |
| S | PR | Tunas do Paraná | 2986º | 0,796 | 0,522 | 0,534 | 0,571 | 0,182 | 0,362 | 0,834 | 0,555 |
| S | PR | Tuneiras do Oeste | 1428º | 0,551 | 0,714 | 0,795 | 0,831 | 0,363 | 0,591 | 0,880 | 0,671 |
| NE | MA | Tuntum | 5215º | 0,094 | 0,236 | 0,452 | 0,337 | 0,209 | 0,386 | 0,960 | 0,385 |
| SE | SP | Tupã | 597º | 0,701 | 0,844 | 0,488 | 0,873 | 0,614 | 0,711 | 0,967 | 0,731 |
| SE | MG | Tupaciguara | 1863º | 0,485 | 0,754 | 0,579 | 0,825 | 0,422 | 0,641 | 0,871 | 0,643 |
| NE | PE | Tupanatinga | 5519º | 0,050 | 0,174 | 0,357 | 0,212 | 0,150 | 0,340 | 0,872 | 0,317 |
| S | RS | Tupanci do Sul | 3180º | 0,244 | 0,641 | 0,532 | 0,782 | 0,347 | 0,657 | 0,669 | 0,537 |
| S | RS | Tupanciretã | 2600º | 0,438 | 0,674 | 0,428 | 0,887 | 0,371 | 0,595 | 0,907 | 0,591 |
| S | RS | Tupandi | 16º | 0,699 | 0,978 | 0,955 | 0,962 | 0,386 | 0,679 | 1,000 | 0,811 |
| S | RS | Tuparendi | 1057º | 0,427 | 0,845 | 0,663 | 0,907 | 0,402 | 0,765 | 0,939 | 0,697 |
| NE | PE | Tuparetama | 3417º | 0,207 | 0,504 | 0,648 | 0,566 | 0,294 | 0,583 | 0,803 | 0,516 |
| S | PR | Tupãssi | 1715º | 0,358 | 0,818 | 0,632 | 0,886 | 0,399 | 0,643 | 0,935 | 0,653 |
| SE | SP | Tupi Paulista | 432º | 0,588 | 0,900 | 0,598 | 0,889 | 0,569 | 0,790 | 0,927 | 0,743 |
| N | TO | Tupirama | 2497º | 0,582 | 0,541 | 0,598 | 0,658 | 0,362 | 0,456 | 1,000 | 0,598 |
| N | TO | Tupiratins | 4822º | 0,247 | 0,379 | 0,417 | 0,629 | 0,189 | 0,446 | 0,752 | 0,423 |
| NE | MA | Turiaçu | 5421º | 0,120 | 0,177 | 0,411 | 0,365 | 0,180 | 0,277 | 0,954 | 0,352 |
| NE | MA | Turilândia | 5441º | 0,061 | 0,149 | 0,546 | 0,250 | 0,137 | 0,288 | 0,932 | 0,347 |
| SE | SP | Turiúba | 52º | 0,728 | 0,880 | 0,843 | 0,777 | 0,503 | 0,731 | 1,000 | 0,792 |
| SE | SP | Turmalina | 271º | 0,586 | 0,903 | 0,781 | 0,806 | 0,421 | 0,758 | 1,000 | 0,758 |
| SE | MG | Turmalina | 2643º | 0,443 | 0,572 | 0,577 | 0,716 | 0,343 | 0,507 | 1,000 | 0,587 |
| S | RS | Turuçu | 2505º | 0,230 | 0,698 | 0,599 | 0,870 | 0,182 | 0,696 | 1,000 | 0,598 |
| NE | CE | Tururu | 4711º | 0,203 | 0,213 | 0,499 | 0,421 | 0,325 | 0,435 | 0,928 | 0,430 |
| CO | GO | Turvânia | 1921º | 0,441 | 0,665 | 0,586 | 0,762 | 0,416 | 0,658 | 1,000 | 0,640 |
| CO | GO | Turvelândia | 2233º | 0,624 | 0,705 | 0,677 | 0,633 | 0,341 | 0,519 | 0,763 | 0,618 |
| S | SC | Turvo | 332º | 0,596 | 0,935 | 0,772 | 0,919 | 0,448 | 0,626 | 1,000 | 0,751 |
| S | PR | Turvo | 2819º | 0,413 | 0,594 | 0,529 | 0,758 | 0,304 | 0,478 | 1,000 | 0,570 |

*a partir da melhor situação social ou maior IES)

| Região | UF | Nome do Município 2010 | Posição* | Índice de Emprego | Índice de Pobreza | Índice de Desigualdade | Índice de Alfabetização | Índice de Escolaridade | Índice de Juventude | Índice de Violência | Índice de Exclusão |
|---|---|---|---|---|---|---|---|---|---|---|---|
| SE | MG | Turvolândia | 2042º | 0,387 | 0,788 | 0,598 | 0,781 | 0,322 | 0,580 | 1,000 | 0,631 |
| NE | MA | Tutóia | 5304º | 0,143 | 0,249 | 0,461 | 0,319 | 0,175 | 0,293 | 0,941 | 0,374 |
| N | AM | Uarini | 5533º | 0,039 | 0,190 | 0,373 | 0,466 | 0,206 | 0,170 | 0,781 | 0,298 |
| NE | BA | Uauá | 4740º | 0,151 | 0,273 | 0,440 | 0,508 | 0,279 | 0,508 | 0,893 | 0,428 |
| SE | MG | Ubá | 925º | 0,759 | 0,793 | 0,580 | 0,889 | 0,442 | 0,617 | 0,923 | 0,706 |
| SE | MG | Ubaí | 4260º | 0,133 | 0,326 | 0,597 | 0,581 | 0,259 | 0,390 | 1,000 | 0,458 |
| NE | BA | Ubaíra | 4444º | 0,165 | 0,341 | 0,429 | 0,405 | 0,237 | 0,521 | 1,000 | 0,447 |
| NE | BA | Ubaitaba | 4469º | 0,253 | 0,404 | 0,470 | 0,553 | 0,301 | 0,469 | 0,723 | 0,445 |
| NE | CE | Ubajara | 4097º | 0,242 | 0,354 | 0,504 | 0,502 | 0,344 | 0,454 | 0,918 | 0,469 |
| SE | MG | Ubaporanga | 2913º | 0,311 | 0,520 | 0,757 | 0,699 | 0,188 | 0,548 | 0,914 | 0,561 |
| SE | SP | Ubarana | 387º | 0,786 | 0,800 | 0,856 | 0,812 | 0,372 | 0,545 | 1,000 | 0,746 |
| NE | BA | Ubatã | 4211º | 0,296 | 0,372 | 0,520 | 0,409 | 0,292 | 0,477 | 0,813 | 0,461 |
| SE | SP | Ubatuba | 2119º | 0,517 | 0,755 | 0,403 | 0,875 | 0,548 | 0,557 | 0,894 | 0,625 |
| SE | MG | Uberaba | 342º | 0,740 | 0,875 | 0,578 | 0,923 | 0,650 | 0,668 | 0,917 | 0,750 |
| SE | MG | Uberlândia | 500º | 0,730 | 0,874 | 0,565 | 0,928 | 0,670 | 0,639 | 0,880 | 0,738 |
| SE | SP | Ubirajara | 1187º | 0,620 | 0,826 | 0,737 | 0,841 | 0,442 | 0,605 | 0,765 | 0,687 |
| S | PR | Ubiratã | 1541º | 0,442 | 0,754 | 0,629 | 0,824 | 0,467 | 0,630 | 0,976 | 0,664 |
| S | RS | Ubiretama | 1483º | 0,171 | 0,839 | 0,859 | 0,919 | 0,237 | 0,708 | 1,000 | 0,667 |
| SE | SP | Uchoa | 275º | 0,715 | 0,853 | 0,780 | 0,864 | 0,439 | 0,694 | 0,945 | 0,758 |
| NE | BA | Uibaí | 4372º | 0,125 | 0,315 | 0,517 | 0,656 | 0,311 | 0,562 | 0,809 | 0,452 |
| N | RR | Uiramutã | 5565º | 0,060 | 0,048 | 0,058 | 0,328 | 0,081 | 0,000 | 0,938 | 0,197 |
| CO | GO | Uirapuru | 2920º | 0,321 | 0,590 | 0,681 | 0,669 | 0,296 | 0,558 | 0,823 | 0,561 |
| NE | PB | Uiraúna | 3752º | 0,226 | 0,403 | 0,496 | 0,422 | 0,326 | 0,589 | 0,929 | 0,491 |
| N | PA | Ulianópolis | 4824º | 0,578 | 0,337 | 0,159 | 0,656 | 0,169 | 0,358 | 0,820 | 0,423 |
| NE | CE | Umari | 4325º | 0,227 | 0,264 | 0,482 | 0,298 | 0,288 | 0,530 | 1,000 | 0,455 |
| NE | RN | Umarizal | 4928º | 0,248 | 0,375 | 0,560 | 0,451 | 0,269 | 0,562 | 0,414 | 0,415 |
| NE | SE | Umbaúba | 4672º | 0,228 | 0,339 | 0,652 | 0,457 | 0,230 | 0,421 | 0,675 | 0,432 |
| NE | BA | Umburanas | 5084º | 0,095 | 0,114 | 0,574 | 0,465 | 0,126 | 0,449 | 1,000 | 0,400 |
| SE | MG | Umburatiba | 3092º | 0,361 | 0,475 | 0,593 | 0,443 | 0,344 | 0,518 | 1,000 | 0,545 |
| NE | PB | Umbuzeiro | 5089º | 0,136 | 0,305 | 0,495 | 0,303 | 0,251 | 0,462 | 0,776 | 0,400 |
| NE | CE | Umirim | 4877º | 0,228 | 0,183 | 0,515 | 0,410 | 0,285 | 0,400 | 0,917 | 0,419 |

*a partir da melhor situação social ou maior IES)

| Região | UF | Nome do Município 2010 | Posição* | Índice de Emprego | Índice de Pobreza | Índice de Desigualdade | Índice de Alfabetização | Índice de Escolaridade | Índice de Juventude | Índice de Violência | Índice de Exclusão |
|---|---|---|---|---|---|---|---|---|---|---|---|
| S | PR | Umuarama | 964º | 0,646 | 0,859 | 0,598 | 0,887 | 0,590 | 0,650 | 0,788 | 0,703 |
| NE | BA | Una | 4197º | 0,296 | 0,384 | 0,554 | 0,442 | 0,239 | 0,448 | 0,827 | 0,462 |
| SE | MG | Unaí | 2180º | 0,502 | 0,727 | 0,522 | 0,827 | 0,462 | 0,571 | 0,852 | 0,622 |
| NE | PI | União | 4391º | 0,307 | 0,267 | 0,541 | 0,387 | 0,188 | 0,442 | 0,951 | 0,451 |
| S | RS | União da Serra | 728º | 0,234 | 0,989 | 0,829 | 0,921 | 0,274 | 0,809 | 1,000 | 0,720 |
| S | PR | União da Vitória | 1287º | 0,653 | 0,788 | 0,611 | 0,916 | 0,535 | 0,546 | 0,832 | 0,679 |
| SE | MG | União de Minas | 1706º | 0,556 | 0,695 | 0,667 | 0,738 | 0,263 | 0,619 | 1,000 | 0,653 |
| S | SC | União do Oeste | 1299º | 0,269 | 0,891 | 0,836 | 0,812 | 0,332 | 0,620 | 1,000 | 0,679 |
| CO | MT | União do Sul | 2483º | 0,448 | 0,650 | 0,659 | 0,757 | 0,296 | 0,435 | 1,000 | 0,599 |
| NE | AL | União dos Palmares | 4994º | 0,388 | 0,349 | 0,499 | 0,300 | 0,252 | 0,398 | 0,575 | 0,410 |
| SE | SP | União Paulista | 353º | 0,649 | 0,844 | 0,852 | 0,783 | 0,438 | 0,624 | 1,000 | 0,749 |
| S | PR | Uniflor | 160º | 0,760 | 0,865 | 0,839 | 0,801 | 0,501 | 0,593 | 1,000 | 0,772 |
| S | RS | Unistalda | 2666º | 0,297 | 0,548 | 0,643 | 0,831 | 0,241 | 0,629 | 1,000 | 0,585 |
| NE | RN | Upanema | 4016º | 0,250 | 0,323 | 0,499 | 0,404 | 0,322 | 0,521 | 0,960 | 0,474 |
| S | PR | Uraí | 1459º | 0,521 | 0,731 | 0,628 | 0,806 | 0,447 | 0,645 | 0,955 | 0,669 |
| NE | BA | Urandi | 3507º | 0,317 | 0,414 | 0,564 | 0,529 | 0,212 | 0,528 | 0,968 | 0,509 |
| SE | SP | Urânia | 746º | 0,501 | 0,855 | 0,655 | 0,831 | 0,509 | 0,716 | 1,000 | 0,718 |
| NE | MA | Urbano Santos | 5312º | 0,241 | 0,163 | 0,373 | 0,296 | 0,320 | 0,255 | 0,958 | 0,372 |
| SE | SP | Uru | 126º | 0,871 | 0,767 | 0,736 | 0,856 | 0,494 | 0,712 | 1,000 | 0,779 |
| CO | GO | Uruaçu | 2224º | 0,498 | 0,746 | 0,445 | 0,787 | 0,471 | 0,578 | 0,901 | 0,619 |
| CO | GO | Uruana | 2965º | 0,227 | 0,644 | 0,622 | 0,761 | 0,363 | 0,633 | 0,737 | 0,556 |
| SE | MG | Uruana de Minas | 3138º | 0,367 | 0,479 | 0,519 | 0,645 | 0,292 | 0,520 | 1,000 | 0,540 |
| N | PA | Uruará | 4764º | 0,217 | 0,431 | 0,423 | 0,637 | 0,196 | 0,362 | 0,826 | 0,426 |
| S | SC | Urubici | 2327º | 0,388 | 0,772 | 0,520 | 0,870 | 0,356 | 0,551 | 0,951 | 0,612 |
| NE | CE | Uruburetama | 4367º | 0,297 | 0,268 | 0,493 | 0,523 | 0,380 | 0,433 | 0,842 | 0,452 |

*a partir da melhor situação social ou maior IES

| Região | UF | Nome do Município 2010 | Posição* | Índice de Emprego | Índice de Pobreza | Índice de Desigualdade | Índice de Alfabetização | Índice de Escolaridade | Índice de Juventude | Índice de Violência | Índice de Exclusão |
|---|---|---|---|---|---|---|---|---|---|---|---|
| SE | MG | Urucânia | 2045º | 0,693 | 0,581 | 0,754 | 0,706 | 0,255 | 0,528 | 0,848 | 0,631 |
| N | AM | Urucará | 5151º | 0,188 | 0,228 | 0,380 | 0,752 | 0,412 | 0,221 | 0,878 | 0,394 |
| NE | BA | Uruçuca | 3843º | 0,370 | 0,461 | 0,598 | 0,496 | 0,289 | 0,484 | 0,659 | 0,485 |
| NE | PI | Uruçuí | 3548º | 0,351 | 0,433 | 0,487 | 0,561 | 0,333 | 0,453 | 0,948 | 0,505 |
| SE | MG | Urucuia | 3816º | 0,244 | 0,296 | 0,645 | 0,724 | 0,369 | 0,377 | 0,924 | 0,487 |
| N | AM | Urucurituba | 5166º | 0,083 | 0,242 | 0,433 | 0,703 | 0,282 | 0,244 | 1,000 | 0,392 |
| S | RS | Uruguaiana | 1941º | 0,569 | 0,716 | 0,438 | 0,901 | 0,568 | 0,529 | 0,934 | 0,639 |
| NE | CE | Uruoca | 5124º | 0,160 | 0,198 | 0,515 | 0,277 | 0,213 | 0,414 | 0,919 | 0,396 |
| N | RO | Urupá | 3835º | 0,178 | 0,494 | 0,557 | 0,701 | 0,189 | 0,490 | 0,880 | 0,485 |
| S | SC | Urupema | 1479º | 0,414 | 0,700 | 0,733 | 0,839 | 0,423 | 0,635 | 1,000 | 0,668 |
| SE | SP | Urupês | 239º | 0,625 | 0,920 | 0,734 | 0,882 | 0,471 | 0,718 | 1,000 | 0,763 |
| S | SC | Urussanga | 58º | 0,681 | 0,943 | 0,763 | 0,943 | 0,542 | 0,706 | 1,000 | 0,791 |
| CO | GO | Urutaí | 1113º | 0,583 | 0,729 | 0,597 | 0,832 | 0,568 | 0,625 | 1,000 | 0,692 |
| NE | BA | Utinga | 4883º | 0,188 | 0,340 | 0,349 | 0,581 | 0,266 | 0,381 | 0,943 | 0,418 |
| S | RS | Vacaria | 1188º | 0,745 | 0,797 | 0,533 | 0,892 | 0,470 | 0,589 | 0,864 | 0,687 |
| CO | MT | Vale de São Domingos | 2692º | 0,197 | 0,656 | 0,711 | 0,749 | 0,308 | 0,524 | 1,000 | 0,582 |
| N | RO | Vale do Anari | 4732º | 0,202 | 0,425 | 0,449 | 0,674 | 0,208 | 0,440 | 0,723 | 0,428 |
| N | RO | Vale do Paraíso | 3811º | 0,261 | 0,416 | 0,419 | 0,731 | 0,239 | 0,485 | 1,000 | 0,487 |
| S | RS | Vale do Sol | 2394º | 0,225 | 0,733 | 0,683 | 0,881 | 0,154 | 0,642 | 1,000 | 0,606 |
| S | RS | Vale Real | 2º | 0,824 | 0,961 | 0,980 | 0,960 | 0,388 | 0,674 | 1,000 | 0,833 |
| S | RS | Vale Verde | 2843º | 0,212 | 0,634 | 0,593 | 0,788 | 0,126 | 0,671 | 1,000 | 0,568 |
| SE | RJ | Valença | 1173º | 0,596 | 0,742 | 0,542 | 0,884 | 0,595 | 0,642 | 0,942 | 0,688 |
| NE | BA | Valença | 4476º | 0,292 | 0,441 | 0,485 | 0,575 | 0,365 | 0,485 | 0,542 | 0,445 |
| NE | PI | Valença do Piauí | 3324º | 0,286 | 0,428 | 0,529 | 0,435 | 0,362 | 0,585 | 0,974 | 0,522 |
| NE | BA | Valente | 2795º | 0,366 | 0,479 | 0,591 | 0,683 | 0,413 | 0,585 | 0,958 | 0,573 |
| SE | SP | Valentim Gentil | 124º | 0,706 | 0,890 | 0,833 | 0,872 | 0,490 | 0,656 | 1,000 | 0,779 |
| SE | SP | Valinhos | 56º | 0,830 | 0,947 | 0,487 | 0,943 | 0,765 | 0,697 | 0,985 | 0,791 |
| SE | SP | Valparaíso | 579º | 0,788 | 0,805 | 0,662 | 0,860 | 0,486 | 0,658 | 0,885 | 0,732 |

*a partir da melhor situação social ou maior IES)

| Região | UF | Nome do Município 2010 | Posição* | Índice de Emprego | Índice de Pobreza | Índice de Desigualdade | Índice de Alfabetização | Índice de Escolaridade | Índice de Juventude | Índice de Violência | Índice de Exclusão |
|---|---|---|---|---|---|---|---|---|---|---|---|
| CO | GO | Valparaíso de Goiás | 1950º | 0,713 | 0,738 | 0,538 | 0,907 | 0,671 | 0,487 | 0,597 | 0,638 |
| S | RS | Vanini | 464º | 0,345 | 0,927 | 0,865 | 0,886 | 0,483 | 0,719 | 1,000 | 0,741 |
| S | SC | Vargeão | 1359º | 0,578 | 0,788 | 0,679 | 0,852 | 0,304 | 0,552 | 1,000 | 0,675 |
| SE | SP | Vargem | 744º | 0,695 | 0,826 | 0,798 | 0,798 | 0,346 | 0,632 | 0,882 | 0,719 |
| S | SC | Vargem | 2803º | 0,436 | 0,544 | 0,576 | 0,727 | 0,158 | 0,574 | 1,000 | 0,572 |
| SE | MG | Vargem Alegre | 2997º | 0,353 | 0,544 | 0,589 | 0,660 | 0,247 | 0,574 | 0,919 | 0,554 |
| SE | ES | Vargem Alta | 2623º | 0,392 | 0,685 | 0,681 | 0,767 | 0,274 | 0,551 | 0,810 | 0,588 |
| SE | MG | Vargem Bonita | 1019º | 0,476 | 0,771 | 0,800 | 0,829 | 0,346 | 0,677 | 1,000 | 0,699 |
| S | SC | Vargem Bonita | 1037º | 0,632 | 0,769 | 0,706 | 0,857 | 0,478 | 0,514 | 1,000 | 0,698 |
| NE | MA | Vargem Grande | 5449º | 0,126 | 0,148 | 0,384 | 0,283 | 0,196 | 0,318 | 0,937 | 0,345 |
| SE | MG | Vargem Grande do Rio Pardo | 3814º | 0,234 | 0,332 | 0,669 | 0,529 | 0,331 | 0,448 | 0,890 | 0,487 |
| SE | SP | Vargem Grande do Sul | 411º | 0,715 | 0,878 | 0,729 | 0,880 | 0,413 | 0,626 | 0,974 | 0,744 |
| SE | SP | Vargem Grande Paulista | 941º | 0,696 | 0,831 | 0,550 | 0,924 | 0,562 | 0,568 | 0,927 | 0,705 |
| SE | MG | Varginha | 364º | 0,760 | 0,857 | 0,553 | 0,915 | 0,656 | 0,637 | 0,962 | 0,748 |
| CO | GO | Varjão | 2390º | 0,357 | 0,755 | 0,639 | 0,690 | 0,292 | 0,631 | 0,858 | 0,606 |
| SE | MG | Varjão de Minas | 906º | 0,766 | 0,766 | 0,771 | 0,833 | 0,366 | 0,530 | 0,914 | 0,708 |
| NE | CE | Varjota | 4465º | 0,172 | 0,340 | 0,522 | 0,468 | 0,277 | 0,443 | 0,911 | 0,446 |
| SE | RJ | Varre-Sai | 2619º | 0,283 | 0,586 | 0,694 | 0,775 | 0,304 | 0,556 | 1,000 | 0,589 |
| NE | PB | Várzea | 2393º | 0,270 | 0,609 | 0,764 | 0,714 | 0,529 | 0,632 | 0,792 | 0,606 |
| NE | RN | Várzea | 3341º | 0,330 | 0,380 | 0,620 | 0,360 | 0,295 | 0,539 | 1,000 | 0,521 |
| NE | CE | Várzea Alegre | 4134º | 0,160 | 0,374 | 0,505 | 0,432 | 0,307 | 0,536 | 0,932 | 0,467 |
| NE | PI | Várzea Branca | 5068º | 0,146 | 0,260 | 0,453 | 0,286 | 0,182 | 0,404 | 1,000 | 0,402 |

*a partir da melhor situação social ou maior IES

| Região | UF | Nome do Município 2010 | Posição* | Índice de Emprego | Índice de Pobreza | Índice de Desigualdade | Índice de Alfabetização | Índice de Escolaridade | Índice de Juventude | Índice de Violência | Índice de Exclusão |
|---|---|---|---|---|---|---|---|---|---|---|---|
| SE | MG | Várzea da Palma | 2434º | 0,589 | 0,552 | 0,645 | 0,749 | 0,358 | 0,517 | 0,855 | 0,603 |
| NE | BA | Várzea da Roça | 4562º | 0,135 | 0,311 | 0,589 | 0,430 | 0,143 | 0,494 | 0,925 | 0,439 |
| NE | BA | Várzea do Poço | 3851º | 0,173 | 0,403 | 0,563 | 0,516 | 0,271 | 0,580 | 0,880 | 0,484 |
| CO | MT | Várzea Grande | 1625º | 0,650 | 0,741 | 0,600 | 0,863 | 0,589 | 0,530 | 0,755 | 0,657 |
| NE | PI | Várzea Grande | 4003º | 0,214 | 0,352 | 0,544 | 0,326 | 0,211 | 0,549 | 1,000 | 0,474 |
| NE | BA | Várzea Nova | 4278º | 0,166 | 0,317 | 0,589 | 0,536 | 0,233 | 0,472 | 0,920 | 0,457 |
| SE | SP | Várzea Paulista | 336º | 0,855 | 0,816 | 0,717 | 0,894 | 0,510 | 0,582 | 0,913 | 0,750 |
| NE | BA | Varzedo | 3930º | 0,152 | 0,413 | 0,543 | 0,497 | 0,241 | 0,546 | 0,943 | 0,478 |
| SE | MG | Varzelândia | 4203º | 0,271 | 0,315 | 0,561 | 0,531 | 0,195 | 0,379 | 1,000 | 0,462 |
| SE | RJ | Vassouras | 1202º | 0,633 | 0,731 | 0,529 | 0,840 | 0,594 | 0,622 | 0,955 | 0,686 |
| SE | MG | Vazante | 1115º | 0,565 | 0,757 | 0,663 | 0,863 | 0,509 | 0,600 | 0,974 | 0,692 |
| S | RS | Venâncio Aires | 835º | 0,617 | 0,858 | 0,655 | 0,907 | 0,378 | 0,680 | 0,937 | 0,713 |
| SE | ES | Venda Nova do Imigrante | 1632º | 0,523 | 0,784 | 0,527 | 0,829 | 0,430 | 0,608 | 0,975 | 0,657 |
| NE | RN | Venha-Ver | 4905º | 0,153 | 0,208 | 0,573 | 0,292 | 0,166 | 0,428 | 1,000 | 0,417 |
| S | PR | Ventania | 2208º | 0,599 | 0,586 | 0,705 | 0,726 | 0,282 | 0,489 | 0,948 | 0,620 |
| NE | PE | Venturosa | 4619º | 0,175 | 0,332 | 0,536 | 0,376 | 0,231 | 0,471 | 0,870 | 0,436 |
| CO | MT | Vera | 1989º | 0,566 | 0,717 | 0,743 | 0,817 | 0,283 | 0,454 | 0,898 | 0,635 |
| SE | SP | Vera Cruz | 383º | 0,664 | 0,861 | 0,684 | 0,843 | 0,560 | 0,646 | 1,000 | 0,747 |
| S | RS | Vera Cruz | 956º | 0,606 | 0,850 | 0,618 | 0,903 | 0,375 | 0,651 | 0,978 | 0,704 |
| NE | RN | Vera Cruz | 3634º | 0,266 | 0,343 | 0,723 | 0,332 | 0,280 | 0,466 | 0,951 | 0,499 |
| NE | BA | Vera Cruz | 3895º | 0,344 | 0,456 | 0,438 | 0,747 | 0,343 | 0,523 | 0,668 | 0,481 |
| S | PR | Vera Cruz do Oeste | 2502º | 0,431 | 0,668 | 0,475 | 0,795 | 0,380 | 0,595 | 0,942 | 0,598 |
| NE | PI | Vera Mendes | 5281º | 0,095 | 0,176 | 0,433 | 0,089 | 0,117 | 0,523 | 1,000 | 0,377 |

*a partir da melhor situação social ou maior IES

| Região | UF | Nome do Município 2010 | Posição* | Índice de Emprego | Índice de Pobreza | Índice de Desigualdade | Índice de Alfabetização | Índice de Escolaridade | Índice de Juventude | Índice de Violência | Índice de Exclusão |
|---|---|---|---|---|---|---|---|---|---|---|---|
| S | RS | Veranópolis | 198º | 0,707 | 0,919 | 0,619 | 0,961 | 0,572 | 0,745 | 0,932 | 0,767 |
| NE | PE | Verdejante | 4244º | 0,281 | 0,321 | 0,494 | 0,428 | 0,277 | 0,444 | 0,943 | 0,459 |
| SE | MG | Verdelândia | 4048º | 0,378 | 0,302 | 0,672 | 0,410 | 0,164 | 0,297 | 1,000 | 0,472 |
| S | PR | Verê | 2205º | 0,303 | 0,756 | 0,630 | 0,790 | 0,282 | 0,623 | 1,000 | 0,620 |
| NE | BA | Vereda | 3936º | 0,251 | 0,359 | 0,640 | 0,386 | 0,191 | 0,489 | 0,924 | 0,478 |
| SE | MG | Veredinha | 2959º | 0,333 | 0,460 | 0,713 | 0,594 | 0,279 | 0,503 | 1,000 | 0,557 |
| SE | MG | Veríssimo | 2139º | 0,582 | 0,676 | 0,583 | 0,754 | 0,169 | 0,583 | 1,000 | 0,624 |
| SE | MG | Vermelho Novo | 3342º | 0,173 | 0,478 | 0,528 | 0,750 | 0,249 | 0,590 | 1,000 | 0,521 |
| NE | PE | Vertente do Lério | 4187º | 0,248 | 0,314 | 0,681 | 0,356 | 0,166 | 0,486 | 0,868 | 0,463 |
| NE | PE | Vertentes | 3922º | 0,162 | 0,492 | 0,656 | 0,502 | 0,199 | 0,523 | 0,772 | 0,478 |
| SE | MG | Vespasiano | 1273º | 0,813 | 0,721 | 0,706 | 0,882 | 0,405 | 0,530 | 0,756 | 0,680 |
| S | RS | Vespasiano Correa | 668º | 0,242 | 0,961 | 0,882 | 0,881 | 0,326 | 0,786 | 1,000 | 0,725 |
| S | RS | Viadutos | 1506º | 0,262 | 0,832 | 0,725 | 0,904 | 0,296 | 0,715 | 1,000 | 0,666 |
| S | RS | Viamão | 1168º | 0,704 | 0,800 | 0,616 | 0,894 | 0,510 | 0,562 | 0,826 | 0,688 |
| SE | ES | Viana | 1892º | 0,683 | 0,680 | 0,683 | 0,824 | 0,363 | 0,578 | 0,720 | 0,642 |
| NE | MA | Viana | 4974º | 0,104 | 0,295 | 0,454 | 0,563 | 0,327 | 0,369 | 0,895 | 0,411 |
| CO | GO | Vianópolis | 1734º | 0,477 | 0,769 | 0,651 | 0,847 | 0,385 | 0,587 | 0,917 | 0,651 |
| NE | PE | Vicência | 3642º | 0,516 | 0,263 | 0,567 | 0,521 | 0,267 | 0,485 | 0,848 | 0,498 |
| S | RS | Vicente Dutra | 3625º | 0,164 | 0,586 | 0,546 | 0,778 | 0,161 | 0,566 | 0,803 | 0,500 |
| CO | MS | Vicentina | 1648º | 0,434 | 0,729 | 0,649 | 0,720 | 0,426 | 0,641 | 1,000 | 0,656 |
| CO | GO | Vicentinópolis | 1802º | 0,577 | 0,738 | 0,622 | 0,767 | 0,344 | 0,564 | 0,929 | 0,647 |
| SE | MG | Viçosa | 1105º | 0,653 | 0,779 | 0,468 | 0,900 | 0,640 | 0,649 | 0,906 | 0,693 |
| NE | RN | Viçosa | 3607º | 0,278 | 0,258 | 0,631 | 0,560 | 0,276 | 0,527 | 1,000 | 0,501 |
| NE | AL | Viçosa | 5163º | 0,297 | 0,251 | 0,373 | 0,274 | 0,267 | 0,418 | 0,795 | 0,393 |
| NE | CE | Viçosa do Ceará | 5327º | 0,161 | 0,194 | 0,393 | 0,384 | 0,188 | 0,367 | 0,924 | 0,371 |
| S | RS | Victor Graeff | 1443º | 0,331 | 0,941 | 0,651 | 0,937 | 0,434 | 0,683 | 0,829 | 0,670 |

*a partir da melhor situação social ou maior IES

ATLAS DA EXCLUSÃO SOCIAL NO BRASIL 345

| Região | UF | Nome do Município 2010 | Posição* | Índice de Emprego | Índice de Pobreza | Índice de Desigualdade | Índice de Alfabetização | Índice de Escolaridade | Índice de Juventude | Índice de Violência | Índice de Exclusão |
|---|---|---|---|---|---|---|---|---|---|---|---|
| S | SC | Vidal Ramos | 2425º | 0,279 | 0,850 | 0,730 | 0,823 | 0,312 | 0,545 | 0,752 | 0,603 |
| S | SC | Videira | 218º | 0,827 | 0,916 | 0,631 | 0,928 | 0,551 | 0,598 | 0,967 | 0,765 |
| SE | MG | Vieiras | 2243º | 0,376 | 0,540 | 0,719 | 0,734 | 0,349 | 0,638 | 1,000 | 0,618 |
| NE | PB | Vieirópolis | 3825º | 0,210 | 0,317 | 0,678 | 0,215 | 0,164 | 0,591 | 1,000 | 0,486 |
| N | PA | Vigia | 3912º | 0,211 | 0,393 | 0,562 | 0,741 | 0,288 | 0,428 | 0,891 | 0,479 |
| CO | MT | Vila Bela da Santíssima Trindade | 3445º | 0,403 | 0,521 | 0,403 | 0,745 | 0,293 | 0,401 | 0,964 | 0,514 |
| CO | GO | Vila Boa | 2523º | 0,671 | 0,533 | 0,600 | 0,673 | 0,364 | 0,457 | 0,890 | 0,597 |
| NE | RN | Vila Flor | 3671º | 0,403 | 0,271 | 0,661 | 0,458 | 0,233 | 0,396 | 1,000 | 0,497 |
| S | RS | Vila Flores | 10º | 0,722 | 0,929 | 0,921 | 0,981 | 0,434 | 0,747 | 1,000 | 0,819 |
| S | RS | Vila Lângaro | 2379º | 0,150 | 0,794 | 0,591 | 0,898 | 0,268 | 0,673 | 1,000 | 0,607 |
| S | RS | Vila Maria | 470º | 0,390 | 0,963 | 0,766 | 0,938 | 0,443 | 0,745 | 1,000 | 0,740 |
| NE | PI | Vila Nova do Piauí | 4857º | 0,121 | 0,210 | 0,389 | 0,386 | 0,218 | 0,597 | 1,000 | 0,420 |
| S | RS | Vila Nova do Sul | 1829º | 0,481 | 0,640 | 0,674 | 0,815 | 0,286 | 0,653 | 1,000 | 0,645 |
| NE | MA | Vila Nova dos Martírios | 4647º | 0,150 | 0,272 | 0,651 | 0,386 | 0,230 | 0,356 | 0,954 | 0,434 |
| SE | ES | Vila Pavão | 2904º | 0,263 | 0,601 | 0,616 | 0,708 | 0,308 | 0,608 | 0,880 | 0,562 |
| CO | GO | Vila Propício | 3169º | 0,363 | 0,550 | 0,542 | 0,596 | 0,159 | 0,519 | 1,000 | 0,538 |
| CO | MT | Vila Rica | 3260º | 0,359 | 0,684 | 0,465 | 0,809 | 0,316 | 0,454 | 0,757 | 0,529 |
| SE | ES | Vila Valério | 3220º | 0,220 | 0,664 | 0,546 | 0,708 | 0,309 | 0,578 | 0,774 | 0,533 |
| SE | ES | Vila Velha | 961º | 0,698 | 0,854 | 0,458 | 0,919 | 0,817 | 0,646 | 0,716 | 0,704 |
| N | RO | Vilhena | 1618º | 0,608 | 0,796 | 0,571 | 0,871 | 0,547 | 0,513 | 0,823 | 0,658 |
| SE | SP | Vinhedo | 141º | 0,767 | 0,936 | 0,503 | 0,945 | 0,760 | 0,678 | 0,967 | 0,775 |
| SE | SP | Viradouro | 298º | 0,759 | 0,878 | 0,769 | 0,876 | 0,474 | 0,622 | 0,910 | 0,755 |
| SE | MG | Virgem da Lapa | 3283º | 0,300 | 0,435 | 0,588 | 0,570 | 0,243 | 0,539 | 1,000 | 0,526 |

*a partir da melhor situação social ou maior IES)

| Região | UF | Nome do Município 2010 | Posição* | Índice de Emprego | Índice de Pobreza | Índice de Desigualdade | Índice de Alfabetização | Índice de Escolaridade | Índice de Juventude | Índice de Violência | Índice de Exclusão |
|---|---|---|---|---|---|---|---|---|---|---|---|
| SE | MG | Virgínia | 2800º | 0,315 | 0,565 | 0,637 | 0,756 | 0,208 | 0,627 | 0,940 | 0,572 |
| SE | MG | Virginópolis | 2831º | 0,345 | 0,565 | 0,591 | 0,757 | 0,345 | 0,524 | 0,951 | 0,569 |
| SE | MG | Virgolândia | 4007º | 0,130 | 0,448 | 0,584 | 0,579 | 0,183 | 0,510 | 0,908 | 0,474 |
| S | PR | Virmond | 2890º | 0,263 | 0,718 | 0,512 | 0,852 | 0,319 | 0,557 | 0,868 | 0,563 |
| SE | MG | Visconde do Rio Branco | 1084º | 0,725 | 0,789 | 0,599 | 0,839 | 0,397 | 0,628 | 0,904 | 0,694 |
| N | PA | Viseu | 5514º | 0,125 | 0,106 | 0,338 | 0,417 | 0,126 | 0,239 | 0,972 | 0,321 |
| S | RS | Vista Alegre | 2474º | 0,276 | 0,764 | 0,452 | 0,856 | 0,349 | 0,633 | 1,000 | 0,599 |
| SE | SP | Vista Alegre do Alto | 67º | 0,705 | 0,954 | 0,862 | 0,839 | 0,480 | 0,642 | 1,000 | 0,790 |
| S | RS | Vista Alegre do Prata | 767º | 0,311 | 0,968 | 0,701 | 0,969 | 0,377 | 0,777 | 1,000 | 0,717 |
| S | RS | Vista Gaúcha | 2546º | 0,375 | 0,796 | 0,381 | 0,895 | 0,401 | 0,670 | 0,811 | 0,596 |
| NE | PB | Vista Serrana | 3801º | 0,193 | 0,352 | 0,635 | 0,498 | 0,184 | 0,519 | 1,000 | 0,488 |
| S | SC | Vitor Meireles | 2982º | 0,341 | 0,640 | 0,467 | 0,840 | 0,227 | 0,501 | 1,000 | 0,555 |
| SE | ES | Vitória | 559º | 0,750 | 0,879 | 0,374 | 0,942 | 0,982 | 0,682 | 0,746 | 0,733 |
| SE | SP | Vitória Brasil | 366º | 0,542 | 0,863 | 0,856 | 0,765 | 0,473 | 0,683 | 1,000 | 0,748 |
| NE | BA | Vitória da Conquista | 3186º | 0,480 | 0,596 | 0,476 | 0,703 | 0,470 | 0,547 | 0,575 | 0,536 |
| S | RS | Vitória das Missões | 2987º | 0,185 | 0,645 | 0,602 | 0,777 | 0,223 | 0,671 | 0,851 | 0,555 |
| NE | PE | Vitória de Santo Antão | 3724º | 0,372 | 0,419 | 0,486 | 0,536 | 0,357 | 0,552 | 0,744 | 0,493 |
| N | AP | Vitória do Jari | 4624º | 0,397 | 0,333 | 0,394 | 0,604 | 0,342 | 0,237 | 0,874 | 0,435 |
| NE | MA | Vitória do Mearim | 5050º | 0,212 | 0,274 | 0,475 | 0,427 | 0,231 | 0,353 | 0,867 | 0,404 |
| N | PA | Vitória do Xingu | 4965º | 0,128 | 0,323 | 0,385 | 0,621 | 0,169 | 0,383 | 1,000 | 0,412 |
| S | PR | Vitorino | 1551º | 0,490 | 0,785 | 0,594 | 0,918 | 0,404 | 0,571 | 1,000 | 0,663 |

*a partir da melhor situação social ou maior IES)

| Região | UF | Nome do Município 2010 | Posição* | Índice de Emprego | Índice de Pobreza | Índice de Desigualdade | Índice de Alfabetização | Índice de Escolaridade | Índice de Juventude | Índice de Violência | Índice de Exclusão |
|---|---|---|---|---|---|---|---|---|---|---|---|
| NE | MA | Vitorino Freire | 5219º | 0,139 | 0,267 | 0,436 | 0,300 | 0,224 | 0,405 | 0,869 | 0,385 |
| SE | MG | Volta Grande | 1769º | 0,701 | 0,624 | 0,544 | 0,760 | 0,366 | 0,570 | 1,000 | 0,649 |
| SE | RJ | Volta Redonda | 508º | 0,731 | 0,846 | 0,561 | 0,943 | 0,716 | 0,669 | 0,837 | 0,737 |
| SE | SP | Votorantim | 156º | 0,746 | 0,864 | 0,760 | 0,924 | 0,666 | 0,587 | 0,947 | 0,773 |
| SE | SP | Votuporanga | 178º | 0,713 | 0,905 | 0,590 | 0,914 | 0,661 | 0,720 | 0,963 | 0,769 |
| NE | BA | Wagner | 4078º | 0,174 | 0,342 | 0,538 | 0,569 | 0,291 | 0,445 | 1,000 | 0,470 |
| NE | PI | Wall Ferraz | 5123º | 0,117 | 0,184 | 0,569 | 0,281 | 0,152 | 0,492 | 0,878 | 0,396 |
| N | TO | Wanderlândia | 3400º | 0,348 | 0,447 | 0,549 | 0,618 | 0,394 | 0,472 | 0,858 | 0,517 |
| NE | BA | Wanderley | 4588º | 0,184 | 0,296 | 0,399 | 0,501 | 0,283 | 0,458 | 1,000 | 0,438 |
| SE | MG | Wenceslau Braz | 1778º | 0,677 | 0,578 | 0,710 | 0,902 | 0,344 | 0,618 | 0,796 | 0,649 |
| S | PR | Wenceslau Braz | 2511º | 0,409 | 0,677 | 0,553 | 0,770 | 0,430 | 0,570 | 0,865 | 0,598 |
| NE | BA | Wenceslau Guimarães | 4447º | 0,152 | 0,372 | 0,680 | 0,337 | 0,211 | 0,395 | 0,883 | 0,447 |
| S | RS | Westfalia | 119º | 0,529 | 0,990 | 0,912 | 0,979 | 0,266 | 0,770 | 1,000 | 0,780 |
| S | SC | Witmarsum | 1246º | 0,471 | 0,879 | 0,689 | 0,901 | 0,290 | 0,594 | 1,000 | 0,682 |
| N | TO | Xambioá | 3357º | 0,407 | 0,471 | 0,368 | 0,603 | 0,420 | 0,449 | 1,000 | 0,520 |
| S | PR | Xambrê | 1667º | 0,513 | 0,783 | 0,611 | 0,749 | 0,359 | 0,650 | 0,913 | 0,655 |
| S | RS | Xangri-lá | 1027º | 0,501 | 0,891 | 0,711 | 0,912 | 0,469 | 0,544 | 0,958 | 0,699 |
| S | SC | Xanxerê | 707º | 0,690 | 0,839 | 0,580 | 0,892 | 0,588 | 0,595 | 0,965 | 0,722 |
| N | AC | Xapuri | 4104º | 0,326 | 0,452 | 0,416 | 0,481 | 0,296 | 0,353 | 0,968 | 0,469 |
| S | SC | Xavantina | 1816º | 0,175 | 0,891 | 0,642 | 0,892 | 0,337 | 0,686 | 1,000 | 0,646 |
| S | SC | Xaxim | 818º | 0,661 | 0,847 | 0,693 | 0,904 | 0,504 | 0,601 | 0,858 | 0,714 |
| NE | PE | Xexéu | 4411º | 0,499 | 0,295 | 0,588 | 0,289 | 0,261 | 0,370 | 0,705 | 0,449 |
| N | PA | Xinguara | 3758º | 0,401 | 0,539 | 0,450 | 0,720 | 0,303 | 0,434 | 0,705 | 0,491 |
| NE | BA | Xique-Xique | 4715º | 0,199 | 0,309 | 0,459 | 0,495 | 0,283 | 0,382 | 0,931 | 0,429 |
| NE | PB | Zabelê | 3330º | 0,136 | 0,399 | 0,710 | 0,581 | 0,325 | 0,532 | 1,000 | 0,522 |

*a partir da melhor situação social ou maior IES)

| Região | UF | Nome do Município 2010 | Posição* | Índice de Emprego | Índice de Pobreza | Índice de Desigualdade | Índice de Alfabetização | Índice de Escolaridade | Índice de Juventude | Índice de Violência | Índice de Exclusão |
|---|---|---|---|---|---|---|---|---|---|---|---|
| SE | SP | Zacarias | 89º | 0,796 | 0,846 | 0,794 | 0,831 | 0,515 | 0,681 | 1,000 | 0,786 |
| NE | MA | Zé Doca | 5010º | 0,129 | 0,294 | 0,533 | 0,473 | 0,257 | 0,371 | 0,844 | 0,408 |
| S | SC | Zortéa | 384º | 0,642 | 0,936 | 0,733 | 0,827 | 0,507 | 0,585 | 1,000 | 0,747 |

*a partir da melhor situação social ou maior IES)

## LEIA TAMBÉM

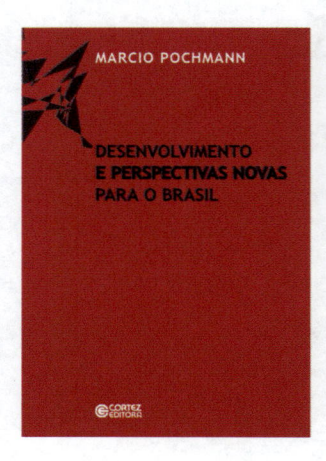

**DESENVOLVIMENTO E PERSPECTIVAS NOVAS PARA O BRASIL**

A trajetória do desenvolvimento brasileiro não se deu de forma espontânea, nem duradoura no tempo. Dependeu da confluência de oportunidades geradas externamente com decisões internas. "De tudo isso, compreende-se como os movimentos de passagem tanto da antiga sociedade agrária para a urbano-industrial como atualmente para a sociedade pós-industrial transcorrem com simultaneidade da convivência de dimensões e tempos históricos distintos no Brasil (...) o desenvolvimento brasileiro combina recorrentemente o atraso com o moderno, fazendo com que a significativa heterogeneidade econômica, social e territorial persista enquanto reprodução do subdesenvolvimento."

---

*1ª edição (2010) • 192 páginas • ISBN 978-85-249-1558-1*

## LEIA TAMBÉM

## ATLAS DA ESTRATIFICAÇÃO SOCIAL

Esta série estudará exatamente as transformações que ocorreram em nossa estrutura social a partir das mudanças da economia nacional sofridas ao longo dos anos 1990, e alteram a composição e o comportamento do perfil social. Os volumes procuram mapear, do ponto de vista econômico, a nova composição, papéis e aspirações dos diferentes grupos que compõem a sociedade diante das mudanças sofridas pelo país.

### VOLUME 1

**Classe média – desenvolvimento e crise**

Este volume trata especificamente da classe média brasileira, compreende seu momento atual de crise, e, talvez mais importante, distingue o que parece ser uma mudança no seu comportamento, nas suas ilusões, na sua visão de mundo.

*1ª edição (2006) • 144 páginas • ISBN 85-249-1216-2*

### VOLUME 2

**Trabalhadores urbanos – ocupação e queda na renda**

Este livro evidencia, a partir das mudanças econômicas recentes, as transformações ocorridas em nossa estrutura social, analisando, em detalhes, a trajetória dos trabalhadores urbanos.

*1ª edição (2007) • 144 páginas • ISBN 978-85-249-0825-5*

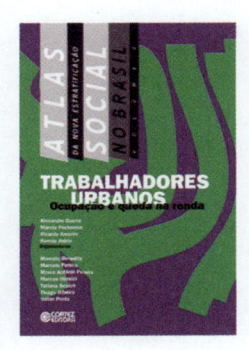

### VOLUME 3

**Proprietários – concentração e continuidade**

Desde o nascimento do país, a concentração da propriedade distorceu os caminhos da república e da cidadania. Este livro revela a capacidade dos grandes proprietários de manter-se, subordinando, mais uma vez, o país e o Estado aos seus interesses.

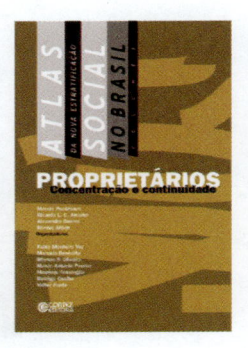

*1ª edição (2009) • 208 páginas • ISBN 978-85-249-1466-9*

Este livro foi impresso na
LIS GRÁFICA E EDITORA LTDA.
Rua Felício Antônio Alves, 370 – Bonsucesso
CEP 07175-450 – Guarulhos – SP
Fone: (11) 3382-0777 – Fax: (11) 3382-0778
lisgrafica@lisgrafica.com.br – www.lisgrafica.com.br